菊池秀明著

北伐と西征

―太平天国前期史研究―

汲古叢書137

汲古書院

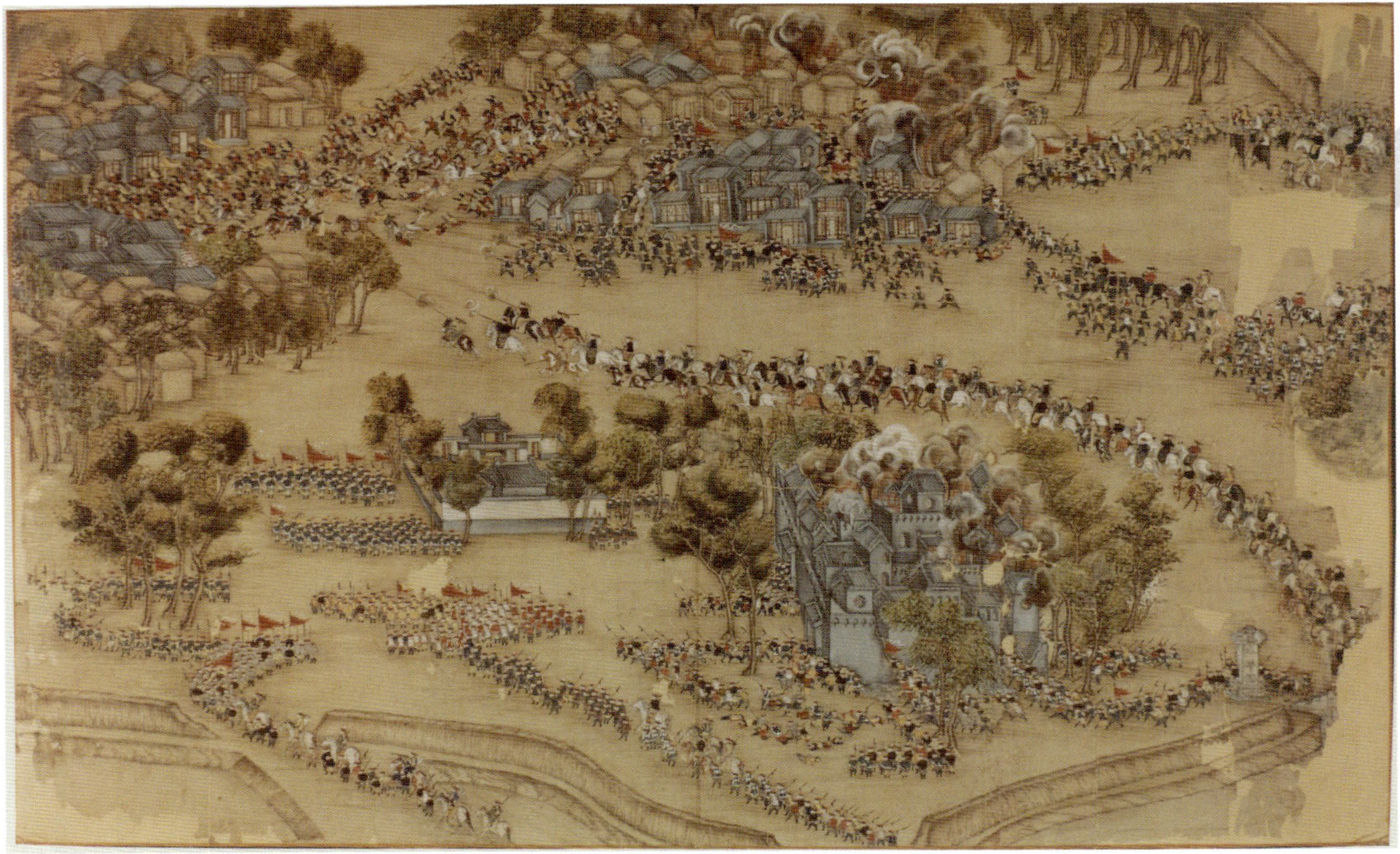

富荘駅で北伐軍を追撃する清軍（ハーバード大学イェンチェン図書館蔵、本文135頁参照）

田家鎮の戦い（『平定粤匪図』第二幅、攻破田家鎮収復蘄州図、国立故宮博物院蔵、本文423頁参照）

まえがき

本書は十九世紀半ばの中国で発生した太平天国（一八五〇年～六四年）の前期史を、清朝の公文書である檔案史料を中心に解明しようとするものである。すでに筆者は前著『広西移民社会と太平天国』（風響社、一九九八年）、『清代中国南部の社会変容と太平天国』（汲古書院、二〇〇八年）において、当時の中国で社会の歪みと統治の行きづまりによって人々が希望を失い、キリスト教と復古主義的な大同ユートピアを融合させた上帝教に引き寄せられた事実を指摘した。

また『金田から南京へ――太平天国初期史研究』（汲古書院、二〇一三年）はシャーマンの登場をきっかけに、あるべき中国への回帰をめざして蜂起した太平天国が南京を占領するまでの過程を考察した。太平軍は宗教的情熱に支えられた厳しい規律で人々の支持を集めたが、プロテスタント宣教師の偶像崇拝批判に影響された上帝会の排他的な教義は清朝関係者に対する容赦なき殺戮を生んだ。それは「文明化の使命」を自任した近代ヨーロッパ文明がアジアにもたらした負の側面であったと結論づけた。

本書は南京占領後の太平天国が行った二つの軍事行動を通じて、一八五六年の天京事変以前の太平天国について検討する。その一つは北伐即ち北京攻略であり、もう一つは長江中流域を舞台に行われた西征である。これらは太平天国が安定した新政権をうち立てるために必要な作戦であり、その成否は太平天国の命運を左右した。本書は近年公刊された檔案史料集に加え、筆者が台湾、中国および日本国内で収集した新史料を用いてこれらの歴史を可能な限り具体的に明らかにする。また太平天国が長江中流域で行った地域経営に注目し、この地で太平軍のライバルとして登場した曽国藩率いる湘軍と比較しながら、両者が近代中国における地方勢力の台頭に与えた影響を考察する。それは新たな中国近代史像を構築するうえで重要な作業になると思われる。

さて前著の刊行後、中国をめぐる情勢は再び大きく変化した。「中華の復興」を唱えて急速な大国化を進める中国政府は、南シナ海をめぐる問題で諸外国と対立し、国内では体制に批判的な言論を徹底して取り締まった。またその圧倒的な経済力と強引な手法に不安を抱いた台湾、香港の人々が異議を申し立てると、強圧的な態度でこれを封殺しようとしている。かつて孫文は大陸侵略を進めていた日本に対し、ヨーロッパ列強の「覇道の文化」に追従しないように忠告したが、いまや中国が「覇道」の道を歩んでいるように見える。列強の侵略とそれに対する抵抗という歴史の記憶は、帝国としての誇りを過剰に取り戻さずにいられないトラウマとなっているようだ。

こうした現実を前に、私たちはどのように中国と向き合うべきだろうか？　もはや中国には調査や考察に値する魅力はなく、厄介な隣人として外側からその問題点を切り裁けば済むのだろうか？　むしろ日本社会の大勢が「嫌中」に流されている現在こそ、中国社会と向き合って深く理解し、これと共生していく道を粘り強く探るべきではないだろうか？

本書はこうした問いに答える一つの試みとして、中国近代史を二千年来の専制王朝による中央集権的な統治を揺り動かす過程として捉えてみたい。即ち地方分権や自治、連邦制構想など、二〇世紀前半に模索された中国社会の内在的な変化を、近代史の端緒である十九世紀中葉に遡って考察したいと考える。それは革命運動の中で否定ないしは先送りされ、今日に至るまで解決していない中国における中央と地方の関係を問い直す手がかりを与えてくれるだろう。また中国が国内の格差や民族問題と向き合い、周辺地域と対話を重ねながら多様性を容認する社会になるかどうかは、隣人である日本にとっても重要な意味を持つと考えられる。
なお本書では、月日については史料の引用を除いて西暦を用いる。また年号については中国の年号と西暦を併記することにしたい。

著　者

目　次

第二部　太平天国西征史

第八章　湖南岳州、湖北武昌と田家鎮をめぐる攻防戦

北伐と西征

――太平天国前期史研究――

序章

一、前著『金田から南京まで』の内容と課題について

本書は南京を占領した太平天国が一八五三年から五六年にかけて行った北伐と西征について分析することを目的としている。まずは前著『金田から南京まで――太平天国初期史研究』の内容を振り返ることから始めたい。

前著において筆者は、一八四八年に楊秀清（後の東王）、蕭朝貴（後の西王）が行ったシャーマニズム（天父、天兄下凡）によって変質した上帝会が、上帝を崇拝していた太古のあるべき中国へ回帰し、満洲人王朝（彼らは偶像崇拝者と見なした）である清朝の打倒をめざした過程を分析した。一八五〇年後半に蜂起した上帝会は太平天国を名乗り、清軍の無気力や司令官たちの不和に助けられ、永安州を占領して新王朝のひな型を作った。そこで洪秀全は地上の「真主」である天王の地位についたが、軍師として軍事権を握った楊秀清の権力も絶大だった。彼は自分の権威を承認しない古参幹部を粛清し、天父即ち上帝ヤーヴェの代言人として宗教的な専制王朝を創った。

広東で蜂起した凌十八軍との合流を果たせなかった太平天国は、一八五二年四月に北上して広西の省都桂林を攻めた。桂林は陥落せず、太平軍は湖南省境の全州を攻撃した。通説ではこの時南王馮雲山が戦死し、太平軍は報復のために全州の住民を虐殺したと言われるが、実際に馮雲山が戦死したのは蓑衣渡の戦いであり、全州で殺されたのは清朝の官員、将兵とその家族であった。だが太平天国が十九世紀に欧米で発生した福音主義運動がもたらしたユダヤ・

キリスト教思想の不寛容に影響され、敵と見なした相手を激しく排撃したのは事実であり、その矛先は教えに従わない内部の人間にも向けられた。楊秀清は将兵の略奪を禁じ、太平軍は略奪、暴行が絶えなかった清軍、壮勇を嫌った人々の支持を獲得した。この太平軍の厳格な規律は熱狂的な宗教的情熱の現れであると共に、天父と楊秀清の厳罰主義に対する恐怖が生んだ結果であった。

蓑衣渡で江忠源率いる楚勇に敗北し、道州で軍の再編を行った太平軍は、湖南南部で多くの参加者を得て勢力を拡大した。湖南南部は天地会系、青蓮教系の秘密結社、宗教の活動が多く見られ、太平天国に呼応する動きもあった。太平天国側も工作員を各地に派遣し、これら反体制勢力を糾合しようと試みた。また清朝地方政府の硬直した統治に異議申し立てをした新興の地域リーダーも、満洲人王朝の打倒を唱える太平天国の言説に共鳴した。さらに流動性の高い下層移民が多く太平軍に加わり、急速に兵力を拡大させたのである。

一八五二年九月に蕭朝貴の率いる先鋒隊は長沙を急襲した。機動力に富んだ精鋭を派遣する戦略は、本書が扱う北伐の原型となったが、作戦は失敗して蕭朝貴は戦死した。太平軍は全軍で長沙を攻めたが、陥落させることが出来ず十一月に北へ向かった。途中大量の船を獲得した太平軍は、洞庭湖を渡って岳州を占領し、一気に湖北の省都である武昌へ迫った。武昌の清軍守備隊は兵力が少なく、援軍の動きも鈍く孤立した。一八五三年一月に太平軍が城壁を爆破すると、清軍は抵抗できずに武昌は占領された。

武昌、漢陽を占領した太平天国は、初めての都市支配に乗り出した。男館、女館の設立と聖庫制度の実施がそれで、人々は財産を没収され、二十五人を一組とする太平天国の軍事組織に組み込まれた。その組織化の手法は強圧的で、重労働に抗議して自殺する者が出た。また辺境の下層移民の出身だった太平軍将兵は都市住民の習慣や発想が理解出来ず、纏足した女性に無理矢理荷物を持って歩かせたために都市住民の反発を買った。

武昌を出発した太平軍は十数万の軍勢で長江を下った。九江、安慶の清軍守備隊は殆ど抵抗出来ず、両江総督陸建瀛も敗れて南京へ逃れた。一八五三年二月に南京へ押し寄せた太平軍は、城壁を爆破して漢人居住区である外城を占領した。また旗人居住区であった内城は、激しい攻防戦の末に陥落した。この時太平軍将兵は旗人官僚、将兵およびその家族を殺害し、犠牲者は二万人を超えた。陸建瀛や籌防局を主催していた元広西巡撫鄒鳴鶴らは惨殺され、南京のカトリック教徒も偶像崇拝者として改宗を迫られた。

この他者を排撃する不寛容さこそは、福音主義運動が「文明化の使命」の名のもとに中国へ伝えた近代ヨーロッパの負の側面だった。それは辺境の下層移民を主な担い手としていた太平天国の人々に積極性と類まれな規律をもたらしたが、抑圧された者の救済論は異なる民族と都市住民に対する報復の暴力を生み出したのである。(1)

以上が前著の内容であるが、これに対しては従来の「ヨーロッパ勢力の侵略とそれに対する抵抗」という中国近代史のパラダイムに従わず、中国史固有の歴史展開の中から十九世紀中葉という時代を理解しようとする試みに対して賛同と批判があった。また筆者が太平天国の福音主義運動ひいては近代ヨーロッパから受容した特質として、他者に対する攻撃性の強さを指摘したのは、二十世紀に同じくユダヤ・キリスト教思想の伝統を受け継ぐマルクス主義が受容されると、その影響を受けた中国国民党や共産党が「反革命」とされた人々に対する攻撃や粛清を行った歴史と重なるためであった。だが中国の革命運動が抱えた激しい暴力を近代社会の負の側面として語ることには、右のパラダイムにこだわる一部の研究者から少なからず感情的な反発があった。また建設的な意見として、太平天国のキリスト教受容を中国のキリスト教史全体の中でどのようにとらえるべきか、福音主義運動が伝えた近代ヨーロッパ文明の不寛容について、とくにマルクス主義との連続性について詳細な見通しを述べるべきだという指摘を頂いた。(2)

太平天国が受容した宗教的不寛容およびそれが中国社会へ与えた影響については、その後「暴力革命能否被肯定？

――南京建都時期欧州人対太平天国宗教的一些認識」(3)において検討した。そこで筆者は一八五三年前後のヨーロッパ人の太平天国論のうち、従来殆ど注目されてこなかった東洋文庫所蔵のいくつかの史料を紹介し、太平天国が成功すれば、中国は非道徳や偶像崇拝、専制支配から解放されて「文明的進歩」を遂げるだろうという期待があったことを指摘した。いっぽうで太平天国の偶像破壊を「聖書は偶像を拝むなとは言ったが、壊せとは言っていない」と批判し、旗人に対する虐殺行為を地獄随一の悪魔であるベリアルになぞらえて非難する声があったことを紹介した。さらに太平天国の評価にあたって、キリスト教改宗後のヨーロッパでも戦争と暴力がくり返されており、「本当のキリスト教精神」は非常にゆったりとしたペースでしか発展してこなかったと指摘するなど、ヨーロッパの歴史に対する内在的な反省に基づいて中国の変化に注目するべきだという意見が存在したことを指摘した。

おりから中国では毛沢東の暴力革命について、それが数千年続いた中国の専制国家と官僚機構を打ち破るためには必要なものだったのか、それとも下層民の有産階級に対する闘争は秩序の転覆と報復の暴力を生むだけで、抑圧的な社会構造そのものを変えることが出来ないのかという議論が続いていた。太平天国から中国革命に至る不寛容と暴力の問題は、現在なお中国社会において評価の定まらない問題であることがわかる。

また筆者は本書が扱う西征の歴史でも焦点となる太平天国の読書人(儒教的知識人)対策、清朝官僚や清軍将兵に対する帰順勧誘策について、「汝の敵を赦せるか?――太平天国の読書人、旗人対策」(4)なる研究報告を行った。南京到達後、太平天国が新王朝の建設を進めるに当たり、読書人の参加を促して活用することは不可欠であったが、上帝教の排他的な教義や偶像破壊、旗人虐殺に対する人々の恐怖心が足かせとなり、協力を得られなかった過程を分析した。また楊秀清に降臨した太平天国の上帝ヤーヴェは容赦なく人を罰する「気性の激しい」神であったが、干王洪仁玕はキリスト教の「罪の赦しと贖い」という観念を導入し、「天父の前で過ちを認めれば、どうして赦されないことがあろうか」と述べて清朝の官僚経験者に帰順を促した。忠王李秀成も一八六一年の杭州攻撃で旗人の投降を認めるなど、狭隘な排満主義を実践の中で乗りこえつつあったが、彼の呼びかけに応じて李秀成軍に加わったのは質の悪い清軍将兵であり、彼らの参加はかえって太平軍の規律を破壊する結果を生んだと結論づけた。

抑圧された者の抵抗とそれに伴う報復の暴力、報復を正当化する理論と暴力の連鎖、暴力を乗りこえるための苦悩と赦しといった問題は、現在の中国のみならず世界で取り組まれるべき重要な課題であろう。太平天国それ自体は十九世紀の歴史であるが、そこから導き出される課題は現代の我々に様々な問いを投げかけていると言えよう。

二、本書をめぐる課題と近年の研究成果

さて前著を刊行した二〇一三年以後、中国をめぐる情勢は大きく変化した。中国が大国としての存在感を強め、南沙諸島や尖閣諸島など領土問題をめぐる周辺諸国との軋轢を強める一方で、国内では中央政府の権力を強化し、「腐敗」幹部の粛清と並んで政府に批判的と見られた言説や活動家を徹底して取り締まった。日中二つの社会が共生の道を模索すべきであると願う人であるなら、中国の脅威を煽ることで右傾化を強める日本社会への失望を隠すことは出来ないが、国内外で強圧的な姿勢を崩そうとしない中国中央政府のあり方にも批判を持たない人はいないであろう。長く暴力を受けた人が、自分の心の傷を癒やすことが出来ずに周囲に暴力を加え、暴力の連鎖を生んでしまうように、一〇〇年近くにおよぶ屈辱の歴史を経験した中国は、いまも大国としての誇りを過剰に取り戻さないと社会が抱える負の記憶を清算出来ず、苦しんでいるように見える。中国が近年唱える「中国の夢」とは「帝国の夢」だとよく言われるが、それだけ中国が列強および日本の侵略に苦渋をなめた十九世紀的な世界認識に囚われ続けていることを示し

ている。

それでは我々はどうすべきなのか。まずはっきりと言えることは、「列強の侵略とそれに対する抵抗の歴史」という中国近代史のパラダイムを組みかえることであろう。この抵抗史観と呼ぶべき歴史認識は、中国の現体制を追認するイデオロギーとして機能するばかりか、侵略と抵抗、革命と反革命といった二項対立的な認識体系によって歴史事象を切り裁き、歴史が本来持っている多様な側面を捨象してしまうからである。今更当たり前のことを、と言う向きもあるかも知れないが、少なくとも中国近代史研究について見る限り、こうした歴史認識はなお強い影響力を持っている。また今も「侵略」の事実すら認めようとしない日本の現実がある限り、侵略への抵抗というテーマは外せないという意見もそれなりの説得力を持っている。だが日本人の戦争観であれ、中国の近代史認識であれ、自らを歴史の「被害者」として位置づけている限り、自分が加害者であったこと、将来加害者となる可能性があることについての認識は深まらない。いまの歴史学に必要なことは、自分の傷の痛みを叫び続けることではなく、他者の苦しみに寄り添い、その過ちを赦し、共生の道を探っていくための想像力なのである。

それでは具体的にいかなる問いを立てるべきなのか？　筆者はここで一つの試みとして、中国の近代史を「歴代王朝によって二千年来続いた中央集権的な専制支配を脱構築する過程」として捉えてみたい。それは地域社会の成熟を背景に模索され、太平天国の郷官制度によって初めて形を与えられたが、その後の革命運動の中でくり返し分裂主義として否定され、今なお実現していない地方分権あるいは「自治」の可能性に関する歴史である。

二〇一四年に台湾で発生したひまわり学生運動、香港の雨傘運動は、中国社会のあり方について多くの問題を考えさせられるきっかけになった。むろん彼らは中国大陸とは異なる自分たちというアイデンティティを持ち、中国政府（北京政府）の圧力および自国の政府に抗議したのであり、地方分権や自治の問題と単純に言い切れない部分を持っている。だが二つの運動を比べた時に、改めて明らかになったのは専制的な中央集権国家の体質であった。三月の台湾のひまわり学生運動の場合、国民党政府は学生と対話し、対立を残しながらも学生たちは四月に自主的に立法院を退出した。それは国民党政府が選挙によって選ばれた政府であり、異なる立場の相手と交渉する経験を積んでいたことが大きかったように思われる。これに対して九月に発生した香港の雨傘運動では、特別行政府政府およびその背後にある北京中央政府は強硬な態度を崩さなかった。対話の試みもなされたが、双方の主張の隔たりは大きく、学生たちの政府に対する不信感をぬぐうことも出来なかった。

香港のデモは長引き、十二月には金鐘などで強制排除が行われた。同じく学生が中心となり、相互に交流もあった二つの運動が、なぜ異なる形で終息せざるを得なかったのか？

この時筆者が強く感じたことは、中国留学中の一九八九年五月に発生した民主化運動（天安門事件または六・四事件）との共通点だった。中央政府の側に民意をくみ取ろうとする意志と経験がなく、高圧的な姿勢を崩さなければ、運動する側も対決姿勢を強めざるを得ず、結果として互いに妥協点を見失ってしまう。中国では二千年に及ぶ専制王朝の伝統と、他国の侵略を防ぐことの出来る強力な国家作りが求められたために、建国前後まで存在した連邦制や連合政府の構想は否定され、上意下達の中央集権的な体制が築かれた。それは一種の開発独裁として、改革開放以後の経済政策では大きな成果を上げたが、権限の地方への譲渡は先送りされた。むしろ社会のひずみに苦しむ人々が声を上げれば、これを「暴民」として抑圧し、「腐敗」幹部を粛清して人々の不満をそらすことで、中央政府が人民の生殺与奪の権限を握ってしまっている。これが今日の中国社会が直面している現実なのだとすれば、中国近代史研究もこうした問題に光をあて、その歴史的原因と将来の可能性について論じるべきではないだろうか？　少なくとも地方が抱える問題に目を向けず、中央のメディアや研究者が発信する情報に依拠している限り、中国社会は決して理解出来ないように思われる。

中国社会における地方自治については、溝口雄三氏らによる問題提起的な論文がある。それによると明末の黄宗羲以来、中国では「地方の公事を地方の手で」行うことをめざす「郷治」が試みられてきた。それはエリートを中心に官民が一体となって行う「善挙」即ち慈善事業の形を取り、清末には土木、教育、民生、衛生などの様々な事業に及んだ。またヨーロッパの地方自治が「権利としての自治」であったのに対して、中国の「郷治」は「公益」のための、あるいは「道徳行為としての」自治であった。さらに本書が扱う湘軍の登場は地方の自立や独立への出発点になったと述べている(5)。

次に清末中国における地方自治と日本の影響については、黄東蘭氏の『近代中国の地方自治と明治日本』(6)がある。黄氏によると、伝統中国の自治は急増する行政サービスの需要に対応できない「官治」の不足を補うために、地方エリートが自発的に公共事業を担うことで発達したものであった。このため二十世紀初頭に日本を訪れた留学生や官僚、紳士たちの地方自治制度の受容も、集権対分権、官治対自治の二項対立の枠組みでは把握出来ない複雑さを抱えており、明治国家の末端を支える地方行政としての側面よりは、「民意」を反映する制度としての自治を重視する傾向があった。実際に江蘇で地方自治の実験が始まり、教育や実業、水利、衛生の業務に関する権限が議会に与えられると、地方のエリート公的な活動の場は広がった。だが財政基盤が不安定なまま地方自治が拡大すると、これを既得権益に対する侵犯と見なした書吏や民間宗教集団の反発を招いた。さらに民国期に山西で行われた村制は、閻錫山が行政支配を村落レベルまで浸透させようとするものであったという。これらは中国の地方自治が日本の制度の単なる移植ではなく、明代に提唱され、太平天国が実施した郷官制度に象徴される「内なる文脈」を持っていたこと、郷村レベルでの官治の浸透が限界をはらむなかで、官治の補助としての自治が地方エリートによって模索されていたことを示しており興味深い。

次に清末から民国期に至る地方自治については、田中比呂志氏の『近代中国の政治統合と地域社会――立憲・地方自治・地域エリート』[6]がある。田中氏によると、清末の地域エリートは学校教育や清丈事業を通じて緊密な社会管理を行い、諮議局の設置を通じて公益の体現という使命感に基づく活動空間を拡大させた。また地方自治制は清朝が官治の補助を期待して実施したが、実際には県議事会に参加した地域エリートによる「県人治県」が実現し、「省―県」の関係性を強化して中央政府からの分権化をもたらした。さらに立憲派の一人であった張謇は地方自治に対する官の干渉を排除する「村落主義」を唱えたことなどを指摘した。田中氏の議論は辛亥革命をテーマとしながらも、従来の革命史研究では客体として位置づけられていた政治・社会の構造的変化を跡づけた点に特徴があり、参考となる。

続いて清末民初の江南における郷土意識の形成については、佐藤仁史氏の『近代中国の郷土意識――清末民初江南の在地指導層と地域社会』[8]がある。佐藤氏によれば、清末に地方自治制が試みられる中で顕在化したのは県城に住む有力者層と郷村レヴェルの有力者層の対立であり、両者は城区、郷区の設定や議事、行政組織の構成員、首長の選出をめぐって争った。また在地指導層は政党組織への参与を通じて発言権の拡大を図ると共に、郷土意識を通じて彼らが地方公事として担ってきた「民治」が正しく位置づけられることを求めた。そして対外的な危機を前に、郷土を起点に同心円状に県、省、国へと広がる全体秩序を回復させようと試みたという。ここで興味深いのは、郷土、地方といった概念の形成が、文明や国家といった郷土とは対立あるいは郷土を包摂する概念の誕生と不可分の関係にあるという点である。その担い手となったのは市鎮居住の生員、商人層であり、彼らは地方志や新聞といった媒体を用いてこれらの概念の普及に努めた。佐藤氏はフィールドワークでの知見に基づいて中国社会の理解に努めている歴史研究者の一人であり、教えられるところが多い。

さらに民国期に入ると金子肇氏の『近代中国の中央と地方——民国前期の国家統合と行財政』[9]が主として財政史の観点から中央と地方の関係について考察している。

筆者自身はかつて広西チワン族土官の漢化と科挙について取り上げ、清朝中央政府における旗人、漢人官僚間の権力闘争と雍正帝の意志によって、「暴逆」という実態とはかけ離れた弾劾を受けた土官が改土帰流を蒙った事実を指摘した。また両広南部の客家移民が辺境の内地化を図る明朝の国家政策によって入植したが、この地区の安定的支配が実現するとその移動性の高さから反秩序分子と見なされ、弾圧を受けたことを明らかにした[10]。さらに清代の広西や台湾で移民社会の成熟に伴い、科挙タイトルを持たない地域リーダーが成長したが、清朝の硬直した地方統治体制では彼らを活用する余地がなかったこと[11]、清末の広西では「男は耕し、女は紡ぐ」という儒教的理念に基づき養蚕業の育成が試みられたが、この「近代化」事業は中央政府による地方官の粛清によって挫折したことを指摘した[12]。これらは本書が扱う長江中流域における新興勢力の台頭と、団練結成や太平天国の郷官就任による地方政治への参与というテーマにおいても重要な前提となる。

さて太平天国史研究の分野に目を向けると、前著の出版後に注目すべき成果がいくつか見られた。その一つは倉田明子氏の『中国近代開港場とキリスト教——洪仁玕と「洋」社会』[13]である。倉田氏は洪仁玕の香港体験と太平天国との関わりについて注目し、その活動を可能としたプロテスタントの中国伝道、香港や上海で教会を窓口に活動した中国人知識人（開港場知識人）の誕生と彼らが中国近代史上で果たした役割について論じた。また洪仁玕の代表的な著作として知られる『資政新篇』について、その草稿段階の内容は現在我々が見ることの出来る版本よりもキリスト教色の強いものであり、洪秀全の批准を受ける過程で削除された部分は、後に『干王宝製』として私的に刊行されていたことを明らかにした。さらに香港でJ・レッグの助手として活躍していた彼が、太平天国とヨーロッパ列強の関係を手遅れになる前に取り結びたいという「愛国心」のために太平天国に合流する決断をしたこと、南京到達後の彼が政治制度、宗教改革に乗り出したが、キリスト教の中国化をめざした彼の努力は受け入れられず、彼に「中国のルター」という期待をかけた宣教師からも非難される結果になったことを指摘した。そして洪仁玕が去った後の開港場では、キリスト教とヨーロッパ文明の洗礼を受けた知識人たちが近代化事業に取り組んだ過程を描いている。

この倉田氏の議論もまた、中国および香港における長い滞在経験を通じて得られた着想を踏まえ、宣教師の手紙や新聞など多様な史料を丹念に読み込むことにより問題を発見した点に特徴がある。草稿段階の『資政新篇』が公刊された版本とは内容が異なり、よりキリスト教色が強かった事実を明らかにした発見は、中国の学会においても高く評価された。太平天国後期における列強および宣教師との関係についても詳細な分析が行われており、キリスト教と中国の多様な関係を手がかりに太平天国を含む十九世紀という時代が持つ歴史的特質を解明することが期待される。

次に取り上げるべきは周偉馳『太平天国与啓示録』(14)である。周氏はキリスト教神学および思想史が専門で、主として太平天国の公刊した書籍を元に分析を進めた。中でも注目されるのが洪秀全の幻夢とキリスト教受容の過程を記した『太平天日』が、新約聖書のヨハネの黙示録を踏まえて作られていたという見解である。また周氏は洪秀全が出逢ったキリスト教が、欧米の福音主義運動や大覚醒運動で見られた終末論（千年王国論）思想に強く影響されたキリスト教であり、宣教師たちが中国の偶像崇拝を排撃したことが上帝会の偶像破壊運動を生み出しただけでなく、太平天国の「暴力的な布教」に賛同する者もいたと指摘した。さらに周氏は太平天国の上帝教をモルモン教、第三世界のキリスト教と比較しながら、シャーマニズムや預言、治病といった上帝教の様々な特徴は、キリスト教とくに第三世界のキリスト教の範疇の中に納まるものであると主張した。

この周偉馳氏の見解は太平天国の滅亡後、長く中国のキリスト教界が太平天国と一線を画してきた歴史を考えれば、画期的なものと言うべきだろう。無論問題点がない訳ではない。周氏は上帝教にキリスト教の「中国化」とくに民間宗教化を見る王慶成氏、夏春濤氏らの見解を批判し、上帝教の教義は全て聖書にその起源を探ることが出来るとしているが、この見解には些か無理がある。例えば一八五三年に北王韋昌輝が南京を訪問したメドウスに対して、洪秀全は「天下万国の真主」であり、中国人の王であるばかりでなく、「君たち（ヨーロッパ人）の王でもある」(15)と述べたが、こうした「真主」信仰はやはり中国的な文化伝統の中から生まれてきたものではないだろうか。

筆者自身は太平天国がキリスト教から影響を受けたのは、洪秀全が『勧世良言』を読んだ時に、太古の中国において上帝＝ヤーヴェが崇拝されていたのだと理解したことが決定的であったと考える。したがって太平天国の思想、制度にはあるべき中国への回帰をめざす復古主義的な色彩が濃厚であり、それはキリスト教の枠組みに納まりきらない部分を持っていた。むしろ中国のように長い古典文明を持つ社会にあっては、近代ヨーロッパの洗礼を受けた時に自分たちの文化伝統を「発見」し、その再創造をめざす方がより広範に見られた反応であり、洪秀全と太平天国の場合も例外ではなかったと思われる。なお周偉馳氏は洪仁玕の『資政新篇』における『遐邇貫珍』の影響について分析している。

続いて取り上げるのは王明前『太平天国的権力結構和農村政治』である(16)。王氏は従来の階級闘争史観を批判する立場から、太平天国の権力機構のあり方と農村支配について検討した。まず王氏は平均主義的なユートピア綱領として否定されがちな『天朝田畝制度』について、均田制と比較したり、その農村支配の部分に注目するなど具体的な分析を進めた。次に太平天国の農村支配体制とその前提となる儒教政策の転換について分析し、さらに後期太平天国における洪秀全の権力掌握の過程や地方軍の自立傾向などについて検討した。これらの分析は先行研究をよく踏まえており、本書が検討する西征軍の地域経営策を太平天国全体の歴史の中で位置づけようとした点で評価できる。ただし発掘された新史料は少なく、特に檔案史料を活用しての展開が望まれる。

さらに太平天国史をめぐる新たな潮流として、M・F・トビー氏の『What Remains: Coming to the Terms of Civil Wars in 19th Century China』が挙げられる。(17)トビー氏は太平天国を「革命」あるいは「叛乱」という先入観によらず、市民戦争あるいは内戦という枠組みで捉えることを提唱した。また膨大な死者を生んだこの内戦で、生き残った人々が死者をどのように記憶し、記念していったのかに注目することで、太平天国が江南の都市や地域社会にいかなる影響と変化を与えたのかについて分析した。辺境の下層民を中心とした太平天国の将兵が都市住民の発想や文化を理解出来ず、彼らに対して抑圧的な態度を取った事実は筆者も前著で指摘したが、トビー氏はさらにこの戦乱で壊滅的な被害を受けた社会と人々の心のありよう、文化にまで踏み込んだ点で注目される。トビー氏には本書が扱う一八五四年の西征軍による廬州攻撃を扱った論文もある。(18)

同じく太平天国を内戦という枠組みで捉えようとした著作として、S・R・プラット氏の『Autumn in the Heavenly Kingdom: China, the West, and the Epic Story of the Taiping Civil War』(19)がある。プラット氏はこの運動とアメリカの南北戦争が密接な関連を持っていることを踏まえ、太平天国と湘軍の戦い、アロー戦争をめぐる清朝と英仏の交渉と常勝軍による太平天国の弾圧、洪仁玕の活動などについてユニークな視点から分析を進めた。ただ惜しむらくは使用史料の殆どが既知のもので、湘軍あるいは洪仁玕に関する叙述も基本的な史実に関して検討の余地を残した。しかし一時期の太平天国史研究の低調ぶりを考えれば、新しい視点からの問題提起が多くなされていることが窺われる。

三、本書をめぐる先行研究と構成について

さて本書が直接の目標とするのは、太平天国の北伐と西征の過程に関する分析である。まず前著に引き続き、日本で必ずしも一般的とは言えない通時的な叙述を行うこと、一八五三年から五六年までの限定された期間について、従来の太平天国史研究では注目されることの少なかった江南以外の地域を扱うことの意義について説明が必要だろう。

まず通時的な叙述をあえて行う主な理由は、太平天国について言及した研究書や概説書に基本的な史実に関する誤りが多く見られるためである。ここで一々具体例を述べることはしないが、一見些細な誤りでも全体の歴史認識と深くつながっているケースがあり、それが定着してしまうと訂正することは容易ではない。近年は太平天国をカルト集団と捉え、二千万と言われる死者数を挙げて「人類史上最悪の軍事紛争」とする評価が見られる。だが太平軍を略奪者集団と呼ぶ場合、その多くは清朝側の宣伝や衰退期の太平天国に対するヨーロッパ人の見解に基づいており、必ずしも実態に即した議論がなされている訳ではない。例えば西征時期に江西へ進出した太平軍と、一八六一年に江西を転戦した李秀成の軍とでは、略奪や暴行の激しさが全く異なっていた。北伐も出発当初と二度の虐殺事件を起こした山西、直隷での進撃過程、連鎮や高唐州で望みのない籠城戦を行った時期では軍のあり方は大きく異なり、同時期の清軍や湘軍の情況と比較しながら慎重に検討を進める必要がある。こうした課題に応えるためには通時的な叙述が不可欠と考えられる。

次に一八五三年から五六年までの華北と長江中流域（安徽、江西、湖北、湖南）を扱うことの意義であるが、従来太平天国史研究の多くは史料の豊富な後期の江浙地域を中心に進められてきた。だがこの地域に太平天国が本格的に進

出したのは一八六〇年以後のことであり、李秀成らの李氏集団による地方割拠の傾向が強く現れた軍事行動であった。また太平軍も蘇州で大量の清軍投降兵を抱えるなど規律が悪化しており、この時期の太平天国をもって太平天国全体の歴史を代表することには無理がある。筆者は天京事変以前の太平天国がいかなる地域経営を行ったかを解明することが、この運動を理解する上で不可欠だと考えてきた。この課題を達成するためには、一八五三年の南京到達後、五六年まで主要な活動領域であった長江中流域を取り上げることが重要になる。

またこの時期の太平天国の軍事行動として、北伐即ち北京攻略が大きな意義を持っていたことは議論を待たないであろう。太平天国の北伐については、南京でとどまることなく一気に北京へ進撃すべきだったという見解が根強くあり、南京に都を置いたことの是非も問われてきた。本書はこれら性急な議論には与しないが、同時期に行われた北伐と西征は互いに関連を持った作戦であり、後者の戦況が前者に与えた影響に注目したいと考える。またこの二つの作戦に共通する問題点として、南京で強大な権限を握っていた楊秀清の指揮権という問題があり、太平天国における中央と地方（現地司令官）の関係を考える上で重要であろう。さらには太平天国の主要なライバルであった湘軍は、その性格から見て近代中国の代表的な地方勢力であり、彼らと太平天国の違いと共通点について考察することは必要であると考えられる。

さて北伐と西征という二つの課題について、先行研究の中でまず取り上げるべきは簡又文氏の『太平天国全史』(20)である。簡又文氏が当時閲覧可能だった史料を駆使し、この時期の太平天国についてトータルな叙述を行った業績は高く評価されるべきである。ただし前著でも指摘したように、氏の議論は時に独断的であり、北伐の章でも三路に分かれて出発した点を強調するなど今日の目から見て疑問な点が少なくない。また簡又文氏は一九四〇年代に広西蒙山県や桂平県、全州などで実地調査を行った。氏が日中戦争期という困難な時代に調査を行った意義は大きいが、中国国民党の重要人物だったという制約もあり、その手法に少なからず問題があったことも事実である――これは現地に一定期間滞在して調査を進めない限り理解出来ないことである――。さらに本書の課題との関連で言えば、簡又文氏の議論にはやはり中央政府からの視点が色濃く刻まれているように思われる。従って本書はこうした問題点を踏まえたうえで活用することにしたい。

次に北伐の歴史について見た場合、参考とすべきは張守常氏の『太平天国北伐史』（朱哲芳氏の『西征史』と合冊）[21]である。張氏は山東高唐州の出身で、自らも北伐軍将兵の末裔であるという。張氏は北京大学の学部時代から太平天国とくに北伐史の研究を開始し、文革中も丹念に史料収集を進めた。その成果は『太平軍北伐史料選編』[22]として公刊されており、『太平軍北伐叢稿』[23]など張氏の他の著作と共に利用価値は高い。本書の前半四章は張氏の研究成果を踏まえながら、北伐軍を弾圧した参賛大臣僧格林沁が北京で民心安定のために出した布告――皮肉なことにその内容は密偵の手によって南京へ伝えられ、北伐援軍の出発を遅らせることになる――など、台北の国立故宮博物院に所蔵されている新史料を補う形で分析を進めた。また張氏の議論は北伐軍の英雄的な戦いに記述の重点があり、清朝側とくに北京の動揺ぶりや社会問題、官僚間の争いなどについては分析の余地があると思われる。加えて北伐の敗北過程において重要な北伐軍内における広西人と湖広人（湖南、湖北人）の反目やそこに目をつけた清軍の投降政策について、張氏は多くを語っておらず、今回筆者が新たに分析を加えた。

太平天国の北伐については、堀田伊八郎氏が「太平天国の北征軍について――その問題点の一考察」[24]を発表している。この論文は一九七〇年代の成果ながら、『平定粤匪方略』を丹念に読み込んだ実証的な論文である。また吉澤誠一郎氏も北伐期の天津団練について分析しており、北伐軍を撃退した故事にちなむ「得勝餅」のエピソードを記している[25]。続いて北伐、西征に関する近年の研究成果としては、崔之清主編『太平天国戦争全史』二、戦略発展[26]が中国第一歴史檔案館所蔵の軍機処奏摺録副を踏まえて書かれており、価値が高い。とくに西征史の部分は「太平軍西征戦略平議」なる一章を設け、西征の目的や戦略、指揮官の優劣など、全体を見据えた議論を展開している。同書は北伐についても二章を当てて分析しているが、記述はやや簡略である。また西征については朱哲芳『太平天国西征史』（張守常氏の『北伐史』と合冊）[27]がある。これも檔案史料を活用した研究であるが、後半の記述がやや淡泊になっているのが惜しまれる。

一方西征時期に登場し、太平軍の好敵手となった曽国藩率いる湘軍については、太平天国史研究の側から羅爾綱氏の『湘軍兵志』[28]、賈熟村氏『太平天国時期地主階級』[29]、竜盛運氏の『湘軍史稿』[30]がある。また曽国藩研究あるいは湘軍史研究の立場からは朱東安氏の『曽国藩伝』[31]、王継平氏の『湘軍集団与晩清湖南』[32]を初めとしていくつかの研究がある。P・H・キューン氏は清末から二十世紀に至る地域社会の軍事化という視点から江忠源の楚勇、曽国藩の湘軍とその一角を構成した胡林翼の親兵、湖北の団練における組織と人脈などを検討した。[33]日本では近藤秀樹氏が『曽国藩』[34]でこの時期の歴史を大胆に論じている。また目黒克彦氏は「咸豊初年団練の成立について——湘勇の母体としての湘郷県の場合」[35]ほか数本の論文で湘軍の成立過程について詳細に分析した。

最後に地域社会史との関連で見ると、地域から見た太平天国という視点で幾つかの研究成果がある。北伐の進撃地域については古くは王天奨氏の『太平軍在河南』[36]があり、河北、北京、天津歴史学会編『太平天国北伐史論文集』[37]には北伐軍と華北社会の関係に関する数篇の論文が収められている。また近年は李恵民氏が北伐関連の論文を発表している。[38]次に西征関連を見ると、まず挙げるべきは徐川一氏の『太平天国安徽省史稿』[39]であろう。ここで徐川一氏は石達開の安徽経営を取り上げ、新発見の史料を駆使しながら郷官制度や旧来通りの租税を徴収する「照旧交糧納税」制度の是非について分析している。また史料集の編纂も貴重な作業で、江西では杜徳風氏の手になる『太平軍在江西史料』があり、その成果に基づく論文も発表されている[40]。湖北では皮明麻氏らが『出自敵対営塁的太平天国資料——曽国藩幕僚鄂城王家璧文稿輯録[41]』を、湖南では楊奕青、唐増烈氏らが『湖南地方志中的太平天国資料』をそれぞれ編纂、出版している[42]。さらに湖南では『曽国藩全集』ほか湘軍関連の多くの史料が編纂、出版されており、有用である[43]。なお筆者も未公刊ながら『太平天国史料集』第四集、第五集において、湖北関連の檔案史料と地方志の太平天国に関する記載を整理した[44]。

さて本書は上記の先行研究を基礎に分析を進めるが、主要史料とするのは中国第一歴史檔案館編『清政府鎮圧太平天国檔案史料[45]』である。この史料集は大陸に残る太平天国関連の檔案（軍機処奏摺録副、宮中檔、剿捕檔および『平定粤匪方略』の稿本）を編纂したもので、一八五四年までの部分については非常にトータルな史料集である。ただ惜しむらくは途中で出版計画が圧縮され、一八五五年以後の部分については遺漏が多い。

そこで筆者は一九九九年以後、国立故宮博物院でこの時期の檔案史料（宮中檔および軍機処檔案の副本である月摺檔）を系統的に集め、不足部分を補う作業を行った。その結果例えば曽国藩と対立した江西巡撫陳啓邁の上奏や供述書など、従来用いられたことのない多くの史料を活用することが出来た。また上海図書館など中国国内の図書館も訪問し、いくつかの新史料を入手、活用した。

この間、筆者は何度か南京の太平天国歴史博物館を訪問し、中国人研究者と意見交換を行った。また二〇〇四年には曽国藩の故郷である双峰県（旧湘郷県）を訪問した。このフィールドトリップの成果は湘軍と太平天国は参加者の境遇や組織編成などに多くの共通点があったこと、むしろそれらの共通点ゆえに曽国藩は湘軍と太平天国を差異化し、両者は激しく競合したという本書の議論に活かされている[46]。

以下では第一章から第四章までで北伐を、第五章から第十章までで西征の歴史を取り扱う。第一章では北伐の出発から懐慶攻撃まで、第二章は山西、直隷の進撃と天津郊外の籠城戦まで、第三章は北伐軍の阜城県での敗北と北伐援軍の臨清攻撃を、第四章は北伐軍の壊滅を取りあげる。次に第五章は西征の開始と南昌攻撃、第六章は西征軍の湖北進出と石達開の安徽経営、廬州攻防戦、第七章は西征軍の湖北、湖南進出と湘軍の登場、第八章は湘軍の湖南岳州、湖北武漢、田家鎮への進撃、第九章は江西湖口の戦いと西征軍の湖北再進出、曽国藩の江西経営、第十章は石達開の江西進出と武昌攻防戦、西征の終焉について取り扱う。これらの分析によって様々な可能性を秘めていた北伐、西征期の太平天国の姿を解明したいと考えている。

【註】

（1）汲古書院刊、二〇一三年。
（2）土肥歩氏の書評（『中国研究月報』六十八巻〔十月号〕、二〇一四年）。
（3）紀念太平天国定都南京一六〇周年学術研討会参加論文、南京、二〇一三年。
（4）南京大学における講演、二〇一五年五月。またその内容は菊池秀明「汝の敵を許せるか？——一九世紀中国の内戦における報復の暴力のゆくえ」、須田努等編『歴史を学ぶ人々のために』第四集、岩波書店、二〇一七年刊行予定。
（5）溝口雄三、池田知久、小島毅『中国思想史』東京大学出版会、二〇〇七年。
（6）黄東蘭『近代中国の地方自治と明治日本』汲古書院、二〇〇五年。
（7）田中比呂志『近代中国の政治統合と地域社会——立憲・地方自治・地域エリート』研文出版、二〇一〇年。
（8）佐藤仁史『近代中国の郷土意識——清末民初江南の在地指導層と地域社会』研文出版、二〇一三年。
（9）金子肇『近代中国の中央と地方——民国前期の国家統合と行財政』汲古書院、二〇〇八年。この他に清末民初の地方自治に関する研究として、横山英編『中国の近代化と地方政治』勁草書房、一九八五年、曽田三郎『立憲国家中国への始動——明治憲政と近代中国』思文閣出版、二〇〇九年、汪太賢『従治民到民治——清末地方自治思潮的萌生与変遷』法律出版社、二〇〇九年などがある。

（10）菊池秀明『広西移民社会と太平天国』風響社、一九九八年、第二章および第五章。

（11）菊池秀明『清代中国南部の社会変容と太平天国』汲古書院、二〇〇八年、第一章。

（12）菊池秀明「近代中国辺境社会的〝文明化〟政策与実践——光緒時期広西西部地区的開発和地方政府」（謝国楨主編『第四届国際漢学会議論文集・辺区歴史与主体性形塑』中央研究院台湾史研究所、二〇一三年、二一一頁）。

（13）倉田明子『中国近代開港場とキリスト教——洪仁玕と「洋」社会』東京大学出版会、二〇一四年。

（14）周偉馳『太平天国与啓示録』中国社会科学文献出版社、二〇一三年。

（15）A. Report by T T Meadows, Bpp. 1852-3, C. 1667, pp.26-30, Enc. in Bonham to Clarendon, 11 May 1853 (Prescott Clarke and JS Gregory, *Western Reports on the Taiping; A selection of documents*, The University Press of Hawaii, Honolulu 1982, pp. 50).

（16）王明前『太平天国的権力結構和農村政治』中国社会科学出版社、二〇一二年。

（17）Tobie Meyer-Fong, *What Remains: Coming to the Terms of Civil Wars in 19th Century China*, (Stanford, California, Stanford University Press, 2013).

（18）Tobie Meyer-Fong, 'Urban Space and Civil War: Hefei, 1853-4', *Frontieer of History of China*, Vol.8, No.4 (2013), pp.469-492.

（19）Stephen R. Platt, *Autumn in the Heavenly Kingdom: China, the West, and the Epic Story of the Taiping Civil War*, (New York, Vintage Books, 2012). 中国語版は黄中憲訳『太平天国的秋』台湾衛城出版、二〇一三年。

（20）簡又文『太平天国全史』上、香港猛進書屋、一九六二年、五五七～六六四頁。

（21）張守常・朱哲芳『太平天国北伐・西征史』広西人民出版社、一九九七年。

（22）中国社会科学院近代史研究所編『太平軍北伐資料選編』斉魯書社、一九八四年。

（23）張守常『太平軍北伐叢稿』斉魯書社、一九九九年。

（24）堀田伊八郎「太平天国の北征軍について——その問題点の一考察」『東洋史研究』三六巻一号、一九七七年。

（25）吉澤誠一郎「天津団練考」『東洋学報』七八巻一号、一九九六年（同『天津の近代――清末都市における政治文化と社会統合』名古屋大学出版会、二〇〇二年、三八頁所収）。

（26）崔之清主編『太平天国戦争全史』二、戦略発展（一八五三～一八五六）、南京大学出版社、二〇〇二年。

（27）張守常・朱哲芳『太平天国北伐・西征史』。

（28）羅爾綱『湘軍兵志』中華書局、一九八四年。

（29）賈熟村『太平天国時期地主階級』広西人民出版社、一九九一年。

（30）竜盛運『湘軍史稿』四川人民出版社、一九九〇年。

（31）朱東安『曽国藩伝』四川人民出版社、一九八四年。同『曽国藩幕府研究』四川人民出版社、一九九四年。同『曽国藩集団与晩清政局』華文出版社、二〇〇三年。

（32）王継平『湘軍集団与晩清湖南』中国社会科学出版社、二〇〇二年。またこの他に曽国藩一族および湘軍に関わる研究として何貽焜編著『曽国藩評伝』正中書局、一九三七年。卞哲『曽国藩』上海人民出版社、一九八四年。李栄泰『湘郷曽氏研究』国立台湾大学文史叢刊、一九八九年。羅紹志、田樹徳『曽国藩家世』江西人民出版社、一九九六年。唐浩明『唐浩明評点曽国藩奏摺』岳麓書社、二〇〇四年などがある。

（33）P. H. Kuhn, *Rebellion and its Enemies in Late Imperial China: Militarization and Social Structure 1796-1864*, Harvard University Press, 1970.

（34）近藤秀樹『曽国藩』人物往来社、一九六六年。

（35）目黒克彦「咸豊初年団練の成立について――湘勇の母体としての湘郷県の場合」『集刊東洋学』四六号、一九八一年。同「太平天国以後の保甲制について――湖南省の場合」『愛知教育大学研究報告』社会科学、三〇、一九八一年。同「王壮武公鑫著『団練説』訳解」『愛知教育大学研究報告』社会科学、三一、一九八二年。同「団練と郷勇の関係について――湘郷団練と湘勇の場合」『愛知教育大学研究報告』社会科学、三二、一九八三年。

（36）王天奨『太平軍在河南』河南人民出版社、一九七四年。

(37) 河北、北京、天津歴史学会編『太平天国北伐史論文集』河北人民出版社、一九八六年。
(38) 李恵民『太平天国北方戦場』中国社会科学出版社、二〇一五年。
(39) 徐川一『太平天国安徽省史稿』安徽人民出版社、一九九一年。
(40) 杜徳鳳選編『太平軍在江西史料』文史資料叢書、江西人民出版社、一九八八年。
(41) 皮明麻氏等編『出自敵対営塁的太平天国資料――曽国藩幕僚鄂城王家璧文稿輯録』湖北人民出版社、一九八六年。
(42) 楊奕青、唐増烈等編『湖南地方志中的太平天国資料』岳麓書社、一九八三年。
(43) 『曽国藩全集』岳麓書社、一九八七年。ほかに本書で多用したものとして王闓運『湘軍志』曽軍篇第二、岳麓書社、一九八三年、『胡林翼集』岳麓書社、一九九九年がある。
(44) 菊池秀明編『太平天国史料集』第四集、咸豊湖北各地反乱、二〇〇六年。同『太平天国史料集』第五集、湖北地方志選録(上)、二〇〇七年。
(45) 中国第一歴史檔案館編『清政府鎮圧太平天国檔案史料』六～十八、社会科学文献出版社、一九九二～九五年。
(46) この調査は河野吉成氏(東京大学大学院)の協力により行ったもので、曽国藩、曽国荃、羅沢南の屋敷や墳墓を訪問した。また『羅氏四修族譜』など貴重な史料を閲覧させて頂いた。ここに特に記して感謝したい。なお河野氏の研究成果として「近代湖南に於ける宗族の形成とその機能――曽国藩の一族を題材として」(東洋史部会 第一〇三回史学会大会報告)『史学雑誌』一一四編一二号、二〇〇五年がある。

第一部　太平天国北伐史

第一章　北伐の開始と懐慶攻撃

はじめに

太平天国運動が中国近代史に与えた衝撃の大きさについて否定する人はいないであろう。むろん現在はかつてのように太平天国を「中国革命の先駆」として賞賛する研究は存在しない。むしろ近年は都市知識人を中心に二千万と言われるこの戦乱の犠牲者数を取り上げたり、辺境農村の下層民が中心となった上帝会を法輪功と同じく「邪教」(1)即ちカルト宗教と見なすことで、その破壊的側面を強調する論調が多く見られる。

これら時代の要請に基づく政治主義的な見方を除くと、太平天国の実像がいかなるもので、その後世への影響をどのように考えるべきかという問いは深められてこなかった。だが二十世紀中国の政治過程に関する研究成果(2)が次々と生まれている現在、これに遡る十九世紀の中国政治、社会史研究が空白を続けることは許されない。中国近代史像を客観的に再構成するためにこそ、その最初の大変動であった太平天国を正確に把握する必要性が増していると言えるだろう。

本書第一部は以上のような問題意識に基づき、太平天国史上の重要事件である「北伐」即ち北京攻略（一八五三年五月～五五年五月）を、新たに発見あるいは公刊された史料に基づいて検討することを目的とする。辛亥革命の指導者である孫文はこの太平天国の北上作戦に強い刺激を受け、その生涯においてくり返し北京進攻を試みた。また彼の後継者を自任した蔣介石も北伐を至上命題にかかげ[3]、中国国民党を中心とする歴史観では長く国民革命軍の北京到達（一九二八年六月）を中国近代史の終着点と見なしてきた。

いっぽう北伐の失敗が太平天国自身の挫折につながったという見解は、同時代人である忠王李秀成[4]やリンドレー[5]が提起し、孫文がこれに共鳴して以来広く受けいれられてきた。だがはたしてそれが妥当な見解なのか――この作戦の意義がどこにあり、その敗北が運動にいかなる影響を与えたかについても再考が必要であろう。

北伐の歴史については簡又文氏[6]、張守常氏[7]、崔之清氏[8]など中国人の太平天国史研究者が多くの著書、論文を発表している[9]。また日本では堀田伊八郎氏が『欽定平定粤匪方略』などの基本文献を丹念に読み込んだ専論を発表しており[10]、地域社会史の視角から太平軍北伐期の天津団練を取りあげた吉澤誠一郎氏の論考もある[11]。本稿はこれらの成果に学びながら、中国第一歴史檔案館所蔵の檔案史料を整理した『清政府鎮圧太平天国檔案史料』[12]、長年太平軍北伐に関する史料を発掘してきた張守常氏の『太平軍北伐資料選編』[13]などに基づいて分析を進める。またこれらの史料集に収録されなかったが、北伐および当時の華北社会の変容を考えるうえで重要な檔案史料については、筆者が台北の国立故宮博物院で収集した『宮中檔咸豊朝奏摺』[14]で補いながら議論を進めたい。

一、北上作戦の開始とその戦略

（a）　北伐軍の規模とその編制

すでに史料の発掘および先学諸氏の研究によって、一八五三年五月に南京（天京、金陵）を出発した太平軍の最終目標が北京攻略にあったこと、その編成は九ヶ軍から成り、当初二万人程度の規模であったことが明らかになっている。まずはこの見解が間違いないかどうかを検討することから始めたい。

北伐軍の主将であった天官副丞相林鳳祥（広西桂平県白沙人）[15]は、作戦開始に当たって東王楊秀清に揚州から南京へ呼び戻され、地官正丞相李開芳、春官副丞相吉文元、殿前左三検点の朱錫琨（いずれも広西人）と「九軍」を率い、黄河の渡河をめざしたと述べている[16]。この太平軍が以前の通説のように揚州からではなく、南京から出発したという事実は、兵士として北伐に参加した陳思伯[17]や徐州で清軍にスパイとして捕らえられた曹宗保[18]も指摘している。また北伐軍の編成がかつて言われた二十一ヶ軍ではなく、九ヶ軍（六合県で敗北し南京へ引き返した後衛部隊を含めると十数ヶ軍）であった点についても、陳思伯や亳州で太平軍に参加した張維城が供述書で具体的な部隊名を列挙しており、間違いないものと考えられる[19]。

次に北伐軍の人数についてだが、作戦が始まった当初、清朝官僚の多くはこの太平軍を数千人規模の小部隊と考えた。揚州戦線にいた欽差大臣琦善はその例で、「江寧（南京）、揚州で撃破された賊が江中を往来し、阻むことが出来ない[20]」とあるように、揚子江上で活動する太平軍は南京や揚州で敗北した部隊だという認識を持っていた。また安徽巡撫李嘉端は「賊は揚州から竄出したことは疑いない[21]」と述べ、江蘇巡撫楊文定も六合県に上陸した後続部隊を本隊と混同して「賊匪は三、四千名[22]」と報じた。その結果北伐軍は揚州の清軍を牽制するために派遣された別働隊だとの見方が生まれた。

しかし五月十一日に浦口に上陸した本隊は安徽の滁州を占領し、数日後には鳳陽県の臨淮関に進出した[23]。ここで後続部隊の到着を待った太平軍は、五月二十八日には鳳陽府城を占領した[24]。この頃から清朝側も北伐軍に注目するようになった。太平軍の黄河渡河までに書かれた上奏文から、その兵数に関する記載を見ると次のようになる

（A）該匪は約［二］万余りで、突如臨淮から蜂擁として来た【安徽鳳陽府[25]】。

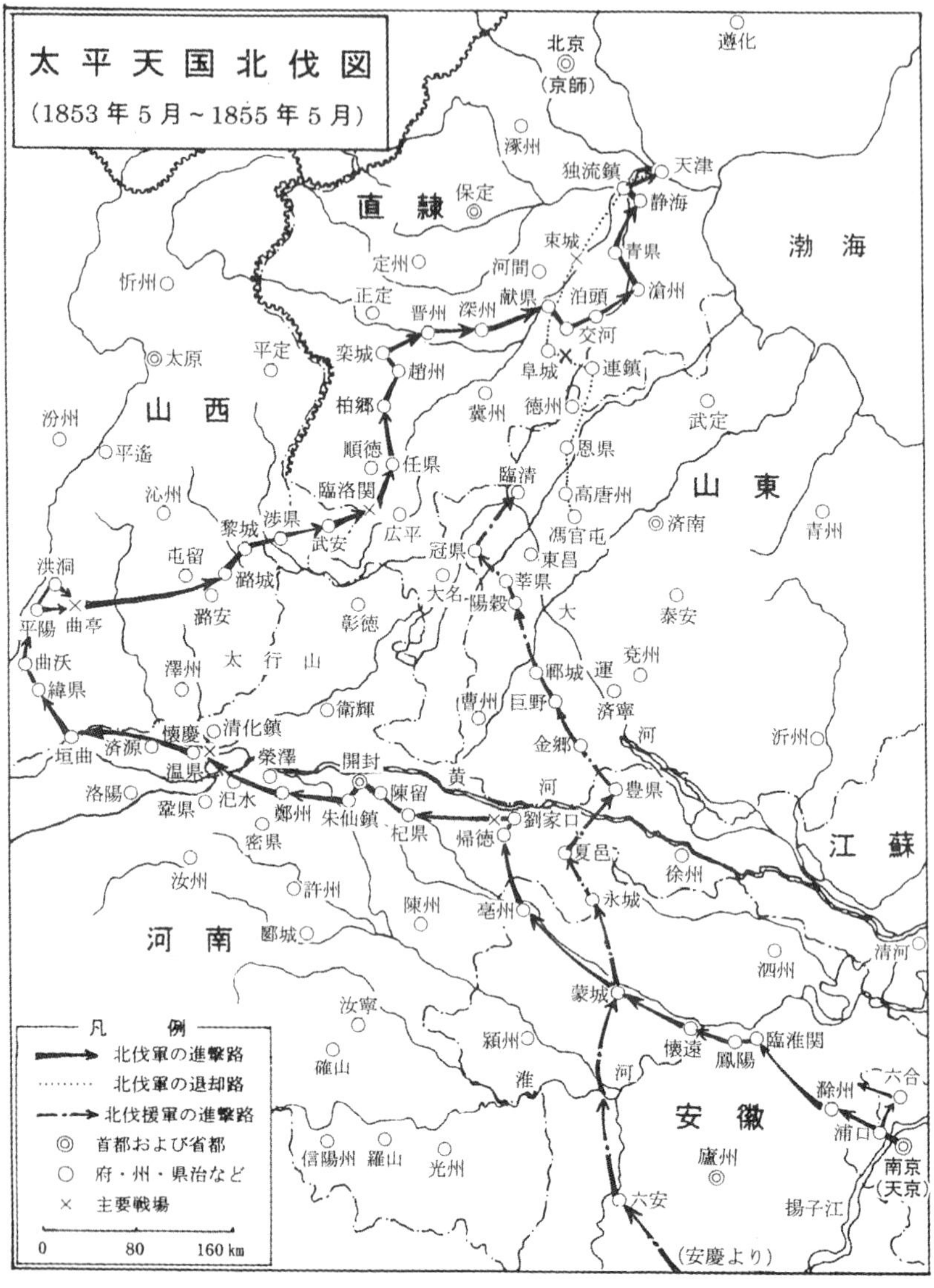

地図1　太平天国北伐図
(郭毅生主編『太平天国歴史地図集』中国地図出版社、1989年より作成)

（B）捕らえた長髪賊である楊宗傳……らの供述によると、正賊は千人に過ぎず、賊は一人で脅して従わせた民を二十五人率いる。真賊は少ないので、従った者は二万余人いるが、命令は実行されず、途中で逃げ出す者が極めて多い【安徽懐遠県[26]】。

（C）この逆賊はもとより敗残の零匪で、先に聞くところでは長髪の逆匪は僅かに一、二千、脅されて従った捻匪が二、三千で、数はそれほど多くないとのことだった……。現在は蔓延すること久しく、従う者も増えたため、報告によると賊は一万余人、賊船は三、四百隻おり、勢いは燎原の火のようである【河南蒙城県[27]】。

（D）逆賊が揚州より逃れ出て以来、担当の官吏はみな僅か一、二千人など心配するに及ばないと言って、滁州から鳳陽、懐遠、蒙城、亳州まで一人として矛を交えようとせず、いたずらに誤った情報を伝え合って、みすみす事態を誤らせた。

私（陸応穀）は帰徳で数千の兵で賊と戦うこと三日、賊匪の戦法は武器こそ優れていないが、数百人が一隊となり、身を伏せて前進し、退くことを知らないのを目撃した。また人数が余りに多く、往々にして後方から挟み撃ちにするので、官軍は見て恐れをなし、先を争って逃げ出してしまう。その行軍はさして整っていないが……、途中決して殺人はしない。その亳州から汴梁（開封）へ至った者はおよそ見積もって数万に及ぶ【河南帰徳府[28]】。

（E）連日生け捕った賊を取り調べたところ、その供述では揚州から逃れ出たのは千人に過ぎず、途中脅して従わせて汴梁に至ったのは約［一］万余人であり、二万人という者もいる。ただし従ったり逃げたりで、現在残っているのは五、六千人であるが、至る所で数万あるいは一、二十万と唱えて人々を恐れさせている【河南開封府[29]】。

これらの報告は（D）で河南巡撫陸応穀が敗戦の責任を逃れるべく、太平軍の兵力を数万人と過大に評価したのを除くと、残りはみな一万から二万人という数字を挙げている。また（B）の兵部侍郎銜周天爵、（E）の代理河南布政使沈兆澐の報告は一、二千人の小部隊という見方と辻褄を合わせるべく、途中多くの参加者を得て勢力を伸ばしたと解釈している。確かに林鳳祥らは河南朱仙鎮から北王韋昌輝へ送った戦況報告で「将兵は日々増加している」(30)と述べているが、後述のように急速に軍勢が拡大したとは考えにくい。清朝官僚の報告にある一万ないし二万人は出発時の兵力をさすと見てよいだろう。

いっぽう太平軍の関係者はどのように述べているだろうか。北伐作戦の失敗後に捕らえられた李開芳は、「私は浦口から林鳳祥、吉汶沅と賊匪二、三万人を率い、黄河を越えて直隷へと入った」(31)と供述している。彼はまた「黄河を渡った時、広西の老賊は五、六百人に過ぎず、脅して従わせた者を含めて二万だった」と述べており、北伐軍内に金田挙兵以来のベテラン兵士が五、六百人いたことがわかる。なお李開芳によると「新たに得た人は湖南、湖北［人］が最も多く、最も力がある。安徽［人］で力のある者は少ない」(32)とあるように、残りの二万人も中心となったのは一八五二年に太平軍が湖南、湖北を進撃した時に参加した兵士たちだった。ここから北伐軍の兵力が二万人以上で、広西、湖南、湖北出身の精鋭が主力を構成していたことが窺われる。

次に張維城の供述を見ると、懐慶攻撃時の情況として「現在真の長髪賊は約二万おり、その新しく脅されて従った臨淮、鳳陽、蒙城、亳州、帰徳人も一万いる」と述べている。ここには渡河作戦の死者や渡河出来ないまま南下した兵数が入っていないが、南京以来の中核が二万人、その後の参加者が一万人という記載はかなり実数に近いと考えられる。ちなみに張維城も「戦闘の時はみな湖南、湖北、南京、広東、広西人を派遣し、新しく捕らえられた者は戦闘に参加させない」(33)とあるように、主力はあくまで南京から派遣された将兵だったと指摘している。

さらに太平軍で文書作成を担当した陳思伯『復生録』は次のように述べている

林逆（林鳳祥）は南京から賊を率いること十一万、臨淮関に至り、新増の淮（安徽）の民で十七万に至った。途中また豫（河南）の民が増え、汴梁省で三万余りが逃げたが、なお賊は十六万いた。鞏県で［黄河を］渡河した時には、賊数はすでに二十万に増えていたが、溺死した者が万人、渡河を望まずに南京へ戻った者が約四、五万おり、林逆が渡河させたのは十三万余人に過ぎなかった。天津に到達して調べたところ、十万人に足りなかった。(34)

ここで挙がった数字は先の内容と一見大きく食い違うが、陳善鈞『癸丑中州罹兵紀略』は太平軍のいう「一万人」が実質二五〇〇人だと述べている。(35)また曽立昌率いる援軍の兵士だった張大其は太平軍の「一軍」が二五〇〇人であると供述しており、(36)これに従えば南京出発時の兵数は二万二五〇〇人（九軍から換算）または二万七五〇〇人（十一万人から換算）、黄河渡河の段階で五万人、渡河に成功したのが三万二五〇〇人、天津に到達したのが二万五〇〇〇人だったことになる。むろん六合県へ上陸後、清軍に敗北して「道を誤った」左軍、右軍の将兵は総制林紹璋（後の章王）に率いられて南京へ戻ったため、(37)当初予定されていた兵力全てが北伐に参加した訳ではなかった。これらの要素を考え合わせると、二万人強という数字はまず妥当と考えられるのである。

ちなみに張維城の供述によると、太平軍の「一軍」はいつも一律に二五〇〇人だったのではなかった。彼は「前一、前二両軍は人数が最も多く、度胸も一番あり、およそ一万余人いる。その他の七軍は、二万人に過ぎない(38)」と述べており、林鳳祥、李開芳の直属部隊だった前一軍、前二軍（もとは前軍主将西王蕭朝貴の部隊で、彼の死後は林鳳祥らが統率したと見られる）の人数が多く、戦闘力も高かったことがわかる。

『太平軍目』および『賊情彙纂』の記載によると、太平軍は旗に地名を記した小部隊を組み合わせることで将兵の出身地が偏らないように工夫して編成されており、南京到達後の部隊は広西人将校の統率のもと、湖広（湖南、湖北）、安徽、南京など多様な地域の出身者によって構成されていた[39]。また新兵の補充は各部隊でなされたが、張維城が両司馬羅春や師帥黄錦文（広東人）の部下となり、陳思伯が右一軍旅帥鄭阿培の部下をつとめるなど、将校と兵士のパーソナルな関係が重要な意味を持った[40]。無論南京占領後にそれまでの二十五軍から「新掠の民を増やして、全部で五十軍となった[41]」とあるように、軍の編成変えも行われた。また李開芳の部下でありながら、北伐に加わらなかった忠裨天将李尚揚（湖南安仁県人）のような事例も存在する[42]。だが戦闘による損失もあり、各軍で人数や戦闘力に差が出るのは避けられなかったであろう。

さらに安徽、河南の参加者にあって重要なのは、華南では養成が難しい騎兵であった。周天爵は太平軍が多くの馬、ラバを奪って機動力を高めようとしていると報じており[43]、林鳳祥らも南京への報告で新兵に「馬、ラバに乗る者が大変多い[44]」と記している。

（b）　北伐軍の戦略と清朝の対応

さて北伐軍の攻撃目標はどこであったのだろうか。『清史稿』洪秀全伝にある「間道を行き、速やかに燕都（北京）へ赴け」という洪秀全の命令は、羅惇曧『太平天国戦記』から引用したもので史料的な信憑性は高くない[45]。また逮捕後の李開芳は洪秀全が「天津に到達したら報告せよ。さすれば再び兵を送る[46]」と指示したと述べるに止まり、目的地については明言を避けている。しかし楊秀清は林鳳祥らに後続部隊を待たず前進するように指示した誥諭（一八五三年五月二十八日）の中で、連絡役をつとめた彭福興らに「北京に到達した日には、監軍の袍帽を与えよ[47]」と命じている。また一八五三年九月末に直隷へ入った太平軍はしばしば兵士を北京へ潜伏させて内応を図っており[48]、ここから太平軍が当初から北京攻略をめざしていたことは間違いないと考えられる。

いっぽう清朝側は北伐軍の兵力を低く見積もったこともあり、太平軍の意図をなかなか見抜けなかった。例えば江蘇宝応県を南下していた署理四川総督慧成は、太平軍の滁州占領は「琦善の兵力を分け、揚［州］城の包囲を解く」ための陽動作戦であると主張した(49)。また兵科掌印給事中の袁甲三は、北伐軍の進路について「謡言が四起し、人心は惶惑して殆んど手の打ちようがない」と述べたうえで、「目前の情形から論ずれば……、渡河北犯の計をなすことは断じてあり得ない」とあるように北京進攻の可能性を否定し、琦善と欽差大臣の向栄に揚州、南京での軍事作戦に専念するように求めた(50)。

このように清朝側の見方が分かれた一つの理由は、太平軍が大運河を北上する最短のルートを取らず、西北へ軍を進めたことにあった。この北伐軍の戦略について周天爵は「もとより北に向かって徐州へ行こうとしたが、宿州に虎勇が駐守していると知り、敢えて北に来なかった(51)」とあるように、広西で太平軍と交戦した経験をもつ自分が臧紆青（宿遷県挙人）の練勇を率いて守りを固めた結果だと主張している。

実際のところ大運河沿いの徐州は清軍の兵站基地であり、山東では杭州将軍瑞昌、理藩院尚書恩華が盛京、吉林、黒竜江兵を率いて江南へ向かっていた(52)。これに対して安徽、河南方面は清軍の防備が手薄で、安徽巡撫李嘉端は湖北按察使江忠源が率いる楚勇に応援を求めたり、翰林院編集李鴻章が組織した練勇に頼らなければならなかった(53)。つまり太平軍の進撃ルートは清朝側の弱点をついたものだった。

六月二日に淮河を渡った太平軍はかなりのスピードで進撃し、十三日には河南の帰徳府城を占領した(54)。また三千人の兵力で救援にかけつけた陸応穀の軍を破り(55)、黄河南岸にある山東曹県の劉家口へ兵を派遣して渡河を試みた。だが清朝側は「渡し船を北岸に集め、舵や帆柱を取り去って、渡河を禁止した(56)」「北岸に集めた船を全て焼却した」とあるように、渡河に必要な船を太平軍に与えなかった。また黄河が増水したため(57)、結局六月十六日に林鳳祥らは「ここには船がなく、渡河し難いことを斟酌して……、全軍杞県へ向かった[58]」とあるように別なチャンスを求めて西へ向かった。山東巡撫李僡は「もし天険の河流がなかったら、早いうちに北竄して深入しただろう[59]」と報じたが、黄河は北伐軍の命運を左右する最初の障碍になったのである。

六月十九日に河南の省都である開封に到達した太平軍は、城内の清軍を攻撃する一方で船を確保しようとした[60]。当時開封の清軍兵力は二千人程度であったが、沈兆澐が大量の銀を用意して高額の賞金を約束したところ、民勇およびイスラム教徒である「回勇」四千名が熱心に防戦した[61]。また長距離の行軍で疲労していた太平軍は黄河の増水や悪天候に悩まされ、多くの病人を出して開封攻撃は失敗した[62]。六月二十日に林鳳祥らが朱仙鎮から南京へ送った戦況報告は、「臨淮からここまでは麦畑ばかりで、一枚の田も見あたらず、食糧に難儀している……。物資は全て足りているが、ただ米だけは手に入らない[63]」と述べており、米食、麦食に代表される華南と華北の気候風土の違いが、北伐軍将兵の負担となっていたことがわかる。

開封を撤退した太平軍は六月二十三日に鄭州を占領し、滎陽県を通過して二十五日に汜水県へ到着、二十六日には鞏県を占領した[64]。このように太平軍が順調な進撃を続けることが出来た理由として、清朝の防備体制に不備があったことは否めない。

この問題を最初に提起したのは安徽の団練結成に努めていた袁甲三で、彼は周天爵、李嘉端の二人では太平軍を鎮圧出来ないと次のように訴えた

周天爵の忠義ぶりは誰もが認めるところだが、逆匪の殲滅を思うあまり、高齢もあって精神が集中できず、考えが定まらない。何かあればすぐに吐血し、最近も数回起きている……。しかも淮北に注意が偏り、淮南まで顧みることができない……。

李嘉端は性格がはきはきしており、果敢で有能だが、仕事に当たることが急に過ぎて配慮が周到でない。現在賊氛がすでに迫っており、李嘉端は練勇を招いて弾圧を図った。お陰で人心は安定したが、突然の変化によって経費が足りなくなった。しかも淮北では周天爵が別に計画を進めているが、気脈は通じず、お互いに呼応し合えない(65)。

このうち金田蜂起時に広西巡撫となった周天爵が「仕事に勇敢に当たるが、人を用いることが出来ない(66)」とあるように独善的で、欽差大臣李星沅や広西提督向栄らと激しく衝突して解任されたことは良く知られている。この北伐作戦でも周天爵は咸豊帝からなぜ鳳陽に進出した太平軍を捕捉出来ず、また臧紆青の練勇を率いて決戦を挑まなかったのかと叱責を受けた(67)。このとき周天爵は太平軍の追撃にあたって陸応穀に手紙を送り、「賊が帰徳に至っても、決してみだりに戦ってはならず、私が到着するのを待って挟み撃ちにするように頼んだ」にもかかわらず、陸応穀は軽率に戦って敗れたのだと非難している(68)。こうした官僚同士の連携の悪さは、懐慶攻防戦でも繰り返されることになる。

次に清朝側の問題点として浮かび上がったのは、将兵の志気の低さであった。むろん清軍の腐敗はこのとき始まったことではなかったが、今回槍玉にあがったのは「勁旅」即ち精鋭をもって聞こえた黒竜江の騎兵部隊で、浦口に太平軍が上陸すると「一戦即潰」とあっけなく敗北した(69)。この敗北の責任をとってチャハル都統の西凌阿は免職処分を受け、太平軍の追撃を命じられた(70)。

この浦口敗戦の原因を分析した欽差大臣琦善は、太平軍が鉄砲を多用していること、騎兵は白兵戦には向かないばかりか、馬も各地から集めたもので調教が行き届かず、一度砲声を聞くと驚いて逃げてしまうこと、黒竜江兵の得意とするのは弓箭だが、矢が尽きてしまえば手の打ちようがなく、歩兵と組み合わせて使わなければ意味がないと指摘した。そして琦善は八旗兵の俸給が緑営兵の倍であると述べたうえで、経費不足の折から緑営兵を多用する方が得策

だと進言するほどだった。(71)

つぎに批判を浴びたのは河南巡撫陸応穀と各地の府城、県城を守る地方官たちだった。帰徳で太平軍に敗れた陸応穀は粗末な姿で許州に逃げ戻り、兵士たちがその行方を尋ねるほどに軍は混乱した。(72)その結果「巡撫が敗れたので、官兵は益々おじ気づき、紛々として逃散したため、防禦のしようがなかった。該匪はこれに乗じて前進し、帰徳から数日で開封に至った」(73)とあるように、清朝側の守備は総崩れとなった。とくに目立ったのは地方官が家族を避難させ、住民がこれに続いて城が無人と化してしまうパニック現象だった。西凌阿は「途中の州県は多くがあらかじめ避難し、城は空となって賊のやりたい放題に任せており、決して嬰城を固守しようとしない」(74)と嘆いている。

さらに清軍の混乱はさまざまな悪影響を生んだ。帰徳では商邱県知県の宋錫慶が逃亡すると、「奸細の接応」(75)によって太平軍が南北両門から城内へ突入した。張維城によると、このスパイは清軍の守備兵で、「あえて抵抗せず、城壁を降りて門を開けた」(76)のだという。また鄭州では陝西から徴発された官兵が指揮官を殺害して、太平軍に殺されたという流言をまき散らし、驚いた住民が避難した後に略奪を働いた。鞏県が陥落したのも彼らに続いて太平軍が到着したためだったとある。(77)

ところで太平軍はいかなる問題を抱えていたのだろうか。すでに見たように太平天国は当時の総兵力である五十ヶ軍のうち九ヶ軍をこの北伐作戦に投入した。本隊を後方に残し、機動力の高い精鋭部隊で奇襲攻撃をかけるのは、西王蕭朝貴の永安州、長沙に対する攻撃でも見られた戦略であった。(78)恐らくは林鳳祥らも二万人強の兵力で北京を占領できるとは考えておらず、途中兵力の増加を見込んでいたと思われる。

たしかに李嘉端は北伐開始直前の安徽について「群盗は毛の如し」(79)と報告しており、先に見た（B）の周天爵上奏も太平軍に二、三千人の捻子が加わっていたと述べている。また一八五三年七月に斥候に出たところを捕らえられた王毓高（河南閿郷県人）は、「久しく長髪賊に投じた」捻子頭目の楊遇升に従って浦口から開封まで従軍しており[80]、黄河渡河後の太平軍については「長髪は僅か数百で、残りはみな脅された湖南、湖北、江寧（南京）、揚州の人か安徽、河南の捻匪で、捻匪が最も多い[81]」といった証言もある。

しかし北伐軍における新規の参加者は、湖南から南京までの過程に比べると少なかった。むろんその第一の理由は華南と華北の社会状況の違いに求められる。また見逃せないのは北伐軍の進出した地区で、直前に清朝の捻子に対する厳しい弾圧が行われたことだった。周天爵の軍事行動はその一つで、彼は太平軍が臨淮に進出する直前にこの地の捻子呉殿揚の掃蕩戦を進めた[82]。また河南では帰徳府知府陳介眉らが永城県、虞城県一帯の捻子陳毛、張明塘らに対する弾圧を行い、七百人以上を殺害した[83]。帰徳では首切り役人が余りの酷さに恐れをなし、盲目の者を探して処刑を代行させたという。その後帰徳では報復の噂が絶えず、府城が陥落する遠因を作った[84]。だがこうした措置は結果として太平軍の勢力拡大を最小限に抑えたのである。

次に北伐軍が直面した問題は重火器の不足であった。これがクローズアップされたのは開封攻撃の時で、「該匪は城付近の村に隠れたが……、兵勇は千斤余りの大砲を放ち、壁を崩して賊匪を死傷させた[85]」とあるように、城内からの砲撃によって多くの死者を出して撤退した。また見逃せないのは逃亡兵が多かった事実で、山道で隠れ場所が多い鞏県では多くの兵が行軍中に隙を見て脱走した[86]。陳思伯も朱仙鎮で点呼をしたところ、「新掠の淮民」が七五〇〇人も逃げてしまったと述べている[87]。

このように太平軍の内情は決して万全ではなかったが、なお比較的順調に作戦活動を進めることが出来たのは、これを追う清軍の動きが鈍かったためであった。太平軍の追撃を命じられた西凌阿と江寧将軍托明阿は、帰徳から百キロ程度の距離しかない開封までなかなか到達せず、咸豊帝に故意に進撃を遅らせていると叱責された[88]。また河南の救援を命じられた周天爵は徐州の戦略的重要性を主張して動かず[89]、許州へ落ちのびた陸応穀は太平軍を追って黄河を渡ろうとはしなかった[90]。こうした現実について河南学政張之万は次のように語っている

賊匪は火薬が少なく、食糧も尽きかけており、もし精鋭が攻撃すれば、たちまち撲滅できる。だが如何せん安徽からの追撃部隊は到着せず、巡撫（陸応穀）も許州に退いたままで、動員された兵も揃わない。開封の兵はもとより少なく、郷勇を招いてようやく城を守るに足るだけなのに、どうして城門を開いて進攻出来ようか……。

その実は賊がいよいよ熾んなのではなく、わが兵がいまだ集まらないのである[91]。

この清軍の非能率と足並みの悪さは、黄河の警備についても同じだった。六月二十五日に直隷総督訥爾経額は「河南省の考城、祥符、蘭儀などの渡しは……、一人の兵も守っておらず、人の行き来も通常通りで、昼夜続いている。もし逆匪が紛れ込んだら、雨風や暗闇の中では賊か、民か区別がつかず、害をなすことは言うに堪えない[92]」と述べ、場所によっては全くの無警戒であると警告を発した。はたして六月二十七日、太平軍は鞏県で船を獲得して黄河の渡河作戦を開始した[93]。清朝の柔軟さを欠いた防衛体制では太平軍の華北進出を阻むことは出来なかったのである。

二、懐慶攻防戦にみる太平天国

（a）　黄河渡河作戦と懐慶攻撃の開始

太平軍による黄河の渡河成功は、清朝側にとっては晴天の霹靂だった。最初にこの事実を北京へ伝えたのは詹事府少詹事の王履謙で、渡し場のない洛河で太平軍が船を手に入れたのは「実に想像できなかった」ことであり、「必ずや地元の奸匪が結んで導いた[94]」結果であると報じた。また知らせを受けた陸応穀も「賊は皮水羊（一種の浮き袋）に

乗って川を渡り、船を奪って渡河したというのだが、もとより未だ深くは信じられない」[95]とあるように驚きの声を上げている。

それでは実際の情況はどうだろうか。張維城の供述や『復生録』、開封府知府賈臻の証言などを総合すると、六月二十七日に太平軍は鞏県の洛河に遺棄された石炭運搬船数十隻を獲得した。はじめ太平軍は汜水県の渡口に浮き橋を作って全軍を渡河させようとしたが、水量が多いために断念し、二十八日から揚州、儀徴県出身の船乗りに漕がせて渡河を開始した。船が少ないため、馬に乗ったり泳いで渡る兵士もいた。だが多くの船が途中で沈んでしまい、数千人が命を落とした。陳思伯も水中に投げ出されたが、同郷出身の百長曽廷達に救われたという。結局七月五日までに六、七割の兵士が黄河を渡り終えた[96]。

ところで張維城は「丸一日河を渡ったが、一人の兵も追って来なかった」[97]と述べている。清朝から河南各軍の統括を命じられた托明阿が、西凌阿と共に滎陽県に到着したのは六月三十日のことで、黄河南岸に残る太平軍の後衛部隊に攻撃をかけたのは七月一日以降のことだった[98]。清軍に捕捉されたこの部隊は二千人近い死者を出し、残余の三、四千人は南下して西征軍との合流をめざすことになる[99]。

さて黄河北岸に到達した太平軍は温県東部の河辺にある柳林に集結し、七月二日には温県城を占領した[100]。この時太平軍と一戦を交えたのが、在籍前太常寺卿の李棠階（懐慶府河内県人）の率いる郷勇である。

『李文清公日記』によると、南京陥落後の一八五三年三月に各地の紳士に対して、地方官と協力して団練結成のための「捐輸（寄付）」を行うように指示があった。だが李棠階は「官民紳士が互いに信頼しない」現状では結成が難しいと考えた。すなわち官と民の間に信頼関係がなければ、団練経費を寄付する者はなく、いきおい割り当てることになるが、それは胥吏に搾取の口実を与える結果にしかならない。李棠階はこれが決して杞憂ではなく、この目で目撃した事実なのだと強調している。[101]

この団練結成の難しさは、当時の河南各地で共通する問題であった。この頃西部の科挙試験を監督していた河南学政張之万は、地方官にこの点を問い正したところ、「やや取り組み方を知っているが、まだ成果が現れていない者もいれば、漫然として対策を考えず、ただ実行は難しいとの一言で責任逃れをしている者もいた」と報じている。そして団練の結成には官の適切な指導が不可欠であり、中央から大官を派遣して団練の結成と壮勇の募集を監督させるように求めた。[102]

そこで李棠階らがまず取り組んだのは、「各村を互いに団結させ、隣村と連絡を密にして、盗賊を防ぎ土匪に備える」とあるように、地域の結束と治安強化に重点を置いた友助社と呼ばれる組織の結成だった。彼は河内県知県裘宝鏞、懐慶府知府余炳燾に働きかけ、搾取の口実となる経費の徴収を行わないこと、参加者に城の防衛や遠隔地への出征は強要しないことを約束させた。

太平軍接近のニュースは六月中旬に懐慶へ届き、帰徳から逃げ帰った商人たちの話に「人心はすでに皇々」となった。また六月下旬には黄河南岸を進む太平軍が清軍と戦っている様子がわかるようになった。この時有力者の中には「寨を築いて寇を防ぐ」者も現れたが、なお多くの者は「賊は必ずしも来るとは限らない」と言って意見はまとまらなかったと李棠階は記している。

太平軍が渡河を始めると、遊撃穆奇賢の率いる清軍は傍観するばかりで、上陸を阻止できないまま敗走した。太平軍が食糧調達のために村々へ姿を見せると、李棠階と任殿揚（武挙人）を中心に「村々が互いに防禦」する動きが広がった。彼らは尻込みする穆奇賢を後目に、太平軍の小部隊を襲ってはその将兵を殺した。[103] 七月初めに林鳳祥らが温県で出した布告は「不法の頑民が妖魔によって惑わされ、僅かな利益を貪って郷勇となり、あえて金兵に抵抗している」「本大臣はもとより民を愛することを心にとめており、尽く滅亡させてしまうのは忍びない……。ゆめゆめ天法に背いて命や家を失うことなかれ[104]」と述べており、太平軍が郷勇の抵抗に悩まされていたことを伝えている。

この勝利に勢いづいた李棠階らは、七月二日に柳林の太平軍本隊に攻撃をかけた。だが多くの村々は集合場所に姿を見せず、集まった人々も「訓練を受けていないために、命令を聞かなかった」とあるように統制が取れなかった。はたして戦闘が始まると郷勇は銃声に怯え、李棠階を見捨てて逃げ出した。太平軍は温県を占領し、抵抗した村々に容赦ない攻撃を加えたという[105]。この李棠階の例は正規軍の支援を欠いたまま、訓練不足によって敗れた団練の姿を良く示している。

さて七月八日から太平軍は黄河北岸の重要拠点である懐慶府城の攻撃を開始した。北伐の戦局に大きな影響を与えたと言われる懐慶攻防戦の始まりである。近年このとき懐慶城内にいた二人の人物による手記が公開され、いくつかの新事実が明らかになった。以下ではこの新史料を中心に五十七日間におよぶ戦いの内容を見ていきたい。

田桂林『粤匪犯懐実録』によると、懐慶府城の防衛力強化は太平軍が黄河を渡河している六月二十八日から着手された。知県裘宝鏞は紳士と協議のうえ準備に取りかかり、大型大砲を試し撃ちしたところ、震動で城壁の一部が崩れてしまい、小火器しか使えなかった。このため不安となって脱出する者が多く、城内には数千人しか残らなかった。また密偵に対する警戒が強化され、夜には城の内外にかがり火や提灯がともされた。翌日には付近の川から水を引いて城の周囲に濠を作るなど、一応の警備体制が整った[106]。

さて従来は懐慶攻防戦の開始にあたり、知府余炳燾と裘宝鏞は清朝皇帝の恩を説いて人々に抵抗を呼びかけ、これに感じた住民が太平軍を撃退したと言われてきた[107]。『復生録』も「淮慶（懐慶の誤り）城内は元々兵が多くなかったが、聞くところではこの郡を守る者は深く民心を得て、民を督して城を守り、昼夜解かなかった[108]」と述べている。

それでは実際はどうだろうか。田桂林によると、六月三十日に太平軍の密偵が捕らえられて処刑された。だが元々臆病だった余炳燾は処刑を見て下痢をしてしまい、城に登れなかった。またその晩に知県裘宝鏞は側近を引き連れて西門に至り、偵察に出るから開門せよと命じた。だが紳士たちは「あなたは一県の主人だ」と言ってこの命令を拒否した。すでに裘宝鏞は家族を九道堰に避難させており、自らも脱出を図ったのである。逃げられないと知った裘宝鏞は真剣に府城の防衛に取り組んだという。

七月二日に清軍将校を装った「馬賊」五騎が懐慶城に至り、緊急文書と軍事機密があるので開門するように求めた。守備側が発砲して彼らを追い払うと、ついで失陥した温県知県張清瀛が姿を見せ、泣きながら窮状を訴えた。しかし守備兵たちは張清瀛が太平軍の先導役を務めたと考え、「お前が賊を郡城まで連れてきたんだろう。よくもここで話が出来たものだ」と口を極めて罵った。李棠階も指摘した官民間の強い不信感が窺われる。

またある日門番の蔡なる人物が懐慶城を脱走した。裘宝鏞が連れ戻すために追っ手を派遣すると、捉えられた蔡はラバに銀二千両分の「官宝」を隠していた。怒った裘宝鏞はこれを没収し、各城門で守備についている人々に一二七二文ずつ分け与えた。すると「好官！」と叫ぶ歓声が城中に湧きあがり、警報が出ると勇んで守備についた。結局官民間の溝を埋めたのは、貪官汚吏に対する処分だったのである。

さて太平軍による懐慶攻撃の開始について、田桂林は次のように記している

賊の来たるや、頭に竹笠をかぶり、足に草鞋をはき、大褂を着て蕉扇を持ち、兵器を見せずに悠然と姿を見せた。和風楼で見張っていた識者が「これは賊だ！」と叫び、砲撃を加えた。賊はついに東西に分かれ、城を鉄の筒のように取り囲んで、一斉に銃火を浴びせた。弾丸は拳や卵くらいの大きさで、雨や雹のように降り注いだ……。

初三日から初五日（西暦七月八日から十日）まで、賊の攻撃は大変激しかったが、城上は優勢を保ち、無数の賊

匪を殺した、賊は城上を妖猫と呼び、城上は賊を鼠賊と呼んだ。賊は不利とわかると初六日（同じく十一日）に包囲を解き、遠い者は各郷村に住み、近い者は四関の屋敷に隠れた(109)。

また葉知幾『守城日志』は太平軍の攻撃について、東南の樹林に五色の旗が揺れて指揮を取り、騎兵と歩兵が数里にわたって隊列を作って前進したこと、懐慶府城の東側に殺到し、激しい砲撃を加えたと述べている(110)。さらに李棠階によれば、太平軍は懐慶城の北側を流れる沁水対岸の水北関を占領して攻撃を加えたという(111)。

（b）懐慶包囲戦に見る太平軍と清軍

ところで太平軍が懐慶を攻撃した目的は何だったのであろうか。北伐軍の追撃を命じられた内閣学士・幫辦軍務勝保は、懐慶の土地が豊かで、火薬の生産に不可欠な硝石の産地であること、地形的にも重要であることを挙げている。そして捕らえたスパイの供述として、「逆首林鳳祥の意図は城を破って固守し、もって南援を待つことにある。もし懐慶を落とせば、人民二十万が手に入り、銀物は無数で、鉄砲も火薬もみな足りる。どうして存分に北竄出来ないと憂える必要があろうか(112)」と報じた。太平軍の目的が黄河を渡河出来なかった後続部隊（あるいは援軍）との合流にあったこと、懐慶で兵力と装備を充実させれば、さらなる北進が可能だと考えていたことがわかる。

懐慶を一気に攻略することが難しいと知った太平軍は、城外の家屋や木材、土を使って城を取り囲むように陣地を構築し、兵糧攻めを行いながら、二十四の地下道を掘って地雷を仕掛け、城壁を爆破する作戦に出た。この地雷攻撃は太平軍の得意技で、武昌や南京ではこれをきっかけに城が陥落した。懐慶では七月十五日から三回にわたって地雷が爆発し、知県裘宝鏞が負傷した。だが太平軍は攻撃に先立って礼拝を行ったため、守備側は爆破後すぐに城壁の穴を埋める作業を準備出来たという(113)。

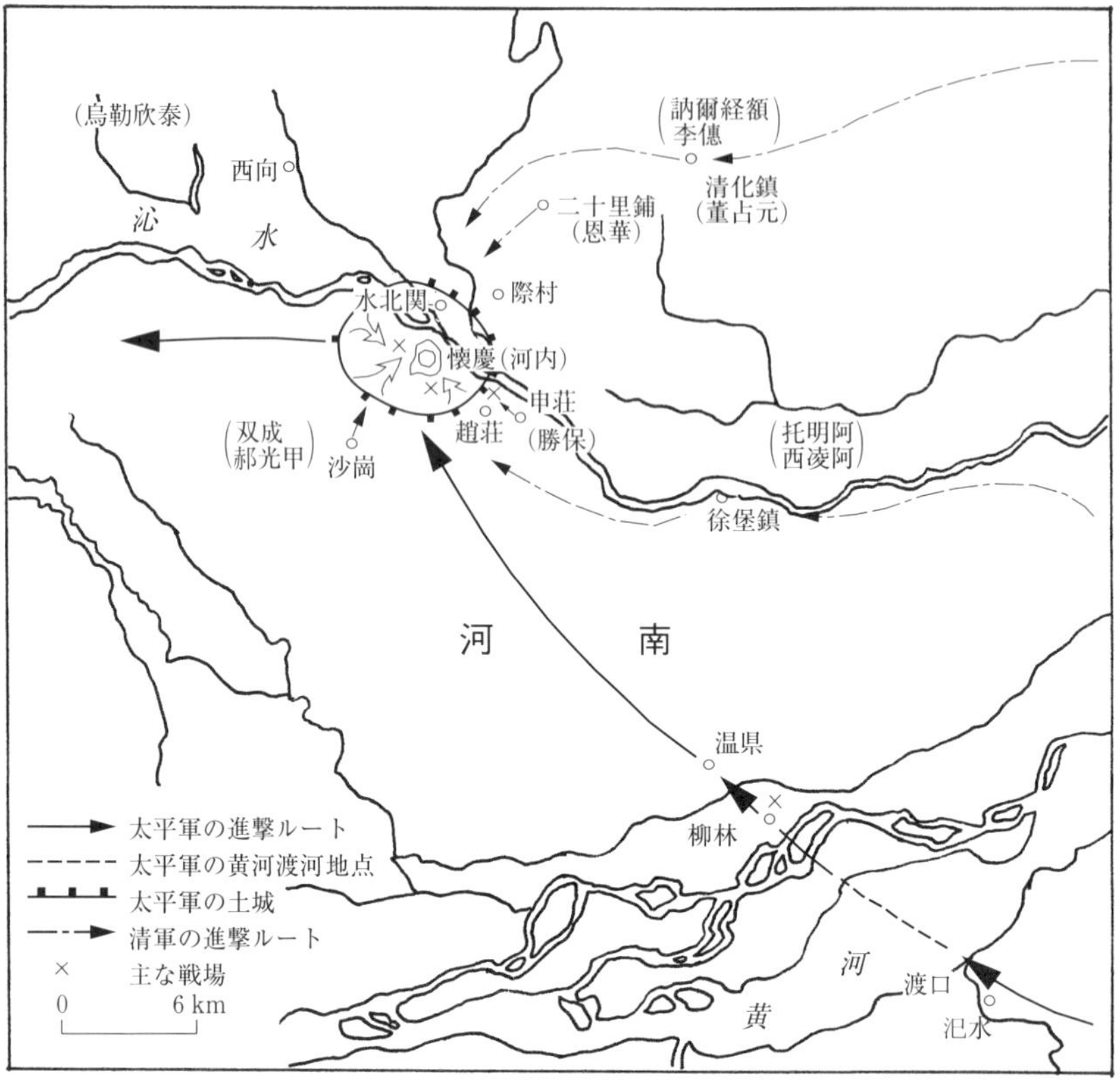

地図２　懐慶攻防戦図
（郭毅生主編『太平天国歴史地図集』より作成）

また元々防衛力に不安を抱えていた懐慶城内では、陥落を恐れた人々が太平軍の到着前から食糧を城外へ持ち出した。知県裘宝鏞らは生員呉応麟らの建議を容れて、近隣の商人から食糧を買い付けると共に、城内に支応局、平糶局を設けて物資の統制と貧民に対する穀物の配給を行った。だがこれらの措置によっても「城内の小麦は一斗につき一千六百文の値段がついたが、値はあっても物はなく、買える場所がなかった。烙餅は三、四銭の重さで一個十二文、豚肉は一斤六百文したが、六月中旬（即ち西暦の七月中旬）からは豚肉も途絶えた」とあるように、籠城戦の開始とともに飢餓にさいなまれた。

太平軍も城内の食糧不足を知り、将兵たちは饅頭や肉を城上へ押し上げて投降を呼びかけたが、守備側はこれを拒否した。また栄養不足から疫病が流行し、多くの死者が出たという[114]。

なお太平軍の食糧は付近の民衆との交易によってまかなわれた。懐慶府西部の済源県、孟県の人々が太平軍に物資を供給し、地方官もこれを禁止出来なかった。李棠階はこれを懐慶の西側に清軍が陣を敷かなかった結果だとしたうえで、「初めは米、果物などを賊に与えていたのだが、賊が良い値段で彼らを誘ったために、愚民は利を貪って絶えることなく、ついに市場が出来る程だった[115]」と述べている。また太平軍は将兵の掠奪行為や婦女暴行を厳しく禁じ、「偽りの仁義」によって「人心を収めんとした[116]」とある。

さて太平軍を追って黄河を渡った江寧将軍托明阿らが、懐慶城東の徐堡鎮に到着したのは七月十八日のことだった。翌日清軍が攻撃を始めると、城内の人々は援軍の到着に喜び、粥や烙餅を作ってもてなしの準備を始めた。初め太平軍は敗走したが、器や皿、衣服を路上に投げ出すと、清軍の兵士はこれを拾おうと夢中になり、太平軍の「回馬槍」と呼ばれる反撃行動を受けて敗北した[117]。また七月二十三日には理藩院尚書恩華の軍が懐慶東北の清化鎮に到着したが、二十六日に大名鎮総兵董占元の部隊が大敗を喫した[118]。以後恩華らは城内からの再三の要請にもかかわらず攻撃をかけなかった。失望した住民は家族を連れて城外へ打って出ることを考えたが、田桂林に諫められて思いとどまったという[119]。

太平軍の黄河北岸進出に事態を重く見た清朝は、托明阿、恩華以外にも内閣学士・幫辦軍務勝保、山東巡撫李僡、山西太原鎮総兵烏勒欣泰を懐慶へ派遣した[120]。また訥爾経額を欽差大臣に任命して各軍を統括させ、自ら懐慶へ赴いて指揮に当たらせた[121]。だがこうした措置にもかかわらず、清軍の作戦活動ははかどらなかった。七月三十日から三日間にわたり太平軍と戦闘を交えた勝保は、その上奏で次のように述べている現在の兵力はまことに聖諭の如く、厚くないとは言えないが……、如何せん各路の官兵は多いと言っても、実際に賊と真剣に戦う者は多くない。例えば北路の陣地はすでに遠く、戦闘時も川を隔てて鉄砲を撃つだけで、距離が遠過ぎるために、賊はほとんど意に介さない。西路は現在兵がおらず、托明阿らの東路はなお良く私と呼応しているが、その官兵はまた多くが前進しようとしない。このため各路の兵は一万数千人いるとは言っても、実際に力を出せるのは十分の一、二に過ぎない。これらは皆統率の仕方が要領を得ないために、兵がおじ気づいて闘志を欠き、加えて敗戦を粉飾するために、戦死した将兵は報われず、志気はさらに奮わなくなるのである。[122]

勝保は別の報告でも配下の天津兵一千人について、出陣が可能なのは五百人に過ぎず、さらに拠点の防衛に必要な兵力を除くと、敵陣に突撃できる兵力は百人程度だと述べている。[123]また八月十二日に恩華は丹河対岸の太平軍陣地を攻撃し、勝利を収めたと報じたが、太僕寺卿王茂蔭が告発したようにその内容には粉飾が多かった。[124]さらに勝保が攻撃をかけた八月一日は、もともと恩華も総攻撃を予定していた。だが「賊が沁、丹両河の間に陣取っているために、文報は回り道をせざるを得ず、三方面（東北の恩華、李僡、東南の勝保、托明阿、西北の烏勒欣泰）の気脈はすこぶる連絡し難い」[125]とあるように、各軍はほぼ連携を欠いたまま作戦を行わざるを得なかった。

こうした清軍の非能率さこそは、懐慶城の東側へ布陣したことで太平軍の東進を阻んだものの、見るべき戦果を挙げられなかった最大の原因と言えよう。

八月中旬に入ると懐慶城内の食糧が底をつき始め、勝保は托明阿、貴州提督善禄および新たに戦線に到着した陝西西安副都統双成、陝安鎮総兵郝光甲の部隊と協力して城内との連絡をつけようと図った。八月十七日、二十六日に勝保は兵士に救援物資を携帯させ、土塁を築きながら前進する牛馬牆の戦術で太平軍の防衛線を突破しようとした。[126]両面に敵を受けた太平軍は激しく抵抗し、十八日夜の反撃では林鳳祥みずから五千人の兵を率いて出陣した。[127]このとき勝保が「懐［慶］郡に到着いらい十数回の戦闘を行い、倒した賊は数千人を下らないが、真の長髪賊を殺したのは今回が一番多い」[128]と報じたように、陣地をめぐる攻防は太平軍にも戦力の消耗をもたらした。

このころ懐慶の包囲を解く方法を上奏した河南学政張之万は、籠城を続ける「忠義の官民」を餓死させずに救出できるかどうかは、今後の戦局に重大な意味を持っていると述べた。そして彼は現在最も憂慮すべきは、清軍各大臣の意見が合わずに北伐軍の殲滅が遅れてしまうことであり、その間に防備の手薄な山東へ向かって別の太平軍が北上し、河南の捻子と結びつくことだと指摘した[129]。

実際に黄河を渡河出来なかった南返軍が八月下旬に安慶へ帰還した時点で、南京がすぐに北方へ増援軍を送っていたら、その後の展開は違うものになっていたかも知れない。だが張維城が「現在南京からは手紙が来ず、懐慶の賊も南京へ手紙を送ることができない」[130]と供述したように、北伐軍と南京との連絡は途絶えたままであった。南京側としても次なる有効な戦略を打ち出すことは出来なかったのであり、この意味で後続部隊との合流を第一の目的として戦われた懐慶攻防戦は太平軍の失敗に終わったと言えよう。

さてこうした現実を前に、北伐軍にとって可能な一つの選択は、各地から懐慶救援に派遣された清軍を可能な限り引きつけ、その追撃を振り切って西北方面へ進出することだった。すでに八月中旬に勝保は捕虜およびスパイの証言から、太平軍が総司令部を懐慶城の西側へ移し、脱出を図っているとの情報を得ていた[131]。また八月二十五日には欽差大臣・直隷総督の訥爾経額が清化鎮に到着し、天津から数千斤の巨大な大砲を取り寄せて攻撃をかける準備が進められた[132]。

太平軍が懐慶からの脱出作戦を始めたのは八月三十日のことだった。これに先だって太平軍は懐慶城内へ矢文を送り、二、三日中に懐慶を去ると述べたうえで、「なんじら懐慶はみな好百姓だ、我らを追ってはならぬ。追えば戈を返して戻り、なんじを殺してニワトリ、犬たりとも留めぬ(133)」とあるように、守城側に太平軍を追撃しないように警告した。また撤退にあたっては羊や犬をつるして太鼓を叩かせ、普段通りに煙をたき、かがり火をともすなどのカモフラージュをしながら、九月一日までにほぼ全軍が西へ撤退した(134)。

太平軍の懐慶撤退後、訥爾経額は二日未明に太平軍陣地へ総攻撃をかけ、二千人の太平軍将兵を殺害して、懐慶の包囲を打ち破ったと報告した(135)。この知らせを受けた咸豊帝は大いに喜び、育ての親である康慈皇貴太妃に勝利を報告すると共に、軍機処に「喜報紅旌」の四文字を記した朱筆の匾額を送った(136)。

だがこの訥爾経額の報告は事実ではなかった。九月四日に太平軍が山西垣曲県へ入ったことを知った山西巡撫哈芬は、「私の調べと太原鎮総兵烏勒欣泰の証言によれば、元々二十九日（西暦の九月二日）の卯刻に攻撃をしかける筈だったが、彼らはすでに二十八日（九月一日）に全て逃竄してしまい、二十九日になってようやく気づいたが、共にもぬけの殻だった。査するに訥爾経額の木柵を攻め破り、賊匪の逃げおおせた者は多くないとの報告は、いまだ真実を尽くしていないと言わざるを得ない(137)」と告発した。この秘密の報告に驚いた咸豊帝は、訥爾経額らに事実を問いただした。これに対して訥爾経額は九月十六日の上奏で、「賊匪」二千人を殺したのは「遠近の紳民が共に見聞きした」事実であると主張して譲らなかった(138)。

それでは実態はどうであったのか。『粤匪犯懐実録』によると、九月一日晩に異変に気づいた守城側が斥候を放つと、すでに太平軍は去った後だった。追撃を恐れた太平軍は城門の外に大量の米や麺を残していった。そして田桂林は次のように述べている

守城の人は長い間飢えに苛まれてきたので、城外に米や麺が山のように積まれているのを見て、一斉に米や麺を取りに出かけた。官兵は賊匪が去ったとは知らず、賊ではないかと疑って、連環砲を撃ちながら進撃してきた。

そこで人を回り道で軍営へ派遣し、「これはみな守城の百姓で、城を降りて食糧を取っているのだ。賊ではない。賊はすでに行ってしまった」と知らせた。官兵の連環砲はようやく止んだ(139)。

この史料から見る限り、訥爾経額らが殺害した「賊匪」とは、その実食糧に殺到した懐慶の民衆だったと考えられる。九月二日朝に清軍は懐慶城内へ入城したが、清兵とくに黒竜江兵の略奪行為は激しかった。李棠階はその日記で、彼らが住民から奪った財物を売りに出したために、市場が出来るほどだったと憤激をこめて書いている(140)。

小　結

本章は北伐史の前半部分にあたる南京から懐慶までの歴史を分析した。北伐軍の主将は林鳳祥で、一八五三年五月に南京で東王楊秀清の命令を受け、李開芳らと北京へ向かった。その規模は六合県で敗北し、前進を断念した後続部隊を除くと九ヶ軍で、二万人ほどの兵力であった。内訳は広西人が数百人で、湖北、湖南出身の将兵が主力を占めた。とくに元々蕭朝貴が統率し、彼の戦死後は林鳳祥らが指揮を引き継いだ前一、前二の両軍は強力であった。北伐軍は当時の太平軍の中でも精鋭によって構成されていた。

北伐軍が出発した当時、清朝側はこれを長江北岸の清軍を牽制するための陽動作戦と考え、対応は遅れた。彼らがそう受けとめた理由は北伐軍が大運河沿いの北上ルートを取らず、西北へ軍を進めたためであった。だが安徽や河南の清軍は防備が手薄であり、北伐軍の進撃ルートは清軍の兵力配置の弱点を突いたものだった。

六月に北伐軍は淮河を渡って河南帰徳府を占領し、山東曹県の劉家口で黄河の渡河を模索した。また北伐軍は河南の省都である開封を攻めたが、清軍や民勇、イスラム教徒の抵抗を受けて失敗した。開封攻略をあきらめた太平軍は西進を続け、六月末に鞏県で船を獲得すると一昼夜をかけて黄河を渡った。

ここまで北伐軍が比較的順調に進撃を続けた理由は、清朝の防衛体制の不備であった。軍を統率する地方長官たちの連携は悪く、清軍の正規兵は戦力とならなかった。また陸応穀が帰徳で敗北すると軍は混乱し、地方官と住民が城を捨てて逃げ出したり、守備兵が太平軍に呼応する現象が見られた。唯一効果を上げたのは周天爵が行った安徽の捻子に対する弾圧で、北伐軍が新規の参加者を得て勢力を拡大することを抑えた。いっぽう北伐軍は火力が不足しており、逃亡兵が多いなどの問題を抱えていた。だが清軍の追撃が緩慢だったことに助けられ、数千人の兵を南岸に残したものの主力は黄河の渡河に成功した。

次に北伐軍が進出した当時の河南社会の反応について見ると、官民間の信頼関係を構築することが出来ず、団練の結成は進まなかった。地方エリートである李棠階は地域の結束と治安強化に重点を置いた友助社を結成し、黄河を渡河した北伐軍に戦いを挑んだが、訓練不足と正規軍の支援を得られなかったために敗北した。

七月に北伐軍は懐慶府城の攻撃を開始した。林鳳祥らはここを占領して物資を補給し、南岸に残された部隊と合流して北進を図るつもりであった。懐慶の防備は充分ではなかったが、脱出を図った貪官汚吏が処罰されると住民は清軍に協力した。太平軍は城の周囲に土城を築き、地下道を掘って三度城壁を爆破しようとしたが成功しなかった。

清朝は北伐軍を追撃してきた托明阿の軍に加え、恩華、勝保、李僡らの軍を懐慶へ向かわせた。また訥爾経額を欽差大臣に任命し、主として城の東側に布陣した清軍を統轄させた。八月に城内の食糧が不足すると、勝保は城内と連絡をつけようとしたが成功しなかった。いっぽう北伐軍も清軍をよく引きつけたものの、後続部隊や南京との連絡がつかず時間を浪費した。八月末に懐慶を退出した北伐軍は「実に饑疲の卒」[141]と消耗が激しかったが、太行山脈へ入ると機動力を取り戻し、快進撃を続けることになる。

以上の内容を見る限り、北伐軍の出発は概ね順調に行われたとみるべきだろう。むろん北京攻略をめざすには二万という兵力は少なく、全軍をあげて進撃すべきだったという意見は根強くある。だがこの作戦の原型となったと見られる一八五二年の長沙攻撃においても、太平軍は軽装の兵数千人を先鋒隊として送っており、戦闘に不慣れな人員を多数抱えて進撃しても機動力を発揮することは難しかっただろう。また開封、懐慶の攻撃で露呈した火力の不足は、北伐軍の北京攻撃が実現すれば大きな問題となった筈だが、元々太平軍は攻城戦においてトンネルと地雷を用いた城壁の爆破を主要戦術としており、林鳳祥らはそれが障碍になるとは考えていなかったと考えられる。

むしろ本章の内容で注目すべきは、北伐軍が長江、黄河を渡る時に全軍を渡河させることが出来ず、兵力が目減りしてしまった事実であろう。とくに出発直後に六合県で敗北した将兵は道を誤り、南京へ撤退したが、中核となるべき戦力が失われた影響は、新規の参加者が少なかったこと以上に深刻だったと推測される。この点について張守常氏は、この時南京へ戻った左、右両軍は北王韋昌輝、翼王石達開の影響が強い部隊であり、彼らが楊秀清の主導した北伐作戦に賛同しなかったため、両軍の将兵が北進を望まなかった可能性を指摘している(142)。いま我々はこの仮説の是非を判断する材料を持たないが、第三章、第七章で検討する北伐援軍の派遣と西征軍の湖北、湖南進出において、楊秀清の独断的な作戦決定に不満な太平軍首領が困難の予想された北伐軍救援に赴くことを避け、安易な成算に基づいて長江中流域へ出征する傾向が強まることに注目する必要があろう。

一方北伐時期の中国とくに華北社会の変化について見ると、官民間の不信が大きな問題となっていたことが確認された。それは敗北を重ねた清朝正規軍や逃亡を試みた地方官に対する失望だけではなく、団練の結成に消極的な地方政府やそれを口実に中間搾取を図る胥吏に対する憤りなど、清朝の統治体制に対する不信は根深いものがあった。むろん地方エリートによる地域防衛の試みも存在したが、その足並みは揃わず、正規軍の支援を得られずに敗北した。

懐慶攻防戦において住民が清軍に協力したのは貪官汚吏に対する処罰がきっかけであったが、逆に言えば北伐軍は住民たちの清朝政府に対する不信感を活用することが出来なかった。北伐全体に当てはまることだが、華北の人々にとって華南辺境の下層民が起こした太平天国は言葉や習慣が異なる「他者」の反乱であり、その暴虐ぶりを宣伝する清朝側の政策もあって共感を寄せることは難しかったと考えられる。

ところで懐慶攻防戦において、清軍に協力した住民たちが払った代価は大きかった。田桂林はその褒美として、明代に高く設定されたこの地の税額を引き下げる要望を出すように紳士たちと申し合わせたが、結局誰もこの話を切り出さず、チャンスを逃してしまったと述べている[143]。こうした人々の不満は、郷勇を組織した経験と共に積み重なっていった。「賊が過ぎた後に民心は乱を思い……、各県がことごとく人々を集めて団練を作り、抗差抗糧をした[144]」とあるように、懐慶一帯では一八五四年から激しい抗糧暴動が展開されたのである。

【註】

（1）「邪教」とは直接的にはカルト宗教をさすが、歴代王朝が民間宗教結社を弾圧してきた歴史をもつ中国では、その意味する範囲は広く、断定の方法も多分に恣意的であった。二〇〇一年に広州で開かれた太平天国に関する国際学術研討会では、ある代表から「拝上帝会は邪教か」という問題提起がなされた。社会問題研究叢書編輯委員会編『論邪教——首届邪教問題国際研討会論文集』広西人民出版社、二〇〇一年はこうした傾向を示す一つの例である。なおこの太平天国「邪教」説に対しては、夏春濤氏が反論を行っている（夏春濤『天国的隕落——太平天国宗教再研究』中国人民大学出版社、二〇〇六年）。

（2）ここでは国民革命期および南京国民政府を扱った著作として、北村稔『第一次国共合作の研究』岩波書店、一九九八年、家近亮子『蔣介石と南京国民政府——中国国民党の権力浸透に関する分析』慶應義塾大学出版会、二〇〇二年を挙げておきたい。

（3）孫文はその生涯で三度北伐を計画している。最初は一九一一年四月の黄花崗蜂起で、両広占領後に南京、北京攻略をめざすことになっていた。二度目が一九一七年からの広東軍政府時代で、翌年広西派の陸栄廷らによって大元帥辞任に追いこまれて挫折した。三度目は陳炯明が聯省自治を進めた一九二二年のことで、北伐を強要する孫文に陳炯明が反旗を翻し、孫文を上海へ追放した。このように孫文の北伐計画は全て失敗に終わったが、北京攻略にかける情熱が彼の太平天国への傾倒に裏づけられていたことは間違いない。なお蒋介石も南京到達後の一九二七年五月に、なぜ北伐を急ぐのかと問う田中義一に対して「太平天国と同じ失敗をくり返す訳にはいかない」と答えている（黄仁宇著、北村稔等訳『蒋介石——マクロヒストリー史観から読む蒋介石日記』東方書店、一九九七年、八二頁）。太平天国の北伐がその後の中国近代史に与えた影響力の大きさが窺われる。

（4）李秀成の供述書（並木頼壽等編『新編　原典中国近現代思想史』一、開国と社会変容、岩波書店、二〇一〇年、二四〇頁。また羅爾綱『増補李秀成自述原稿注』中国社会科学出版社、一九九五年、三八二頁）。ここで李秀成は「天朝之失悞」十ヶ条の筆頭に「悞国之首、東王令李開芳、林鳳祥掃北敗亡之大悞」と述べ、第二に曽立昌らによる北伐援軍の敗北を挙げている。

（5）A. F. Lindley, *Ti-Ping Tien-Kwoh; The History of the Ti-ping Revolution, Including a Narrative of the Author's Personal Adventures 2vols.* London: Day & Son (Limited), 1866.（増井経夫・今村与志雄訳『太平天国——李秀成の幕下にありて』一、平凡社東洋文庫、一九六四年、二〇三頁）。

（6）簡又文『太平天国全史』上、香港猛進書屋、一九六二年、五五七〜六六四頁。ここで簡又文氏は太平天国が全力を挙げて北伐を行わず、また江南、江北大営を壊滅させずに西征を行ったのは大きな誤りだと述べている。また北伐軍の総司令官は李開芳であり、三軍に分かれて出発したことを強調しているが、本書はこの説には従わない。李開芳は地官正丞相で、天官副丞相の林鳳祥よりも一見上位に見えるが、これは燕王秦日綱が当時は天官正丞相だったための措置で、北伐軍と南京の太平天国指導部が交わした告諭や上奏は全て林鳳祥が李開芳よりも上位にあった。

（7）張守常・朱哲芳『太平天国北伐・西征史』広西人民出版社、一九九七年。張守常『太平軍北伐叢稿』齊魯書社、一九九九年。

（8）崔之清編『太平天国戦争全史』二、戦略発展（一八五三～一八五六）、南京大学出版社、二〇〇二年、七四五頁～八四七頁。また茅家琦主編『太平天国通史』上冊、南京大学出版社、一九九一年、三六四～四〇七頁。

（9）太平軍北伐に関する専著としては王天奨『太平軍在河南』河南人民出版社、一九七四年。河北、北京、天津歴史学会編『太平天国北伐史論文集』河北人民出版社、一九八六年。また羅爾綱『太平天国史』巻二、紀年、中華書局、一九九一年、一一八～一二九頁。同書巻五十、林鳳祥・李開芳・曽立昌・許宗揚等伝、一八七三～一九〇八頁。代表的な論文としては江地「太平軍北伐戦争――兼談初期捻軍的抗清闘争（1853.5～1855.5）」山西師院学報、一九五七年一期（中国太平天国史研究会編『太平天国史論文選』三聯書店、一九八一年、三〇三頁所収）、舒翼「太平軍北伐戦役的幾個問題」『歴史教学』一九七九年七期、鄒身城「太平天国北伐主帥辨疑」『南開大学学報』一九八一年一期（いずれも『人民大学報刊復印資料』中国近代史Ｋ３所収）などがある。

（10）堀田伊八郎「太平天国の北征軍について――その問題点の一考察」『東洋史研究』三六巻一号、一九七七年。

（11）吉澤誠一郎「天津団練考」『東洋学報』七八巻一号、一九九六年（『天津の近代――清末都市における政治文化と社会統合』名古屋大学出版会、二〇〇二年、三八頁所収）。

（12）中国第一歴史檔案館編『清政府鎮圧太平天国檔案史料』（以下『鎮圧』と略記）第六輯～十七輯、一九九二～一九九五年が太平天国の北伐と直接関連している。

（13）中国社会科学院近代史研究所編『太平軍北伐資料選編』斉魯書社、一九八四年。

（14）国立故宮博物院編『宮中檔咸豊朝奏摺』第六輯～十二輯。ここで『鎮圧』と『宮中檔』の関係について述べておく。『鎮圧』は中国第一歴史檔案館の軍機処奏摺録副（即ち軍機処檔案）をベースとしたもので、これに剿捕檔、上諭檔および『欽定平定粤匪方略』の稿本、一部宮中檔案を用いて編集されている。この『鎮圧』は後半に出版計画を圧縮したため、咸豊五年以後の史料に遺漏が見られるが、北伐史に関する限りかなりトータルな史料集である。一方『宮中檔』は上奏文の原本で、咸豊朝については多くが台北に所蔵されているが、地方と北京を往復するうちに文書が紛失することもあり、それ自体完全な内容ではない。だが年月順に排列されているために、大陸が所蔵していない史料や華北社会の変容に関する同時代の檔案史料を参照可能である。本稿では引用史料について基本的に『鎮圧』に基づいて表記するが、必要に応じて『宮中檔』を用いることにしたい。

(15) 林鳳祥の原籍については、かつて広東掲陽県説、広西武鳴県説などがあったが、『天兄聖旨』巻一、庚戌年八月十三日の条に「白沙林鳳祥被外賊侵害之事」とあり、桂平県白沙の人であることが判明した。なおここで言う林鳳祥の事件とは一八五〇年の耕牛事件のことで、これによって上帝会と団練の衝突が始まった（羅爾綱、王慶成主編、中国近代史資料叢刊続編『太平天国』二、広西師範大学出版社、二〇〇四年、三〇〇頁、以下続編『太平天国』と表記）。

(16) 錦愉奏審録林鳳祥等人供詞摺、咸豊五年正月下旬（「新発現的有関太平軍北伐的史料――京城巡防処檔案選編」、中国第一歴史檔案館編『清代檔案史料叢編』第五輯、一九八〇年、一六一頁）。なお吉文元は春官副丞相であるが、当時胡以晄（後の豫王）が春官正丞相だったことを考えると彼も太平天国における序列は高く、この作戦が重視されていたことが窺える。

(17) 陳思伯『復生録』（『近代史資料』総四一号、一九七九年四期、三五頁。続編『太平天国』四、三四三頁に再収）。また張守常「一本記述太平天国北伐軍内部情況的回憶録――『復生録』」（『太平軍北伐叢稿』二八四頁）を参照のこと。

(18) 陳啓邁等奏、咸豊三年五月初九日『鎮圧』七、七八頁。

(19) 張維城供、咸豊三年八月十六日（太平天国歴史博物館編「太平天国資料輯」『近代史資料』一九六三年一期、一四頁、『鎮圧』九、二七二頁再収）。なお九軍の中身は前一、前二、前三、前五、後一、後三、中五、左二、右一の各軍で、うち五ヶ軍の名前は陳思伯『復生録』の記載と一致する。また途中敗退した部隊については、張徳堅『賊情彙纂』巻二、劇賊姓名下、朱錫琨および黄益芸に「帯六軍賊衆北犯、接応林鳳祥等」（中国近代史資料叢刊『太平天国』三、神州国光社、一九五二年、五四頁）とあり、六ヶ軍程度の規模だった。このうち朱錫琨は六合県で敗北後、なお北上して北伐軍に合流したことが後述の林鳳祥らの上奏文からわかるが、黄益芸は戦死したと見られる。

(20) 琦善奏、咸豊三年四月十三日『鎮圧』六、三八三頁。

(21) 李嘉端奏、咸豊三年五月初十日『鎮圧』七、九九頁。

(22) 楊文定奏、咸豊三年四月二十五日『鎮圧』六、五五一頁。

(23) 琦善奏、咸豊三年四月十六日、四月十八日『鎮圧』六、四二六頁、四六五頁。
(24) 李嘉端奏、咸豊三年四月二十二日『鎮圧』六、五二四頁。
(25) 李嘉端奏、咸豊三年四月三十日『鎮圧』六、六〇八頁。また同日に出された李嘉端のもう一つの上奏には「各路探報皆言、該逆雖僅三四千人、裹脅以來、不止逾万、而鳳定一帶、土匪四起、勢甚騒動」(『鎮圧』六、六〇九頁)とある。
(26) 周天爵奏、咸豊三年五月初五日『鎮圧』七、四七頁。
(27) 陸応穀奏、咸豊三年五月初四日『鎮圧』七、三五頁。
(28) 陸応穀奏、咸豊三年五月十四日『鎮圧』七、一四六頁。また五月十七日の上奏では朱仙鎮に進出した太平軍について「約有万余人」と述べている(『鎮圧』七、二一五頁)。
(29) 沈兆澐奏、咸豊三年五月二十日『鎮圧』七、二六一頁。また五月十五日の上奏では「賊匪夥党甚多、竟有両万声号」とある(『鎮圧』七、一六〇頁)。
(30) 林鳳祥等奏、太平天国癸好三年五月十六日(太平天国歴史博物館編『太平天国文書彙編』中華書局、一九七九年、二一七頁、『鎮圧』七、五一八頁再収)。なおこの上奏には朱錫琨と吉文元が帰徳で清軍を撃破したと述べており、朱錫琨の一隊が北伐軍本隊と合流していたことがわかる。
(31) 錦愉等奏続訊李開芳等人供詞摺、咸豊五年四月(「新発現的有関太平軍北伐的史料——京城巡防処檔案選編」中国第一歴史檔案館編『清代檔案史料叢編』第五輯、一九八〇年、一六九頁)。
(32) 李開芳又供『清代檔案史料叢編』第五輯、一六七頁。
(33) 張維城供(『鎮圧』九、一七二頁)。
(34) 陳思伯『復生録』(続編『太平天国』四、三五〇頁)。
(35) 陳善鈞『癸丑中州罹兵紀略』(『太平天国』五、一七四頁)。
(36) 張大其供(『近代史資料』一九六三年一期、一八頁、続編『太平天国』三、二八九頁)。
(37) 光緒『六合県志』巻八、賀廷壽「兵事紀略」。楊秀清誥諭(太平天国癸好三年四月二十三日)は林鳳祥らに、敗北して南京へ戻った一隊を待たず前進するように命じた（『近代史資料』一九六三年一期、一三頁、『鎮圧』六、五八九頁再収）。また張徳堅『賊情彙纂』巻二、劇賊姓名下、林紹璋は彼が敗北した部隊を率いて南京へ帰還すると、喜んだ楊秀清は彼を恩賞丞相に任命したとある（『太平天国』三、五九頁）。このほか勝保奏、咸豊三年八月初四日は捕虜の供述として「該逆北来共有三万余人、安徽、河南到処裹脅、不下三四万。自汜水撃敗分股而南者、僅数千人、渡黄遭風、傷其数千人、自温県至懐慶時、尚有三四万人」（『鎮圧』九、一五三頁）と述べている。ここからも出発時に二〜三万人という数字が妥当であることが窺われる。

(38) 張維城供（『鎮圧』九、一七二頁）。また張守常「太平天国北伐軍軍数考——太平天国北伐軍軍数人数考上篇」（『歴史研究』一九九一年六期、『太平軍北伐論叢』一四九頁所収）を参照のこと。

(39) 『賊情彙纂』巻四、偽軍制上、偽兵冊（『太平天国』三、一一四頁）。王慶成「『太平軍目』和太平天国軍制」『太平天国的歴史和思想』中華書局、一九八五年、二一七頁。菊池秀明「太平天国における私的結合と地方武装集団」『歴史学研究』八八〇号、二〇一一年。

(40) 張維城供および陳思伯『復生録』（続編『太平天国』四、三四四頁）。

(41) 陳思伯『復生録』（続編『太平天国』四、三四五頁）。

(42) 胡珠生「李尚揚自述箋証」（『大公報（上海）』一九五二年四月十二日、続編『太平天国』三、二六九頁）。李尚揚は侍王李世賢の片腕として浙江湯渓県の防衛に当たった人物で、死後に宗王に封じられた。その供述には「被偽西王蕭朝貴擄入賊中。蕭朝貴在湖南城外被官兵打死、逆犯就跟随李開芳、一路到金陵。因李開芳北竄、逆犯未同去、就跟随偽侍王李世賢」とある。

(43) 周天爵奏、咸豊三年五月初五日『鎮圧』七、四七頁。

(44) 林鳳祥等奏、太平天国癸好三年五月十六日『鎮圧』七、五一八頁。

(45) 張守常「『清史稿・洪秀全伝』一段文字的校勘」（北京太平天国史研究会編『太平天国学刊』第三輯、中華書局、一九八七年、三〇一頁、張守常『太平軍北伐叢稿』三四五頁に再収）。

(46) 李開芳又供『清代檔案史料叢編』第五輯、一六七頁。

(47) 楊秀清誥諭、太平天国癸好三年四月二十三日『鎮圧』六、五八九頁。
(48) 京城巡防処奏審録王大供詞摺『清代檔案史料叢編』第五輯、一七九頁。
(49) 慧成奏、咸豊三年四月十九日『鎮圧』六、四八三頁。
(50) 袁甲三奏、咸豊三年四月二十九日『鎮圧』六、五九六頁。
(51) 周天爵奏、咸豊三年五月初五日『鎮圧』七、四七頁。また臧紆青については同治『徐州府志』巻二十二中之上、人物伝、忠節。
(52) 恩華奏、咸豊三年五月十二日『鎮圧』七、一一八頁。瑞昌奏、咸豊三年五月十八日同書一二九頁。ただしこれらの部隊は数千人の規模で、山東や清江の防備に振り向けられた（恩華奏、咸豊三年五月十六日『鎮圧』七、一八七頁。琦善等奏、咸豊三年五月十八日、同書一二六頁）。
(53) 李嘉端奏、咸豊三年四月三十日『鎮圧』六、六〇九頁。張亮基等奏、咸豊三年四月二十日、同書四九五頁。また河南巡撫陸応穀も直隷布政使張集馨、四川総督慧成らを派遣するように求めた（『鎮圧』七、六七頁、九一頁）。
(54) 陸応穀奏、咸豊三年五月初八日、初十日『鎮圧』七、六七頁、九一頁。
(55) 林鳳祥らの戦況報告によると、太平軍は帰徳城攻撃で「城内妖兵妖官尽殺、約殺三千之多、得紅粉弐万有余斤」、陸応穀軍との戦闘では「追殺三十余里之遙、不見妖兵勝回。満坡死妖如蔴、約殺得妖弐千有余」という戦果をあげた（『鎮圧』七、五一八頁）。また龔淦『耕余瑣聞』甲集には「聞城外死者三四千、城中官民被害者六七千。火薬両万余斤皆為賊有。此賊到中州第一次残暴」とあり、北伐軍が清朝官員、兵勇および抵抗する者に対して容赦ない殺戮を行ったことがわかる（『太平軍北伐資料選編』二五八頁）。
(56) 長臻奏、咸豊三年五月十三日『鎮圧』七、一三〇頁。
(57) 李僡奏、咸豊三年五月十九日『鎮圧』七、二四五頁。
(58) 林鳳祥等奏、太平天国癸好三年五月十六日『鎮圧』七、五一八頁。
(59) 李僡奏、咸豊三年五月十九日『鎮圧』七、二四五頁。

(60) 沈兆澐奏、咸豊三年五月十三日『鎮圧』七、一三二頁。陸応穀奏、咸豊三年五月十七日、同書二一五頁。また林鳳祥らは「十五日（六月十九日）、四十五里至河南省城外、深溝両重、週囲並無房屋、離黄河二十里亦無船隻。卑職斟酌、四十里至朱仙鎮、即時前往扎宿、近黄河七十里、亦点兵前去取船」と述べている（『鎮圧』七、五一八頁）。

(61) 沈兆澐奏、咸豊三年五月十五日『鎮圧』七、一六〇頁。周天爵奏、咸豊三年五月二十八日、同書三八七頁。

(62) 光緒『祥符県志』巻二三、雑事志、祥異は「賊攻城長技惟恃地雷、自牟工、祥工黄水兩溢、汴城外浮沙深丈余、近郊無大村落、不能成隧道」とあり、増水のために太平軍の得意な地雷攻撃が出来なかったと述べている。また賈臻『退厓公牘文字』巻四、「汴省解厳諸神佑順請奏請加上封号頒発扁額稟撫台」には「炎天酷熱、人馬飢疲。忽遇大雨傾注、迅雷烈風、所有火薬大半沾湿、人亦多生暴病」とある（『太平軍北伐資料選編』二六〇頁）。

(63) 林鳳祥等奏、太平天国癸好三年五月十六日『鎮圧』七、五一八頁。

(64) 民国『鞏県志』巻五、大事記によると、太平軍は「兵亦頗有紀律、民有献物者厚賜之。留数日、渡河攻懐慶」とある。また太平軍は暴行を禁止したが、偶像破壊は行ない、南大寺、石窟寺、神堤大王廟、石関が被害にあったこと、人々は太平軍を「紅巾隊」と呼んだと述べている。

(65) 袁甲三「陳明皖省軍務情形並請派統大員摺」『袁端敏公全集』奏議、巻二（『太平軍北伐資料選編』一九一頁）。ここでは刑部左侍郎呂賢基も併せて批判されている。

(66) 軍機大臣、咸豊元年五月初二日『鎮圧』一、四七二頁。

(67) 軍機大臣、咸豊三年五月十四日『鎮圧』七、一三五頁。

(68) 周天爵奏、咸豊三年五月二十三日『鎮圧』七、三一一頁。

(69) 琦善奏、咸豊三年四月十二日、四月十三日『鎮圧』六、三六八頁、三八三頁。

(70) 諭内閣、咸豊三年四月十六日『鎮圧』六、四二一頁。

(71) 琦善奏、咸豊三年五月十八日『鎮圧』七、二二六頁。

(72) 龔淦『耕余瑣聞』甲集（『太平軍北伐資料選編』二五九頁）。

(73) 張之万奏、咸豊三年六月十七日『鎮圧』八、六一頁。
(74) 托明阿等奏、咸豊三年五月二十七日『鎮圧』七、三五九頁。
(75) 陸応穀奏、咸豊三年五月初十日『鎮圧』七、九一頁。
(76) 張維城供(『鎮圧』九、一七二頁)。
(77) 張之万奏、咸豊三年六月十七日『鎮圧』八、六六頁。
(78) 菊池秀明『金田から南京まで――太平天国初期史研究』第三章、第七章、汲古書院、二〇一二年。
(79) 李嘉端奏、咸豊三年四月初二日『鎮圧』六、二六〇頁。
(80) 舒興阿奏、咸豊三年六月二十四日『鎮圧』八、一九六頁。
(81) 李棠階『李文清公日記』第十三冊(『太平軍北伐資料選編』二六六頁)。
(82) 周天爵奏、咸豊三年五月二十三日『鎮圧』七、三一一頁。
(83) 陸応穀奏、咸豊三年三月初八日『宮中檔咸豊朝奏摺』七、四六三頁。
(84) 龔淦『耕余瑣聞』甲集(『太平軍北伐資料選編』二五八頁)。
(85) 沈兆澐奏、咸豊三年五月十五日『鎮圧』七、一六〇頁。
(86) 張之万奏、咸豊三年六月十七日『鎮圧』八、六一頁。
(87) 陳思伯『復生録』(続編『太平天国』四、三四五頁)。
(88) 軍機大臣、咸豊三年五月二十一日『鎮圧』七、二六七頁。
(89) 周天爵奏、咸豊三年五月十四日『鎮圧』七、一六七頁。これに対して六月二十六日の上諭は「該侍郎奉命剿辦賊匪、布置経時、総未離宿州近処、以致賊匪自滁至亳、直入豫省、未聞督率兵勇与賊接仗」とあるように、周天爵が太平軍と戦わないことを叱責しながらも、結局徐州防衛に専心し、太平軍の黄河渡河を防ぐように命じた(軍機大臣、咸豊三年五月二十日『鎮圧』七、二五三頁)。
(90) 敗北後の陸応穀は開封の防衛を重視し、黄河北岸へ増援を送る余裕はないと報じていたが、七月九日に太平軍の温県占領と懐慶接近を知り、一度は自ら懐慶へ向かうと報じた。だが間もなく黄河渡河に失敗した太平軍が新鄭県へ進出したと知り、懐慶救援を托明阿に任せて開封へ戻ってしまった（陸応穀奏、咸豊三年六月初二日、六月初四日『鎮圧』七、四二三頁、四九六頁、四九七頁）。

(91) 張之万奏、咸豊三年六月十七日『鎮圧』八、六一頁。

(92) 訥爾経額奏、咸豊三年五月十九日『鎮圧』七、二五五頁。

(93) 陸応穀奏、咸豊三年六月初二日『鎮圧』七、四二一頁。なお『鎮圧』はこの奏摺の期日を六月初一日としているが、ここでは『宮中檔咸豊朝奏摺』の日付に従う。

(94) 王履謙奏、咸豊三年五月二十五日『鎮圧』七、三三八頁。

(95) 陸応穀奏、咸豊三年五月二十六日『鎮圧』七、三四八頁。

(96) 張維城供（『鎮圧』九、二七二頁）。陳思伯『復生録』（続編『太平天国』四、三四五～六頁）。賈臻「汴省解厳諸神佑順請奏請加上封号頒發扁額稟撫台」『退厓公牘文字』巻四、同「賈臻致瑛棨函」『瑛蘭坡蔵名人尺牘墨迹』第六六冊（『太平軍北伐資料選編』二六一頁、二四五頁）。

(97) 張維城供（『鎮圧』九、二七二頁）。

(98) 托明阿等奏、咸豊三年五月二十七日『鎮圧』七、三五九頁。

(99) 托明阿等奏、咸豊三年六月初一日『鎮圧』七、四二四頁。本稿ではこの南返軍について詳述する余裕はないが、その人数については張守常「太平天国北伐軍人数考——太平天国北伐軍軍数人数考下篇」（『近代史研究』一九九一年一期、『太平軍北伐論叢』一六四頁所収）を参照のこと。

(100) 王履謙奏、咸豊三年五月二十九日『鎮圧』七、三九二頁。

(101) 李棠階『李文清公日記』第十三冊（『太平軍北伐資料選編』二六六～二六七頁）。李棠階は一八二二年の翰林で、一八四二年に広東学政となり、太常寺少卿に抜擢されたが、降級処分を受けて官を辞め、家で「講学」をしていた。また同治年間以後は再び起用されて礼部尚書となり、軍機大臣まで昇進したという。

(102) 張之万奏、咸豊三年五月十九日『宮中檔咸豊朝奏摺』八、六〇五頁。
(103) 李棠階『李文清公日記』第十三冊（『太平軍北伐資料選編』二六七～二七〇頁）。
(104) 太平天国歴史博物館編『天国春秋』文物出版社、二〇〇二年、六一頁。原件は河南獲嘉県文化館蔵。この告示は林鳳祥を「天官正丞相（実際は天官副丞相）」、李開芳を「地官副丞相（同じく地官正丞相）」、「太平天国癸好三年」を「癸丑」と書き記すなどの過ちが見られるが、二〇〇四年に筆者が太平天国歴史博物館を訪問してその史料的信憑性を確かめたところ、太平軍が出した告示の抄本に間違いないとのことだった。
(105) 李棠階『李文清公日記』第十三冊（『太平軍北伐資料選編』二七〇～二七一頁）。
(106)『太平軍攻懐慶実録』（『近代史資料』八一号、一九九五年、八二～八三頁）。
(107) 例えば顧寿楨「故河南按察司使余公太守裘公懐慶城守事状」（『孟晋斎文集』巻一、『太平軍北伐資料選編』二九二頁）。
(108) 陳思伯『復生録』（続編『太平天国』四、三四六頁）。
(109) 田桂林『粤匪犯懐実録』（『近代史資料』八一号、八三～八六頁）。
(110)『太平軍攻懐慶実録』（『近代史資料』八一号、一九九五、八六～八七頁）。
(111) 李棠階『李文清公日記』第十三冊（『太平軍北伐資料選編』二七一頁）。
(112) 勝保奏、咸豊三年六月三十日『鎮圧』八、二八六頁。
(113) 龔淦『耕余瑣聞』癸集（『太平軍北伐資料選編』二八四～二八五頁）。陸応穀の上奏（咸豊三年六月二十九日）によると、一回目の地雷攻撃で知県裘宝鏞は城壁から落下して太平軍に捕らえられそうになったが、民人の呂新によって救出された（『鎮圧』八、二五三頁）。また三回目の地雷攻撃ではまず西門が爆破され、官兵は逃亡してしまったが、「衆百姓」が防衛しているところへ大雨と雹が降り、太平軍は突入のチャンスを逸した。また続いて東門が爆破されたが、守城側が隙を与えなかったという（田桂林『粤匪犯懐実録』（『近代史資料』八一号、九二頁）。ちなみに北伐軍の内部でも毎日礼拝が行われていた（張維城供（『鎮圧』九、二七二頁）。
(114) 龔淦『耕余瑣聞』戊、甲集（『太平軍北伐資料選編』二八八頁）。田桂林『粤匪犯懐実録』（『近代史資料』八一号、八六頁）。

(115)　賈臻「致李文園前輩太常」『退厓公牘文字』巻四、李棠階『李文清公日記』第十三冊（『太平軍北伐資料選編』二七七、二七一頁）。また舒興阿奏（咸豊三年八月初七日）は太平軍から「令旗」を与えられて馬の購入を手伝った張玉環や、彼と共に水北関の太平軍陣地を訪ねて米、油、酢を売った牛必奎の供述を載せている（『鎮圧』九、一三九頁）。

(116)　龔淦『耕余瑣聞』癸集（『太平軍北伐資料選編』二八四頁）。

(117)　訥爾経額等奏、咸豊三年六月十八日『鎮圧』八、七二頁。田桂林『粤匪犯懐実録』（『近代史資料』八一号、八八頁）。「回馬槍」については佚名『虜在目中』に「与官兵交戦時、約十余合之後、故退二、三十歩、復一擁而進、謂之回馬槍」とある（中国社会科学院近代史研究所近代史資料編訳室主編『太平天国史料』科学出版社、一九五九年、知識産権出版社、二〇一三年再版、二四頁）。張守常氏によると、『虜在目中』は多くが懐慶攻防戦時の北伐軍について記したもので、毎晩九ヶ軍の総制たちが林鳳祥らを訪ねて指示を仰ぎ、将兵は総制の指揮を受けたこと、戦闘時に総制は指揮の旗を見て前進し、退却する時は丞相の旗を見たと記している（張守常・朱哲芳『太平天国北伐・西征史』五八頁。また張守常「『虜在目中』小考」『中華文史論叢』一九八〇年三輯、『太平軍北伐叢稿』三五一頁に再収）。なお「回馬槍」は太平軍が広く用いた戦術の一つで、後の英王陳玉成もこれを多用したことで「三十検点回馬槍」と呼ばれた。詳細は第八章を参照のこと。

(118)　訥爾経額等奏、咸豊三年六月二十一日、七月初四日『鎮圧』八、一二三頁、三三九頁。龔淦『耕余瑣聞』癸集（『太平軍北伐資料選編』二八五頁）。田桂林『粤匪犯懐実録』（『近代史資料』八一号、九三頁）。この日の清軍の敗因については、懐慶出身で最も救援に熱心だった董占元が深入りしたとか、太平軍の地雷が爆発したなどの説があり一致しない。また李僡の上奏（六月二十六日）は「所惜者、二十一日大名鎮総兵董占元遇賊不多、於迎戦逼近賊壘之際、黒竜江官兵忽勒馬退回、以致自相践踏、並被賊追殺傷亡兵丁、且有参将、千総在内。似此失機誤事、殊堪憤恨」（『鎮圧』八、二二〇頁）と述べ、黒竜江の騎馬隊が突然軍を返したことが原因だと告発している。

(119)　田桂林『粤匪犯懐実録』（『近代史資料』八一号、九一頁）。なおこの時の守城側の攻撃要請については、恩華の上奏に言及がある（咸豊三年六月二十六日『鎮圧』八、二一九頁）。ただし恩華らが一回目の総攻撃をかけたのは八月一日であった。

(120)　勝保が帰徳救援のため揚州を出発したのは六月十八日で、七月二十八日に懐慶城東の申趙に到着した（『鎮圧』七、一一九頁、同書八、一八〇頁)。また李僡が懐慶救援に出発したのは七月十八日で、二十七日に清化鎮へ到着している(『鎮圧』七、六一四頁、同書八、二二〇頁)。なお烏勒欣泰は六月二十二日に沢州へ向かい、七月二十八日に懐慶西北三十里に陣を敷いた(『鎮圧』七、一九〇頁、同書八、一八〇頁)。

(121) 諭内閣、咸豊三年六月初八日『鎮圧』七、五三四頁。

(122) 勝保奏、咸豊三年七月初六日『鎮圧』八、三八二頁。

(123) 勝保奏、咸豊三年六月三十日『鎮圧』八、二八六頁。

(124) 王茂蔭奏、咸豊三年七月二十日『鎮圧』八、五七四頁。

(125) 恩華奏、咸豊三年六月二十六日『鎮圧』八、二一八頁。また勝保も八月七日の攻撃を報じる中で、恩華との連絡が取れないまま攻撃を行ったことを認めている(勝保奏、咸豊三年七月初六日『鎮圧』八、三八〇頁)。

(126) 訥爾経額等奏、咸豊三年七月十六日『鎮圧』八、五二二頁。勝保奏、咸豊三年七月二十一日、同書八、五八一頁。

(127) 訥爾経額等奏、咸豊三年七月二十二日『鎮圧』八、六一〇頁。

(128) 訥爾経額等奏、咸豊三年七月十六日『鎮圧』八、五二二頁。

(129) 張之万奏、咸豊三年七月二十一日『鎮圧』八、五八四頁。

(130) 張維城供(『鎮圧』九、二七二頁)。

(131) 勝保奏、咸豊三年七月初九日『鎮圧』八、四一五頁。

(132) 訥爾経額等奏、咸豊三年七月二十二日、七月二十七日『鎮圧』八、六〇八頁、同書九、二一頁。

(133) 田桂林『粤匪犯懐実録』(『近代史資料』八一号、九八頁)。

(134) 陳思伯『復生録』(続編『太平天国』四、三四六頁)。龔淦『耕余瑣聞』癸集(『太平軍北伐資料選編』二八四頁)。

(135) 訥爾経額奏、咸豊三年八月初一日『鎮圧』九、七〇頁。

(136) 咸豊帝、咸豊三年八月初四日『鎮圧』九、一〇五頁。

(137) 哈芬奏、咸豊三年八月初六日『鎮圧』九、一二二頁。

(138) 訥爾経額奏、咸豊三年八月十四日『鎮圧』九、二四〇頁。
(139) 田桂林『粤匪犯懐実録』(『近代史資料』八一号、九九頁)。
(140) 李棠階『李文清公日記』第十三冊(『太平軍北伐資料選編』二七三頁)。
(141) 賈臻「懐慶解囲余匪西竄籌防黄河上游南岸及伏牛山要隘」(『太平軍北伐資料選編』二八二頁)。
(142) 張守常・朱哲芳『太平天国北伐・西征史』三〇頁。
(143) 田桂林『粤匪犯懐実録』(『近代史資料』八一号、九九頁)。
(144) 王蘭広『自著年譜』(『太平軍北伐資料選編』二七五頁)。

第二章　北伐軍の山西転戦と天津郊外進出

はじめに

筆者は第一章において、北伐軍の出発から懐慶攻撃までの過程を分析した。北伐軍の当初の兵力は二万人強で、清朝の防御態勢が未整備だったこともあって大きな抵抗を受けずに軍を進めたが、黄河を渡河出来なかった後続部隊との合流を目的として懐慶を攻めた。だが太平軍は二ヶ月近い時間を費やしたものの懐慶を陥落させることが出来ず、物資の獲得による戦闘力の強化は実現しなかった。かえって各地の清軍が集結して包囲が狭まると、太平軍は防備の手薄な西北方面へ脱出したことを指摘した。

本章は太平軍が山西へ進出した一八五三年九月から、天津郊外の独流鎮、静海県で籠城を続けた同年末までの動きを取りあげる。この時期の歴史については簡又文氏(1)、張守常氏(2)、崔之清氏(3)、堀田伊八郎氏(4)、吉澤誠一郎氏(5)が言及している。本稿はこれら先学諸氏の研究成果に学びながら、中国第一歴史檔案館編『清政府鎮圧太平天国檔案史料』(6)、中国社会科学院近代史研究所編『太平軍北伐資料選編』(7)さらには国立故宮博物院に所蔵されている『宮中檔咸豊朝奏摺』(8)を用いて分析を進めたい。

以下では北伐軍の進撃過程にあわせて、主として四つのトピックを取りあげる。①山西巡撫、直隷総督の処罰に見られる清朝統治の問題点、②太平軍の直隷（河北）進出に伴う北京のパニック現象、③供述書に見られる北伐軍将兵の実態と華北民衆との関係、④独流鎮、静海県における籠城戦の目的とその影響である。また北京における防衛体制の強化については、出来る限り多様な視点から考察を加えたいと考えている。

一、北伐軍の山西、直隷進出とその影響

（a）北伐軍の山西進撃と清朝の地方統治

まずは懐慶脱出後の太平軍の足取りを追う作業から始めたい。九月一日に済源県を通過した太平軍は、二日に河南省境の邵原関を越えて山西へ入った[9]。邵原関は天然の要害であったが、北伐軍兵士だった陳思伯が「惜しむらくは備えを置かず[10]」と指摘したように、清軍はここに僅かな兵しか配置していなかった[11]。四日に垣曲県を占領した太平軍は[12]、七日に絳県に至り[13]、八日に「土匪」の協力を得て曲沃県へ進出した[14]。また十二日には山西南部の重要都市で「省城の保障」である平陽府城（臨汾県）を陥落させた[15]。当時平陽の守備兵は二百人と少なく、知府何維墀は住民を組織して一度は攻撃を斥けた。だが太平軍の砲撃が始まると「商民は驚き散じ、太守は止めることが出来なかった[16]」とあるように、訓練不足を露呈して敗北したという。

九月十四日に太平軍の先鋒隊が洪洞県を占領し、省都太原を窺う動きを見せると、救援にかけつけた陝安鎮総兵郝光甲は平陽北部の高河橋で攻撃をかけた。十五日には懐慶から太平軍を追撃してきた内閣学士・幫辦軍務の勝保が平陽付近に到着し、洪洞県の北にある紀落鎮に陣を敷いて太平軍の北上を牽制した[17]。すると突然太平軍は進撃方向を東へ変え、十七日には曲亭鎮で郝光甲の部隊を打ち破った[18]。また二十三日には屯留県の柳花泊で澤州から太平軍の行く手を阻むべく北上してきた江寧将軍托明阿の軍と交戦し、托明阿を負傷させた[19]。そして二十四日に山西東南部の潞城

県を占領した太平軍は[20]、黎城県を経て二十五日に再び河南へ入った[21]。さらに渉県、武安県を経由した太平軍は二十八日夜に観音嶺を越え、直隷の臨洺関へ進出したのである[22]。

わずか一ヶ月弱で山西南部を席巻した太平軍の迅速な行動は、清軍の防衛体制に大きな混乱をもたらした。勝保が「逆匪（太平軍）にとって難所を行くのは得意技だが、わが軍は食糧をかついで歩くために多くが疲労してしまう。また逆匪は一昼夜で一百四、五十里（七十キロ強）の遙かまで行軍してしまうので、いきおい追撃しきれない[23]」と指摘したように、清軍は不慣れな山道もあって動きが緩慢であり、多くが太平軍を捕捉できなかった。また平陽付近で太平軍と交戦した郝光甲の部隊は当初二百人（のち三千人の増援を受けた）、屯留県で迎撃した托明阿の軍も一五〇〇人（実際に戦ったのは騎兵二百人という）に過ぎず、兵力不足から太平軍に打撃を与えることは出来なかった[24]。

いっぽう太平軍は進撃の過程で兵力を増加させていた。太平軍が山西へ入った当初、山西巡撫哈芬は「山西の人民は臆病な者が多いので、賊が脅して従わせても解散させるのは容易であり、土匪もいないために結託することは出来ない[25]」と予想した。だが現実に太平軍は各地で「壮年の者をことごとく連れ去った[26]」とあるように新兵を徴発し、懐慶を撤退した太平軍の残存兵力は少ないと主張していた欽差大臣・直隷総督の訥爾経額でさえ、「山西から東へ逃れたこれらの匪徒は、道中人々を無理に従わせたため、その数は一万人を下らない[27]」と報告せざるを得なかった。

またこれは山西のケースに限ったことではないが、太平軍は「難民、乞食および芸人や物売りに化け、山を秘かに越えて各州県を襲撃しようとしている」とあるように、あらかじめ変装した兵士を進撃先に潜伏させ、内応工作を行わせた。じじつ垣曲県は逮捕された太平軍の工作員を難民と取り違え、釈放したために陥落した[28]。また太平軍が到達しなかった地区でも八百人の兵を率いて長子県の奪取をめざした「軍師」張淮藩、太行山口まで斥候に出ていた孫連璧（湖北蘄州人）など多くの太平軍将兵が摘発されている[29]。

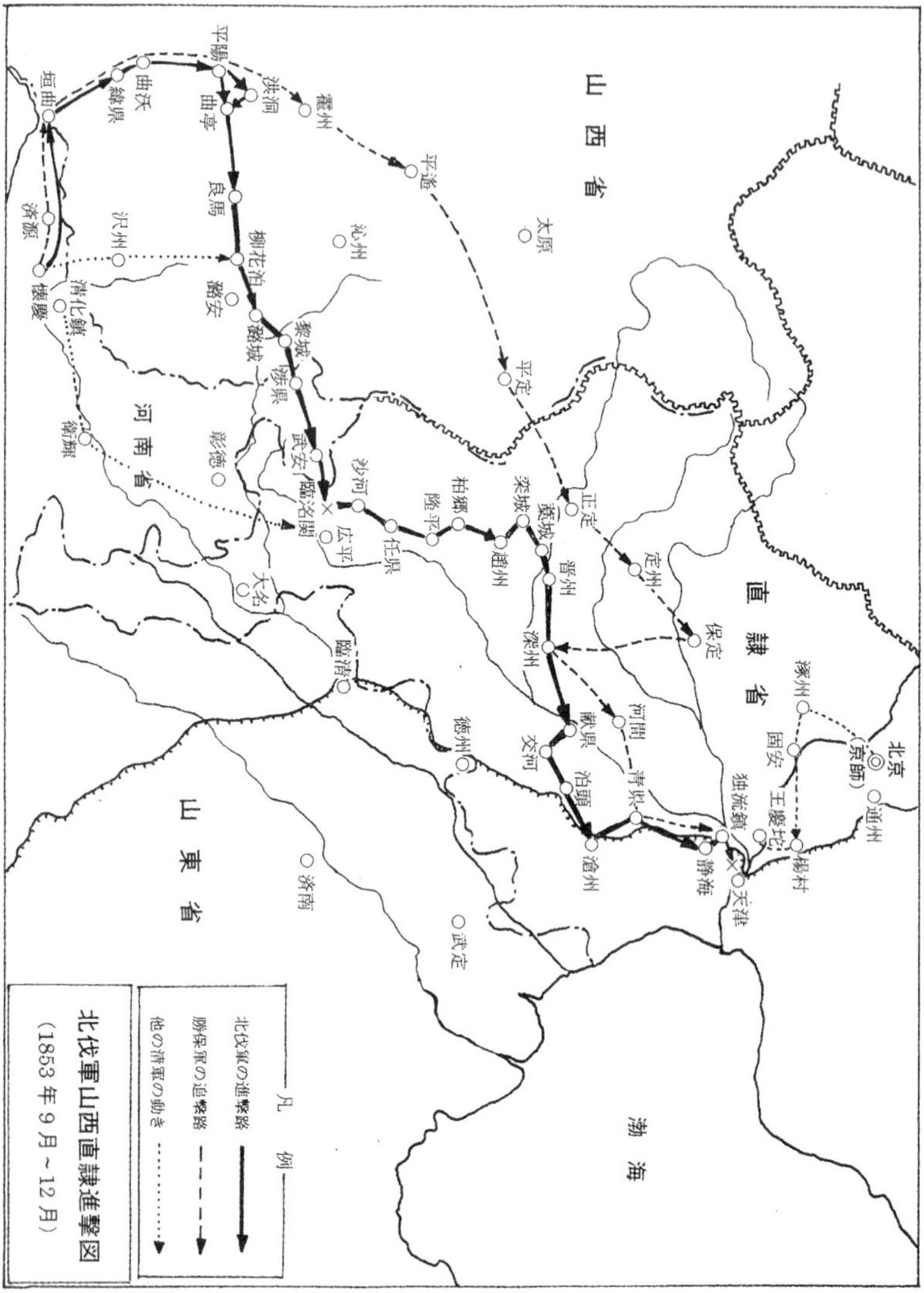

地図3　北伐軍の山西、直隷進撃図（郭毅生主編『太平天国歴史地図集』より作成）

これら太平軍の戦いぶりとその目標について、勝保は次のように報告している。

この逆［匪］は元々行き詰まったあげく、捨て身で奔走した者たちで、前方（山西）の兵が挟み撃ちにすれば、容易に対処できた筈だった。だが垣曲の守備兵が賊の到来を聞くや敗走し、彼らをなすがままに放置した結果、ついに事態を誤ることになった。山西の地方官たちは前線に防禦の兵がいることに安心して、全く準備をせず、いざ賊がやって来た時には、その兇暴さを見て逃亡した……。山西は絳県から平陽まで二百余里のあいだ、一兵たりとも抵抗する者はおらず、賊はあたかも無人の地を行くが如きで、再び勢いが盛んとなったのである……。

逆匪が［懐慶から］逃走を始めた時、悪賢い者は四、五千人に過ぎなかったが……、いまや行く先々で人々に参加を強要し、その数はすでに一万人を超えた。捕らえた長髪賊の供述によれば、その目的は山西から隙を突いて［直隷へ］入り、一気に京師（北京）を犯すことにある。このため城を破っても、これを守ろうとはしない……。韓信嶺は山西の要所であるが、現在は［守備に当てる］兵が足りない。だが援軍の到着を待っていたら、おそらく賊はすでに太原を通過しているだろう。もし直隷に接近すれば京師は震動し、戦局全体への影響は想像もつかない。(30)

北伐軍が安徽、河南を進撃していた時と同じく、地方官たちの無能ぶりが告発されているが、当時山西からは江南、直隷へ九千人余りの兵が動員されるなど防衛力は手薄だった。(31) 哈芬も八月末の段階で太平軍に西進の動きがあることを察知していたが、懐慶に近い陽城県の防備を固めるのに手一杯で、垣曲県をめざした太平軍の「詭計」に裏をかかれたという。(32) なおこの勝保の上奏は、清朝官員で北伐軍の最終目標が北京攻略にあることを初めて明確に指摘したものとして注目される。(33)

さて首都を危険にさらしかねない失態を前に、太平軍の進撃を止められなかった責任問題が浮上した。このとき処罰を受けたのが哈芬と訥爾経額の二人であった。彼らに浴びせられた非難からは、当時の清朝による地方統治のあり方を窺うことができる。

まず哈芬について見たい。最初に彼を批判したのは訥爾経額であった。哈芬は太平軍が懐慶で大打撃を受けたとする訥爾経額の報告に疑問を呈し[34]、また訥爾経額に対する援軍要請に反応がないと報じていた[35]。訥爾経額が哈芬に山西の警備強化を要請し、「布置は周到」と回答して来たにもかかわらず、実際は全くの「空言」[36]であったと告発したのは、自らの立場を弁護するためであった。

次に哈芬批判の先頭に立ったのは山西布政使郭夢齢であった。彼は太平軍の山西進出時に沢州にいた哈芬がすぐに出発せず、北に大きく迂回して太平軍との遭遇を避けたこと、彼の家族がいち早く太原から避難したことを訴えた[37]。これを受けた清朝は九月十八日に哈芬を解任し、取り調べのため北京へ送るように命じた[38]。だが郭夢齢の告発はやまず、哈芬に太平軍を迎撃する意志がなく、韓侯嶺へ向かうと言いながら祁県へ退いてしまったこと、手持ちの兵一五〇〇人が百人に減ってしまうなど将兵を統率出来ていないこと、軍事費の不足を補うべく人々に銀を供出させようと図り、その通達を布政使の名義で出すように命じたことを非難した[39]。

さらに哈芬に追い打ちをかけたのは、前任太僕寺少卿の徐継畬、前任鴻臚寺卿の賈克慎など太原を中心とする山西出身のエリートたちであった。彼らは哈芬が南部三県の陥落を防がず、太原鎮総兵烏勒欣泰の軍が平陽救援に向かうのを許可しなかったために事態を悪化させたと訴えた[40]。また哈芬が太原に戻ろうとしていることを知った「官紳」が怒りの声をあげ、郭夢齢と相談のうえ彼の入城を実力で阻止しようと図っていると指摘した。そして太平軍進攻の危険が迫った現在、「内乱」を未然に防ぐには哈芬を厳罰に処して「山西士民の心を安んじる」ことが必要だと主張したのである[41]。

なぜ哈芬はここまで告発を受けたのだろうか。十一月に北京で恭親王奕訢らの取り調べを受けた哈芬は、二枚の供述書を提出した。それによると山西には清く真面目な官僚を受け入れない悪習があり、哈芬が赴任以来私情にとらわれず、賄賂を受け取らなかったために、民衆の支持を得たものの、強欲な者たちの恨みを買ったと告白した。また郭夢齢の背後にいたのは「裁撤」された各衙門の属吏、「濫保」を望んで果たせなかった劣員、寄付を行いながら褒美を得られなかった紳士たちであり、「自分は決して怯えて前進しなかったのではなく、藩司（郭夢齢）が誣告を聞き入れて、紳士たち（徐継畬）らを唆して上奏させたのだ[42]」と主張している。

それでは実際はどうだろうか。太平天国の挙兵以来、膨大な軍事費支出に苦しんだ清朝は山西出身の官僚や商人から寄付を募り、一八五三年六月に巡撫となった哈芬もこの政策を引き継いだ[43]。だが彼が「太原に来た紳士たちと謁見したところ……、先の捐輸で天恩を蒙り、［戸］部にそれぞれ評定するように命じたが、数ヶ月が経つというのに、いまだ［戸］部から承諾したかどうかの返事がなく、許可証を受け取れないと言っている[44]」と述べたように、経済的な貢献にもかかわらず期待通りの昇進ができないことに対するエリートたちの不満がくすぶっていた。

また新任の地方長官と下級官員が衝突するケースは珍しくないが[45]、哈芬と郭夢齢のケースでは省都太原の防衛を優先させるか、省境の防備を固めるかで意見が分かれた。その実郭夢齢は地元の利害を代弁した徐継畬らの要請に配慮して、中央の指示を守ろうとする哈芬と対立したのである[46]。むろん哈芬も太平軍の接近に伴い、直隷に動員されていた大同兵の帰還を求めるなど地域の利害に無関心だった訳ではなかった[47]。また山西を代表するエリートである徐継畬らに「一切の事宜を幫辦[48]」させたのも、哈芬が自ら裁可を求めた措置だった。つまり当時の中国社会においては、清末にその台頭ぶりが顕著となる地方エリートの意向を無視しては地方統治が成り立たなくなっていた[49]。

いっぽう訥爾経額の処罰について見ると、最初に彼を弾劾したのは江南道監察御史の啓文だった。彼は山西へ入った太平軍が垣曲県城を攻撃出来たのは戦力が衰えていない証拠であり、敗走に見せかけて清軍を油断させたに過ぎないと分析した。また訥爾経額は太平軍を追撃すべきだったが、「安撫」を名目に懐慶に留まり、指揮が統一されなかったために太平軍の勢いを取り戻させてしまった。つまり訥爾経額は懐慶救出の功績よりも、太平軍の山西進出を許した罪の方が大きいと言うのである。

さらに啓文は各省の地方長官が真剣に太平軍と戦っていないと述べたうえで、訥爾経額が「毎日午後には部下と会って公務をこなそうとしないため、役人の規律は乱れ、強盗事件が頻発している」[50]と批判した。すると清朝は九月二十三日に勝保を訥爾経額と交代で欽差大臣に任命し、訥爾経額には「懐慶に留まる必要はない」と述べて直隷、山西交界の防備を固めるように命じた[51]。

ところで以前の通説では、訥爾経額が処罰を受けた原因は臨洺関で太平軍に大敗を喫したためとされてきた。薛福成「訥相臨洺関之敗」によれば、訥爾経額が一万人以上の兵を率いて直隷救援に向かうと、潞城、黎城県から臨洺関へ通じる小道に守備兵を置くべきことを献策する者がいた。訥爾経額はこれらが山西省の管轄地であるため、平時の通例にならって哈芬に防衛を依頼した。だがこの要請が届く前に太平軍は潞城、黎城県を通過して臨洺関へ進出した。突然の太平軍出現に慌てた清軍は敗北し、訥爾経額は広平府城に逃げ込んだが、総督の印鑑から幕僚まで失ったために上奏文すら書けなかったとある[52]。

それでは実態はどうだったのだろうか。訥爾経額の供述によれば、太平軍の山西進出以来彼は一万四〇〇〇人の兵力を山西へ送り、数十人の兵を連れていたに過ぎなかった。訥爾経額が九月二十八日に臨洺関へ到着すると、新たに動員した吉林兵七五〇人がいたものの、馬や軍装はなお輸送中であった。また臨洺関は城の荒廃が著しく、陣地を設けることが出来なかった。訥爾経額は山西、河南両省に臨洺関へ通じる要所の警備を要請していたが、実際には行われず、太平軍東進の情報も地方官から届かなかった。難民の話でようやく太平軍の接近を知った訥爾経額は斥候を派遣したが、彼が復命した時にはすでに太平軍が迫っていた。やむなく訥爾経額は吉林、山西兵九五〇人および永年県監生宋遵信の率いる団練を率いて戦ったが、兵力および弾薬の不足をカバー出来ずに敗北したという[53]。

臨洺関陥落の知らせを受けた清朝は、十月三日に省境防衛を怠った罪によって訥爾経額を免職処分としたが、引き続き太平軍の進撃を食い止めるように命じるなど、すぐに厳しい処罰を加えた訳ではなかった[54]。むしろ訥爾経額に対する激しい批判を招いたのは、敗北後の彼が広平に留まり、北へ向かった太平軍を追撃しなかったことだった[55]。

例えば光禄寺卿宋晋は、訥爾経額が広平へ退却し、今また冀州経由で正定へ向かおうとしているのは「巧みに賊を避けている」のであり、満洲人である彼に対する処分は哈芬の例と比べて余りに軽く、「哈芬の心を納得させることは出来ない」と指摘した[56]。また翰林院侍読学士何彤雲は、訥爾経額の犯した罪は哈芬と変わりないが、もたらした災厄は訥爾経額の方がはるかに大きく、彼を厳しく罰しなければ他の官僚たちに弁解の口実を与えてしまうと警告した[57]。結局清朝は兵部尚書桂良を後任の直隷総督に任命した後、十月十日に訥爾経額を北京へ送り、取調べのうえ処罰することを命じた[58]。

『清史稿』訥爾経額伝は、清朝は重要な戦役で満洲人を司令官とする伝統があったが、一八五一年に広西へ赴任した賽尚阿と訥爾経額の敗北によってその誤りに気づいたと評している[59]。十一月に恵親王綿愉らの取調べを受けた訥爾経額は「斬監候、秋後処決（秋を待って斬刑）」という重い刑を言い渡された[60]。咸豊帝は道光帝の信任が厚かった訥爾経額にあえて厳罰を下し、多民族王朝としての清朝の公正さを示すことで、満洲人王朝の打倒を唱える太平天国の主張に反論し、漢人官僚の動揺を封じようとしたのである。

（b）太平軍の深州進出と北京における防衛体制の強化

清朝が訥爾経額の処分で揺れている間、太平軍はかなりのスピードで北進を続けていた。九月三十日に臨洺関を出発して沙河県を占領した太平軍は、十月一日からは任県、隆平県、柏郷県、趙州、欒城県を次々と占領した。(61) また六日に藁城県を占領してチャハル都統西凌阿の率いる軍と交戦し、(62) 七日には藁城県の北で要所となる滹沱河を渡った。(63) さらに八日には晋州を占領し、(64) 九日には東へ進んで深州を陥落させた。(65)

龔淦『耕余瑣聞』は十日間で九つの州県を破った太平軍の進撃は旋風のようであったが、それが可能になった理由として清朝側の防衛施設および武器の不備、情報不足、戦略の欠如があり、日頃官民の信頼関係が欠けていたために、城を死守する地方官がいても助ける者はなかったと述べている。(66) 確かに太平軍の深州到達後、饒陽県知県秦聚奎の率いる練勇一万四〇〇〇人がその東進を牽制したのを除くと、団練による抵抗は見られなかった。(67) 直隷でエリートによる団練結成が軌道に乗ったのは、清朝の命令を受けた直隷布政使張集馨が各地に官員を派遣して指導させてからのことである。(68)

いっぽう新たに欽差大臣に任命された勝保は、太平軍の進撃ルートの前方に出るべく山西から直隷正定府への道を急いでいた。十月五日に山西平定州についた彼は、固関で長城を越えて直隷へ入り、八日に正定に到着した。(69) 九日に太平軍が晋州へ向かっていると知った勝保は追撃しようとしたが、直隷総督桂良より太平軍が省都保定から五十キロ余りの定州李青果村に到達したとの通報を受け、急ぎ北へ進路を変えた。(70) ところが定州に到着してみると太平軍の姿はなかった。その情報は元々望都県から寄せられた誤報だったのである。(71) さらに太平軍が祁州方面にいるとの知らせが入り、兵を祁州に送ると、今度は張集馨から深州が占領されたとの報告に接したという。

こうした情報の錯綜は、連絡の遅延と共に清軍の作戦活動を難しいものにした。勝保は清軍同士の連携が悪く、近くにいる筈の部隊ともなかなか連絡がつかないと述べたうえで、その原因として地方官が民心の動揺を恐れて車や馬の準備を怠り、いざという時に徴発に応じられないことを挙げている。勝保が理藩院尚書恩華に送った書簡が大幅に遅れただけでなく、緊急の上奏文にもしばしば遅れが発生した。北京からの指令が不完全な体裁で届くこともあり、こうした音信の不通が戦局を左右しかねないと指摘している。[72]

また太平軍が定州を占領したとの誤報は、朝廷内にパニックを引きおこした。勝保と親しかった廉兆綸（順天府寧河県人）の手紙によれば、十月十日にこの「荒唐無稽の知らせ」が届くと、咸豊帝は顔を真っ赤にして怒りに震える程のショックを受けた。[73]そして同日の上諭で「なんぞ焦急に耐えられよう」と述べ、勝保、桂良に太平軍の捕捉と保定の死守を命じた。[74]また十一日には恵親王綿愉を奉命大将軍、科爾沁郡王の僧格林沁を参賛大臣に任命し、北京の防衛を担当させて人心の動揺を防ごうとした。[75]

さて太平軍の進攻に対する北京の警戒感が高まったのは、太平天国が南京を占領した一八五三年三月頃からだった。「髪逆（太平軍をさす）が金陵を陥落させると……、人心は動揺し、［北京］全城の銭舗が二月初めに一斉に閉まった」[76]とあるように、南京占領をきっかけに約束手形である「票」への信頼が失墜して取り付け騒ぎが起こり、多くの両替商が閉店に追い込まれた。[77]また太平軍が各地に軍を進めると、北京へ通じる食料の補給路が断絶し、「京城の米価は一斤あたり八十文余りになり、油、塩や燃料の値段が高いのは言うまでもなかった[78]」とあるように北京の物価騰貴を招いた。

その結果北京では、官僚とその家族、商人たちが様々な理由を見つけて外地へ脱出する動きが広がった。巡視中城御史鳳保は一八五四年初めの上奏で「今年（一八五三年）の春以来、中央官が暇乞いをして故郷へ戻ったり、豊かな家で家族を連れて避難した者は全部で三万戸を下らなかった。どの街も九割方は空き家となり、人口は日に減少した。

以前人口が密集していた北城地区は、昨年の北城司坊による調査では一万八千戸余りだったが、たった一年で八千戸余りとなった。一城がかくの如きであれば、五城は推して知るべしである」[79]と述べている。また脱出者が数十万人に及んだとする説もある[80]。当時北京の人口は一三〇万人強であったと推測されるが、かなりの程度まで人口が減少したことがわかる[81]。

清朝が北京の警備強化に本格的に取り組んだのは、太平軍の北伐が始まって間もない一八五三年六月のことだった。六月二十四日の上諭は「京師は根本の重地であり、防範と稽査はもっとも緊要である」と述べ、僧格林沁と歩軍統領左都御史の花沙納、右翼総兵の達洪阿、軍機大臣で内閣学士の穆蔭に北京各旗営の巡回と防衛を行うように命じた[82]。また翌二十五日の上諭では、北京周辺（順天府）で不審者を取り締まるように命じたが、効果があがっていないと述べたうえで、歩軍統領らに内城の警備を強化させると共に、外五城については御史黎吉雲ら十一名を五城御史と共に警戒に当たらせた[83]。

また花沙納らは六月に北京における警備体制の強化について、順天府で行われていた保甲制度（十家門牌）の実行に努めると報告した。だが咸豊帝は旧来の章程を実行すると宣言しただけでは責任逃れをしているに過ぎないと批判した[84]。そこで十月九日に僧格林沁と花沙納は太平軍の直隷進出に伴う人心の動揺を抑えるために、デマを飛ばす者を取り締まると共に、次のような布告を張り出すことを求めた

逆匪は部隊を分けて河南懐慶を襲ったが、数千名に過ぎず、わが兵によってほとんど討ち取られ、生き延びた者は山西へ逃れたが、再び大軍の攻撃を受けた。彼らは進退窮まって直隷省内へ入ったが、現在各地の官兵や直隷兵、盛京兵、吉林兵などが雲集している。また陛下の指示により、チャハル兵、天津兵も動員されて鎮圧に向かっている。北京内外の兵は全部で数万にのぼり、この醜い反逆者どもはすでに釜の底をさまよう亡霊のような

ものでで、まもなく殲滅されるであろう。

ただ北京は各地の人々が集まっている。恐らくは無知の人が詳細を知らず、賊が直隷に入ったと聞いて動揺し、軽々しく匪賊が捏造した話を信じて、移住しようと考えたり、店じまいをした結果、居場所を失ってしまうのは憐れむべきことである。そこで告示を出して北京の商人、士民に知らせることにした。現在賊匪は間違って直隷に入ったが、すでに大軍が四方から包囲している。天はその魂を奪わんとしており、必ずや鎮圧されるのであって、どうして再び猪突猛進することがあろうか？

なんじら商民はおのおの生業に安んじるべきであり、恐れおののく必要は全くない。もしデマを捏造し、人心を惑わす者がいれば、それは奸細と同じである。本王大臣はすでに各地に官員を派遣して密かに取締りを行っており、ひとたび違反があれば立ちどころに処刑して、決して容赦はしない。それぞれ遵守して違うなかれ。[85]

ここで清朝は北伐軍の平定が間近であると繰り返し訴えながら、人々に避難の心配をせずに落ち着いて生業に励むように命じている。またデマを流す者に対しては、スパイ行為と見なして厳しい処罰を科すと明言した点が特徴的である。

こうした警備体制の強化は、北京へ潜入した太平軍の密偵や脱走兵を捕らえるなど一定の効果をあげた。歩軍統領や京城巡防処の上奏によれば、北伐軍兵士だった孫東児（宛平県人）[86]、南京から脱走してきた于二（大興県人）[87]らが逮捕されており、深州で太平軍に加わった王大（祁州人）は上官である「偽大司馬」の陳初から北京城内（前門付近）に潜伏先を準備するように派遣された。[88]また江蘇で太平軍に加わった劉澄徹（懐来県人）は「どこに官兵がおり、どこが行きやすいかを探り、併せて部屋を探す」ために天津一帯と北京の間を往復した。彼の供述によれば、北京に潜入した密偵は三、四百人に及んだという。[89]鳳保も「連日捕らえられたスパイの供述を読んだが、多くが北京へ来て部屋を借り、密かに勾結を図ろうとするものだった[90]」と述べている。

一八五〇年代初めの北京は「近年来しばしば強盗事件が発生しており、多くの仲間を集めて犯行に及ぶ者もいる[91]」とあるように治安の悪化が懸念されており、警備の強化は窃盗犯やアヘン商人の逮捕にも一役買った[92]。しかし清朝が団練の匪賊殺害を処罰しないこと、太平軍将兵を捕らえた者に褒美を与えることを約束する[93]と、行き過ぎた捜査によって多くの冤罪事件が生まれた[94]。その一つに北京のカトリック教徒に対する摘発があった。一八五三年八月に信者の張徳順（大興県人）は太平天国が「天主教」を奉じていると聞き、約一万人いた北京の信者に呼応する者が出るかも知れないと考え、機先を制して僧格林沁の衙門に訴えた。だが張徳順は誰が太平軍と通じているか明らかにすることが出来ず、彼に「教頭」と名指しされた内務府廂黄旗護軍参隣の鄧広和、廂黄色漢軍孟徳芳佐領下馬甲の李林に対する取調べでも太平軍と密通した事実は認められなかった[95]。だが人々のカトリックに対する警戒感は消えず、天津でも弾圧が検討されたという[96]。

また北京における厳戒体制は役人たちが新たな不正を働く温床ともなった。十月に国子監祭酒の奎章は北京城門の衛兵が金を受けとれば不審者を城内へ入れていると指摘し、これを禁止するように求めた[97]。これを受けた何彤雲は城門警備の兵が通行人に金を要求するのは昔からのことだが、最近は交通量が減少して税収が減ったこと、警備の強化は兵士に搾取の口実を与えており、この弊害をなくすことは容易ではないと指摘している[98]。

さらにこの種の不正は北京を防衛する清軍兵士の質と関わる問題であった。鳳保は次のように述べている。北京で頼りになるのは巡防と団練であるが、これらは盗賊を捕らえる程度の効果しか持たない。緑営、八旗は共に有名無実であり、精鋭部隊は外地の防衛に動員されたため、残っているのは役に立たない兵か、欠員を埋めるために一時的に雇われた者たちに過ぎない。彼が視察したどの防衛拠点でも人数が足りておらず、時に見張りや衛兵は弱々しく無力な人々であった。彼らは一日中風雪にさらされて立っていたが、飢えと寒さに苦しんでいた。また支給された武器はみな役に立たなかったという[99]。

当時北京の総兵力は十一万六三八五人であったが、城の防禦や皇帝の庭園などの警備、街道の巡査および動員に備えた兵力は六万人余りに過ぎず、残りの四万人は雑役要員または支給される米で生活している「老人、子供あるいは障害者[100]」であり、戦力とはならなかった。十月十一日に咸豊帝は乾宮で綿愉と僧格林沁に対する授印の礼を行い、僧格林沁は精鋭四五〇〇人を率いて涿州へ向かって出発した[101]。だが華々しい儀礼にもかかわらず、人々の不安は消えなかった。十月二十二日に漕運総督福済は、太平軍の接近に動揺した者が咸豊帝に「巡幸の説」すなわち北京脱出を進言するかも知れないが、これらの「謬論」に耳を傾けてはならないと訴えた。この性急な上奏に対して咸豊帝は「現在は少しもこの考えはない……。朕の心は甚だ定まっており、とくに汝に知らせて安心させよう[102]」と回答したが、それは北京の防衛体制がいかに危ういものであったかを物語っている。

一八四七年から十二年間にわたり広東に滞在したイギリス人宣教師スカーチ（J. Scarth）は、「（太平軍は）真夏に黄河を渡河し、その驚くべき進撃スピードによって秋の終わりには北京に到達するように思われた。三万戸の家族が北京を脱出した。広東では北京の陥落は避けられないと考えられていた[103]」と述べている。また一八五三年十二月にフランス中国公使ブルブロン（M. A. de Bourboulon）は「たとえ北京占領といった決定的な事件が清朝政府の滅亡を早めなかったとしても、少なくとも清朝が自ら回復出来ないほどの深刻な打撃を受けたことは間違いない[104]」と本国に報告した。これらは当時のヨーロッパ人による見解を代表するものと考えられる。日本でも太平軍の優勢ぶりと北京の動揺が伝わり、幕末の志士である吉田松陰の思想形成に大きな影響を与えたという[105]。

なお混乱と厳戒態勢下の北京にあって、もう一つ深刻だったのは民生問題であった。鳳保の上奏によると、彼が綿入りの服を貧民に配給する作業の監督をしたところ、貧民の数は例年よりも多く、とくに東北二城では数倍に及んだ。その原因は豊かな者たちが北京から避難し、働き口を失った下層民の生計が困難になったためで、彼らは流民となって外地へ出るか、凍えて飢え死にするかの選択を迫られたという。また戸部は膨大な軍事費支出を支えるべく、毎月北京の家賃収入に対して「房租」なる付加税を課した。鳳保はこの税の徴収に立ち会ったが、多くの住民は負担に耐えられなかったと述べている(106)。

この北京の房租について、一八五四年二月に戸部尚書羅惇衍も「小さな利益によって人心を失ってはならない」と述べてその廃止を訴えた。彼によると北京の軍事費は毎月四十八万両かかるが、房租の収入は約二万五千両にしかならない。しかもこの税の徴収が容易で、民衆の生活に影響が出ないのならともかく、現在満洲、モンゴル八旗および漢人の苦痛は数え切れないと指摘して次のように述べている

北京の衣食は大半を各地からの流通に仰いでいる。次が財産の有無で、房租の多寡が基準となっている。以前は百貨が集まったが、最近は賊に阻まれて、商人はちりぢりとなってしまい、徒食する者が次第に増えた。およそ小商人や手工業者は糊口なきことを恐れている。房租に頼っている者は三家に一家に満たず、空き屋があっても［入居者を入れて］補うことが出来ない。あらゆる貧民は老弱、女子供を問わず、飢えや寒さに泣き叫ぶ声は耳に絶えることがない。壮年の男でも仕事がなく、空腹のあまり生気を失っている……。房租納入の時になると、家に金がない者は親戚に借りるが、借りる当てのない者は財産を質入れする。さらに財産のない者は八方手を尽くして準備するが、家は破産し、恨み嘆きは道にあふれ、笞打たれたうめき声は街角に響きわたる。もし今後も毎月徴収を続ければ、苦しみはさらに激しいものとなる(107)。

ここからは北京の経済活動が破綻の危機に瀕し、しわ寄せが下層民に集中したことが窺われる。またその結果発生

した難民対策も清朝にとって頭の痛い問題であった。十月に通州、昌平州や北京広安門外の藍甸廠で難民の活動が報告されると、清朝は歩軍統領衙門や順天府に調査を命じると共に、漕米の運送で生計を立てていた通州の「游民」を団練に編入し、失業した彼らが不穏な行動に走るのを未然に防ぐように命じている。(108)

二、北伐軍の天津進攻と独流鎮・静海県の籠城戦

（a） 太平軍の天津郊外到達および華北民衆との関係

さて深州を占領した太平軍は、兵士の休息と部隊の再編のために十四日間ここに駐屯した。十月十三日に保定に着いた勝保は直隷総督桂良と面談のうえ、(109)十六日に深州の北にある西午村に進出した。このとき太平軍は広西人の女性を男装させて北京の動静を探らせるなど、なお北進の構えを見せていたが、(110)包囲網が形成されるのを嫌って十三日、十九日、二十一日に清軍と交戦した。(111)また二十二日夜には暴風に紛れて深州の東へ脱出した。(112)以後太平軍は二十九日に先鋒隊が天津郊外の楊柳青に到達するまで、これを追撃する勝保の軍と激しい行軍レースを展開することになる。

まずは太平軍の進撃ぶりを見よう。深州を出た太平軍は二十三日に武強県の小范村に着くと、滏陽河を北上して夕方に献県を占領した。(113)当時河間府から新津県にかけて洪水が発生し、天津に通じる道路が遮断されていたため、太平軍は東南へ進路を変え、二十五日に交河県を占領した。(114)翌二十六日に大運河沿いの柏頭鎮に到達した太平軍は船を獲得すると、(115)再び北へ向かって二十七日に滄州を陥落させた。さらに二十八日には青県を占領し、(116)二十九日に主力は静海県城と交通の要所である独流鎮を占領した。(117)

これに対して勝保の追撃ははかどらなかった。はじめ彼は咸豊帝から深州で太平軍を殲滅するようにとの指示を受

け、準備を進めていた[118]。太平軍が深州を離れると、彼は西凌阿、貴州提督善禄にこれを追撃させ、みずからは太平軍の北進を防ぐために東北へ向かい、二十四日に河間府城へ到着した[119]。しかしこの時勝保は太平軍の進路を正確に予想することが出来なかった。もともと勝保は太平軍が直隷に入って間もない十月初めの段階で、捕らえたスパイの供述から太平軍の次の攻略目標が天津であるとの情報をつかんでいた[120]。だが彼は十月二十五日の上奏で、太平軍は深州までの戦闘でダメージを受けており、天津一帯の水害やその防禦が固いことを考えると、大運河を経由して南へ向かうだろうと予測した。そして太平軍が再び黄河を渡って南方の太平軍と合流しないように、山東巡撫崇恩らに迎撃体制を整えるように要請したのである[121]。

確かにこの頃太平軍の西征軍は湖北、安徽で積極的な動きを見せており、清朝は北伐軍がこれらの部隊と合流し、北京へ進攻するのではないかという危機感を持っていた[122]。ところが太平軍は勝保の予想に反して北上し、滄州陥落の知らせを受けた彼がその進路を阻むべく青県に到着した時には、すでに青県を通過した後だった[123]。太平軍も勝保が後方から追尾するだけで、決戦を挑もうとしないことを嘲笑し、行く先々で「勝保の見送りは無用」と書きつけた立て札を残していったという[124]。

もっとも太平軍が静海県に到達した段階で、勝保の軍は騎兵四百人、歩兵一千人に過ぎず、攻勢をかけるだけの力を持っていなかった[125]。また勝保は太平軍を積極的に追撃しようとする清軍将校が少ないと述べており、じじつ彼が太平軍を捕捉するために先発させた筈の西凌阿と善禄は「かえって私よりも後になった[126]」という。さらに長く困難な行軍によって兵士たちは疲れきっていた。勝保は次のように指摘している

私は今回深州から逆匪を追撃するにあたり、彼らが長駆北上すれば、後方から追いかけるだけになってしまうと考え、河間から青県への近道を行くなど迅速を期した。だがその道中は一面水浸しであり、いずれの地方も賊

の蹂躙を受けたため、車馬は徴発出来ず、食糧も全くの空になっていた。将兵たちは重い荷物を背負って浅瀬を渡り、空腹のまま道を急ぐなど、その困難は言い尽くせない程だった。

静海県に到着して城外に宿営したが、付近の村々は賊に襲われていなければ、水にやられており、一粒の米、一寸の草も残っていなかった。人馬は食糧も草も絶たれ、今やすでに三日となる……。今回の戦闘で［兵たちは］飢えや寒さ、疲労に苦しみながら、敏捷で勇敢な敵と遭遇した。ひとたび号令が下るや終日戦いを交え、千人余りを倒して万を超える敵を恐れさせた。私は喜びのあまり涙を禁じ得ない[127]。

この上奏文は十一月一日に勝保が静海県城の太平軍と戦った後に書かれたもので、勝利できなかった理由を食糧の不足に求めている。だが脚色された部分を除いても勝保軍が疲弊していたことは間違いなく、給事中呉廷溥は僧格林沁の軍を太平軍弾圧の前面に立て、勝保に暫しの休息を与えるように求めたほどだった[128]。

いっぽうの太平軍はどうであろうか。山西から天津郊外まで比較的有利な戦いを展開した太平軍であるが、この間に住民の虐殺事件を二度起こしている。最初は山西平陽府で、龔淦『耕余瑣聞』によると太平軍が入城した当初は「未だ人を傷つけなかった」。だが九月十四日の戦闘中に、平陽で加わった新兵が擡砲を太平軍の隊列へ向けて発射し、黄巾姿の指揮官を殺害したために、部隊は敗北して数百人が死んだ。すると怒った太平軍は「平陽人は手ごわい連中だと考えて、再び入城すると二万余人を殺した[129]」という。

また陳思伯の回想によれば、平陽の郷勇が撃った砲弾がたまたま太平軍の大旗手に命中すると、林鳳祥は激怒して「この城を破って皆殺しにせよ」と命じた。城外の「客商」たちは投降して殺戮を免れたが、城内では「捜索と虐殺が三日間続き、男女老幼の屍体が枕を並べた。また出発時には火を放ち、城中が灰燼に帰した[130]」と述べている。

二度目の虐殺が行われたのは直隷滄州であった。元々滄州は満洲八旗の駐屯地で、知州沈如潮と満洲旗営の成守尉である徳成は太平軍が三、四千人程度との報告を受け、四千人の兵で迎え撃つことにした。十月二十七日に彼らは太平軍の先鋒隊と交戦したが、突然火薬を積んだ車が太平軍の工作員によって爆破された。この時太平軍の本隊が姿を見せ、報告をはるかに超える人数に驚いた沈如潮らは城内に退却しようとしたが、太平軍は城門に殺到して中へ攻め込んだ。徳成は市街戦で死亡し、沈如潮も捕らえられて殺された。だが最後まで抵抗する者が多く、太平軍の将兵は「郡県がみな滄州のように官民が必死に防衛したなら、我々もここまで来られなかっただろう」と語ったという。

入城した太平軍は初め殺戮を行わなかったが、点呼を取ったところ死傷者が多いことが明らかになった。すると太平軍は「痛恨して虐殺を命じ、満洲人、漢人、イスラム教徒を合わせて一万人余りを殺した」[131]とある。清朝側の捜査によれば満洲旗兵一千人余りのうち八百人が殺され、女性の死者は一八〇〇人、子供は四八〇人に及んだ[132]。

太平天国を民族主義革命と評価した簡又文氏は、滄州の虐殺が「北方最大かつ最も凄惨な災難」であり、挙兵当初の広西全州における虐殺に匹敵する事件であると述べている。また林鳳祥らが一時の憤激にかられて漢族を含む多くの人々を殺害したのは、戦闘による損害が大きかったとはいえ、華北の人々の反感と激しい抵抗を引きおこすことになり、北伐全体の戦局に極めて不利な結果をもたらしたと指摘している[133]。これに対して張守常氏は、直隷に入った太平軍は滄州で初めて本格的な抵抗に遭い、城内でも激しい市街戦が発生したために、結果として双方の死者が増えたと分析している[134]。

実際のところ太平天国は旗人を「妖魔」即ち偶像崇拝者と見なして排撃し、南京で旗人に対する虐殺を行った[135]。また北伐軍も河南帰徳府で「城内の妖兵、妖官は全て殺し、およそ三千人以上を殺した」[136]と報告したように、清朝官吏や清軍兵士に対する徹底した殺戮を行った。天津への進撃途上だった滄州でどの程度組織的な虐殺があったかは不明だが、旗営兵士の死亡率の高さ（八割）から見ても、太平軍が満洲旗兵とその家族に激しい敵意を向けたことは否定出来ないように思われる。

むろん太平軍はどこでも暴行を働いた訳ではなかった。一八五三年十一月に北伐軍の弾圧方法について上奏した太僕寺卿王茂蔭は、「賊兵の行動は隊列が整っており、統率されていて乱れない。城を奪っても郷村は奪わず、金持ちから掠奪しても貧乏人からは取らない。進撃先ではまず数名を派遣してドラを鳴らし、家々の門を閉じさせ、市場の食べ物を売る店を開かせる。きちんと金を払って交易するため、賊が来ても人々は余り店を閉めようとしない。官兵がいたるところ、全く規律がなく、みだりに掠奪をほしいままにするので、ついに街中が門を閉め、人々も逃げてしまう(137)」と述べている。太平軍の略奪行為が清軍のそれに比べて抑制されたものであるという事実は、華北の人々にも広く知られており、太平軍が洪洞県に進出すると、隣の趙城県の人々は太平軍にラバや米を送り、これを「進貢」と呼んだ。また霍州の城門は降伏の意志を示すために開かれ、紳士たちが食糧を準備して太平軍の到着を待っていたという。勝保はその上奏の中で、山西は兵ばかりか人心まで当てにならないと憤慨している(138)。

だが一方で太平軍は抵抗する者には厳しい報復措置をとった。光緒『深州風土記』によると、十月二十一日に太平軍の偵察隊百騎余りが深州城東南の景蔭村を通りかかった。この時郭洛慶が村人を率いて攻撃すると、翌二十二日に太平軍が再び現れ、村は攻め破られて百人以上が死んだ(139)。また命令を拒否したり、批判的言説を唱える者も容赦しなかった。趙州人の王挑は太平軍に従軍を命じられたが、「死んでもお前たち逆賊には従わない」と罵って殺された(140)。武安県の生員だった王英も親子で太平軍に連行されたが、臨洺関で酒に酔い、上官を罵って殺されたという(141)。こうした太平軍の強圧的な態度に対して、華北の人々もおいそれとは従わなかった。陳思伯は次のように述べている

［太平軍が］天津に到達して兵士の数を調べたところ、十万人（太平軍固有の数え方で、実際は二万五〇〇〇人をさす）に満たなかった。なぜなら北の人々は荒々しく、拉致や掠奪をするのは容易でない。一、二人で家を守る者

は必ず暗い場所に隠れ、賊が門を入ってくるのを待って、飛び出してきてこれを撃ち殺す。［他の］賊に見つかれば喜んで命を捨て、見つからなければ死体を屋内に隠し、再び元の場所に隠れて次のチャンスを窺う。これを「獲利」と呼ぶが、たとえ死んでも脅されて従うことを望まないという意味であり、その愚かさはかくの如きである[142]。

人々が太平軍の捕虜となることを潔しとせず、ゲリラ的な抵抗をくり返したこと、その結果太平軍が兵力を充分に増やせなかったことがわかる。虐殺事件のきっかけを作った平陽の新兵たちも自分の身体を擡砲と鎖でつながれ、逃げられないようにされたことに反発して指揮官を殺害したという[143]。それは住民との信頼関係を構築する時間と方法を持たないまま、敵中深く電撃的な作戦を続けた軍事行動の代償であった。

なおこの時期清軍に捕らえられた太平軍兵士の供述書は、いかなる人々が軍に参加したのか、太平軍が彼らをどのように管理したかについて貴重な情報を残している。そのうち太平軍参加の経緯については「家の前で脱穀をしていたら、突然長髪賊がやって来て私を連れ去った[144]」「正定府城内へ茶葉を仕入れに行ったところ、城東で長髪賊に出くわし連れ去られた[145]」とあるように、罪を軽減されたいという願いから拉致されたと証言しているものが多い。だが中には太平軍の参加経験をもつ仲間から話を聞き、自ら望んで太平軍の陣営に投じた楊二（直隷通州人）のような例もあった[146]。任県でも数百人が太平軍に加わり、一人も戻らなかったという[147]。

また太平軍の新兵に対する管理について見ると、「賊匪たちは針金で私の左頭に三日月状の焼き印をつけた」「頭に傷痕を作り、髪を剃ってはならないと言った[148]」とあるように、身体に烙印を押したり、長髪姿に変えることでその逃亡を防ごうとした。また「賊目が黒と紅色の丸薬を飯に混ぜて私に食べさせたところ、頭の中が朦朧としてきた」「私に丸薬や薬酒を与え……、やがて心の中がボーッとしてきて、やたらと暴れ回ったが、何人殺したか憶えていない」[149]という証言があり、新兵に丸薬や酒を飲ませて興奮状態にさせ、戦闘に駆り立てていたと考えられる。

さらに驚くべきは王泳汰（直隷雄県人）、馬二雪（直隷新楽県出身のイスラム教徒）の供述で、「賊目は私が使いものになると見て、二人の女をくれたが、私は手をつけなかった」「私が官兵の長槍で右腿にケガをすると、李賊目は私が戦いで手柄を立てたと言って、私に女を一人くれた」[150]と述べている。挙兵時の太平天国が性をタブー視したことは良く知られており、北伐当時の南京では男女を隔離する男館、女館の制度がなお実行されていた。[151]北伐軍が手柄を立てた新兵に褒美として女性を与えたという事実は、新兵を戦闘に参加させないという当初の方針が崩れ、兵数を確保しながら士気を鼓舞するのに苦労していたことを窺わせる。陳思伯は滄州の戦闘後、太平軍兵士が少女たちを強姦しようとしているのを発見し、これを救ったと述べている。[152]性的な要求を活用しようとする北伐軍内の情況から見て、この種の事件が発生したのは偶然ではなかったと言えよう。

ちなみにもう一つ指摘しておくべき点として、太平軍に合流した雑多な反乱集団の存在が挙げられる。その代表は河南、安徽などの捻子で、山東でスパイとして捕らえられた李全らは「捻匪であり、掠奪をして相手を傷つけたため、賊に従って砲をかついで城を攻めた」「銀当（銀の両替を行う質屋）などの店を三度襲撃し、ついで賊に従うこと二ヶ月余り、何回も官兵と戦った」[153]などと述べている。また滄州のイスラム教徒である王二回子に雇われていた郭蟬（直隷大成県人）は次のような興味深い証言を残している

五月十三日（六月十九日）に王二回子は滄州の回匪と私、全部で四、五百人で懐慶府をめざし、途中掠奪を行った。十六日（六月二十二日）に名前の知らない場所で長髪賊と会合し、千人余りになった。王二回子は逆匪の頭目である褚二から紅布をもらい、私はそれを頭に巻いて目印とした。また以後は頭を剃ってはならぬと命じられ、鎌形の穂先のついた槍を与えられて、彼らと共に戦うことになった。十七日（六月二十三日）に逆匪頭目の褚二

は長髪賊に命じて、私の左肩に鉄で烙印を押した。

六月初七日（七月十二日）に私は賊匪と共に懐慶府の攻撃に加わり、五十日以上攻めたが、占領することができなかった。八月初三日（九月五日）に我々は山西へ入り、初十日（九月十二日）に平陽府に至り、官兵と戦った。賊匪は数知れない程の兵民を殺したが、私も槍で官兵三人を殺し、五人にケガをさせた。［平陽］府城を占領すると、我々は城内に寝泊まりし、店や住民の財物を奪った。

九月初めに我々は直隷深州へ向かい、途中幾つかの城を襲ったが、その名前は覚えていない。のち深州を占領すると、城内に五、六日駐屯し、再び静海県一帯へ向かった。その途中通過した市場で財物を掠奪した。(154)


本章が検討した太平軍の懐慶脱出から天津郊外までの足跡と、平陽での住民虐殺、太平軍の新兵に対する取り扱いなどを確認することが出来る。王二回子のムスリム反乱集団は太平軍参加後も掠奪を続けたが、太平軍には彼らに再教育を施して、その暴走を抑えるだけの力量を欠いていた。これら投機的な反乱集団の加入は、太平軍の出で立ちを真似て掠奪をくり返した「ニセ太平軍（仮装粤匪）」(155)の活動と共に、華北の人々のあいだに太平軍に対する敵意を増幅させたのである。

（b）　独流鎮、静海県における籠城戦と太平軍、清軍

さて楊柳青に到着した太平軍の先鋒隊は、十月三十日に天津西郊の稍直口を攻撃した。だが太平軍の天津攻撃は早くから予想されていたため、長蘆塩政の文謙らは在籍紳士で前浙江巡撫の梁宝常らの協力を得て、義勇二千人、壮勇四千人の編制と訓練に努めていた。(156)また「邑紳」で塩商の張錦文は小稍直口の防禦工事を進め、囚人一千人を義勇として活用すると共に、「賊を一人殺せば銭一百緡、生きた賊を捕らえた者には銭二百緡」という高額の賞金を約束し

て兵勇を激励した[157]。さらに天津一帯は九月二日の大雨で堤防が決壊し、城の西南は水に浸かって自然の要害となっていた。はたして太平軍は苦戦し、伏兵として配置された「雁戸（排槍）」と呼ばれるカモ取り用の小舟を渡し船と思いこみ、接近したところ一斉射撃を受けて敗退した[158]。以後太平軍は天津府城を攻撃せず、独流鎮と静海県城に土城を築いて三ヶ月にわたる籠城戦を行うことになった。

北伐軍はなぜ天津郊外に長く留まったのか？——これは太平天国の北伐史における最大の謎であり、多くの憶測を生んできた。なかでもユニークなのは陳思伯『復生録』で、太平軍による天津攻撃の目的が「夷船」との共同作戦にあったと主張している。彼によると、一八五三年四月に南京を訪問したイギリス公使ボナム（S. G. Bonham）は、洪秀全と天津攻撃の期日を申し合わせた。八月に外国船は天津に到着したが、武器を隠し持っていることが発覚して退出したために、太平軍と共同歩調が取れなかったという[159]。

当時の太平天国はキリスト教世界であるヨーロッパ諸国に対して「わが天兵を助けて妖敵を殲滅するのを手伝うのも、今まで通り商業を営むのも自由である。なんじらが我々と共に天王につかえ、功績をたてて、神の深い恩に答えることを深く望む[160]」と述べたように、自分たちの天下統一事業を援助してほしいという期待感を表明していた。だがイギリスは太平天国と清朝の戦争に対して中立を表明し、ボナム自身も太平天国に宛てた書簡の中で「我々がいま中国でイギリスの汽船を貸し出して、戦闘を助長することは絶対にあり得ない[161]」と述べている。陳思伯は北伐直前にボナム一行を目撃し、外国船の威力についてもある程度知っていたが、彼は外国船との連携失敗という理由を与えることで、太平軍の不可解な戦略について自らを納得させようとしたのかも知れない。

現在見ることの出来る史料の中で、この籠城戦の目的について直接言及したのは北伐失敗後に捕らえられた李開芳の供述である。彼は「[洪秀全は]南京に着いた後は動くことを望まず、我々に黄河を越えて天津に着いたら報告せよ、さすれば再び兵を送ると言った」[162]と述べており、これによれば太平軍が天津付近に留まったのは援軍の到着を待つためで、南京出発の時点で定められた戦略だったことになる。

もっとも太平軍が天津付近に到達した時点では、間髪を入れずに北京へ進撃する可能性もあった。静海県で捕らえられた太平軍兵士の王自発（南京人）は「我々は元々天津を占領し、数日間休息したら、隊を分けて北進するつもりだった。だが図らずも天津の兵勇に撃退され、静海、独流を占拠した」[163]と述べている。また太平軍内に潜入した清軍の斥候も「賊たちから聞いた話では、二十八日（十月三十日）に天津を攻め、来月に北京に至るとのことだった」[164]と報告している。さらに楊長児（直隷武邑県人）の供述によると、彼は北伐軍が山西で活動していた九月下旬に太平軍の工作員によって雇われ、ニセの清兵を装って静海県と滄州の間を往復した。その中には「南京から動員された兵」[165]もいたといい、数こそ少ないものの援軍がひそかに到着していたことがわかる。

また天津郊外を占拠するという太平軍の戦略も、見方によっては一定の合理性を持っていた。十一月末に工科掌印給事中の汪元芳は「天下安危の大局は全てこの一、二ヶ月にあり」と述べて次のような分析を行った。太平軍が独流、静海で籠城しているのは「固守して援軍を待っている」のであり、決して勢いが衰えた訳ではない。もし清軍の弾圧が遅れれば、北伐軍は凍結した河川を歩いて各地に進出することが可能となり、河南、安徽の西征軍と呼応すれば戦局は太平軍にとって有利となる。また大運河が使えない以上、江南で集められる漕米は上海経由で海上輸送せざるを得ないが、それが滞れば北京への影響は深刻なものとなる[166]。つまり天津郊外の太平軍は北京の喉元をおさえているのと同じで、経済が破綻しかかっている北京にとって猶予ならない事態だというのである[167]。

確かに十一月初めに涿州から天津北部へ到着した僧格林沁は、現在は水害の影響で太平軍が西北、西南に進出する可能性はないが、河川が凍結すれば移動が可能となるため、攻撃を急ぐ必要があると指摘した[168]。勝保も独流鎮の太平

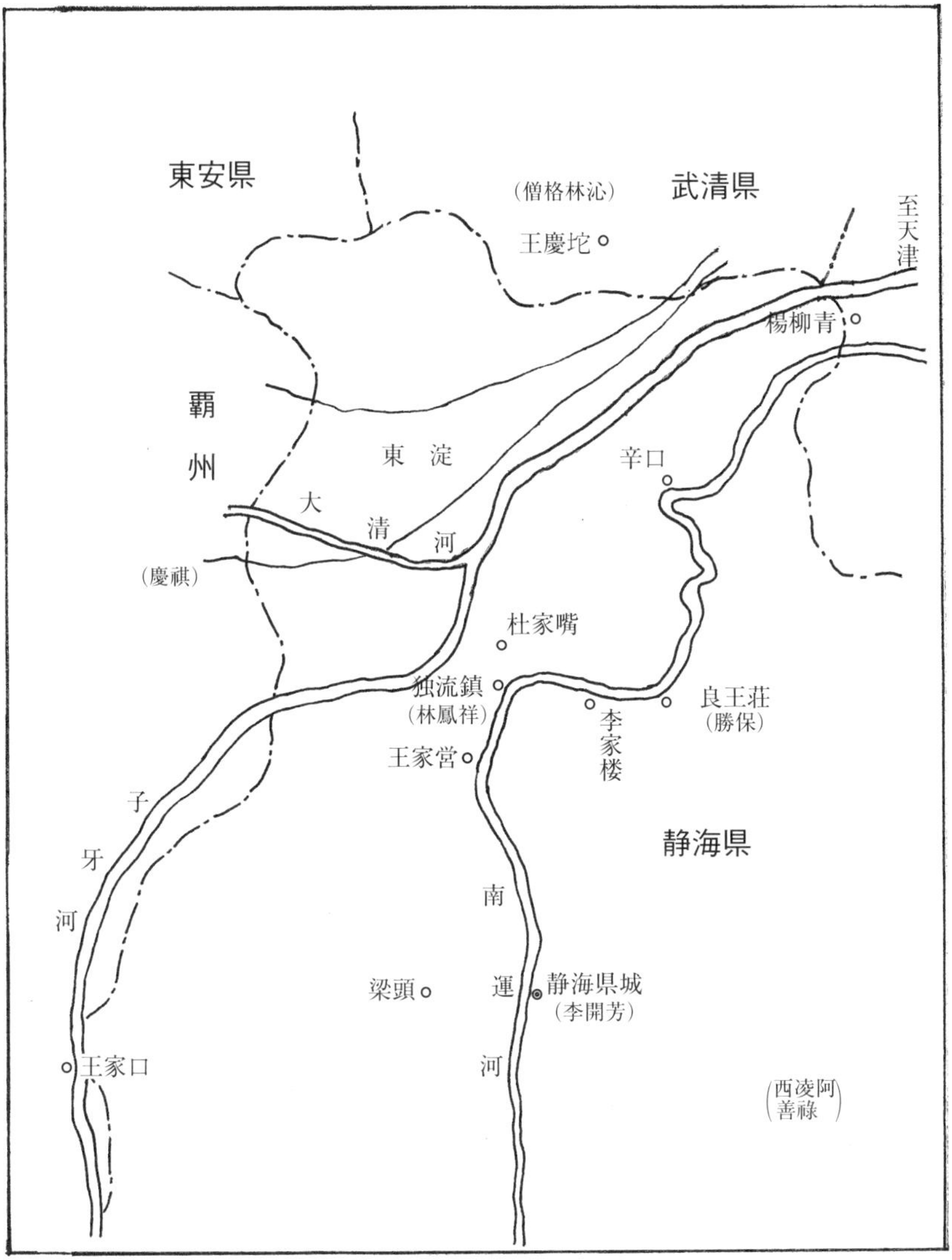

地図４　独流鎮、静海県地図（民国『静海県志』より作成）

軍が陣地内で草鞋や釘鞋を製作しており、河面の凍結を待って移動するに違いないと報じている。[169] さらに太平軍が天津近郊から撤退する直前の一八五四年一月に清軍に捕らえられた王二格（直隷良郷県人）らは、清朝官員を装って永定河沿いの固安県方面を偵察するように命じられた。[170] 王自発も「現在頭目たちは会議をして、天津を破れないからには、王家口を攻めた後に保定へ向かい、さらに北犯しようと考えた[171]」と述べており、太平軍が籠城戦のあいだも北京攻略の可能性を諦めず、脱出のタイミングと進撃方向を探っていたことは間違いない。

ここで問題となるのが、林鳳祥らが援軍を要請した時期とその理由、それに対する南京側の反応である。李喜児（直隷遷安県人）は「賊目の偽大王は天津で敗北した後、四人の女賊を一千余人と共に南京へ送った[172]」とあるように、援軍の要請は天津での敗戦後に出されたと述べている。また曹大徳（太平軍の軍師）らは「賊首は静海に籠城してから、次々と賊目を南路へ派遣して応援を求めた。その数はすでに三、四十人に上るが、南の賊からの回答は本年二月（一八五四年三月）の春に賊党を遣わして北に向かわせるというものだった[173]」と語っており、籠城戦の開始と共に援軍要請がしばしば送られたにもかかわらず、南京側の反応は季節が温暖となって軍事行動が制約されない春を待って援軍を派遣すると述べるなど、極めて鈍かったことが窺われる。

実際のところ稍直口の戦いにおける太平軍の死者は五百人程度で、それほど大きな打撃を受けた訳ではなかった。[174] あるいは懐慶攻防戦における失敗の教訓から、林鳳祥らが城郭攻撃に自信を失っていたとしても、なぜここまで北京進攻を見合わせる必要があったのだろうか？　あるいは南京からの援軍はなぜもっと迅速に北上しなかったのか？

これらの疑問を解く一つの手がかりは、一八五三年六月から北京で情報活動を行った李丙銀（湖北黄陂県人）の供述であろう。彼は「賊目」張振宗によって「出兵の知らせを探る」ために北京へ派遣され、騾馬市大街にある郝南松の店に住んで、「同党」の林如宝（湖北武昌府人）、黄誠徳（湖北漢口人）、葛一貴（江南人）と共に「常に外へ出かけて

は軍情を探った」という。その結果について李丙銀は次のように述べている

［清軍が］懐慶へ兵を送って［太平軍を］鎮圧するとの知らせを聞き、黄誠徳に南へ戻って報告させた。また北京の動員した兵力が大変多いことをつきとめると、林如宝は彼に揚州城内へ行って、王偽相に「決して軽々しく北進するな、南京に行って相談してから［援軍の派遣を］決定せよ」との伝言を伝えるように命じた[175]。

ここではまず清朝による懐慶救援軍の派遣が南京へ伝えられ、続いて北京の防衛力が高く、軽率に攻撃しないようにとの報告が送られたことがわかる。むろん李丙銀は天津一帯の水害を避けるべく西へ向かい、沙河県で逮捕されたため、彼の情報は南京や北伐軍の陣営には届かなかった。だが北京に潜伏した太平軍の密偵は彼らだけではなかった筈であり、同様の報告が届けられたか、少なくとも林鳳祥や南京の太平天国首脳が北京の清軍兵力を過大に評価するようになった可能性は充分にある。それは北伐軍の進撃スピードを鈍らせただけでなく、援軍の出発時期を遅らせることにもなったと考えられる。つまり僧格林沁らが北京の人々の動揺を防ぐために行った宣伝工作が、結果として太平軍の過度に慎重な姿勢を生み出すことになったのである。

ところで独流鎮、静海県に籠城した太平軍の実態はいかなるものであっただろうか。王自発は次のように語っている

我々は蒲口《ママ》（即ち浦口、南京対岸の地名）を出発した時は四万余人いたが、途中死傷したり、行方不明になったり、逃亡した者が約一万人いた。現在はなお三万人余りで、九軍に分かれており、一軍ごとに火薬二千斤余りを持っている。独流にはおよそ一万七、八千人、静海には一万三、四千人がいる。我々は途中硫黄を見つければ、手分けして持ってきた。現在火薬が足りなくなり、硝石を煎じて炭を焼き、毎日百斤の火薬を作っている。我々は元々大砲を四十門余り持っていたが、どれも二百七、八十斤のものだった。聞くところでは独流鎮の戦いで三

千斤余りの大砲を三門、五百斤の大砲を五門と擡鎗二十余丁を手に入れたとのことだ……。両広、両湖出身の長髪の者は老兄弟と呼び、生死を同じくすることを誓って、決して互いに離れようとしない。(176)

ここで王自発は天津到達時の太平軍が三万人程度の兵力を持ち、独流鎮に一万七、八千人、静海県に一万三、四千人いたと述べている。張興保（湖南道州人）も「現在独流の賊は……、広西の長髪賊が約一、二百人、湖南人が三、四百人いる」と述べており、彼らは「老兄弟」として固く結束していたという。また太平軍は小型の大砲を四十門ほど持ち、他に戦闘で捕獲した大砲もあったが、「城を守る時は大砲を使うが、攻撃の時は使わなかった」とあるように、火薬の不足もあって余り大砲は使わなかった。さらに張興保によると騎兵隊は三百騎ほどで、兵士は麦から麺を作って食べ、馬にはコーリャンがらを与えていた。林鳳祥らは二つの竜を刺繍した風帽をかぶり、紅袍に黄馬褂を着ていたが、一般の兵士は戦闘時の行動が不便になるため「長い服を着ることを許さなかった」(177)という。なお独流鎮と静海県の距離は九キロほどあったが、途中に連絡を確保するための拠点が十ヶ所置かれていた。太平軍が捕獲した物資はみな独流鎮に運び込まれ、ここから船を用いて静海県へ運ばれたという。(178)

これに対して清軍の足並みはまたも揃わなかった。太平軍を追撃してきた勝保は一度天津府城へ入り、天津の清軍、壮勇と再び出撃して独流鎮に近い良王荘に陣を敷いた。また西凌阿と善禄は静海県城の東南に布陣し、(179)河間から前進してきた欽差倉場侍郎慶祺も独流鎮の西北から太平軍を攻撃した。(180)だが十一月六日に大清河の北岸にある王慶坨に到着した僧格林沁は、「北面の守り」の重要性を指摘して動こうとしなかった。

北伐当時の清軍を代表する司令官だった勝保と僧格林沁の反目は、副都統達洪阿の率いる精鋭一七〇〇人の活用方法から表面化した。元々達洪阿の軍は僧格林沁が深州救援のために派遣した部隊であったが、太平軍の東進によって勝保と合流出来ず、十一月七日にようやく勝保の陣地へ到着した時には七百人の兵しか連れていなかった。また僧格林沁が騎兵隊を前線へ送らないことに怒った勝保は、僧格林沁が達洪阿の兵を迅速に前進させるように命じた咸豊帝の命令に違反していると訴えた[181]。さらに勝保は「一国三公」すなわち自分と僧格林沁、慶祺が並び立つ現在の状態は、指揮系統の混乱を招くと述べて欽差大臣である自分に権限を集中させるように求めた[182]。

そもそも僧格林沁の登場は、太平軍の鎮圧が進まないことに焦る勝保にとって脅威に外ならなかった。咸豊帝もその点はわきまえており、勝保への上諭で彼を罷免するつもりはないと明言した[183]。だが二人の対立は鳳保が「勝保と僧格林沁は意見が合わず、弾圧もはかどっていない[184]」と上奏したように周知の事実となった。歩軍統領載銓も二人が功名を争っているると述べたうえで、純粋で性急な僧格林沁は兵糧不足などの現実について認識不足で、結果として無理な要求をしてしまうのであり、咸豊帝に二人を公平に扱い、安心させる必要があると提言している[185]。

初めのうち咸豊帝は、「(僧格林沁は)いまだ交戦せず、空しく多くの兵を擁している[186]」と述べるなど勝保に対して同情的で、僧格林沁への上諭で部下の中にはいたずらに議論を好み、心が純粋でない者がおり、彼らに騙されて公平さを欠いてはならぬと諭した程だった[187]。また咸豊帝は勝保に太平軍の鎮圧を任せたからには、「朕は断じて遙制しない[188]」と宣言したが、実際には木城のそばに高い砲台を築いて攻撃するか、独流鎮と静海県の間を分断する形で陣地を構築せよと命じるなど細かな指示を与えていた[189]。そして北京の危機を訴えた汪元芳の上奏に動揺した咸豊帝は、十二月一日に「十日以内に［太平軍を］全て撃滅し、偽丞相の林逆［鳳祥］らを捕らえて北京へ送れ」「これ以上時間を無駄に費やすなら、国法がどうして容赦できようか！[190]」との硃批を記し、勝保に対して期限を切って太平軍を殲滅するように厳命した。

これを受けた勝保は天津、北京から「武成永固大炮」「無敵炮[191]」などの巨砲を取り寄せ、執拗に太平軍陣地に攻撃を加えた。だが「該逆（太平軍）は潜匿し、誘っても出てこない」「該逆は運河を深く掘ったため、一面の水で戦える場所が殆どない……。兵勇は勇気を奮って前進し、濠辺から土や草でこれを埋めようとするが、悉く陣地内の砲撃によって負傷してしまい、このため攻撃はなかなか成功しない」[192]とあるように、厚い防禦に阻まれて戦況は膠着状態が続いた。

また苦戦する勝保に対して、彼の兵が太平軍陣地に突入した天津の壮勇を見殺しにしたとか、勝保の上奏は脚色ばかりで内容がないといった告発が相次いだ[193]。勝保はこれらの批判について「局外の傍観者が私に責任を負わせた」中傷であると反論したが、咸豊帝に自分を処罰することで彼らの口をふさぎ、別に「親信の重臣を簡派」することで現在の「苦哀」から解放してほしいと求めた[194]。

十二月二十三日に清軍は独流鎮の太平軍陣地に攻撃をかけ、反撃を受けて副都統佟鑑と壮勇を率いていた天津県知県の謝子澄が戦死した[195]。この日勝保は偵察のため不在であったが、報告を受けた清朝は司令官でありながら半日も戦場を離れ、軽率な攻撃を止められなかった勝保を四級の降格処分とし、花翎を取りあげて「軽い罰」を与えた[196]。

このように清軍の攻撃は手詰まり状態が続いたが、籠城する太平軍も次の行動に移ることが出来なかった。この間に直隷各地で団練の結成が進み、太平軍に呼応した反乱勢力も個別に撃破されていった[197]。そして比較的有利だった形勢は逆転し始めたのである。

小　結

本章は山西から天津郊外へ至る太平天国北伐の歴史を検討した。一八五三年九月に山西へ入った北伐軍は平陽を占領し、ここから東進して直隷の臨洺関へ進出した。通説では訥爾経額の大軍がここで北伐軍に敗北したと言われるが、彼の手持ちの兵は僅かで、殆ど抵抗出来なかったことが明らかになった。また北伐軍の直隷進出は哈芬と訥爾経額の責任問題に発展した。哈芬への批判には清朝の命令に忠実だった彼と、地方エリートおよび布政使郭夢齢との対立があったこと、訥爾経額に対する処罰は彼が臨洺関の敗北後、北伐軍を追撃しなかったことに対してなされたもので、咸豊帝は旗人出身の高官である彼を罰することで、清朝が旗人、漢人に対して公平であることを示そうとしたことを指摘した。

直隷を席巻した北伐軍は、深州に二週間ほど駐屯した。ここで林鳳祥らは北進の可能性を探ったが、結果的には東へと進路を変えて天津へと向かった。その理由は彼らが南京を出発時、天津で援軍を待つように指示されていたためであった。楊秀清は林鳳祥らが「兵権を統握[198]」即ち独立した指揮権を行使することをある程度まで認めており、実際に懐慶攻防戦は現地軍の判断によって行われた。もしこの時林鳳祥らが引き続き北上していたら、北京の防衛体制の不備や脱出者が続出した社会の動揺ぶりから考えて、清朝側が持ちこたえられたかどうかはわからない。この点で北伐軍の天津進出は、おりからの水害でトンネルを用いた地雷攻撃を行えなかったことを含め、北京攻略のチャンスを失わせる結果になったと言えるだろう。

ところで山西進出から天津到達までの間に、北伐軍は二度住民の虐殺事件を起こした。一度目は山西平陽府で、軍に参加を強要された住民が抵抗したことに対する報復措置であった。二度目は旗人の駐屯地であった直隷滄州で、将兵の損失が大きかったことに憤り、旗人将兵とその家族、漢人、イスラム教徒に対する虐殺を行った。特に後者は太平天国が旗人を「妖魔」即ち偶像崇拝者と見なし、その排撃を唱えた結果であると考えられる。

次に将兵が残した記録や供述書からは、電撃的な進撃を続けた北伐軍が華北の人々とのあいだに信頼関係を構築出来ず、ゲリラ的な抵抗に苦しんだこと、新たに参加した兵士に焼き印を押したり、丸薬を飲ませて興奮状態にさせ、戦場に駆りたてた事実が明らかになった。また手柄を立てた新兵に褒美として女性を与えたという供述もあった。太平天国は性に関するタブーについて厳格で、当時南京ではなお男女を隔離する政策が取られていたが、新兵を戦闘に参加させないという当初の原則が崩れる中、将兵の士気を鼓舞することに苦労していた様子が窺われた。さらに北伐軍には雑多な反乱集団が合流し、ニセの太平軍である「仮装粤匪」と共に略奪行為をくり返した。北伐軍は彼らを教育、訓練するだけの余裕がなく、結果として人々の北伐軍に対する敵意を増幅させた。

一八五三年十月に天津府城の攻撃に失敗した北伐軍は、独流鎮と静海県で三ヶ月の籠城戦を行った。李開芳はその供述の中で、彼らが天津付近に留まったのは援軍の到着を待つためであったと述べている。この選択は多くの北伐軍将兵にとって不可解なもので、イギリスとの共同作戦を試みた結果だという解釈すら生まれた。実のところ北伐軍は籠城中も単独で北京へ進攻する可能性を模索していた。また物資の輸送ルートに当たる天津近郊を抑えたことは北京を経済的苦境に追い込み、咸豊帝の動揺を引き起こした。

林鳳祥らは天津攻撃の直後に南京へ援軍要請を送ったが、これに対する南京の回答は数ヶ月後の一八五四年三月に援軍を送るというものだった。なぜここまで援軍派遣が遅れたかを解く鍵は、僧格林沁らが北京で出した告示にあった。そこで僧格林沁は住民の動揺を抑えるため、北京に大軍が集結しており、防備は万全であるとくり返し宣伝した。北京に潜伏していた太平軍の密偵たちはその情報を南京へ送り、「決して軽々しく北進するな」と報告した。その結果太平天国政府の過度に慎重な姿勢が生まれ、援軍派遣の時期が遅れたのだと考えられる。それは北伐全体の趨勢を見た場合、致命的な過失であった。

独流鎮、静海県に駐屯した北伐軍の兵力は三万人余りで、広西、湖広出身の「老兄弟」を中心になお固く結束していた。これに対して清軍は内紛がやまず、今度は山西から一人北伐軍を追撃して来た勝保と僧格林沁の対立が表面化した。初め咸豊帝は勝保に同情的であったが、北京が経済的に破綻する可能性を指摘されると動揺し、十日以内に北伐軍を殲滅せよとの厳命を下した。また清軍の攻撃が効果をあげないことに苛立って勝保の処分を行った。だが戦況が膠着する中で、北伐軍も次の行動に移ることが出来なかった。援軍の到着を待って時間を浪費した結果、比較的有利だった形勢は逆転し始めたのである。

以上の内容からいかなる論点が指摘できるだろうか。まず北伐軍の山西、直隷進出に伴う哈芬と訥爾経額の解任劇は、省を単位とした漢人出身の地方エリートが台頭し、清朝も彼らの要求を無視しては地方を統治出来なくなったことを意味していた。また北伐軍の深州占領によって北京に動揺が広がり、清朝は取締りの強化による秩序の維持に追われたが、北京を脱出する官吏、商人の増加によって経済は大きな打撃を受け、そのしわ寄せが下層民に集中していたことが明らかになった。

いっぽう太平軍に目を向けた時、その迅速な進撃は清軍の追撃を許さなかったが、それは太平軍が華北民衆と接点を持つことを困難にさせ、二度の住民虐殺事件を引きおこした。また深州から北進せず、出発時の命令通りに天津郊外に到達した太平軍は籠城戦を行って援軍を待ったが、援軍の出発は数ヶ月も遅れた。太平天国首脳が北京進攻に過度に慎重となった背景には、北京の防衛力を過大評価した太平軍密偵たちの報告があったことはすでに指摘した通りである。そして膠着した戦況は清軍、太平軍の双方を消耗させ、北伐が勝利する可能性も奪っていったのである。

【註】

（1）簡又文『太平天国全史』香港猛進書屋、一九六二年。

（2）張守常『太平天国北伐史』（張守常・朱哲芳『太平天国北伐・西征史』広西人民出版社、一九九七年所収）。張守常『太平軍北伐叢稿』齊魯書社、一九九九年。
(3) 崔之清編『太平天国戦争全史』二、戦略発展（一八五三〜一八五六）、南京大学出版社、二〇〇二年、七四五頁〜八四七頁。
(4) 堀田伊八郎「太平天国の北征軍について——その問題点の一考察」『東洋史研究』三六巻一号、一九七七年。
(5) 吉澤誠一郎「天津団練考」『東洋学報』七八巻一号、一九九六年（『天津の近代——清末都市における政治文化と社会統合』名古屋大学出版会、二〇〇二年、三八頁）。
(6) 中国第一歴史檔案館編『清政府鎮圧太平天国檔案史料』（以下『鎮圧』と略記）第六輯〜十七輯、一九九二〜一九九五年が太平天国の北伐と直接関連している。
(7) 中国社会科学院近代史研究所編『太平軍北伐資料選編』斉魯書社、一九八四年。
(8) 台湾故宮博物院編『宮中檔咸豊朝奏摺』第六輯〜第十二輯（未公刊、台湾故宮博物院所蔵）。
(9) 郭夢齢奏、咸豊三年八月初五日『鎮圧』九、一一五頁。哈芬奏、咸豊三年八月初六日『鎮圧』九、一二二頁。
(10) 陳思伯『復生録』（中国近代史資料叢刊続編『太平天国』四、広西師範大学出版社、二〇〇四年、三四六頁）。
(11) 哈芬奏、咸豊三年八月十一日『鎮圧』九、一九二頁によると、垣曲県の要所には河東監掣同知魯鴻疇がいたが、太平軍の接近を知って絳県へ逃亡した。また垣曲県の守備に当たっていた署参将の玉恒も逃亡したという。
(12) 哈芬奏、咸豊三年八月初九日『鎮圧』九、一六三頁。光緒『垣曲県志』巻四、兵防。
(13) 郭夢齢奏、咸豊三年八月初九日『鎮圧』九、一六七頁。光緒『絳県志』巻十二、祥異。
(14) 郭夢齢奏、咸豊三年八月初六日『鎮圧』九、一三一頁。勝保奏、咸豊三年八月十五日『鎮圧』九、二四九頁。
(15) 郭夢齢奏、咸豊三年八月十一日『鎮圧』九、一九二頁。勝保奏、咸豊三年八月十五日『鎮圧』九、二四九頁。
(16) 賓文藻『癸丑兵燹記』（民国『臨汾県志』巻五、芸文類）。
(17) 勝保奏、咸豊三年八月十五日『鎮圧』九、二四九頁。民国『洪洞県志』巻十八、雑記志、兵事。
(18) 勝保奏、咸豊三年八月十八日『鎮圧』九、三二四頁。賓文藻『癸丑兵燹記』。
(19) 托明阿奏、咸豊三年八月二十一日『鎮圧』九、三六九頁。民国『屯留県志補記』兵事録（『太平軍北伐資料選編』三五五頁）。

(20) 郭夢齢奏、咸豊三年八月二十八日『鎮圧』九、四七九頁・四八〇頁。
(21) 郭夢齢奏、咸豊三年八月三十日『鎮圧』九、四九八頁。陸応穀奏、咸豊三年九月初一日『鎮圧』九、五一五頁。光緒『黎城県続志』巻一、紀事。
(22) 陸応穀奏、咸豊三年九月初九日『鎮圧』十、二八頁。訥爾経額奏、咸豊三年八月二十八日『鎮圧』九、四七四頁。
(23) 勝保奏、咸豊三年八月初四日『鎮圧』九、一一一頁。
(24) 竇文藻『癸丑兵燹記』。勝保奏、咸豊三年八月十五日『鎮圧』九、二四九頁。郭夢齢奏、咸豊三年八月二十五日『鎮圧』九、四三八頁。托明阿奏、咸豊三年八月二十一日『鎮圧』九、三六九頁。
(25) 哈芬奏、咸豊三年八月初九日『鎮圧』九、一六五頁。
(26) 申兆奎「粤匪過境約略」（光緒『潞城県志』巻四、雑述）。
(27) 訥爾経額奏、咸豊三年八月二十九日『鎮圧』九、四八八頁。
(28) 哈芬奏、咸豊三年八月初九日『鎮圧』九、一六三頁。
(29) 哈芬奏、咸豊三年八月初九日『鎮圧』九、一六三頁・一六四頁。また瑞昌奏、咸豊三年十月初一日『鎮圧』十、三五九頁も山西洪洞県から山東濮州へ偵察に派遣された「奸細」楊興ら十四名の処罰について報じている。
(30) 勝保奏、咸豊三年八月十五日『鎮圧』九、二四九頁。むろんこの上奏は、勝保の追撃が遅いとする哈芬の批判（哈芬奏、咸豊三年八月十一日『鎮圧』九、一九〇頁）に対する反論の意味も含まれていた。
(31) 郭夢齢奏、咸豊三年八月初五日『鎮圧』九、一一五頁。
(32) 哈芬奏、咸豊三年八月初二日『鎮圧』九、九三頁。軍機大臣、咸豊三年八月初八日『鎮圧』九、一四九頁。
(33) なお勝保は一八五四年に給事中毛鴻賓から「年少資軽」といった告発を受けた（毛鴻賓奏、咸豊四年閏七月二十七日、中国第一歴史檔案館編『清代檔案史料叢編』五、中華書局、二一三頁）。後述する参賛大臣僧格林沁、山東巡撫張亮基らとの対立と並んで、こうした彼の率直さが当時の中国官界に波紋を投げた可能性は否定できない。
(34) 哈芬奏、咸豊三年八月初六日『鎮圧』九、一二二頁。

(35) 哈芬奏、咸豊三年八月十一日『鎮圧』九、一九一頁。
(36) 訥爾経額奏、咸豊三年八月十一日『鎮圧』九、一八八頁。
(37) 郭夢齢奏、咸豊三年八月十一日『鎮圧』九、一九一頁。
(38) 諭内閣、咸豊三年八月十六日『鎮圧』九、二七四頁。なお哈芬解任の理由は「束手無策」「調度乖方、畏葸無能」であった。また哈芬が兵百人で北京へ通じる要所を警備すると報じたところ、咸豊帝は「汝何無壮志如是」との硃批を記して立腹し、これが解任の直接のきっかけになった（哈芬奏、咸豊三年八月十一日『鎮圧』九、一九一頁）。
(39) 郭夢齢奏、咸豊三年八月十七日『鎮圧』九、三〇七頁。
(40) 賈克慎等奏、咸豊三年八月十二日『鎮圧』九、二一〇頁。ちなみにこの上奏は徐継畬が書いたが、彼が「革職廃員」のために賈克慎らの名義で上奏したという（張守常『太平天国北伐史』六八頁。白清才等編『徐継畬集』三、山西高校聯合出版社、一九九五年、九二六頁）。
(41) 賈克慎等奏、咸豊三年八月十七日『鎮圧』九、三〇九頁。
(42) 已革山西巡撫哈芬供詞、奕訢奏、咸豊三年十月十一日『鎮圧』十、四六九頁。
(43) 赴任後の哈芬は大学士祁寯藻など多くの官員、紳士、商人から寄付を集め、八月一日の上奏ではその総額が一六二万両以上に上ると報告した。またそのリストを皇帝や戸部へ送って評定を求めると共に、「将各捐商姓名銀数榜示通衢、俾衆咸知、以杜弊端」とあるように不正の発生を防ごうとしたという（哈芬奏、咸豊三年五月二十五日『鎮圧』七、三四二頁。同奏、咸豊三年六月二十七日・七月初八日『宮中檔咸豊朝奏摺』九、二二二頁・三五六頁）。
(44) 哈芬奏、咸豊三年六月初八日『宮中檔咸豊朝奏摺』八、八三〇頁。なお郭夢齢奏、咸豊二年十一月十四日、同書六、二六〇頁によると、哈芬の赴任以前に山西の「紳商庶人」から五〇万六七八〇両の寄付が集まり、「従優議叙」するよう求めたところ、「戸部覈議議奏」との硃批を得たとある。或いはこの件について処理が遅れていたと見られる。いずれにせよ哈芬の告発された原因は、彼個人の失策というよりも清朝統治のあり方に問題があったと見るべきで、じじつ一八五二年には陵川県で、一八五四年からは洪洞県、陽城県など各地で抗糧暴動が発生した。

(45) 菊池秀明「太平天国前夜の広西における社会変容」(『清代中国南部の社会変容と太平天国』汲古書院、二〇〇八年、一頁)における富綸(護理広西巡撫)の事例を参照のこと。

(46) 郭夢齢奏、咸豊三年八月初九日『鎮圧』九、一六六頁によると、彼は哈芬に一千人の兵丁・壮勇を太原から韓侯嶺へ派遣するように命じられた。だが徐継畬らは太原の兵力が三三〇〇人と少なく、これ以上の兵を前線へ送れば住民にパニックが起きると訴えた。そして郭夢齢は「臣目撃情形、深堪憫惻、若置紳民於不顧、将就撫臣、勢必一二日間逃避一空」と述べたうえで、省都の重要性を強調して、沢州方面の官兵を韓侯嶺へ送るように求めた。

(47) 哈芬奏、咸豊三年六月初八日『鎮圧』七、五四〇頁。

(48) 哈芬奏、咸豊三年六月二十七日『宮中檔咸豊朝奏摺』九、二二一頁。ここで哈芬は徐継畬を「品望素著」、賈克慎らを「才識優長、辦事老練」と高く評価している。

(49) その後郭夢齢は勝保の率いる四川兵を太原の防衛に当てるように求め、咸豊帝から「汝等怎只知顧山西、畿輔重地漫不戒意、何喪良若是? 豈欲朕執刃臨汝頭乎?」と厳しく叱責された(郭夢齢奏、咸豊三年八月三十日『鎮圧』九、四九八頁の硃批)。また哈芬の処分について、咸豊帝は巡撫である彼が省境防衛に失敗しただけでなく、非常時に部下と争ったのは大局を見失った狭い了見だと指摘した。また郭夢齢に陥れられたと主張するのは話にならないと述べたうえで、部下が呼びかけに応じなかったのは日頃の統率が出来ていなかった結果であると批判した。そして哈芬を流刑として流刑地に送り勤務させるように命じた(内閣、咸豊三年十月十一日『鎮圧』十、四七三頁)。

(50) 啓文奏、咸豊三年八月十七日『鎮圧』九、三〇二頁。

(51) 軍機大臣、咸豊三年八月二十一日『鎮圧』九、三五九頁。もっとも咸豊帝はこの段階で訥爾経額に見切りをつけた訳ではなく、八月二十二日の硃批では彼が直隷の防衛に成功すれば、功績は勝保に勝ると激励している(訥爾経額奏、咸豊三年八月十九日『鎮圧』九、三四二頁)。

(52) 薛福成『庸庵筆記』巻一、訥相臨洺関之敗(江蘇人民出版社版、一九八三年、四頁)。

(53) 已革直隷総督訥爾経額親供之一・同親供之二、咸豊三年十月十三日『鎮圧』十、四九一頁・四九二頁。

(54) 内閣、咸豊三年九月初一日『鎮圧』九、五〇八頁。
(55) 訥爾経額の供述(十月十三日)によると、彼は太平軍が兵站基地である広平を攻撃する可能性があり、衛輝から行軍中の吉林、盛京兵と連絡が取りやすいように広平に赴いた。ところが汲県、淇県で車馬の調達がうまくいかず、五日遅れの十月一日にようやく二千人が集まった。また残りは訥爾経額が率いて南和、冀州方面へ向かう予定であったが、なかなか出発できなかった。結局訥爾経額は直隷総督を解任された翌日の十月八日に広平を発ったが、太平軍の進撃スピードは速く追いつかなかったという(已革直隷総督訥爾経額親供之二『鎮圧』十、四九二頁)。
(56) 宋晋奏、咸豊三年九月初六日『鎮圧』九、五九六頁。
(57) 何彤雲奏、咸豊三年九月初八日『鎮圧』九、六三二頁。
(58) 内閣、咸豊三年九月初八日『鎮圧』九、六三四頁。この日は後述のように太平軍が定州に進出したとの誤報が朝廷に届いた日であった。また勝保は訥爾経額に対して同情的な立場を取り、解任後の訥爾経額親子に直隷の団練結成に尽力させるように進言したが認められなかった(勝保奏、咸豊三年九月十七日『鎮圧』十、一九〇頁。軍機大臣、咸豊三年九月十八日『鎮圧』十、二〇五頁)。なおこの日理藩院尚書の恩華も何彤雲から「無用之将」との批判を浴び、革職拏問のうえ軍を勝保に統率させるようにとの命令を受けている(内閣、九月初八日『鎮圧』九、六三四頁)。
(59) 『清史稿』巻三九二、列伝一七九、訥爾経額(中華書局版、一九七七年、一一七四八頁)。
(60) 内閣、咸豊三年十月十七日『鎮圧』十、五五四頁。その後訥爾経額は処刑される予定であったが、北伐軍が敗退すると減刑されて「遣戍軍台」となった。さらに六品頂戴を与えられて陵墓の守護を命じられ、四五品京堂候補となったが、一八五七年に死去した(『清史稿』巻三九二、訥爾経額伝)。
(61) 訥爾経額奏、咸豊三年九月初二日・九月初九日『鎮圧』九、五三五頁・同書十、二四頁。桂良奏、咸豊三年九月初三日・九月初四日『鎮圧』九、五五〇頁・五六一頁。宣統『任県志』巻七、紀事、寇乱。同治『欒城県志』巻九、職官志、宦績。
(62) 桂良奏、咸豊三年九月初六日『鎮圧』九、六〇一頁。訥爾経額奏、咸豊三年九月初九日『鎮圧』十、二四頁。
(63) 勝保奏、咸豊三年九月初九日『鎮圧』十、一九頁。なお清朝も滹沱河の戦略的な重要性を指摘し、警備の強化を命じていた（軍機大臣、咸豊三年九月初四日『鎮圧』九、五五四頁・五五六頁）。また勝保は太平軍が西凌阿、経文岱の攻撃によって大きな損害を出したと報じたが、陳思伯『復生録』は徒歩で渡河したために川の氷で足が傷つき、出血によって苦しんだと回想している（続編『太平天国』四、三四六頁）。

(64) 民国『晋州志料』巻下、人物志・故事志（『太平軍北伐資料選編』四一一頁）。

(65) 桂良奏、咸豊三年九月初九日『鎮圧』十、二二頁。

(66) 龔洤『耕余瑣聞』丙集（『太平軍北伐資料選編』三七七頁）。

(67) 孫廷棟為前往河間沿途所探情形事給巡防処稟文、咸豊三年九月十七日『鎮圧』十、二〇三頁。諭内閣、咸豊三年九月二十日、『鎮圧』十、二二六頁。

(68) 張集馨奏、咸豊三年九月二十七日『鎮圧』十、三一四頁。

(69) 勝保奏、咸豊三年九月初三日・初六日『鎮圧』九、五四五頁・五九八頁。

(70) 勝保奏、咸豊三年九月初九日『鎮圧』十、一九頁。

(71) 桂良奏、咸豊三年九月初七日、軍機処奏摺録副、農民運動類、太平天国項、八四五七－五四号（中国第一歴史檔案館蔵）。

(72) 勝保奏、咸豊三年九月十一日『鎮圧』十、一〇一頁。

(73) 廉兆綸「致勝克齋都統保」九月十一日、『深柳堂集』巻二、書札（『太平軍北伐資料選編』五〇三頁）。

(74) 軍機大臣、咸豊三年九月初八日『鎮圧』九、六三七頁・六三八頁。

(75) 内閣、咸豊三年九月初九日『鎮圧』十、一四頁。

(76) 文祥「文文忠公自訂年譜」、『文文忠公事略』巻二（『太平軍北伐資料選編』五四八頁）。

(77) 孫銘恩「請禁銭肆連日関閉疏」、咸豊三年二月、『孫文節公遺稿』巻二（『太平軍北伐史料選編』五二八頁）。

(78) 李汝昭『鏡山野史』（中国近代史資料叢刊『太平天国』三、神州国光社、一九五二、六頁）。

(79) 鳳保奏陳都城軍備未厳民生日蹙摺、咸豊三年十二月末奏、咸豊四年二月二十五日発抄（「憶昭楼時事彙編」、太平天国博物館編『太平天国史料叢編簡輯』第五輯、中華書局、一九六三年、三四八頁）。

(80) 柏葰等代奏編修蕭培元條陳軍務摺、咸豊三年九月初七日『鎮圧』十、一八五頁。
(81) 曹樹基『中国人口史』第五巻、清時期、復旦大学出版社、二〇〇一年、三三一頁。
(82) 諭内閣、咸豊三年五月十八日『鎮圧』七、二一七頁。
(83) 諭内閣、咸豊三年六月十九日『鎮圧』七、二四〇頁。
(84) 花沙納等奏、咸豊三年五月初六日『宮中檔咸豊朝奏摺』八、四三七頁。
(85) 僧格林沁奏・附件安定民心告示一件、咸豊三年九月初七日『宮中檔咸豊朝奏摺』十、三〇一頁。
(86) 花沙納等奏、咸豊三年六月十三日『宮中檔咸豊朝奏摺』九、九頁。
(87) 花沙納等奏、咸豊三年八月初四日『宮中檔咸豊朝奏摺』九、六五七頁。
(88) 京城巡防処奏審録王大供詞摺（『清代檔案史料叢編』五、一七八頁）。
(89) 聯順等奏、咸豊三年十一月十五日『鎮圧』十一、二〇九頁。
(90) 鳳保奏陳都城軍備未厳民生日蹙摺。
(91) 阿霊阿等奏、咸豊二年九月二十四日『宮中檔咸豊朝奏摺』五、八六二頁。例えば一八五一年には北京近郊の上清河で「開場聚賭」していた李三ら七十三名が摘発された（載銓等奏、咸豊元年十一月初七日『宮中檔咸豊朝奏摺』三、六五八頁）。また一八五二年には北京西部の小屯村などで「結夥持械、攔路搶劫」していた大王二らが逮捕されている（奕経等奏、咸豊二年十一月二十六日『宮中檔咸豊朝奏摺』六、三七九頁）。
(92) 強盗犯の逮捕については聯順奏、咸豊三年十一月十五日・十一月二十四日『宮中檔咸豊朝奏摺』十一、三四一頁・四八五頁。アヘン商人の逮捕については阿霊阿等奏、咸豊三年七月二十一日、『宮中檔咸豊朝奏摺』九、五二八頁および花沙納等奏、咸豊三年七月二十三日・八月初四日・八月初十日『宮中檔咸豊朝奏摺』九、五五三頁・六五六頁・七二五頁。なお宗室の良浩もアヘンを転売しようとして摘発を受けた（奕興奏、咸豊三年八月初十日『宮中檔咸豊朝奏摺』九、七三一頁）。
(93) 内閣、咸豊三年九月二十日『鎮圧』十、二一六頁。
(94) 例えば兪昌錫（直隷撫寧県人）らは主人の任地山東から北京へ戻り、さらに帰郷しようとしたところを「衣服蹤跡、情有可疑」として捕らえられた（徳興奏、咸豊三年九月十六日『宮中檔咸豊朝奏摺』十、三九五頁）。また帽子に紅布の葫蘆をつけた王文和（直隷武清県人）ら、耳の後ろに疤痕のあった鄧玉堂（直隷武清県人）ら、揚州の清軍陣地から「花槍」を持って一時帰京した春瑞（熱河正黄旗蒙古勒根額佐領下蘇拉）なども不審者と見なされて逮捕された（聯順等奏、咸豊三年十月二十九日・十月三十日・十一月十五日『宮中檔咸豊朝奏摺』十一、二三四頁・一四六頁・一九四頁）。

(95) 阿霊阿等奏、咸豊三年九月初九日『太平軍北伐資料選編』五三三頁。

(96) 崇恩奏、咸豊三年九月十六日『鎮圧』十、一六七頁。これに対して清朝は、もし天津のカトリック信者に太平軍の協力者がいれば厳しく処罰すべきだが、突然の取締りを行って人心を動揺させてはならないと指示した（伝諭、咸豊三年九月二十一日『鎮圧』十、二三〇頁）。

(97) 奎章奏、九月十一日『鎮圧』十、九四頁。

(98) 何彤雲奏、咸豊三年九月二十日『鎮圧』十、二一八頁。

(99) 鳳保奏陳都城軍備未厳民生日蹙摺。

(100) 成琦「巡防紀略」『主善堂主人年譜』（『太平軍北伐資料選編』五五一頁）。

(101) 軍機大臣、咸豊三年九月初九日『鎮圧』十、一八頁。

(102) 福済奏、咸豊三年九月二十日『鎮圧』十、二二八頁。

(103) John Scarth, *Twelve Years in China* (London, Thomas Constable 1860) pp.172.

(104) The Conclusion of a Report by A de Bourboulon, French Minister to China: Prescott Clarke and J. S. Gregory, *Western Reports on the Taiping* (London, Croom Helm, 1982) pp.90.

(105) 小島晋治「吉田松陰と太平天国」『中国近代思想史研究会会報』八、一九六〇年。同「幕末日本と太平天国――水戸藩のある庄屋の「見聞記」の記事にふれて」『太平天国革命の歴史と思想』研文出版、一九七八年。市古宙三「幕末日本人の太平天国に関する知識」『近代中国の政治と社会』東京大学出版会、一九七一年。郭連友「太平天国と吉田松陰の思想形成」『日本思想史学』三一、一九九九年。

(106) 鳳保奏陳都城軍備未厳民生日蹙摺。これに先立ち、蒙古副都統の国瑞は房租の徴収を真剣に行うように求め、十四ヶ条の実行章程を提出した（国瑞奏、咸豊三年十一月十三日『宮中檔咸豊朝奏摺』十一、三〇四頁）。
(107) 羅惇衍「京畿根本重地不宜小利而失人心摺」（咸豊四年正月初三日）『羅文恪公遺集』巻上。
(108) 英綬奏、咸豊三年九月初十日『鎮圧』十、七三頁。軍機大臣、咸豊三年九月初十日『鎮圧』十、七四頁。
(109) 勝保奏、咸豊三年九月十三日『鎮圧』十、一二四頁。桂良奏、咸豊三年九月十二日『鎮圧』十、一一八頁。
(110) 勝保奏、咸豊三年九月十七日『鎮圧』十、一八八頁。
(111) 勝保奏、咸豊三年九月十七日・二十一日『鎮圧』十、一八九頁・二三四頁。光緒『深州風土記』巻五、歴代兵事。
(112) 勝保奏、咸豊三年九月二十一日『鎮圧』十、二三六頁。
(113) 文謙奏、咸豊三年九月二十四日『鎮圧』十、二七〇頁。桂良奏、咸豊三年九月二十七日『鎮圧』十、三一二頁。咸豊『献県志』巻一、兵事。
(114) 桂良奏、咸豊三年九月二十七日『鎮圧』十、三一二頁。また民国『交河県志』によると、知県孔慶銈は張維鑒（道光年間進士）と団練の結成を進めたが、太平軍は練勇の防衛線を迂回して県城を攻撃した（巻五、宦績）。またこの日壮勇たちは市場に出かけて不在だったために抵抗出来なかったという（王蘭広「前交河県知県孔公鞠農伝」『王香圃先生文集』巻四、『太平軍北伐資料選編』四二〇頁）。
(115) 崇恩奏、咸豊三年九月二十八日『鎮圧』十、三三八頁。
(116) 勝保奏、咸豊三年九月二十七日『鎮圧』十、三一三頁。
(117) 勝保奏、咸豊三年十月初二日『鎮圧』十、三六六頁。
(118) 軍機大臣、咸豊三年九月二十日『鎮圧』十、二二三頁。勝保奏、咸豊三年九月十七日『鎮圧』十、一八六頁。
(119) 勝保奏、咸豊三年九月二十三日『鎮圧』十、二六一頁。
(120) 勝保奏、咸豊三年九月初三日『鎮圧』九、五四五頁・五四八頁。ただしこの段階では直隷南部から山東東昌府へ向かう可能性と併記している。

(121) 勝保奏、咸豊三年九月二十三日『鎮圧』十、二六二頁。
(122) 軍機大臣、咸豊三年九月二十三日『鎮圧』十、二五七頁。
(123) 勝保奏、咸豊三年九月二十七日『鎮圧』十、三一三頁。
(124) 姚憲之『粤匪紀略』(『太平軍北伐資料選編』四五七頁)。また馬振文「粤匪北犯紀略」にも「勝師以兵寡不敢逼賊、常在後十余里安営」「勝師以孤軍追賊、賊常刊木書〝勝保免送〟」という記事が見られる(「粤匪犯臨清紀略」『太平天国』五、一八四、一八五頁)。
(125) 勝保奏、咸豊三年十月初二日『鎮圧』十、三六六頁。
(126) 勝保奏、咸豊三年九月二十三日・九月二十七日『鎮圧』十、二六二頁・三一三頁。
(127) 勝保奏、咸豊三年十月初二日『鎮圧』十、三六八頁。
(128) 呉廷溥奏、咸豊三年九月二十七日『鎮圧』十、三一〇頁。
(129) 賨文藻『癸丑兵燹記』(民国『臨汾県志』巻五、藝文類)。龔汽『耕余瑣聞』(『太平軍北伐資料選編』三五三頁)。また司徒照奏、咸豊三年十一月初五日『鎮圧』十一、一〇三頁も「惟平陽府焼燬房屋数千間、財物搶掠一空、被害者万余人。聞八月初十日賊初入平陽城時、殺人尚不多、十二日北竄、逼脅城中難民為之擡砲、行止距城十里之高河橋。適遇官兵接仗、擡砲難民将砲口倒向、轟斃賊匪数百名、並傷其頭目一人。賊益憤恨、復回城中大肆荼毒」と述べている。
(130) 陳思伯『復生録』(続編『太平天国』四、三四六頁)。
(131) 董友筠「滄州失城紀略」、陳鍾祥「滄州満漢文武官紳被難情事状」(『太平軍北伐資料選編』四二三・四二五頁)。また何燮『粤氛紀事』巻五、北路奏膚も「賊遂於二十五日竄滄州……。其滄州駐防之避難不及、同日受害者、拠奏報男婦大小二千数百人。賊自入直境以来、此其受創之最重者、故積忿屠之」とあり、太平軍は損害の大きさに憤って二千人以上を虐殺したと述べている(続編『太平天国』四、一五五頁)。
(132) 綿勲奏、咸豊三年十二月初二日『鎮圧』十一、三九九頁。また福海奏、咸豊四年四月二十日『鎮圧』十四、九二頁。
(133) 簡又文『太平天国全史』上冊、六一二頁。

(134) 張守常『太平天国北伐史』九二頁。なお郭廷以『太平天国史事日誌』（重慶商務院書館、一九四六年）は「李開芳、林鳳祥等攻下滄州、殺知州沈如潮等、直趨天津」（二七七頁）とだけ述べ、とくに虐殺行為については言及していない。
(135) 菊池秀明「太平天国と歴史学――客家ナショナリズムの背景」（岩波講座『世界歴史』二〇、アジアの近代・一九世紀、岩波書店、一九九九年。また南京における旗人虐殺については菊池秀明「太平天国における不寛容――もう一つの近代ヨーロッパ受容」（岩波講座『東アジア近現代史』一、東アジアの十九世紀、岩波書店、二〇一〇年、三〇〇頁）を参照のこと。筆者は太平天国の反満ナショナリズムが、清朝統治下の中国で「小中華」ナショナリズムの代替物として機能した客家正統論と、福音主義運動の宣教師によって伝えられたユダヤ・キリスト教思想の不寛容が融合した結果であると考える。
(136) 林鳳祥等奏、太平天国癸好三年五月十六日『鎮圧』七、五一八頁。
(137) 王茂蔭奏、咸豊三年十月十二日『鎮圧』十、四八〇頁。
(138) 勝保奏、咸豊三年八月十五日『鎮圧』九、二五二頁。
(139) 光緒『深州風土記』巻五、歴代兵事。
(140) 光緒『趙州志』巻十、人物志、忠烈。
(141) 黄彭年『黄陶楼先生日記』第十八冊、白雲編（『太平軍北伐資料選編』二九八頁）。
(142) 陳思伯『復生録』（続編『太平天国』四、三五一頁）。
(143) 龔淦『耕余瑣聞』（『太平軍北伐資料選編』三五三頁）。
(144) 京城巡防処奏審録賈幅営供詞摺（『清代檔案史料叢編』五、一八三頁）。
(145) 京城巡防処奏審録馬二雪供詞摺（『清代檔案史料叢編』五、一八一頁）。
(146) 巡防大臣奏、咸豊三年十月十七日『鎮圧』十、五六二頁。
(147) 馬崑「諭貧民」（宣統『任県志』巻八、芸文）。
(148) 京城巡防処奏審録王大・栄雪児供詞摺（『清代檔案史料叢編』五、一七八頁・一八〇頁）。
(149) 京城巡防処奏審録賈幅営・王泳汰供詞摺（『清代檔案史料叢編』五、一八三・一八五頁）。

(150) 京城巡防処奏審録馬二雪・王泳汰供詞摺（『清代檔案史料叢編』五、一八一頁・一八五頁）。

(151) 太平天国の性に対するタブー視は拝上帝会時代に始まり、金田団営時に男営、女営が組織された。南京到達後はそれぞれ男館、女館となり、一八五五年に東王楊秀清の命令により廃止された（酈純『太平天国制度初探』第二次修訂本、上、中華書局、一九八九年、二五二頁）。

(152) 陳思伯『復生録』（続編『太平天国』四、三四七頁）。

(153) 瑞昌奏、咸豊三年十月初一日『鎮圧』十、三五九頁。

(154) 聯順等奏、咸豊三年十二月初九日『鎮圧』十一、四七四頁。

(155) 張裕修供、咸豊三年十一月初一日『鎮圧』十一、六八頁。張裕修は河南信陽州出身で、謝五堂の率いる捻子に加わり、一千人余りを集めて「就做大黄布旗一面、上写平定王、小藍旗六桿。仮装粤匪、頭紮紅巾」とあるように太平軍を装って正陽県城を襲撃した。また勝保も「近来各処土匪又多頭裹紅巾、冒為逆賊、以図擄掠郷村」とあるように、太平軍の出で立ちを真似て掠奪を働く土匪が多いと報じている（勝保奏、咸豊三年九月十七日『鎮圧』十、一九一頁）。

(156) 吉澤誠一郎「天津団練考」（『天津の近代――清末都市における政治文化と社会統合』四三頁）。また文謙等奏、咸豊三年九月十三日・九月二十一日『鎮圧』十、一二九・二三七頁。

(157) 丁運枢等編「防剿粤匪」（『張公襄理軍務紀略』巻一、『太平軍北伐資料選編』四六八頁）。

(158) 呉恵元「天津剿寇紀略」、同「附編」（同治『続天津県志』巻十七、藝文・巻二十、雑記）。なお同書によると、この日の攻撃を指揮したのは開山王（小禿子）となる人物で、城西の姜家井にいた李開芳は天津の兵勇が城を捨てて逃亡したのではないかと楽観的な予測をしていたが、開山王が戦死したとの報告を受けて驚いたとある。

(159) 陳思伯『復生録』（続編『太平天国』四、三四五頁・三四七頁）。

(160) 東王楊秀清致文翰爵士函、太平天国癸好三年三月二十六日（続編『太平天国』十、三三頁）。

(161) Inclosure 3 in No.6. Sir George Bonham to the Insurgent Chiefs, April 28, 1853 (*British Parliament Papers: China.* Irish University Press area studies series, vol.32, 1971, pp.41)。

(162) 李開芳又供（『清代檔案史料叢編』五、一六五頁）。
(163) 僧格林沁咨呈審録王自発供詞文（『清代檔案史料叢編』五、一七五頁）。
(164) 丁運枢等編「防剿粤匪」。
(165) 文瑞等奏、咸豊三年十月二十一日『鎮圧』十、六一二頁。
(166) 汪元芳奏、咸豊三年十月二十九日『鎮圧』十一、三〇頁。
(167) また羅惇衍は上海小刀会の蜂起によって、浙江の糧米は劉河口から海上輸送しているが、今年度の漕米は往年の三分の一程度しか徴収出来ておらず、「京倉の支絀は異常」であると指摘した。そして彼は急ぎ広東で米を採買し、北京へ輸送するように求めている（羅惇衍奏、咸豊四年正月二十四日『羅文恪公遺集』巻上）。
(168) 僧格林沁奏、咸豊三年十月二十四日『鎮圧』十、六三三頁。
(169) 勝保奏、咸豊三年十月二十日『鎮圧』十、五九九頁。
(170) 京城巡防処奏審録王二格供詞摺（『清代檔案史料叢編』五、一七八頁・一八〇頁）。
(171) 僧格林沁咨呈審録王自発供詞文。
(172) 巡防大臣奏、咸豊三年十月十七日『鎮圧』十、五六二頁。
(173) 張亮基奏、咸豊四年二月十五日『鎮圧』十二、五二一頁。
(174) 呉恵元「天津剿寇紀略」。
(175) 附署順徳府知府高午稟文、桂良奏、咸豊三年九月十五日『鎮圧』十、一五一頁。
(176) 僧格林沁咨呈審録王自発供詞文。
(177) 張興保供（『清代檔案史料叢編』五、一六九頁）。
(178) 陳思伯『復生録』（続編『太平天国』四、三四七頁）。僧格林沁咨呈審録王自発供詞文。
(179) 勝保奏、咸豊三年十月初六日・十月初八日・十月初十日『鎮圧』十、四〇八頁・四三一頁・四六一頁。なお勝保と出撃した天津の壮勇について、張集馨は「天津勇率多無頼、私闘則勇、殺賊則怯。其時鹽政文謙、天津道張起鵷、天津府銭炘和、輪流管帶、距城二、三里即不肯前進、只好作飾観耳。而文謙膽尤情薄、更不敢前」（『道咸宦海見聞録』中華書局、一九八一年、一三四頁）とあるように、彼らが戦力として全く役に立たず、とくに文謙が臆病だったと述べている。

(180) 慶祺奏、咸豊三年十月初八日・十月十五日『鎮圧』十、四三四頁・五三四頁。

(181) 勝保奏、咸豊三年十月初十日『鎮圧』十、四六二頁。

(182) 勝保奏、咸豊三年十月初十日『鎮圧』十、四六三頁。

(183) 軍機大臣、咸豊三年九月十三日『鎮圧』十、一一九頁。

(184) 鳳保奏陳都城軍備未厳民生日蹙摺。

(185) 載銓奏、咸豊三年十月十五日『鎮圧』十、五四五頁。

(186) 軍機大臣、咸豊三年十月十八日『鎮圧』十、五八二頁。

(187) 軍機大臣、咸豊三年十月十八日『鎮圧』十、五八四頁。

(188) 軍機大臣、咸豊三年十月十一日『鎮圧』十、四七六頁。

(189) 軍機大臣、咸豊三年十月十八日『鎮圧』十、五八二頁。

(190) 勝保奏、咸豊三年十月三十日『鎮圧』十一、四四頁。また軍機大臣、咸豊三年十一月初一日『鎮圧』十一、六〇頁。

(191) 勝保奏、咸豊三年十月三十日『鎮圧』十一、四四頁。

(192) 勝保奏、咸豊三年十月三十日、十一月初八日『鎮圧』十一、四七頁・一一七頁。

(193) 銭慶善奏、咸豊三年十一月十五日『鎮圧』十一、二一三頁。戴銓奏、咸豊三年十二月初四日『鎮圧』十一、四二四頁。この他に勝保が稍直口の戦いで名をあげた天津の壮勇を妬み、これを用いようとしないといった批判もあった。そこで勝保が壮勇を率いて出撃すると、彼らは勝保を置き去りにして逃走したという（張集馨『道咸宦海見聞録』一三四頁）。

(194) 勝保奏、咸豊三年十一月初五日『鎮圧』十一、一一九頁。

(195) 勝保奏、咸豊三年十一月二十四日『鎮圧』十一、三一二頁。

(196) 内閣、咸豊三年十一月二十六日『鎮圧』十一、三三八頁。

(197) 桂良奏、咸豊三年十二月二十五日『鎮圧』十二、七三頁は、太平軍が直隷に入ってから唐県、東鹿州、塩山県、青県などで蜂起した「土匪」を弾圧した事実と、直隷の団練四十万人が編制されたことを報じている。また張守常「太平軍北伐与北方的群衆闘争」(『太平軍北伐叢稿』一〇二頁)を参照のこと。

(198) 楊秀清致林鳳祥、李開芳、吉文元誥諭、太平天国癸好三年四月二十三日『近代史資料』一九六三年一期、一三頁、『鎮圧』六、五八九頁再収。

第三章　北伐軍の敗退と援軍の臨清攻撃

はじめに

筆者は本書第一章、第二章において、北伐の開始から天津郊外到達までの歴史について検討した。北伐軍の兵力は二万人で、清軍の防衛力不足もあって順調に軍を進めたが、黄河の渡河後に二ヶ月にわたり懐慶攻略戦を行って時間を浪費した(1)。九月に山西へ迂回ルートを取った北伐軍は直隷へ進出し、北進して深州を占領すると北京は驚惶状態に陥った。清朝が訥爾経額を解任して欽差大臣勝保に追撃を命じると、北伐軍は天津郊外の独流鎮、静海県に進出して援軍の到着を待った。しかし欽差参賛大臣として太平軍の迎撃を命じられた僧格林沁が北京を出発すると、その兵力を過大視した密偵の報告を受けた太平天国首脳部は援軍の派遣に慎重となった。北伐軍も籠城を続けることで北京攻略のチャンスを失い、有利だった戦局は変化し始めたことを指摘した(2)。

本章は北伐軍が南方への撤退を始めた一八五四年一月から、安慶から派遣された援軍が山東省臨清を陥落させながら敗北した同年五月までの歴史を検討する。北伐の戦局さらには太平天国そのものの運命を大きく左右したこの時期の歴史については、すでに簡又文氏(3)、張守常氏(4)、崔之清氏(5)、堀田伊八郎氏(6)らの研究がある。本章はこれらの成果に学びながら、中国第一歴史檔案館編『清政府鎮圧太平天国檔案史料』(7)、張守常氏の収集した史料に基づく『太平軍北伐資料選編』(8)および中国第一歴史檔案館所蔵の檔案史料、上海図書館所蔵の史料などを用いて分析を進めたい。また援軍に呼応した捻子（後の捻軍）などの地方武装勢力に注目することで、北伐軍の進出に対する華北社会の反応を十九世紀中葉の地域変容という視点から考察したい。それは太平天国の歴史を新たな中国近代史像に位置づけるための一階梯になると思われる。

一、北伐軍の撤退と敗走

（a）独流、静海戦後半の戦局と北伐軍の撤退開始

まずは北伐軍の独流鎮、静海県における戦いの後半部分を検討したい。一八五三年十二月二十三日の敗戦で降格処分を受けた欽差大臣勝保は、二十七日から独流鎮の北伐軍陣地に攻勢をかけた。[9]また彼は北伐軍陣地から北へ五百メートル余りの杜家嘴に砲台を築き、一八五四年一月に入ると「連日賊塁にねらいを定めて轟撃し、砲弾が至るところに落下して壁を倒し、屋根を傾けた[10]」とあるように砲撃を加えた。さらに北伐軍が独流鎮と静海県の二ヶ所に分かれていることに目をつけた勝保は、その中間地点で勝保の本営がある良王荘から三キロほどの葡萄窪に「陣地を構築して賊の援助を断つ」計画を立てた。

このとき勝保麾下の清軍は二万数千人いたが、実際の戦闘に使える兵は四川、湖南、天津の壮勇を併せても五千人に過ぎず、激しい反撃が予想される分断作戦に充分な兵力を確保出来なかった。そこで彼は陣地構築を進めながら、山東徳州の防衛を命じられた杭州将軍瑞昌と塩山県にいた山東布政使崇恩の兵二千人を静海県へ呼び寄せることにした。[11]

次に北伐軍はどうであろうか。十二月末に勝保がつかんだ情報によると、独流鎮の陣地は「食糧が多くないことは

わかるが、その実際の数は窺い知れない。賊衆は食事ごとに粥が二碗、あるいは麪餅が二枚で、一人当たり馬肉の大きな塊二つが与えられる。静海県の食糧はさらに少なく、時折賊が独流に来て駱駝で運んでいる[12]」とあるように、籠城戦が続く中で食糧が不足し始めていた。また一月中旬に勝保は「賊の陣地では糧米がまさに尽き、近日静海県の倉庫に貯蔵された米や民家から掘り出した粟麦を研いで食べたが、湿気が多くて蒸しても咽喉を通らなかった。逆衆は益々焦り、今月中に必死になって天津を攻撃しないと生き延びられないと密かに話し合ったという[13]」とあるように、新たに獲得した穀物が食用に堪えず、食糧不足が深刻となったため、北伐軍は天津を再攻撃する必要に迫られていると報じた。さらに勝保は次のように述べている

逆匪が静海、独流を佔踞した時は、老賊と脅されて従った者は数万人を下らず、騎馬の賊目も約数千いた。私たちが攻撃してからは、大小の戦いが数十回……、屢々勝利して殺し、解散させた者はすでに十の六、七に及ぶ。賊の勢いは日に衰えており、二ヶ所の賊衆は一万を超えず、騎馬の賊も千に満たない。賊は心中では恐れ戸惑い、食糧は日に不足している。しかも直隷や山西などの省で脅されて従った者たちは、私が方法を講じて解散を勧めたところ、日に逃げ出す者が甚だ多い。湖広や江南の衆もこの苦境を逃れたいと願っているが、往往にして老賊に連れ戻され監禁された。みな心では恨み罵っており、内側から潰える勢いはまさに成ろうとしている[14]。

この上奏を見る限り、北伐軍は騎兵を含めて数万人いた兵力の半分を失うほどの打撃を受け、解散の告示を見て脱走者が続出するなど崩壊の危機に瀕していた。これが事実であれば、彼らの独流、静海からの撤退は敗走だったことになる。

だがこの頃の勝保は咸豊帝が「詞気は軽張で、漸く自満の意あり[15]」と叱責したように、誇大な報告が目立つようになっていた。まず食糧について見ると、一月中旬に欽差参賛大臣僧格林沁は「最近逃げ出して捕らえられた者が言う

には、賊の食糧は充足しており、なお数ヶ月の用に足りるとのことだった(16)」と述べている。この頃清軍に捕らえられた王自発（江蘇南京人）も「現在糧米はなお一ヶ月の食用に足りる(17)」と供述しており、必ずしも深刻な食糧不足に陥っていた訳ではなかった。

次に清軍の砲撃について、勝保は「砲台を築いてからは砲弾を打ち込んで、毎日逆匪を傷つけること百余人から数十人。老賊もまた震え上がらない者はなかった(18)」と報じている。だが一月十八日の戦闘で勝保が神威砲四十門を連射させたところ、「施薬が多すぎた(19)」ために三門が破裂して役に立たなくなった。すると北伐軍は遺棄された大砲を陣地内へ回収した(20)。これ以前にも彼らは戦場で「官兵の軍械」を多く奪っており、「槍炮は前よりも倍増し、これによって死守抗拒したため、官兵は如何ともすることができなかった(21)」とあるように防禦力を強化した。

また両軍の戦闘で焦点になったのは砲台の建設をめぐる攻防であった。初め勝保は独流鎮の南西にある王家営に砲台を築くことが理想的と考えた(22)。だが実際は東へ二キロ以上離れた李家楼、余家鋪に「溝を掘って土塁を築き、砲台を建築(23)」せざるを得ず、それも独流鎮の太平軍部隊による激しい抵抗を受けた。この時清軍の補給を担当していた天津の塩商張錦文は、勝保の命令を受けて砲台建設を進めたところ、「賊は砲台が建造されるのを見ると屢々攻め立て、槍炮を一斉に発射した。大小の弾丸が雨の如く身体のそばに落下した」と太平軍の砲火にさらされた。また「砲台は出来たものの、砲は一方を打つことが出来るに止まり、賊人は狡猾でなお避難することが出来た」とあるように、清軍の砲弾は北伐軍陣地の東側にしか届かず、決定的な打撃を与えるには至らなかった。

そこで張錦文らは移動式砲架である「活砲架」を急ぎ製造して勝保の陣営へ送り、試し打ちしたところ、「立ちどころに賊巣をして傾倒させ、該逆はこれにより肝をつぶした(24)」と効果をあげた。僧格林沁も「幸いなことに前線では東西両面で高い砲台を築き、下へ向けて轟撃している。探報によればこの時の砲撃は以前よりも強力で、多くの賊を

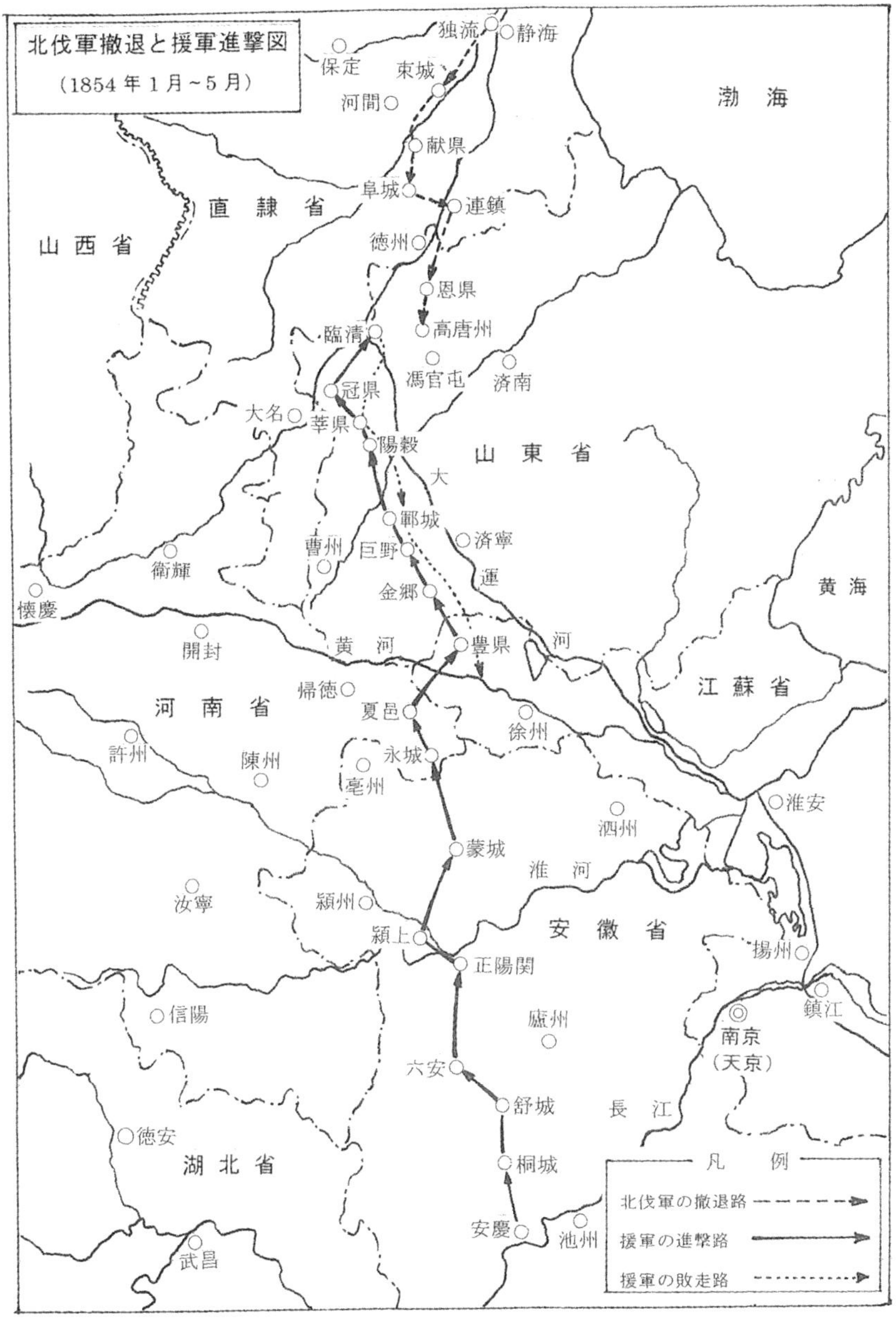

地図 5　北伐軍撤退図と援軍進撃図（郭毅生主編『太平天国歴史地図集』より作成）

傷つけた。賊の陣地は堅固であるが、日夜砲撃を受けており、先のことを考えられない程に追いつめられている[25]」と報じており、これらの砲撃はかなりのダメージを与えたと考えられる。

さらにこの時期勝保が強調した「戦果」の一つとして、投降の勧誘策による北伐軍の兵力減少があった。独流、静海の戦いが始まってから、勝保はスパイの摘発と脅されて従った者の解散に努め、二千人の「老幼男婦」を救出した[26]。また一月二十七日の戦闘では「多くの賊が刀を捨てて馬を降り、黄巾を脱ぎ去って道端に跪」いて降伏を求めた。勝保がそのうち十三人を訊問したところ、彼らは広東潮州および湖南、湖北出身の元壮勇で、江南提督向栄が太平軍内に潜伏させたが、発覚して拘禁された者たちであった。その後彼らは「偽官」となって丞相林鳳祥に仕えたが、投降を勧める勝保の告示を見て「密かに知り合いの湖広、江南各省の者と投降について相談」した。これを察知した林鳳祥によって多くの仲間が陣中に閉じこめられたが、彼らは出撃したチャンスを捉えて投降したという。

この事実を報じた勝保は「この十数名の賊を殺しても、全体の戦局に大きな利益はない。いま暫く彼らの死を免じて恩義を示せば……、賊営の脅されて従った者たちも話を聞きつけて投降する者が日に増え、首逆を捕まえやすくなるばかりか、賊の勢いも滅ぼし易い[27]」とあるように、彼らの降伏を認めて北伐軍将兵の動揺を誘うことが得策であると述べている。むろん捕虜となった張興保（湖南道州人）は独流鎮の北伐軍が「連れ去られた民人も含めて全部で一万人以上[28]」と供述しており、総兵力が一万人を切ったとする勝保の報告はあくまで希望的観測であった。だが彼は「賊の勢いは日に衰え、内紛はまさに起こらんとしており、あえて戦おうとしないだけでなく、守ることも長くは続かない。勢いただ必死になって逃竄を図る道だけが残っている[29]」と指摘して、近く北伐軍が移動を始めると予想した。それは結果として正しい判断だったと言えるだろう。

ところで陳思伯『復生録』はこの時期のこととして次のように回想している

相持して十二月に至り、湖は凍りつき、人が行き来出来るようになった。賊は焦って、人を派遣して氷の道を調べさせた。不意に湖中の三つの村に兵船百隻が停泊し、陣地を三つ作り、陣地の外には氷を割って溝を作り、出ることが出来ないようにした。賊は氷車二十四両を作ったが、その高さは五尺で、内外に木板があり、中の空洞には書物を詰めた。どの車にも砲眼が二つあり、下には丸い鉄の小さな車輪が四つついていて、左右は鉄の輪を掛けて結ぶようになっていた。分ければ一人で素早く推すことが出来、合わせれば繋がってまるで月城のようだった。

また長い木に草二、三束をつけ、車の後から進んだ。氷の溝に突き当たると、木を水の中に放り投げた。北風が吹き付けると、草はすでに凍り付き、片時で凍って氷の橋となって、賊は長駆前進した。除夜に三つの陣地を続けざまに破り、兵民船戸は皆殺されて、一人として逃げおおせた者はなかった。夜半になって官軍の大営から賞号の氷船八隻が、陣地が陥落したことを知らずにやって来た。だが突然襲われて、船の中の物資は悉く賊のものとなった。(30)

この戦闘に関する清朝側の記録は明確ではない。勝保によると、一月二十七日に静海県の太平軍二千人が出撃し、清軍の「水営盤」を撃った。清軍が応戦すると、太平軍は別の「水営」に向かい、やがて多くは静海県城に撤退した。だが数百人の「零匪」はすでに氷濠を越え、帰還出来なくなったため、于家荘、東河頭村を占拠して王家口を窺っていると報じた。(31)僧格林沁も静海県の太平軍数百人が王家口を攻めたと述べたうえで、「逆匪は小船と木筏を担ぎ、強引に運河を渡り梁頭、李家荘などに至って擾害した」(32)と述べている。ここで「湖中の三つの村」あるいは「水営盤」「水営」とあるのは、北伐軍、清軍の双方が葡萄窪や静海県の西岸で運河の堤防を決壊させ、陣地の周囲に水をはりめぐらせた結果であった。(33)また「賞号の氷船」とは年越しの褒美を載せた船と考えられ、清軍の陣営内で旧正月を祝う準備が進められていた様子が窺われる。大晦日に新兵器を投入して静海県の西方に拠点を築いた北伐軍の行動からは、清軍の隙を突き、凍結した河川を活用して新たな攻勢をかけようとする意図を見ることが出来よう。

一八五四年一月二十九日に北伐軍は独流、静海県の陣地を放棄し、清軍の防備が手薄だった西南方面へ移動を開始した。この動きに最初に気づいたのはやはり勝保であり、于家荘、東河頭村を占拠した太平軍に静海県城から援軍が送られたと指摘し、「軍情は変幻自在で、朝夕で一定しない。この時逆匪の意図は西側にあり、局面はまた一変しているようだ」と述べて配下の兵一二〇〇人を交通の要地である王家口へ向かわせた。また彼は「賊は西へ向かって逃げ出したが、北へ向かうことは出来ないため、勢い方向を変えて南へ向かうだろう(34)」とあるように、北伐軍の意図が撤退にあると予想した。実際には王自発が「王家口を攻めた後に直接保定へ向かい、さらに北進しようと考えた(35)」と供述したように、必ずしもこの段階で北京攻略が放棄されていた訳ではなかった。

この時勝保は北伐軍西進の動きを押さえられなかった巴里坤総兵経文岱らを非難すると共に、僧格林沁に自分の陣営を訪ねて「一切を相談し、剿辦の全局を熟籌するのに役立てたい(36)」と要請した。僧格林沁がこれを拒否すると、咸豊帝は彼に直接王家口へ向かうように指示し、「勝保と該大臣は共に一事をなすのであるから、互いに応援し、万一にも意見の食い違いから事態を誤らせてはならない(37)」と釘を刺した。だが二月三日に僧格林沁が兵二千人を王慶坨に残し、騎兵一千人を率いて王家口に到着すると、兵力不足を危惧した彼は勝保の命令で子牙鎮へ移動しようとした瑞昌に王家口に留まるように命じた。これを知った勝保は激怒し、「僧格林沁は全局を顧みない」「初めて前線へ至るや、かくの如く一切が自分の気の向くままである(38)」と告発した。二月五日に独流鎮の北伐軍が全て退出すると、咸豊帝は一度僧格林沁に王家口の兵を勝保へ引き渡し、自らは王慶坨に戻って防備を固めるように命じた(39)。だが勝保が「賊の足跡は静海へ帰したのか、河西へ向かったのかなお判断できない(40)」と独流鎮を撤退した太平軍の方向を見失っ

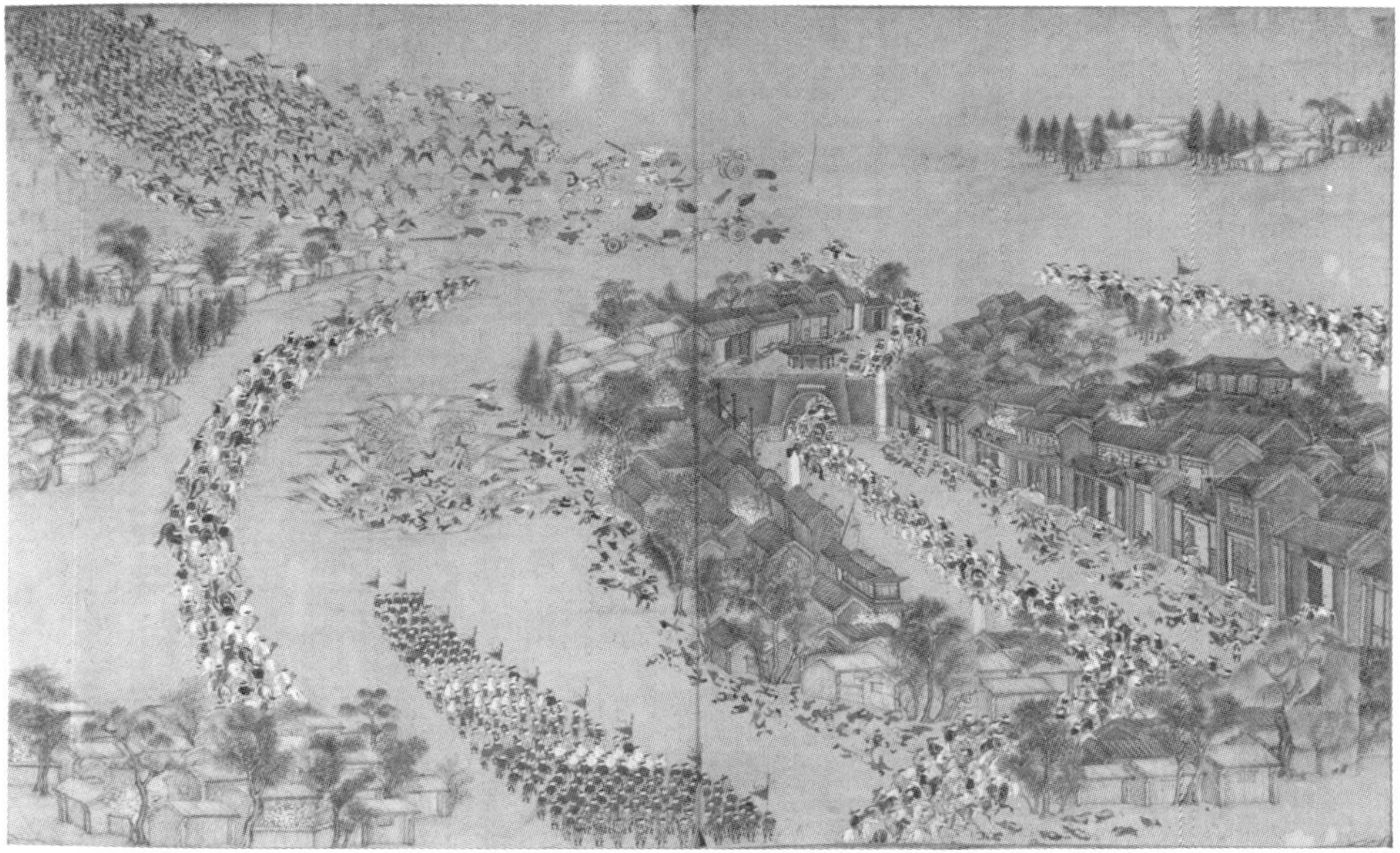

図1　北伐軍の独流鎮、静海県撤退時における王家口の戦い（ハーバード大学イェンチェン図書館蔵）

この絵図は天津の商人が僧格林沁の北伐軍鎮圧を顕彰して作った10枚の絵画の一枚で、原件は失われ、写真のみが保存されている。これを『剿辦粤匪戦図』（東洋文庫蔵）と比較した場合、僧格林沁個人の功績に重点が置かれており、天津到達以前の北伐軍や勝保の活躍などは描かれていない。北伐軍が独流鎮から撤退した時に、僧格林沁は騎兵を率いて王家口へ向かったが、絵図で描かれたような激しい戦闘はなかった。書誌学者房兆楹氏の解説によると、この絵を描いた絵師は恐らく広東でヨーロッパ風絵画の影響を受けたという。

ため、追撃の任務は結局のところ僧格林沁が担うことになった。それは北伐軍掃蕩の主役が勝保から僧格林沁へ交替したことを意味していた。

さて陳思伯『復生録』は北伐軍の撤退の様子を次のように回想している

甲寅四年（一八五四）の正月初めに林逆［鳳祥］は独流から静海に駐屯していた李逆［開芳］に伝令を出して、夜に氷上の雪を踏んで急ぎ行くことになった。氷の道を歩くこと六十里余り、東の方がようやく明るみ、初めて運河の土手に登ることが出来た。厚い包囲は突破したが、氷の上で休息したまま凍死した賊の死体が道中に見られた。次の朝に土手へ登ると、座ったり、寝ている賊が大勢いた。初めは眠っているのだと思い、声をかけたが目を覚まさず、手で推したところそのまま倒れてしまい、ようやく全て凍死したのだと知った。

お昼近くになったが、なお大声で熱いと叫びながら、自ら着た服を脱いで雪を食べ、雪の中に倒れ込んで死ぬ者もいた。全身が真っ赤で、外から寒さを受けたために陽気が内攻して心臓に達したのだと思われた。私は一晩中氷の上にいたが、足は停まることなく、次日の午後になってようやく休息を得た。また一晩行軍したが、幸いにも携帯していた麺を食べたので飢えずに済んだ。三日目になって前隊が陳穀荘に駐屯したと聞いた。聞けば静海県から三百余里の遠くまで来たとのことだった(41)。

ここからは北伐軍が夜間の脱出作戦に成功したものの、厳しい寒さによって多くの犠牲者を出したことが窺われる。すでに第二章で見たように北伐軍は戦闘時に「長衣」を着ることを許さなかったが、参加した新兵に「綿入れの服とズボンを与えた(42)」との供述もあり、寒さへの対策を怠っていた訳ではなかった。だが湖面が凍り付いた厳寒期、しかも夜間に長距離の移動を行うことは、将兵に大きな負担を強いることになった。二月六日に出撃した僧格林沁は「前進して追撃したところ、賊匪は潰走して全く戦う意志がなく、力を尽くして追殺すること無数、夜明けに白楊橋についた。この間百里余り、賊の屍が野に満ちて、大勝利であった[43]」と報じた。実のところ彼の部隊は実戦経験がなく、その戦果は「子牙鎮から張家荘まで六十余里の間、賊の死体が枕を並べること絡繹として絶えず、およそ長髪の賊匪一千余名を殺した」「該逆の後隊は約六、七百名であったが、全て殲滅した[44]」とあるように、すでに凍死したか、行軍についていて行けず落後した将兵を相手としたものだった。だが僧格林沁自身が「この度の連日の大勝利によって、士気は大いに上がっている[45]」と述べたように、緒戦の勝利は僧格林沁軍に大きな自信と勢いを与えた。以後彼の部隊は北伐軍征討の主力として活躍することになったのである。

（b）東城村の戦いと阜城県への敗走

独流、静海を脱出した北伐軍主力は、二月七日に八十キロ近く離れた河間県東北の東城村に到達した。この間北伐軍が受けた損害は二千人程度で、なおかなりの戦闘力を擁していた[46]。また東城村の周囲にある桃園村、西成村にも部隊を駐屯させて迎撃体制を整えた[47]。同じ日に僧格林沁も東城村に至ったが、「該逆は大胆にも隊列を作って抗拒し、槍炮、火箭、噴筒を続けざまにわが兵に向けて発射した」とあるように北伐軍の抵抗を受けた。翌日も両軍は交戦したが、僧格林沁とチャハル都統西凌阿は大砲を携行しておらず、兵力も三千人と少なかったために攻撃を急がず、援軍の到着を待つことにした[48]。

北伐軍の行方を見失った勝保が騎兵五百人を率いて東城村に到着したのは二月十日であった。東城村一帯の地形を視察した二人は「多く兵力を集め、四面から囲剿」すべきだと考え、任邱県に駐屯していた戸部右侍郎瑞麟、欽差倉場侍郎慶祺の兵を東城村へ向かわせた。また天津から大砲を送らせて攻撃に備えた[49]。清朝も固安から任邱県へ到着した幫辦軍務徳勒克色楞の兵一千人を僧格林沁の応援に向かわせた[50]。

いっぽう北伐軍は「該逆は独流、静海でいまだ大打撃を受けず、全ての隊が奔走したが、現在立てこもった村は独流、静海のように難攻不落ではなく、貯蔵している米穀もそれほど多くない」(51)とあるように、ほぼ全軍の移動に成功したものの、東城村は長期の籠城には不向きの土地であった。食糧を確保することも難しく、僧格林沁は「該逆は舒成（東城村をさす）付近の四、五の村荘を占拠し、日が昇ると食糧を搶掠しているが、その意図は道を探して逃げることにある」(52)とあるように、食糧の調達に追われている情況から見て長く駐屯することはないと予想した。また僧格林沁は次のように述べている

東城村一帯は村落が密集し、大小の村が相連なっている。樹木も鬱蒼と生えており、逆匪は六、七の村荘に分かれて立てこもっている。各地の要所に兵を分けて駐屯させ、小部隊の賊が夜に食糧を奪いに来たが、屢々わが兵がこれを防ぎ殺した。だが少しでも油断すれば、付近の食糧が賊のものとなるばかりか、村民もその害を受けることになる。しかも逃げ出した難民や生け捕った賊犯の言うところでは、彼らは公然と逃げ出すことは敢えてせず、一歩また一歩と陣地を移して前進し、村荘を占領して隙を見て逃げようとしているとのことだ。そこで私たちは……告示を出して、西南両方面で賊巣から三十里以内の村々の人民に、所有する食糧や飼料を全て運び出して遠方へ避難し、賊が平定された後に帰郷させることにした。こうすれば賊匪は野に奪い取るべきものがなく、その勢いはおのずから潰えるだろう(53)。

ここからは清軍が北伐軍の食糧補給を断とうと図り、夜間に村外へ出かけて調達を図る小部隊を迎撃すると共に、東城村から十五キロ以内の住民を食糧、飼料と共に強制的に避難させたことが窺われる。この時勝保の陣営にいた直隷布政使張集馨は「[東城の東にある]九村の東側にはなお数ヶ村あり、婦女は秘かに逃げ出したが、男たちは利益を求めて賊に通じた」と述べており、周囲の村々では北伐軍に物資と情報を提供する者がいた。だが勝保はこの「通

賊者」を捕らえて殺し、兵勇にこれらの村々をことごとく焼き払わせたため、「賊はこうして耳目を失った[54]」とあるように北伐軍は協力者を失ったという。

結局のところ北伐軍は束城数ヶ村の要塞化を進め、再び清軍と対峙した。二月中旬に僧格林沁らは「毎日各路の官兵を親しく率いて出撃し、賊が占拠している各村を力の限り攻め立てているが、該逆は狡猾なること異常で、固く隠れて出てこない」「現在該逆が恃みとしているのは各村を死守することであり、牆壁を囲み、砲を並べている。その砲火は猛烈で、わが兵はその巣穴に近づき逼ることが難しい[55]」と報じている。また張集馨によると束城村の北伐軍陣地は高さ、厚さ共に十メートルの土塁に囲まれ、壁には銃丸が開けられていた。土塁のない部分には木城が築かれ、その上には泥が厚く塗られたとある[56]。

さらに北伐軍が束城に留まらざるを得なかった理由の一つに、悪天候下の行軍による将兵の凍傷があった。元々太平軍将兵は南方の出身で、寒さを苦手としていたが、「昨冬からの雪と冷え込みは過去と比べても多く、日数も長かった」という。また独流鎮を脱出した彼らは「白布を着て雪の上を匍って行った」ために、多くの者が「腿や脚の皺が裂[57]」けて凍傷となった。陳思伯も行軍の途中、残り火の上に乗ることで凍傷の悪化を免れたが、両腕は半月以上も曲がらず、左手の指二本が壊疽を起こしてしまったという[58]。

初めのうち攻めあぐねていた清軍であったが、二月二十二日に五百斤の大砲が戦線に到着すると、早速翌二十三日にこれを用いて攻撃をかけた[59]。すると北伐軍は二十四日夜に一千人余りの兵力で遵祖荘、念祖荘の清軍陣地を襲撃した[60]。束城村の東一キロにある九村に駐屯していた張集馨が陣地を巡回していると、「賊の攻撃だ」との知らせが入り、西南から無数の火弾が清軍陣地に投げ込まれるのが見えた。そこで彼は壮勇に発砲を命じると共に、勝保の陣営に救援を求めた。約二時間後に西北にあった西安副都統双成の陣地で火の手が上がり、「殺せ！」という叫び声が聞こえた。しばらくすると双成が狼狽して姿を見せ、彼の陣地が襲われて旗兵百人以上が殺され、馬三百匹が奪われたことを知った。双成の部隊は警戒を怠り、寝入ったところを襲われたため、死者はみな衣服を身につけていなかった。彼と崇恩は担当する陣地が敵陣に近過ぎるため、勝保に兵の増強を求めたが認められなかったという(61)。

北伐軍の出撃で屢々損害を受けた僧格林沁は、砲撃を続ける一方で束城村の周囲に深い濠を張り巡らせ、兵糧攻めを行うことにした。彼が作戦を変更した重要な理由は「昨年地は多く水害に見舞われたが、現在氷と雪が溶け始め、平地の泥は深さが一尺余りになった。賊巣に近づくと泥水はさらに増し、歩兵隊の攻撃は困難になった(62)」とあるように、雪融けの時期を迎え、昨年来の洪水の影響で地面が泥に掩われ、行動が著しく制約されたためだった。すでに僧格林沁は「捕らえた密偵の供述によれば、賊は食糧がまさに尽きようとしており、数日以内に他へ逃げ出そうとしている(63)」という情報をつかんでいた。そして北伐軍が「必死になって奔撲」するのでなければ、「遠からず賊巣の食糧は尽き、こちらが攻めなくても自分から潰えるだろう(64)」と予想した。

三月七日夜に北伐軍は東南へ向けて移動を開始した。この時も北伐軍は清軍に気づかれないうちに束城村を撤退し、張集馨は翌八日に「煙が上がらないのを見て心秘かに疑い、再び斥候を派遣したところ、初めて大部隊がすでに逃げたことを知った(65)」と述べている。だが今回の行軍は独流、静海からの撤退とは全く条件が異なっていた。陳思伯は次のように回想している

二月になって林逆は突然またも命令を下し、陳穀村から夜に出発した。ちょうど北方の道の氷が溶ける日だったため、途中はどこも沈殿した泥におおわれていた。これで足を凍傷にやられた賊がどうして歩くことが出来ようか？　彼らは一度泥の中に足を取られると、声をあげて助けを求めた。だが賊目は官軍が気づいて追撃して来るのを恐れ、刀を抜いて自らの手で殺した。気の毒なことだ。また足が痛んで落後した者は、ことごとく官軍に

首を切られてしまった。この夜に泥にはまって死んだ悍賊の数は一万を超えた(66)。

ここからは林鳳祥が一面の泥という悪条件を無視して軍に移動を命じ、凍傷の癒えていなかった多くの将兵が犠牲となった様子が窺われる。元々北伐軍が脱出した東城村の東南は「積み重なった泥が一尺余りから二、三尺(67)」と言われるほど泥が深く、清軍が濠の代わりに鹿の角や木の柵でバリケードを築いた場所だった。泥に足を取られた兵士が救いを求めると、清軍に察知されるのを恐れた上官たちが口封じのために殺した。馬も多くが泥にはまり、歩行困難で馬に乗っていた陳思伯も一度は自害を覚悟したという(68)。さらに彼らに追い打ちをかけたのが清軍の追撃だった。僧格林沁は次のように報じている

逆賊は囲まれて焦り、活路がなくなるのを恐れて、初九日（三月七日）亥刻に深い霧に紛れて、命を捨てて小礼文から東南へ向かって逃げ出した。関所を守る兵がその声を聞いて攻撃したところ、逆匪は死にながら逃げ、歩兵や騾馬で泥に陥り、死んだ者が数え切れなかった。善禄も近くから兵を率いて念祖橋に赴いて攻撃した。該逆は千々に乱れて逃亡したが、また必死になって抵抗した。わが兵は力の限り攻撃し、賊七、八百名を殺した。賊の死体がそこら中にころがり、大小の黄旗五十余面と鉄の大砲四門、火薬や武器を多数捕獲した。

賊は運河の土手を西南へ向かって逃走した。私は夜に乗じて全軍を幾つかの道に分け、騎兵を率いて跡を追った。また他の者に歩兵部隊を統率させて前進させ、土手沿いに村々を捜索して二百余名を殺した。賊は狂ったように逃げたが、私は各地の橋をすでに破壊させていた。そこで彼らは辺馬橋に至ると、ついに郷民に木で橋の穴を補修させて渡河した。わが兵が後から追いすがり、河辺に至ると、賊はすでに河を渡り終えており、橋を焼き払った。私が臧家橋から回り道をして橋をかけ渡河すると、該逆はすでに献県に逃げ込んでいた。私たち僧格林沁と勝保が前後して到着し、官兵を率いて……攻撃すると、彼らは城に立て籠もらず、南門から逃走した(69)。

ここからは北伐軍の脱出に一部の清軍が気づき、追撃を行った様子が窺われる。また行軍の障害となったのは各地の橋が破壊されていたことで、念祖橋を渡河出来なかった師帥率いる兵六百人は帮辦軍務善禄の軍を迎え撃ったが「全数が殺斃」された。この清軍の追撃は献県の南にある富荘駅まで八十キロにわたって続き、「賊の屍は枕を並べ、全部で賊を斃すこと一千余名、生け捕ったのは五十余名」であった。また清軍の損害は戦死二人、負傷二十余人だったといい、清軍の圧勝であった(70)。

三月九日に北伐軍の先鋒隊は富荘駅の南二十キロにある阜城県に到達した。この地を守っていた「郷勇は潰散」したため、抵抗を受けずに入城したこの部隊はようやく一息ついた。だが悲劇はまだ終わらなかった。陳思伯によると、この日彼の所属していた後衛部隊は「騎馬隊の突撃を受けて逃走し、同館の者は四散」して行方がわからなくなった。清軍に追われた彼と右一軍旅帥の鄭阿培は前二、前五軍の陣地に逃げ込んだが、そこは最前線で危険なため南へ向かい、後一、後二軍の陣地に到達した。鄭阿培はそこに留まろうとしたが、不吉な予感がした陳思伯はさらに移動を促し、夜明け前にようやく阜城県城外にいた右軍検点朱錫琨の先鋒隊陣地にたどりついた。果たして十日の夜明けに清軍の一斉攻撃が始まり、各軍は「互いに顧みることが出来なかった」。前二軍で生き残ったのは僅か七十人、後一軍も清軍の追撃を振り切って阜城県城へ逃げ込んだのは百数十人であった(71)。

この戦いについて僧格林沁は、富荘駅から南へ逃走する北伐軍に待ち伏せ攻撃をかけたところ、「該逆は潰え逃れた後だったため、戦わずして自ら乱れた。わが兵は賊の隊列に突撃をかけ、また賊七百余名を殺した。この日は屢々戦って勝利し、およそ賊一千六百名を殺し、三百名を生け捕った(72)」と述べている。また陳思伯は清軍の攻撃を受けた「二つの部隊は全部で六、七千人いたが、生き延びたのは十分の一に満たず、残りは全て官兵に殺された。この敗北は足が凍って力を出せなかったことによる(73)」と記している。二五〇〇人を一万人と数える太平軍の慣行から見て、二

図２・３　東城村を脱出する北伐軍と富荘での清軍の追撃（ハーバード大学イェンチェン図書館蔵）

図２（上側）は一八五四年三月に東城村を脱出する北伐軍を描いたもの。初め清軍は彼らの脱出に気づかなかったが、北伐軍は雪解けの泥に足を取られて多くの犠牲者を出した。図３（下側）は清軍が富荘駅で北伐軍を追撃している様子を描いたもので、北伐軍は約一千人の損害を出した。

千人弱の損失という僧格林沁の報告はかなり確度の高い内容と考えられる。

二、北伐援軍の北上と臨清攻撃

（a）北伐援軍の派遣とその勢力拡大

さて話は北伐軍が独流、静海で籠城を続けていた一八五三年十二月にさかのぼる。この月二十六日に揚州で清軍と対峙していた夏官又正丞相曽立昌[74]、夏官副丞相陳世保[75]の部隊は南京対岸の瓜洲への移動を命じられた。その後彼らは安徽の安慶へ赴いたが、ここで冬官副丞相許宗揚[76]の軍が加わって北伐援軍が編制された。

この北伐援軍の規模については、張守常氏が十五軍、七千人という見解を出されている[77]。またかつて北伐援軍の総帥とされた総制黄生才（湖南衡州府人）についても、それが清朝官僚の功名争いの中で捏造された「事実」であることを明らかにした[78]。実のところ援軍兵士だった張大其（湖北黄陂県人）は「十二月に北辺の賊匪が官兵に包囲されたと聞き、賊衆は相談して天津へ行って包囲を解くことにした。この月二十八日（二月一日）に賊の丞相だった曽姓、胡姓、許姓、陳姓が十五軍、軍ごとに二五〇〇人を率い、二手に分かれて出発した[79]」と供述しており、黄生才は援軍の指揮官に挙げられていない。また援軍の兵力が十五軍で構成されていた事実も疑えないと思われる。

ここで疑問点として挙げられるのは、何故援軍が揚州あるいは北伐軍と同じく南京から出発せず、わざわざ安慶で編制、派遣されたかという点である。確かに揚州には欽差大臣琦善の率いる清軍がいたが、十一月に曽立昌は南京から派遣された頼漢英の軍と共に揚州東路の郷勇を撃破しており、彼らが揚州を撤退した時も「ついに一兵一勇も追撃する者はない[80]」とあるように清軍の反撃はなかった。半年間の籠城戦で消耗が激しかった彼らがすぐに北上出来ず、休息と部隊再編のために南京へ戻る必要があったとしても、安慶を経由したことは援軍の出発を一八五四年二月まで遅らせる原因になったと考えられる。

すでに見たように当時の太平天国首脳は北京の清軍兵力を過大視した密偵の報告を受け、援軍の派遣に慎重な姿勢を取った(81)。また一八五三年後半は西征軍の活動範囲が江西から安徽、湖北へ広がり、安徽巡撫江忠源の抵抗によって廬州攻略に手間取るなど兵力は不足気味であった(82)。北伐援軍がまず安徽へ派遣され、一八五四年一月の廬州占領後にようやく北上を開始したのは、長江中流域の戦況に左右された結果であったと考えられる。

ちなみに援軍の出発が紆余曲折を経たことは、派遣された軍の規模にも影響を与えた。黄生才の供述によると、初め東王楊秀清は頂天侯秦日綱（のち燕王）に援軍の統率を任せるつもりだったが、彼は南京に呼び戻された翼王石達開に代わって安慶の守備についたという(83)。曽立昌らが敗退した一八五四年五月に楊秀清は秦日綱に第二次の援軍として北進するように命じており(84)、元々秦日綱が援軍の司令官に予定されていた可能性は否定できない。また秦日綱の派遣が中止されれば、援軍の兵力は彼の部隊が安慶に留まった分だけ目減りしたと考えられる。姚憲之『粤匪南北滋擾紀略』は援軍について「十五軍から成り、一軍ごとに五百人で、全部で七千五百人(85)」と記している。また張大其は「戦える者は軍服に『将士』の二文字を記しているが、一万人に満たない(86)」と述べており、主力となる部隊は数千人の規模だったと推測される。

出発の遅れた北伐援軍であったが、二月初めに安慶を出てからの進撃は速かった。彼らは二月六日に桐城県、八日に舒城県を通過し、十七日には六安州城を占領した(87)。ここから援軍は廬州方面へ向かわずに北上し、二十一日には淮河沿岸の正陽関に到達した(88)。さらに潁河沿いに進んで二十四日に潁上県へ入り、三月一日には北伐軍が一八五三年六月に通過した蒙城県を再占領した。

この頃江南提督和春が率いる安徽の清軍は廬州の太平軍と対峙しており、北伐援軍の動きを抑えられなかったばかりか、それが太平軍の一隊であることを認識出来なかった。臨淮関一帯で捻軍の鎮圧に当たっていた兵科掌印給事中の袁甲三（河南項城県人）は「該匪らの旗幟、衣服は多くが逆賊の色、模様を真似ており、顔を塗ったりヒゲを描いて威嚇しているため、住民であえて矛を構える者はいない。それが土匪の逆匪を装った者であることは殆ど疑いがない」[89]と述べており、北伐軍の進撃時にも見られた「仮装粤匪」即ちニセ太平軍との見解を示している。また徐州鎮総兵百勝、徐州道王夢齢は三月十日に援軍が江蘇蕭県の西北にある黄家口に到達すると、「土匪が逆匪を騙り、大隊が後からやってくるぞと公言して焚掠にほしいままにした」と報じたうえで次のように述べている[90]。

今回逆匪が六安から北に向かっているのは、土匪が先導を務めている。いたるところ驚き疑って区別が出来ず、共に戦わずに敗れている。ついに未だ賊に従っていない土匪までが相率いて真似をしており、実に憤懣に堪えない。

ここで百勝らは北伐援軍の進撃を先導したのが地元の反体制勢力であると述べている。実際に六安州では二月十三日に住民の動揺が広がると、十四日に地元の顔役に率いられた「長髪」が城に入り、十六日からは「奸民」の先導を受けた「大股の賊匪」が次々と入城した[91]。また潁上県では一八五三年七月に「回勇（イスラム教徒の壮勇）」と漢人の練勇間の対立をきっかけに「漢回」の武力抗争が発生したが[92]、その関係者であった陳常泗は差役と共に太平軍に呼応し、地方官が城を出ている隙に「衆を率いて擁入し、大いに焚掠をほしいままにした」[93]という。さらに蒙城県でも「先に来たのは実に土匪であり、後から逆匪が追うようにして至り、偽官である許、陳二姓の名を列した偽示を貼り出した」[94]とあるように、許宗揚、陳世保の部隊を先導したのは地元の反乱勢力だった。それは一年前の北伐軍の進撃時と比べても特徴的な現象であった。

こうした変化が生まれた理由は何であろうか。『山東軍興紀略』は太平軍が南京を占領してから漕米の輸送が滞り、大運河の輸送業者など数十万人が失業したこと、黄河の堤防が毎年のように決壊して数万人の「飢民」が発生したことを挙げている[95]。事実一八五三年二月に会試受験のために江蘇北部を旅した曹藍田（安徽銅陵県人）は、「清江浦に至るや、飢民が道の両側に並んでおり、悲しみ嘆く声がどこまでも続いていた[96]」と記している。また四月に安徽巡撫李嘉端は山東、江蘇省境の惨状について「人が人を食うに至っており、実に尋常の飢饉ではない」と述べたうえで、「現在江南では逆匪が猖狂しており、安徽北境では捻匪が四起している。もし飢民の丈夫な男たちが出かけて結びつくことがあれば、その害は言うに堪えない[97]」とあるように、彼らが南京の太平軍や安徽で活動していた捻子と結びつくことに懸念を表明していた。

一八五三年の北伐軍の進撃は「粤匪は至るところで官に復讐したが民を害さず……、匪賊は益々大胆になった[98]」とあるように、兵部侍郎銜周天爵の弾圧策で一時期沈黙していた安徽の反体制勢力を活気づけた。河南でも「帰徳は逆賊によって竄擾されて後、各地の捻匪が機に乗じて蜂起し、蜂擁として搶劫するなど、勢いは甚だ猖獗[99]」と言われたように、北伐軍の通過をきっかけとして捻子の活動が盛んとなった。

最初に目立った動きを見せたのは潁州の「捻匪」である鄧六、李月らで、蒙城県の雉河集に一千余人を集めて活動し[100]、八月には「捻匪の総頭目」だった馬老虎が清軍に待ち伏せ攻撃をかけた[101]。十月に周天爵が病死すると捻子の勢いは増し、阜陽、亳州などの捻子は「五十八股を一捻」と結集し、「大半は紅巾を頭に巻き」「興国天子、斉天大聖、替天行道、八卦、飛竜、帥字」と記された旗を掲げて、周天爵が率いていた臧紆青の壮勇を引き継いだ袁甲三や潁州府知府張清元の軍と戦ったが敗北した[102]。

すると十一月に「総捻首」の鄧大傻は「報復」を図り、鄧天児ら三十余人の「捻首」と結盟して「官兵と死闘する誓い」を立てた。袁甲三は「この地の捻首は数えきれず、あるいは数千人、数百人を率い、あるいは数十人を率いて雄を争い、長を称えている。分かれたと思えば集まり、富紳で結捻する者もいれば、婦人で人を集め略奪する者もいる。およそ人を集められることを強さと見なし、死を恐れないことを誉れと考えている」[103]とあるように、捻子が安徽北部の慣行を基盤として地域社会に深く浸透し、有力者や女性出身の捻子もいるなど幅広いすそ野を持っていたと指摘している。

檔案史料によると、劉利害（河南信陽州人）は一八五三年七月に「捻頭」黄九の仲間に入り、紅布を頭に巻き「粤匪を仮充」して桐柏県の呉城地方で略奪を働いた[104]。また北伐援軍と関わりを持った例として、「潰勇」の頭目だった李三鬧（即ち李興清、江蘇泗洲人）が挙げられる。彼は一八五三年春に数百人を率いて揚州の清軍陣営へ赴き、郷勇頭目となって守備（五品頂戴）に昇進した。だが十二月に曽立昌らに敗北した彼は泗州へ逃げ帰り、高家集に盤踞して二、三千人を集め、「外の者が窺い探ることを許さず、付近の住民に食物、火槍などを送らせた。また村の外に土城を築いた」[105]とあるように自立的な地方勢力に成長した。漕運総督福済は懐柔を図ったが、李三鬧が兵力の削減を拒否したため、「逆迹は顕らか」と見た袁甲三は一八五四年二月に臧紆青の壮勇に高家集を攻撃させた[106]。敗北した李三鬧は宿遷県で殺されたが[107]、その配下は「（曽立昌らは）皖営の潰勇であった李三鬧らの衆を先導とした」[108]とあるように北伐援軍に加わったという。

もう一つ北伐援軍に呼応した勢力として「教匪（白蓮教徒）」あるいは「捻匪」と言われた張捷三がいた[109]。彼は一八五三年十二月に太平順天王を名乗り、王得興（兵部大都督）と共に「永、亳、蒙一帯および外来の捻頭を糾合して一股に合わせ、義門集を総巣、臨湖舗を分巣として数十里の間を焚掠」した。清軍が弾圧に向かうと彼らは抵抗し、数百人の死者を出して敗北したが、この時清軍は「太平天国金四正将軍」と記された旗を獲得した。袁甲三はその旗が新品でなく、太平軍指揮官の姓が記されていると指摘したうえで、彼らが「粤賊と勾通したことは疑いを容れない」[110]と結論づけている。

さて北伐援軍は三月六日に河南省の永城県に到着し、翌七日に夏邑県を占領した[111]。それまで蒙城県で知県劉瀛階の率いる練勇と交戦したのを除くと[112]、殆ど抵抗を受けずに進撃してきた援軍は、ここで馬殿安（武生）らが率いる郷勇と戦い、二八〇人余りを殺害して県城を焼き払った[113]。また三月十日に援軍が黄家口に到達すると、王星爔（監生）、王星煌（諸生）兄弟の団練が抵抗を試みて敗北した[114]。この時援軍は「賊は約二万人で、馬は千余匹、大砲二十余門」[115]とあるように兵力を急速に伸ばしていたが、大量の新規参加者によって土着の反乱勢力と区別がつかなかった。加えて多くの郷勇、団練指導者は太平軍の戦力について認識不足で、安易に戦いを挑んで敗北したと見られる。

黄家口から渡河可能な地点を探して東へ向かった援軍は、豊工下流の包家楼で「家を壊して橋を立て、筏を造って、十六日（三月十四日）から十八日（十六日）の日没までに次々と渡り終えた」[116]とあるように黄河を渡ることに成功した。また先に渡河した部隊は北岸に拠点を築き、十七日には豊県城を占領して山東へ入る構えを見せた[117]。ところがこの時南京から「廬州府が激しく攻められている」との知らせが届いたため、許宗揚は「後から直隷に向かう」と言い残して後続の部隊二、三千人を率いて安徽へ引き返した[118]。

この兵力拡大の最中に行われた部隊の引き抜きは、その後の援軍の活動に大きな障害をもたらした。すでに見たように太平軍は新しく加わった反体制勢力を戦闘に参加させず、その組織を解体したうえで既存の部隊へ編入し、厳しい管理下に置くことで軍の統率を維持していた[119]。だが援軍の場合「賊の人数は多いが、その中で長毛の真賊は三分の一に過ぎず、残りは皆脅されて従った土匪」[120]「真の長髪賊は二千名に過ぎず、捻匪並びに脅されて従った者は万余人」[121]とあるように、新兵の割合が主力部隊を大きく上回ったため、彼らを訓練あるいは統制することは難しかったと考えられる。

また援軍本隊の兵員構成について見た場合、「真に長髪の者は寥々で、髪を蓄えること二、三寸或いは四、五寸の者が多く、みな六安、正陽関から来ている」[122]「賊匪には湖北なまりの者が多く、新たに蓄えた髪は一、二寸」[123]とあるように、挙兵以来の老兄弟は極めて少なかった。これは援軍が安慶で慌ただしく編制された結果であったが、彼らの多くは西征軍の他の部隊と同じく経験不足で統率力を欠いていた。

この結果援軍が進撃した地域では「殺戮はそれほど行わなかったが、羣賊が野に満ちあふれ、どこもかしこも蹂躙して、城中は死体が枕を並べた……。郷里の無頼が物をかすめ取っても、持ち主は一言も発することができなかった。十三日（三月十一日）には再び土匪が隊を作って入城し、捜掠すること一空」[124]とあるように、援軍は新兵の暴行や掠奪を抑えられず、また捻子などの勢力が独自の組織を維持したまま行動することを禁止できなかった。それは援軍にとって致命的な結果をもたらすことになる。

（b）　援軍の山東進出と臨清攻防戦

ところで北伐援軍はどこへ向かっていたのであろうか。林鳳祥が援軍を要請するために南京へ派遣した師帥劉鳳彩（湖南清泉県人）は、「山東の小道から保定府へ至って合流し、共に北京を攻めるつもりだった」[125]と供述している。すでに見たように独流、静海を撤退した北伐軍は直隷の保定をめざしており、援軍も山東を経由して保定へ向かう予定だったと考えられる。三月十八日に豊県劉家集で山東単県知県盧朝安らの率いる清軍、団練の抵抗を受けた援軍は山東へ入り、十九日に金郷県城を占領して知県楊鄭白を殺害した[126]。また二十二日には巨野県を占領し、二十三日には鄆城県に到達した。さらに一部の部隊は二十三日に嘉祥県内で「村荘を搶掠し、人々に逆匪を助けるように勧[127]」めた。

この頃清朝側は援軍の進撃方向をめぐって官僚たちの見解が分かれていた。三月初旬に袁甲三は援軍が「廬州の大兵を牽制するように見せながら、実は隊を分けて他所へ向かい、もって北賊を救援する」[128]とあるように、北伐軍の救援をめざしていると指摘した。だが援軍が黄河に近づくと、江南河道総督楊以増は彼らが清軍の兵站基地がある徐州を攻撃するに違いないと主張した[129]。その後援軍が黄河を渡ると、徐州鎮総兵百勝らは援軍が「直隷の逆匪を救援しようとしている」[130]と考えたが、勝保は「阜城の賊を応援するのか、回り道をして別な場所から北へ向かうのか、いまだ定かではない」[131]とあるように、援軍が別ルートで北京進攻をめざすことに懸念を表明した。

三月十四日に援軍が永城県を通過したとの知らせを受けた清朝中央は、「逆匪が皖省から陸續として亳、永一帯に竄擾したのは、明らかに北竄を意図しているのであり、直隷の逆匪と互いに勾結している」[132]と述べたうえで、僧格林沁と勝保に命じて善禄と兵二五〇〇人を劉家口へ派遣させた[133]。また援軍が黄河を渡ったとの報告を受けた三月二十日には、阜城県での北伐軍本隊との戦いを僧格林沁一人に任せ、勝保に対して兵を率いて徳州へ向かうように指示した[134]。

だがこの時安徽から黄河沿岸まで援軍を追撃してきた袁甲三は、「賊の行動は迅速で、現在すでに二日分の距離があり、万が一にも追いつくことは出来ない」[135]とあるように、渡河を断念して軍を撤退させ、河南、安徽方面の防衛に専念すると報じた。また楊以増は前漕運総督李湘棻に兵勇一二五〇人を率いて徐州へ向かわせたが、援軍に追いつくことは出来なかった[136]。援軍の北上を防ぐ兵力が不足とみた清朝は、三月二十六日に署直隷提督張殿元に河南、山東省境の大名へ向かうように命じ、山西巡撫恒春にも河南へ派遣する予定だった兵一千人を大名へ送らせた[137]。

山東で防衛の責務を負っていたのは湖広総督を解任され、山東巡撫となった張亮基であった。一八五三年十一月に彼は済南に到着したが、当時北伐軍は独流、静海におり、山東布政使崇恩は直隷に近い武定府で防衛に当たっていた[138]。十二月に武定と大運河沿いの徳州を視察した張亮基は、山東の清軍兵力が他の戦場に動員されたために少なく、「軍械は揃わず、紀律も整っておらず、戦うにせよ守るにせよ全く恃むに足りない」ことを知った。そこで彼は杭州将軍瑞昌に徳州へ進駐するように求めると共に、省内各地から壮丁四十人ずつを集めて訓練し、二千人の部隊を編制して守備に役立てることにした(139)。

次に張亮基を悩ませたのは戦費の不足であった。彼によると「山東の倉庫にある金は足りず、民の滞納額は一百五十万余両になる。普段の徴税でさえかくの如きで、現在の工面はさらに難しい。これは兵餉の憂うべき点である(140)」とあるように、山東は黄河の氾濫や飢饉、抗糧事件などの影響で財源が枯渇していた。また前任の山東巡撫李僡が融通した二十五万両をすでに使い果たし、徳州に駐屯する兵の経費がかさんだため、一八五四年一月に張亮基は布政使倉庫の地丁銀十万両を暫く借用するように求めた(141)。

ところが咸豊帝は徳州の視察を終えた張亮基が一度済南に帰還したことに怒り、十二月十九日の上諭で即刻徳州へ向かうように命じた(142)。また出発の期日を報じた張亮基の上奏に「省城（済南）は根本の重地」とあるのを見た咸豊帝は次のような硃批を書き記した

山東にあっては根本でも、北省の大局や畿輔の重地と比べれば話は別だ。長沙に賊がいた時、なんじは常徳にいて遠くこれを避けていた。独流に賊がいれば、汝は部下を前線に留めて、自分は後方に退いて再び避けている。もし省城が根本の重地であると言うなら、試みに問おう。長沙は楚南の根本ではなかったのか(143)。

ここからは長沙攻防戦で太平軍の北進を阻止できず、全国的な運動へ発展するきっかけを与えてしまった張亮基に対する咸豊帝の強い不信感を見ることが出来る。結局清朝は地丁銀十万両の借用を許可せず(144)、張亮基は捐納の銀を銅銭で納めさせる方法で戦費を工面したが、思うような成果を挙げることは出来なかった(145)。

三月二十四日に鄆城県から二手に分かれて北上した援軍は、翌日東昌府から三、四十キロの張秋鎮、七級鎮に進ん

だ[146]。この頃善禄の清軍が東昌府に入城したため、援軍は西に向かって二十七日に陽穀県城を攻撃した。陽穀県は「城の備えは久しく廃れ、城壁は崩れて、人がその裂け目を通れる程」であり、太平軍接近の知らせが届くと「城内の住民は早くもみな避難」した。着任間もない陽穀県知県文穎は団練三百人を守備につかせ、東昌の善禄に救援を求めたが、善禄は動かなかった。『陽穀殉難事実』は次のように述べている

陽穀が失われた咎は軍の統率者にあった。二十六日（三月二十四日）に東昌へ至って陣を構え、陽穀からは僅か九十里であったが、模様眺めをして進まなかった。援軍の要請を続けざまに四度送ったが、ようやく届いた返事も言い訳ばかりであった。すると魯斎（文穎）はテーブルを叩いて言った。「死ぬのみだ！　他に何を言おうか。賊が私を殺すのではない。将軍が私を殺すのだ[147]！」。

これに対して善禄は東昌に到着したのは二十五日午後で、陽穀県城の陥落には間に合わなかったと責任逃れをしたうえで、太平軍が東昌を攻撃するとの情報もあり、彼らの計略に陥らないために「多く偵察を出し、兵を厳しく統率して待つ[148]」必要があったと主張している。その後遺体収容のために陽穀県城を訪ねた文穎の親族は「土匪が横行し、初めは夜に家を焼くだけだったが、やがて白昼に略奪を行うようになった」「子供は泣き……、娘は身を投げようと井戸を探し、その惨状は言うに堪えなかった[149]」と記している。

三月二十八日に援軍は西北に向かって莘県に到達し、翌二十九日には冠県を陥落させた[150]。だがここで援軍は再び進路を東に変え、三十日には清水鎮に至った。この進路変更について『粤匪南北滋擾紀略』は「賊は元々館陶県へ行こうとしていたが、案内の者が道を誤った[151]」と記しており、館陶県から直隷へ向かうつもりだったと考えられる。だが援軍は李官荘を経て三十一日に臨清州城外へ到達し、ここに臨清攻防戦が始まった。

臨清は山東西北部の運河沿いにある要衝の地で、「漕船が西河を往来して絶えることなく、貨物が街角に溢れる」

と言われる繁栄を誇っていた。また州城は一八五一年に大規模な修理工事が完成して「堅実」「完固」であったため、付近の商人や住民が避難して「財貨や婦女を運び入れた」[152]という。ただし守備兵は少なく、紳士の率いる練勇一千人余りも「城壁を守って助勢することが出来るだけで、出陣して戦うことは出来なかった」。知州張積功から救援の要請を受けた崇恩は手持ちの兵九百人を率いて臨清に向かい、太平軍が到達する一日前の三月三十日に州城外の南関に陣を敷いた。

はたして三十一日に太平軍はまず四千人余りが二手に分かれて城北に攻撃をかけた。清軍が応戦すると「賊の勢いは少し弱まったが、後隊が続いて至り、わが兵は応援がないのに苦しんだ」「如何せん逆匪は人数の多さに恃んで退かず、その大隊は南関で質屋の更楼を占拠し、槍炮を放って我が兵を牽制した」とあるように、兵力の差に物を言わせて戦いを優位に進めた。この日清軍は太平軍の攻撃を押し返したが、崇恩は「賊の勢いが大きすぎる」ために城外に駐屯することが出来ず、城内に引き上げた[153]。

四月一日に北伐援軍は城内へ砲撃を加えながら、南門近くの地下にトンネルを掘った。翌二日朝に地雷が爆発し、月城と外城楼の部分が崩落した。太平軍は「隙に乗じて叫び声を上げ、登ろうとした」[154]が、都司武殿魁らに撃退された。だがこの時崇恩は城の遙か東北に善禄の軍を発見すると、「迎見」を口実に北門から脱出して夏津県城へ去った。絶望した張積功は井戸に身を投げたが、紳士たちに救い出されたという[155]。

さて張亮基は四月三日に練勇を率いて清平県の王家集へ到着し、五日に臨清城東の八里荘に陣を敷いた[156]。また勝保は三月三十一日に六千人の兵を率いて阜城県を出発し、四月五日に臨清城北の劉家荘一帯に布陣した。さらに善禄の軍は城の東北にある石槽荘に、城を脱出した崇恩の軍は善禄の陣地に近い張官屯にそれぞれ駐屯したが、「均しく逗留して進まず[157]」とあるように攻撃をかけなかった。勝保は次のように述べている賊衆は約二、三万人いるが、粤匪の数は一万に満たず、他に逆党に入った潰勇が四、五千人いて、李三鬧が首領であるという。残りはみな安徽の捻匪で、粤匪によって集められてやって来た。この賊匪は豊工を渡ってから三隊に分かれ、張秋［鎮］で再び合流したが、千里を疾走して屢々城を陥落させるなど、勢いは甚だ兇悍である。しかも人数は数万となり、阜城の賊匪を救援すると言っており、急いで北へ向かおうとしている。これに対して私と善禄が率いる騎兵、歩兵は僅かに一万を超える程度で、衆寡をもって論じれば兵力は不足している(158)。

ここではまず北伐援軍の兵力が清軍を大きく上回り、清朝側が攻撃に慎重になっている様子が窺われる。勝保は五日に初めて交戦した直後の上奏でも「賊衆は約三、四万」としたうえで、「勢いは甚だ凶猛であり、戦闘経験のある兵でなければ殆ど防禦出来ない」と指摘した。また重要なのは、清朝側がこの太平軍の任務は北伐軍の救援にあり、その北進を阻まなければならないと考えていた点である。勝保は五日の上奏で「賊の意図は阜城の賊を救援することにあり、もし真っ直ぐ阜城へ行けない場合は、別な道から迂回して畿輔へ至り、意を決して北犯するだろう(159)」と述べており、限られた兵力を臨清州城の救援よりも北進可能なルートの警備に振り向けざるを得なかった。それだけに州城の東西南三面を占拠した北伐援軍が「木城を搭造」して長期戦の準備を始めたことは、清軍にとって意外であった。張亮基は「賊はすでに停留し、私の心はやや慰められた(160)」と語り、この太平軍部隊を殲滅する可能性が生まれたと分析している。

ただし当時臨清に派遣された清軍は、戦闘よりも略奪に熱心だった。先に陽穀県の救援に向かわなかった善禄の軍は、臨清でも「賊から一里余り離れた場所で槍炮を放って撤退した」とあるように真剣に戦わず、行軍中は「沿路劫掠」して、石槽荘に駐屯した後も「隣村はみな捜括」とあるように略奪をくり返した。これは崇恩や勝保の部隊も同じで、四月二日に夏津県城へ逃げ込んだ崇恩の兵は「質屋や店舗で掠奪をほしいままにした(161)」という。また勝保の陣営には欽差大臣琦善の姪にあたる恭鈺という男がいた。彼の父親は腐敗した地方官だったが、彼も勝保の陣営に入ると「練勇の統率」に名を借りて私腹を肥やした。「（恭鈺は）村に入ると掠奪が盗賊よりも激しく、臨清河を守備していた時は客商が通るたびに密偵だと名指しして、荷車から手荷物まで全て没収し、自分の懐に入れた。このため軍中では彼を『公道大王』と呼んだ[162]」という。

さらに清軍陣営内で熾烈だったのは司令官たちの権力闘争と非難合戦だった。そのきっかけは張亮基が掠奪をして捕らえられた兵士を処刑したことで、他の将軍たちの反発を買った。また戦線に到着した勝保が報奨金五万両を出すように要求すると、張亮基は「上諭では各軍に妄りに褒美を出してはならぬとある。貴殿の兵はここへ至ってまだ一人の賊も殺していないのに、何をもって報奨と言われるのか？[163]」と問いただした。これに怒った勝保は「地方の文武は全て統制に従わねばならない」と主張し、張亮基に自分の陣地へ出頭するように厳命した。張亮基がこれを拒否すると、勝保は張亮基が「軍務を玩視し、観望して逗留している」「軍餉を籌撥して軍営へ送るように求めたが……、委員もやってこなければ返事一つもない[164]」と咸豊帝に訴えた。

この告発に対して、張亮基は勝保が「功績を盗み過失を他人に負わせ、性情もねじけており、大いに兵民を失望させた」と述べたうえで、防備の手薄な城東にいる自分は「断じて該大臣が勝手な呼び出しに応じることは出来ない」と反論した。また勝保は他人が上奏することを嫌うが、それは「人を欺き、過ちを隠す」ための専横に外ならないと断じた[165]。だが勝保は張亮基が四月四日に黒家荘の太平軍陣地に夜襲をかけ、二千人を殺害したと報じたのは事実無根であり、「功績を飾り立てることで少しでも責任逃れをしようと図った[166]」と追い打ちをかけた。結局四月十日に張亮基は「黒家荘の賊のいない場所に向かって空しく鎗炮を放ち、家々を焼いて賊二千余名を殺したと戦果を捏造した[167]」という罪状によって山東巡撫を解任され、流刑処分となった。それは僧格林沁に北伐軍征討の主役を奪われ、勝ち目の薄い臨清の戦いに臨まざるを得なかった勝保にしてみれば、すでに咸豊帝の信頼を失いつつあった張亮基をスケープゴートにすることで、自らの政治的影響力を守ろうとする必死の行動であったと考えられる。

このように司令官たちが反目し合っている情況では、臨清州城は守りきれるものではなかった。四月九日に勝保は城北の林家園にある太平軍陣地を攻撃し、北面の包囲は緩和された。張集馨はこのチャンスに兵を北門外に移動させ、城内との連絡を確保するように崇恩に申し入れた(168)。すると十日に勝保は「北門から入城し、住民を安撫」すると共に、数百人の兵勇を増援として次々と入城させた(169)。だがこのうち四川勇は「城上にあって賊と話をしていたが、城を守る者にはその隠語がわからなかった(170)」という。

四月十一日に善禄と張亮基の軍は出撃し、太平軍と交戦した。善禄の軍はすぐに撤退したが、張亮基は追撃する太平軍に待ち伏せ攻撃を浴びせ、勝利して陣地に帰還した(171)。だが翌十二日朝に張亮基が再び出撃しようとすると、彼の解任と取り調べを命じた北京からの上諭が届いた。これを知った「兵勇と郷民はみな痛哭した(172)」とある。

その夜太平軍は州城西南の城壁にしかけた地雷を爆発させた。馬振文『粤匪陥臨清紀略』によると城壁の一部が損傷しただけであったが、四川勇が「内応」して守備兵を殺したため城内は混乱に陥った(173)。陥落は必至と見た都司武殿魁は城内の倉庫と火薬庫を焼き払い、すでに負傷していた知州張積功と共に南門付近で自殺した(174)。翌十三日に入城した太平軍は「大いに焚殺をほしいまま」にし、死者は一万六〇〇〇人に及んだ。

この日身柄を拘束された張亮基は勝保によって護送された(175)。だが臨清陥落の知らせが北京に届いた四月十六日には勝保と善禄も解任処分を受け、罪を負ったまま州城を奪回するように命じられた(176)。そして勝保も咸豊帝の信頼を失っていくことになる。

三、援軍の壊滅と北伐軍の敗走

（a）阜城県における北伐軍と援軍の臨清撤退

北伐援軍が臨清州城へ到達した時、北伐軍本隊は阜城県にいた。東城村からの強引な行軍で大きな犠牲を出した北伐軍は、三月十一日と十三日に再び清軍の攻撃を受けた。十一日に侍郎瑞麟らは県城の西南にある高家荘、宋家荘に攻撃をかけ、「家屋を焼き、賊をして占拠できない」ようにさせた。また西凌阿、副都統達洪阿は城南一キロの後康荘を襲い、ここに駐屯していた両広、湖広出身の「長髪の老賊」六百人余りを殺した(177)。

続く十三日に達洪阿らが県城西北の堆村、連村、杜家場を攻撃すると、太平軍は数百人から一千人規模の部隊でそれぞれ抵抗を試みた。だが「わが兵は樹柵を引き開き、村内へ突入した」「兵勇を壁や屋根から一斉に進ませたところ、賊は慌て乱れ始めた」とあるように、陣地構築が間に合わなかったために清軍の進入を許し、堆村など三ヶ村は占領された。また村外で応戦した部隊も清軍に包囲され、指揮から旅帥まで十四人の将校を含む三千余人の死者を出して城内へ撤退した。この日の戦闘について僧格林沁は「賊の屍は枕を並べ、辺り一面隙間がない程だった(178)」と報じている。

相次ぐ敗北に北伐軍は「該逆の偽丞相三人は日夜泣き、賊衆は該逆の死党数千を除くほかは、怨嗟して心が離れない者はいない。現在は出ようとすれば殺され、守ろうとしても人心は固まらない」とあるように、林鳳祥ら司令官を初めとして動揺は大きかった。当初北伐軍は阜城県の周囲九ヶ村に陣地を置いて清軍を牽制しようとしたが、七ヶ村が清軍に奪われた。そこで塔児頭、紅葉屯については「鹿角や樹柵を五、六層にわたって敷きつめ、村を離れること

一、二箭の距離にある樹柵もみな鉄の鎖によって繋がれるなど甚だ堅固[179]」とあるように、僅かな時間に防禦力を強化した。また十二日に阜城県へ到着した張集馨は「賊はすでに城外を焚掠し、城に入って守りを固めていた。阜城の北関は食糧が集まる場所であったが、賊は城内へ運び込んで勢いは益々盛んになった[180]」と述べており、北伐軍が当面必要な食糧を確保したことが窺われる。

これ以後北伐軍は「死守して出でず、密かに槍炮を放っている。数日以来、わが兵で死傷する者は二百余名で、いまだ撲入することが出来ない[181]」とあるように、三度籠城する構えを見せた。その兵力について僧格林沁は「前後に捕らえた犯人の供述によればなお万余[182]」とあるように、少なくとも一万人以上が残っていたと述べている。だが阜城における北伐軍の占領地は狭く、城の造りは堅固だったものの身を隠せる建物は少なかった。また「水の溜まった場所が八、九割に及び、該逆はみな南関、東関に盤踞している[183]」とあるように、冠水によって使用可能な場所も限られていた。このため僧格林沁が「立て籠もった県城および付近の一、二の村荘は場所が狭く、東城等村の時と比べても包囲することは容易である[184]」と報じたように、清軍は優勢な兵力で包囲し、北伐軍陣地の回りに濠と木柵を築いて彼らの脱出を防いだ。

北伐援軍が黄河を渡ったという知らせが阜城県の清軍陣営に届いたのは三月十九日であった。僧格林沁は善禄を山東の防衛へ向かわせたが、三月二十日に清朝は勝保に徳州へ向かうように命じた。また同時に僧格林沁に対して一日も早く阜城県城を奪回し、「醜類を悉く滅[185]」ぼして北伐軍と援軍を合流させないように指示した。三月二十三日に僧格林沁と勝保は阜城県城の東西から攻撃をかけたが、「わが兵は死を賭して木柵を引き倒そうとしたが、一層を開くだけで傷亡は十余人に及んだ[186]」とあるように、すでに強化されていた北伐軍の防禦線によって跳ね返された。また四月一日には取り寄せた大砲で紅葉屯を攻撃し、城内から出撃した北伐軍に打撃を与えたが、村を占領することは出来なかった(187)。

この頃臨清の救援に向かった清軍は一万一〇〇〇人にのぼり、阜城県に残された僧格林沁の軍は二万三〇〇〇人に減少していた(188)。また束城村からの追撃戦で威力を発揮した騎兵も「昼夜奔走して、途中飼い葉を探すことが難しかったため、倒れた馬はさらに多かった」「合計五、六千名のうち現在馬があるのは十分の四、五に過ぎない(189)」とあるように消耗が激しかった。もしこの時北伐軍が清軍の隙をついて南下していれば、或いは援軍との合流も可能であったかも知れない。

だが現実には北伐軍は阜城県から動かなかった。張集馨は林鳳祥らが臨清の曽立昌に手紙を送り、救援は必要ないと述べて南への撤退を促したと述べているが、にわかに信じがたい(190)。これに対して陳思伯は北伐軍首脳が援軍の臨清到達を知ったのは連鎮到着後の五月だったと記しており、彼らが援軍の動向を正確につかんでいなかった可能性は高い。また彼の凍傷が投薬と患部の切断によって回復したのは秋だったといい、少なくとも二度の行軍で負傷した将兵の多くは長距離の移動が不可能だったと推測される(191)。

加えて阜城の北伐軍にとって不幸だったのは春官副丞相吉文元の戦死であった。僧格林沁らの上奏によると、三月二十三日の戦闘で「大黄方旗」を掲げ、頭に黄色い風帽をかぶった「騎馬賊目」が姿を見せた。吉林兵が鉄砲と弓矢を放つと、吉文元の額と腰に数本が命中して即死させた(192)。この時の模様について陳思伯は次のように述べている

阜城には約二ヶ月駐屯したが、ある日偽春官副丞相の吉明遠（吉文元の誤り）が騎兵隊にいた藍頂花翎の官員と鉄砲の腕前を争った。吉明遠の使った火薬は賊営が作ったもので、硫黄が少なく力がなかった。発射音が同時に鳴り、吉の鉄砲がまさに発射しようとした時に、先に咽喉に弾が当たって死亡した(193)。

これによると吉文元は清軍の将校と鉄砲の腕比べを行い、火薬の力不足で敗れたとある。戦場で太平軍将校が清軍

将校と一騎打ちをしたという記録は他にもあり、南京郊外の七橋瓮で江南提督張国樑と武芸を競った国宗石祥禎（石達開の兄、一名鉄公鶏）は有名である[193]。また後に捕らえられた李開芳は、北伐軍が火薬の原料となる硫黄を進撃先で入手したが、手に入らない時は酒で作ることもあり、その出来映えは良くなかったと述べている[194]。太平軍では旗を掲げた丞相が陣頭に立って軍を率いたため、砲撃にさらされる危険も大きかったが、司令官の軽率な死は苦境にあった北伐軍にとって大きな痛手であった。回収された彼の遺体は阜城県衙門の後院に埋葬されたという[195]。

いっぽう臨清を陥落させた北伐援軍はどうだろうか。四月十二日に臨清府城へ入った援軍は、見せしめのために城内で清朝官員や男子に対する殺戮を行った[196]。続いて食糧の捜索が行われたが、その掠奪と暴行の激しさは目に余るものがあった。曽立昌らは兵を城外に駐屯させようと図り、城内に東王楊秀清らの名義で「安民」の告示を出したが守られなかった[197]。やむなく城内の女性、子供を城外へ出すように命じたが、門の両側には大勢の「賊匪」が立ち並び、通過する人々に容赦なく傷を負わせたという[198]。

このような命令無視はそれまでの太平軍には殆ど見られなかったものだった。それは曽立昌らの統率力が失われつつあったことを示すものであり、北伐軍の救援という任務の遂行にとっても深刻な影響をもたらした。姚憲之は四月十六日から二十二日にかけて清軍が城外の太平軍と戦い、勝利したと述べたうえで次のように記している

賊がしばしば敗れたのは、臨清が破られた時に知州の張公（張積功）が食糧を一ヶ所に集め、外側を火薬で囲んで、落城と共に悉くこれを焼いたため、賊は久しく留まることが難しくなったためだった。また新たに加わった鄆城、巨野一帯の捻、幅および各地の土匪は、金銀を腰にまとうと賊に従って戦うことを望まず、互いに密かに約束し、千百と群れをなして、隙に乗じて次々と逃げ出した。賊衆がこれを追いかけると、かえって傷つけられ、前後に敵を受けた。賊は北へ向かおうとしたが、官兵によって阻まれ、火薬や食糧も少なくなった。形勢が

不利と見た偽丞相たちは密かに相談し、二十四日（四月二十一日）の夜に部隊を分けて城を出ると伝令を出した[199]。

ここからは臨清占領後の援軍が充分な食糧と火薬を獲得できなかったこと、掠奪で利益を得た新規参加者が離脱を試み、これを止めようとした太平軍との間に衝突が発生したこと、これらの困難を前に曽立昌らが北進に対する自信を失ったことが窺われる。

まず臨清城の陥落時に知州張積功が城内の食糧を焼却した事実については、勝保の上奏にも言及があり、「該逆は大いに失望した」と述べている。城内に残っていた火薬も僅かで、勝保は元々火薬を補給する予定でいたが、城が先に陥落してしまったという[200]。

次に新規参加者の離脱について、張集馨は「諸賊は互いに下らず、それぞれが雄を争って、日に武器を手に取り、ついに闘志をなくした」とあるように、旧来の組織を温存していた新規参加者が勢力争いを始め、全体の士気が低下したと語っている。またそれらの兵について「この賊匪は逃亡兵、逃亡犯、銅船や糧船の漕ぎ手たちで、私塩販や捻匪が混じって群れをなしていた[201]」と述べており、反秩序的な人々が入り込んだために統制が効かなかったことを伝えている。さらに離脱を図った彼らとこれを引き止めようとした援軍将兵が衝突した点については、やはり勝保が清軍の戦果として指摘している。四月十八日夜に臨清城の西南から「大股の賊匪」が脱出し、清軍が温涼社で待ち伏せ攻撃をかけたところ、「該匪は暗闇の中で相手を識別できず、互いに踏みつけあい、互いに殺し合って、焦った余り河に身を投げる者も数え切れなかった[202]」という。

清軍の攻撃によって度々被害をうけた援軍首脳部は、「これより賊は北犯の意図がなくなった[203]」とあるように引き続き北上する決心がつかなかった。黄生才は「二十二日（四月十九日）に城を出て旧兄弟を救うために阜城へ行こうとしたが、官兵の人数が多く、恐れてあえて前進しなかった[204]」と供述している。勝保も捕虜の供述から「賊は初め北京へ行こうと考えていたが、臨清城外に盤踞した者が官軍によってしばしば敗北したため、現在は州城を陥落させたものの、あえて真っ直ぐに北へ向かおうとはしていない[205]」と述べており、援軍が数日間の戦闘で守勢に転じてしまったことがわかる。

四月二十一日夜から援軍は南へ向けて撤退を開始した。馬振文によると十九日頃から太平軍陣地を守る将兵の数が減り、数日後に大胆な者が陣地へ盗みに入ると、残されていたのは多くが草の人形であった[206]。援軍撤退後の二十三日に臨清城へ入った勝保は、太平軍よりも少ない兵で城を奪回できたのは「意計の外[207]」だったと述べている。また彼の騎馬隊が一千人程度と少なかったため[208]、北伐軍本隊が東城村からの撤退時に経験したような清軍の激しい追撃もなかったと考えられる。しかしこの行軍では「闇夜の中、脅されて従っていた者たちが紛々と逃げ出した」とあるように落伍者が続出した。また「軍中は号令が行われず、衆司馬も厳しい管束を行わず、脅された者たちが密かに逃げるのに任せた[209]」とあるように軍は統率を欠き、将校たちも逃亡者を止めなかったという。

四月二十一日に援軍は李官荘へ到着した。この時援軍はなお二万人程度の兵力を擁していたが、「気力は萎え怖じ気づいて、隊をなすことが出来なかった」と戦闘意欲を失い、清軍数千人の攻撃に「あえて前進する志をもたず、村荘に屯聚することを謀って、さらに逃げ道を探そうとした」とあるように、村内にこもって反撃しなかった。また「脅されて従っていた者たちは、わが兵威によって潰えることを恐れて逃げ出す者が約千余人いた。みな自ら頭巾を取り、武器を捨てて、わが兵が追撃すると道端に跪き、哀れな声で救いを求めた[210]」とあるように、軍を離れて投降する者が続出した。

清軍が李官荘に対する砲撃を行うと、援軍は四月二十四日に清水鎮へ逃れた。ここでも数千人の死者および投降者を出すと、曽立昌らは事態を打開するため「南から来た老賊」に「先鋒砲」と呼ばれる火炎弾（火球）を持たせ、二十五日夜に清軍陣地へ攻撃をかけさせた。この夜襲は成功し、「官兵の陣屋に火を放ったところ、火が風に煽られ、たちまちの間に各陣地に延焼して、逃げまどう官兵の叫び声が響き渡った」[211]という。勝保もこの戦いについて「(援軍は)密かに詭計を用い、長髪の賊党に髪を剃らせ、官軍の郷勇に化けさせた。二十九日(四月二十六日)の夜明け前に皆が眠っている隙をつき、火弾を発射して陣屋や車に打ち込んだ。すぐに火災が広がり、火薬数樽が爆発した」[212]と報じている。

姚憲之『粤匪滋擾南北紀略』によると、このとき曽立昌は「この機を逃さずに追い打ちをかければ、官兵を一網打尽にすることも難しくない。そしてここから軍を返して北上し、真っ直ぐに阜城へ向かえば、阻むものは決してない。敗北を勝利に変える好機なのだ」と力説し、全軍を再び北上させようとした。だが陳世保ら他の幹部たちはこれに同意せず、曽立昌も北進をあきらめざるを得なかったという。

これに先だって援軍内では四人の将校が軍令を誤って伝える事件が起こり、曽立昌は彼らを死刑にしようとした。他の将校たちは彼らの罪を赦すように求めたが、曽立昌は聞きいれなかった。すると「それぞれが大騒ぎをして解散しようとしたため、賊は人々の心が離れるのを恐れてこれを不問に付したが、軍令は益々行われなくなった」[213]とあるように、軍内は意見の対立から瓦解寸前になったという。もはや援軍は軍としての統一を保てなくなり、ここに北伐軍救援の試みは失敗に終わったのである。

(b) 援軍の壊滅と北伐軍の連鎖、高唐州到達

清水鎮で援軍の夜襲をうけた勝保は、四月二十七日に二千斤の大砲で太平軍に反撃した。すると「該逆は身を隠すことができず、ついに初二日(四月二十八日)の丑刻に南へ向かって全股が奔竄した」とあるように、援軍は再び南

へ向けて撤退した。勝保は追撃を命じ、援軍が数キロにわたって展開しているところを捕捉して攻撃をかけた。援軍は「ついに大いに乱れ、互いに踏みつけあい、死体が散乱して、小部隊ごとに逃げ出した」「軍服を脱ぎ捨て、先に武器や旗幟を棄て、続いて鉄砲を放り出した」と混乱に陥り、小部隊ごとに十キロほど逃走して冠県城北の孝子哭村、化村、八里荘などに逃げ込んだ。清軍はこれらの村々を攻撃して五、六千人を殺害し、数百人を投降させた。この時捕らえられた捕虜は「北犯の時は十五軍あったが、現在は屢々打撃を被って僅かに四軍を残すのみ」と供述しており、勝保も清水集撤退時に一万数千人いた援軍が六、七千人まで減少したと報じている(214)。

また敗走する援軍の前に立ちはだかったのは各地のエリートが組織した団練であった。その一つ冠県王殿村の馬昌図が率いた団練は、三月に援軍が臨清へ進撃していた時には動かなかったが、援軍の退出後に横行した「土匪」の討伐に乗り出した。そして援軍が臨清から敗走してきたことを知ると、「自ら団丁を率いて截殺すること甚だ多かった(215)」とあるように戦意を失った援軍部隊に襲いかかった。姚憲之は援軍が「清水鎮から冠県へ至ると、郷勇は賊が逃げ帰ってきたことを知り、各々武器を持って待ち伏せした。勝帥（勝保）がみずから騎兵を率いて追撃すると、前後から挟み撃ちにした。［援軍は］支えることができず、賊数千が殺され、逃散した者も少なくなかった」と述べている。

また姚憲之によると、相次ぐ敗戦に曽立昌は部下たちが自分の命令に従わず、休息を取ったために勝保に追撃の余裕を与え、挟み撃ちにあったことを恨んだ(216)。だが武昌出身の将兵は曽立昌が先に逃亡したと考え、「みな怒って丞相を殺そうとした(217)」という。この武昌出身の将兵は援軍が安慶で編制された時に加わった人々であり、中核部隊においても内紛が発生したことが窺われる。この時は黄生才のとりなしで事なきを得たが、その後曽立昌は自殺あるいは逃亡して行方不明になった。残された将兵も「それぞれ異心を懐いて、夜のうちに密かに約して髪を剃った」とあるように軍から離脱する意志を固め、五月二日に冠県から小部隊ごとに分かれて南への脱出を試みた(218)。

その後援軍の残余は在籍侍衛田在田（山東巨野県人、のち総兵から督辦徐宿剿匪事宜提督銜として捻軍、苗沛霖軍の弾圧にあたった）が率いる団勇などに攻撃され、二、三千人が江蘇の豊県城に逃げ込んだ[219]。だが五月五日に勝保はこれを攻撃して壊滅的な打撃を与えた。彼は「この逆匪の存亡は実に南北の戦局にとって鍵となるものだった……。私たちは臨清に至ってから、一ヶ月程の間に勝利することと二十数回、捕らえ殺し、けちらした賊匪は四、五万人で……、広西の老賊および湖広などの省の兇悍な亡命の徒は、一律に殲滅しつくされた。広西の軍興以来、いまだこれほど迅速かつ痛快だったことはない[220]」と上奏し、北京へ戻って咸豊帝に謁見することを求めた。そして勝保は太子少保銜を与えられて降級留任の処分を回復され、一時的に咸豊帝の信頼を取り戻した[221]。

この間北伐軍はどうしていたのだろうか。僧格林沁の上奏によると、阜城県の清軍は援軍が臨清を占領した直後に「賊塁の周囲に長い濠を掘」って北伐軍に対する包囲体制を整えた。また清軍は屢々攻撃をかけたが、「該逆は溝の中に伏せて、これを誘っても出てこない[222]」とあるように北伐軍は籠城して誘いに乗らなかった。この情況に変化があったのは四月二十三日のことで、四、五千人の太平軍部隊が出撃し、待ち伏せしていた清軍によって二、三百人が殺された[223]。また清軍が連日砲撃を加えると、北伐軍は木の板やハシゴ、棉花などを集めて、清軍の掘った濠を埋めて阜城県から脱出しようと図った。四月二十七日に北伐軍は城南のバリケードを引き倒そうとしたが、清軍が仕掛けた地雷によって多くの死者を出した。翌二十八日には城北の濠を棉花で埋め、上から土を被せて突破しようとしたが、清軍の集中砲火を浴びて敗退した[224]。

これらの事実は北伐軍が援軍と合流するために、阜城県からの脱出を試みていたことを伝えている。また「時に阜城の賊は数回難民や行商人を装った党羽を派遣し、手紙を携えて南から救援に来た賊を迎え探ろうとしたが、みな捕らえられて殺された。賊はまた女乞食や盲目の小唄謡いに命じて動静を探らせたが、見つかって殺された[225]」とあるように、援軍の動向について情報収集を試みたが成功しなかった。

五月二日に北伐軍は強風に乗じて城の東南にいた侍衛培成の陣地に攻撃をかけ、「重濠を撲出[226]」して包囲を突破した。そして五月五日に阜城県を撤退した北伐軍は二手に分かれ、一隊が清軍の追撃を阻み、もう一隊が阜城県の東南三十キロにある連鎮を占領した[227]。連鎮は大運河沿いの要衝で、「地方は富庶で蓄積が多く、久しく賊の覬覦するところ[228]」と言われた経済の中心地であった。ここを占領した北伐軍はまず「糧食は充足」とあるように食糧問題を解決した。また運河の東西両岸に広がる市街に浮き橋をかけて往来を可能にし、付近一キロほどの村々を占拠して防禦の体制を固めた[229]。

北伐軍の阜城脱出の知らせを受けた咸豊帝は「実に痛恨」と述べたうえで、北伐軍が徳州一帯を経由して「南来の賊と勾結」しようと図っていると指摘した。また失態の原因を強風に求めた僧格林沁を「束手無策」と批判して追撃を命じると共に、勝保と崇恩に対して急ぎ援軍の残余を殲滅して「北路の竄匪を堵截[230]」するように指示した。

実のところ清軍は運河を渡る船を確保できず、僧格林沁と西凌阿は東光県を経由して五月九日に連鎮の河東へ、托明阿は河西へ到着した[231]。このとき北伐軍はすでに迎撃体制を整えており、五月十五日には一千人余りの兵力で僧格林沁の陣地を攻撃した[232]。また援軍の掃蕩を終えた勝保は五月十九日に騎兵を率いて連鎮の南に到着したが、「官兵は分撥に足りず、やや空虚[233]」とあるように包囲網を形成することは出来なかった。

当時北伐軍はなお七千人余りの兵力を擁していたが、清軍に捕らえられた捕虜が「逆衆は臨清へ逃げようとしたが、馬隊の追撃が厳しいのを恐れて連鎮を占拠した。ここに盤踞するのか、それとも他へ向かうかについては定まっていない[234]」と供述したように、そのまま全軍で南進を続けるだけの余力を持っていなかった。そして清軍の反応が鈍いのを見た李開芳は、五月二十七日夜に一隊を率いて南へ向かった。その経緯について陳思伯は次のように述べている

図4　阜城県からの脱出を図る北伐軍（ハーバード大学イェンチェン図書館蔵）
北伐軍は一八五四年五月に阜城県から脱出し、連鎮へ向かった。絵図によると、清軍は騎兵の他に鉄砲隊、擡鎗隊および砲兵隊が北伐軍を攻撃している。

四月末に河間府属の連鎮に陣地を移した。林逆（林鳳祥）は密偵だった各省の言葉を操る広東の婦人が送ってきた手紙を受け取り、ようやく南京が十三軍を続けて派遣し、すでに山東臨清州に来ていることを知った。そこで偽地官丞相の李開芳に一千の騎兵を率いて迎えに行かせた。陣地で優秀な将兵を選び、「先鋒」と名づけ……、早い馬一千匹と共に李逆に連れて行かせたのである。ついで臨清の（清軍）兵力が多く、陣地も固くて入城できなかったため、この馬賊は進退窮まって山東高唐州へ立て籠もったと聞いた(235)。

これによると林鳳祥は援軍が臨清州へ到達したことを知り、急ぎ李開芳を迎えに行かせたとある。また五月二十六日に勝保が送った上奏は「逆賊は連鎮の東西に木城を築き、布置は周到である。捕らえた奸細の供述では、最近ようやく救援の大軍がすでに官兵に剿平されたとの知らせを得た。該逆は甚だ慌て、急ぎ逃げ出そうとしたが、あえて行動に移さず、しばらく堅匿死守することにしたという(236)」と述べており、援軍の敗北についてもある程度の情報が入っていたようである。

さらに李開芳は「私は連鎮にいた時に林鳳祥と相談し、別に官兵を牽制できる場所を選んで、互いに応援する態勢を作るべきだと考えた。そこで人を遣わして四方を探らせたところ、東南の一路は空虚であり、密かに進出することが可能だと知った。林鳳祥の意図は連鎮で救援を待つことにあり、私に囲みを破って外に出ることを望んだ……。そこで私は六百三十人ほどを率いて、ひそかに馬で連鎮の東南から出かけたのである(237)」と供述している。北伐軍が独流鎮、静海県の戦いと同じく、軍を分けることで清軍の重圧を減らそうと考えていたことが窺われる。

だが結局のところ李開芳は援軍を迎えるという任務を達成できなかった。五月三十一日に捕らえられた太平軍の密偵である杜有仲（済寧州人）は次のように供述している。

初二日（五月二十八日）の夜明け前に逆賊林姓（李開芳の誤り）に従って連鎮を抜け出し、まず東へ、続いて西南さらに南へ向かった。そして百里余りも回り道をしてある村へ至ったところ、臨清の一股はすでに殲滅されて尽きたことを知った。そこで賊目は彼に命じて変装して秘かに連鎮へ戻り、賊目の金姓らにこれ以上援軍を待たず、即刻南へ出発するように促す手紙を託した(238)。

ここからは李開芳らが五十キロ近く南下したところで援軍壊滅の事実を知り、急ぎ連鎮の本隊に援軍を待つことなく、南へ軍を移すように促そうとしたことがわかる。また勝保の上奏によると、李開芳は援軍が壊滅したとの情報を信じられず、これと連絡をつけようと連鎮を出発した。だが「高唐州へついた後、初めて臨清へ送られた賊が本当に官兵に剿殺されて存在しないことを知った。そこで彼（杜有仲）に連鎮へ秘かに赴き、衆賊に『南へ逃れて生き延びよ、困守してはならない』と知らせようとした(239)」という。少なくとも北伐軍が援軍の壊滅を確認したのは林鳳祥が連鎮、李開芳が山東高唐州に分かれて駐屯した時のことだったと考えられる。それは北伐軍にとって苛酷な現実であったと言えよう。

小　結

本章の内容をまとめると以下のようになる。独流鎮、静海県で籠城を続けていた北伐軍は、一八五四年一月末に西南へ向けて移動を開始した。勝保はそれを「敗走」即ち自分が北伐軍を追いつめた戦果であると報じたが、当時の北伐軍は清軍の砲撃に苦しんだものの、深刻な食糧不足に陥っていた訳ではなかった。むしろ林鳳祥らは湖面の凍結したこの時期を利用して、保定方面から北京へ向かう道を模索していた。だが厳寒の行軍は北伐軍将兵にとって大きな負担となり、凍死したり、凍傷となる者が続出した。

束城村へ移動した北伐軍は追撃してきた僧格林沁の軍と対峙したが、三月に再び南へ向けて移動を始めた。しかしこの時は雪融けの時期に当たり、負傷していた多くの将兵は泥沼に足を取られて進むことが出来なかった。だが林鳳祥らは清軍に気づかれるのを防ぐために、助けを求める部下を殺して撤退を続けた。取り残された北伐軍将兵は僧格林沁軍によって殺され、阜城県郊外にたどり着いた部隊も清軍の急襲を受けて混乱に陥った。つまり北伐軍の束城村からの撤退は「敗走」であったが、それは通説のごとく冬将軍に敗れたというよりは、「雪融けの泥」に敗れた結果であった。

北伐軍がまだ独流鎮、静海県にいた一八五四年一月に、太平天国首脳はようやく援軍派遣の準備にとりかかった。楊秀清は揚州にいた曽立昌を呼び戻し、安慶で新たに部隊を編制させた。こうして組織された北伐援軍は二月に安慶を出発したが、その規模は数千人で、湖北一帯で参加した新兵が少なくなかった。このように戦力の劣る部隊を送り出した原因は、当時安徽、湖北で戦線が拡大して戦力に余裕がなかったことに加え、北伐救援軍の派遣に対して消極的だった幹部たち（後の反楊秀清派）の意向があったと推測される。

安慶を出発した援軍の進撃は早く、三月初めに安徽北部の蒙城県を占領し、中旬には黄河を渡河して山東へ入った。この急速な進撃を可能にしたのは各地の呼応勢力とくに前年厳しい弾圧を受けた捻子の活動であった。北伐援軍に加わった新規参加者は大量かつ性質が複雑で、揚州で太平軍に敗北した「逃勇」の李三鬧や太平順天王を名乗った張捷三などかなりの軍事力を擁した地方の反体制勢力が混じっていた。これに対して援軍は進撃のスピードが速く、中核部隊の人数が少なかったために、彼らの組織を解体して個別に部隊へ編入するだけの余裕をもたなかった。それは結果として新規参加者を統率できず、作戦の遂行に致命的な影響をもたらした。

はじめ北伐援軍は直隷保定をめざし、ここで北伐軍と合流して北京へ向かう予定をたてていた。だが三月末に山東西北部の冠県を陥落させると、東へ進路をかえて運河の要衝である臨清州を攻撃した。清朝は阜城県にいた清軍部隊の一部を引き抜いて勝保の統率のもと臨清救援に向かわせたが、数万の北伐援軍を相手に勝ち目はないと見た勝保は山東巡撫の張亮基を告発することで責任逃れを図った。このように清軍司令官が反目しあう中で四月に臨清州城は援軍の手に落ちた。

このとき北伐軍本隊が時機を逃さず南へ移動していれば、援軍との合流は可能だったかも知れない。だが彼らは阜城県城で籠城を続け、兵力の減少した清軍の包囲網を突破しようとはしなかった。その原因として林鳳祥らが援軍の動向を正確につかんでいなかったこと、二度の苛酷な行軍で負傷した将兵に移動する余裕がなかったことが挙げられる。さらに籠城中に丞相吉文元が軽率な戦いで死亡したのも痛手だったと考えられる。

いっぽう臨清を占領した援軍は、新規参加者の激しい掠奪を止めることが出来なかった。また戦利品を獲得した彼らは、もはや援軍に従うことを望まず、軍を離脱しようと試みた。この混乱に援軍が引き続き北進する意欲を失い、南への撤退を始めると、逃亡兵はさらに増えて軍としての統制を保てなくなった。曽立昌は清水集で決死隊に清軍陣営を攻撃させ、その勝利に乗じて再び北上するように主張したが、部下たちは従わなかった。古参兵の間でも司令官への不満が表面化した援軍は、江蘇豊県まで退いたところで清軍、郷勇にほぼ殲滅され、ここに北伐軍の救援作戦は失敗に終わった。

四月下旬に北伐軍は阜城県からの脱出を図り、五月初めに連鎮へ到達した。ここでようやく援軍が臨清州へ到達したと知った林鳳祥は、急ぎ李開芳を南へ五十キロ離れた高唐州へ派遣した。だがこの時援軍の姿はすでになく、その壊滅を知った李開芳は連鎮の林鳳祥へ急ぎ南進するように促した。だが以後二つの部隊は再び合流できず、清軍の兵力を分散させながら籠城戦を続けることになったのである。

上記の事実は、北伐の敗北ひいては太平天国の失敗について重要な示唆を与えてくれる。まず確実に言えるのは援軍派遣のタイミングが遅すぎたということであり、「天津についたら報告せよ。さすれば援軍を送る」(240)と取り決めた当初の作戦計画が杜撰であったことは否定できない。また本章は北伐軍が援軍の動向を把握できなかったことを指摘したが、太平軍将兵にとって清朝の支配力が強く風俗、習慣が南方と異なる華北での連絡や情報収集は想像以上に困難だったことが窺われる。

さらに本章で明らかになった太平天国の課題とは、自立性の高い反体制勢力を味方につけることの弊害であった。とくに自分たちの兵力が少なく、大量の新規参加者を抱え込んだ場合、彼らの組織を解体して訓練を施すことができず、結果として軍の統制と規律の維持が難しくなった。むろん兵力の増強それ自体は必要なことであり、援軍が臨清へ到達できたのは新規参加者の力量に負うところが大きかった。だが彼らが掠奪や暴行という形で爆発させた負のエネルギーは住民の反発を招いたばかりか、彼らは一度目的が達せられると離反を図り、援軍はその動きに足を取られて本来の任務を達成できなくなった。

すでに別書で見たように、我々は同様の事例として天地会と共同作戦を展開したために鬱林州攻撃に執着し、金田の太平軍本隊との合流に失敗した凌十八蜂起軍を知っている(241)。だが今回の北伐援軍による失敗の経験も、その後の太平天国において生かされなかった。むしろ清軍との間に消耗戦が続くにつれて、太平天国が反体制的な地方軍事集団と連携する傾向は強まり、その組織を温存させたために同じ過ちがくり返された(242)。その意味では北伐援軍の壊滅は、その後の太平天国の運命を暗示するものだったといえよう。

援軍との合流に失敗し、絶望の中で籠城を続けた北伐軍の最後については次章で詳述することにしたい。

【註】

（1）本書第一章。
（2）本書第二章。
（3）簡又文『太平天国全史』第九章、北伐軍戦史、香港猛進書屋、一九六二年、五五七頁。
（4）張守常『太平天国北伐史』（張守常・朱哲芳『太平天国北伐・西征史』広西人民出版社、一九九七年所収）。張守常『太平軍北伐叢稿』斉魯書社、一九九九年。
（5）崔之清等編『太平天国戦争全史』二、戦略発展、南京大学出版社、二〇〇二年。
（6）堀田伊八郎「太平天国の北征軍について――その問題点の一考察」『東洋史研究』三十六巻一号、一九七七年。
（7）中国第一歴史檔案館編『清政府鎮圧太平天国檔案史料』（以下『鎮圧』と略記）第六輯～十七輯、一九九二年～一九九五年が太平天国の北伐と直接関連している。
（8）中国社会科学院近代史研究所主編『太平軍北伐資料選編』斉魯書社、一九八四年。
（9）勝保奏、咸豊三年十一月二十八日『鎮圧』十一、三六三頁。
（10）勝保奏、咸豊三年十二月初七日『鎮圧』十一、四四七頁。
（11）勝保奏、咸豊三年十二月十三日『鎮圧』十一、五一八頁。この要請を受けて崇恩が静海へ向かったのは一月十四日のことで、二十四日には静海城南の三里荘に到着した（崇恩奏、咸豊三年十二月十五日・二十四日、同書五五三頁および『鎮圧』十二、一一二頁）。
（12）勝保奏、咸豊三年十二月初三日『鎮圧』十一、四〇八頁。また彼は十一月二十八日の上奏でも「賊営塩糧甚欠、毎日餐粥二次、不能裹腹、現在油燭全無。両湖賊匪亦漸離心、亟思逃遁、四路打探有兵、不敢衝出」と述べている（同書三六三頁）。
（13）勝保奏、咸豊三年十二月十三日『鎮圧』十一、五九九頁。
（14）勝保奏、咸豊三年十二月十三日『鎮圧』十一、五一八頁。
（15）軍機大臣、咸豊三年十一月二十八日『鎮圧』十一、三五五頁。

(16) 僧格林沁奏、咸豊三年十二月十六日『鎮圧』十一、五六六頁。
(17) 王自発供詞、咸豊四年正月初六日『鎮圧』十二、一八六頁。
(18) 勝保奏、咸豊三年十二月十三日『鎮圧』十二、五一八頁。
(19) 勝保奏、咸豊三年十二月三十日『鎮圧』十二、一三〇頁。
(20) 僧格林沁奏、咸豊三年十二月二十六日『鎮圧』十二、七七頁。
(21) 僧格林沁奏、咸豊三年十二月十六日『鎮圧』十二、五六六頁。王自発の供述に「聴説独流打仗、我們得了三千余斤大砲三個、五百余斤大砲五個、擡鎗二十余桿、手槍七八十桿、未放狄火箭六隻」とある（『鎮圧』十二、一八六頁）。また張興保は北伐軍が「守城用大砲、打仗不用大砲」であると述べており（『鎮圧』十二、一四二頁）、これらの大砲の多くは清軍から奪ったものであったと考えられる。
(22) 勝保奏、咸豊三年十一月二十四日『鎮圧』十二、三一七頁。
(23) 勝保奏、咸豊三年十二月初三日『鎮圧』十二、四〇八頁。
(24) 丁運枢等編「防剿粤匪」（中国社会科学院近代史研究所近代史資料編輯室主編、張守常編『太平軍北伐資料選編』斉魯書社、一九八四年、四八〇頁）。
(25) 僧格林沁奏、咸豊三年十二月十六日『鎮圧』十二、五六六頁。
(26) 勝保奏、咸豊三年十二月初七日『鎮圧』十二、四五一頁。
(27) 勝保奏、咸豊三年十二月三十日『鎮圧』十二、一二八頁。
(28) 張興保供詞、咸豊三年十二月下旬『鎮圧』十二、一四二頁。なおそれによると、一万人の中に広西人は一〜二百人、湖南人二〜三百人であったという。
(29) 勝保奏、咸豊三年十二月三十日『鎮圧』十二、一二八頁。
(30) 陳思伯『復生録』（羅爾綱・王慶成主編『中国近代史資料叢刊続編・太平天国』四、広西師範大学出版社、二〇〇五年、三四七頁）。

(31) 勝保奏、咸豊三年十二月三十日『鎮圧』十二、一三二頁。
(32) 僧格林沁奏、咸豊四年正月初一日『鎮圧』十二、一四四頁。
(33) 勝保等奏、咸豊三年十二月二十三日『鎮圧』十二、三頁に「該逆自十七、十八日両次受創之後、欲阻我兵進攻紮営、復又決堤放水、葡萄窪一帯漫溢甚寛、新築営盤水已数寸」とある。また清軍も「伝令於静海上游西岸決堤放水、灌入下西河、又派員至静海東岸相度地勢、挖決堤埂、使水注東南、既可杜其竄路、又可殺其水勢」とあり、双方が堤防を決壊したために冠水した地域が広がった様子が窺われる。河南学政張之万も「該逆因防我兵進攻、已将静海之南運河決放、水直東下、我兵大営隔静海数里、其間皆為泥淖」と述べている（咸豊四年正月初四日、同書一七六頁）。
(34) 勝保奏、咸豊四年正月初三日『鎮圧』十二、一六三頁。
(35) 王自発供詞、咸豊四年正月初六日『鎮圧』十二、一八六頁。
(36) 勝保奏、咸豊四年正月初三日『鎮圧』十二、一六五・一六六頁。
(37) 軍機大臣、咸豊四年正月初三日『鎮圧』十二、一七二頁。
(38) 勝保等奏、咸豊四年正月初九日『鎮圧』十二、二三一頁。また僧格林沁の兵力については僧格林沁奏、咸豊四年正月初五日、同書一八二頁。
(39) 軍機大臣、咸豊四年正月初十日『鎮圧』十二、二四〇頁。
(40) 勝保奏、咸豊四年正月初九日『鎮圧』十二、二二九頁。
(41) 陳思伯『復生録』『中国近代史資料叢刊続編・太平天国』四、三四七頁。
(42) 勝保奏、咸豊四年正月初十日『鎮圧』十二、二四〇頁。
(43) 文瑞等奏、咸豊四年正月十五日『鎮圧』十二、二七六頁。
(44) 僧格林沁奏、咸豊四年正月十二日『鎮圧』十二、二五二頁。
(45) 僧格林沁奏、咸豊四年正月十二日『鎮圧』十二、二五四頁。
(46) 僧格林沁奏、咸豊四年正月二十日『鎮圧』十二、三一〇頁。

(47)　僧格林沁奏、咸豊四年正月十二日『鎮圧』十二、二五四頁。
(48)　僧格林沁奏、咸豊四年正月十二日『鎮圧』十二、二五二頁。
(49)　僧格林沁奏、咸豊四年正月十三日『鎮圧』十二、二六七頁。
(50)　軍機大臣、咸豊四年正月十四日『鎮圧』十二、二七一頁。徳勒克色楞奏、咸豊四年正月十四日・同十六日、同書二七三・二九〇頁。
(51)　僧格林沁奏、咸豊四年正月十二日『鎮圧』十二、二五四頁。また僧格林沁は正月二十五日の上奏でも「此間地勢平坦、糧草無多、非独流、静海可比、該逆断不能負嵎久踞」と述べている（同書三六五頁）。
(52)　僧格林沁奏、咸豊四年正月十六日『鎮圧』十二、二八九頁。
(53)　僧格林沁奏、咸豊四年正月二十日『鎮圧』十二、三一一頁。また勝保も東南方面を視察した帰りに食糧調達に出ていた北伐軍数百人と遭遇し、これを攻撃して百人余りを殺したと報じている（僧格林沁等奏、咸豊四年正月二十五日、同書三六五頁）。
(54)　張集馨『道咸宦海見聞録』中華書局、一九八一年、一四〇頁。
(55)　僧格林沁奏、咸豊四年正月二十日『鎮圧』十二、三一〇頁。
(56)　張集馨『道咸宦海見聞録』一四一頁。
(57)　斉承彦奏、咸豊四年二月初二日『鎮圧』十二、三九六頁。
(58)　陳思伯『復生録』『中国近代史資料叢刊続編・太平天国』四、三四八頁。
(59)　僧格林沁奏、咸豊四年正月二十八日『鎮圧』十二、三八〇頁。
(60)　僧格林沁奏、咸豊四年二月初二日『鎮圧』十二、三九七頁。
(61)　張集馨『道咸宦海見聞録』一三八頁。
(62)　僧格林沁奏、咸豊四年二月初七日『鎮圧』十二、四三七頁。
(63)　僧格林沁奏、咸豊四年二月初二日『鎮圧』十二、三九七頁。また同奏、咸豊四年正月二十八日、同書三八〇頁も「査該逆

情形、糧草将尽、欲守不能、欲戦不敢。経我兵四面囲剿、窮極思奔」と述べている。
(64) 僧格林沁奏、咸豊四年二月初七日『鎮圧』十二、四三七頁。
(65) 張集馨『道咸宦海見聞録』一四一頁。
(66) 陳思伯『復生録』『中国近代史資料叢刊続編・太平天国』四、三四八頁。
(67) 僧格林沁奏、咸豊四年二月十二日『鎮圧』十二、四九五頁。
(68) 陳思伯『復生録』『中国近代史資料叢刊続編・太平天国』四、三四八頁。
(69) 僧格林沁奏、咸豊四年二月十二日『鎮圧』十二、四九五頁。
(70) 僧格林沁奏、咸豊四年二月十一日『鎮圧』十二、四七〇頁。
(71) 陳思伯『復生録』『中国近代史資料叢刊続編・太平天国』四、三四八頁。
(72) 僧格林沁奏、咸豊四年二月十五日『鎮圧』十二、五一六頁。
(73) 陳思伯『復生録』『中国近代史資料叢刊続編・太平天国』四、三四八頁。
(74) 曽立昌は広西潯州人で、謝介鶴『金陵癸甲紀事略』附、粤逆名目略には「自揚州回金陵、東賊使竄河北、至黄河為大兵所撓敗、入水死」とある（中国近代史資料叢刊『太平天国』四、神州国光社、一九五二年、六七三頁）また。張徳堅『賊情彙纂』巻二、劇賊姓名下には「先踞揚州府、後犯直隷、山東、被官兵所戮」とある（『太平天国』三、七二頁）。
(75) 陳世保の出身地は不明で、援軍を指揮した三人のうち「以陳世保最為強悍、逆衆素所畏服」であったという（勝保奏、咸豊四年四月十一日『鎮圧』十三、六〇一頁）。
(76) 許宗揚は広西の出身で、一八五三年に石達開に従って安徽へ入り、やがて南京へ呼び戻された。一八五四年に冬官又副丞相となって「率羣賊犯山東、直隷一帯、七月敗回江寧、収入東牢」とある（張徳堅『賊情彙纂』巻二、劇賊姓名下、『太平天国』三、六二頁）。
(77) 張守常「太平天国北伐援軍軍数人数考―太平天国北伐軍数人数考続篇」『太平軍北伐叢稿』一八八頁。また簡又文氏は十五軍、人数は未詳だが、正規軍の軍帥が一万人以上を統括したのとは異なると述べている（簡又文『太平天国全史』第九章、北伐軍戦史、六二七頁）。
(78) 張守常「『黄生才供詞』和『粤匪南北滋擾紀略』」『太平軍北伐叢稿』三〇九頁。なお黄生才の供詞は中国史学会済南分会編『山東近代史資料』一、山東人民出版社、一九五七年、六頁所収で、取り調べを行った山東曹州府の官吏の手でかなりの脚色が加えられている。例えば供述書によると彼は広西永安州人とあるが、勝保は「拏獲逆匪偽総制黄生才一名、訊供係湖南衡州府人、咸豊二年被裹入夥」（勝保奏、咸豊四年七月十九日『鎮圧』十五、七〇頁）と述べており、こちらの方が実態に即していると思われる。ただし黄生才が北伐援軍の将校だったことは間違いなく、また道光年間に「結拝兄弟」をしたという供述内容から見て、一八五二年に湖南で太平軍に参加した天地会員だったと推測される。
(79) 張大其供詞、咸豊四年三月十二日『鎮圧』十三、二〇四頁。また『中国近代史資料叢刊続編・太平天国』三、二八九頁。また黄生才も援軍の規模について「十五軍」としたうえで、左一、右六、左三、右十、前一、前二、前九、前十、中一、中三、中四、後一、後七、後九軍の十四軍を挙げている（『山東近代史資料』一、一四頁）。
(80) 琦善奏、咸豊三年十一月二十六日『鎮圧』十一、三七五頁。
(81) 本書第一章。
(82) 本書第六章。
(83) 黄生才供詞、『山東近代史資料』一、一〇頁。また謝介鶴『金陵癸甲紀事略』附、粤逆名目略によると、楊秀清は石達開が安徽で「東賊の苛制」を改めて人々の支持を集めると、不安になって秦日綱と交代させたとある（『太平天国』四、六七〇頁）。
(84) 張徳堅『賊情彙纂』巻一、劇賊姓名上、秦日綱に「（甲寅四月）楊賊再令北犯、日綱往擾鳳陽、廬州一帯、不願北行、稟奏楊賊云：北路官軍甚多、兵単難往。続奉偽旨、仍往安徽撫民」とあり、彼が北伐軍救援に消極的だったと伝えている（『太平天国』三、五〇頁）。
(85) 姚憲之『粤匪南北滋擾紀略』『中国近代史資料叢刊続編・太平天国』四、八三頁。
(86) 張大其供詞。また袁甲三奏、咸豊四年二月二十日は捕らえた密偵や難民の供述として「去歳十一月自揚州竄出、益以南京之賊、不満万人」と報じている（『鎮圧』十二、五七四頁）。

(87)　福済等奏、咸豊四年正月二十九日『鎮圧』十二、三九一頁。
(88)　福済奏、咸豊四年二月初八日『鎮圧』十二、四五四頁。
(89)　袁甲三奏、咸豊四年二月初七日『鎮圧』十二、四四一頁。
(90)　百勝等奏、咸豊四年二月十二日『鎮圧』十二、五〇一頁。
(91)　福済奏、咸豊四年二月十一日『鎮圧』十二、四七七頁。
(92)　李嘉端等奏、咸豊三年八月十九日『宮中檔咸豊朝奏摺』十、一一頁、国立故宮博物院蔵。
(93)　袁甲三奏、咸豊四年二月初七日『鎮圧』十二、四四一頁。
(94)　袁甲三奏、咸豊四年二月十一日『鎮圧』十二、四八〇頁。
(95)　佚名『山東軍興紀略』巻十七上、幅匪一（中国近代史資料叢刊『捻軍』四、神州国光社、一九五三年、三三二頁）。
(96)　曹藍田「癸丑会試紀行」（太平天国歴史博物館編『太平天国資料叢編簡輯』二、中華書局、一九六二年、三一九頁）。
(97)　李嘉端奏、咸豊三年三月初二日『宮中檔咸豊朝奏摺』七、四〇八頁。
(98)　民国『渦陽県志』巻十五、兵事（『捻軍』二、九九頁）。
(99)　陸応穀奏、咸豊三年九月初一日『宮中檔咸豊朝奏摺』十、二一二頁。
(100)　周天爵奏、咸豊三年七月十四日、軍機処奏摺録副、農民運動類、捻軍項八三二八－一二号、中国第一歴史檔案館蔵。この内李月については援軍の黄河渡河後に永城県で活動していた（袁甲三奏、咸豊四年三月初四日『鎮圧』十三、一〇九頁）。
(101)　周天爵奏、咸豊三年八月初三日、軍機処奏摺録副、農民運動類、捻軍項八三六八－一六号。
(102)　袁甲三奏、咸豊三年九月二十九日『宮中檔咸豊朝奏摺』十、六二二頁。
(103)　袁甲三奏、咸豊三年十月十二日『宮中檔咸豊朝奏摺』十、七七七頁。
(104)　劉利害供詞、咸豊四年正月十八日、軍機処奏摺録副、農民運動類、捻軍項八三四五－三八号。
(105)　袁甲三奏、咸豊三年十二月二十七日『鎮圧』十二、九六頁。また「法良致瑛棨函」によると李三鬧は泗州高興集に戻ると「連日演戲招匪、打造軍器。最可嘆者、該罪戴三品頂戴、自称李三大人、匪目皆戴白頂金頂。両旬已聚有二千余人」とある

（『瑛蘭坡蔵名人尺牘墨迹』一〇八冊、第三信、『太平軍北伐資料選編』二三二頁）。なお『山東近代史資料』一、捻軍部分の座談会記録によると李三鬧は本名を李曇云といい、徐州睢寧県の出身で、旗人である欽差大臣琦善が漢人参将の馮景尼を処刑したことに不満を持って離反したという（李季華談、二三二頁）。

(106) 袁甲三奏、咸豊四年正月十七日『端敏公集』巻三。

(107) 袁甲三奏、咸豊四年三月十七日『鎮圧』十三、二九一頁。

(108) 佚名『山東軍興紀略』巻一之中、粤匪二（『捻軍』四、一一頁）。

(109) 張捷三について民国『渦陽県志』巻十五、兵事は「教匪」、光緒『亳州志』巻八、武備志およびこれを引用した光緒『安徽通志』は「捻匪」としている。また郭豫明『捻軍史』上海人民出版社、二〇〇一年、一二九頁は張捷三が亳州一帯で活動していたことから、捻子説の確度が高いと述べている。もっともこの時期華北の反体制勢力は多様な性格を併せ持つ傾向を見せており、簡単にどちらか断定はできない。なお袁甲三は(110)の上奏で張捷三を「捻匪」と呼んでいる。

(110) 袁甲三奏、咸豊四年三月十七日『鎮圧』十三、二八八頁。

(111) 光緒『永城県志』巻十五、災異志（『捻軍』四、一八頁）。また夏邑県占領の期日については楊以増奏、咸豊四年三月十七日『鎮圧』十二、五四三頁。

(112) 袁甲三奏、咸豊四年二月十一日『鎮圧』十二、四八〇頁。この時劉瀛階らは太平軍の前衛部隊が退出後、県城に入って「安撫居民」しているところを「後股逆匪」の攻撃を受けたという。

(113) 民国『夏邑県志』巻九、兵事（『捻軍』三、二六頁）。なおこの時知県徐本立も殺されたが、「苗協鎮」の率いる清軍は「認係長毛領隊、徑去」とあるように逃亡した。

(114) 同治『徐州府志』巻二十二、中之上、人物伝、忠節。

(115) 楊以増奏、咸豊四年二月十七日『鎮圧』十二、五四三頁。この時期の援軍の人数は記載によってまちまちで、張之万は「安徽渡河之賊、約不過六、七千人、其李三鬧、陳長泗等捻匪倶在其内。至河北裹脅現時已逾万人」（同奏、咸豊四年二月二十九日、『鎮圧』十三、三九頁）とあるように数千人と見積もっている。また楊以増は「次日（三月十日）大股逆匪踵至、約

三、四万人、見豊工以下黄河乾涸、即屯踞各村荘」（同奏、咸豊四年二月二十日『鎮圧』十二、五七七頁）とあるように三、四万人という数を挙げている。さらに徐州道王夢齢は瑛棨に宛てた書簡で「一路掠来有五万余人」（『瑛蘭坡蔵名人尺牘墨迹』七六冊、第二信、『太平軍北伐資料選編』一三四頁）と述べているが、これは過大であろう。新規加入の反乱勢力をどこまで含めるかで違いが生まれたと見られるが、実際に渡河したのは二万人を超えなかったと考えられる。

(116) 袁甲三奏、咸豊四年二月二十日『鎮圧』十二、五七二頁。

(117) 英桂奏、咸豊四年二月三十日『鎮圧』十三、四九頁。同治『徐州府志』巻五下、紀事表。また援軍の渡河後に豊工口に到着した百勝は、援軍が渡河地点に土城を築き、住民に後続部隊の到着まで「拆棄」することを禁じたと報じている（百勝等奏、咸豊四年二月二十五日、『鎮圧』十二、六四七頁）。

(118) 張大其供詞。この許宗揚の部隊については、袁甲三奏、咸豊四年三月初四日に「逃回永城逆匪約有三千余人、意欲仍帰六安、於二月二十四日（三月二十二日）行抵潁州東南之廻溜集」（『鎮圧』十三、一〇九頁）とあり、ここから船を利用して四月に六安州を経て廬州へ帰還した（和春奏、咸豊四年三月十八日、同書三〇四頁）。張守常氏は帰還後の許宗揚が東王府の牢獄に入れられた点を踏まえ、彼が軍を返したのは南京の指示ではなく、太平天国内で北伐に反対した人々（秦日綱など後の反楊秀清派）の意志によるものだったと推測している（『太平天国北伐・西征史』一八八頁）。

(119) 菊池秀明「太平天国における私的結合と地方武装集団」『歴史学研究』八八〇号、二〇一一年。

(120) 張亮基奏、咸豊四年三月初三日『鎮圧』十三、八八頁。

(121) 善禄奏、咸豊四年三月初四日『鎮圧』十三、一〇七頁。

(122) 袁甲三奏、咸豊四年二月十一日『鎮圧』十二、四八〇頁。

(123) 袁甲三奏、咸豊四年二月初七日『鎮圧』十二、四四一頁。

(124) 民国『夏邑県志』巻九、兵事（『捻軍』三、二七頁）。

(125) 張亮基奏、咸豊四年二月初十日『鎮圧』十二、四六五頁。

(126) 張亮基奏、咸豊四年二月二十六日『鎮圧』十三、二頁。何家祺「書金郷知県楊君逸事」によると、楊鄭白は江西九江人で、援軍は同郷の将校に援軍の県内通過を黙認するように手紙を送らせた。だが楊鄭白はこれを拒否し、援軍は金郷県城を攻撃して楊鄭白を殺したという（『天根文鈔』『太平軍北伐資料選編』五七八頁）。
(127) 張亮基奏、咸豊四年二月二十八日『鎮圧』十三、一六頁。また宗稷辰「巨野県新建昭忠祠碑記」によると知県朱運昌の率いる団練は一三〇〇人の死者を出して敗北した（『躬恥斎文鈔』『太平軍北伐資料選編』五八一頁）。
(128) 袁甲三奏、咸豊四年二月十一日『鎮圧』十二、四八二頁。
(129) 楊以増奏、咸豊四年二月十七日『鎮圧』十二、五四二頁。また楊以増は援軍の黄河渡河後の二月二十日の上奏でも「意図分道直撲徐城」と報じて咸豊帝の叱責を受けている（同書五七七頁）。
(130) 百勝等奏、咸豊四年二月二十五日『鎮圧』十二、六四七頁。
(131) 勝保奏、咸豊四年三月初三日『鎮圧』十三、八八頁。
(132) 軍機大臣、咸豊四年二月十六日『鎮圧』十二、五二三頁。
(133) 僧格林沁等奏、咸豊四年二月二十日『鎮圧』十二、五六九頁。
(134) 軍機大臣、咸豊四年二月二十二日・二十四日『鎮圧』十二、五八五・六三二頁。
(135) 袁甲三奏、咸豊四年二月二十日『鎮圧』十二、五七三頁。
(136) 楊以増奏、咸豊四年二月十七日『鎮圧』十二、五三一頁。また李湘棻奏、咸豊四年三月初二日・三月十二日『鎮圧』十三、八一・二〇八頁。
(137) 軍機大臣、咸豊四年二月二十八日・三月初一日『鎮圧』十三、一二・一三・五七頁。
(138) 張亮基の済南到着については張亮基奏、咸豊三年十月二十二日『鎮圧』十、六二六頁。また崇恩の武定移動については崇恩奏、咸豊三年十月十九日、同書五九〇頁。
(139) 張亮基奏、咸豊三年十一月十五日『鎮圧』十一、二一六・二一七頁。
(140) 張亮基奏、咸豊三年十月初九日『鎮圧』十、四五一頁。
(141) 張亮基奏、咸豊三年十二月初八日『鎮圧』十一、四六五頁。

(142) 軍機大臣、咸豊三年十一月十九日『鎮圧』十一、二六四頁。またこの日の上諭は張亮基に廬州で苦戦している江忠源に五、六万両を送るように命じている。
(143) 張亮基奏、咸豊三年十一月二十四日『鎮圧』十一、三一八頁。
(144) 軍機大臣、咸豊三年十二月十四日『鎮圧』十一、五三一頁。
(145) 張亮基奏、咸豊三年十二月十八日『鎮圧』十一、六〇一頁。
(146) 佚名『山東軍興紀略』巻一之中、粤匪二（『捻軍』四、一二頁）。
(147) 達論等『陽穀殉難事実』光緒三十四年刊、上海図書館蔵（四二七八七七）。また『太平軍北伐資料選編』五八九・五九八頁。
(148) 善禄奏、咸豊四年二月三十日『鎮圧』十三、四七頁。
(149) 達論等『陽穀殉難事実』。『太平軍北伐資料選編』五九二頁。
(150) 張亮基奏、咸豊四年三月初九日『鎮圧』十三、一六四頁。また民国『冠県志』によると、知県傅士珍は太平軍を「土寇」と取り違えた斥候の誤報によって抵抗を試みたが、城は半日余りで陥落した。この時「洪軍慣例、凡不納降、輒行屠殺、是以当時循屠城惨例、万頭紅巾、大呼開刀、逢人便殺、瞬時僵屍遍衢、血流成渠、惨号之声動天地」とあるように、太平軍は降伏しない者には徹底的な殺戮を行う作法を持っており、平陽や滄州と同じく虐殺を行った。死者は二千人とも四六〇〇人とも言われる（巻十、雑録志、紀変）。
(151) 姚憲之『粤匪南北滋擾紀略』『中国近代史資料叢刊続編・太平天国』四、八四頁。むろんそれが臨清での物資獲得をもくろんだ故意の「誤り」であった可能性は否定出来ない。
(152) 馬振文『粤匪陥臨清紀略』『太平天国』五、一七九頁。
(153) 崇恩奏、咸豊四年三月初四日『鎮圧』十三、一〇四頁。また臨清城内の兵力については勝保奏、咸豊四年三月初十日『鎮圧』十三、一七三頁に「城内兵勇僅有二千」とある。
(154) 善禄等奏、咸豊四年三月初五日『鎮圧』十三、一二〇頁。なお黄生才によると、北伐援軍でトンネル工事を行う「土営官」は魯姓の指揮だったという（『山東近代史資料』一、一三頁）。

(155) 馬振文『粤匪陥臨清紀略』『太平天国』五、一八〇頁。
(156) 林紹年『張制軍年譜』『太平軍北伐資料選編』五七五頁。馬振文『粤匪陥臨清紀略』『太平天国』五、一八〇頁。
(157) 民国『臨清県志』大事記（『太平軍北伐資料選編』六一二頁）。
(158) 勝保奏、咸豊四年三月初七日『鎮圧』十三、一四二頁。
(159) 勝保奏、咸豊四年三月初八日『鎮圧』十三、一五二頁。
(160) 張亮基奏、咸豊四年三月初五日『鎮圧』十三、一二二頁。なお黄生才によると、彼は小南門、前八、前九の二軍は西関、右六軍は東門、後九軍は北門にそれぞれ駐屯した。また劉馬なる人物が率いる軍が南門に配置された（『山東近代史資料』一、一三頁）。
(161) 馬振文『粤匪陥臨清紀略』『太平天国』五、一八〇頁。
(162) 張集馨『道咸宦海見聞録』一四一頁。ちなみに恭鈺は兵勇と娼婦を争って殺されたが、勝保は彼を戦死と報じて褒美を求めた。張集馨は「冒濫の極み」であると憤慨している。
(163) 林紹年『張制軍年譜』『太平軍北伐資料選編』五七四頁。
(164) 勝保奏、咸豊四年三月初十日『鎮圧』十三、一七一頁。
(165) 張亮基奏、咸豊四年三月十一日『鎮圧』十三、一九三頁。
(166) 勝保奏、咸豊四年三月初十日『鎮圧』十三、一七六頁。
(167) 諭内閣、咸豊四年三月十三日『鎮圧』十三、二二五頁。この上諭で清朝は、張亮基が山東赴任に当たって後任の呉文鎔に充分な引き継ぎを行わず、西征軍の進撃を避けるように武昌を去ったこと、山東の財政が逼迫していると報じて言い逃れの余地を確保し、援軍の臨清進攻にも迅速に対処せず、崇恩や善禄と協力しなかったことなどを罪状に挙げている。
(168) 張集馨『道咸宦海見聞録』一四二頁。
(169) 勝保奏、咸豊四年三月十五日『鎮圧』十三、二五二頁。また勝保は三月初十日の上奏でも「挑派得力兵勇五百余名、由北門進城協守」と述べている（同書一七三頁）。

(170) 馬振文『粤匪陥臨清紀略』『太平天国』五、一八一頁。この四川勇は四月十一日に勝保が城内へ派遣したもので、「該勇等倶係曽在湖南守城、一切諳悉、可期得力」(『鎮圧』十三、二〇一頁)と期待されていた。彼らが話す四川官語は湖南、湖北出身の太平軍将兵と通じるため、北方の人々は彼らが内通していると疑問を抱いたと思われる。

(171) 馬振文『粤匪陥臨清紀略』『太平天国』五、一八一頁。林紹年『張制軍年譜』『太平軍北伐資料選編』五七五頁。この戦いの日付について両者の記載は食い違うが、勝保の上奏には十一日とある。なお勝保は「共計殺賊一千二、三百名」の大勝利と報じた(咸豊四年三月十五日『鎮圧』十三、二五二頁)が、『張制軍年譜』は勝保が張亮基の功績を横取りしたと非難している。

(172) 馬振文『粤匪陥臨清紀略』『太平天国』五、一八一頁。また林紹年『張制軍年譜』によると、この時張亮基の兵は勝保の陣地に攻撃をかけようとしたが、張亮基に諫められたという。

(173) 馬振文『粤匪陥臨清紀略』『太平天国』五、一八一「一。当然ながら臨清陥落を報じた勝保の上奏はこの点にふれていない(同奏、咸豊四年三月十七日『鎮圧』十三、二八〇頁)。また一八五四年九月に礼科掌印給事中毛鴻賓は勝保を告発し、四川勇が「内外相応」したことを罪状の一つに挙げた(同奏、咸豊四年閏七月二十七日、中国第一歴史檔案館編『清代檔案史料叢編』五、中華書局、一九八〇年、二一三頁)。だが勝保は四川勇の首領だった把総龐玉ら多くがこの戦いで戦死したことを挙げ、「通賊之説、実不足信」と述べている(勝保親供、咸豊五年二月十五日、同書二二五頁)。

(174) 崇恩奏、咸豊四年三月十九日『鎮圧』十三、三三三頁。

(175) 馬振文『粤匪陥臨清紀略』『太平天国』五、一八一頁。民国『臨清県志』大事記(『太平軍北伐資料選編』六一二頁)。

(176) 諭内閣、咸豊四年三月十九日『鎮圧』十三、三一六頁。

(177) 僧格林沁等奏、咸豊四年二月十五日『鎮圧』十二、五一七頁。

(178) 僧格林沁等奏、咸豊四年二月十七日『鎮圧』十二、五三四頁。

(179) 僧格林沁等奏、咸豊四年二月二十日『鎮圧』十二、五六五頁。

(180) 張集馨『道咸宦海見聞録』一四一頁。

(181)　僧格林沁等奏、咸豊四年二月二十日『鎮圧』十二、五六五頁。
(182)　僧格林沁等奏、咸豊四年三月二十一日『鎮圧』十三、三四六頁。
(183)　僧格林沁等奏、咸豊四年二月二十日『鎮圧』十二、五六五頁。
(184)　僧格林沁等奏、咸豊四年二月二十二日『鎮圧』十二、五九三頁。
(185)　軍機大臣、咸豊四年二月二十四日『鎮圧』十二、六三二頁。
(186)　僧格林沁等奏、咸豊四年二月三十日『鎮圧』十三、四三頁。
(187)　僧格林沁等奏、咸豊四年三月初四日『鎮圧』十三、一三九頁。
(188)　僧格林沁等奏、咸豊四年三月初四日『鎮圧』十三、一〇一頁。また勝保奏、咸豊四年三月初三日、同書八九頁。
(189)　僧格林沁等奏、咸豊四年二月二十二日『鎮圧』十二、五九三頁。
(190)　張集馨『道咸宦海見聞録』一四五頁。また勝保は臨清から敗走した援軍陣地で「捜獲阜城逆匪来信、嘱令速往救応、並有渡黄催其後隊多帯火薬米糧之語」と上奏しており、彼らが救援要請をしていたことは間違いないと思われる（咸豊四年四月初四日『鎮圧』十三、五一六頁）。
(191)　陳思伯『復生録』『中国近代史資料叢刊続編・太平天国』四、三四九頁。
(192)　僧格林沁等奏、咸豊四年二月三十日『鎮圧』十三、四五頁。
(193)　陳思伯『復生録』『中国近代史資料叢刊続編・太平天国』四、三四九頁。
(194)　張集馨『道咸宦海見聞録』一八八頁。また石祥禎については張徳堅『賊情彙纂』巻二、劇賊姓名下（『太平天国』三、五五頁）。
(195)　僧格林沁等奏、咸豊四年二月三十日『鎮圧』十三、四五頁。また本書第一章を参照のこと。
(196)　姚憲之『粤匪南北滋擾紀略』『中国近代史資料叢刊続編・太平天国』四、八五頁。なお同書には殺害された人数について「殺百姓大小男口十数万」とあるが誇大であろう。民国『臨清県志』大事記には「死難官紳五十六員、兵民八千七百三十一名、婦女七千六百四十一口」とあり、少なくとも一万六〇〇〇人以上が犠牲になったと思われる（『太平軍北伐資料選編』六一二頁）。
(197) 姚憲之『粤匪南北滋擾紀略』『中国近代史資料叢刊続編・太平天国』四、八五頁。また黄生才供詞によると、彼は掠奪を止めさせるために「用東王、西王告示貼在城里」したと述べており、これは安民の告示を指すと考えられる（『山東近代史資料』一、一三頁）。
(198) 馬振文『粤匪陥臨清紀略』『太平天国』五、一八一頁。また同様の記載は張集馨『道咸宦海見聞録』一四五頁にも見いだせる。
(199) 姚憲之『粤匪南北滋擾紀略』『中国近代史資料叢刊続編・太平天国』四、八五頁。
(200) 勝保奏、咸豊四年三月初十日『鎮圧』十三、三二一頁。
(201) 張集馨『道咸宦海見聞録』一四五頁。
(202) 勝保奏、咸豊四年三月二十二日『鎮圧』十三、三七一頁。
(203) 張集馨『道咸宦海見聞録』一四五頁。この戦いについて張集馨は四月十五日に幫辦軍務徳勒克色楞の陣地の南側にある紅廟で発生したと記している。だが勝保はこの戦闘を四月十六日、十八日としたうえで、臨清州城の西側に作られた浮橋をめぐる攻防だったと記している（勝保奏、咸豊四年三月二十二日『鎮圧』十三、三六九頁）。また張集馨はこの戦闘で太平軍陣内に火災が発生し、「賊自相踐踏、死者不可勝紀、被裹脅而乗機四散者、不下両万人」と述べているが、これは十八日夜から翌日にかけての温涼社の戦いを指すと見られる。勝保はこの戦いについて「南関賊営火薬簍失火燃焼、房舎焚燬極多、裹脅之衆経官兵撃散並乗乱逃出者不下三四千人」と述べている（同奏、咸豊四年三月二十二日、同書三七一頁）。
(204) 黄生才供詞、『山東近代史資料』一、一三頁。
(205) 勝保奏、咸豊四年三月二十二日『鎮圧』十三、三七四頁。
(206) 馬振文『粤匪陥臨清紀略』『太平天国』五、一八二頁。
(207) 勝保奏、咸豊四年三月二十六日『鎮圧』十三、四一七頁。
(208) 勝保奏、咸豊四年三月二十八日『鎮圧』十三、四五二頁に「我兵馬隊除馬匹疲弱落後之外、能追及者不足千名」とある。

(209) 姚憲之『粤匪南北滋擾紀略』『中国近代史資料叢刊続編・太平天国』四、八六頁。
(210) 勝保奏、咸豊四年三月二十八日『鎮圧』十三、四五二頁。
(211) 姚憲之『粤匪南北滋擾紀略』『中国近代史資料叢刊続編・太平天国』四、八六頁。また清水鎮での援軍の被害について、勝保は「統計日夜殺賊二千余名、生擒二百余名、撃散裹脅及投出者不下二三千名」と述べている（咸豊四年三月二十九日『鎮圧』十三、四六四頁）。
(212) 勝保奏、咸豊四年四月初四日『鎮圧』十三、五一六頁。
(213) 姚憲之『粤匪南北滋擾紀略』『中国近代史資料叢刊続編・太平天国』四、八六頁。
(214) 勝保等奏、咸豊四年四月初四日『鎮圧』十三、五一六頁。
(215) 民国『冠県県志』巻九、芸文志、佚名「誥封武徳騎尉蘭山営千総義亭馬君伝」（『太平軍北伐資料選編』六〇九頁）。
(216) 姚憲之『粤匪南北滋擾紀略』『中国近代史資料叢刊続編・太平天国』四、八六頁。
(217) 黄生才供詞、『山東近代史資料』一、一三頁。
(218) 姚憲之『粤匪南北滋擾紀略』『中国近代史資料叢刊続編・太平天国』四、八六頁。
(219) 勝保等奏、咸豊四年四月初九日『鎮圧』十三、五七七頁。また同奏、咸豊四年四月十七日には済寧州知州黄良楷、単県知県盧朝安および田在田の練勇が「四路捜殺潰匿村荘賊匪千有余名」したとある（『鎮圧』十四、六一頁）。
(220) 勝保等奏、咸豊四年四月十一日『鎮圧』十三、六〇一頁。
(221) 諭内閣、咸豊四年四月十四日『鎮圧』十四、一七頁。
(222) 僧格林沁等奏、咸豊四年三月十六日『鎮圧』十三、二七一頁。
(223) 僧格林沁等奏、咸豊四年三月二十六日『鎮圧』十三、四一四頁。
(224) 僧格林沁等奏、咸豊四年四月初二日『鎮圧』十三、四八七頁。
(225) 李濱『中興別記』巻十二（太平天国歴史博物館編『太平天国資料匯編』第二冊上、中華書局、一九七九年、二一〇頁）。
(226) 僧格林沁等奏、咸豊四年四月初七日『鎮圧』十三、五五二頁。また同奏、咸豊四年四月二十七日によると、培成らは「是時西北風大作、官兵站立迎風、該逆搶上濠牆、抛擲噴筒、火罐、将帳房、火薬全行燃焼、遍地火燄、以致駝馬驚散」とあるように逆風のために北伐軍の攻撃を防ぎきれなかったという（『鎮圧』十四、一六〇頁）。
(227) 僧格林沁等奏、咸豊四年四月十一日『鎮圧』十三、五九九頁。
(228) 僧格林沁等奏、咸豊四年二月二十日『鎮圧』十二、五六五頁。
(229) 僧格林沁等奏、咸豊四年四月二十六日『鎮圧』十四、一四六頁。
(230) 軍機大臣、咸豊四年四月初八日『鎮圧』十三、五五九頁。
(231) 僧格林沁等奏、咸豊四年四月十一日『鎮圧』十三、五九九頁。
(232) 僧格林沁等奏、咸豊四年四月二十日『鎮圧』十四、八二頁。
(233) 僧格林沁等奏、咸豊四年四月二十六日『鎮圧』十四、一四六頁。また勝保奏、咸豊四年四月二十日によると、この時勝保は桂明の陝甘兵二千人を河南、湖北戦線の救援に向かわせたため、連鎮へ向かった兵力は善禄の歩兵を併せて六千人であった（同書八四頁）。
(234) 僧格林沁等奏、咸豊四年四月十一日『鎮圧』十三、五九九頁。またこの時期の北伐軍の兵数については同奏、咸豊四年四月二十日『鎮圧』十四、八二頁。
(235) 陳思伯『復生録』『中国近代史資料叢刊続編・太平天国』四、三四九頁。
(236) 勝保奏、咸豊四年五月初一日『鎮圧』十四、一八七頁。
(237) 李開芳供詞、咸豊五年四月『清代檔案史料叢編』五、一六六頁。
(238) 崇恩奏、咸豊四年五月初五日『鎮圧』十四、二五六頁。
(239) 勝保奏、咸豊四年五月初六日『鎮圧』十四、二六三頁。
(240) 李開芳供詞、咸豊五年四月『清代檔案史料叢編』五、一六六頁。
(241) 菊池秀明「広東凌十八蜂起とその影響について」（吉尾寛編『民衆反乱と中華世界』汲古書院、二〇一二年、三六七頁）。
(242) 菊池秀明「太平天国における私的結合と地方武装集団」『歴史学研究』八八〇号、二〇一一年。

第四章　太平天国北伐軍の壊滅について

はじめに

筆者は太平天国が一八五三年五月から行った北伐の歴史について検討を進めてきた。北伐軍は黄河渡河後に懐慶攻略戦を行って時間を浪費したが(1)、山西経由で直隷へ入り北京を驚惶状態に陥れた。彼らは天津郊外の独流鎮、静海県に進出して援軍の到着を待ったが、籠城を続けることで北京攻略のチャンスを失ったことを指摘した(2)。

また前章では一八五四年一月末に撤退を開始した北伐軍と援軍の活動について検討した。当初北伐軍は保定方面へ進出しようと図ったが、厳寒の行軍によって多くの将兵が凍傷となった。三月に北伐軍は再び東城村から阜城県へ移動したが、兵たちは雪融けの泥のために身動きが取れなくなり、僧格林沁の軍による追撃で大きな打撃を受けた。二月に太平天国首脳部は曽立昌の率いる北伐援軍を安慶から出発させたが、この部隊は数千人の規模で、新兵が多かったため戦力は高くなかった。黄河を渡った援軍は直隷をめざしたが、途中捻子などの反体制勢力が加わると臨清府城の攻撃に執着した。四月に臨清が陥落すると、激しい略奪を行った新規参加者はもはや北上を望まず、逃亡者が続出した。さらに援軍が南下を始めると軍は統率が取れなくなり、清軍および団練の抵抗にあって壊滅した。この間阜城県で籠城を続けていた北伐軍本隊は、五月にようやく連鎮に至り、さらに李開芳の部隊を山東高唐州に派遣した。しかし援軍との合流は成らず、北伐軍は二ヶ所に分かれて清軍の攻撃を牽制する以外に手だてを失ったことを指摘した(3)。

本章は北伐軍が連鎮、高唐州で籠城を続けた一八五四年五月から、李開芳の軍が馮官屯で壊滅した一八五五年五月までの歴史を検討する。北伐の最終段階となったこの時期の歴史については、すでに簡又文氏、[4]張守常氏、[5]崔之清氏、[6]堀田伊八郎氏の研究がある。[7]本稿はこれらの成果に学びながら、中国第一歴史檔案館編『清政府鎮圧太平天国檔案史料』など公刊された史料集、[8]台北の国立故宮博物院で筆者が収集した檔案史料を用いて分析を進める。また北伐の失敗が太平天国にもたらした影響について考えたい。それは太平天国の歴史を十九世紀中国の社会変容という視点から問い直し、新たな中国近代史像を構築するための一階梯になると思われる。

一、連鎮、高唐州における籠城戦

（a）高唐州における李開芳と勝保の戦い

まずは山東高唐州へ進出した地官正丞相李開芳の軍について検討したい。五月二十七日夜に連鎮を脱出した李開芳率いる六三〇人は、二十九日に恩県から南へ向かい高唐州城を占領した。[9]高唐の清軍守備兵は少なく、太平軍の進撃が早かったために警報も間に合わず、城は陥落して知州魏文翰らは殺された。[10]太平軍の南進に気づいた欽差大臣勝保が騎兵二八〇〇人を率いて追撃すると、李開芳は城門を閉じて立て籠もり、三十一日に勝保の軍と交戦した。[11]

勝保は追撃途中で捕らえた捕虜の供述から、この太平軍部隊が再び援軍を要請するか、山東へ進出して新たに兵力を募り、清軍を牽制する目的を持っていることを知った。また部隊の指揮官は李開芳で、林鳳祥は連鎮に留まっていること、「僅かに馬歩千余名に止まるが、みな精悍の徒であり、脅されて従った者はいない」[12]とあるように高い戦闘力を持った精鋭部隊であることを把握していた。李開芳自身は軍を分けた意図について「官兵を牽制できる場所を一ヶ所選んで、声援の勢いをなそうと図った(13)と供述しており、複数の拠点を築くことで清軍の兵力を分散させようと図ったことがわかる。また彼は「我々が辰時（午前七時頃）に高唐へ到着すると、勝大人（勝保）は巳刻（午前九時頃）に官兵を率いて追いかけて来た(14)」と述べており、高唐州に籠城したのは清軍の追撃が迅速だった結果であったことを示唆している。

この北伐軍の戦略は一定の効果を上げ、六月一日に連鎮の欽差参賛大臣僧格林沁は総兵孔広順率いる兵一千人を大砲と共に高唐州の応援に向かわせた。この時彼は「現在官兵はすでに包囲するに足りず、我々はただ西北二方面を防衛することしか出来ない」とあるように、兵力が分散したために包囲網を形成できないと報告した。いっぽう咸豊帝は「現在両逆はすでに分かれ、首尾を顧みることが出来ない。まさに天が我に味方して賊を滅ぼす時が来たのだ(15)」とあるように、北伐軍が二手に分かれた今こそ殲滅のチャンスであり、両軍を再び合流させてはならないと命じた。

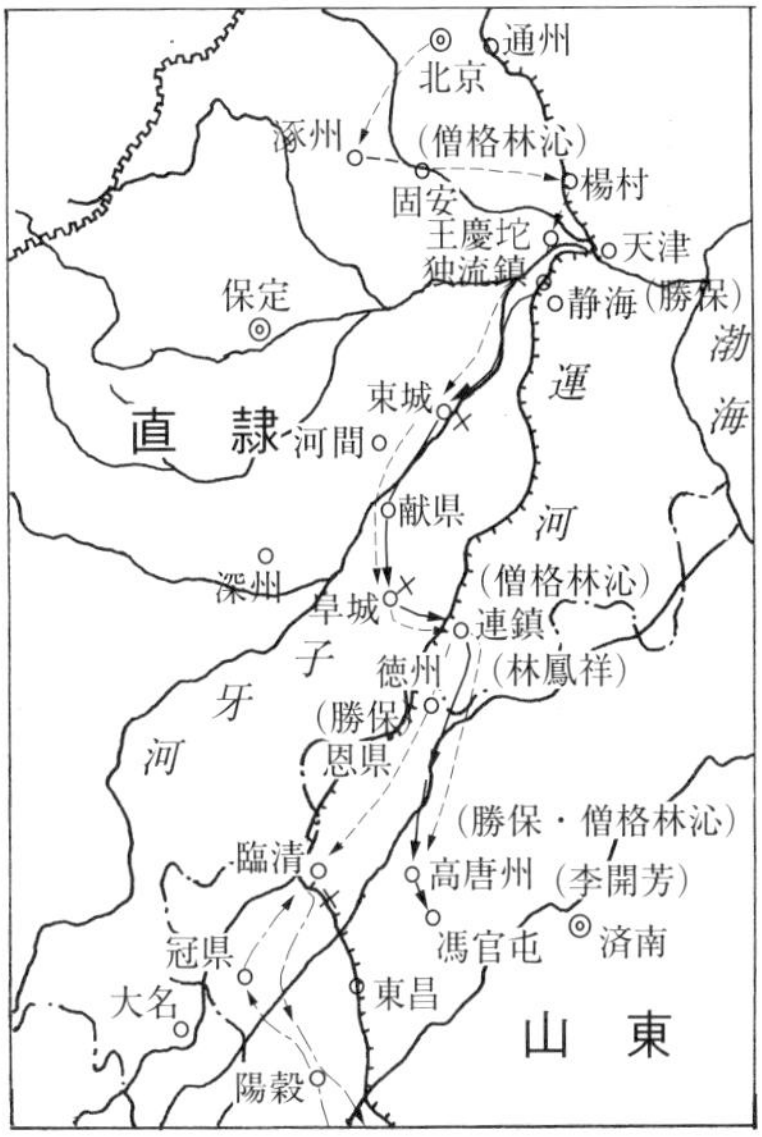

地図６　北伐軍壊滅図

高唐州城を占拠した李開芳は数百人の住民に命じて城外に濠を作らせ、清軍の進攻を防ごうとした。また東南西三面に柵や土塁を作り、木城を築いて防衛力を高めようとした。六月一日に臨清の戦いに参加した山東巡撫崇恩が二五〇〇人の兵を率いて高唐州に到着すると、翌二日に勝保は攻撃をかけ、建設中の柵や土塁を焼き払った。また彼は高唐州が「もとより富饒の地ではない」うえ、城内の食糧も知州魏文翰が処分したために残りが少なく、弾圧は容易であると楽観的な見通しを述べた(16)。

ところが事態は勝保の予想通りに進まなかった。李開芳らは高唐州城の要塞化を進め、夜中に掘り進めたトンネルから城外に出ては数メートル幅の濠を築かせた。攻城戦に用いる呂公車を用意した清軍は六月十日に再び城を攻め、城下に達したが、太平軍の抵抗に遭って把総蕭良芳が戦死し、七十人以上の兵勇が死傷した。兵力不足と見た勝保は新たに吉林騎兵五百人と砲兵の増援を求め、済寧州知州黄良楷の練勇一千人を高唐州へ派遣するように要請した[17]。また連鎮から届いた大砲を城の東北に据えて城内を砲撃させ、六月十五日には崇恩、帮辦軍務善禄、幫辦軍務徳勒克色楞の兵および済寧勇に四方から攻撃させたが、西門外の木柵を焼き払ったに止まった。

白昼の攻撃は犠牲が大きいと見た清軍は、十七日から夜襲に切り替えた。この夜川楚勇は城北の濠を越えたが、抵抗を受けて夜が明けても攻め入ることが出来なかった。すると太平軍二百人がトンネルを使って城東へ出撃し、清軍と戦闘になった。東南でも太平軍が清軍の後方へ回り込んで攻撃をかけたが、清軍騎兵に追撃されると濠へ逃げ込んだ[18]。いっぽう清軍が攻城の準備を進めていることを知った太平軍も、六月十八日から数百人が黒服姿で清軍陣地に夜襲をかけた。この戦いで城東の吉林兵陣地にいた営総托克通阿、城北砲台の二等侍衛恭鈺が殺された。二十一日にも城南、西の蒙古騎兵陣地が襲われ、蒙古兵十数人が死傷した。そこで勝保は各陣地に松明を配り、戦闘時には「かがり火を焚いて待ち受け、撃殺し易く」させた。また兵勇を太平軍の出撃路に待ち伏せさせた。はたして太平軍が夜襲をかけると、清軍は一斉にかがり火を焚き、騎兵と伏兵の攻撃でこれを撃退した。城北、城西の清軍陣地を攻撃した部隊も損害を受け、これ以後太平軍は「あえてほしいままに衝撲を行わなくなった」とあるように夜襲を控えるようになった。

その後連日の雨によって濠に水がたまり、清軍の攻撃ははかどらなかった。六月二十五日に勝保は呂公車がぬかるみで使えないため、ハシゴを用いて攻撃をかけさせた。清軍が数尺の濠を越え、城壁を登ろうとすると、城上の太平軍から激しい抵抗を受けた。戦闘は四時間に及び、候補把総葛太平と郷勇三十人が戦死し、一六〇人が負傷した。これ戦力の損失を恐れた勝保は、砲撃で太平軍を消耗させる戦略に変更せざるを得なかった[19]。

これら一連の戦闘で勝利出来なかった勝保は、清軍将兵に護身具がないことを理由に挙げた。また高唐州城の食糧が残り少ないとした先の報告をくつがえし、食糧と武器が全て太平軍に奪われたため、「賊は要害の地に恃んで虫の息をつなごうとしている」と述べて知州魏文翰や清軍守備隊を非難した。さらに黄良楷の済寧勇についても、戦力になるのは一、二割に過ぎないと報じた[20]。

実際の戦況はどうだろうか。李開芳は「勝大人が我々を包囲すると、毎回官兵と戦ったが、夜間は我々に分があり、昼間は官兵が多く勝利した」とあるように、太平軍が夜襲、清軍が昼間の戦闘をそれぞれ優位に進めたと述べている。また「この時我々は食糧がなお多く、それほど脱出しようとは思わなかった[21]」と述べており、李開芳らはかなりの食糧を確保していたことがわかる。

次に勝保の陣営にいた直隷按察使張集馨は、太平軍の高唐州占領後に「官軍は四面を囲んだが、賊は隠れて出ず、交戦のしようがなかった」と述べている。彼は攻撃を急ぐように提案したが、勝保は「兵が揃っていない」ことを理由に出撃を渋り、半月もすれば李開芳の首を奪うことが出来ると言って従わなかった。また「この時は豊県の勝利後で、意気は傲慢となり、人の言うことを断じて聞き入れなかった[22]」とあるように、勝保は北伐援軍を壊滅させた功績に驕って他人の意見に耳を貸さなかったという。同じことは九月に勝保を弾劾した礼科掌印給事中毛鴻賓も指摘している。彼によると勝保は「兵を擁して坐鎮し、独断独行」であり、崇恩が度々攻撃を促しても雲梯、呂公車の建設や砲台、土壕の修築などを先決として攻撃を引き延ばしたという[23]。この間にも李開芳らは高唐州城の要塞化を進めた。

その結果について張集馨は次のように述べている

賊は城外に深い濠を三重に掘り、城壁の下に暗門を開いて濠と通じさせた。また第一の濠から穴を掘って第二の濠、第三の濠とつないだ。濠の中には賊匪十数名が隠れており、官軍が発砲しても命中しなかった。逆に兵勇が溝を越えれば、賊は矛で斬りかかるか、小さな槍で襲いかかり、逃れられる者は僅かだった。城門は開いたり閉じたりして、賊が行き来するのがよく見えたが、兵勇は前に進むことが出来なかった。

勝帥（勝保）は賊が宵のうちに逃げることを恐れ、毎晩騎兵、歩兵や練勇を見張りに立たせた。賊は官軍が疲労している隙をうかがい、騎兵の後方に回り込んでは火弾を投げ込んで、騎兵が驚き逃げたところを殺した。歩兵が少しでも注意を怠ると、賊はすでに蛇行して進み、にわかに防ぎきれず殺された。数月以来、兵勇が殺されない日はなく、新月の闇夜は被害が大きかったので、将兵はみなこれを恐れた。

賊は毎晩付近の村荘へ至って食糧を奪った。川楚の壮勇には賊に通じる者がおり、官軍の動向は全て賊に知られたが、官軍は賊の動きをつかむことが出来なかった[24]。

ここからは太平軍が高唐州城外に三重の濠を築き、夜襲によって清軍を悩ませた様子が窺われる。また太平軍は清軍陣地の後方に回り込むだけでなく、城の郊外へ出かけて食糧を集めたとあり、清軍の包囲が実効を伴っていなかったことがわかる。それを可能にしたのが太平軍に清軍の情報を流した四川、湖南出身の壮勇で、彼らは臨清攻防戦でも太平軍との内応を指摘されていた。毛鴻賓によると、七月に黄良楷の済寧勇は風雨に紛れて密かに州城の城壁を登った。だがこの時勝保の陣地から砲声が響き、攻撃に気づいた太平軍は城上の壮勇を殺したため、「以後ついに再びあえて登る者はなくなった[25]」という。

こうした批判や告発に対して、後に革職拏問の処罰を受けた勝保は反論を行っている。それによると高唐州の太平軍は「一味死守」であり、「百計を案じて戦いを誘っても、該逆は堅固な城を拠り所とし、ただ死守をもって長技とした」とあるように清軍の誘いに乗らなかった。また勝保が周囲の進言を聞き入れなかったとの批判については、「兵勇の死傷者が多すぎたため、崇恩が勝保に向かって攻撃の中止を勧め、暫く兵を休ませたことはあったが、いまだ崇恩が催促するのを聞いたことはない」[26]と否定している。

また勝保によると、彼の率いていた歩兵は二四〇〇人に過ぎず、四千人以上を連鎮に残したままだった。そこで騎兵を用いたが、彼らは夜間の陣地戦に不慣れで、七月十八日にも太平軍の夜襲によって大きな被害を受けた[27]。加えて七月八日から二十二日にかけて雨が続き、平地でも二、三尺の水が溜まったため、清軍は松明や火器が使えずに苦戦した[28]。勝保は人夫を集めて城の周りに土塁と濠を築かせると共に、騎兵と歩兵を交互に布陣させて騎兵の損害を抑えようとした[29]。また山東各地の囚人から武芸に通じた者百人を集め、彼らに「賊を殺して贖罪[30]」させることにした。

八月七日に吉林騎兵が損害を出したとの知らせを聞いた咸豊帝は、勝保が「驕衿の故習」によって準備を怠り、偽りの報告をしていると叱責した[31]。この日勝保は七月二十四日に続いて二度目の総攻撃をかけたが、「城上の賊の守りは甚だ厳しく、兵勇の傷亡もすでに多くなった[32]」ために軍を退却させた。彼は過去七回の攻撃で数百人を超える死傷者が出た理由として、天候不順や高唐州城が難攻不落の「堅城」であることに加え、「（北伐軍の）精悍は全て高唐にあり[33]」とあるように李開芳軍の戦闘力の高さを強調した。また「その逆首は親しく南賊を詣でて救援を求め、再び北犯を図っている[34]」とあるように、李開芳がなお新たな援軍を得て北進することを諦めていないと指摘した。

さらに勝保は捕虜の供述から、「賊匪は官兵によって度々殺されたのを除き、なお真賊が五百余人、脅されて従った百姓が六、七百人いる。現在は大兵に激しく攻め立てられ、人々は皆守っても他所へ行っても死は免れないと密かに話し合い、隙を見て逃げ出そうと思っている。その仲間は疑心暗鬼となり、脅された者たちも賊を殺してやりたいと考えている。賊首はなお反逆を考えているが、人々の心は久しからずして自ずと乱れるだろう」と分析した。そして高唐州城で商業を営んでいた李啓昌を城内へ潜伏させて内応工作を行わせた[35]。また彼は手持ちの大砲では威力が弱いため、新たに「爐匠」を招いて一万五、六千斤の巨砲を鋳造し、その完成を待って攻撃をかけると報じた。だが咸豊帝は「万余斤の大砲は接近戦の道具ではない」「これを口実に時間を引き延ばすとは、断じてあってはならないことだ。たとえ完成して砲撃出来たとしても、どうやって臨機応変に活用すると言うのか[36]？」とこの作戦を非難し、勝保の花翎を取りあげる処分を命じた[37]。

結局のところ勝保は有効な手だてを見いだせないまま、八月二十日に三度目の総攻撃をかけて一五〇人以上の死傷者を出した[38]。また九月四日には州城の東関付近に新しい陣地を構築させ、小型砲を運び込んで城内を砲撃したが、作業に当たった壮勇や人夫数十人が死傷した[39]。相次ぐ損害に清軍の士気は低下し、勝保も一旦は取り戻した咸豊帝の信頼を失った。いっぽう李開芳軍は八月二十七日夜に城の東北から出撃したが、清軍に撃退された[40]。李開芳自身も「屢々外へ打って出たが、どうしても敵を破ることが出来なかった。全部で三十回以上も戦った[41]」と述べている。さらに南進の経路を探ったり、連鎮の林鳳祥軍に高唐州への移動を促すために派遣された密偵もことごとく清軍に捕らえられた[42]。彼らも膠着した戦況を打開する術を持ち合わせていなかったのである。

（b）　連鎮における林鳳祥軍と僧格林沁

さて連鎮に残った林鳳祥の本隊六、七千人は、僧格林沁の率いる大軍を相手に籠城戦を続けていた。陳思伯『復生録』および清軍の作成した図（図8）によると、彼らは運河の両岸に広がる連鎮の街を二つの浮橋で繋ぎ、周囲に濠と土塁、木城を築いた。また連鎮から一・五キロほど離れた三里荘、韓家荘、趙陳富荘に陣地を築き、連鎮との間を塹壕で結んで行き来した。さらに濠の底には桐油で防腐加工をした竹ベラを敷きつめ、外側には木の枝を縄で繋ぎ、

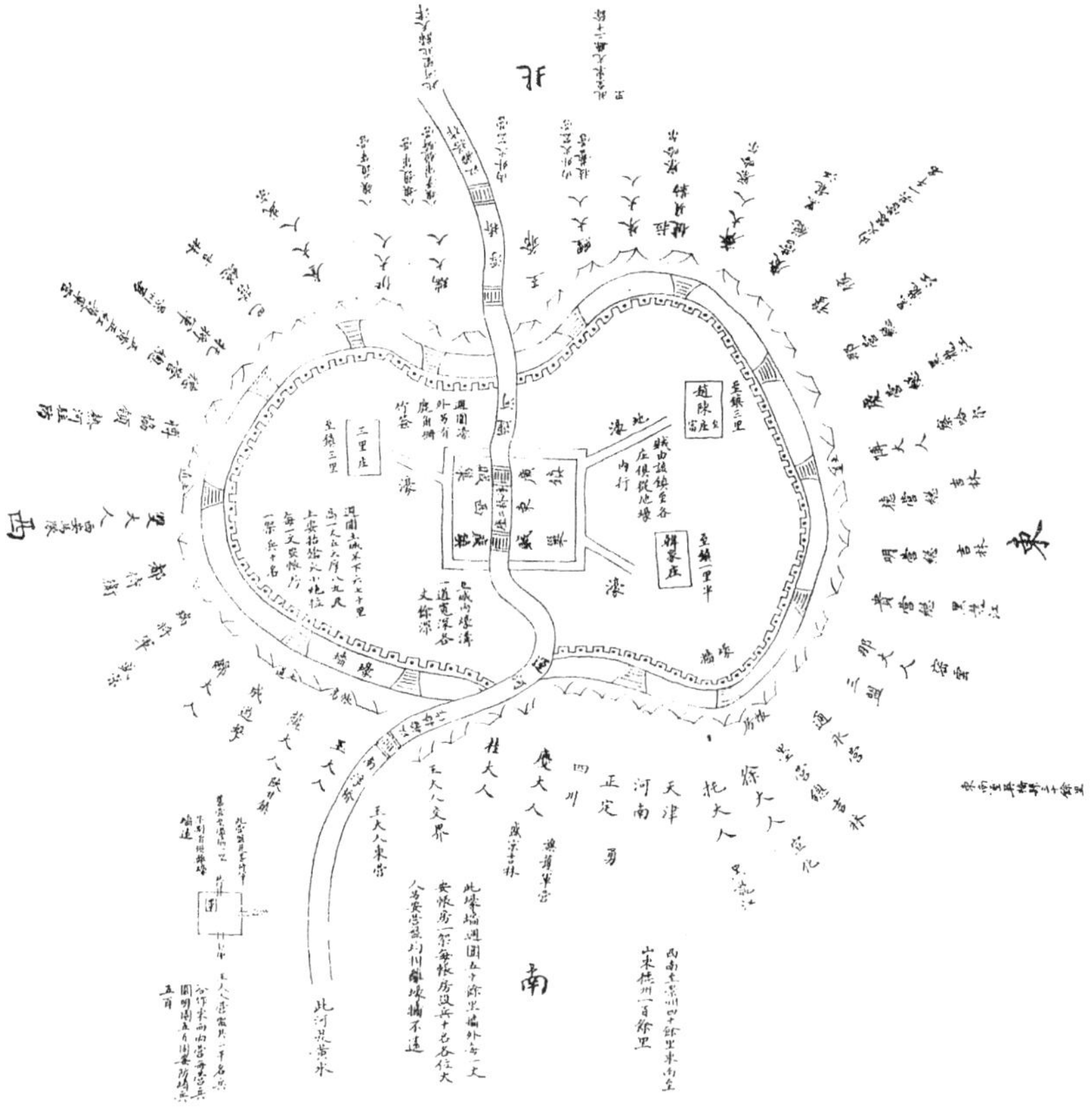

図５　清軍の連鎖における太平軍包囲図
軍機処檔案、謝興尭氏所蔵。張守常氏の整理による。『太平軍北伐資料選編』所収。

上に銅の鈴を吊したバリケードや落とし穴、地雷を仕掛けたという[43]。

こうした防禦工作は効果をあげ、清軍は連鎮への攻撃に苦しんだ。僧格林沁は六月中旬の上奏で「逆匪が初め村鎮に拠った時は、壁塁も堅くなく、歩兵でも攻撃しやすく思われた。だが各軍の歩兵は騎兵に比べて苦労が多く、身を危険にさらすために死傷者も多く、時と共に怯えて、敵を前に尻込みして模様眺めをするようになった」「現在各軍は賊の陣地から一、二里に迫っており、槍炮の届く距離にいるが、実にこれ以上近づくことは難しい[44]」とあるように、攻城戦の主力となるモンゴル八旗の歩兵部隊に多くの損害が出ていると報じた。すると咸豊帝は命令に従わない者は満洲、モンゴル旗人か緑営漢兵かの区別なく、厳しく処罰して軍紀を引き締めるように命じた[45]。

この命令を受けた僧格林沁は夜襲を検討すると共に、守りの手薄な東南に欽差倉場侍郎慶祺の兵二五〇〇人を配置した。また六月二十一日には「奮勇の官兵」を派遣して濠を埋めさせようとしたが、これを阻もうとした太平軍と戦闘になった[46]。続く六月二十四日の戦闘では副都統達洪阿が負傷（七月に死亡）し、三十人以上の死傷者を出した[47]。結局のところ清軍が採用したのは阜城県攻防戦の時と同じく、陣地の周囲に長い濠を掘り、土城を築いて包囲する戦略だった[48]。これに対して咸豊帝は長濠を作っても包囲を厳密にしなければ阜城の二の舞になると述べた[49]。また包囲戦は時間と経費を浪費するだけで、安徽や湖北の西征軍が北上した場合、これを防げなくなるとの懸念を表明した[50]。

すると僧格林沁は七月七日の上奏で、太平軍が西連鎮の高台を占拠していることが苦戦の原因であると指摘した。また林鳳祥軍が運河を利用して他所へ進出する可能性も否定出来ないとしたうえで、山東徳州の南にある四女寺鎮で運河の水を引き込み、太平軍陣地の周囲を水没させることを提案した。さらに濠の外側約十四キロに水を防ぐ堤防を建設する必要があり、東光県知県葉増慶らに住民を動員させ、工費を抑えると述べた。

この僧格林沁の戦略について、咸豊帝は「水で囲むのはもっぱら彼らが逃げるのを防ぐだけで、その死命を制することにはならない。今は速やかに戦いを進めるべきなのに、なぜ反対に彼らが出てこられないようにするのか？」と述べ、この水攻めを労多くして無益な戦法であると非難した。だが僧格林沁はこれが「愚かな計画」であることを認めながらも、林鳳祥軍が二ヶ月近く「死守して出でず」であり、清軍の死傷者も多いため、やむをえず「重隄を掘り築き、水をもって兵となすことで、別に攻撃の法を講じる」と主張して譲らなかった。また毎日数万人の住民を動員して堤防を建設しており、七月下旬には工事が完成するとの見通しを述べた。

はたして七月二十一日に連日の大雨により、連鎮南側の運河の堤防が決壊した。水は太平軍が占領していた陳荘や南側の小村に及び、太平軍将兵は土塁の上へ避難するか、連鎮へ退いた。また濠の周囲に堤防を築く工事が完成していなかったため、連鎮東側の清軍陣地も水没した。僧格林沁は「船を取り寄せて、東側に暫く水営を設けた」とあるように船を用いて包囲を続けると共に、徳州に人を派遣して運河の水量を調節させた。

このように僧格林沁の水攻め計画は図らずも実現した。その後完成した濠の総延長は五十キロに及び、深さ、広さは共に三メートルほどであった。また水を防ぐために濠の外側に高さ五メートル、幅二メートルの土城が三十キロから三十五キロにわたって築かれた。そしてこの水攻めは林鳳祥軍に大きなダメージを与えた。氾濫によって東連鎮に貯蔵していた米の多くが失われ、食糧不足に陥ったのである。

八月初旬、林鳳祥軍の陣地から連日太平軍将兵の死体が流れてきた。清軍が調べたところ、太平軍内では「米麦が漸く足りなくなり、現在は黒豆を食べている。馬の飼い葉は最も不足している」とあるように食糧事情が逼迫し、脱走を図った兵士が捕らえられて殺され、その死体が運河に遺棄されたことがわかった。また林鳳祥は「連鎮に官兵はおらず、郷勇が周囲を包囲しているだけだ」と言って将兵を落ちつかせようとしたが、「賊衆は心が次第に離れ、日々懼れおののいた」と動揺を抑えることは出来なかったという。

(51)(52)(53)(54)

これ以後林鳳祥らは連鎮からの脱出を図り、清軍の防備が弱い部分をねらって攻撃をくりかえした。八月十八日に連鎮西にある乾清門侍衛都興阿（後に江寧将軍）の陣地、二十一日には杭州将軍瑞昌の陣地を攻撃し、二十三日には風雨に紛れて西南にある都統綿洵らの陣地を襲った。また二十六日には「大股が撲出」して都興阿、護軍参領徳亮の陣地を攻め、運河の水位が下がった二十七日夜にも副都統明慶、護軍参領舒保の陣地を襲ったが、いずれも清軍に撃退された。(55)(56)

八月三十日夜に太平軍は船で連鎮東側の護軍統領珠勒亨らの陣地に迫り、長ハシゴと火弾、噴筒で攻勢をかけた。清軍が太平軍の火薬船を爆破すると、太平軍は退却した。また残された「真正粤匪」の遺体を解剖したところ、胃の中はみな黒豆、高粱で、米不足に陥っていることが確認された。(57)僧格林沁は運河西側にある清軍陣地の濠の幅を広げ、その外側に落とし穴を幾重にも設けるなどの措置を講じた。また運河東側の濠の外には木樁（杭）を設け、太平軍の船や筏を防いだ。

しばらく夜襲を控えていた太平軍は、九月十四日夜に南の慶祺、西の瑞昌の陣地をそれぞれ襲撃した。とくに瑞昌の陣地を攻めた一隊は長梯子をかつぎ、籐牌を手に火槍を放ちながら「捨死不退の勢い」で攻めたてた。清軍がこれを撃退し、捕虜を訊問したところ、「逆衆は囲まれて焦っている。また現在は米が少なく、先に一人毎日籾一斤八両だったものが減じて一斤となった。現在は一人毎日籾十二両で、僅かに精米六両にしかならず、一日の食用に足りない。黒豆、緑豆を混ぜてなんとか飢えをしのいでいる。逆首林鳳祥は厚い包囲網を突破して、高唐の賊匪と会合したいと願っている」と供述した。またこの日の戦いで太平軍は一三〇人以上が死亡し、「逆衆は互いに怨みを抱き、人心は乖離している」(58)と人々の不満が高まったという。

九月二十日以後運河の水量が増し、河東の水深は三メートル近くなった。太平軍は囮部隊を出して清軍の様子を窺っ

図6・7　連鎮で清軍陣地に対する攻撃をくりかえす林鳳祥軍（ハーバード大学イェンチェン図書館蔵）
　僧格林沁が連鎮で水攻めを実行した後の様子を描いた絵図である。先の図5では連鎮の西北に位置していた三里荘が右下に描かれており、僧格林沁の本陣があった北側から見た図であることがわかる。図6（上側）は「珠大人」即ち護軍統領珠勒亨の軍が船で攻め寄せた太平軍に応戦しており、八月三十日の戦いを描いたことがわかる。図7（下側）は連鎮南側の「慶大人」つまり欽差倉場侍郎慶祺の軍が応戦しており、恐らく十月十五日の戦いを描いたと考えられる。

ていたが、清軍は投降した太平軍兵士の供述から、林鳳祥らが船を使って脱出する計画を立てていることを知った。[59] はたして九月二十四日夜に太平軍が出撃し、清軍の注意を引いていると、別の一隊が大船四隻、筏十数隻に乗って姿を見せた。清軍が攻撃すると、太平軍の船はなお前進したが、木椿に行く手を阻まれて清軍陣地に近づくことが出来なかった。清軍はこれに集中砲火を浴びせ、大船一隻を撃沈し、もう一隻を炎上させた。太平軍の船は敗走し、翌日「専ら水隊の船を率いていた」水官総制廖姓（広西賊匪）の遺体が確認された。

僧格林沁はこの二ヶ月で太平軍は十度攻勢に出たが、悉く清軍に撃退されたこと、白昼や満月の時は活動せず、闇夜や風雨の夜に決まって攻撃をかけてくると述べた。また彼らは食糧が少なく、支給される籾も一人当たり四両に減ったと報じた。[60]

林鳳祥はこの時期の戦いについて何も述べていない。だが陳思伯は清軍が長壕を構築した当初、林鳳祥は包囲が厳しいとは思わず、屢々清軍陣地を攻撃させたが、すぐに撃退されたと述べている。また十月に林鳳祥は将軍鄭阿培に西北の清軍陣地から一キロの地点に小さな陣地を築かせ、ここに大砲を据えて清軍を攻撃させた。だが清軍も昼夜となく砲撃で応戦し、三ヶ月もたたないうちに五、六百人の死者が出た。眠ったまま朝には頭を失っている者、弾丸が脇から入り、毒が回って息絶えた者、一発の砲弾で数人が犠牲となり、破片で身体をえぐられる者など、その戦いは凄惨を極めた。陳思伯は負傷兵の治療に当たったが、彼らの中で助かる者はなく、傷口の腐爛臭が鼻をついた。彼は兵の苦しむ声を聞くに忍びず、夢中で治療するうち砲撃にも動じなくなってしまったという。[61]

九月末から林鳳祥軍は食糧を補うために、数人ずつ陣地の外へ出てきて「高粱を割取」するようになった。そこで十月一日に僧格林沁は「歴次投誠の人」即ち投降した太平軍兵士と元漕運総督李湘棻の率いる練勇四百人に命じて、青草や高粱を刈り取る振りをさせた。すると太平軍は騎兵、歩兵数百人が出撃してこれを防ごうとしたが、清軍の伏兵に襲われて多くの死者を出した。また二日には白昼清軍陣地を攻撃して失敗した。僧格林沁は昼夜の区別なく攻撃をかけてくるのは林鳳祥が焦っている証拠だと考えた(62)。

十月十五日に林鳳祥軍は南の慶祺、桂齢の陣地を攻撃したが撃退された。翌十六日に太平軍は二手に分かれて僧格林沁の本陣を襲い、鹿角柵に迫って火炎弾を投げ込んだ。清軍が警戒していると、別の一隊が木梯子を担いで前進し、鹿角柵の前に潜伏した。数時間後に彼らは攻撃をかけたが、清軍の迎撃を受けて敗走した(63)。その後も太平軍は毎夜突撃のチャンスを窺っていたが、清軍が隙を見せないと後退した。また十月二十六日に再び僧格林沁の陣地に対する攻撃が失敗すると、連鎖から多くの難民が逃げ出してきた。彼らは「賊匪は屢々被害を受け、非常に焦っている。加えて食糧が足りず、黒豆しか食べるものがなく、死ぬ覚悟で攻撃しようと急いでいる。現在賊巣では呂公車二十余座を製造し、初十日（十月三十一日）前後に北の私、僧格林沁の陣地に決死の攻撃をかけようと決めた(64)」とあるように、近く太平軍が総攻撃をかけると供述した。

ところがその後林鳳祥軍には動きがなく、十一月三日に僧格林沁は太平軍陣地に攻撃をかけてみた。すると突然別働隊が出撃して、清軍の後方へ回り込もうとした。清軍がこれを撃退すると、太平軍は再び連鎖に立て籠もり、清軍が攻撃しても「一人として匪巣から出てこない」とあるように誘いに乗らなかった。その理由を難民に尋ねたところ、「賊の陣地が作った呂公車は、前に推すのは簡単だが、後退させるのが極めて難しく、深い濠を越えられない」と述べた。僧格林沁は太平軍が呂公車を完成させたものの、「あえて軽々しく試さないでいる」と推測した(65)。この呂公車について陳思伯は次のように述べている

林逆（林鳳祥）は策に窮して、ついに三メートル余りの長バシゴを造った。両側には大きな鉄鉤をつけ、梯子の先には人が入って火球を放つことが出来る木箱を据えた。また下には大きな車輪二つと橋のような長い板バシ

ゴがあった。城壁の近くまで押して行き、車輪で溝を埋めると、長バシゴを立てて城上に鉤をかける仕組みになっていた。また賊は板バシゴから上に登り、城壁を登って攻撃することが出来た。この車は二度用いられ、官軍は深い打撃を受けたが、幸い一回しか使うことが出来なかった。おそらく車が濠に落ち込むと、再び取り出すことが出来なかったためだろう(66)。

ここからは林鳳祥軍の造った呂公車がかなりの攻撃力を備えながら、起伏の多い地形では移動が困難だったことが確認される。実際に十一月十四日に太平軍は瑞昌の陣地に迫ったものの攻撃せず、翌日多くの木板が漂流してきた。清軍が調べたところ、太平軍は製造した呂公車が役に立たないと見て破壊したという(67)。

また僧格林沁は難民の供述から、太平軍に堤防を決壊させせて船で脱出する計画があることを知った(68)。そこで警備を強化させたところ、十一月十七日夜に太平軍は水陸両軍に分かれて出撃した。「水路の賊匪」は五隻の大船が中心で、船の周囲には木や鉄の盾を立て、舳先には呂公車から転用された長バシゴを備えていた。彼らが清軍陣地に近づくと木椿に遮られたが、ハシゴの先に火弾をつけて一斉に渡ろうとした。清軍が発砲すると、ハシゴを渡っていた太平軍兵士が水に落ち、船上の兵士は盾で身を隠した。清軍がなお攻撃すると、大小の船が濠に向かって突撃したが、清軍が船隊の後方に砲撃を加えると退却した。この日太平軍は偽将軍葉姓など百人以上が戦死したという(69)。

このように林鳳祥はくり返し清軍陣地に攻撃をかけたものの、包囲網を破ることはできなかった。むろん十月二十二日の上諭で咸豊帝が「奇策で勝利しようとする部分が全くない(70)」と批判したように、僧格林沁も積極的な進攻作戦を取れた訳ではなかった。だが咸豊帝の叱責を受ける度に無理な攻撃で犠牲を増やし、いたずらに人々の反発を買った勝保と比べた場合、モンゴル貴族として不動の地位を築いていた僧格林沁には「逆匪は布置が堅く厚く、防守が甚だ厳しいため」「万にやむを得ず、この包囲によって剿捕に代える計をなしている」と咸豊帝の性急な命令をかわすだけの余裕があった。

十一月下旬になると、太平軍将兵の中には攻撃中に跪いて「撃たないでくれ！　投降する」[71]などと叫ぶ者が現れた。投降兵の一人だった施肇恒（湖北江夏県人）から李開芳が帰還時に知らせる暗号を聞き出した僧格林沁は、囮部隊を使って「高唐の匪が救援に戻ってきたと見せかける」計略を思いついた。彼は李開芳らが呉橋まで戻ってきたとのデマを流し、十二月九日に清軍陣地に黒煙を上げさせた。また同じく投降兵だった寧宗陽に黄旗を持たせ、林鳳祥軍の陣地に近づいて「高唐州から救援にやって来たぞ」と叫ばせた。これを聞いた太平軍陣地では「歓声が沸騰」し、南面の木城にいた太平軍に続いて連鎮の本隊も援軍を迎えるために出撃した。清軍がこれを引きつけて発砲したところ、太平軍は「紛紛として地に倒」れた。ようやく計略に気づいた太平軍は仲間の遺体を担いで撤退し、泣き叫ぶ声は野を震わせたという[72]。最早戦局は林鳳祥軍にとって絶望的なものになりつつあったのである。

二、北伐軍の壊滅とその影響

（a）連鎮における林鳳祥軍の壊滅

高唐州からの救援と見せかけた僧格林沁の囮作戦で打撃を受けた林鳳祥軍は、しばらく「潜匿して出でず」と清軍の誘いに乗らなかった。十二月二十日に太平軍は西南の清軍陣地を攻め、その後も小部隊での攻撃をくり返したが、いずれも清軍に撃退された[73]。一八五五年一月十一日に雪が降ると、翌十二日に太平軍は氷上を滑って連鎮西側にある都興阿の陣地を攻めたが、清軍の反撃によって一六〇人以上の「長髪の老賊[74]」が死傷した。

この戦いの後、林鳳祥軍の防備は益々堅くなったが、それは清軍の攻撃を防ぐだけでなく、「人心が固まらず、他変が生ずるのを恐れて、昼夜守りを厳しくしている」とあるように動揺した将兵による内応を警戒しているようだった。十二月下旬から「両湖、江南、安徽、河南、山東および地元の民人」六十余人が投降したが、その一人で両司馬の朱有長（湖北人）は「最近『投降すれば死を免じる』と記した告示を見、また降伏した者が殺されず、褒美を得た者もいるのを見た。そこで喜んで投降し、賊を殺して手柄を立てたいと願った」と供述した。また彼らは「近日林鳳祥は各地で逃亡者を探し出し、これを連れ戻しては殺してさらし首にしている。現在賊巣では黒豆、豆餅、騾馬を含めて一ヶ月分の食糧しかなく、林逆はみずから生き残る道がなくなったことを知って、ただ涙を流して嘆き悲しんでいる」(75)とあるように、林鳳祥は逃亡兵に厳しい処罰を加えているが、食糧が底を尽きつつあり、活路を断たれて絶望していると述べた。

陳思伯によると、太平軍では「秘かに逃走を議する者は、何人であろうと先に殺し、後に報告せよ」という厳しい命令が出ていた。また城外の望楼には四色の大旗が置かれ、東側で有事があれば紅旗を、西側に脱走兵が出れば白旗を掲げて城内から追撃したという。さらにこの時期のこととして、陳思伯は次のように記している。

十一月（十二月下旬）になると、突然中営にいた愚かな火夫の李姓なる者が、もとより字も知らなかったが、みずからイエスの降臨だと名乗り、林逆を守って囲みを脱出させると言い出した。林逆は深く信じ、彼のために軍師府を設けて手厚くもてなした。初めのうち作戦を言えば、不思議にも全て的中した。そこで数百人を選んでその指揮に従わせ、毎日竜門、八卦などの陣法を訓練させたところ、効果があるように思われた。彼はいつも高台に立ち、林逆に跪いて道理を説き明かすのを聞くように命じたが、林逆は命令に従ってこれを聞いた。だが一ヶ月ほど経っても功績を上げられず、かえって何度となく多くの兵を失ったため、林逆はそれがデタラメであったことを憎み、正副の軍師をみな斬り捨てた(76)。

ここでは李姓なる男がかつての西王蕭朝貴と同じく天兄イエスの下凡を行い、林鳳祥はこれを深く信じたとある。その真偽を確かめる術はないが、彼が指揮した数百人の兵については、投降兵の供述書に「林鳳祥は奮勇なる者千余名を選び、突撃に備えている」(77)とある。林鳳祥は毎夜連鎮から脱出するルートを探らせ、この一千人の決死隊に「驟馬を屠って」褒美を与えた。彼らは「それぞれが決死の覚悟で、一斉に撃って出よう。もしうまく行かなくても、皆で揃って濠辺で死のう」と誓い合ったという。

一月十六日夜に決死隊は瑞昌の陣地を攻撃し、バリケードに阻まれながら「あえて捨て身で煙の中を進んだ」と前進した。だが清軍は高所から攻撃を加え、綿洵、徳亮の軍と李湘棻の練勇が左右から夾撃したところ、彼らは「四面に敵を受け、どうしても抵抗できなくなり、ようやくよろめきながら敗退した」と多くの死傷者を出して敗走した。翌十七日から二十一日まで突撃はくり返されたが、地雷を踏んで爆死する者も多かった。また投降する者が一二〇人ほどおり、先に降伏した者と併せてその数は二百人を超えた。

一月二十日、二十一日に僧格林沁は施肇恒（六品頂戴）率いる投降兵を太平軍陣地の近くまで前進させ、「叫び罵」らせて太平軍を挑発した。太平軍が出撃すると、彼らはこれを攻撃し、清軍の支援を受けて「黄衣賊匪」の検点黄益沅（広西博白県人）を殺害した。この黄益沅は太平軍の中で「狡悍兼全の人」であり、陣地の配置や武器の製造、出撃に至るまで林鳳祥の厚い信頼を得ていた。彼の死は「林逆はこの一人を失ってますます落胆」(78)とあるように林鳳祥にとって大きな損失だった。

また僧格林沁によると、この頃の林鳳祥軍は両広人と途中参加した四人一千人余りが中核となっていた。また湖南、湖北人（湖広人）はこれまでの戦いで「傷亡が多過ぎた」うえ、施肇恒らが清軍内で良い待遇を受けているのを知って動揺していた。そこで林鳳祥は内応を防ぐため、「権詐」によって将兵の心をつかもうと一計を案じた。一月二十二日にある脱走兵が捕らえられると、林鳳祥は彼を殺さず、自らの無能によって皆を苦しめたと自己批判して、銀二十両を与えて立ち去らせた。これを知った僧格林沁は「林逆一犯は実に詭詐百出であり、まさにこの追いつめられた時にあっても、なおかくの如く狡猾なのは、実に尋常の賊犯と比べることが出来ない」[79]とあるように、林鳳祥が絶望的な情況でも優れた統率力を見せていると評価した。

一月二十六日に林鳳祥は連鎮西北の小村から兵を退かせ、東西連鎮に兵を集中させて脱走を防ごうとした。だが「両湖人と林鳳祥はようやくすでに乖離」とあるように、湖広人将兵の多くは命令に従わなくなった。これを見た僧格林沁が「投誠する者は武器を持たなければ受けいれない」という告示を出すと、八百人余りが武器を持って投降した。僧格林沁は彼らを薙髪させ、勇敢な者を清軍陣地に留めた。続いて「投誠する者は共に広西人の首を持ってくること」との告示を出すと、一千人余りが投降したが、彼らは広西人の首を持っていなかった。そこで僧格林沁は彼らの薙髪を許さず、濠の中に新たに陣地を築いて、警備や太平軍陣地への襲撃を行わせた[80]。

このように大量の投降兵が出るようになった理由は、「乙卯五年正月初二日（二月六日）に賊内の聖糧館はすでに食糧がなくなり、食糧を支給出来なくなった」とあるように食糧の途絶にあった。湖広人の将兵たちは騾馬を屠り、皮の箱や刀の鞘を煮て飢えをしのぎ、スベリヒユや雑草、木の皮を研いで麺にして食べた。さらに捕らえた官兵や逃亡兵を殺してその肉を食べたが、「この時も偽天朝将軍以上の各館にはなお麦、豆などの食糧があった」とあるように広西人幹部との間には待遇に大きな差があった。

陳思伯も長く助け合ってきた同郷の曽廷達と太平軍陣地を脱走し、追撃を振り切って清軍陣地にたどり着くと、施肇恒に伴われて僧格林沁に面会した。この時僧格林沁が「賊衆はなぜ逃げないのか？」と尋ねると、陳思伯らは太平軍内では「逃げた者は惨たらしく殺される」と言われており、「死を免じる」と記した旗を持って知り合いの将兵に呼びかければ、必ず皆信じて投降すると答えた。すると僧格林沁は「投誠する者は死を免ず」と記した白旗四面を与え、施肇恒、周隆亭に護衛をつけて陳思伯と共に投降を呼びかけさせたところ、二日間で三六〇人余りが投降したと述べている[81]。

こうして投降した太平軍の湖広人将兵について、僧格林沁は次のように述べている

現在投降した者は二千余名いるが、私たちが慎重に観察したところでは、共にやむをえず賊に従ったのであり、現在投降して、賊を殺して功績をあげたいと思わない者はいない。しかもこれらの義勇は林逆のもとで百戦錬磨の者たちであり、毎回賊と戦う度に、身のこなしは極めて敏捷である。そこで戦闘で力を出した者には、薙髪、衣服、銀両の三等からなる褒美を出せば、彼らは皆急ぎ手柄を立てて長髪をやめようとするに違いない。

ここから僧格林沁は投降した太平軍将兵の戦闘力を高く評価し、彼らを義勇として積極的に活用したいと考えていたことがわかる。また彼は太平軍内に詹起倫（湖北人）なる人物がおり、「人は極めて強悍で、謀勇を兼ね備えており、林逆が最も頼りにしている」ことを知った。そこで僧格林沁が投降を勧める手紙を送ると、詹起倫は林鳳祥の嫌疑を受けて二月十三日に投降した。だが僧格林沁は彼の本心を試すために投降の遅れを責め、笞刑のうえ「急ぎ功績を立てて贖罪」するように命じた[82]。二千人の義勇は前後左右中の五軍に編制され、先に投降して手柄を立てた者が哨官に任命されたという[83]。

二月八日に僧格林沁は「投誠勇目」の施肇恒、寧宗揚、周隆亭、劉正発らに、義勇を率いて太平軍陣地を攻撃させた。慶祺の陣地にいた王有明、林思謨率いる義勇も韓家湾の太平軍陣地を攻撃し、木城に突入してこれを焼いた。また西連鎮では寧宗揚、劉正発が北側、施肇恒、周隆亭が西側から攻め、白兵戦の末に見張り櫓などを焼き払った。

二月十二日に僧格林沁は全軍に攻撃を命じ、「その巣を破らない限りは撤退を許さない」と命令した。王有明の義

勇一千人は清軍の支援を受けて東連鎮を攻めたが、防禦が固く攻め落とすことが出来なかった。また施肇恒らの義勇六百人は西連鎮を攻めた。西連鎮には四つの太平軍陣地があり、二重の濠やバリケード、落とし穴が設けられていた。義勇は太平軍陣地に迫り、柵を引き倒して前進すると、噴筒、火弾を投げ込んで火災を発生させた。彼らが陣地内へ攻め入ると、清軍がこれに続き、「連鎮街内には賊の屍が枕を並べ、屋内で焼死する者も数え切れなかった」とあるように多くの太平軍将兵が殺された。義勇が三つの陣地を占領するのを見た林鳳祥は、「強悍の賊」を率いて残る一つの陣地へ渡り、必死で抵抗した。夕方になって清軍は撤退したが、この戦いで清軍の死傷者は数人に対して、義勇の死者は十数人、負傷者は二百人余りにのぼった(84)。

僧格林沁はこの戦いで活躍した義勇について「なお信頼できる(85)」と評価し、その後の投降者も含む三千人に攻撃を続けさせた。その結果二月十七日に西連鎮が陥落すると、清軍は運河沿いに陣地を構築し、大砲六門を据えて東連鎮への攻撃を継続した。林鳳祥軍は「現在賊匪は二千名を下らず、死党を結成して連鎮の片隅に集まり、木城を幾重にも造って必死になって抵抗している」とあるように、なお二千人以上が残っていた。だが二月十八日には林鳳祥のもとで「画策を主謀」していた蕭鳳山（アヘン戦争時に浙江で軍功をあげた保挙県丞、四川人）、鍾有年（元生員、安徽人）が捻匪、水手九十人を率いて投降した。すると僧格林沁は「真心からの投降であるとしても、罪は赦しがたい」として二人を凌遅処死にし、続いて投降した六百人も全て処刑した(86)。陳思伯によると、この時期投降した者たちは墓から掘り出した死体を分けて食べていたという(87)。

三月七日に東連鎮はついに陥落した。二月十九日以後、清軍はくりかえし攻勢をかけたが、太平軍の抵抗によって義勇の死傷者は九百人を超えた。そこで僧格林沁は三月五日、六日と攻撃を抑制し、太平軍を安心させたうえで攻略する戦法をとった。これは効果をあげ、七日に清軍と義勇が南北から進攻すると、木城が破られて太平軍は支えきれなくなった。太平軍将兵の多くは運河に飛び込むか、木城から脱出しようと試みたが、一人残らず殺された。林鳳祥も重傷を負ったが、彼の遺体は発見できなかった。そこで捕虜に尋ねたところ、陣地の地下に坑道があることがわかった[88]。この坑道の捜索について陳思伯は次のように記している。

王（僧格林沁）が「誰か先に下りる者はいないか？」と問いかけると、施肇恒はかつて林逆（鳳祥）の厨房で働いていたことがあり、面識があるので自分が行くと応じた……。彼が地下に潜って一時余り、外に出てくると、王は大変喜んで坑道の様子を細かく尋ねた。施肇恒の話によると、地下には灯りやベッド、器具が揃っており、一月分の食糧も残っていた。偽検点、指揮、将軍、総制、監軍、軍師などの将校が全部で三十名ほどおり、みな刀を手に彼を殺そうと向かってきた。幸い林鳳祥が彼らを一喝して止めさせ、「洞口はすでに破られ、天意は知るべしだ。施一人を殺したところで何になろう」と言った。いま林鳳祥は右臂と左腿に槍傷を受けており、輿に乗らないと動くことが出来ないとのことだった[89]。

また僧格林沁の上奏によると、林鳳祥は潜伏後に脱出を図るべく「長髪を薙去」しており、出てきた時は服毒していたという[90]。清軍は彼を陣地へ送って治療し、北京へ護送のうえ極刑に処した。また彼に最後まで従っていた李隆田（広西桂平県人）らも取り調べを受けた後に処刑された[91]。陳思伯は林鳳祥について「もとより小才があったが、ただ勇敢さと力を恃みとして、事に遇っては顢頇（間が抜けていること）であった」と述べている。また「雪や氷の中で無理に行軍すれば、賊がみな足を痛めると分かっていながら、いささかも愛惜を加えずにこれを夜中の泥道へ駆り立て、死んだ悍賊は半ばを越えた[92]」とあるように、強引な作戦によって多くの損失を出したことを批判した。こうして連鎮の林鳳祥軍は壊滅し、残るは高唐州の李開芳軍のみとなった。

図８・９　投降した北伐軍将兵による義勇と西連鎮の陥落（ハーバード大学イェンチェン図書館蔵）

図８では清軍の包囲網の内側に四つの陣地が置かれ、紅巾姿の将兵が駐屯している。「義勇」との表記があり、投降した北伐軍将兵であることがわかる。また投降まもない将兵たちも見える。図９は西連鎮の陥落を描いている。

図10・11　東連鎮の陥落と捕らえられた林鳳祥（ハーバード大学イェンチェン図書館蔵）
図10（上側）は東連鎮が陥落する様子を描いており、西連鎮に築かれた砲台から大砲が発射されている。東側へ逃亡を図ったり、連行される北伐軍将兵が多く描かれている。図11（下側）では捕らえられた林鳳祥が僧格林沁の取り調べを受けている。絵図では林鳳祥が跪いているが、実際には彼は立ったまま僧格林沁と会ったという。

（b）勝保の処罰と馮官屯の戦い

この頃高唐州では李開芳軍の籠城戦がなお続いていた。この間勝保は無策であった訳ではなく、一八五四年九月下旬に鋳造した一万五千斤の巨砲を一千人の人夫を動員して砲台に運び込み、城へ向けて発射したが、城壁の一部を破壊しただけで効果は上がらなかった(93)。また城内を一望できる背の高い砲台を築かせたり、木製の巨大な移動式の盾を作って攻撃する方法を試みたが、いずれも失敗に終わった(94)。とくに十月二十八日に勝保は火薬数斤を携行した決死隊に城壁を爆破させ、「轟開すること五丈余り」と十数メートルにわたって城壁を崩落させたが、兵力不足と逆風によって突入のチャンスを逃した(95)。

その後勝保は地雷で城壁を爆破するために長いトンネルを掘らせ、一八五五年二月には「城からおよそ僅か十丈余りであり、事はまさに成ろうとしている(96)」と報告した。だがトンネルは太平軍が城外に作った外濠にも達していなかった。張集馨によると、三月七日の黄昏に「突然壁が崩れる音が聞こえ、黒煙があたりに立ちこめた。兵勇が走ってきて「トンネルで爆発があり、爆死した弁兵、夫役の数は数え切れない。勝帥（勝保）もケガをされた」と報じたとある。清軍は地雷攻撃に備えて二万斤の火薬を運び込む作業をしていたが、坑道内の灯りが誤って火薬に引火した。死者は百人以上に及んだが、城壁と太平軍の外濠は無事で、「賊は城上から大声ではやし立て、銅鑼を鳴らした(97)」という。

また長期にわたる攻城戦は、清軍に規律の乱れをもたらした。すでに毛鴻賓は九月の上奏で「勝保の陣中は散漫で規律がない。兵勇は外で人の財物を盗み、人の婦女を犯し、至らざるところがない。甚だしい場合は武器を手に党を作って馬に乗り、白昼に村へ乱入しては略奪を働く。遠近の二、三十里で免れた村はない」と告発した。また彼は勝保が派遣する官吏や将校が道々「もてなしを強要して、殆ど暇のない程だった」ことや、各州県から砲台や濠を修築したり、兵糧や武器、火薬を輸送するための人夫を徴発したため、「官民は交々困り、苦累は耐え難かった」[98]ことを訴えた。

後に勝保はこれら毛鴻賓の告発について、「勝保が張亮基を弾劾した恨みから、代わって報復しようと望んだ」[99]と反論した。だが張集馨は毛鴻賓の訴えは「真偽が相半ば」すると述べたうえで、吉林兵の略奪に怒った村人が兵を殴ったところ、これを聞いた勝保が兵三百人を派遣して村を「剿洗」させたのは事実だと述べている。また勝保の陣営付近には娼館や酒店、賭博場、アヘン窟などが建ち並び、兵士ばかりか将校も出入りして「恬として恥じなかった」という。さらに張集馨は四川勇や黄良楷の率いる単県勇の規律が悪かったことに加えて、兵の暴行や人夫の徴発による地元の重い負担については「僧営（僧格林沁の軍）もまたかくの如し」[100]であったと記している。実際に十月には僧格林沁のもとで「幫辦糧台」の任務にあった候補道保定同知黄徳坊らが「卑鄙貪汚であり、劣蹟は多端」[101]などと告発を受けた。

林鳳祥軍を壊滅させた僧格林沁は、三月八日に高唐州へ向かった。彼は黒竜江、吉林などの騎兵二五五〇人、歩兵二八〇〇人と投降した義勇三千余人を率いたが、残る二万人は経費削減のため原隊へ復帰させた[102]。翌九日に咸豊帝は、勝保が「驕り高ぶって怠惰となり、将兵も命令に従わなくなった」ために高唐州の弾圧が遅れ、多くの告発を受けていると指摘した。また屢々諭旨を降して勝保に反省を促したが、依然として態度が改まらないため、僧格林沁に「勝保を拏問して、委員を派遣して北京へ護送せよ[103]」と命じた。

三月十一日に高唐州に到着した僧格林沁は、命令通り勝保を捕らえて北京へ送った。この時僧格林沁は勝保の「虚心で考えることをせず、功績を貪って軽々しく進んだり、軍中の機密を洩らした」性急で慎重さに欠ける行動こそが将兵を統率出来なかった原因であると指摘した。また「別項の劣蹟は、奴才はなお見聞していない[104]」とあるように、毛鴻賓や張集馨が指摘した清軍の腐敗については不問に付した。恵親王綿愉らによる取調べも同じ視点から進められ、勝保は「逆匪が初め高唐を占拠した時、勝保は一時の愚かさから僅かに騎兵二千余名を率いて追撃し、進攻を始めた時に兵が少なく順調に行かなかった。後に増援の兵勇を得たが、賊の守りはいよいよ堅くなった。ただ数百の残寇に対して、勝保は多くの兵を率いて九ヶ月余りも囲み攻めたにもかかわらず、剿滅することができなかった。督辦が遅延した罪は言い訳できず、自ら無能すでに極まることを恨むばかりである」[105]と供述した。咸豊帝は勝保が懐慶から山西で北伐軍をよく追撃し、北伐援軍を殲滅させた功績に鑑み、彼を新疆へ送って「効力贖罪」させることにした[106]。

勝保は北伐軍にとって最大のライバルであった。訥爾経額が処罰され、僧格林沁が戦線に到着するまでの間、彼が一人で清軍を支えたと言っても過言ではなかった。彼が「年若く資質が軽く……、人が服さないのを恐れて、往々にして権威をほしいままにした」「諸臣を感情に任せて叱責し、気の向くままに指揮するなど、絶えて相手の意見を受けいれて策を練ることをしなかった。このため大半の者は協力できず、用いた将弁たちも面従腹背だった」[107]と告発されたのも、その責任の大きさから見てやむを得ない部分があった。彼が流刑先のイリから戻って捻軍の弾圧にあたり、都統欽差大臣として安徽で再び太平軍と矛を交えるのは一八五八年のことであった[108]。なお勝保の解任に伴い、彼が率いていた四川、湖北、河南、江南の練勇五千人も解散させられた[109]。

さて勝保に代わって李開芳軍の攻撃を命じられた僧格林沁は、高唐州城が堅固で、軽々しく攻めれば多くの犠牲を出すと予想した。また李開芳は「狡猾なること異常」で、食糧が豊富なのを恃みとして籠城を続けており、必ず彼らを誘って「全股出巣」させなければ打撃を与えられないと考えた[110]。三月十六日に僧格林沁は義勇に太平軍部隊を装わせ、李開芳軍が「開城して迎える」のに乗じて城内へ突入しようと試みたが、李開芳は計略に乗らなかった。だが僧格林沁の到着後、李開芳軍は「毎晩巣を出て道を探」っており、林鳳祥軍の壊滅を知って南への撤退を図っていると思われた。

三月十七日夜に僧格林沁は前線の将兵を後方へ下げ、わざと警備を怠っているように見せかけた。はたして夜十一時過ぎに太平軍は出撃し、清軍がいないのを見て「歓呼雷同して全股が真っ直ぐ南へ向かって逃れた」と高唐州城を脱出した。僧格林沁が騎兵五百人に追撃させたところ、太平軍は高唐州から二十五キロほど離れた茌平県の馮官屯に到着した(111)。この時の様子について李開芳は次のように供述している

私は自分の騎兵全てを率いて東門から逃れ、東南に向かって逃げた。黄河を渡り、それぞれ逃げのびるつもりだった。四、五十里ほど走ったところで、そこの百姓一人に会い、私は尋ねた「前にあるのは何という場所か？」。彼は「馮官屯だ」と答えた。私は続いて「馮官屯には食糧があるか？　本当のことを言えば、おまえに銀をやるぞ」と尋ねた。するとその男は「馮官屯には食糧が沢山ある」と答えた。私が彼に百両の銀をやると、彼は我々を馮官屯へ案内した。我々は一気に中へ入り、馮官屯を占領した……。僧王爺（僧格林沁）も追撃の兵を率いて追いつき、馮官屯を包囲した(112)。

ここからは高唐州を脱出した李開芳らが黄河を渡河し、一気に江南へ向かうつもりだったことが窺われる。清軍に捕らえられた捕虜も「逆衆八百余名は、済寧州に向かって逃げようとした」と述べている。彼らが馮官屯に立ち寄ったのは食糧を確保するためで、籠城する意志はなかったが、清軍の追撃が早かったために「村に入って踞守」することになった。いわば事態は僧格林沁の思惑通りに展開したと言える。

馮官屯は三つの小村から成っており、周囲に「村を護る深濠」を巡らしていた。三月十八日に清軍は後続の騎兵、歩兵と義勇が到着すると、村の西南を攻めて西側の二ヶ村を奪回した。この戦いで「現在は撃殺されて僅かに五百余名を残すのみ」と二百人近い損害を受けた李開芳軍は、馮官屯の東南から脱出しようと試みたが失敗した。清軍は村

の周囲に大砲を運び込んで砲撃を加え、翌十九日にかけて一気に決着をつけようと攻勢をかけたが、頭等侍衛蘇彰阿らが戦死して敗退した[113]。

その後しばらく馮官屯からの脱出を図る李開芳軍と清軍との間で戦闘がくり返された。僧格林沁は連日馮官屯に砲撃を加え、太平軍は「大砲によって殺された者が多く、負傷した者も数知れない」と大きな打撃を受けた。だが太平軍も村内に三重の濠を張り巡らせ、濠の下に人が入れる穴を掘って砲火を避けると共に、穴から村の外壁に向けて射撃口を穿ち、進攻してくる清軍将兵を地下から狙撃出来るようにした。このため清軍は三月だけで義勇を中心に一三〇人以上の死傷者を出した。

戦況が膠着するのを恐れた僧格林沁は、連鎮で捕虜となった土官将軍の劉自明（湖南人）にトンネルを用いた地雷作戦に協力するように要請した。劉自明は武昌、南京攻略戦で城壁の爆破を担当した経験を持っていた[114]。だがこの時馮官屯では李開芳が自ら義勇の陣地に近づき、「巧言にて引き誘い、もって衆心を結ぼうと欲した」と太平軍に戻るように説得していた。また「仮意投降」即ちニセの投降者を送り込み、清軍陣地で内応工作を進めた。はたしてトンネルを掘り始めた劉自明は、六人の仲間と共に太平軍陣地へ逃げ込んだ。また太平軍も清軍陣地に向けてトンネルを掘っていることがわかり、僧格林沁は地雷による村壁の爆破を諦めざるを得なかった。

代わりに僧格林沁が採った戦法は、連鎮攻略の時と同じ水攻めであった。彼は馮官屯の外に徒駭河に通じる河川の跡（漢河）があり、河廳、三孔橋で堤防を破れば運河の水を引くことが出来ると突きとめた。そこで二、三千人の人夫を動員して水路一帯の低地に堤防を築く工事を始めた。もしうまく水が流れれば、馮官屯は水没しなくとも周囲の濠は完全に沈み、太平軍はそこに潜むことが出来なくなると考えたのである[115]。

この間も李開芳軍は馮官屯からの脱出を図り、四月十五日には清軍の砲台前にあった土塁を地雷で爆破した。太平軍がここから「冲出」すると清軍は一時「潰乱」したが、砲台の外側にもう一つ濠があったため、太平軍は包囲を突破することが出来なかった。僧格林沁は兵勇に命じて太平軍が占拠した砲台を奪回させたが、太平軍はなお溝内に残って抵抗を続けた。この日の戦いで清軍は都興阿、護軍参領舒保が重傷を負い、兵勇二三〇人が死傷した(116)。また四月初めに西征軍が武昌を占領(第三次)し、安徽の清軍が兵力不足となったため、この日僧格林沁は手持ちの兵から四千人を割いて河南信陽州へ送ることを決めたばかりだった(117)。それは粘り強く脱出の道を探っていた北伐軍にとって最後のチャンスであったかも知れない。

四月十五日の戦闘後、僧格林沁は「万にやむを得ず、初めて水を用いて浸灌することにした」と水攻めの実施を決め、同時に太平軍の地雷攻撃に備えさせた。四月二十日に太平軍は再び三ヶ所で地雷を爆発させたが、清軍はすぐに反撃を加えて太平軍を撃退した。また十九日に運河の水を引く工事が完成し、引き込まれた水は清軍陣地の近くに到達した。二十日昼に「まず周囲の濠に水が満ち、その後内側へ向かって浸淹した」とあるように馮官屯の周囲が水没した。馮官屯そのものはやや地盤が高く、太平軍の二本の濠が水深一メートル程度まで水没したが、濠の内側の低地は数十センチの水が到達しただけで、太平軍の地下陣地を水没させるには至らなかった。だが「逆匪は水を見て甚だ驚惶」とあるように水攻めは太平軍将兵を大いに驚かせた。二十一日には太平軍が馮官屯の西北で掘り進めていたトンネルが崩落し、中から火薬を入れた袋などが浮き上がった(118)。太平軍は水攻めによって地雷による攻撃を封じられたのである。

（c）　李開芳の投降と北伐の終焉

馮官屯を完全に水没させられなかった僧格林沁は、村の周囲の堤防を高くする工事を進め、水車やつるべなどを用いて外から水を流し込む作業を続けた。その結果十日後には堤防内の高い場所でも一メートルほどの水が溜まり、村内の太平軍陣地も水が入って貯蔵していた穀物が被害を受けた。初めのうち落ちついていた太平軍将兵も「水勢が日に長じるのを見て、初めて驚慌」とあるように動揺し始めた。

五月に入ると李開芳は再び包囲網の突破を試み、五月十五日からは連日「大股が出巣」して総攻撃をかけた。とくに十八日夜には北面の砲台に向かって五度攻撃をしかけたが、チャハル都統西凌阿の軍に撃退された。翌十九日夜に風の強いのを見た清軍は、火毬を装塡した砲を太平軍陣地に撃ち込んだところ、貯蔵していた火薬に引火して爆発した。翌日馮官屯を脱出してきた難民の話によれば「砲撃で賊匪数十名が殺され、焼かれた火薬、器械、米穀は数え切れなかった(119)」という。

李開芳軍の動揺を見越した僧格林沁は、五月二十五日に小船を調達し、すでに投降した太平軍将兵に三日間の期限つきで「投誠する者は罪を免ず」と呼びかけさせた。すると翌日までに蔡連修（湖広人）ら二一〇人余りが降伏した(120)。彼らは馮官屯の太平軍陣地が「地遍く皆水であり、ただ二、三丈の乾いた場所があって李開芳の寝床になっているが、他の賊はみな泥の中にいる」と供述した。また食糧はあるが、籾殻を杵でつく場所がない。最も深刻なのは飲料水がないことで、泥水は糞尿と混じって汚れ、これを飲んだ者は皆疫病にかかって死んだと語ったという(121)。僧格林沁は彼らを堤防の内側に留めて水営を編制し、「賊を攻めて贖罪」させることにした。

五月二十八日に李開芳は降伏を求める書状を僧格林沁に送った。僧格林沁がこれを認めると、先鋒指揮の黄近文が率いる太平軍将兵一四〇人が難民に混じって馮官屯から出てきた。だが先に投降した湖広人将兵から「該逆は現在木牌、長バシゴを造っており、決死の覚悟で奔撲しようとしている」と聞いていた僧格林沁は、「外観からを推し量るに、実に偽りの投降である」と判断し、難民を地方官に引き渡した後に彼らを皆殺しにした。また村内の太平軍が警戒を解くのを見計らい、「密かに号令を伝えて」一斉に攻撃をかけた。李開芳はこれに応戦し、村の近くまで迫った清軍を撃退した。

翌二十九日から二日間、清軍は大砲を用いて攻撃を続けた。この間も李開芳は使者を清軍陣地へ送り、「その一路を譲って南省へ逃げることが出来れば、決して再び北犯しない」と談判を試みたが、僧格林沁は応じなかった。いよいよ「万難支えがたくなった」李開芳は、ついに五月三十一日に投降した(122)。姚憲之『粤匪南北滋擾紀略』はこの時の模様について「遙かに数十人が紅の傘を差し、［李］開芳を護衛して出てくるのが見えた。僧邸（僧格林沁）は彼らが南へ向かって逃げるのではないかと恐れ、数万人を左右に陣取らせて待ち構えた(123)」とあるように、清軍が彼らを厳戒態勢で迎えたと伝えている。また陳思伯『復生録』によると、僧格林沁は船に乗った義勇を馮官屯に向かわせ、最後まで残った百人近くの太平軍将兵を拘束したとある。

投降後の李開芳は僧格林沁に面会した。この時の様子について陳思伯は「一切を婉曲に報告し、林逆（鳳祥）が傲慢不遜に王（僧格林沁）に見え、立ったまま跪かなかったのとは違っていた(124)」と記した。張集馨も僧格林沁の幕営に入ってきた李開芳が「跪いて小的（わたくしめ）と言った(125)」と述べている。だが姚憲之によると、二人の侍衛を伴って入ってきた李開芳は「僅かに僧王（僧格林沁）、貝子（徳勒克色楞）各大人に向かって一度膝を屈した」ものの、周囲に居並ぶ武官たちにも全く恐れる様子はなく、ただ「罪を許して頂ければ、金陵の諸将を投降させましょう」と言った。そして食事を与えられると「うち解けて大いに食べ、笑い話すこと普段通りであった(126)」と記している。

この李開芳が僧格林沁との会見で見せた態度は、命乞いあるいは南京へ帰還するための偽装投降など様々な解釈を可能にしている。張集馨はこの時僧格林沁が「なんじの投降を許したからには、わしは決してなんじを殺さぬ。いずれわしはなんじを従えて共に江南へ行き、功績を上げようと思う。江南を平定するうえで、なんじに何か計略があるか？」と恩赦を匂わせる発言をしたところ、李開芳は「江南の瓜［洲］、鎮［江］各陣地は、私なら降伏させることが出来る。もし専ら兵力に頼るようなら上手く行かないだろう(127)」と答えたと証言している。さらに李開芳の供述書は次のように述べている

僧王爺（僧格林沁）の陣中では「別省の脅されて従った者が投降すれば殺さないが、ただ広西人は降伏しても罪を赦さない」との命令が出ていた。だがもし広西人が降伏しても罪を免じて殺さなければ、広西人は何を無理して降伏しない筈があろうか。もし広西人が次々と降伏すれば、南京を破ることも難しくはない。もし私を派遣して南京を攻めさせるなら、私はまず一人の広西人を送り込んで「李開芳はすでに投降して大官になった」と宣伝させよう。南京の偽官たちは必ず皆投降してくる。偽官たちが逃げてしまえば城内は必ず乱れ、洪秀全、楊秀清も簡単に捕らえることができる。

これに続けて李開芳は、投降した北伐軍の将軍に沙廷富なる人物がおり、もし生きているなら自分は彼を南京へ潜入させ、秦日綱らを説得出来ると述べている(128)。彼の話を聞いた僧格林沁は「その心は測りがたいと考え、あえて深く追究しなかった(129)」とあるが、その実李開芳が表明したのは湖広人を初めとする途中参加者に降伏を勧め、彼らに義勇を組織させて北伐軍を攻撃させた僧格林沁の戦略がもたらした効果の大きさであった。太平天国の滅亡後に忠王李秀成も「清朝がもっと早く広西の人を赦していれば、とうの昔に解散していただろう(130)」と供述したが、この蜂起参加の時期や出身地に基づくヒエラルキー構造こそは太平軍の特徴であり、同時に弱点でもあった。その後連鎮と馮官屯の戦いで活躍した元太平軍兵士の義勇部隊一八〇〇人は西凌阿の統率のもと湖北徳安へ送られ、忠義勇を名乗って西征軍との戦いに用いられた(131)。その成果は必ずしも順調ではなかったが(132)、広西、広東人の横暴を非難して他省出身者を自分たちの陣営に引き寄せる努力はその後も続けられた。つまり北伐軍の壊滅は太平軍といかに戦うべきかを清朝に認

識させたのである。

小　結

本章は太平天国の北伐軍が壊滅する過程について分析を行った。援軍との合流に失敗した北伐軍は、林鳳祥の連鎮、李開芳の高唐州に分かれて籠城戦を続けた。初め追撃の軍を率いて高唐州へ向かった勝保は、一千人に満たない李開芳の一隊を容易に殲滅出来ると考えた。しかし李開芳は州城を要塞化して清軍の度重なる攻撃を却け、戦いは膠着状態に陥った。だが李開芳も新たな援軍要請あるいは勢力の拡大という本来の任務は達成できず、連鎮の本隊との連絡も途絶えたまま籠城を続けることになった。

いっぽう連鎮では林鳳祥が僧格林沁の大軍と向かい合っていた。ここを包囲する清軍も太平軍の厚い防禦に攻めあぐみ、多くの犠牲を出したため、僧格林沁は運河の水を引いて連鎮を水没させる戦略を思いついた。彼は咸豊帝の叱責にもかかわらず水攻めの準備を進め、最後は大雨で堤防が決壊したことも手伝ってこの計画は実現した。そして林鳳祥軍は東連鎮の倉庫が浸水して深刻な食糧不足に陥った。

これ以後林鳳祥軍は連鎮からの脱出を図り、清軍陣地に対する攻撃を執拗にくり返した。その戦法は夜襲から木梯子、呂公車あるいは船を使った攻撃と知恵の限りを尽くしたが、どうしても清軍の包囲を突破することは出来なかった。その間も太平軍陣地内の食糧不足は深刻化したが、広西出身の幹部とその他の将兵との間には待遇の差が歴然として残り、その結果湖南、湖北などの出身で投降する者が現れた。

僧格林沁はこの変化を見逃さず、太平軍陣地の非広西人に投降を呼びかけた。また彼らの高い戦闘能力に注目し、義勇を編制して攻撃の矢面に立たせた。林鳳祥は将兵の逃亡を厳しく禁じたが、投降しても殺されないことを知った非広西出身者は集団で脱走するようになった。一八五五年三月についに連鎮は陥落したが、最後まで林鳳祥のもとに残ったのは多くが広西出身者と北伐の進撃中に新たに加わった反体制勢力であった。林鳳祥は地下に潜伏していたところを捕らえられ、北京へ送られて殺された。

その頃高唐州では李開芳と勝保の戦いがなお続いていた。この間勝保も無策であった訳ではなく、大型砲による砲撃やトンネルを用いた地雷作戦など様々な作戦を試みた。だがそれらは悉く失敗し、兵勇が厭戦気分に陥ったために李開芳軍に打撃を与えることができなかった。連鎮の陥落後、僧格林沁はすぐに高唐州へ向かい、勝保は革職拏問となって新疆へ送られた。僧格林沁も高唐州城を攻める良策を持っていなかったが、連鎮の陥落を知った李開芳は南進をめざして高唐州を脱出し、全軍が出撃したところを痛撃するという僧格林沁の戦略は図らずも実現した。

李開芳が最後に拠点としたのは馮官屯であった。ここを包囲した僧格林沁は再び水攻めを行うことを決め、馮官屯の周囲に高い堤防を築き、遠く大運河から水を引いて村を水没させた。その結果太平軍は地下のトンネルが崩落して地雷攻撃を封じられ、脱出の希望は完全に絶たれた。また食糧と水の不足に苦しみ、不衛生な環境の中で死者が続出した。五月末に李開芳は軍の撤退について談判しようと試みたが、僧格林沁はこれに応じなかった。そしてついに李開芳も降伏したのである。

降伏後、僧格林沁に引き合わされた李開芳は、なお虚々実々の駆け引きを行った。むろん「広西人は降伏しても罪を赦さない」という清軍の方針を聞いていた李開芳は、命乞いが認められないことをよく知っていた。にもかかわらず彼が広西人の投降を認めることが南京攻略の早道であり、自分を派遣すれば南京城内の広西人将兵を説得できると献策したのは、自分が南京へ戻る僅かな可能性を見ようとしたのかも知れない。だがこのやりとりから浮かび上がる一つの事実は、非広西人の投降を積極的に認め、彼らの能力を活用して太平軍を攻めさせる僧格林沁の戦略が北伐軍に与えたダメージの大きさであった。それは湖南、湖北出身者を含む「老兄弟」の強い結束によって軍内の秩序と高い戦闘力を維持してきた太平軍の組織に亀裂をもたらし、広西人を孤立させることで勝利が可能となることを清軍に教えたのである。

こうして二年間におよぶ太平天国の北伐はここに幕を閉じた。すでに多くの論者が指摘しているように、北京攻略をめざして清朝の支配地域だった華北を転戦した北伐軍の活動は困難の連続であった。その兵力は独流、静海県到達時には三万人を数えたが、南京進撃時のような大量の参加が見られた訳ではなかった。また彼らは黄河下流で渡河することが出来ず、懐慶攻防戦で時間を浪費するなど戦略上の誤りも多かった。さらに旗人とその協力者に対する排斥を唱えた上帝教の主張に基づき、北伐軍は進撃の途中二度の虐殺事件を起こした。これに華北の人々の根強い反感も加わり、北伐軍は「孤軍深入」(133)即ち敵中深く孤立したまま行軍することを余儀なくされた。

だがこうした制約にもかかわらず、北伐軍は勇敢かつ大胆な行動力で直隷省へ進出した。清軍は彼らの迅速な行軍に追いつくことができず、抵抗を試みた部隊は準備不足や連携の悪さから次々と撃破された。むしろ清軍で盛んだったのは司令官の内紛や非難合戦であり、欽差大臣だった訥爾経額と勝保、巡撫として迎撃の任務に当たった陸応穀、哈芬、張亮基らは皆処罰を受けた。もし北伐軍が深州で引き続き北進するか、天津到着後も間髪を入れず前進していたら、一時的であれ北京を攻略することは可能だったかも知れない。

だが結局北伐軍は北京進攻を行わなかった。彼らは天津郊外で援軍を待ったが、南京の太平天国首脳部は北京の清軍兵力を過大評価した密偵の報告によって援軍の派遣に慎重となり、その出発は一八五四年二月まで遅れた。独流、静海を離れた北伐軍は保定で曽立昌の援軍と合流する予定であったが、束城村への行軍で多くの将兵が凍傷となり、阜城県への移動では雪融けの泥に身動きが取れなくなった。僧格林沁の追撃で痛手を受けた北伐軍は五月にようやく連鎮へたどりついたが、合流すべき援軍はすでに臨清で敗退していた。以後連鎮と高唐州で籠城を続けた北伐軍の最後は本章が検討した通りである。

それにしてもなぜ太平天国の首脳たちはもっと早く援軍を送らなかったのか？　北伐軍の出発時に一部の軍は敗北して南京へ戻っており、黄河を渡河出来なかった南返軍が安慶へ帰還した時にも援軍の必要性はある程度予想出来た筈である。その一つの手がかりは太平天国滅亡の原因を記した李秀成の「国を誤らせた第一は、東王が李開芳、林鳳祥に北を攻めさせて敗北した大失敗[134]」という供述で、北伐の計画そのものが楊秀清の強いイニシアティブのもとで決定されたことを示唆している。『天父聖旨』は北伐軍が連鎮、高唐州で苦戦していた一八五四年九月に「東王の霊魂は各処に行って、大いに妖魔と戦い、妖魔を誅殺すること無数であった。まま網に漏れて殺せなかった者もいたが、悉く遠く他方へ逃れた[135]」と記しており、少なくとも彼は北伐の戦局について関心と指揮の権限を持っていたことがわかる。

援軍の敗退後、一八五四年六月に楊秀清によって北伐軍の救援を命じられた燕王秦日綱の軍は、安徽舒城県で福建陸路提督秦定三の率いる清軍と団練に行く手を阻まれた。その実彼は「北進を願わず、楊賊（秀清）に北路の官軍が大変多く、兵が少なく行き難いと報告した[136]」とあるように、楊秀清の命令に従って北進することを望まなかった。当時の太平天国で高まりつつあった楊秀清の専制に対する不満は、彼の指揮する作戦活動に人々が協力しないという現象を生んだのであり、それは北伐軍救援という困難な任務であるほど顕著に表れた。李開芳が自分であれば秦日綱を投降させることが出来ると述べたのは、秦日綱が天京事変で楊秀清を殺害した「反楊秀清派」だった事実を考えた時に示唆的である。つまり北伐軍に対する救援の遅れは、太平天国が挙兵時の勢いを失い、非効率な専制王朝へ転化しつつあったことを示していると言えよう。

これらの問題点をかかえ、大きな犠牲を払った北伐であったが、それが後世の歴史に与えた影響を否定することは出来ない。メドウス（T. Meadows）は次のように述べている

太平軍が南京から静海まで進撃した距離は一三〇〇から一四〇〇マイルに及ぶが、彼らが南京対岸の長江北岸を出発した日から、後方の友人たちとの連絡は変装した使者によって維持された通信を除いて全く途絶えていた。彼らは南京と鎮江の近くで監視の任務に当たっていた清軍から派遣された部隊に追尾されており、これとは別に行く先々で各地の地方軍が背後に迫っていた。だがこの軍は驚くべきことに、かくも孤立しながらも粘り強く北へ向かって進路を取り、苛酷な気候、戦うほどに数が増え強力になる敵によって積み上げられた幾多の困難にもかかわらず、初めは西、次いで東へ大きく進路を変えながら、六ヶ月ものあいだ決して南へ退くことをしなかった。この驚くべき光景こそは、太平軍組織の強さをよく物語っている。

これに続けてメドウスは、林鳳祥らが決して太平天国前期の中心的指導者である五王のメンバーではなかったにもかかわらず、その献身的な努力によって「この大胆で危険に満ちた攻撃を満洲王朝の本拠地で実行した」ことに賞賛を送っている。かくも困難な戦いの中で、最後まで勝利の可能性をあきらめなかった彼らの足跡は、太平天国史の最も輝かしい記憶として孫文の北伐へと受け継がれることになったのである。(137)

【註】

（1）本書第一章。

（2）本書第二章。

（3）本書第三章。
（4）簡又文『太平天国全史』第九章、北伐軍戦史、香港猛進書屋、一九六二年、五五七～六六四頁。
（5）張守常『太平天国北伐史』（張守常・朱哲芳『太平天国北伐・西征史』広西人民出版社、一九九七年所収）。張守常『太平軍北伐叢稿』斉魯書社、一九九九年。
（6）崔之清等編『太平天国戦争全史』二、戦略発展、南京大学出版社、二〇〇二年。
（7）堀田伊八郎「太平天国の北征軍について――その問題点の一考察」『東洋史研究』三十六巻一号、一九七七年。
（8）中国第一歴史檔案館編『清政府鎮圧太平天国檔案史料』（以下『鎮圧』と略記）第六輯～十七輯、一九九二～一九九五年。中国社会科学院近代史研究所主編、張守常編『太平軍北伐資料選編』斉魯書社、一九八四年。中国第一歴史檔案館編『軍機処奏摺録副』農民運動類、太平天国項、第九巻。
（9）僧格林沁等奏、咸豊四年五月初三日『鎮圧』十四、二二〇頁。勝保奏、咸豊四年五月初四日、同書二三二頁。その兵力については李開芳供詞（咸豊五年四月）に「六百三十多人」（中国第一歴史檔案館編『清代檔案資料叢編』五、中華書局、一九八〇年、一六六頁）とある。
（10）崇恩奏、咸豊四年五月初八日『鎮圧』十四、二七九頁。また光緒『高唐州志』巻二之二、建置考、兵革考略によると、知州魏文翰は先任山東巡撫張亮基から住民が虐殺に遭った臨清の教訓を活かすように諭され、城門を開いて人々を避難させた。また太平軍が進攻すると守備吉琳、千総劉万化は逃亡し、団紳の杜維屏（生員）は戦死した。
（11）勝保奏、咸豊四年五月初六日、『鎮圧』十四、二六一頁。
（12）勝保奏、咸豊四年五月初四日、『鎮圧』十四、二三二頁。
（13）綿愉等奏續訊李開芳等人供詞摺『清代檔案資料叢編』五、一六八頁。
（14）李開芳供詞『清代檔案資料叢編』五、一六六頁。
（15）僧格林沁等奏、咸豊四年五月初七日『鎮圧』十四、二六八頁および同奏の硃批部分。
（16）勝保奏、咸豊四年五月初九日『鎮圧』十四、二八一頁。

(17) 勝保奏、咸豊四年五月十六日『鎮圧』十四、三三七頁。
(18) 勝保奏、咸豊四年五月二十四日『鎮圧』十四、四二四頁。
(19) 勝保奏、咸豊四年六月初八日『鎮圧』十四、五二九頁。
(20) 勝保奏、咸豊四年五月二十四日『鎮圧』十四、四二四頁。
(21) 綿愉等奏續訊李開芳等人供詞摺『清代檔案資料叢編』五、一六八頁。
(22) 張集馨『道咸宦海見聞録』中華書局、一九八一年、一五一頁。
(23) 毛鴻賓奏、咸豊四年閏七月二十七日、軍機処奏摺録副、農民運動類、太平天国項八四六九－三二号、中国第一歴史檔案館蔵（『清代檔案資料叢編』五、二一九頁）。
(24) 張集馨『道咸宦海見聞録』一五一頁。
(25) 毛鴻賓奏、咸豊四年閏七月二十七日『清代檔案資料叢編』五、二一九頁。
(26) 勝保親供、咸豊四年二月十五日『清代檔案資料叢編』五、二二二頁。
(27) 勝保奏、咸豊四年七月十九日『鎮圧』十五、六六頁。
(28) 勝保奏、咸豊四年六月二十五日『鎮圧』十四、六一七頁。
(29) 勝保奏、咸豊四年七月十九日『鎮圧』十五、六六頁。
(30) 勝保奏、咸豊四年六月二十五日『鎮圧』十四、六一七頁。
(31) 軍機大臣、咸豊四年七月十四日『鎮圧』十五、三三頁。
(32) 勝保奏、咸豊四年七月十九日『鎮圧』十五、六四頁。
(33) 勝保奏、咸豊四年七月十九日『鎮圧』十五、六六頁。
(34) 勝保奏、咸豊四年六月初八日『鎮圧』十四、五二九頁。
(35) 勝保奏、咸豊四年閏七月初十日『鎮圧』十五、二〇七頁。
(36) 勝保奏、咸豊四年七月十九日『鎮圧』十五、七〇頁。

(37) 諭内閣、咸豊四年七月二十二日『鎮圧』十五、八三頁。
(38) 勝保奏、咸豊四年七月三十日『鎮圧』十五、一三六頁。
(39) 勝保奏、咸豊四年閏七月十五日『鎮圧』十五、二四五頁。
(40) 勝保奏、咸豊四年閏七月初十日『鎮圧』十五、二〇五頁。
(41) 綿愉等奏続訊李開芳等人供詞摺『清代檔案資料叢編』五、一六八頁。
(42) 勝保奏、咸豊四年閏七月初十日『鎮圧』十五、二〇七頁によると、清軍は「出城探西南路径」の王西牛（李開芳軍の排刀手）を捕らえた。また載齢奏、咸豊四年五月二十日『鎮圧』十四、三八二頁も「高唐州逆匪遣其送信、令連鎮逆匪竄至高唐州」の太平軍密偵を捕らえたという。
(43) 陳思伯『復生録』（羅爾綱・王慶成主編『中国近代史資料叢刊続編・太平天国』四、広西師範大学出版社、二〇〇五年、三四九〜三五〇頁。「太平軍連鎮被困図」『太平軍北伐資料選編』六六六頁。
(44) 僧格林沁等奏、咸豊四年五月二十日『鎮圧』十四、三八二頁。
(45) 軍機大臣、咸豊四年五月二十二日『鎮圧』十四、四一〇頁。
(46) 僧格林沁等奏、咸豊四年五月二十六日『鎮圧』十四、四五一頁。
(47) 僧格林沁等奏、咸豊四年六月初一日『鎮圧』十四、四八九頁。
(48) 僧格林沁等奏、咸豊四年五月二十日・同二十六日『鎮圧』十四、三八一・四五一頁。
(49) 軍機大臣、咸豊四年五月二十八日『鎮圧』十四、四六八頁。
(50) 軍機大臣、咸豊四年六月初三日『鎮圧』十四、五〇二頁。
(51) 僧格林沁等奏、咸豊四年六月十三日『鎮圧』十四、五六四頁。また勝保もこの作戦について「未必有傷於賊、転恐有害於我」と反対した（勝保奏、咸豊四年六月二十五日、同書六一九頁）。
(52) 僧格林沁等奏、咸豊四年六月十八日・三十日『鎮圧』十四、五九五・六三四頁。
(53) 僧格林沁等奏、咸豊四年六月二十二日『鎮圧』十四、六一〇頁。

(54)「太平軍連鎮被囲図」『太平軍北伐資料選編』六六六頁。
(55)僧格林沁等奏、咸豊四年七月二十七日『鎮圧』十五、一一八頁。
(56)僧格林沁等奏、咸豊四年閏七月初六日『鎮圧』十五、一八一頁。
(57)僧格林沁等奏、咸豊四年閏七月十一日『鎮圧』十五、二一六頁。
(58)僧格林沁等奏、咸豊四年閏七月二十四日『鎮圧』十五、二八六頁。
(59)僧格林沁等奏、咸豊四年八月初二日『鎮圧』十五、三一三頁。
(60)僧格林沁等奏、咸豊四年八月初五日『鎮圧』十五、三四七頁。
(61)陳思伯『復生録』『中国近代史資料叢刊続編・太平天国』四、三四九～三五〇頁。
(62)僧格林沁等奏、咸豊四年八月十一日『鎮圧』十五、四〇四頁。
(63)僧格林沁等奏、咸豊四年八月二十九日『鎮圧』十五、五一二頁。
(64)僧格林沁等奏、咸豊四年九月初六日『鎮圧』十五、五五四頁。
(65)僧格林沁等奏、咸豊四年九月二十五日『鎮圧』十五、六四四頁。
(66)陳思伯『復生録』『中国近代史資料叢刊続編・太平天国』四、三五〇頁。
(67)僧格林沁等奏、咸豊四年九月二十九日『鎮圧』十六、一頁。
(68)僧格林沁等奏、咸豊四年九月二十五日『鎮圧』十五、六四四頁。
(69)僧格林沁等奏、咸豊四年九月二十九日『鎮圧』十六、一頁。
(70)軍機大臣密寄、咸豊四年九月初一日『鎮圧』十五、五一七頁。
(71)僧格林沁等奏、咸豊四年十月初七日『鎮圧』十六、三二頁。
(72)僧格林沁等奏、咸豊四年十月二十一日『鎮圧』十六、一二二頁。
(73)僧格林沁等奏、咸豊四年十一月初六日『鎮圧』十六、二三一頁。
(74)僧格林沁等奏、咸豊四年十一月二十四日『鎮圧』十六、三九三頁。またこの戦いでの死傷者については同奏、咸豊四年十二月初四日、同書四九二頁。
(75) 僧格林沁等奏、咸豊四年十一月二十四日『鎮圧』十六、三九三頁。
(76) 陳思伯『復生録』『中国近代史資料叢刊続編・太平天国』四、三五〇頁。
(77) 僧格林沁等奏、咸豊四年十一月二十四日『鎮圧』十六、三九三頁。
(78) 僧格林沁等奏、咸豊四年十二月初六日『鎮圧』十六、四九二頁。黄益沅は黄益峰の族兄で、金田蜂起時に百長、道州で監軍となり、南京で総制になった、揚州から南京へ戻って指揮となり、北伐参加後は連鎮で検点になったが、一月に戦死した（綿愉奏審録林鳳祥等人供詞摺、咸豊五年正月所収の黄益峰供『清代檔案史料叢編』五、一六二頁）。
(79) 僧格林沁等奏、咸豊四年十二月初六日『鎮圧』十六、四九二頁。だがその後山東出身の囚人兵がこの男を殺し、銀を奪い返したという。
(80) 僧格林沁等奏、咸豊四年十二月二十七日『鎮圧』十六、六六一頁。
(81) 陳思伯『復生録』『中国近代史資料叢刊続編・太平天国』四、三五一〜三五二頁。
(82) 僧格林沁等奏、咸豊四年十二月二十七日『鎮圧』十六、六六一頁。また郭廷以『太平天国史事日誌』台湾商務院書館、一九七六年、三七三頁は詹啓倫が二月十三日に投降したと記している。
(83) 陳思伯『復生録』『中国近代史資料叢刊続編・太平天国』四、三五二頁。
(84) 僧格林沁等奏、咸豊四年十二月二十七日『鎮圧』十六、六六一頁。
(85) 僧格林沁等奏、咸豊四年十二月二十七日『鎮圧』十六、六六四頁。
(86) 僧格林沁等奏、咸豊五年正月十六日『鎮圧』十七、三〇頁。
(87) 陳思伯『復生録』『中国近代史資料叢刊続編・太平天国』四、三五二頁。
(88) 僧格林沁等奏、咸豊五年正月十九日『鎮圧』十七、三九頁。
(89) 陳思伯『復生録』『中国近代史資料叢刊続編・太平天国』四、三五三頁。
(90) 僧格林沁等奏、咸豊五年正月二十日『鎮圧』十七、四三頁。

(91) 綿愉奏審録林鳳祥等人供詞摺。同奏によれば、他に孟新隆（桂平県人）、将軍陳亜末（広東帰善県人）、副将軍欧錦（広西象州人）、江有信（桂林人）、儂六一（象州人）などが捕らえられた（『清代檔案史料叢編』五、一六二頁）。
(92) 陳思伯『復生録』『中国近代史資料叢刊続編・太平天国』四、三五三頁。
(93) 張集馨『道咸宦海見聞録』一五二頁。また勝保によると、この大型砲は「一時未遽轟破、而砲力較大、所撃之処磚石摧裂、頗異尋常。時聞城上賊衆号叫之声、甚形警懼」と太平軍を驚かせたが、連日砲撃したところ「因倉猝赶造、鉄性未浄、吃薬過多、是以砲口炸裂、未敢再用」とあるように砲口が破裂して使用不能になったという（勝保奏、咸豊四年八月初二日・八月二十四日『鎮圧』十五、三一五頁・四七七頁）。
(94) 張集馨『道咸宦海見聞録』一五二頁。この間勝保は元々率いていた歩兵六千人のうち、高唐州へ連れてきた兵が一四〇〇人に過ぎず、当てにしていた山東兵が各地の拠点防衛のために動員できなかったと述べ、北伐援軍の平定時に兵力を撤去したのは誤りだったと自己批判した（勝保奏、咸豊四年八月十二日『鎮圧』十五、四一九頁）。
(95) 勝保奏、咸豊四年九月初七日『鎮圧』十五、五六二頁。張集馨『道咸宦海見聞録』一五二頁。
(96) 勝保奏、咸豊五年正月初三日『鎮圧』十七、一頁。
(97) 張集馨『道咸宦海見聞録』一五六〜一五七頁。
(98) 毛鴻賓奏、咸豊四年閏七月二十七日『清代檔案資料叢編』五、二一三頁。
(99) 勝保親供、咸豊五年二月十五日『清代檔案資料叢編』五、二二九頁。
(100) 張集馨『道咸宦海見聞録』一五八頁。
(101) 軍機大臣、咸豊四年八月初六日『鎮圧』十五、三六九頁。また僧格林沁奏、咸豊四年八月十一日、同書四〇四頁は黄徳坊らの嫌疑を否定している。
(102) 僧格林沁等奏、咸豊五年正月二十日『鎮圧』十七、四三頁。この外に僧格林沁は欽差大臣托明阿の要請を受けて兵二千人を揚州戦線へ向かわせた。
(103) 軍機大臣、咸豊五年正月二十一日『鎮圧』十七、四五頁。

(104) 僧格林沁奏、咸豊五年正月二十四日『鎮圧』十七、五五・五六頁。

(105) 綿愉等奏、咸豊五年二月二十二日『鎮圧』十七、一三七頁。なお勝保親供、咸豊五年二月十一日は「当該逆初踞（高唐）州城之時、勝保若将自豊件帯回連鎮之馬、歩各隊一万余名、概行撤調来営、併力囲攻、於克復高唐、自必較易為力。惟連鎮南面空虚、勝保不敢顧此失彼、是以僅将歩隊二千余名調赴高唐。此勝保一時糊塗、以致進攻之初、兵単未能得手、後雖続調兵力、而賊守更堅」と述べ、北伐援軍の鎮圧に使った兵力を活用できず、連鎮出発時に僅かな歩兵しか率いなかったことが苦戦の原因であるとの見解を改めて主張した。また勝保がいつも連鎮の戦況と「較量先後」していた理由を正されると、「勝保愚見、以為雖分両処軍営、仍属共辦一事」であり、「故奏報内毎与連鎮情形、相提並論、別無他見」と述べて僧格林沁への対抗心はなかったと供述した（『清代檔案資料叢編』五、二二一・二三〇頁）。

(106) 諭内閣、咸豊五年二月二十二日『鎮圧』十七、一三九頁。

(107) 毛鴻賓奏、咸豊四年閏七月二十七日『清代檔案資料叢編』五、二一三頁。

(108) 『清史稿』巻四〇三、列伝一九〇、中華書局、一九七七年、一一八七三頁。

(109) 崇恩奏、咸豊五年二月初三日『鎮圧』十七、八二頁。また陳思伯『復生録』は「僧王一到、訪聞城賊与兵暗通買売、即時鎖拏統帥勝保押解進京、将川楚各勇一概裁撤、遣発回南」とあり、僧格林沁は彼らが太平軍と通じていると聞いて即刻解散させたと述べている（『中国近代史資料叢刊続編・太平天国』四、三五三頁）。

(110) 僧格林沁奏、咸豊五年正月二十四日『鎮圧』十七、五六頁。

(111) 僧格林沁等奏、咸豊五年二月初三日『鎮圧』十七、七九頁。

(112) 李開芳供詞、咸豊五年四月『清代檔案資料叢編』五、一六六頁。

(113) 僧格林沁等奏、咸豊五年二月初三日『鎮圧』十七、七九頁。

(114) 僧格林沁等奏、咸豊五年二月初八日『鎮圧』十七、九二頁。

(115) 僧格林沁等奏、咸豊五年二月二十五日『鎮圧』十七、一五九頁。姚憲之『粤匪南北滋擾紀略』によると工事は已革左江道張祥普が担当し、水路の全長は六十キロ強、築いた堤防の総延長は二万二一七六丈で、総工費は京蚨五万二千余貫という

（『中国近代史資料叢刊続編・太平天国』四、九二頁）。

(116) 僧格林沁等奏、咸豊五年二月二十九日『鎮圧』十七、一七四頁。この戦いで義勇の勇目寧宗揚が太平軍陣地に拉致されて殺されたという（同奏、咸豊五年三月十七日、同書二〇七頁）。

(117) 僧格林沁等奏、咸豊五年二月二十九日『鎮圧』十七、一七五頁。

(118) 僧格林沁等奏、咸豊五年三月十七日『鎮圧』十七、二〇七頁。また陳思伯『復生録』によると、この冠水によって崩落した太平軍のトンネルは二十ヶ所以上に及んだ。これを知った僧格林沁は「二十余処地道、火薬同時轟発、不知傷人若干」と述べて喜んだという（『中国近代史資料叢刊続編・太平天国』四、三五四頁）。

(119) 僧格林沁等奏、咸豊五年四月初九日『鎮圧』十七、二六七頁。

(120) 僧格林沁等奏、咸豊五年四月十六日『鎮圧』十七、二九六頁。

(121) 張集馨『道咸宦海見聞録』一六二頁。

(122) 僧格林沁等奏、咸豊五年四月十六日『鎮圧』十七、二九六頁。

(123) 姚憲之『粤匪南北滋擾紀略』『中国近代史資料叢刊続編・太平天国』四、九二頁。

(124) 陳思伯『復生録』『中国近代史資料叢刊続編・太平天国』四、三五四頁。

(125) 張集馨『道咸宦海見聞録』一六三頁。

(126) 姚憲之『粤匪南北滋擾紀略』『中国近代史資料叢刊続編・太平天国』四、九二頁。

(127) 張集馨『道咸宦海見聞録』一六三頁。

(128) 李開芳供詞、咸豊五年四月『清代檔案資料叢編』五、一六六頁。

(129) 姚憲之『粤匪南北滋擾紀略』『中国近代史資料叢刊続編・太平天国』四、九二頁。

(130) 李秀成の供述書（並木頼壽等編『新編　原典中国近現代思想史』一、開国と社会変容、岩波書店、二〇一〇年、二二四頁。また羅爾綱『増補本李秀成自述原稿注』中国社会科学出版社、一九九五年、一五九頁）。

(131) 西凌阿奏、咸豊五年六月二十四日『鎮圧』十七、四二四頁。うち二月に投降した詹起倫は太平軍占領下の武漢で「坐探」

として活躍した（詹起倫等稟、咸豊五年五月二十二日、同書三八八頁）。

（132）姚憲之『粤匪南北滋擾紀略』によると、湖北に戻ると義勇の多くは「逃帰賊巣」してしまい、西淩阿はこれが原因で革職留任の処分を受けたとある（『中国近代史資料叢刊続編・太平天国』四、九三頁）。実際に徳安平林市の戦いで邢興朱、周春和ら四、五百人は「衆兄弟還要吃天父的飯」と叫んで太平軍の陣営に投じ、これを止めようとした勇目徐錫九らに襲いかかった（西淩阿奏、咸豊五年七月初五日『鎮圧』十七、四四八頁）。簡又文氏は彼らを最後に「帰隊」した北伐軍であると評している（簡又文『太平天国全史』第九章、北伐軍戦史、六五五頁）。

（133）洪仁玕の供述書、同治三年九月二十七日（『新編　原典中国近現代思想史』一、二四七頁。また『中国近代史資料叢刊続編・太平天国』二、四一〇頁）。

（134）李秀成の供述書（『新編　原典中国近現代思想史』一、二四〇頁。また羅爾綱『増補本李秀成自述原稿注』三八二頁）。

（135）『天父聖旨』巻三、甲寅四年八月二十四日『中国近代史資料叢刊続編・太平天国』二、三三一頁。

（136）張徳堅『賊情彙纂』巻二、劇賊姓名下、中国史学会主編『中国近代史資料叢刊・太平天国』三、神州国光社、一九五二年、五〇頁。江南提督和春の上奏によると秦日綱の軍は約二万人で、「由金陵、安慶、桐城前来救援、並解廬州之囲、即図北竄」であった。これに対して秦定三の清軍は三千名に満たず、数千名の団練を併せてもこれを突破して北上することは可能であった（和春奏、寛保四年七月初九日・七月十五日『鎮圧』十五、六・四五頁）。

（137）Thomas Taylor Meadows, *The Chinese and their rebellions: viewed in connection with their national philosophy, ethics, legislation and administration to which is added, an essay on civilization and its present state in the East and West.* London: Smith, Elder, 1856, pp178.

第二部　太平天国西征史

第五章　太平天国の西征開始と南昌攻撃

はじめに

近年の中国史研究における大きな変化は、新史料の発見によって歴史の具体像が明らかになった点であろう。とりわけ清朝政府の公文書である檔案史料の公開は、時代の要請に基づいた一面的な歴史認識の見直しを可能にした。太平天国運動についても今こそ「革命の先駆者」あるいは「破壊者」といった従来の評価を超えて、客観的な立場からその実像を解明する必要が高まっている。

かつて筆者は太平天国の生まれた原因が広西移民社会のリーダーシップを握った科挙エリートと非エリートの対立にあり[1]、清朝の統治が行きづまる中で人々は「理想なき時代」を乗りこえる処方箋を熱望していたと述べた[2]。また筆者は金田蜂起から南京攻略に至る初期太平天国の歴史を分析し、その特徴は十九世紀欧米の福音主義運動に影響された上帝会の強い宗教性にあると指摘した。それは人々の積極性を引き出して太平天国にたぐいまれな高い規律と戦闘力を与えたが、その排他的な攻撃性ゆえに「妖魔」と見なされた清朝官員、兵士とその家族に対する徹底的な殺戮を生み出した。またそれは虐げられた者の救済論であったために、辺境の下層移民出身だった太平軍将兵の都市住民に対する怨嗟や抑圧を後押しする役割を果たしたと結論づけた[3]。

本章が取り上げるのは、太平天国が一八五三年六月に開始した西征とくに南昌攻撃（同年九月まで）の歴史である。

天津に迫って清朝を危機に陥れた北伐と比較した場合、西征の歴史は注目を集めてこなかった。その理由の一つとして残された史料の偏りがあり、清朝側の記録を検証し得るだけの他史料が少ないという事情があった。簡又文氏はこの時期の歴史を太平天国史上の暗黒期と呼び、西征軍の活動を描いた部分（第十二章から十四章）に「戦事紀略」という表題をつけて、その詳細な分析は他日を期したいと記している(4)。

一九九〇年代に中国第一歴史檔案館編『清政府鎮圧太平天国檔案史料』が出版され(5)、檔案史料については系統的な分析が可能となった。西征史についても朱哲芳氏の専著(6)と崔之清氏らによる軍事史研究が出され(7)、研究の空白は埋められつつある。さらに新たな史料の発掘、整理および地域社会との関連を重んじた研究成果として、杜徳風『太平軍在江西史料』および同氏による南昌攻撃に関する論考(8)、徐川一『太平天国安徽省史稿』(9)などが存在する。だが総じて言えば革命史パラダイムが崩壊した影響を受け、新史料を活用した研究は行われていないと言えよう。

本章はこうした現状を踏まえ、太平天国西征の歴史を出来る限り詳細に検討することを目的とする。史料的には上記の史料集に加え、筆者が台北の国立故宮博物院で収集した檔案史料、イギリスの国立公文書館で収集した地方檔案を日本国内所蔵の地方志と共に活用する。また西征を十九世紀中葉の長江流域における社会変容という視点から捉え直し、太平天国の進出に対する地域社会の反応とその影響について分析を加えたい。それは太平天国の歴史を新たな中国近代史像に位置づけるための作業になると思われる。

一、西征軍の出発と南昌攻撃の開始

（a）西征軍の出発とその規模、目的について

南京を都に構えた太平天国が長江上流へ軍を送ったのは一八五三年六月三日であった。欽差大臣向栄は「船千余隻が銅鑼を鳴らして帆を揚げ、蜂擁として前進してきた」「三十日（六月六日）に賊船は当塗から蕪湖へ至った[10]」と述べている。安徽寧国府に置かれた清軍の食糧基地が襲われることを憂慮した向栄は三千人の兵を当塗、蕪湖県へ送ったが、太平軍は遡上を続け、十日には安徽省の省都安慶を占領した。だが二月に攻防戦が行われた安慶は「城は破壊され、人民は尽く逃げ、倉庫には銭糧が全くなかった[11]」と荒廃していた。このため太平軍は物資の捜索を終えると十三日に全軍が退出した[12]。

一般に太平天国の西征は長江上流の要地を占領して領土を広げ、南京の守りを固めるために行われたと考えられている[13]。少なくとも湘軍の登場によって上流からの軍事的圧力が強まった一八五四年以後はその通りであろう。だが崔之清氏が指摘しているように、西征開始当初の太平軍に拠点の確保や地域経営という意識は希薄であった[14]。安慶を離れた太平軍は六月十三日に江西彭沢県を占領し[15]、十八日には鄱陽湖への入り口に当たる湖口県に到達したが、この地に郷官を設置したのは十一月以後のことであった[16]。

次に西征軍の人数について見ると、先の向栄の上奏には「船千余隻」とあるだけで、具体的な兵力は記されていない。杜徳風氏が考証しているように、南昌攻防戦に参加した彭旭『江西守城日記』は「［五月］十八日（六月二十四日）寅刻に賊船千余が蟻のように至った[17]」と述べており、船一千隻という数字は確度の高い情報と考えられる。また張徳堅『賊情彙纂』によると、太平軍の小型船は一隻につき十人ほどが乗っており、単純計算すれば一万人の兵力だったことになる[18]。だが向栄の報告では「その船中はあるいは六、七人、あるいは二、三人と一定しなかった[19]」とあり、実際には定員に満たない船も多かった。同治『新建県志』は「老長髪はただ七百余人、途中脅されて従った者が約六、七千人[20]」と述べており、南昌から近い豊城県に住んでいた毛隆保『見聞雑記』も「賊は万人に満たなかった[21]」と記している。これらの情況から見て、南昌へ向かった軍勢は数千人と見るのが妥当であろう。

続いて西征軍の指揮官について見ると、開始時に最も序列が高かったのは春官正丞相胡以晄（後の豫王）であったが、彼は安慶一帯に留まり、一八五四年一月に清朝の臨時省都であった廬州を攻めた。[22] 南昌攻撃軍を指揮した夏官副丞相頼漢英（洪秀全の妻頼氏の弟）は「頗る文墨に通じ、兼ねて医理を知る」[23]と言われた読書人で、軍医担当後の五二年後半にようやく一軍を任された。また勇猛を謳われた検点曽天養[24]、指揮林啓容[25]、白暉懐[26]らが南昌攻撃軍に加わったが、その陣容を挙兵以来屢々先陣を務めた丞相林鳳祥、李開芳、吉文元らが指揮を執り、約二万人を擁した北伐軍と比較すれば、指揮官の経験および兵力の差は明らかだった。[27] つまりほぼ同時期に始まった二つの作戦のうち、太平天国首脳部が西征よりも北伐を重視していたことは間違いない。

それでは西征の目的は何であったのだろうか。第一に考えられるのは江南、江北大営の設立によって清軍の防備が手薄となった長江中流域に兵を送り、ここで食糧を獲得して南京城内の備蓄を増やすことであった。謝介鶴『金陵癸甲紀事略』によると、太平天国統治下の南京は一八五三年夏の段階で約二十四万人の人口をかかえていた。[28] 規定では兵士二十五人につき一週間で米十キログラムが支給されることになっていたが、配給はしばしば滞り、「江寧城中でみなが粥を食い、揚州の城内では皮箱を煮て飢えをしのいだ」[29]と言われた。また重労働に従事する男子や高級幹部の役所に配属された者は多めの米が配られたが、一般の男子や広西、湖南出身の女子は一日当たり五百グラムほどで、湖北や安徽、南京の女性には一日三百グラムの米しか与えられなかった。[30] さらに一八五四年九月には南京の女たち数万人を城外へ駆り立てて稲の刈り取りを行わせた。[31] 南京の食糧事情が安定していなかったことが窺われる。

三年以上にわたる西征軍の活動が穀倉地帯であった江西、安徽、湖北、湖南の広範な地域に及んだのは、食糧の確保と南京への輸送を目的としていたことを裏付ける。六月に南京を出発した部隊も「船は多かったが、半ばは空船」[32]

と運搬用の船が多く、「釆石および梁山を過ぎる時に住民から豚肉、ニワトリ、アヒル、野菜などを買い取った[33]」「野菜や魚肉を買うと、必ず数倍の値段を払った。わが豊［城］で利益を貪る者がこれを聞いて食物を送ったところ、また大いに利益を得た[34]」とあるように食物の獲得に熱心だった。また八月に湖広総督張亮基は「長江は金陵から江西までの一千数百里、全く阻むものがなく、賊船の航行は自在である。前月初旬には江西の賊船が百余隻、米糧を満載して、遠く江南の賊へ送っていた。今や晩稲が収穫期を迎え、近くの野には余った穀物があり、賊匪は運送することが甚だ容易である。恐らく江南の賊が坐困することはないだろう[35]」と述べており、南昌派遣軍がかなりの食糧を南京へ輸送したことがわかる。さらに『賊情彙纂』は次のように述べている

賊に食糧をもたらすものが、上游にあっては全て船運を用いていることは、言うまでもないことである。癸丑の年（一八五三年）五月に江西、湖北を犯してから、僅かに甲寅の年（一八五四年）九月から年末まで数ヶ月のあいだ湖北が粛清された。だがそれ以外は帆やマストが連なり、一つとして江寧に物資を補給する船でないものはなかった。

賊が他地方へ行くのは何か意図があってのことだが、江西、湖広へ行くのは専ら食糧を奪うためだった。どうしてそれがわかるかと言えば、いま捕虜となった賊が持っていた命令書の中に「なんじ誰それは水営左三軍の船一千三百隻に乗り、兵士を率いて江西南昌、湖北武昌一帯へ行き、貢物や食糧を集めて天京へ輸送せよ、誤るなかれ」とあったからである……。ここから賊が求めているものが専ら食糧であることがわかる。

西征軍の重要な任務が食糧の調達であったことが窺われる。張徳堅は元太平軍の典聖糧官（食糧管理者）などの証言として、南京には豊備倉、復成倉、貢院の三ヶ所に聖糧館が置かれ、一八五三年末の段階で籾殻つきの米一二七万石、米七十五万石が備蓄されていたと述べている。南京の太平天国は毎月米三十万石を消費したため、およそ四ヶ月

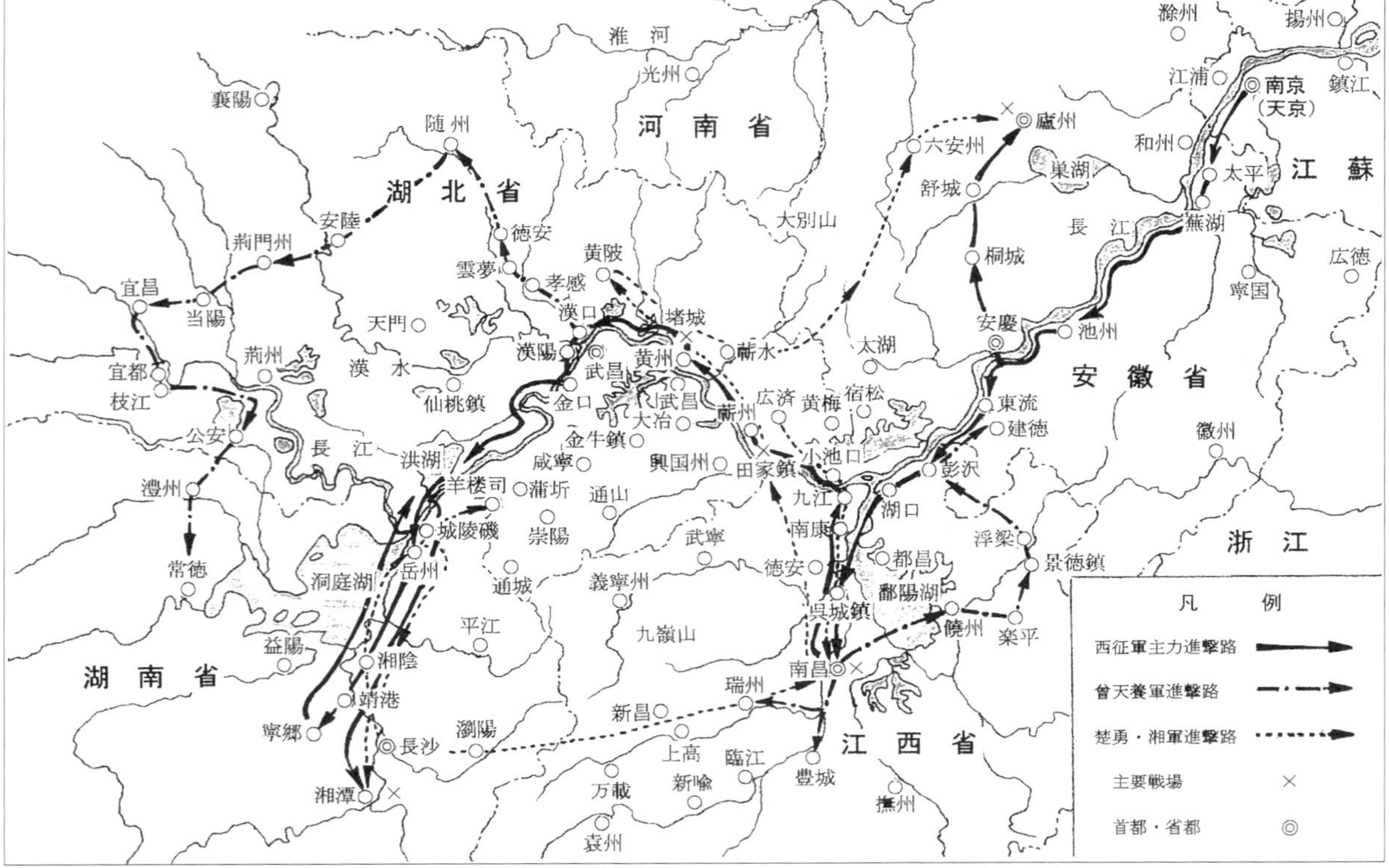

地図7　太平天国西征図①（1853年6月～54年6月、郭毅生主編『太平天国歴史地図集』より作成）

分の食糧が蓄えられていたことになるが、それらは多くが西征の成果であった。さらに聖庫館には銀二六三万両、銭三三五万五千串ほか多くの貴金属が所蔵されていた(36)。これら都市住民から没収した金品を使って食糧を買い取ったと推測される。

次に西征軍派遣の目的として挙げられるのは、清朝側が援軍を送らざる得ない地区に派兵することで、南京および揚州、鎮江一帯の清軍兵力を分散させ、軍事的な圧力を軽減することであった。向栄は早くからこの点を認識しており、五三年六月の上奏で「逆賊が四出して紛擾するのは、わが兵力を分けて専ら金陵を攻めることが出来ないようにするためである(37)」と指摘した。また別の上奏では「大悪人どもは金陵に盤踞しているが、彼らはその仲間を各地に派遣してわが力を分散させ、堅固な地に恃んでわが軍を疲弊させ、久しく占拠することでわが兵糧を浪費させようとしている。もし大兵を少しでも移動させれば、東南の半壁はさらに持ちこたえられない(38)」とあるように、太平軍が各地に兵を派遣したのは清軍の兵力を分散させるためであり、もし南京周辺の兵を引き抜いて救援に向かわせれば、かえって江南の戦局を悪化させると述べている。

当時の江西は清軍の兵站基地という役割を担っており、武昌陥落後に南昌には糧台総局が設立された。三月に広東から粤海関の税銀十二万両余りが南昌へ移送され(39)、四月と六月には粤海関餉および広州将軍が軍餉として備えていた銀など二十九万四千両が江西へ送られた(40)。このため七月四日の上諭で咸豊帝は「（太平軍の）意図は南昌を直撲して、江南の大軍を牽制することにあるのか」と問いかけたうえで、南昌の情況が「緊急」であれば向栄に援軍を送るように指示した(41)。

その結果向栄は七月に鶴麗鎮総兵音徳布率いる兵一二〇〇人を南昌へ出発させた(42)。また彼は河南にも兵二千人を送っており、一八五四年初めに江南大営は「出撃して戦える者は五、六千人に過ぎず、城が大きいため包囲するに足りない」[43]と兵力不足に陥った。西征の目的が南京周辺の清軍兵力を分散させることにあったとすれば、南昌を攻撃したのは効果をあげたと考えられる。

ちなみに太平天国がこうした戦略的意図を持っていたことは、断片的な記録ながら窺うことができる。『粤逆紀略』によると、竜鳳㺚（望江人）は太平天国に数千言からなる上書を提出した。そこで彼は「浪戦するなと勧め、嬰城を固守してわが軍を疲れさせ、軍を分けて略奪に出ることで、わが勢いを牽制せよ。安慶を門戸とし、もって江西をうかがえ」[44]と主張した。そしてこの上書を評価された竜鳳㺚は承宣の職を与えられた。

また一八五三年十二月に南京を訪問したカトリック宣教師クラブラン（R. P. Stanislas Clavelin. S. J）によると、洪秀全は南京周辺の清軍を攻撃したいと願う首領たちに「あれら満清の軍隊を遊興に溺れさせて彼らの身体を消耗させておけ。かつわが精兵は北方におり、もし我々がいまわが仇敵を攻めれば、これらの妖魔は北方に妖気を吹き散らすだろう。我々は将来彼らを包囲し、妖魔の国を全部たたきつぶすのだ」[45]と述べたという。ここから太平天国首脳部が北伐を成功させるためには、清軍を各地に分散させる必要があると考えていたことがわかる。この前提に立てば西征も清軍を「遊興に溺れさせ」、「北方に妖気を吹き散」らさせないための戦略であったと推測されるのである。

（b）　清軍の防衛体制と南昌攻防戦の開始

さて南昌で防衛の任務を任されていたのは、二月に九江陥落の責任を問われて革職留任の処分をうけた江西巡撫張芾であった。六月十三日に太平軍の西進を初めて報じた彼は、なお長江流域の警備強化を訴え、湖北広済県で抗糧暴動の鎮圧に当たっていた湖北按察使江忠源を安慶へ向かわせるように求めた[46]。だが六月二十日の上奏で張芾は、太平軍が九江へ向かう可能性は低いと述べたうえで、「現在江西省垣はもとより完善の区であり、かつ大営糧台の根本である。いまこの逆匪の大股が真っ直ぐに向かっているのは、わが腹心を攻めて食糧の補給路を絶とうとする計略である」とあるように、太平軍の攻撃目標が南昌であると断定して援軍を派遣するように要請した。彼は次のように述べている

現在逆船は風に乗って直進しており、省垣を攻めようとしている。下流の湖口、南康、呉城〔鎮〕の各地は駐屯する兵が少なく、河面も大変広いので恐らく防ぐことは出来ない。慌ただしい中のことで、情勢は緊迫している。省城の守備兵は三千に満たず、官紳両局の団練、壮勇もわずか二千余名である。城外に布陣して前後から呼応させようとしても、城壁を守る人数が足りないために半数は守備に回さざるを得ず、城外は孤軍となって呼応できない。急ぎ贛州鎮の兵八百名と袁州、銅鼓営の兵五百名を省城防衛に動員したが、贛州は省城から遠く離れている。よしんば袁州、銅鼓などの援軍を含めて時間通りに到着しても、兵力はまた甚だ薄弱で迎撃には足りない(47)。

ここから南昌の兵力が団練や壮勇を併せても五千人と少なく、省内から動員できる兵も一三〇〇人程度であったことがわかる。南昌の団練は太平軍が長沙を攻撃していた一八五二年九月に幫辦軍務を命じられた前任刑部尚書の陳孚恩（新城県人）が江西布政使陸元烺らと組織したもので、十万両の経費を用いて「官紳がそれぞれ一局を設け、壮勇を召募して軍装器械を急ぎ製作した」とある。また彼らは南昌の城壁を補修し、「いまだ十分に堅固とは言えないが、なお防禦には役立つ(48)」と報じていた。

ところが実際に太平軍が迫ると、「省城の舗戸や住民は紛々と搬遷し、一時は雇うべき船もなかった(49)」「人々が通りを塞ぐほどにごった返して、泣き叫ぶ声が響いた(50)」とあるように、城外へ避難しようとする人々が殺到した。「城中の文武官員で城外へ逃げる者は百七十余名」と地方官で逃亡する者も続出し、城内の郷紳で踏みとどまったのは陳孚

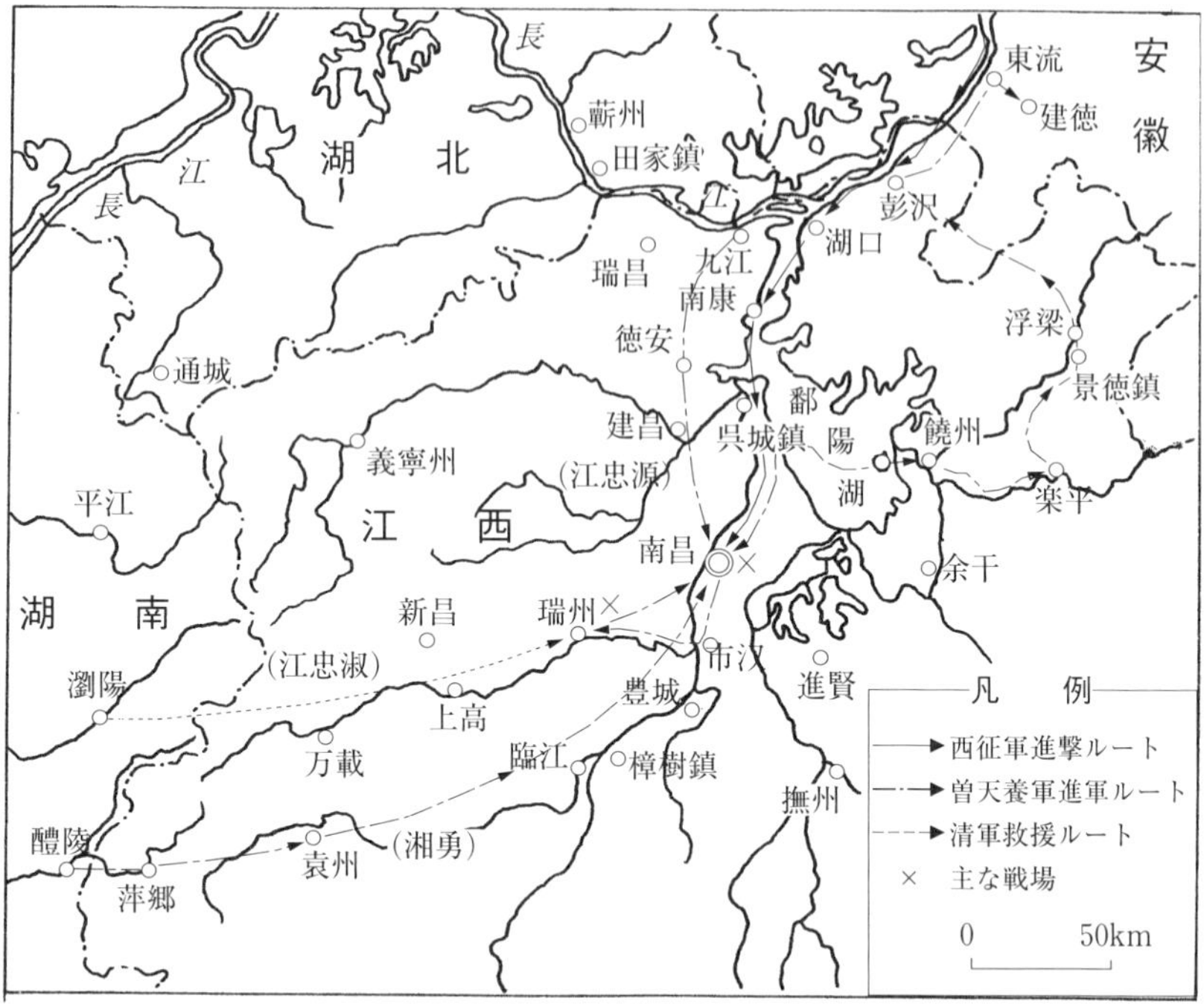

地図８　西征軍の南昌攻撃図（郭毅生主編『太平天国歴史地図集』より作成）

恩ら四人であった。[51] さらに練勇の多くは「市井の遊び人」であったため、地方官主導の「官団」を中心に多くが戦わずして逃散した。陳孚恩が急ぎ点呼を取ったところ、官団九百人のうち残っていたのは四九〇人に過ぎなかったとある。[52]

こうした現実を前に、南昌の清軍が頼りにしたのは九江に到着した江忠源の楚勇であった。六月十八日に張芾の「省都に来て防衛されたい。切に九江を墨守するなかれ」という要請を受けた江忠源は、楚勇一二〇〇人を率いて南昌へ急行した。[53] 六月二十二日に彼が南昌へ到着すると、それまで「固志がなく、久しく議論しても決しなかった」張芾らは早速会議を開いて江忠源に軍の指揮を委ね、「文官の知府以下、武官の副将以下で調度に従わない者は軍法に照らして処罰する」[54]と取り決めた。

江忠源がまず取り組んだのは、桂林および長沙攻防戦の経験を踏まえて城外の民家を焼き払い、太平軍に攻撃の拠点を作らせない措置であった。『江西守城日記』は楚勇二百人が城壁を降りて家々に火をつけると、「炎の光は天を焦がし、燃えさかる火に人々の恨みの声が上がった[55]」と記しており、城西の滕王閣（江南三大名楼の一つ）など多くの建築物が焼失した。江忠源はみずから部下を率いて城内を巡回し、命令違反者を発見すると直ちにこれを斬った。さらに張芾も城内の警備を強化し、太平軍の密偵三十六人を捕らえて処刑したという[56]。

太平軍が南昌へ到達したのは六月二十四日であった。この時城外は鎮火しておらず、西北隅の徳勝、章江門外に停泊した船から将兵が「紛々と上陸して消火[57]」にあたった。また燃え残った家屋は太平軍兵士が身を隠す場所となった。そこで江忠源は張芾と協議のうえ、二十六日に百長李光寛の率いる楚勇四百人を永和門の空心砲台から出撃させた。太平軍は三、四千人でこれを迎え撃ったが、督糧道・南昌府知府鄧仁堃、候補知府耆齢（後の江西巡撫）、候補知府林福祥らが援護射撃を加えると、損害を受けた太平軍は芝麻園に撤退した[58]。清軍も李光寛が伏兵の攻撃を受けて戦死し、林福祥が負傷するなど九十人以上の死傷者を出したが、太平軍に打撃を与えたことは城内の士気と江忠源の威信を高めた[59]。江忠源の到着を知った太平軍も「江妖はどうしてこんなに早く来たのか？[60]」と驚き、攻撃に慎重になったという。

この戦いの後に張芾が「賊鋒はやや挫いたが、兵力は甚だ少なく、城中の商民がことごとく逃げたために、百物が欠乏している[61]」と報じたように、慌ただしく準備を迫られた清軍にとって物資不足は悩みの種であった。とくに新石門外で兵糧を管理していた呉老三と彼の率いていた郷勇が逃走し、「糧餉、器械と銅炮四尊が全て賊のものとなった[62]」影響は大きかった。だが二十七日に「紳団」鎮洪軍の統率者であった胡鴻泰らが進賢門外の縄金塔寺を焼き払おうと出撃したところ、漕米倉庫の前で太平軍と遭遇し、これを撃退して米二万石を城内へ運び込んだ。その結果「現在城中の糧餉、軍火は共に充足している」[63]とあるように清軍の備蓄には余裕が生まれたという。

江忠源が次に行った施策は、太平軍のトンネルによる地雷攻撃を未然に防ぐことであった。彼は人夫を動員して、章江門から徳勝門へ至る城壁の内側三六〇メートルにわたって新たに月城を築き、その中に楚勇を配置した。また得勝門の老月城に深い濠を掘り、底に甕を設置してトンネル工事の音を探知させた[64]。一説ではこれらの作業は間に合わず、六月二十九日夜に太平軍は徳勝門外で地雷を爆発させ、城壁が十数メートルにわたって崩落した。だが城内の清軍が用意していた土嚢を積んで応急措置を施し、火器を乱射して太平軍の突撃を阻むと、「賊はあえて近づかなかった」[65]と攻撃は失敗した。また七月三日に防禦の工事が完成すると、江忠源はトンネルの入口がある文孝廟を焼き払おうと考え、二度にわたり兵を出撃させたが成功しなかった[66]。

続いて江忠源と張芾が取り組んだのは、引き続き援軍を要請することであった。南昌到着直後に江忠源は守備兵力の不足を指摘し、江南大営の兵を一部振り向けるように求めた[67]。また張芾の報告を受けた清朝は湖北、湖南両省に「迅速に救援に赴き、速やかに省城の包囲を解」[68]くように指示した。これに対して湖北巡撫崇綸は、手持ちの兵が経験不足であること、南昌の太平軍について「真賊は多くなく、船に女や子供を乗せ、難民を連行して数合わせしている。烏合の衆で人数は多いが、その実は無能である」[69]ことを理由として派兵に難色を示した。

だが署湖広総督張亮基は「万にも抽撥出来ない」兵力三千人の中から都司戴文蘭の率いる兵勇二千人を南昌へ送ることに同意した[70]。また署理湖南巡撫駱秉章は都司孫漢煐の兵六百人を江西へ向かわせると回答した[71]。さらに七月に駱秉章は前礼部侍郎曽国藩が湘郷県で組織した湘勇二千人、江忠源の弟である候選訓導江忠淑が新寧県で募集した宝勇一千人および官兵六百人を、前署塩法道夏廷樾、署湘郷県知県朱孫詒、候選訓導羅沢南、江忠淑らの統率のもと南昌へ派遣した[72]。

こうして派遣された援軍のうち、七月四日に護九江鎮総兵羅玉斌の兵勇五二〇名がまず南昌に到着した。そこで七日に江忠源は楚勇と九江兵、已革山東按察使徐思荘の率いる練勇（保信軍）など一三〇〇人を順化門から出撃させた。また守備封九貴の率いる兵勇百余人は密かに章江門から城壁を降りて奇襲をかけた。太平軍は数千人で応戦し、清軍は「衆寡敵さず、練勇は頗る傷亡あり」と多くの死傷者を出して敗退した。また封九貴の奇襲部隊も太平軍の抵抗に遭って作戦は失敗した[73]。

すると今度は太平軍が七月九日早朝に徳勝門の西で地雷を爆発させた。城壁は二十メートル近く崩れ、残った部分にも大きな亀裂が走った。この時「爆音は城中に響き、黒煙が人の目を迷わせると、逆匪らは蜂擁として数千人が上ってきた」と多くの太平軍将兵が城内突入を試みた。また「城壁を爆破した時に、逆匪はまた隊を分けて各門を攻撲」とあるように、爆破と同時に各城門に攻勢をかけて突入部隊を支援した。

だが江忠源と彼の弟である職員江忠済は救援に向かい、太平軍の攻勢を押し戻した。また鄧仁堃、林福祥が練勇を率いて現場に到着し、崩落部分の修理を始めた。楚勇がこれを援護し、翌朝までに補修作業は完成した[74]。

ここまでの戦いを見る限り、南昌の奇襲をめざした西征軍の戦略は江忠源の到着によって挫折したことがわかる。元々食糧の調達を任務の一つとしていたこの部隊は「賊はわずかに銅砲二門があるだけで、その無能はすでに概見できる[75]」とあるように戦闘力は高くなかった。また軍を率いた頼漢英は決断力が不足していた。杜文瀾『平定粤匪紀略』は次のように述べている

偽丞相の頼漢英が衆を率いて江西を犯した時、地雷一つを埋めて時間通りに爆発させ、城壁は数丈にわたって崩れた。群賊が準備万端でまさに登ろうとしたところ、漢英は二発目の地雷があると記憶違いをして、動かぬように戒めた。だが久しく待っても爆発は起きず、城壁はすでに塞がれた。群賊はみな彼の責任を咎めたが、漢英

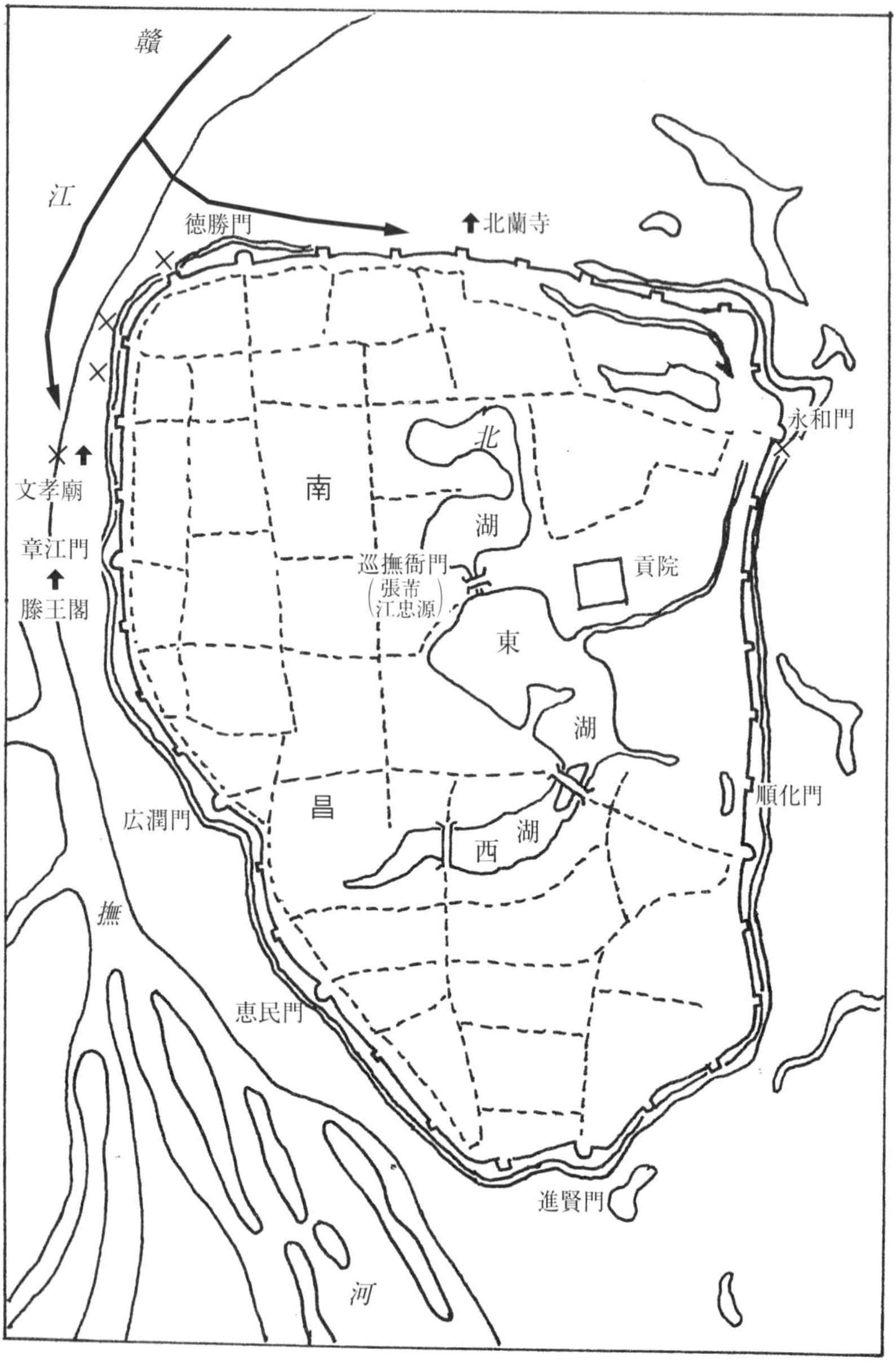

地図9　南昌城攻防戦図（郭毅生主編『太平天国歴史地図集』より作成）

はなお信じず、偽土将軍の報告を読んで初めて深く後悔した[76]。

この地雷攻撃が六月二十九日かそれ以後のものかは確定できないが、頼漢英の判断ミスから突撃のチャンスを逃してしまったことが窺われる。これに対して江忠源は「賊はもとより地雷に恃んで城を攻める。いま数日も出てこないのは、必ずやはかりごとがあるに違いない[77]」と考え、林福祥らに補修用資材を集めさせるなど的確な指示を出していた。こうした指揮官の力量の差が、緒戦の結果に大きく影響したことは疑えない。

ところで西征軍の進撃に直面した江西社会の反応はどうであったろうか。六月二十二日に太平軍が南康府（星子県）に接近すると、胡惺儀（生員）らは「賊が仇としているのは官だ。これを差し出せば心から従っていることになり、全城の禍を免れることが出来るぞ[78]」と話し合った。そこで彼らは郷里の安全を確保するため、上陸を始めた太平軍に「餽礼（贈り物）」をしたいと申し出た。そして太平軍を先導して同善堂に至り、対応を協議していた署知府恭安、署星子県知県羅雲錦を捕らえさせた。この事件について江西学政沈兆霖は「賊船が南門外に至ると、まだ上陸しないうちに住民が守令（恭安と羅雲錦）を献げた」「都司の胡瑤林は馬に乗って城を出ようとしたが、やはり住民に遮られて捕らえられ、賊船に送られた」「翌日賊船が出帆すると、住民で従う者がいた……。全く情理の外であり、驚愕に堪えない[79]」とあるように、住民が地方官を太平軍に引き渡しただけでなく、太平軍に参加する者もいたと憤慨をこめて報じている。

また江西では到着した太平軍に貢物を献げる「進貢」が盛んに行われた。豊城県では「県城では紛々と贈り物をした。銭、米、油、ロウソク、ブタ、ニワトリなどを二度、一度目は郷民から、二度目は各店商の贈り物で、共に進貢と称した」とある。この時人々は「賊匪を大兵とか、漢兵と呼んだ」「黄色い紙に墨で『順』と書いて門に貼った[80]」とあるように、排満主義を唱えた太平天国の主張を踏まえ、恭順の姿勢を示して中立的な立場を取った。さらに「賊は遠くからの輸送に頼らず、郊外での略奪を行わなくとも、食糧は満ち足りて自由に手に入れることが出来た。加えて奸民が間に入って苛酷な取り立てを行い、自らを肥やそうとしたために、ついに進貢の議論は東の饒州、広信、南の撫州、建昌へ広がり、牛や酒が毎日のように届いた[81]」とあるように、中間で利益を図る人々の思惑もあって進貢の風潮は広まった。

これに対して太平軍はいかなる態度を取ったのであろうか。鄒樹栄『藹青詩草』によると、進貢のために太平軍陣地を訪れた南昌郊外の人々は「相い見えると皆兄弟と呼び、甚だ親しげであった」と歓待を受けた。また太平軍は「答礼に棉花、油塩、衣服などの物を贈ったので、郷民はみな喜んだ[82]」とあるように、彼らに充分な報酬を与えて支持を取り付けることも忘れなかった。次に清朝の地方官が逃亡した地域では「土匪の滋擾を禁ずる」楊秀清名義の告示が張り出された。実際に「土匪」の略奪に苦しんだ人々が太平軍に訴えると、「賊匪は兵を発して十余人を捕らえ、さらし首にしたために付近は安んじた」と治安維持に努めた。さらに清朝の官位を示す「旗匾を壊せ」との命令が出されると、科挙合格者を生んだ村では匾額を撤去したり、祠堂に置かれた官僚経験者の位牌を隠した。

なお太平天国の宗教性に関する情報は、進貢を行った人々が太平軍から贈られた出版物によってもたらされた。毛隆保によると、その中には『天条書』『天父下凡詔書』『幼学詩』および『頒行暦書』があり、「天を天父皇上帝と呼び、おおむね盤古以来皆が天を敬っていたのに……、秦漢からは天を敬うことを忘れてしまい、鬼道に入って閻羅妖に捕らえられた。今に至るやただ西洋だけがこの教えを奉じていると言っている」とあるように、上帝教の教義についてある程度正確な内容が伝わっていた。また「皇上帝は七日間で人や物を創造されたので、このため七日間を一週間とする」とキリスト教の影響が指摘されると共に、「『幼学詩』は皆人に孝弟を尽くすように教えたもので、ただ最初の一、二頁だけが天主教の言葉である[83]」とあるように、その儒教的色彩についても認識されていた。さらに太平軍は「およそ庵堂や寺廟にある神像は、みな行って壊したり焼いたりした」(84)とあるように偶像破壊を行ったため、人々は神像を安全な場所へ移したり、家々の門の対聯や門神を取り去ったという。

いっぽう清朝側は太平天国の苦戦ぶりを宣伝し、厚い褒美を約束することで人々を自分たちの陣営に踏みとどまらせようと必死であった。七月十七日に張芾が江忠源、陳孚恩と連名で貼り出した告示は次のように述べている

さて賊匪は江西へ逃げ戻り、大胆にも省城を攻めた。本官……らは兵勇を厳しく監督して防衛と討伐を行い、城外および付近に住む住民に心と力を合わせて賊匪を撃ち滅ぼすように諭した。逆匪が恃みとしているのは火箭を放ち、トンネルを掘ることに過ぎない。だが城内に火箭を放ったものの、一軒の家も焼くことが出来ず、風に煽られ戻った火で自分たちの陣地と船を焼いた。そのトンネル工事もわき水が出たために多くの匪が死に、倒れた家で圧死した者も数え切れない。初四日（七月九日）には地雷で城壁が爆破されたが、兵勇が救援に向かって賊数百人を殺したうえ、わが軍には一人の死者もなかった。これは皆城内の兵民が目撃した事実であり、ここから逆匪が天の怒りに触れており、福主がわが江西を庇護して下さっていることがわかる。

昨日聞いたところによると、河南の賊（北伐軍をさす）は官兵に撃ち破られ、北へ向かうことが出来なかった。いますでに許州へ退いたが、賊衆は二千に満たない。南京や揚州はすでに奪回され、逆党は四散した。その江西に来た連中は食糧を奪おうとしているが、すでに懲らしめを受け、実に力が尽きつつある。連日各地の大軍が雲集し、内外から挟み撃ちにしており、一撃のもとに殲滅することが出来よう。

ただし恐らく逆匪は弾圧を受けて四散するだろうから、なんじら郷民もすべからく肝を据え、心を合わせて協力し、互いに団練で自衛して、恐れてはならない。はたしてよく村民を集め、長髪の賊を一人殺した者には銀百両を褒美として与える。短髪の賊一人を殺した者は半額とする。さらに百名以上を殺した場合は、その団練の本

年の銭糧を免除するように取り計らい、指導者には官職を与える。本官……たちはただこの逆匪を殲滅し、一刻も早く閭閻を安んじることを願っており、どうして褒美を惜しんで約束を破ることがあろうか。

さらにもう一つ勧めることがある。現在各地からの官兵はみな城外に駐屯しており、米、肉、薪、野菜の需要は大きい。なんじらが速やかに運んで来れば、必ずや時価に照らして金を払い、厚い報酬を与える。くれぐれも足がすくんで進まず、後で後悔することがないように。(85)

ここでまず張芾らは太平軍の戦術について、火矢とトンネルによる地雷攻撃のみと分析し、どちらも効果をあげていないと訴えている。また彼らは省外の戦況について触れ、北伐軍の一部が黄河を渡河できずに河南省許州へ向かったこと、南京および揚州が清軍に奪回されたことを指摘している。むろん後者は誤報であったが、ロンドンの国立公文書館に保存されている孫福謙の報告も「揚州がすでに克復されたか、あるいはなお余匪が残っているかは情報が錯綜している」(86)と述べており、同様の憶測が流れていたことを伝えている。さらに張芾らは人々に団練を結成して太平軍に抵抗するように命じたが、懸賞をかけて士気を鼓舞することは清軍兵士に対しても行われた。毛隆保によると、初め兵士たちは多くの首を持ち込んで褒美を得たが、それらは「郷民で髪のやや長い者を殺したか、長髪の者は婦人の首であった」といい、張芾が太平軍将兵の認識票（腰牌）を提出するように求めると、褒美を得る者はいなくなったという。(87)これでは食糧を清軍陣地に持ち込む人々も「足がすくんで進まな」かったと推測される。ちなみに城内では太平軍の偶像破壊に対抗して、「巡撫が官紳を率いて福主、火神、城隍を迎え、徳勝門の城楼の上に奉じた」(88)とあるように神像を城壁に安置することが行われた。檄文中に「福主がわが江西を庇護」とあるのはその影響と見られる。

二、南昌攻防戦の長期化と西征軍の撤退

（a）援軍の到着と戦況の膠着

七月中旬になると、清朝側は各地からの援軍が南昌に到着し始めた。七月十六日に新任九江鎮総兵馬済美が川勇二四〇人を率いて城外へ至り、参将羅玉斌率いる九江兵と共に東北の永和門外に陣をしいた。また湖北から派遣された都司戴文蘭の兵が城西の章江門外に布陣し、都司楊煥章の率いる四川兵三百人も入城して城壁の守備に当たった(89)。

これに対して太平軍は小部隊で戴文蘭の陣地に牽制攻撃をかけた。江忠源らは七月二十日に馬済美と戴文蘭を出陣させ、城内からも鄧仁堃の練勇と広東勇に呼応させた。戦いは数時間にわたり、耆齢らが城内から砲撃すると太平軍は多くの死傷者を出して撤退した。また戴文蘭らは城西の太平軍陣地を攻めたが、同じく損害を出して退いた(90)。

七月二十八日に頼漢英らは再度地雷による城壁の破壊を試みた。まず前回爆破された徳勝門の西で最初の爆発があり、江忠済と已革総兵清保が楚勇を率いて救援に向かうと、崩落現場の右側で二度目の爆発が起き、清保は負傷した。また太平軍は火薬を入れた包みを投げ入れ、楚勇数十人を負傷させたが、江忠済は太平軍の攻勢を押し返した。彼らが城壁の修理をしていると、前回の城壁爆破地点の東側で三発目の地雷が爆発した。黒煙が上がり、城壁は十数メートルにわたり崩落したが、九江兵と鄧仁堃の練勇が救援にかけつけた。さらに江忠源も到着して陣頭指揮を取り、城外にいた馬済美、戴文蘭の軍が内外から挟み撃ちにして太平軍の攻撃をしりぞけたという。

この日の戦いについて張芾は「この逆匪は三ヶ所で同時に地雷を爆発させた。爆破した城壁は二ヶ所、十五丈余りに及び、前回に比べても情勢は危険であった(91)」と述べると共に、楚勇の死傷者が二百人を超えたと報じた。彭旭も

「楚勇の死傷が余りに激しかった[92]」ために、戴文蘭の兵と開化勇、撫州兵を入城させて兵力を補充したと述べている。

清軍の抵抗力が落ちていると見た太平軍は、翌二十九日に数千人で永和門外の九江兵陣地を襲った。江忠源は「堅守して出るなかれ」と命じたが、馬済美はこれを聞き入れず、自ら兵を率いて敵陣に斬り込んだ。だが樹林に隠れていた太平軍がこれを包囲すると、馬済美は「身に矛傷を受け[93]」て戦死した。

彭旭によれば、数日前に馬済美は戦略をめぐって江忠源らと衝突し、張芾は彼を弾劾するつもりでいたという[94]。また李濱『中興別記』は「城内の軍は安逸で、城外の軍は苦労したにもかかわらず、褒賞は城内に篤く城外に薄かったため、奇功を立てようとした」とあるように、城外に布陣していた馬済美は褒美の少ないことに不満を持ち、太平軍陣地を攻撃するように求めたが、張芾に自重するよう諭されて「大いに憤った[95]」と述べている。到着した援軍と守備隊の関係も矛盾をはらんでいたことが窺われる。

ところで援軍を要請したのは清軍ばかりではなかった。頼漢英も「金陵に救援を乞い、意図は死闘にあった[96]」とあるように、南京に援軍を求めた。七月下旬に安徽巡撫李嘉端は「賊船の帆を揚げて直上するものがある」と述べ、南京へ援軍を要請し、安慶一帯の清軍の動静を探っていた密偵楊恩海を捕らえた[97]。また張芾は「この逆匪はすでに施すべき計略がなく……、遠く金陵の賊に応援に来るように求めている。連日届いた知らせでは、時折下流で賊船が数十隻あるいは十余隻おり、風に乗って上流へ向かっている[98]」とあるように、太平軍の増援部隊が数回に分かれて江西へ向かったと報じた。

この太平軍は国宗石祥禎（翼王石達開の兄[99]）、国宗韋志俊（北王韋昌輝の弟[100]）が率いる部隊であった。その兵力について張亮基は「賊匪はまた大船が千隻で、湖口から江西へ入り、賊は二万人いると言っていた。これと現在江西省城を攻めている賊を合わせると、まさに二、三万人は下らない[101]」と述べたが、その数字を鵜呑みには出来ない。杜徳風氏、朱哲芳氏が分析したように、七月末から八月初めにかけて南昌に到着した援軍は「数十隻」「賊艘数百」[102]あるいは「賊船五百余隻」という規模で、七月二十七日に湖口県を攻めたが占領できなかった[103]。また「省（南昌）に到着して停泊したものの、ついで上游へ赴いた[104]」とあるように南昌到着後まもなく移動してしまい、攻城軍の兵力増強とはならなかったようである[105]。

その後も太平天国側の援軍派遣は続き、八月十六日、十七日には「賊船二百四十余隻」が南京を出発した。だが向栄によると「この賊は十ヶ軍と言っていたが、みな鎮江、揚州で脅されて従った者か、金陵の奸民で利益を図り賊と密かに通じて交易していた者で、迫られて乗船した者が約二千余人、その中で本当の長髪賊は船一隻に二人に過ぎず、いたずらに船を多くして勢いよく見せているに過ぎない[106]」とあるように、二千人ほどの兵力で戦闘力は低かった。さらに九月に入ると翼王石達開が自ら六百余隻、五、六千人の兵力を率いて南京から安慶へ向かったが[107]、この時すでに頼漢英らは南昌を撤退していた。同じ頃懐慶を包囲していた北伐軍にも援軍は送られておらず、当時の太平天国にはみずから広げた戦線に効果的な援軍を派遣する余力はなかったと言えよう[108]。

さて多くの援軍が望めない中、南昌攻撃軍は次第に守勢に回った。これを見た江忠源らは八月五日に湖南から呼び戻した贛南鎮総兵阿隆阿の軍を城東の永和門から出撃させ、徐思荘、鄧仁堃、林福祥の壮勇にこれを支援させた。また彼らは「敢死の士（決死隊）」を城西の章江門から派遣し、文孝廟にある太平軍陣地を焼き払おうと試みた。だが折からの長雨で「水が深く溜まり、火を放つことが出来なかった」「賊の鎗炮が雨のように注ぎ、動けば餌食となった。百長の李春富が戦死し、残りも多くは壁際に伏せて、少しも打撃を与えることは出来なかった[109]」とあるように攻撃は失敗した。

また八月十二日に数百人の太平軍将兵が城南の進賢門外にある京家山に姿を見せ、陣地の構築を試みた。その目的が「官軍の糧道を阻む(110)」ことにあると見た江忠源は、兵を送ってこれを駆逐した。続く十三日には南京から派遣された音徳布の兵一二〇〇人が南昌に到着した(111)。さらに二十一日には夏廷樾、朱孫詒、羅沢南率いる湘勇二千人、湖南兵六百人も姿を見せ、共に永和門外に駐屯した。

そこで八月二十八日に江忠源らは七方面に分かれて攻撃をかけた。音徳布の雲南兵、羅沢南の湘勇など二八〇〇人は七里街の太平軍陣地を攻撃し、「[羅]沢南は大変勇敢で……、叫び声は天地を震わせ、兵士たちは殊に死戦した」と言われた。だが彼らが太平軍の軍船を焼き、陣地を破壊していると、太平軍の伏兵が陣地の右後方から攻撃をかけ、清軍は持ちこたえられずに敗走した(112)。また戦闘中に清軍の衣装を着、清軍の幟をたてた数十人の兵士が現れ、「岷帥（江忠源をさす）の援軍である」と名のった。その実彼らは清軍を装った太平軍兵士で、湘勇が発砲を控えていると「にわかに刀を抜いて格殺したため、わが軍は鳥獣のように散じた(113)」という。結局この戦いで太平軍の死者は四百人、清軍の死者も五百人に及んだ。とくに湘勇の犠牲者は八十一人にのぼり、七品軍功の易良幹、羅信東、童生の羅鎮南、生員の謝邦翰らが戦死したという(114)。

この戦いは形成途上にあった湘軍にとって初めての省外への遠征であった。湘勇敗北の知らせを受けた曽国藩は、駱秉章に宛てた書簡で「六月の江西援助の戦いでは、募集したばかりの兵は一日の訓練も受けておらず、江西で力を出すことが出来なかったのであり、今も後悔している(115)」とあるように、その敗因を兵の訓練不足に求めた。だが王闓運『湘軍志』によると、このとき曽国藩は「果たして湘勇は役に立つと考えた。敗れたとはいえ深入りしたのであり、官兵には出来ないことだったからである」と述べている。さらに彼は兵の増強を求めていた江忠源に次のように書き送ったという。

今日極めて憎むべきは、兵が敗れても互いに救わないことである。およそ動員された当初は兵一千名を召集しても、数営から数十営を選んで抜き出すうちに、兵卒が知らない者同士となるばかりか、統率する将校も日頃面倒を見ている者とは異なり、ついには互いにまとまることが出来なくなる。兵と壮勇が会えば、さらに恨み憎み合うようになり、桂東の戦いでは三廳兵が湘勇を市場で殺した。江西の戦いでも鎮筸兵が三江口で湘勇を殺し、重傷者が十余人出た。今日の軍営の雰囲気と派遣に関する既存の方法では、聖人でもその心を一つにすることは出来ないだろう(116)。

ここで曽国藩は清軍の問題点が結束力の欠如による連携の悪さにあると述べ、将校と兵士の関係が疎遠であるばかりか、兵士と壮勇の内紛が絶えないと指摘している。文中にある「桂東の戦い」とは湖南桂東県に進入した江西上猶県の劉洪義反乱に対する鎮圧作戦のことで、羅沢南は夏廷樾と共に湖南東部の反乱軍鎮圧に当たっていた(117)。また鎮筸兵と湘勇の争いとは八月十九日に豊城県の三江口鎮で発生した事件のことで、ささいな口論をきっかけに双方が抜刀して争い、夏廷樾はこれを止められなかったという(118)。

ちなみに清軍将兵と湘勇の衝突事件は、長沙における湘勇の訓練中にも発生した。長沙協副将清徳は湘勇との共同演習を嫌い、これに加わった参将塔斉布を湖南提督鮑起豹に讒言した。その結果演習が中止になると「兵と勇は齟齬して相能わず」と両者の対立が深まり、たまたま湘勇の放った銃弾が撫標兵の使用人を傷つけると、撫標兵は「ほら貝を吹き、旗を揺らして湘勇を攻めた(119)」とあるように抗争に発展した。

湘軍の創設にあたって、曽国藩が清軍の弊害を除去するために職業軍人を用いず、「ただ書生を用いて哨官とした」とあるように読書人を将校として兵士を統率させたことはよく知られている。しかし当初これらの試みは理解されず、楚勇の増援部隊を率いた江忠淑は「その家の軍が勁旅と称していることにこだわり、心の中で曽公（国藩）を臆病と笑った(120)」とあるように曽国藩の意見を軽んじ、行軍時に充分な偵察を行い、湘勇と行動を共にせよとの指示に従わなかった。その結果楚勇一千人は八月五日に単独で瑞州郊外の光義市に着いたところ太平軍の別働隊と遭遇し、船を撃沈されて義寧州へ敗走した(121)。また湘勇の損害の大きさを見た江忠源は「新軍は役に立たないと考え、これを吉安に派遣して土寇を撃たせた(122)」とあるように、羅沢南や翰林院庶吉士郭嵩燾、候選知県劉長佑の軍を九月に吉安府城を攻撃した泰和県反乱軍の弾圧に振り向けた。

なお曽国藩は江忠源の楚勇について、南昌戦役後の十月に次のように述べている

江氏の勇は名前こそ新寧であるが、実は貴州、四川、衡［州］、永［州］、郴［州］、桂［陽州］などの人間が混じっている。彼らの見聞は日に広くなり、数千金の褒美や五、六品の官位でも慣れてしまって驚かない。その驕り高ぶる風潮は、すこぶる統率しがたい。これまで彼らは特に岷樵（江忠源をさす）を恐れ、あえて乱暴なことはしなかった。だが本当に岷老に二十四日（十月二十六日）のような話があれば……、強悍となってほしいままに事件を起こすだろう(123)。

ここで曽国藩は楚勇が実際には各地出身者の寄せ集めで、長期の従軍によって少々の褒美では満足しなくなり、統率が難しくなったと指摘している。また「二十四日のような話」とは江忠源が「賞銀を侵呑」したという噂が広がり、江西で充分な報償を得られなかったことに不満な楚勇が湖南帰還後に長沙の巡撫衙門に押しかけ、江忠源の使用人を殺傷した事件をさす。さらに江忠源の兵勇に対する統制が厳しかったことはすでに指摘したが、その手法は「恣意に斬殺」という手荒なもので、城壁の上と下で話をしていた兄弟が軍律違反で殺されたり、街角で「賊の城攻めは甚だ急だ」と呟いただけで「軍心を揺乱」した罪で処刑される者も出た。毛隆保は夏廷樾の到着後、江忠源の独断専行はいささか減ったと述べると共に、「彼の兵は最も勝手放題で、城内で家を壊したり、もめ事を起こしたのは全て彼の兵であった。だが省城を防衛できたのも彼の兵の力によるところが大きかった(124)」とあるように、楚勇の功罪が相半ば

するものであったと評している。

二十八日の戦いの後、なお数日間は双方の陣地から出撃がくり返されたが、勝負はつかないまま戦況は膠着した。太平軍は「立て籠もって出でず、ただ壁の穴から槍炮を放つだけ」と兵力不足から攻勢をかけることはできなくなった。また清軍も「城外の三面はみな水であり……、一度総攻撃をかければ、必ずや帆を揚げて他へ逃れてしまう」[125]と言われたように、船舶がないために攻撃の主導権を握ることが出来なかった。

ちなみに毛隆保によると、太平軍将兵は清兵を「妖兵」と呼び、清軍の兵勇は太平軍を「蛮子」と呼んで互いに恐れた。また両軍の陣地は叫べば声が届くほどの近さで、「賊は多くが楚人、勇もまた多くが楚人」とあるように両軍共に湖南出身者が多かった。このため太平軍将兵は湖南訛りで「郷親よ！　お前さんはそちらで一日たったの二百銭、何事も思い通りにならない。こっちへ来れば何でも手に入るぞ！」と呼びかけた。すると楚勇、湘勇は「郷親よ！　おいらはとても苦しく、金もない。お前さんの首を貸してくれ！　そうすりゃ五十両の褒美が出るぜ！」[126]とやり返したとある。別書で指摘したように、永安州時代の太平軍将兵は清軍陣地の潮州勇と客家語で言葉を交わし、交易を行った。いまや前線の太平軍では広西、広東人の数が減り、湖南人がその中心となっていたことがわかる。

（b）　曽天養の遊撃戦と呼応勢力、西征軍の南昌撤退

さて南昌攻撃が手詰まりとなっている間、太平軍は曽天養の率いる部隊を水路で南昌近郊の各県へ向かわせた。曽天養はまず八月五日に豊城県を占領し、「監獄を開放して、倉庫を劫搶」[127]した。六日には光義市で江忠淑率いる楚勇を撃破し、清軍守備隊が救援に向かった隙に瑞州府城を占領した[128]。八月十二日に一度南昌へ引き上げた曽天養は、十七日には鄱陽湖東岸の饒州を襲って鄱陽県知県沈衍慶、楽平県知県李仁元を殺害した。そして八月二十八日に東進し

て楽平県城を陥落させると、[129] 九月八日には北へ向きを変えて景徳鎮を、翌九日に浮梁県をそれぞれ占領した。[130]

この曽天養の作戦活動がめざしたものが、西征の当初の目的である食糧の調達にあったことは疑いない。彼らが豊城県城の倉庫に貯蔵されていた前年の漕米五、六万石を獲得し、これを「舟中へ運び入れ、省（南昌）へ送って兵の食糧にあてた」のはその一例である。瑞州でも「賊は瑞［州］にいること五日、その輜重を尽く載せて省に入った」[131]とあるように、清軍の物資を奪取して南昌へ運んだという。

この時豊城県にいた毛隆保によると、太平軍は入城に先立って「住民は恐れるな。大兵の至るところ、秋毫も犯さない」という布告を張りだした。果たして入城した太平軍は「僅か数人を殺しただけだったが、捜劫は至らぬ場所はなかった」とあるように徹底した家宅捜索を行い、「大街の舗戸は一人として免れた者はいなかった」とある。

また太平軍は「郷間もいまだ十分に害に遭わず」とあるように、一ヶ所の駐屯時間が短かったために農村部に入ることをしなかった。ただし彼らは「土匪を訪ねて引導としたため、故に各富戸を知っていた」とあるように地元の協力者から情報を収集し、県内屈指の富豪であった周姓、陸姓について「禍に遭うこと最も甚だしい」[132]という徹底した掠奪を行った。こうしたやり方は『賊情彙纂』に「打先鋒」として紹介されたもので、「無頼の民」を手なずけ、「富戸の奸佃や劣僕」を抱き込むために「瓦や溝に隠した金、水や池に沈めた銀もまた［掠奪を］免れることは出来ない」[133]と言われた。毛隆保も豊城県の出身で守備職にあった李聯鏕の家について「族匪が賊匪を手引きして彼の家に至り、衣物を奪い去った」[134]とあるように、同族内の貧困な成員が太平軍に協力したと記している。

さて南昌までの過程がそうであったように、人々は曽天養軍の活動に様々な反応を見せた。彼らが楽平県へ進攻すると、「土匪がすでに『城を献げる』との議論を唱えたため、文武の官員は先に逃げ出した。土匪はその城に入り、賊が至ると倉庫の穀物や漕米の所在を教え、饒州へ送るのを手伝った」とあるように、地元の反体制勢力が呼応して食糧の調達、輸送に協力した。その途中で曽天養軍が石鎮市を通りかかると、商人たちは米一千石、銭二千串を用意して「師を犒」い、貢物を饒州に送り届けたために、衣服の提供を求められただけで掠奪を免れた。これを見た余干県の人々は城工局から米一千石、銭二千串を借り出し、「余干県進貢」と書かれた旗幟を立てて饒州へ送った。地方官はその事実を知っていたが、太平軍の攻撃を免れればと考えて黙認したという(135)。

こうした事例は曽天養軍が到達しなかった地域でも見られ、臨江府の樟樹鎮では監生の徐遇春が「倡言して人々を惑わし、銭米を差し出させて、省（南昌）へ行って賊に贈った。また偽示を与えられて貼りだした(136)」と告発された。また豊城県では「郷間の土匪で劇団の衣服を着て太平王を名のる者がいた」「賊匪が去った後、土匪がほしいままに富家巨室を掠奪し、家捜しをして何も残さなかった(137)」とあるように、太平軍の退出後に地元の反乱勢力が太平軍を騙って激しい掠奪を行った。

さらに興味深いのは景徳鎮の事例で、太平軍が南昌を囲むと「都昌の窰戸」が中心となって八百人の練勇を組織した。都昌会館の董事たちは饒州に進出した太平軍と連絡を取り、商人たちに貢物を用意させたが、練勇たちは「分劫の計」を立てて貢物を奪って逃走した。食糧を手に入れられなかった太平軍は怒り、郊外で掠奪を始めたが、たまたま李村で村人の抵抗に遭って将校が殺された。すると「都昌会中の匪」が太平軍の報復攻撃に加わり、「焚掠すること無算(138)」とあるように激しい掠奪を行ったという。

このように西征軍が進出した江西では太平軍に呼応するか、自らの利益のために利用しようとする勢力が多く現れた。饒州で太平軍に殺された知県沈衍慶は、一八五三年前半の書簡の中で次のように述べている

饒郡は商人が集まる場所で、善人も悪人も雑居している。その最も悪賢い者は米の運搬船の水手で、械闘や強奪に慣れている。地方官は恩威を併用して、弾圧して反乱が起きないようにしてきた……。不意に九江が陥落し

た後、漕運は停止され、衣食の源はついに絶え、分を越えたことを望む気持ちがにわかに生まれた。一度賊船が東へ向かったと聞くや、災禍を幸いとして楽しもうとする心を抑えられず、外盗を招いて内訌を起こそうと願った。偽言の争いは実にこれを原因として始まったのである。

ここで沈衍慶は饒州が流通の要所であり、漕運労働者などの下層民を多く抱えていたこと、太平天国の長江流域進出で漕米の輸送が滞り、失業した労働者に不穏な動きが生まれたことを指摘している。また「偽言の争い」とは二月に彼らが「太平軍が饒州へ進攻する」というデマを流し、住民が避難した隙に掠奪を働こうとした事件をさす。沈衍慶は犯人を捕らえ、軽挙妄動を慎むように人々を諭すと共に、「糧船の水手を義勇に召募[139]」することで事態の沈静化を図ったという。

十九世紀前半の江西は「担匪」と呼ばれる武装集団の活動がしばしば報告され、天地会系結社の活動も盛んだった。一八五二年十二月に辺銭会の首領だった李運紅（崇仁県人）は、江西の清軍が太平天国弾圧のために湖南へ動員されている隙をついて都督大元帥を名のり、「西匪（太平軍）の名に仮託して、「銭米を出して援助すれば被害を受けない」と住民を諭した偽示を捏造し、これを貼って煽惑した[140]」とあるように、太平軍の名義を用いて人々に物資を供出させて蜂起した。また一八五三年五月に上猶県鸗彤墟で蜂起し、湖南桂東県城を攻撃して湘勇の弾圧を受けた劉洪義（竜泉県人）は、「ついに畏志が萌し、旗を立てて天徳王を名のった[141]」とあるように、太平天国が宣伝した天地会のシンボルであった天徳王を名のって抵抗した。

だがこれらの反体制勢力よりも、江西社会の太平天国に対する反応を特徴づけたのは漕米や土地税の負担をめぐる訴訟、紛争であった。これを示す事件として一八五三年七月に泰和県で発生した鄒恩隆の反乱が挙げられる。鄒恩隆は湖南瀏陽県から県南の東汭峒に入植した移民で、「符術をもって人を惑」わし、太平軍が南昌進出の知らせが届くと数十人を率いて県城を占拠した。天候不順のため飢えた人々が彼に従うと、八月に彼らは万安県城を陥落させ、翌九月には吉安府城を攻撃して知府王本梧を戦死させた。さらに「土匪」の蕭僔幫が安福県城を襲って呼応したという[142]。

鄒恩隆は「斎匪[143]」すなわち道光年間の湖南で急速に勢力を伸ばした青蓮教系結社のメンバーであったと言われるが、いっぽうで「この土匪は昨年冬に泰和県の四、五両都が鬧漕した事件の余党であり、湖南、広東および本省の万安、興国等県の匪徒と結んで、人々を集めて騒ぎを起こした[144]」とあるように、この反乱には一八五二年に漕米の不払い運動を起こした人々が参加していた。この年十二月に漕米の徴収が始まると、五都の「棍徒」であった蕭同連らが泰和県の衙門に押しかけ、「今年の漕米徴収は我々が定めた章程に照らして行うべきだ」と主張して署知県王宇英と言い争った。王宇英が蕭同連を捕らえると、翌日副貢の蕭雨らの率いる群衆が県衙門を襲撃し、役所に放火して蕭同連を奪い返した。さらに彼らは漕書劉啓陶の家と城内にあった添和鼎の銭店を襲ったという[145]。

鄒恩隆反乱軍が吉安府城を包囲すると、彼らが南昌の太平軍に連携することを恐れた江忠源は湘勇、楚勇を弾圧に派遣した[146]。だが当時の江西では他にも漕米などの税負担に抵抗する事件が発生しており、一八五二年十月には貴渓県で劉城漳らが漕米の徴収時に質の悪い米を収めようとして失敗し、人々を率いて清軍と衝突した[147]。また南豊県では一八四八年に劉煜（捐納職員から元知府）が漕米の代納にかかる費用を軽減したい「郷民」の要請を受け、「清漕」を唱えて饒梅（監生）らと公局を設立し、それまで代納を担当していた有力者たちを「紳棍」として告発した[148]。さらに星子県でも一八五二年五月に銀価が一両あたり銭二七〇〇文まで高騰したことに不満を抱いた程桂馥が、糧房総書の徐従新と口論となり、人々と彼の家を打ち壊して捕らえられた[149]。

こうした人々の不満は、当時の中国社会で普遍的に見られた現象だった。一八五三年十月に吏科給事中の雷維翰は「各省の貪官汚吏が良民を激変させ、毎回抗糧事件を名目に民に解けない無実の罪を着せている」と告発して次のよ

うに述べている

外官の積習は税を厳しく取り立てて飽くことを知らぬことにあり、正規の税の他にも規則に違反して苛酷に搾り取っている。その弊害は州県が行っているが、発端は大吏が作っている。毎年の漕米徴収では漕規を取り立て、斛を受け取るのに手数料を取り、催促を委ねるのにも手数料を取り、管轄の大官や同城の文武員弁がみな手数料を取る。その利益は州県よりも多く、委員で任務を引き継ぐ者は省城の事務員に賄賂を送らなければ着任して漕米を徴収することが出来ない。もしこの者が賄賂でこのポストを手に入れたなら、何を憚ることがあろうか。おのずから必ずや輪をかけて搾取し、民からむしり取っておのれを肥やすのである。

もし清廉潔白な上司がいて、規定の手数料を取らなくとも、不肖の州県は漕米徴収を利益の源と考え、悪習は固く積み重なって破ることができない。小民には米一石を納めるべきところ二石を余分に取られる者がいる。また郷民で米を倉に運んだが納税を拒否され、銀で支払うように迫られる者もいる。さらには銀で払ったにもかかわらず、余分に払うように求められる者もいる。少しでも意に沿わないと抗糧だ、反逆だと騒ぎたて、兵役を率いて鎗炮を放ち、郷村を騒がせては人々の家を焼く。このため民の怒りは沸騰し、反乱が発生する。近来の外省で人々が集まって地方官を殺害する事件が多発しているのは、概ねこのような事情によるのである(150)。

ここで雷維翰は地方官が漕米の徴収などで不当に付加税を取り立てているが、その原因は州県レベルに留まらない構造的な腐敗にあると指摘している。その利益を享受しているのは省城にいる長官クラスから武官、事務員まで広範にわたり、項目も多岐にわたっていた。しかも官界で賄賂が横行しているため、一人二人の清廉な官吏によって悪習は解決出来ない。地方官は上司の意図に関わりなく苛斂誅求を行っており、漕米徴収や租税の不払いで地方官が殺される事件が多発しているのは、武力行使を厭わぬ強圧的な統治がもたらした結果なのだと主張している。

こうした現象は西征軍が活動した長江中流域に共通して見られたもので、その故にこそ湖北巡撫となった胡林翼が漕政の改革に乗り出すことになった。だが南昌を攻撃した太平軍の主な任務が食糧の調達にあり、地域経営に乗り出す意志を持っていなかった以上、これら清朝の圧政に苦しむ人々の期待に応える術はなかった。江西各地を転戦した曽天養軍は九月十七日に饒州から都昌県へ入り、彭沢県から建徳県を経て安慶へ向かった(151)。また南昌にいた頼漢英らの本隊は、清軍守備隊が城内から掘り出した「二、三千斤の大砲十余位」による砲撃を受け、二十四日に南昌を撤退して北へ向かった。しかし張芾が「わが軍は船がないことに苦しみ、流れに従って追尾することが出来なかった(152)」と報じたように、清朝側は水軍を欠いていたために追撃が出来なかった。この水軍創設の必要性は九月初めに江忠源も力説しており(153)、清朝も両広総督葉名琛、四川総督裕瑞らに洋式大砲を搭載した軍船の建造を命じることになる(154)。

小　結

本稿は太平天国の西征史のうち、その開始から南昌攻撃までの部分について分析を加えた。太平天国の西征は北京攻略を目標とした北伐とは異なり、南京の人口を支えるための食糧の調達を第一の任務として始まった。また防備の手薄な長江中流域に出兵することで南京周辺の清軍を牽制し、北伐軍の活動を有利にするという意図も込められていた。このため南昌攻撃に参加した兵力は数千人と少なく、装備の面でも劣っていた。これに対して南昌の清軍守備隊は五千人程度であったが、江忠源が救援にかけつけたことで防衛体制が強化され、奇襲によって南昌の占領をめざした頼漢英らのもくろみは外れた。

南昌城外に陣をしいた西征軍は、トンネルによる地雷攻撃で度々城内への突入を図った。だが楚勇の抵抗によって阻まれ、太平軍側の不手際もあって城は陥落しなかった。また西征軍が進出すると、江西の人々は清朝の地方官を捕らえ、貢物を献げるなど中立の態度を取って自らの安全を図った。太平軍は答礼の物資や宗教書を与えたり、治安の維持に努めるなどの行動でこれに応えたが、当時の太平軍には地域経営を行う意志がなく、郷官の設置によって安定的な支配体制を築く努力は行われなかった。

さて南昌城での攻防戦が展開している間、清軍は各地からの援軍が到着し始めた。これらの部隊の中には功を焦って戦死した総兵馬済美の例もあり、各軍は必ずしも緊密な連携を取れていた訳ではなかった。だが曽国藩が湖南で編制途上にあった湘勇を派遣すると、犠牲を出しながらも戦果を上げた。いっぽうの太平軍は膠着した戦況を打開するべく、曽天養が江西各地を転戦して食糧の調達に努めた。彼らの進撃にも呼応する勢力は多くあり、とくに漕米の徴収や土地税の負担、中国官界の構造的な腐敗に苦しんでいた人々が起こした反乱は清朝側を慌てさせた。だが太平軍はこれらの反乱軍を糾合することが出来ないまま江西を一度退出した。

こうして見ると、西征の開始は太平天国、清朝の双方に対して大きな課題を投げかけたと言えるであろう。清軍がまず直面したのは水軍の不足であり、江忠源の提言によって清朝側（とくに曽国藩）はその編制に取り組んだ。また清朝が人々の支持を取り戻すためには漕政を初めとする税制改革が不可欠であることが明らかとなり、後々湖北で胡林翼がその課題に取り組むことになった。さらに太平天国は南京の上流にあたるこの地域をどのように経営していくかというヴィジョンが欠けていた。やがて安徽、江西へ進出した石達開が中心となって郷官の設置と旧来通りの徴税を行う制度を模索することになった。

南昌退出後の西征軍が九江を占領し、湖北へ進出する過程と石達開の安徽経営、廬州をめぐる江忠源との戦いについては、第六章で詳述することにしたい。

【註】

（1）菊池秀明『広西移民社会と太平天国』本文編、風響社、一九九八年。

（2）菊池秀明『清代中国南部の社会変容と太平天国』汲古書院、二〇〇八年。

（3）菊池秀明『金田から南京へ』汲古書院、二〇一三年。同「太平天国における不寛容――もう一つの近代ヨーロッパ受容」（『岩波講座・東アジア近現代通史』一、岩波書店、二〇一〇年、三三三頁）。

（4）簡又文『太平天国全史』中冊、猛進書屋、一九六二年。

（5）中国第一歴史檔案館編『清政府鎮圧太平天国檔案史料』一～二六、光明日報出版社および中国社会科学文献出版社、一九九〇～二〇〇一年（以下『鎮圧』と略記）。

（6）張守常・朱哲芳『太平天国北伐・西征史』広西人民出版社、一九九七年。

（7）崔之清主編『太平天国戦争全史』二、戦略発展、南京大学出版社、二〇〇二年。

（8）杜徳風編『太平軍在江西史料』江西人民出版社、一九八八年。杜徳風「一八五三年太平軍進攻南昌之役」（北京太平天国史研究会編『太平天国学刊』一、中華書局、一九八三年、一〇五頁）。

（9）徐川一『太平天国安徽省史稿』安徽人民出版社、一九九一年。

（10）向栄奏、咸豊三年五月初四日『鎮圧』七、二六頁。張芾によると、この時向栄の子である向継雄が太平軍に敗北し、九江に退いた（張芾奏、咸豊三年五月初七日『鎮圧』七、六四頁）。だが実際には向継雄らの兵力は少なく、本格的な戦闘はなかった（向栄奏、咸豊三年六月初八日『鎮圧』七、五四七頁）。また李嘉端は三日に西江口で向栄の水軍が太平軍に砲撃を加えたが、太平軍は反撃せずに上流へ向かったと述べている（同奏、咸豊三年五月初四日『鎮圧』七、三二頁）。

（11）李嘉端奏、咸豊三年五月初十日『鎮圧』七、九三頁。なお李嘉端によると、安慶の清軍は先の陥落後に再編成が行われたが「防守者不足千人……、兵多未練、器亦未全」と戦力が整っていなかった。このため戦いが始まると逃亡者が続出し、李嘉端も安慶から数キロ北の集賢関に退いた。

(12) 李嘉端奏、咸豊三年五月十八日『鎮圧』七、二三六頁。なお太平軍の退出後、李嘉端は入城して「安民緝匪」を行ったが、住む場所がなく、蕪湖方面から太平軍の後続部隊が接近してきたため再び集賢関に退いた。以後安慶の河面には太平軍の軍船が停泊し、太平軍水師の「客館」になったという（方宗誠『俟命録』自序之三、徐川一『太平天国安徽省史稿』五五五頁）。

(13) 簡又文氏は西征軍派遣の目的を「経営皖贛」と述べている（『太平天国全史』中冊、九六五頁）。また西征が「戦略上の失策」であったとする意見もある（張一文「太平天国前期戦争的戦略問題」、中華書局近代史編輯室編『太平天国史学術討論会論文選集』二、中華書局、一九八一年、三七〇頁）。

(14) 崔之清主編『太平天国戦争全史』二、戦略発展、八六一頁。

(15) 同治『彭澤県志』巻十八、軍衛に「（五三年）夏五月、賊上竄、陥県城」とある。

(16) 同治『湖口県志』巻五、武備志、軍務始末・団練附に「逆囲江西不克、始五月曁八月、遊弋江上」「九月、檄脅湖民造冊、編立軍、師、旅帥等偽郷官」とある。

(17) 彭旭『江西守城日記』（太平天国歴史博物館編『太平天国史料叢編簡輯』二、中華書局、一九六二年、三九一頁）。ちなみに先の向栄の上奏では、他に「数十号」「百余号」の船がいたと述べているが、これが何をさすのかは不明である（向栄奏、咸豊三年五月初四日『鎮圧』七、二六頁）。

(18) 張徳堅『賊情彙纂』巻八、偽文告下、偽船牌式によると、両司馬胡元志が「管長」だった船には「聖兵」が六人、「牌尾」が三人乗っていた。また燕王秦日綱が長江の巡査に派遣した典油塩汪大元の船には兵士三十五人、水手八人が乗ったという（中国近代史資料叢刊『太平天国』三、神州国光社、一九五二年、二三九～二四〇頁）。羅爾綱氏は当時太平軍の水営には砲船、軍船、坐船、輜重船といった区別がなく、船の大小もまちまちで戦闘力は低かったと述べている（『太平天国史』第二冊、中華書局、一〇八四頁）。

(19) 向栄奏、咸豊三年五月初四日『鎮圧』七、二六頁。

(20) 同治『新建県志』巻六五、兵氛。

(21) 毛隆保『見聞雑記』『太平天国史料叢編簡輯』二、六一頁。

(22) 李濱『中興別記』巻七に「（咸豊三年四月）辛丑、賊楊秀清遣偽豫王胡以晄等回竄安慶、偽丞相頼漢英等回竄江西、各乗船泝江」とある（太平天国歴史博物館編『太平天国資料匯編』第二冊上、中華書局、一九七九年、一一六頁）。簡又文氏は郭廷以『太平天国史事日誌』の記事を参考に、胡以晄が西征軍の総帥であると述べ、朱哲芳氏、崔之清氏もこの見解を踏襲しているが、その実『中興別記』の記事は胡以晄、頼漢英の軍が安徽、江西へそれぞれ派遣されたようにも読める。張徳堅『賊情彙纂』巻一、劇賊姓名上、胡以晄も「癸丑四月、楊秀清遣［胡］以晄犯安徽桐城県之集賢関、破官兵営盤九座」とだけ述べており、彼が西征軍の総司令官であるとは述べていない（『太平天国』三、五〇頁）。さらに王定安『湘軍記』は「偽丞相頼漢英、石祥禎犯九江湖口、偽豫王胡以晄陥安慶為声援」とあり、胡以晄の軍を別働隊として扱っている（巻四、援守江西上篇）。このように史実を確定し難いところに西征史研究の難しさがある。

(23) 張徳堅『賊情彙纂』巻二、劇賊姓名下（『太平天国』三、七一頁）。

(24) 曽天養は広西桂平県人で、年は五十歳余り。天兄キリストから四百人を上帝会に参加させたことを賞賛された（『天兄聖旨』巻一、庚戌年正月十六日、羅爾綱、王慶成主編、中国近代史資料叢刊続編『太平天国』四、広西師範大学出版社、二〇〇四年、二七二頁。以下続編『太平天国』と表記）。彼は「賊中号為能者」と言われ、一八五三年十一月に秋官又正丞相となったが、五四年八月に湖南岳州城陵磯で戦死した（張徳堅『賊情彙纂』巻二、劇賊姓名下、『太平天国』三、六〇頁）。

(25) 林啓容（即ち林啓栄）は楊秀清配下の「健児」で、南京到達後に将軍となり、六月に指揮に昇進して南昌攻撃に参加した。一八五四年に殿右十二検点となって九江の守備を任されると、五八年五月に湘軍の攻撃で陥落するまでここを守った。羅沢南も林啓容を「賊中一将才」と讃えている（張徳堅『賊情彙纂』巻二、劇賊姓名下『太平天国』三、六五頁および郭嵩燾『羅忠節公年譜』咸豊四年の条）。

(26) 白暉懐は広西人で、南京到達後に指揮となった。南昌攻撃失敗後は南京へ戻されたが、十二月に再び功績をあげて検点となった。一八五四年の岳州城陵磯の戦いで敗退すると南京の東牢につながれた（張徳堅『賊情彙纂』巻二、劇賊姓名下、『太平天国』三、六五頁）。後に甘王に封ぜられ、太平天国の滅亡時は江蘇高淳県一帯を転戦していたという。

(27) 本書第一章。

（28）謝介鶴『金陵癸甲紀事略』『太平天国』四、六五五頁。その内訳は広西、広東人約七千人、湖南人一万人、湖北人五万五〇〇〇人、安徽人六千人、南京人十五万人であった。また五三年冬の統計でも二十四万人とある（同書六五九頁）。
（29）張徳堅『賊情彙纂』巻十、賊糧、口糧（『太平天国』三、二七七頁）。
（30）謝介鶴『金陵癸甲紀事略』『太平天国』四、六五六頁。
（31）謝介鶴『金陵癸甲紀事略』『太平天国』四、六六五頁。
（32）同治『新建県志』巻六五、兵氛。
（33）向栄奏、咸豊三年五月初四日『鎮圧』七、二六頁。
（34）毛隆保『見聞雑記』『太平天国史料叢編簡輯』二、六一頁。
（35）張亮基奏、咸豊三年七月初九日『鎮圧』八、四二三頁。
（36）張徳堅『賊情彙纂』巻十、賊糧、船運および倉庫（『太平天国』三、二七五・二七八頁）。
（37）向栄奏、咸豊三年五月十六日『鎮圧』七、一七九頁。
（38）向栄奏、咸豊三年五月二十二日『鎮圧』七、二九三頁。
（39）葉名琛奏、咸豊三年二月二十四日『鎮圧』五、三三九頁。
（40）葉名琛奏、咸豊三年二月二十四日『鎮圧』七、三三九頁。
（41）軍機大臣、咸豊三年五月二十八日『鎮圧』七、三七九頁。
（42）向栄奏、咸豊三年六月初八日『鎮圧』七、五四七頁。
（43）向栄奏、咸豊四年正月初六日『鎮圧』十二、一八九頁。
（44）佚名『粤逆紀略』『太平天国史料叢編簡輯』二、三九頁。なお承宣は東殿承宣のことで、「発号施令」を職務とした（『賊情彙纂』巻三、偽官制、偽朝内官『太平天国』三、一〇二頁）。
（45）Ch. B. Maybon et Jean Fredet, *Histoire de la concession française de Changhai: publiée sous le haut patronage de s.e.m. le ministre des affaires étrangères, du Conseil d'administration municipale de la concession française et de la Chambre de commerce*

française de Chine. Historie de La concession Française de Chançai (Paris, Librarie Plon, 1929, p415) 范希衡訳『上海租界当局与太平天国運動』附録、第一輯、南京大学歴史系太平天国史研究室編『江浙豫皖太平天国史料匯編』江蘇人民出版社、一九八三年、四七一頁)。

(46) 張芾奏、咸豊三年五月初七日『鎮圧』七、六二頁。

(47) 張芾奏、咸豊三年五月十四日『鎮圧』七、一四七頁。

(48) 陳孚恩奏、咸豊二年八月十九日『宮中檔咸豊朝奏摺』五、五四四頁。陸元烺奏、咸豊二年八月十九日、同書五四五・五四七頁。陳孚恩奏、咸豊二年八月十九日、軍機処檔〇八六一一五号、共に国立故宮博物院蔵。なお陳孚恩は団練結成や城壁修築のために銀一万三四〇〇両を寄付したという（陳孚恩奏、咸豊三年五月十六日『鎮圧』七、一九四頁)。

(49) 孫福謙稟江西軍情、咸豊三年五月、F. O. 九三一　一五一八号、英国国立公文書館蔵。

(50) 彭旭『江西守城日記』『太平天国史料叢編簡輯』二、三九一頁。

(51) 毛隆保『見聞雑記』『太平天国史料叢編簡輯』二、六一頁。張芾奏、咸豊三年五月二十一日は「省城聞警以来、居民紛紛遷徙、皆由官紳先期遠遁、以致人心渙散、実堪痛恨」と述べたうえで、南安府同知楊正祥ら八名を革職するように求めた。また城内に残った紳士は徐思荘（已革山東按察使)、陳景謨（戸部候補郎中)、汪茹鑑（候補主事）であった（『鎮圧』七、二七八頁)。

(52) 彭旭『江西守城日記』『太平天国史料叢編簡輯』二、三九一頁。

(53) 江忠源奏、咸豊三年五月十八日『鎮圧』七、二三三頁。

(54) 林福祥『守南昌広饒記』『太平軍在江西史料』五二一頁。

(55) 彭旭『江西守城日記』『太平天国史料叢編簡輯』二、三九一頁。

(56) 民国『南昌県志』巻五十四、兵革。

(57) 彭旭『江西守城日記』『太平天国史料叢編簡輯』二、三九一頁。

(58) 張芾奏、咸豊三年五月二十一日『鎮圧』七、二七六頁。なおこの戦いについて林福祥『守南昌広饒記』は「二十日、江廉

訪派楚勇由空心砲台出隊、予与府勇従之、与賊匪鏖戦三時、斬獲約二百、賊退拠芝麻園之土阜。予登炮台、放連環火箭、並点銅砲撃之、中賊隊、賊披靡、兵勇復殺賊甚衆」と述べている（『太平軍在江西史料』五二一頁）。

(59) 彭旭『江西守城日記』は「是役也、楚勇以数百敵賊数千、雖失一驍将、妖鋒稍稍挫矣」と僅かな兵で勝利した功績を称えたが、李光寛が軽率な攻撃で失敗したと述べている（『太平天国史料叢編簡輯』二、三九一頁）。また張芾も江忠源を「忠勤懋勉、籌画周詳、営員兵丁無不悦服、実属禦侮之才」と称えた（同奏、咸豊三年五月二十一日『鎮圧』七、二七六頁）。

(60) 杜文瀾『平定粤匪紀略』巻三、咸豊三年癸丑および「江忠烈公行状」『江忠烈公遺集』附録。

(61) 張芾奏、咸豊三年五月二十一日『鎮圧』七、二七六頁。

(62) 毛隆保『見聞雑記』『太平天国史料叢編簡輯』二、六一頁。毛隆保によると、太平軍が呉老三に懸賞をかけたところ、呉老三は怯えて逃走したという。

(63) 張芾奏、咸豊三年五月二十九日『鎮圧』七、四〇七頁。民国『南昌県志』巻五十四、兵革。

(64) 張芾奏、咸豊三年六月初四日『鎮圧』七、四六三頁。

(65) 同治『南昌府志』巻十八、武備、兵事。同治『新建県志』巻六十五、兵氛。ただし檔案史料および彭旭『江西守城日記』、民国『南昌県志』はこの日の地雷攻撃について言及していない。南昌到達後五日間で長い坑道を完成することは難しいと思われるが、長沙でも蕭朝貴らの先鋒隊は一週間ほどで城門の下に短いトンネルを掘り、地雷攻撃を行った（菊池秀明『金田から南京へ』三〇三頁）。

(66) 張芾奏、咸豊三年六月初四日『鎮圧』七、四六三頁。また彭旭『江西守城日記』は「廿七、八両日、縋勇往焼文孝廟、堅固未能入、且多傷者」と述べている（『太平天国史料叢編簡輯』二、三九一頁）。

(67) 江忠源奏、咸豊三年五月十八日『鎮圧』七、二三三頁。

(68) 軍機大臣、咸豊三年六月初六日『鎮圧』七、五〇六頁。

(69) 崇綸奏、咸豊三年六月初一日『鎮圧』七、四二八頁。

(70) 張亮基奏、咸豊三年六月初二日『鎮圧』七、四四三頁。

(71)　駱秉章奏、咸豊三年六月十二日『鎮圧』七、五九四頁。ただしこの兵は集合が遅れ、江南大営へ向かっていた辰州兵二百人が南昌に到達したため、後述の兵六百人が出発すると派遣は中止になった（同奏、咸豊三年六月二十一日『鎮圧』八、一六六頁）。

(72)　駱秉章奏、咸豊三年六月二十一日・七月十八日『鎮圧』八、一二五頁・五五五頁。

(73)　張芾奏、咸豊三年六月初四日『鎮圧』七、四六三頁。彭旭『江西守城日記』によると、この時章武軍（耆齢の率いる練勇）は初陣で、火弾を投げたところ誤って味方を殺傷した。また徐思荘の保信軍は多くの死者を出して敗走し、擡槍を太平軍に奪われた（『太平天国史料叢編簡輯』二、三九三頁）。林福祥『守南昌広饒記』は「保信軍以違節制、失道敗績」とあるように、徐思荘練勇の敗因は江忠源の指揮に従わなかったためと述べている（『太平軍在江西史料』五二二頁）。

(74)　張芾奏、咸豊三年六月初四日・六月初六日『鎮圧』七、四六五・五二〇頁。

(75)　毛隆保『見聞雑記』『太平天国史料叢編簡輯』二、六一頁。

(76)　杜文瀾『平定粤匪紀略』附記、逆踪記、『太平天国資料匯編』一、三二五頁。ただし頼漢英の無能ぶりを強調する議論は、後に洪仁達、洪仁発兄弟や洪仁玕の無能を告発した李秀成らの議論と一脈通じるところがある。あるいは楊秀清が権力を掌握する過程で、頼漢英を批判することで洪秀全の権威を損なおうとした、政治的意図の込められた言説かも知れない。

(77)　林福祥『守南昌広饒記』『太平軍在江西史料』五二二頁。

(78)　同治『南康府志』巻十、武事。張芾によれば、太平軍が南康に迫ると「郡城勢甚洶洶、又有賊匪流言伝播、声称居民若餽礼物交出官長、定不殺害民人、否則尽行屠殺」とあるように、贈り物をして地方官を差し出さないと殺戮に遭うとの恐怖感が住民の間に広がった。胡惺儀は「不安本分」で、呉景惺（武生）、黄幅僧らと「創議餽賊、並先将官長囲住、免致与賊打仗、賊匪遷怒地方、傷害百姓」とあるように率先して降伏することで住民を保護しようと考えた。そこで彼らは百余人で同善局へ押しかけ、城の防衛を協議していた知府恭安、知県羅雲錦、都司胡瑤林を囲んだ。この時太平軍が上陸を始め、清軍守備隊が敗北すると、胡惺儀らは城外へ出て太平軍に「情願餽礼」と叫んだ。すると太平軍の頭目が地方官の所在を訊ねたため、彼らは居場所を教えて千人余りの太平軍を先導した。一行が同善堂に到着すると、太平軍は恭安らの身柄と準備された贈り物を船内に運ばせ、衙門や廟を焼いて監獄を破った。また太平軍は胡惺儀らに乗船を命じたが、彼らは隙を見て逃走した（黄幅僧らは逃げられなかった）。翌日太平軍は南昌へ向かった。後に取り調べに対して胡惺儀は「実因惑於賊匪流言、恐被殺戮、一時起意囲官、以備賊匪査問、並非自行綑送、亦未開放監犯」と供述した。胡惺儀らは叛逆の罪でさらし首となり、逃走した都司胡瑤林も処刑された（張芾奏、咸豊四年正月二十二日『鎮圧』十二、三二九頁）。

(79)　沈兆霖奏、咸豊三年七月十二日『鎮圧』八、四七一頁。また夏燮『粤氛紀事』巻六、西江反噬によると、呉城鎮でも同じ動きが見られたが、地方官たちはいち早く逃亡したという（続編『太平天国』四、一六三頁）。

(80)　毛隆保『見聞雑記』『太平天国史料叢編簡輯』二、五九・五八頁。

(81)　夏燮『粤氛紀事』巻六、西江反噬、続編『太平天国』四、一六三頁。

(82)　鄒樹栄『藹青詩草』六月十八日江省被囲感賦七律三首（癸丑）（『太平軍在江西史料』四七二頁）。また同史料には「計畝征糧憂富室」とあり、鄒樹栄の家は三度、合計百石の米を供出したと述べている。王明前氏はこれを後の「照旧交糧納税」策につながる行動と評価している（王明前『太平天国的権力結構和農村政治』中国社会科学出版社、二〇一四年、一五八頁）。ただし史料は続けて「（太平軍）分与無田者食、于是有田者多受累」と述べており、徴収された米は土地を持たない農民と折半されてしまった。むしろこれは永安州時代の太平軍が占領地の農民と収穫物を折半した食糧確保策に近いと考えられる（菊池秀明『金田から南京へ』一三二頁）。さらに鄒樹栄は「郷間無田之人、或以米易銭、相聚賭博、無故得食、此風最不可長」と述べ、突然の収入を得た小作農たちは米を換金し、賭博に興じてしまったと批判している。

(83)　毛隆保『見聞雑記』『太平天国史料叢編簡輯』二、五八頁・八〇頁・六〇頁。なお鄒樹栄『藹青詩草』六月十八日江省被囲感賦七律三首（癸丑）も「賊囲新城、澹台、章江三門、南新二邑以豕鶏鵝鴨銀米進貢……、報以『太平詔書』『天条書』『幼学詩』『三字経』数巻」とあるように、進貢に来た人々に宗教的書籍を贈ったと述べている（『太平軍在江西史料』四七二頁）。

(84)　鄒樹栄『藹青詩草』六月十八日江省被囲感賦七律三首（癸丑）（『太平軍在江西史料』四七二頁）。毛隆保『見聞雑記』『太平天国史料叢編簡輯』二、五八頁。

(85)　毛隆保『見聞雑記』『太平天国史料叢編簡輯』二、八二頁。

(86)　孫福謙稟江西軍情、咸豊三年五月、F. O. 九三一　一五一八号。
(87)　毛隆保『見聞雑記』『太平天国史料叢編簡輯』二、七九頁。
(88)　同治『新建県志』巻六五、兵氛。
(89)　張芾奏、咸豊三年六月十二日『鎮圧』七、六〇〇頁。馬済美奏、咸豊三年六月十二日、同書六〇三頁。また彭旭『江西守城日記』によると、この他に参将文忠らの率いる饒州兵二百人、都司善及らの撫州兵二百余人、把総呉必高らの銅鼓営兵二百余人、五品軍功程智泉らの広東勇五六〇人、徐徳度の景徳窰勇五百人などが南昌に到着した(『太平天国史料叢編簡輯』二、三九四頁)。
(90)　張芾奏、咸豊三年六月十八日『鎮圧』八、八〇頁。
(91)　張芾奏、咸豊三年六月二十五日『鎮圧』八、二〇四頁。
(92)　彭旭『江西守城日記』『太平天国史料叢編簡輯』二、三九五頁。
(93)　張芾奏、咸豊三年六月二十六日『鎮圧』八、二三〇頁。
(94)　彭旭『江西守城日記』『太平天国史料叢編簡輯』二、三九六頁。
(95)　李濱『中興別記』巻八(『太平天国資料匯編』第二冊上、一二七頁)。また毛隆保『見聞雑記』は「伝聞総戎(馬済美)頗英武、累請戦、江臬司(忠源)忌功、中丞(張芾)持重不允。至十七、八日、天雨、江臬司檄総戎出戦、総戎不可。江臬司激之、総戎忿、率兵千余出戦、遇賊二千余、兵懼不前。総戎奮謂士卒曰：「吾已拚一死、爾等各保性命罷」。遂棄頂帽、匹馬向前殺賊、頗有殺傷、中数矛……、始落馬陣亡」とあるように、馬済美の死は彼の功績を妬んだ江忠源らが追いつめた結果であると述べている(『太平天国史料叢編簡輯』二、六三頁)。
(96)　彭旭『江西守城日記』『太平天国史料叢編簡輯』二、三九六頁。
(97)　李嘉端奏、咸豊三年六月十五日『鎮圧』八、二六頁。
(98)　張芾奏、咸豊三年六月二十五日『鎮圧』八、二〇四頁。
(99)　石祥禎は南京到達までは軍事に参与しなかったが、楊秀清の命を受けて韋志俊と南昌の救援に向かった。その後湖北、湖南で活動したが、一八五四年に南京付近の七橋甕で戦死した（張徳堅『賊情彙纂』巻二、劇賊姓名下、『太平天国』三、五五頁）。

(100) 韋志俊は南京到達後に国宗となり、石祥禎と共に南昌へ向かった（張徳堅『賊情彙纂』巻二、劇賊姓名下、『太平天国』三、五五頁）。その後彼は湖北、湖南で活動し、一八五六年の武昌攻防戦で羅沢南を戦死させた。天京事変後は江西、安徽を転戦し、一八五八年に右軍主将に封ぜられたが、翌年十月に湘軍に降伏した。

(101) 張亮基奏、咸豊三年七月初九日『鎮圧』八、四二三頁。また夏燮『粤氛紀事』巻六、西江反噬にも「突於十五日（七月二十日）接撫安徽探報称：自初十日（七月十五日）至十四日（七月十九日）、有賊艘千余、連檣而過、経魯港三山板子磯等処。援賊復至、省中之守益形竭蹶矣」（続編『太平天国』四、一六三頁）とある。援軍の規模を「船一千隻」とする説は、李嘉端が「初十日（七月十五日）有賊船千余艘、自金陵開出三山磯……、十八日（七月二十三日）全過懐寧」（咸豊三年七月初五日『鎮圧』八、三七〇頁）と報じたことが原因で生まれたと見られる。ただし李嘉端はこの太平軍部隊の行き先について言及しておらず、多くは安慶一帯に留まったと推測される。

(102) 彭旭『江西守城日記』『太平天国史料叢編簡輯』二、三九六頁。杜徳風「一八五三年太平軍進攻南昌之役」。張守常・朱哲芳『太平天国北伐・西征史』一八九頁。

(103) 張芾奏、咸豊三年七月初四日『鎮圧』八、三五七頁。

(104) 張芾奏、咸豊三年七月初四日『鎮圧』八、三五四頁。

(105) 彭旭『江西守城日記』に「三十日（八月四日）賊船由西岸紛紛回竄」とある（『太平天国史料叢編簡輯』二、三九六頁）。張芾はこの太平軍の兵力を攻城軍の三倍、二万人と報じたが、援軍の増派を望んだ作文と考えられる（咸豊三年六月二十六日『鎮圧』八、二三〇頁）。

(106) 向栄奏、咸豊三年七月十九日『鎮圧』八、五六九頁。

(107) 李濱『中興別記』巻九（『太平天国資料匯編』第二冊上、一四四頁）。李嘉端奏、咸豊三年八月二十七日『鎮圧』九、四五九頁。

(108) 本書第一章を参照。
(109) 張芾奏、咸豊三年七月初四日『鎮圧』八、三五四頁。彭旭『江西守城日記』『太平天国史料叢編簡輯』二、三九六頁。
(110) 彭旭『江西守城日記』『太平天国史料叢編簡輯』二、三九七頁。
(111) 張芾奏、咸豊三年七月十五日『鎮圧』八、五一一頁。
(112) 張芾奏、咸豊三年八月初一日『鎮圧』九、八一頁。
(113) 彭旭『江西守城日記』『太平天国史料叢編簡輯』二、三九八頁。また『平定粵匪紀略』巻二は、この日湘勇が敗北した原因について「進兵太鋭、先勝後挫」と述べている（『太平天国資料匯編』第一冊、二四頁）。
(114) 張芾奏、咸豊三年八月初一日『鎮圧』九、八一頁。ここで羅信東、羅鎮南は羅沢南の同族に見えるが、『羅氏族譜』（咸豊年間修、手抄本）によると羅沢南一族の字輩は「日—拱—嘉—沢—兆」と続いており、少なくとも近い親族ではなさそうである。なお同族譜および『羅氏四修族譜』首巻五、允吉公伝・曽夫人墓誌銘によれば、羅沢南の四男兆作は胡林翼の「季妹」を、五男兆升は曽国藩の娘（曽紀琛）を妻に娶った。これらの族譜は河野吉成氏（東京大学大学院）の好意によって閲覧できた。記して感謝したい。
(115) 致駱籲門、咸豊三年十一月（中国社会科学院近代史研究所編『曽国藩未刊往来函稿』岳麓書社、一九八六年、三二一頁）。
(116) 王闓運『湘軍志』曽軍篇第二、岳麓書社、一九八三年、二一頁。
(117) 『羅忠勇公年譜』。なお『羅氏四修族譜』首巻五、忠節公事略には「(咸豊)二年、粵逆洪秀全等犯長沙、令属公練丁設防、号湘勇。明年侍郎曽公国藩奉命督治団防。適江西上游土匪竄桂東、檄公進剿、行次衡山、忽草市寇起、衆千余。公擒首逆劉積厚等二十余人、進撃桂東、賊走之」とある。
(118) 毛隆保『見聞雑記』七月見聞記、『太平天国史料叢編簡輯』二、六六頁。
(119) 王定安『湘軍記』巻二、湖南防禦篇、岳麓書社、一九八三年、一三頁。なおその日付については、曽国藩が六月十二日の上奏で清徳を「臣到省半年、毎逢三、八之期、督率弁兵、斉集校場操閲、該将並未到過一次、実出情理之外」と弾劾しており、七月以前のことと考えられる（『鎮圧』七、五九八頁）。

(120) 王闓運『湘軍志』曽軍篇第二、岳麓書社版、二一頁。

(121) 張芾奏、咸豊三年七月十五日『鎮圧』八、五一一頁。

(122) 王闓運『湘軍志』湖南防守篇第一、岳麓書社版、六頁。張芾奏、咸豊三年八月初一日『鎮圧』九、七八頁。なお江忠源が湘勇を泰和県反乱軍の弾圧に振り向けた理由について、簡又文氏も「自是之後、忠源以新兵不可用、卒移沢南軍剿土匪於南路」とあるように、新兵である湘勇の戦闘力に見切りをつけたためと述べている（『太平天国通史』中、九七五頁）。ただし彭旭『江西守城日記』によると、湘勇は八月三十一日の戦闘でも「[羅]沢南、[朱]孫詒等督勇逼賊為営、賊鋒至、屢却屢進、湘勇踊撃至賊営」（『太平天国史料叢編簡輯』二、三九九頁）と活躍していた。こうして見ると江忠源が湘勇を泰和県反乱軍の弾圧に向かわせたのは、戦闘力の高い湘勇が楚勇の功績を奪うことに脅威を感じたためかも知れない。

(123) 致駱籲門、咸豊三年九月『曽国藩未刊往来函稿』六頁。

(124) 毛隆保『見聞雑記』『太平天国史料叢編簡輯』二、七四・七五頁。

(125) 張芾奏、咸豊三年七月十五日『鎮圧』八、五一一頁。

(126) 毛隆保『見聞雑記』『太平天国史料叢編簡輯』二、七五頁。

(127) 張芾奏、咸豊三年八月初一日『鎮圧』九、七九頁。

(128) 張芾奏、咸豊三年八月初一日『鎮圧』九、八〇頁。

(129) 張芾奏、咸豊三年八月十八日『鎮圧』九、三三二頁。同治『饒州府志』巻八、武備志、武事。また同治『楽平県志』巻五、武備、武事は「七月二十三日、賊乗大漲、千艘来擾、顧不甚肆虐以餌愚民、殆其故智。二十八日退去」とあり、その略奪行為は抑制されていたと述べる。

(130) 夏燮『粤氛紀事』巻六、西江反噬、続編『太平天国』四、一六六頁。

(131) 夏燮『粤氛紀事』巻六、西江反噬、続編『太平天国』四、一六四頁。また饒州では「漕倉待運之米、除抜付九江外、仍存万余石、又倉穀数千石、賊虜居民舂播、以給軍糈」とあるように、倉庫の漕米や備蓄米を精米させて軍用に供した（同書一六五頁）。なお張芾も豊城県で「劫搶倉庫」、瑞州でも「掠取倉庫」とあるように食糧を獲得したと報じている（張芾奏、咸

豊三年七月十五日『鎮圧』八、五一一頁、同年八月初一日『鎮圧』九、七九頁）。
(132) 毛隆保『見聞雑記』『太平天国史料叢編簡輯』二、六四～六五頁。
(133) 張徳堅『賊情彙纂』巻十、賊糧、船運および倉庫（『太平天国』三、二七五・二七八頁）。
(134) 毛隆保『見聞雑記』『太平天国史料叢編簡輯』二、六六頁。
(135) 夏燮『粤氛紀事』巻六、西江反噬、続編『太平天国』四、一六五～一六六頁。また浮梁県では「莠民」の石芒沅らが「綑官捜印、送往賊営、得受銀両」とあるように太平軍に協力して褒美を与えられた（張芾奏、咸豊三年十一月二十九日『鎮圧』十二、一二一頁）。
(136) 張芾奏、咸豊三年八月初一日『鎮圧』九、八四頁。
(137) 毛隆保『見聞雑記』『太平天国史料叢編簡輯』二、六六・六四頁。
(138) 夏燮『粤氛紀事』巻六、西江反噬、続編『太平天国』四、一六六頁。ここで都昌とは南康府都昌県を指すと思われる。
(139) 同治『波陽県志』巻二十一、武事考、附、沈衍慶答夏嗛甫書。
(140) 張芾奏、咸豊三年四月十九日『宮中檔咸豊朝奏摺』八、二一〇頁。
(141) 張芾奏、咸豊三年九月初八日『宮中檔咸豊朝奏摺』十、四三二頁。
(142) 光緒『泰和県志』巻九、政典、兵寇。光緒『吉安府志』巻二十、軍政志、武事。同治『安福県志』武事。張芾奏、咸豊三年七月初四日・八月初一日・八月十八日・八月二十四日『鎮圧』九、八四頁・七八頁・三二六頁・三四〇頁・四三一頁。同奏、咸豊三年九月初八日『鎮圧』十、九頁。
(143) 同治『竜泉県志』巻十八、雑類。また鄒恩隆が用いた「符術」について、毛隆保『見聞雑記』は「持一白紙扇、念咒書符、臨陣可扇鎗子、炮子即不能」と述べている（『太平天国史料叢編簡輯』二、六七頁）。また太平天国期の江西の宗教結社については野口鐵郎「斎匪と會匪」『明代白蓮教史の研究』雄山閣出版、一九八六年、四五五頁を参照のこと。
(144) 張芾奏、咸豊三年八月初一日『鎮圧』九、七六頁。また同奏、咸豊三年八月十八日、同書三二六頁は「該匪徒等連日在［吉安］城外焚搶、並将古東山安福県囤儲漕米、廟宇一併焚燬」とあるように、貯蔵された漕米を焼き払ったと述べている。

(145) 張芾奏、咸豊二年十二月初一日『宮中檔咸豊朝奏摺』六、四七六頁。
(146) 『江忠烈公遺集』附録、江忠烈公行状によると、江忠源が吉安救援に湘勇、楚勇三千名を派遣しようとすると、張芾らは城内の兵力が不足するとの理由で反対した。この時江忠源はいま泰和県の反乱軍鎮圧は容易だが、もし彼らが勢いを増して太平軍と連合すれば、南昌上下の連絡が絶たれる危険があると主張したという。
(147) 張芾奏、咸豊二年十一月初八日『宮中檔咸豊朝奏摺』六、二一六頁。
(148) 王植等奏、咸豊元年七月初十日『宮中檔咸豊朝奏摺』二、四四七頁。同奏、咸豊元年閏八月初十日・閏八月二十五日・九月初五日『宮中檔咸豊朝奏摺』三、六〇頁・一七四頁・二一六頁。柏葰等奏、咸豊元年十月十三日、同書四九一頁。
(149) 張芾奏、咸豊二年四月十六日『宮中檔咸豊朝奏摺』四、七三一頁。
(150) 雷維翰奏、咸豊三年九月初一日『鎮圧』九、五一六頁。
(151) 同治『都昌県志』巻八、兵事。光緒『安徽通志』巻一〇二、武備志、兵事。宣統『建徳県志』巻八、武備、新纂には「(咸豊三年)八月二十六日陥建徳、大肆淫掠旋去」とある。
(152) 張芾奏、咸豊三年八月二十四日『鎮圧』九、四二九頁。江忠源奏、咸豊三年八月二十四日、同書四二八頁。
(153) 江忠源奏、咸豊三年七月二十九日『鎮圧』九、五九頁。この時に江忠源が推薦したのが夏廷樾、四川嘉定府知府兪文詔、右江道張敬修および林福祥であった(同奏、咸豊三年七月二十九日、同書六〇頁)。
(154) 軍機大臣、咸豊三年八月十二日『鎮圧』九、二〇八頁・二〇九頁。

第六章　西征軍の湖北進出と廬州攻略

はじめに

筆者は第五章において、太平天国の西征開始と南昌攻撃について分析を加えた。そして西征の第一の目的は食糧の調達にあり、清軍の防禦が手薄な地域に派兵することで南京の軍事的重圧を軽減したが、この段階で長江中流域を経営する意図はなかったことを指摘した。またその兵力は一万人に満たず、指揮官の経験も不足していたため、楚勇の首領江忠源の抵抗に遭うと南昌城を陥落させられなかったと述べた。さらに太平軍が進出すると、江西各地で呼応する動きが見られたが、攻城軍および遊撃戦を展開した曽天養の別働隊もこれらの勢力とうまく連携できなかった。また曽国藩が職業軍人を用いずに編制を進めていた湘勇に対する周囲の理解はなく、南昌救援に向かった羅沢南らの部隊は訓練不足から犠牲を出したが、旺盛な戦闘意欲を見せたことを指摘した。

本章は太平天国が行った西征の歴史のうち、一八五三年九月から五四年一月に行われた湖北への進出と安徽廬州（現在は合肥）の攻略について検討する。この時期の歴史については簡又文氏の通史的研究[1]、朱哲芳氏の専著[2]と崔之清氏らによる軍事史研究[3]があり、徐川一氏は安徽の地域史という視点から分析を行った[4]。また近年M・F・トビー氏が太平天国期の戦乱が地方都市に与えた影響と記憶について分析した論文で廬州の戦いを取り上げた[5]。史料的には中国第一歴史档案館編『清政府鎮圧太平天国档案史料』[6]が出版され、档案史料についてはかなりの部分まで系統的な分析が可能となった。また中国近代史資料叢刊続編『太平天国』(7)は従来雑誌などで公開されながら、入手が困難だった多様な史料を収録している。

本章はこれらの史料集に加え、筆者が台北の国立故宮博物院で収集した檔案史料と日本国内所蔵の地方志を活用しながら分析を進めたい。また西征を十九世紀中葉の長江流域における社会変容という視点から捉え直し、太平軍の進出に対する地域社会の反応とその影響を、これに反対する勢力の動向にも留意しながら検討する。それは太平天国の歴史を新たな中国近代史像に位置づけるための一階梯になると思われる。

一、西征軍の湖北進出と漢陽、漢口再占領

(a)　石祥禎・韋志俊らの九江占領と田家鎮の戦い

一八五三年九月に南昌を撤退した西征軍は湖口から長江へ入り、一千隻余りの船で上流の九江へ向かった。九江は先に総兵馬済美が南昌救援に赴いたため、清軍の防禦は手薄であった。(8)九月二十八日に太平軍の軍船が九江を攻め、清軍が反撃すると、太平軍はいったん上流へ去った。だが翌日再び九江を攻め、数千人が上陸して府城を占領した。(9)

この軍を率いていたのは国宗の石祥禎（翼王石達開の兄）と韋志俊（北王韋昌輝の弟）であり、南昌攻撃を率いた副丞相頼漢英は解任されて南京へ呼び戻された。(10)江西巡撫張芾は湖北から南昌救援に来ていた都司戴文蘭、已革副将張金甲らの兵二千人に太平軍を追撃させると共に、幫辦軍務・湖北按察使江忠源、鶴麗鎮総兵音徳布の軍を九江の上流へ向かわせ、西征軍が湖北へ進出するのを防ごうとした。(11)また湖広総督張亮基は太平軍が湖北広済県の武穴鎮へ進出して「わが動静を窺っている」と報じ、署按察使唐樹義の兵勇二千人を古来戦略上の要地であった東部の蘄州、黄州へ

派遣することにした[12]。

西征軍が湖北へ進出するうえで焦点となったのが、広済県の田家鎮をめぐる攻防であった。七月に張亮基はこの地の戦略的な重要性を次のように指摘している

広済の田家鎮地方は向かいが半面山（半壁山）であり、［長］江の真ん中に崖のようにそそり立っている。ここは川幅が最も狭く、僅かに一百七十丈余り（約五七〇メートル）しかない。やや上流は沙村、対岸は牛関磯で、川幅は広くなるが、他の場所に比べればなお狭く、流れも急なので、船で遡ろうとすればかなりの難所である。わたくし張亮基は……みずから出かけて調査し、半面山の向かいにある田家鎮の中洲の端に木の筏を設け、竹の籠を並べて、中に土を詰めて敵の銃弾を防いだ。また籠の間に銃丸を設け、筏の上に兵勇数百名を駐屯させ、大砲を置いて川に向かって発射出来るようにした。

もし賊船がやって来ても、ねらいを定めて発射することが出来るので、優位に戦えるだろう。敵が中洲から筏を攻めようとしても、中洲に陣地を築いて塹壕を掘り、土塁を固めて筏を援護すれば、賊が陸路から筏を襲うのを防ぐことが出来る。司令部を沙村に置けば、策応するのに都合がよい……。その地勢は道士洑や黄石港よりも優れており、かつて諭旨を奉じたことを理由にこの二ヶ所の防備を固め、全体の局面を考慮しない訳にはいかない[13]。

ここで張亮基は田家鎮一帯の川幅が狭く、対岸には険しい半壁山がそびえており、それまで防衛の重点が置かれていた道士洑、黄石港よりも要害の地であると指摘している。また彼は河面に防禦を施した筏を並べ、中洲にも陣地を構築して迎撃体制を整えた。さらに水軍の不足が問題になると、九月に張亮基はアヘン戦争時に砲船の建造に関わった前武昌同知労光泰（広東人）、元漢陽同知張曜孫（江蘇人）に命じて長江を往来する船五十隻を買い上げさせ、これ

に五百斤の大砲を搭載して戦闘艦に改造させた[14]。

太平軍の田家鎮攻撃が始まったのは十月二日で、水陸に分かれて清軍の陣地を襲った。糧道徐豊玉、漢黄徳道張汝瀛、前広東高州鎮総兵楊昌泗の率いる兵勇四千人はこれを迎え撃ち、筏の上に設けられたバリケードから発砲して太平軍の軍船に損害を与えた。すると三日に太平軍は武穴鎮などに兵を上陸させ、田家鎮の東北から攻勢をかけた。清軍は反撃し、大黄旗を手にした「賊目」を殺すと太平軍は敗走した。四日も太平軍の軍船が姿を見せたが、清軍の砲撃を受けて下流の富池口に撤退した。張亮基はこの三日間で「賊の精鋭を斃すこと三百余名、撃沈して溺れ死んだ者は数え切れない」と勝利を報じた。

だが清軍の防衛体制には大きな問題があった。太平軍の攻撃が始まると、労光泰は完成した戦闘艦十数隻を率いて田家鎮へ向かった[15]。彼は出発時にその戦力を自慢したが、実際には船は小回りが利かず、大砲も砲身が長く船体に固定出来ないなど役に立たなかった。また労光泰が募集した兵士の多くは規律の悪いことで知られる潮州勇であった。これを知った江夏県生員の黄金吾は、「今砲船を田家鎮へ向かわせたが、勝てば功績になるものの、負ければ船ごと賊に投じるに違いない[16]」と考えたという。

次に田家鎮に布陣した清軍は長江の北岸に兵力を集中させ、南岸には兵を配置していなかった[17]。こうした配置について張亮基は、田家鎮の兵力が「甚だ厚いとは言えない」ために、太平軍が左右から牽制してきた場合に兵を分けて遠出させる余裕はないと考えた[18]。だが江忠源はその戦略的な誤りを次のように指摘している

北岸には木の筏をつなぎ止め、砲船を排列して、陸路にも陣地を築いて防禦を施している。南岸一帯の地名は半壁山といい、絶壁がそそり立っており、川の流れも急であるが、兵力が足りないため、いまだ陣地を築くことが出来なかった。賊は池口から回り道をして半壁山に登り、徐家山の麓にかけて数ヶ所の陣地を築いて、わが軍

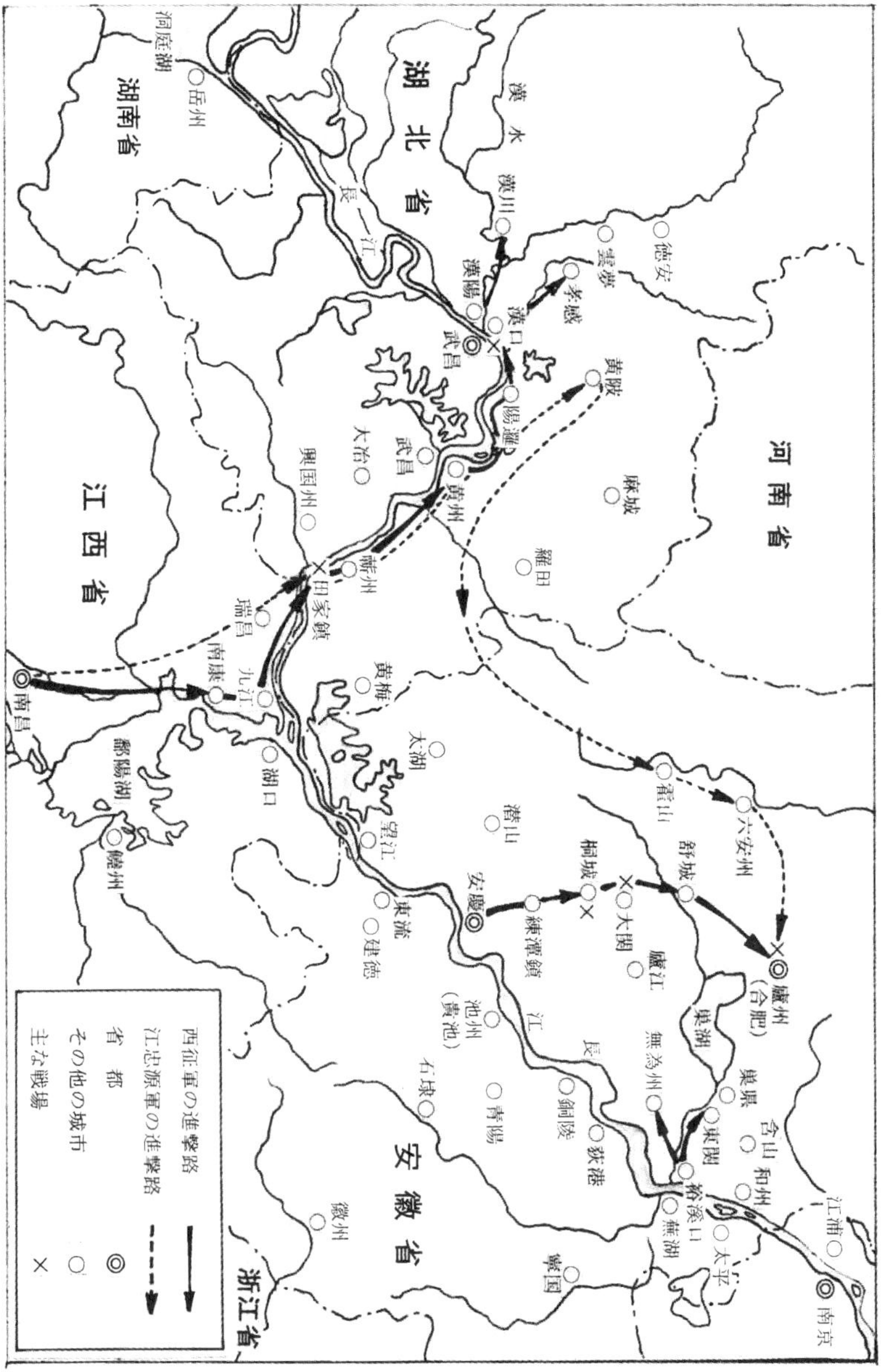

地図10　西征軍の湖北、湖南進出と湘軍図

と長江を挟んで対峙した(19)。

ここで江忠源は南岸に守備兵を置かなかったのは誤りであり、太平軍が半壁山を占領して数ヶ所の陣地を設けたと述べている。十月五日に石祥禎らが南岸の興国州に進出して「米糧を搶掠」すると、江忠源は張金甲、戴文蘭らの軍を瑞昌県、興国州から田家鎮へ向かわせた(20)。江忠源も田家鎮に向かおうとしたが、楚勇は「久しく苦労したために、多くが散じ帰った」とあるように従軍を望まず、やむなく雲南の兵勇二千人を率いて出発した。

ところが江忠源の救援軍は険しい山道に加え、「居民は賊を避けて遠く遁れていたため、途中で食糧を得ることが出来ず、甘藷や芋を掘って飢えをしのいだ」とあるように食糧不足に悩んだ。このため落伍者が相次ぎ、兵勇は五百人余りに減少した。十月十四日に田家鎮に到着した江忠源は半壁山が太平軍に占領されているのを知り、「この地は天険であるが、軍情、地勢共に失われた(21)」と言って嘆いた。そして彼は南岸の沙村に陣地とバリケードを構築し、北岸の兵を一部移動させようとしたが間に合わなかったという。

十月十五日未明に太平軍は田家鎮に総攻撃をかけた。太平軍の軍船は激しい東風に乗って「逆流の中を竹の筏を乗り越えた」と清軍の防衛ラインを突破し、田家鎮の後方に上陸して攻め立てた。清軍は抵抗したが、「賊数は万人を超え、わが兵勇は四、五千人に止まっていたため、陣地はみな賊によって焼き払われた(22)」とあるように苦戦した。

この時労光泰の戦闘艦が姿を見せたが、潮州勇は田家鎮に近づかないうちに「我々の負けだ！　賊はすでに岸に上陸したぞ」と大声で叫び、船を反転させて上流へ逃げ出した。これを見た守備隊は「怯えて心が乱れ、戦いながら潰えた(23)」と総崩れになった。徐豊玉、張汝瀛は戦死し、逃げ戻った兵勇は「潮勇が裏切った(24)」と口々に訴えたという。

この知らせを受けた咸豊帝は「憤懣の至り」と述べ、張亮基と湖北巡撫の崇綸を革職留任、江忠源を降四級留任の処分とした。また唐樹義に太平軍の西進を阻むように命じた。だが安徽で太平軍が新たな攻勢をかけ、清朝側の臨時省都であった廬州が危うくなると、十月二十一日に江忠源を安徽巡撫に任命し、戦力の減じた楚勇を率いて「回り道をして安徽へ向かえ」[25]と命令せざるを得なかった。西征軍の迅速な動きを前に、清朝側は有効な戦略を立てることが出来なかったのである。

（b）太平軍の漢陽・漢口占領と呉文鎔の武昌防衛

さて山東巡撫に転任した張亮基に代わり、湖広総督となったのは呉文鎔であった。十月中旬に武昌に到着した呉文鎔は田家鎮の敗戦を知り、すぐさま防衛の準備に取りかかった。[26]だが武昌もこの年初めに受けた被害から立ち直っていなかった。彼は城内の情況について次のように述べている

武昌省城は昨年賊匪によって蹂躙された後、いたる所が荒廃した。署督臣の張亮基および崇綸が各地から人を招き寄せた結果、数月来ようやく粗末な小屋を建てて復業する者が現れた。だがいまだ市街を形成するには至らず、大ざっぱな交易が行われているに過ぎない。今回賊匪が九江から長江を西へ遡り、わが兵が田家鎮で敗北すると、人々は多くが弓に驚いた鳥のごとく、三、四日間のうちに逃げ出して空っぽになった。油や米、薪や野菜も購入出来なくなり、兵士たちは餉銀を受け取っても銭に変えることが出来ない。城にいる一千名余りの兵は全長十九里（九・五キロ）に及ぶ城壁の上に配置され、明け方の星のようにわびしく手薄である。我々は常に彼らを激励しているが、将兵の憂い悩みは自ら奮い立つことが出来ない程で、我々の心中も焦ること焼けるが如くである。[27]

ここからは武昌の兵力が不足であるのに加えて、住民が太平軍再接近の知らせを聞いて逃亡し、交易が途絶えて食糧の確保が難しくなった様子が窺われる。呉文鎔らは江西にいた貴州兵二千人、荊州将軍台湧の率いる八旗兵二千人

を武昌へ派遣するように求め、広済県へ向かっていた唐樹義の軍を呼び戻そうとした[28]。また「日用の食物がすでに断たれているからには、空の城を守っても賊が至らぬうちから困ることになる」との考えから、守備隊の一部と増援部隊を城外に駐屯させ、付近の商人と交易させようとした[29]。

ところが太平軍の進撃スピードは呉文鎔の予想を上回り、十月十七日には黄州府城と武昌県を占領した[30]。そして二十日には武昌付近の塘角に百数十隻、対岸の漢陽府城と漢口鎮には六、七百隻の軍船が押しよせた。清軍が様子を窺っていると、太平軍は漢陽、漢口に上陸して「ほしいままに焚掠[31]」し、漢陽府知府兪舜卿らを殺害した[32]。また午後には一部の兵が武昌城外の武勝、漢陽門の外に上陸し、雲梯を用いて城内への突入を試みた。清軍がこれを撃退すると、夜間に太平軍は城外に陣地を構築しようとしたため、呉文鎔らは兵を送って彼らを北岸へ駆逐した。また城東の門外に兵勇を配置し、城外との連絡を断たれて孤立した常大淳らの失敗をくり返さないように図った[33]。

この時清軍は興国州、田家鎮から引き上げてきた兵勇二千人を城内に入れ、城壁の警備に当たらせた。また武昌城内には米二万石の備蓄があったが、布政使の倉庫に蓄えられた銀は一万両に満たなかったため、呉文鎔は赴任にあたり長沙から五万両を調達した。ただしこれらの備蓄は「専ら兵勇の食糧に資した」ため、「市井は喧しく騒ぎたてたが、民は食べる米がなかった[34]」とあるように城内に残った民に供給する余裕はなかった。

その後太平軍と清軍は長江を挟んで対峙し、十一月六日に太平軍が漢陽、漢口を撤退するまで睨み合いは続いた。その間太平軍は「軍を分けて船を操り、省城から上下数十里離れた川沿いの村鎮および湖や分流地点、港にある村鎮に至っては、ほしいままに掠奪を行い、船一杯に載せて戻った」とあるように、周辺の村々へ出かけて食糧を調達した。また漢水上流の漢川、孝感両県を占領し、河南省に近い徳安府城を窺う姿勢を見せた[35]。

ちなみに江西の場合と同じく、西征軍の湖北進出には土着の反体制勢力が呼応した。孝感県の攻撃には「漢陽の土匪」が先導し、太平軍が城内に入ると「大いに民の財を掠」した。これを見た「黠役」の王彪は自分も掠奪を行おうと考え、太平軍の退出後に再び警報を流したが、知県李殿華に捕らえられた[36]。また沔陽州でも「土匪が四起」し、脱獄した囚人の曹六牙らは「紅巾を勾引[37]」して北郷一帯で活動したという。

むしろ太平軍の漢陽、漢口占領にあたって、波紋を呼んだのは清軍の防衛戦略をめぐる意見対立だった。田家鎮の敗北後、敗残兵二千人を集めた江忠源は「単騎安徽へ赴くことは、兵を集めて省（武昌）を救援するのに及ばず、兼ねて襄樊の北路を顧みた方が有益」とあるように、安徽へ赴任するよりも武昌救援に赴いた方が得策であろうと考えた。そこで彼は長江北岸の巴河、黄州、陽邏で渡河を図ったが船を調達出来ず、十月二十三日に黄陂県城に到着して唐樹義の軍一千人と合流した[38]。

この時科挙試験のために徳安にいた湖北学政の青麐は、知府易容之と府城の警備を固めようとした。すると「にわかに外で喊声が絶えず、住民や商人が引っ越しを始めた。城門は閉じられていたが、勢い彼らを避難させない訳には行かなくなった。夜が明けると城内は空となり、すでに十に八、九がいなくなった」と住民のあいだにパニックが発生した。また守備兵、胥吏も多くは逃亡したことがわかり、青麐は生員李聯輝、武童朱金堂の率いる団練、郷勇を動員した。だが十月二十五日に太平軍が孝感県に到達したとの知らせが届くと、事態は切迫していると見た青麐は江忠源らに救援を求めた[39]。

この要請を受けた江忠源は「賊匪は全軍が長江の北岸におり、北へ進出しようとしているのは明らかである。徳安や襄陽、樊城一帯には大軍がおらず、おのずから自ら赴いて救援しなければならない」と述べ、已革総兵楊昌泗の率いる兵一千人を徳安へ派遣した。また太平軍の一隊が黄陂県へ向かっているとの知らせが入ると、已革副将張金甲の率いる兵五百人を黄陂県の守備に残した。はたして十月二十九日に太平軍は黄陂県城を攻めたが、張金甲はこれを撃退した。また雲夢県、漢川県の太平軍がすでに漢陽方面へ撤退したとの報告を受けた江忠源は、太平軍と交戦しながら漢口をめざした(40)。

江忠源のこうした行動は、援軍の到着を待っていた呉文鎔と湖北巡撫崇綸の期待を裏切るものだった。彼らは十月三十日の上奏で次のように江忠源を批判している

省城（武昌）の防衛兵力は少なく、急ぎ江西各地の兵勇を集めたものの八千に及ばず、鄰省、本省共に動員できる兵はない。かつ河面には一隻の船もなく、賊船が上流、下流を行き来し、北岸各地で掠奪を行うのを目撃しても、追剿のしようがない……。

布政使江忠源、署布政使唐樹義はすでに大軍を率いて黄陂県におり、漢陽から僅か八十里（四十キロ）しか離れていない。そこで屢々彼らに急ぎ兵を前進させ、漢口、漢陽の賊巣を攻めて、重鎮を恢復し省城を保護するように命じた……。これは私たちが全局面を統一的に計画した概略である。

だがここに布政使らの報告が届き、賊匪が隊を分けて徳安へ向かったとの知らせを受けて、すでに兵一千名を発して前任総兵楊昌泗に応援させたという。彼らは大軍を率いてまず漢陽を攻め、賊巣を掃蕩して省城の危機を取り除くべきであった……。だが彼らはこの計画に従わず、ついに全軍を率いて回り道をして徳安へ向かい、一部の逃れた匪賊を迎撃した。賊巣を捨てて進まず、省城を顧みようともせず、かえって北の守りを重んじると言っている。武漢の咽喉が通じなければ、南北の血脈は流れなくなり、長江が分断されれば、天下の事はなお言うべきだろうか？　該司らは調度に従わず、私たちは孤城を困守しているが、その命はいつまで続くかわからない……。まさに該司江忠源、唐樹義らに迅速に漢陽の賊巣を攻め、危機にある武昌城を守るように急ぎ命じられんことを請う(41)。

ここで呉文鎔らは、江忠源が長江流域における武漢の戦略的意義を重んじる彼らの戦略に従わず、北方の防衛を口実に時間稼ぎをしていると告発している。だが西征軍が華北へ進出し、北伐軍と合流することを警戒していたのは外ならぬ清朝であった。例えば十月二十日に荊州将軍台湧が旗兵二千人を武昌へ向かわせると報じると、咸豊帝の指示は「相機進剿して賊の回竄を止められれば良いが、間に合わない場合にはその豫省へ北竄する道をおさえることを要務と心得よ(42)」というものだった。

また十月二十四日に台湧が江陵県丫角廟に到着すると、下流の漢川県は太平軍がいるために前進できず、「荊州、襄陽に上竄するとの説がある」との報告を受けた。そこで台湧は先行した兵を徳安へ向かわせたが、今度は太平軍が漢陽下流の沌口から水路荊州へ向かっているとの連絡が入り、慌てて後発の兵を荊州方面に帰還させた(43)。これに対する清朝の指示は「もし水路が阻まれ、省城に行くことが出来ないようであれば、江北にある要隘の地で賊の北竄を阻め……。くれぐれも賊匪に隙に乗じて紛竄させてはならない(44)」という内容であった。

次に清朝の江忠源に対する指示を見ると、十一月四日の上諭で清軍が安慶付近の集賢関で太平軍に敗れたのを受けて安徽への赴任を重ねて命じた(45)。また翌五日の上諭は「江忠源は長江を渡って省（武昌）へ行くのが難しければ、ただ唐樹義と兵を合わせて先に漢陽を奪回する計画をなせ」「江北の各路は楚より豫へ入る大局に関わる。江忠源はすでに北路にいるのだから、要害の地を選んで堵截せよ(46)」と述べており、彼が湖北で活動することを追認しながらも、太平軍の河南進出を阻むことに重点を置いていた。さらに九日の上諭では「安慶の賊跡はすでに北の廬州に向かう意図があり、池州も賊によって占領されるなど、朕の心は深く懸念している(47)」と述べるなど、安徽の太平軍が北進する可能性を指摘して再び彼に安徽へ向かうように命じた。

むろん清朝は武昌防衛の重要性を認識していなかった訳ではなく、十月末から三度にわたって湖南巡撫駱秉章と前任礼部侍郎曽国藩に援軍の派遣を命じた(48)。また呉文鎔らに対しては「現有の官兵でよろしく守禦をなし、もって援軍が至るのを待て」「紳民兵勇を激励して堵禦に力を尽くし、堅守して救援を待て(49)」と述べるなど、援軍の到着まで武昌を死守するように指示した。さらに江忠源は黄陂県へ向かうにあたり、先に武昌へ入城した都司戴文蘭から武昌の守備兵力は充分との報告を受けていた(50)。

こうして見ると、江忠源が武昌に急行しなかったのは、清朝中央政府の意図に忠実であった結果と考えられる。湖北の地方長官による江忠源批判は、その激しい文面から見て直接には同僚と次々と衝突した崇綸が、援軍が姿を見せないことに苛立って書いたものと推測される。だがそこには長江流域全体の戦略よりも北方の安全を優先する清朝の姿勢に対する呉文鎔の異議申し立てが込められていたと言えよう。

十一月五日に江忠源と唐樹義の軍が漢口の北二十キロ程にある灄口へ到達すると、翌六日に石祥禎らは漢陽、漢口を撤退し、長江下流の陽邏から黄州へかけて船を停泊させた。武昌の危機はなお去っていないと考えた江忠源は、音徳布の率いる兵一二〇〇人をまず安徽へ進発させ、残りは太平軍の湖北退去後に移動させようと考えた。だが十一日には自らも清朝の度重なる命令に応じて安徽へ向かった(51)。

また徳安へ向かっていた台湧は、十一月四日に崇綸から太平軍が水路荊州、長沙をめざす可能性があり、荊州の防備を強化されたいとの手紙を受け取った。台湧は「この逆船は大小千余隻、長髪の真賊は千余人に過ぎず、残りは脅されて従っている者が一万余りで、断じて船を捨てることはあり得ない(52)」と述べてその北進の可能性を否定し、全軍を荊州へ引き上げさせた。また十一月十八日に駱秉章は候補知府張丞実、陸用同知王鑫に楚勇三千人を率いて湖北救援に向かわせると報じた(53)。だが衡州にいた曽国藩は「船を造ることが第一の先務である」と主張して、戦闘艦が完成するまで援軍の出発を待つように求めた(54)。

結局のところ、武昌の清軍兵力は救援要請を受けた各地の事情によって増強されなかった。十一月十九日に唐樹義が黄州巴河で太平軍に勝利すると、[55]当面の危機は去ったように見えた。しかし十二月に太平軍が再び武昌に迫ると、今度は総督呉文鎔と巡撫崇綸の対立が表面化した。なお光緒『蘄州志』によると、この時左四軍正典聖糧として食糧の徴発を行ったのは陳玉成（後の英王）であった。この時彼はようやく満十五歳、「州の漕河に拠り、衆賊を五郷へ使わして銭米を勒索し、打貢と名づけた。城に立てこもること一年余りに及んだ」[56]という。武昌攻略の功績によって検点に昇進した陳玉成が、強引な地方統治で人々の反発を招くのは二年後のことであった。

二、西征軍の安徽における活動と廬州攻撃

（a）石達開の安慶進出と地域支配

頼漢英の軍が南昌から撤退した九月二十四日夜、安徽では翼王石達開の率いる軍が安慶に到着した。彼らは城内へ入ると住民の避難を禁止し、城の周囲に土城と土牆を築いた。また北門の城楼に大砲、見張り櫓を設け、城壁を五尺（一・五メートル）ほど高くする工事を行った。郊外の集賢関を守っていた已革安徽布政使張熙宇は「現在賊匪は五、六千人おり、東流県の河面にも賊船が百余隻いる」[57]と述べて援軍の派遣を求めた。

この太平軍は地官又副丞相劉承芳、[58]検点覃丙賢、[59]梁立泰、[60]指揮許宗揚、[61]張潮爵、[62]曽天養らを中核とする部隊であった。彼らは安慶を長江中流域における防衛の要所と位置づけ、積極的な地域経営を行った点でそれまでの西征軍とは性格を異にしていた。石達開は安徽へ向かうにあたり、次のような布告を出している

真天命太平天国電師左軍主将翼王石［達開］、□県の良民におのおの生業に安んじ、妖の惑わしを受けて驚き

避難することのないよう訓諭する。

さて天父、天兄は大いに天恩を開き、親しく真主である天王に天下を宰治するように命じられた。また東王および北王に朝綱を輔佐するように命じられ、すでに天京に都を置いた。現在は四海の者が心服し、万国が化に向かっており、いま特に本主将に安徽に来たりて人々を安撫し、生霊を救うように命じられた。なんじら良民は生きてこの時に出逢うことが出来るとは、何という幸いだろうか。

現在はあちこちで網に漏れた残妖がおり、いまだ誅滅し切れていないため、特に大員を派遣して兵を率いて各地へ向かわせ、妖魔を捜捕している。恐らくなんじらは謡言に惑わされ、ほしいままに避難していることだろう。もし僅かばかりの残妖が県境に入ったならば、なんじらは先に本主将が頒行した訓諭に従い、一体となって厳拏して安徽へ連行すれば、おのずから篤い褒美を与える。

ここに特に訓諭を行う。なんじら良民は天を敬い主を知り、東王を認識すれば、おのずから天父の顧みがある。切に妄りに浮言を聞いてはならない。一度避難をすれば家業を捨て、命を失うなど、その害は言い尽くせない。なべて天父が大いに権能を顕され、四海の残妖を尽く誅殺すれば、おのずと永遠の福を享受できること極まりない。なんじらはそれぞれ固く命令を守って、本主将の教え諭した深い誠意に背くなかれ。切に切に違えることのなきよう訓諭する。(63)

ここで石達開は安徽に赴任した目的が「安撫」即ち占領地の社会秩序を構築し、安定的な統治を行うことにあると明言している。また人々に清軍に対する掃蕩作戦への協力を求め、「謡言」あるいは「浮言」に惑わされて避難することのないように訴えている。さらに地域経営を行うにあたって重要となったのが、地方政府の設置と住民の把握であった。

杜文瀾『平定粤匪紀略』によると、この時石達開は兵を各地に送って食糧を集めると共に、「本地の虐を助ける者を郷官となし、偽職を授けて畝ごとに銀糧を収めさせ、安民に詭託して実は科斂に資した」(64)とあるように、地元出身の協力者を郷官に任命して税の徴収を行わせた。また一八五三年十二月に繁昌県荻港で出された殿右捌指揮楊なる人物の布告は、次のように具体的な指示を与えている

ここに本大臣は翼王五千歳に従って軍を率い、安民をしているが、調べによるとなんじら荻港鎮の民人はなおいまだ揃って来たりて戸籍を献げることをしていない。このため該鎮に告げ知らせる。十一月初九日（十二月十三日）に全ての旅帥、両司馬などの官は、名前を記した帳簿を作成し、安徽省（安慶）へ赴いて本指揮の衙門に提出して、もって門牌を発給するのに便たらしめよ。もしさらに敢えて期限を守らなければ、定めて尽く剿洗を行い、決して容赦をしない。切に切に特に諭す。(65)

ここで太平軍は地方統治を行うために戸籍の作成を義務づけ、提出が遅れた地域に厳しい態度で実行を求めている。布告は続いて門牌の書式について言及しており、一万二五〇〇戸を統括する軍帥以下、師帥、旅帥、百長、両司馬および伍長を定めて、その統率下に置かれる家々を戸ごとに報告するように求めた。太平天国の官制は多くが『周礼』に倣ったものと言われる。『賊情彙纂』は太平軍が郷官の設置に先だって「偽諭」を出し、「兵威」で威嚇しながら各州県に戸籍を作らせ、軍帥以下の郷官を「公挙」させて戸籍と共に申請させたと述べており、右の布告はこの過程で出されたものと考えられる。(66)その官職名は『天朝田畝制度』に記された通りであるが、ここで問題となったのは中央から派遣される総制（知府クラス）、監軍（知県クラス）ではなく、徴税や徴兵、裁判など農村の具体的な統治に当たる軍帥以下の郷官の選出であった。

儲枝芙『皖樵紀実』によると、安慶府の潜山県では一八五四年に六名の軍帥、十八名の師帥、七十二名の旅帥が任

命された。彼らは黄帽、紅の袍や馬褂、黄旗や長方形の印鑑を与えられた。また「館を建てて訴訟を裁き、召使いを用いて文札を出した(67)」とあるように、郷鎮や村々に「館」と呼ばれる役所を設けて県城の監軍侯万里を補佐した。

次に五三年十月に太平軍が占領した池州府（貴池県）では、石達開の派遣した使者が「急ぎ制度に従って官を推挙し、期限までに戸籍を提出」するように促した。その布告は「挙せられた各官は、須く三代の履歴と本人の年齢、家族の人数を注記せよ。また良民の家も姓名と一家の男女老幼が合わせて何十名になるかを明記せよ(68)」という内容で、軍帥から安慶の太平天国政府に提出するように求めていた。李召棠『乱後記所記』によれば、この時人々は「公正な生員、監生を充当させて、地方に害をなすことを免れようとした」が、皆が清朝の弾圧を受けることを恐れ、「互いに押しつけ合」って決まらなかった。結局三十金を出して「軽重に関係のない人」即ち有力者以外の人物に郷官職を請け負わせた。

李召棠は「賊首石達開ははかりごとに巧みで、賊衆はみな心服している。偽りの仁義を行い、愚民と結びつこうとしている」と評したうえで、「この時は偽示が遍く貼られ、小人は志を得た。流言によって煽惑され、一郷の人はみな狂うが如くであった」と述べている。また郷官となった人々には「局を設けて費用を集め、民の脂を苛索し、藉りて己を肥やそうとした」者も少なくなかった。中には師帥になるために漕米の苛酷な取り立てをしたことが発覚し、太平天国の地方政府に処罰された者もいたと記している(69)。

次に池州の石埭県では一八五四年に郷官が設置された。徐川一氏が発掘した蘇吉治『流離記』などによると、監軍の湯姓は「安民」を行って人々に髪を蓄え、これまで通りに生業を営むように命じた。また「各都甲に軍師（帥の誤り）、旅帥、司馬、百長などの偽職を設立し、局を立てて辦公」させようとしたが、県内の有力者は逃亡したため「董事」と呼ばれる人々に局を設けて貢物を献げさせ、戸籍を作成させた。郷官となったのは三都の蔣家玉、四都の蘇華宝、五都の徐万華などで、いずれも科挙合格者ではなかったようである。人々は「公議」を行い、彼らが太平軍に殺された場合は地域が費用を出して遺族を慰め、廟を立て位牌を設けて祀ることを決めた。蘇吉治は彼らが故郷のために「死の危険を冒して賊中に出入りした」と記している(70)。

さらに興味深いのは太湖県の林宏渓堂と呼ばれる宗族の事例である。一八五六年に彼らは正副二名からなる両司馬、伍長五名を立てて公務を行わせることになったが、公務が煩雑で経費も膨大なため「同宗を糾合して、ここに議条を立てて公事を助ける」ことにした。そこでは先ず林公堂なる一族の共有財産を立て替えて両司馬に与え、公務の経費とすること、支払うべき「我が族の官糧」は伍長と分節のリーダーである房長が期日までに集めて両司馬に与え、故意に滞納する者がいれば両司馬が「指名稟究」してよいことを取り決めた。次に「官糧捐項」即ち臨時の税負担については、「均しく合方の大議に照らし、増減してはならない」とあるように宗族全体の合意を重んじるとした。

両司馬は「公挙」によって林大書、林概然が担当することになり、彼らが真面目に職務に励んでいる場合は「およそ配下に属する者はその指揮を聴き、他人に転嫁してはならない」と申し合わせた。この二人がいかなる人物であったかは不明だが、房長がその命令に従っている点から見て宗族全体に影響力を持つ族長クラスの人々であったと推測される。さらに伍長、房長配下の人々が「費用を納めようとしない場合は、名指しで追及してよい」としており、最末端の伍長についても一定の権限を認めていた(71)。

以上の例を見る限り、郷官となったのは有力者ではないものの、「董事」などの資格で地域社会に影響力をもつ一群の人々であった。彼らは地域や宗族全体の合意によって郷官となり、太平天国政府との交渉を引き受けた。無論その中には私腹を肥やす者もおり、『賊情彙纂』は「無恥の輩、無学の者が惑わされて栄達を求めた」「郷里を分裂させ、宗族に栄光をもたらした(72)」と酷評したが、いっぽうで郷官の活動は地域の利害を代表するものと見なされ、その指示に従うことが申し合わされた。また彼らの活動費用や死亡時の遺族に対する手当は宗族や地域の共有財産から支出され、死後は祭祀の対象となった。

別書で指摘したように、太平天国前夜の中国南部では必ずしも科挙タイトルを持たない地域リーダーが成長していたが、清朝の地方統治制度では彼らの力を活用する余地がなかった[73]。だが太平天国が長江流域に進出すると、郷官の設置前から人々が「公局」を立て、「富戸」が食糧を出して貧しい者に与えたり、「族長を立てて家規を申し合わせる」[74]などの動きが見られた。太平天国の郷官制度はこれら社会の変化に形を与えるものとなり、結果として新興勢力が地方統治に参与する可能性を開いたと考えられる。

ところで郷官の重要な任務として徴税があった。太平軍の占領当初、貴池県では黄金六百両を、潜山県では黄金二百両をそれぞれ献げるように命じられた[75]。次いで五四年夏に潜山県では「賊は地丁銀を勒徴した」とあるように土地所有者から従来通りの土地税を徴収するようになり、この年冬には「賊は糧米を徴収し、十八両を一斤となし、百八十七斤を一碩とした」[76]と二度目の徴税を行った。「旧に照らして交糧納税」と呼ばれたこの政策は、「打先鋒（資産家からの掠奪）」や「貢献（貢物の要求）」による食糧、物資の調達に代わって西征時期の安徽で広く行われた[77]。

一八五六年にノースチャイナ・ヘラルドに寄稿したTなる人物は、石達開統治下の安慶で太平天国の税率が清朝のそれに比べて軽かったと記している[78]。これに対して『皖樵紀実』は、潜山県では土地税以外に王四殿下（洪秀全第四子の洪天明）の誕生祝いや報効米と呼ばれる一戸あたり米三十斤の臨時税、書物の出版、火薬や武器の製造など様々な名目の雑税が徴収されたと述べており、全体としてどの程度の負担だったかは不明である。

だが第五章で見たように、当時の清朝支配地区では構造的な腐敗によって、規定を遙かに超えた額の税を取り立てることが多かった。『皖樵紀実』も太平天国進出前の一八五一年に「官銀は一両あたり銭四千八百文、漕米は一石あたり銭八千二百文を取った」と述べており、五三年に「公局」が設立されると人々は清朝の納税要求に応じなかった。いっぽう太平天国の地丁銀は五七年の二度の納税でも「一畝あたり銭二百文」であった。こうした情況を踏まえると、太平天国の税制がより穏当なものであった可能性は充分にある。

なお儲枝芙によると、太平天国は一八五四年六月に安徽省の科挙試験を実施し、二十七の州県から七八五人が挙人に合格した。翌五五年は清軍が迫ったため試験は中止となったが、五七年には州県レベルの童子試、省レベルの郷試が実施され、潜山県では「文士（文生員）」三六〇人から八十四人が文挙人に、「武士（武生員）」一二〇人から七十三人が武挙人にそれぞれ合格した(79)。

これら合格者の多くは南京で行われた諸王主催の試験に応じたが、その一人であった酆謨（元清朝生員）は故郷である桐城県西郷の軍帥となった。彼は一八五四年に清軍が桐城県に進攻すると安慶の太平軍に救援を求め、五七年に湘軍に殺されるまで郷土の防衛に尽くした(80)。また太平天国が科挙を実施したことは、新王朝の正統性を主張する上で重要な意味を持った。李汝昭『鏡山野史』は「粤人は安民の告示を出し、科挙を行って合格者を出した。髪を改め服を変え、旧来通りの税を取ったため、農工商賈が各々の職業に安んじるなど、儼然として王者の風格があった(81)」と述べている。建徳県北山へ避難していた李召棠も「物は豊かで民は安んじており、いわゆる乱世であることを忘れる程だった(82)」と記しており、太平天国が比較的安定した地域支配を実現していたことが窺われる。

（b）　安徽東部の戦いと太平軍の廬州攻撃

さて太平天国は安慶一帯を支配する一方で、長江下流域でも積極的な動きを見せた。一八五三年八月に太平軍は和州の裕渓口から運漕河をさかのぼり(83)、九月には無為州、石澗鎮に到達して物資を徴発した(84)。十月初めには新手の太平軍軍船が運漕鎮、黄雒河へ至り、敗れた清軍は東関へ退いた。東関は巣湖に入るための門戸であり、後に淮軍の首領となる翰林院編修李鴻章（合肥県人）が壮勇を率いて守っていた[85]。十月五日に寿春鎮総兵玉山は太平軍を迎え撃ったが、敗北して含山県へ逃れた[86]。

この頃北伐軍は河北趙州一帯を北進しており、清朝はこの太平軍が「再び北竄[87]」して北伐軍と合流することを恐れた。巣県城を通過した太平軍は、十月九日に已革按察使張印塘の軍を破って廬州を窺う姿勢を見せた[88]。これを憂慮した安徽巡撫李嘉端は店埠鎮で李鴻章らと協議し、壮勇一八〇〇人を守備につかせた[89]。また廬州府知府胡元煒に命じて巣湖の団練三万人を集めさせた。

その後の巣湖一帯における戦いについて、李嘉端の報告は曖昧である。水陸の壮勇、団練は銅煬河口で太平軍に打撃を与え、玉山の軍も店埠へ到着して太平軍の東進を阻んだ。その結果太平軍は裕渓口から長江へ撤退したという[90]。

この時安徽北部で捻子の弾圧に当たっていた兵部侍郎銜周天爵は、東関を占領した太平軍が漕米十六万石を獲得し、これを全て南京へ輸送したことを暴いて李嘉端を批判した[91]。また太僕寺卿王茂蔭は李嘉端が「民心を得なかった」原因として知府胡元煒の「庸懦貪汚、声名狼藉」を挙げ、その門下生で「蠹役」の徐淮が悪事を働いて人々の恨みを買ったと告発した。そして合肥の団練については「ただ城中は徐淮が事を用いているため、正しい者が出ず、甚だ恃むに足りない」と述べ、工部左侍郎呂賢基や李鴻章らに命じて郊外で団練を結成している「寒士」たちを取り立てるように提言した[92]。

ここからは省都の危機を前に、地方長官たちが非難の応酬をしていた様子が窺われる。結局十月に李嘉端は安徽各地での敗北の責任を問われて解任され、江忠源が着任するまで署安徽布政使劉裕鉁が巡撫職を代行した[93]。

いっぽう安慶では石達開が新たな軍事行動を起こした。十月二十五日に春官正丞相胡以晄、検点曽錦謙[94]の率いる数千人は安慶の北九キロにある集賢関を攻めた。ここには張熙宇が率いる清軍二六〇〇人がいたが、出撃できたのは半数ほどで、「多寡がかけ離れていた」(95)ために敗退した。

次に西征軍がめざしたのは桐城県であった。湖北から撤退してきた曽天養の軍と合流した胡以晄らは、十一月十三日に約一万人の兵力で桐城の南にある練潭鎮を攻めた。ここには署副将松安らが駐屯していたが、激しい雨の中で攻撃を受けると敗走した。翌十四日に太平軍が桐城県に迫ると、孝廉方正馬三俊、生員張勲、胡大新らは団練を率いて抵抗し、張熙宇に救援を求めた。しかし張熙宇は警報に接していないとの理由で要請を断り、桐城、舒城両県境の大関へ退いた。また桐城県城には東関、集賢関から撤退してきた「投效勇目」徐懐義の壮勇七百人がおり、南門外で太平軍を迎え撃った。だが「賊匪四、五千人はすでに南門へ逼り、また別の一隊が東門から回り道をして突撃したため、壮勇たちは挟み撃ちに遭い、同時に潰え散じた。ふりかえって桐城の城上を見ると、すでに無数の黄旗が立ち並んでいた(96)」とあるように敗北し、桐城県城は占領された。

胡潜甫『鳳鶴実録』によると、桐城県の団練は一八五二年秋に組織された。城内には平安局が設けられ、納税額の多い者はみな壮勇一名を養い、五百人を集めて訓練した。一八五三年九月に呂賢基が桐城県の団練を視察すると、練勇の士気も上がった。しかし練潭に駐屯した清軍は「郷村に附居して、毎日酒や食事を求めた」と腐敗していたため、馬三俊らは張熙宇の軍が当てにならないと悟ったという。

桐城県城を占領した太平軍は、人々に宣民門から外へ出るように命じたが、資産家たちは隠した財産を奪われることを恐れて従わなかった。すると十五日朝に太平軍は「刀を抜いて斬殺し、一戸ごとに捜索した。人に逢えば即ち殺し、後に城の端に連行して殺した」とあるように徹底的な殺戮を始めた。また太平軍が馬三俊ら団練指導者の捜索を行うと、彼らを憎んでいた「姦民」が案内役となって「縉紳の家」が避難していた唐家湾を襲わせた。その結果桐城県の死者は三五〇〇人に及んだ(97)。

桐城県陥落の知らせを受けた咸豊帝は張煕宇を「無能かつ喪膽の人」と非難し、すぐに処刑するように命じた(98)。また呂賢基と潁州で捻子の弾圧に当たっていた兵科給事中袁甲三に桐城へ赴いて防衛に当たるように指示した(99)。

続いて太平軍が攻撃目標としたのは舒城県であった。桐城県の陥落後、呂賢基は舒城県で防禦の計画を練り、要所である大関、小関を守るには五、六千人の兵力が必要であると考えた。だが彼の手元にあった兵は二五〇人に過ぎなかったため、桐城から逃走してきた張煕宇の軍に守備を命じた。また舒城県で召募した孟雲霞らの率いる兵勇、刑部主事朱麟祺らの率いる淮北勇二千人余りを大関、小関を派遣した。しかし「これらの練勇は均しく農民で、これを鳳凰、潁州一帯と比べれば殊にひ弱であり、声勢を張るには有効でも、強力な賊を防ぐには足りない(100)」とあるように戦力は不足していた。

十一月二十八日に太平軍が大関、小関に攻撃をかけると、清軍は敗北し、朱麟祺らは戦死した。二十九日に呂賢基は舒城県知県鈕福疇と共に城外の七里河で太平軍と戦ったが再び敗れ、呂賢基は宿舎に戻って自殺した(101)。この敗戦直後の三十日朝に廬州府城へ撤退した漢中鎮総兵恒興は、咸豊帝から「明らかに命を惜しんで逃げ戻ったのだ(102)」と叱責され、即刻処刑を命じられた。また張煕宇は罪を畏れて服毒自殺した(103)。

これらの報告を受けた清朝は、江忠源を廬州へ急がせると共に、陝甘総督舒興阿に河南から救援に向かうように命じた(104)。だがこの時北伐軍は天津に近い独流鎮、静海県へ到達しており、清軍に新たな兵を投入する力はなかった。呂賢基の出陣にあたり、周囲は彼に地方防衛の責任はなく、兵もいないのだから、撤退して再起を図ってはどうかと促した。しかし彼は「郷兵を治めて賊を殺せとの命令を受けたのだから、まさに死をもって国に報いよう。あえて寇を避けて幸い免れてどうするのか(105)」と述べ、死地に赴いたという。長江中、下流域で見せた太平軍の揺さぶりを前に、清朝は限られた兵力と人材を有効に使う戦略を立てることができなかったと言えよう。

さて安徽への赴任を命じられた江忠源は、十一月十八日に湖北黄陂県を出発した。途中安徽霍邱県の洪家集で体調を崩し、六安州城に到着したところで身動きが取れなくなった。やがて舒城県が陥落し、呂賢基が死亡したとの知らせを受けた江忠源は、六安州で治療に努めながら(106)、音徳布の兵や大関、小関で敗れた広東、陝西兵、新たに募集した郷勇を合わせて二七〇〇人の兵力を整えた。そして十二月十日に廬州へ到着した。

江忠源は廬州到着後まもなく、安徽の戦局が「万難手を打ちがたく、率直なところを申し上げない訳にはいかない」として次のように述べている

長江の南岸は上流が東流［県］から、下流は蕪湖［県］まで、川沿いの数百里にわたって賊船が至るところ泊まっており、どこでも上陸することが出来る。現在［わが軍は］河面を通行することができず、兼ねて顧みることが難しい。北岸について言えば、上流は望江［県］から、下流は和州に至るまで、川沿いの六百里以上にわたって防禦らしい防禦はない。その中で最も要害の地である東関には玉山と張印塘の率いる兵二千二百名がいるが、その兵力は決して多いとは言えない……。

現在舒城は失われ、朱麟祺は戦死して、彼の率いていた壮勇も潰散した。陝西兵は僅か二百名、広東兵も一百八十名が残っているだけで、私は彼らを六安州に留めたが、なお鍋や宿営の幕舎、武器など一切を手配しなければならない。撫標兵は全て逃亡して行方不明であり、ただ松安の率いていた十数名が六安州に逃げて来ただけである。

現在廬州で頼りになるのは、わずかに私が率いてきた四川兵、開化勇、広勇七百余名と六安で新しく募集した壮勇二千余名、そして李鴻章の壮勇六百名に過ぎない。劉裕鉁が新たに募った壮勇が数千名いるが、新しく集め

たばかりで、なお方法を講じて訓練を施した後、ようやく力を発揮することができる。これは安徽省の兵勇が足りない実際の情形である。

兵餉について見れば、布政使の倉庫には全く残っておらず、東関の兵勇はすでに二十数日分の食糧を受け取っていない。私が持ってきた銀六万両も雲南、四川、開化、広東の各兵勇に十一月分の食糧を支給し、新たに募った壮勇に半月分の食糧を与えて、鍋や幕舎、武器などを揃えるのに二万両以上を使ったのを除くと、僅かに三万両余りが残るに過ぎない。もし東関の兵勇や劉裕鈞の壮勇に食糧を全て支給するとなれば、残りはすでに幾らもない。しかも城上の守備に必要な武器は一切なく、城内の食糧も足りず、弾薬にも限りがある。もし一々手配しようとすれば、実のところ手の打ちようがない。これは安徽省の兵餉が欠乏している実際の情況である。(107)

ここで江忠源は安徽の長江沿岸が太平軍にほぼ制圧され、北岸における清軍の力も限られていると指摘している。清軍が押さえているのは東関など幾つかの拠点に過ぎず、その兵力も多くは敗残兵や新しく募集した郷勇で、訓練不足のため太平軍の攻勢に耐える力はなかった。加えて深刻なのは戦費および食糧、装備の不足で、俸給が遅配したり、全ての兵に一ヶ月分の食糧を確保することも難しかったという。

このうち戦費の不足は李嘉端や呂賢基、劉裕鈞も指摘していた問題で、江西から銀六万両を送るように求めたが、太平軍に輸送路を分断されて移送できなかった。(108)また食糧については、朱哲芳氏が太平軍の廬州占領後に出された袁甲三の上奏などを根拠に、充分な備蓄があったと指摘している。(109)確かに廬州の籠城戦を経験した周邦福は「米価だけが極めて安く、城門を閉じて十数日、米は多かったが売る場所がなかった」と述べている。だが江忠源は十二月末に告示を出して人々に寄付を求めており、(110)戦費不足から城内の食糧を管理出来なかったと推測される。実際に江忠源は江西から銀十万両、河南から銀十万九〇〇〇両をそれぞれ廬州、徐州へ送るように要請した。(111)

次に兵力であるが、舒城県陥落前の十一月下旬に劉裕鈖は「現在城内にいる壮勇は一千に満たない」と述べ、城の規模を考えると守備兵が足りないと報じた。彼は「四郷で団練を組織した紳士」に勧諭を行い、その「出力を願う者」(112)を呼び寄せて郡城を守らせたといい、これが江忠源の指摘した数千人の郷勇であったと考えられる。江忠源は別の上奏でも「城壁は周囲が三十余里あるが、兵は三百に満たず、勇も五千に満たず、かつ新しく集めた衆なので守城の規矩を知らない」(113)と述べており、当面の兵力不足を補うべく湖北に残してきた楚勇、湖南兵一六〇〇人を戴文蘭の統率のもと安徽へ送るように求めた。(114)これを受けた清朝は舒興阿に安徽への移動を急がせると共に、新たに揚州戦線にいた漕運総督福済に対して廬州の救援に向かうように命じた。(115)

廬州到着後の江忠源は城壁が最も低い水西門に駐屯し、高さを倍にする工事を始めた。また濠がなく地雷攻撃を受けやすい大西門には湖南挙人の鄒漢勲らを守備に充て、城壁の内側に濠を掘らせた。続いて江忠源は城壁に近い民家を撤去するように命じたが、これは太平軍が廬州へ到着したために実現しなかった。江忠源は「幸いにして城内の人々は深く大義を知り、私が病気をおして全ての部署で陣頭指揮を取っているのを見て、誰もが感激し興奮した。男手を出して守備を助け、局を設けて地区ごとに飯や粥を送ったり、茶を送ることが日夜絶えなかったので、兵勇は火を起こす必要がなく、守備に専念できた」(116)と述べており、住民の支援を得ることで一応の防禦体制を整えることが出来たという。

太平軍の廬州城攻撃は十二月十二日から始まった。前日郊外を守っていた郷勇が逃げ戻り、この日城外にいた李登洲らの郷勇も太平軍に追い散らされた。周邦福が「長毛はすでに南門に来たぞ！」との声を聞いて外を眺めると、太平軍は「頭に紅巾をかぶり、身に緑の短い上着を身につけ、赤いエビが湧き上がって来るようだった」という。太平軍は江忠源のいる城上に向けて「槍弾雨の如し」と発砲したが、江忠源は「これらは皆不忠不孝の人しか当たらぬ。

わしを打てるものか」と言って避難しなかった。また彼は水西門の楊将軍廟に祈り、「この城は堅固だ。わたくし江某がいるからには、お前たちは恐れる必要はない」[117]と言って人々を落ちつかせた。

檔案史料によると、太平軍は十二月十三日から連日廬州城の各門に雲梯などの攻城器具を用いて攻撃をかけた。清軍も応戦し、毎日数十人から二百人近い太平軍将兵を殺した。むろん江忠源が「賊はずるがしこく、民家に盤踞して身を隠す場所とし、民家のない場所にも陣地を作って包囲攻撃をしている」[118]と報じたように、戦況は太平軍に有利であった。十八日に玉山の軍が東関から到着したが、背後からの攻撃を受けて玉山は戦死し、残った兵も店埠へ退いた。十九日には音徳布の援軍が六安州から姿を見せたため、城内から兵を出して迎え入れようとしたが成功しなかった。[119]

この間城内では江忠源が住民を統率して防衛に当たっていた。大東門の城楼には「速やかに妖氛を掃さん」と記された紅旗が掲げられ、兵勇たちに「賊にはトンネルを掘る戦術があるだけだ。ここは城河によって護られているから、城壁をよく守りさえすればよい」とあるように太平軍の戦術と防衛の要点を明確に伝えた。また「真の長毛一人を殺した者には銀五十両、［髪の長さが］六、七寸の者を殺した者には二十両を与える」と約束するなど、高い褒美を出すことで人々を鼓舞した。さらに十二月十六日に江忠源は「まもなく数万の大軍が救援に来る。みな驚き恐れることはない」という告示を出して人々の動揺を鎮めようとした。周邦福によると、太平軍の攻撃に恐れをなしていた人々はこれを見て落ち着きを取り戻したという。

また太平軍が大西門外で地雷攻撃を準備していると知った江忠源は、住民に糞尿や水を運ばせ、トンネルに注ぎ込んで作業を妨害しようとした。この時住民には一回運ぶごとに銭一百文を与えたが、人々は「大人は我々のために城を守ってくださいます。頂くわけにはまいりません」[120]と言って受け取らなかった。こうした住民の反応について、江忠源は「私は広西、湖南、江西を転戦してきたが……、廬州のように人々が心を合わせているのは、実にいまだ見たことがない」[121]と絶賛している。

（c）　廬州の陥落と江忠源の死

だがこれらの努力にもかかわらず、清軍守備隊の中には深刻な亀裂が生じていた。そのきっかけは江忠源の入城後まもない十二月十一日に、彼が率いていた広東勇と郷勇が衣服の購入をめぐって争い、あわや抗争が発生しかねない事態が起きたことだった。江忠源は郷勇が戦力として役に立たないことに怒り、知府胡元煒に対して「おまえの組織した練勇の兵器と守城の器具はどこにあるのだ？　お前たちは賊匪が来れば、すぐに逃げ出すつもりでいたのだろう」という叱責の言葉を浴びせた。彼は胡元煒の肥満についても「おまえはあれこれ心配だと言うが、それなら何故そんなに肉がついているのだ？」[122]と皮肉たっぷりにからかったとある。

また十二月二十二日に江忠源が郷勇、練勇の点呼をしたところ、集まった練勇の数が少なかった。彼が問いただしたところ、六百人以上の練勇を登録していた武挙人の劉万清が実際には一百余人しか率いておらず、「食糧を冒領して自分の懐に入れていた」[123]ことが発覚した。激怒した彼はその場で劉万清を殺そうとし、周囲になだめられると彼を監禁したうえ告発の上奏を書いた。また出撃した郷勇が太平軍の陣地で掠奪することに熱を上げ、真剣に戦わなかったことに怒った江忠源は、「以後出陣するに当たっては、賊の銀銭財物を奪うことを許さぬ。命令に従わぬ者は斬る」と厳命した。

周邦福によれば、この頃江忠源は再び病状が悪化し、城内の食糧が不足していること、太平軍の包囲が厳しいことに焦りを感じていたという[124]。確かに江忠源は上奏の中で兵力を増やし、よく連携を取ったうえで城の内外から攻撃しない限り包囲は解けないこと、現在は兵糧が尽きつつあり、病気は「ようやく癒えた」ものの、連日陣頭指揮を取っ

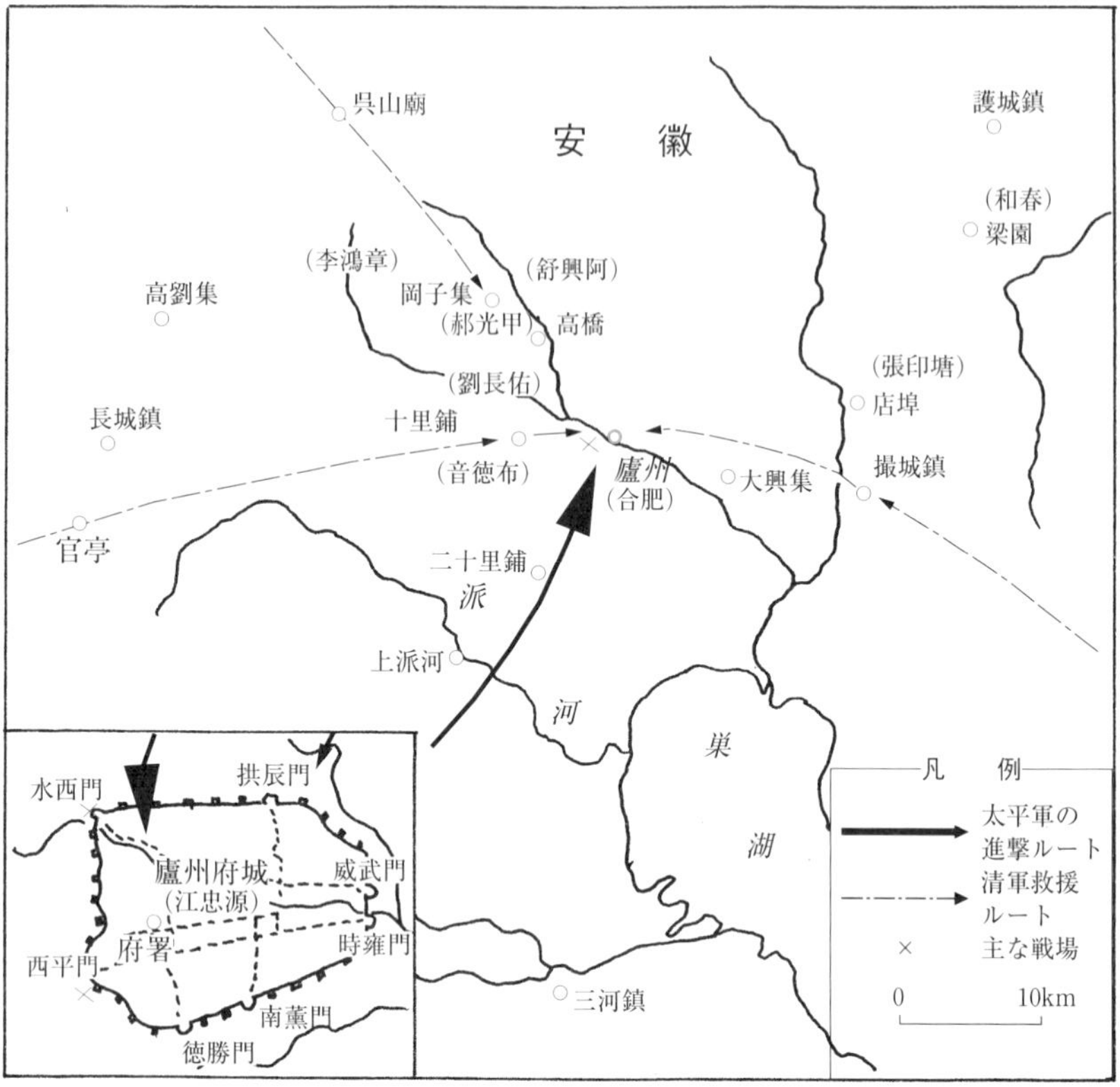

地図11　廬州攻防戦図（郭毅生主編『太平天国歴史地図集』より作成）

ているために「精神は日々衰えている」[125]と告白していた。南昌の攻防戦でも江忠源はややもすれば独断専行で、厳罰主義のために周囲の反発を買ったが、疲労と好転しない戦況を前に余裕を失っていたと見るべきであろう。

加えて江忠源を追いつめたのは、派遣された援軍の遅延と不甲斐ない戦いぶりであった。廬州救援の命令を受けた舒興阿は、十二月中旬に五千人の兵を率いて河南陳州を出発したが、一八五四年一月三日にようやく大西門外の高橋地方に到着した。舒興阿は太平軍について「長髪の賊は僅かに二、三千名で、その脅されて従った余匪が一万人以上」との情報を得ると、翌四日に山西平陽府で北伐軍に敗北した巳革陝安鎮総兵郝光甲、前任普洱鎮総兵楊青鶴に攻撃をかけさせた。[126]だが彼らの戦いぶりは、城上でこれを見ていた江忠源をして「戦陣の機宜についてなお未だ熟悉していない」[127]と失望させるものだった。

一月七日に舒興阿は再び攻勢をかけたが、彼の馬隊は遠くに黄旗を見かけると、太平軍の援軍が到着したと思い込み、馬を捨てて逃げ出した。松林に逃げ込んだ彼らは追撃してきた太平軍将兵に命乞いしたが、「一人の賊で十余人を殺した者もいた」と皆殺しにされた。この敗北の後、舒興阿の軍は「飽食嬉遊」するだけで太平軍と戦おうとはせず、白昼に付近の民家を掠奪しては住民の怒りを招いたという。[128]

もう一人廬州救援を命じられた江南提督和春は、十二月末に熱河兵と臧紆青率いる練勇一千人を率いて徐州を出発した。兵勇たちが経験不足と見た彼は宿州で袁甲三と協議し、舒興阿の率いる軍から三千人を引き抜いて彼と江忠源の統率下に組み入れるように求めた。[129]一月十二日に廬州郊外の梁園に到着した和春は、城外の清軍が戴文蘭、候補同知劉長佑、六品銜江忠濬（江忠源弟）の率いる湖北、湖南からの援軍を含めて一万人を超えるものの、それらは皆城の西北に布陣し、東南方面が手薄であることを知った。そこで彼は舒興阿の陣地を訪ねて兵を移動させるように求めたが、舒興阿は和春の要請を拒絶した。やむなく彼は定遠県から到着した青州副都統常清の兵七百人と店埠に駐屯し、清朝の当初の指示に従って「北竄の要路を阻む」[130]ことに努めたという。

一月十四日に太平軍は水西門で地雷を爆破させ、城内へ突入して廬州を占領した。すでに十二月に太平軍は大西門外でトンネルを掘り、二十八日に最初の地雷を爆発させた。[131]また南昌攻撃でトンネルが次々と清軍に発見され、妨害を受けた反省から、工事の音をあちこちで立てて攻撃地点を特定させないなどの工夫をこらした。[132]一月九日に水西門外で地雷が爆発し、城壁が二十メートル以上にわたって崩落した。この時江忠源は準備した土嚢を積んで応急装置を施すと共に、五日に太平軍の包囲を破って工面した戦費を城内に届けた戴文蘭の兵二百人の活躍で太平軍を撃退した。[133]

だが数日前から脱走したいと考えていた郷勇たちは「この日の様子を見て、益々逃げたいと思った」[134]という。

十四日に廬州が陥落した様子について、和春は難民の証言として次のように報じている

> 逆匪は十一日（一月九日）に水西門の斜め北で城壁を数丈にわたって爆破し、大軍で攻め寄せた。撫臣（江忠源）は兵を率いて鎗炮を放ち、力を尽くして攻め、立ちどころに撃退して城垣を補修した。ところが十七日（一月十四日）の丑刻に、逆匪は水西門のやや南で再び地雷を爆発させ、城壁十余丈を破壊した。その逆匪は勢いに乗って城壁を登ろうとしたが、巡撫はみずから兵を率いて攻撃し、無数の賊匪を殺したため、賊の勢いはやや衰えた。だが図らずも西門一帯で同時に地雷が爆発し、城壁が一ヶ所崩れた。逆匪は蜂擁として城壁を登り、守城の兵勇たちはこれを見て驚き潰えた。またたく間に賊匪は数を増し、かねて夜遅くだったために城内の男女は紛々として大混乱に陥り、兵勇は多くがすでに潰え逃げた。こうして城は陥落した[135]。

これによると地雷は水西門、西門の二ヶ所で爆発し、一度は太平軍の攻勢を押し戻した守備隊も抵抗できなくなったとある。夏燮『粤氛紀事』によると、水西門外の地雷は上下二層に設置され、最初の地雷が爆発後、穴を埋める作業を終えたところに二度目の爆発があった。このため多くの兵勇が犠牲となり、太平軍の攻勢に耐えられなかったという[136]。また周邦福によれば、爆発と共に太平軍が城外で鬨の声をあげると、動揺した人々は混乱に陥った。この時官員や広東勇は江忠源の下に駆けつけたが、突然郷勇たちが城上のかがり火を一斉に消し、「城壁を降りて賊と迎合」した。これを見た城内の人々も後に続き、広東勇も太平軍の攻撃を防げなくなったと記している[137]。

さらに徐子苓「廬陽戦守記」によれば、この時太平軍に呼応したのは徐懐義であった。彼は胡元煒のもとで権勢をふるっていた元「県役」で、王茂蔭が告発した徐淮と同一人物と考えられる。彼の部隊は桐城県の敗北後に廬州へ戻り、拱辰門の北西を守っていたが、毎日賭博に耽るなど規律も乱れていた。その中には五百人を率いて太平軍に投じ

た「土匪」の呉小挽と知り合いの者がおり、「多くが賊と通じていた」という。この日地雷が爆発すると、彼らは城壁から縄をつたって下へ降り、「賊が来たぞ！」[138]と叫んで廻った。太平軍もこの縄をつたって城上へ登り、「妖を殺せ！」と叫びながら城内へ突撃した。廬州陥落後に太平軍に捕らえられた周邦福は、太平軍兵士から「今回は合肥城の郷勇が逃げ出さなかったら、城を破ることは出来なかっただろう」[139]と聞かされたという。

これに先立つ十二月七日に江忠源は城隍廟を詣で、自ら祭文をしたためて庇護を祈った。そこで彼は三日以内に包囲を解くとの誓いを立て、もし「廬郡の人の劫数が逃れられない」のであれば、自分の命と引き替えに「城中億万の生霊」[140]を救ってほしいと求めた。これを見た城内の人々は皆涙を流したが、この時江忠源は病状もやや回復し、前々日に戴文蘭らが廬州城内へ到着したことに勇気づけられており、必ずしも絶望していた訳ではなかったようである[141]。太平軍が城内に進めこむと、江忠源の従者は彼を背負って城外へ脱出しようとした。だがあくまで抵抗にこだわった江忠源は水関橋で従者の首に噛みつき、驚いた従者が手を放すと地面に倒れた。そこへ太平軍将兵が斬りかかり、重傷を負った江忠源は古井戸に落ちて死んだという[142]。

この廬州の戦いでは江忠源以外にも劉裕鈴、松安、戴文蘭など多くの官僚、将校が犠牲となった。だが戦死者リストの中には徐懐義の上司であった胡元煒の名前が見あたらず、「叛逆して賊に応じた」[143]という嫌疑がかかった。清朝が調査を命じると、一八五四年三月に和春は「難民たちは皆彼が死んでいないと言っているが、果たして本当に賊に従ったかどうか確実な証拠はない」としたうえで、知府職にありながら城と運命を共にしなかったのは「衣冠の罪人」[144]であると報じた。その実周邦福によれば、胡元煒は太平軍に投降して死罪を免れた。加えて彼が清軍に協力した人々を太平軍に教えたため、多くの人間が捕らえられて殺されたという[145]。

小　結

本章は太平天国による西征の歴史のうち、湖北への進出と安徽廬州の攻撃について分析した。南昌を撤退した太平軍は湖口から長江を遡上し、九江を占領して長江の要所である田家鎮を攻めた。ここは張亮基が防禦を固めていたが、半壁山を初めとする南岸に兵を置いていなかった。また労光泰の水軍は実力が伴わず、戦闘が始まると潮州勇が逃亡したために清軍は敗北した。勢いに乗った太平軍は漢陽、漢口を占領して武昌の清軍と対峙し、漢水上流の各県を攻めて北進の構えを見せた。

この時南昌から湖北の救援に向かっていた江忠源は、西征軍が北上して北伐軍と合流することを恐れた清朝中央政府の意向を受けて徳安方面へ軍を進めた。それは武昌で援軍を待っていた崇綸と呉文鎔を失望させ、彼らは江忠源が長江流域における武漢の戦略的重要性を疎かにしていると批判した。その実清朝が太平軍の北方進出を阻止すべく、長江南岸よりも北岸の守りを重視する姿勢は南京の江南大営、江北大営においても見られた。彼らの江忠源批判は第一に援軍が来ないことに対する崇綸の苛立ちを示すものであったが、同時に清朝の基本戦略に疑問を投げかける呉文鎔の意図がこめられていた。

西征軍が湖北を攻めている間、石達開は安慶で地域経営に取り組んだ。その目標は人々に太平天国の統治を承認させ、郷官を派遣して地方政府を樹立することであり、軍帥以下については地域社会に推挙を求めた。この時下層の郷官となったのは必ずしも科挙合格の資格を持たない地域リーダーであり、郷村レベルの地域社会から委任を受けて太平天国政府との交渉を担当した。むろん彼らの中には郷官の権限を乱用して利益を得ようとする者もいた。しかし清朝の地方統治機構の中では活躍の場がなかったこれらの人々は、太平天国の到来前から「公局」に結集して地域の防衛などに取り組んでいた。言いかえれば太平天国の郷官制度は、これら地域社会の成熟に伴う自律的な動き＝「郷治」[146]に初めて形を与えたと見ることが出来る。それは太平天国が軍事的に優勢な条件下においては、規定をはるかに超えた清朝の税負担に比べて穏当な額の土地税を徴収したり、科挙を実施して人材登用を図るなど、それなりに安定した支配を行ったのである。

さて安徽の長江流域を制圧した太平軍は、清朝の臨時省都があった廬州を次の攻撃目標に定めた。まず長江支流の運漕河沿いで北進の動きがあり、ついで安慶から本格的な進攻作戦が始まった。これに対して安徽の清軍は全く無力であり、軍の逃亡やその責任者たるべき地方長官の非難合戦がくり返された。頼みの綱だった江忠源は太平軍の攻撃が始まる直前に廬州へ到着し、兵力の不足に苦しみながら城内の住民を統率して抵抗した。だが援軍の動きは緩慢で、経験不足と腐敗から太平軍の包囲を解くことが出来なかった。さらに城内では江忠源と胡元煒およびその将兵間の対立が深刻となり、最後は太平軍が地雷攻撃を行うと、徐懐義の壮勇が離反して廬州は陥落した。そして江忠源は戦死した。

江忠源と彼の率いた楚勇は、湘軍が登場するまで太平天国にとって一番の強敵であった。全州蓑衣渡の戦いなど、太平軍が楚勇に苦杯をなめたことも多かった。だが楚勇の起源とその性格を考えた場合、本章が検討した江忠源の行動には大きな変化を見いだすことが出来るように思われる。

P・H・キューン氏が述べるように、楚勇は湖南とくに新寧県一帯を防衛するために結成された私的な軍隊であった。江忠源の関心はまず郷土の防衛にあり、それは李沅発反乱の鎮圧後、太平軍と戦った時も変わらなかった。だが一八五三年に江忠源が豊かな戦闘経験を評価され、湖北按察使として南昌救援に赴いたことは挙人資格を持つに過ぎない地方エリートの彼にとって大きな転機となった。その後安徽巡撫として昇進をとげた江忠源は西征軍の北上を防ぐために湖北、安徽各地を転戦したが、それは帝国の安泰という新たな大義名分を必要とする戦いだった。[147]

この時江忠源は楚勇に戦いの意義を説明することが出来ず、南昌攻防戦後に彼らの多くは従軍を望まなかった。廬州へ向かった彼が率いたのは安徽で募集した壮勇であり、江忠濬が故郷で集めた新兵を活用するチャンスも訪れなかった。その結果江忠源は壮勇の離反を招いて敗北した。政治的上昇の過程で地域社会との結びつきを失った江忠源は、王朝の危機回避を優先した清朝中央政府に翻弄されたのである。それは石達開が安慶で郷官を設置し、郷村レベルの地域社会で台頭しつつあった新興勢力を活用しながら、相対的に安定した支配を実現したのと対照的な姿であった。

この江忠源の挫折は、湖南で湘軍の編制に当たっていた曽国藩に大きな影響を与えた。彼は清朝が武昌の救援をくり返し命じたにもかかわらず、水軍を欠いた出兵は無意味との持論を曲げず、湖南を動かなかった。[148]五三年十月に曽国藩からの手紙を受け取った江忠源は、その返事で壮勇の弊害について触れ、統率者が軍中に入り込んだ「游滑の徒」の甘言に惑わされ、官界での昇進に熱を上げて腐敗してしまうことが問題だと述べている。[149]そして本章が取りあげた李嘉端、呂賢基や呉文鎔といった人々もまた、官僚同士の激しい権力闘争の中で失脚あるいは死地に追いやられた人々であった。江忠源は中国官界の抱える病理をよく承知し、主観的には腐敗、不正に対して断固たる態度を貫いたが、その政治的上昇がもたらす魅力に抗することは出来なかったと言えよう。

最後になるが本章ではもう一人、太平天国の歴史において重要な役割を果たす人物が登場した。李鴻章である。M・F・トビー氏は廬州の戦いが城内の住民に凄惨な破壊の記憶を残したことを指摘したうえで、李鴻章らが光緒『廬州府志』を編纂する過程で政治的、道徳的な内容を盛り込み、官製の歴史記憶というべきものを創作した事実を明らかにしている。[150]実のところ李鴻章と彼の周囲にいた団練指導者たち――王茂蔭の上奏に従えば「寒士」――はこの戦いで何ら重要な役割を果たさなかった。『廬州府志』も李鴻章が団練を率いて郊外の岡子集に駐屯し、舒興阿の陣営を訪ねて攻撃を促したが拒否されたと記しているに過ぎない[151]。それは曽国藩や江忠源が嫌った「敗れても互いに救わない[152]」行為に他ならなかったが、中国官界で生き残っていくためには不可欠な知恵であった。

【註】

(1) 簡又文『太平天国全史』中冊、西征軍軍事紀略、香港猛進書屋、一九六二年、九六三頁。
(2) 張守常・朱哲芳『太平天国北伐・西征史』広西人民出版社、一九九七年。
(3) 崔之清主編『太平天国戦争全史』二、戦略発展、南京大学出版社、二〇〇二年。
(4) 徐川一『太平天国安徽省史稿』安徽人民出版社、一九九一年。
(5) Tobie Meyer-Fong, 'Urban Space and Civil War: Hefei, 1853-4', *Frontiers of History in China*, vol.8, no.4 (2013), pp.469-492.
(6) 中国第一歴史檔案館編『清政府鎮圧太平天国檔案史料』一〜二十六、光明日報出版社および中国社会科学文献出版社、一九九〇〜二〇〇一年（以下『鎮圧』と略記）。
(7) 羅爾綱・王慶成主編、中国近代史資料叢刊続編『太平天国』一〜十、広西師範大学出版社、二〇〇四年（以下続編『太平天国』と表記）。
(8) 張芾奏、咸豊三年八月三十日『鎮圧』九、五〇一頁。その兵力については、九月初四日の張亮基奏によれば一千余隻、九月初八日の張芾奏でも先鋒隊二百隻、本隊一千隻とある（『鎮圧』九、五六四頁および『鎮圧』十、七頁）。恐らくは数千人の規模であろうと考えられる。
(9) 張芾奏、咸豊三年九月初八日『鎮圧』十、七頁。
(10) 張徳堅『賊情彙纂』巻二、劇賊姓名下（中国近代史資料叢刊『太平天国』三、神州国光社、一九五二年、七一・五五頁）。
(11) 張芾奏、咸豊三年八月三十日『鎮圧』九、五〇一頁。

(12) 張亮基奏、咸豊三年九月初四日『鎮圧』九、五六四頁。
(13) 張亮基奏、咸豊三年六月初二日『鎮圧』七、四四三頁。
(14) 張亮基奏、咸豊三年八月十三日『鎮圧』九、二二一頁。この上奏で張亮基は大砲の鋳造を労光泰らに監督させたとある。また張曜孫『楚寇紀略』によると、初め張汝瀛は水中に船を沈めてバリケードを構築しようとしたが、張曜孫は筏を並べることを進言したという（太平天国歴史博物館編『太平天国史料叢編簡輯』一、中華書局、一九六二年、七三頁）。
(15) 張亮基奏、咸豊三年九月十三日『鎮圧』十、一三二頁。なおこの時清軍が捕獲した大黄旗には「太平天国右弼又正軍師西王蕭」即ち蕭朝貴の名が記されていたという。
(16) 張徳堅『賊情彙纂』巻十二、雑載（『太平天国』三、三三二頁）。
(17) 李濱『中興別記』巻九（太平天国歴史博物館編『太平天国資料匯編』第二冊上、中華書局、一九七九年、一五二頁）。
(18) 張亮基奏、咸豊三年九月十三日『鎮圧』十、一三二頁。
(19) 江忠源奏、咸豊三年九月十四日『鎮圧』十、一四四頁。
(20) 張亮基奏、咸豊三年九月十三日『鎮圧』十、一三一頁。
(21) 郭嵩燾「江忠烈公行状」『江忠烈公遺集』華文書局版、一九六八年、三一〇頁。
(22) 呉文鎔奏、咸豊三年九月十六日『鎮圧』十、一七二頁。
(23) 呉文鎔奏、咸豊三年十月二十日『鎮圧』十、六〇五頁。
(24) 青麐奏、咸豊三年九月二十二日『鎮圧』十、二五三頁。
(25) 軍機大臣、咸豊三年九月二十二日『鎮圧』十、二四五頁。諭内閣、同年九月二十二日、同書二四六頁。なお江忠源の安徽巡撫任命については諭内閣、同年九月十九日、同書二一三頁。
(26) 呉文鎔奏、咸豊三年九月十六日『鎮圧』十、一七二頁。この上奏で彼は武昌の兵力が二千人、倉庫の餉銀は五千両に満たないと報じている。
(27) 呉文鎔奏、咸豊三年九月十七日『鎮圧』十、一九六頁。

(28) 呉文鎔奏、咸豊三年九月十六日『鎮圧』十、一七二頁。
(29) 呉文鎔奏、咸豊三年九月十七日『鎮圧』十、一九六頁。
(30) 光緒『黄岡県志』巻二十四、雑志、兵事に「九月十五日（十月月十七日）賊陥黄州、知府金雲門死之」とある。また光緒『武昌県志』巻八、兵事志には「十五日県城再陥、燔学宮及方井頭民房数十家、復陥黄州巴河」とある。なお金雲門については光緒『黄州府志』巻十三、職官志、秩官伝を参照のこと。
(31) 呉文鎔奏、咸豊三年九月二十二日『鎮圧』十、二五四頁。
(32) 同治『続修漢陽県志』巻十三、兵防志、歴代兵事。また民国『湖北通志』巻七十一、武備志九、兵事五、粤匪には「己未（十七日、西暦十月十九日）賊攻漢陽、再陥之。知府兪舜欽抱印投水死、知県劉鴻庚力戦遇害」とある。
(33) 呉文鎔奏、咸豊三年十月十三日『鎮圧』十、五一〇頁。
(34) 呉文鎔奏、咸豊三年九月二十二日『鎮圧』十、二五四頁。
(35) 呉文鎔奏、咸豊三年十月十三日『鎮圧』十、五一〇頁。また同治『漢川県志』巻十三、兵防志、軍事には「咸豊三年九月、髪賊陥黄州、游艘闌入県境、至分水嘴而返」とある。
(36) 光緒『孝感県志』巻八、兵事志、兵事。
(37) 光緒『沔陽州志』巻六、武備志、兵事附。
(38) 江忠源奏、咸豊三年九月二十四日『鎮圧』十、二七九頁。
(39) 青麐奏、咸豊三年九月二十五日『鎮圧』十、二九六頁。
(40) 江忠源奏、咸豊三年十月初六日『鎮圧』十、四一三頁。
(41) 呉文鎔等奏、咸豊三年九月二十八日『鎮圧』十、三三〇頁。
(42) 台湧奏、咸豊三年九月十八日『鎮圧』十、二一〇頁。
(43) 台湧奏、咸豊三年九月二十九日『鎮圧』十、三四六頁。
(44) 軍機大臣、咸豊三年十月初九日『鎮圧』十、四四五頁。

(45) 軍機大臣、咸豊三年十月初四日『鎮圧』十、三八二頁。
(46) 軍機大臣、咸豊三年十月初五日『鎮圧』十、三九二頁。
(47) 軍機大臣、咸豊三年十月初九日『鎮圧』十、四四七頁。
(48) 軍機大臣、咸豊三年九月二十七日・十月初三日『鎮圧』十、三〇九・三七三頁。
(49) 軍機大臣、咸豊三年十月初四日・十月初五日・十月十五日『鎮圧』十、三七九・三九一・五三三頁。
(50) 江忠源奏、咸豊三年十月初六日『鎮圧』十、四一三頁。
(51) 江忠源奏、咸豊三年十月十三日『鎮圧』十、五一三頁。呉文鎔奏、咸豊三年十月十三日、同書五一〇頁。
(52) 台湧奏、咸豊三年十月初七日『鎮圧』十、四二五頁。
(53) 駱秉章奏、咸豊三年十月十八日『鎮圧』十、五八六頁。
(54) 曾国藩奏、咸豊三年十月二十四日『鎮圧』十、六三六頁。
(55) 呉文鎔奏、咸豊三年十月二十一日『鎮圧』十、六一九・六二〇頁。
(56) 光緒『蘄州志』巻三十、雑志、兵事。
(57) 李嘉端奏、咸豊三年八月二十七日『鎮圧』九、四五九頁。
(58) 劉承芳は広西人で、南京到達後に総制に相当する翼殿簿書となり、九月に石達開と安慶へ赴いた。十一月に地官副丞相に昇進し、石達開の側近として「凡石逆所在之処、皆与承芳倶」と言われた（『賊情彙纂』巻二、劇賊姓名下、『太平天国』三、五八頁）。
(59) 覃丙賢は広西人で、石達開と共に安慶へ赴いた。十二月に石達開が南京へ呼び戻されると、秦日綱の片腕として安徽各地で活動した（『賊情彙纂』巻二、劇賊姓名下、『太平天国』三、六五頁）。
(60) 梁立泰は広西桂平県人で、初めは兵卒であったが、永安州で功績をあげて師帥、軍帥となり、五三年九月に検点に昇進した。石達開と共に安慶へ赴き、秦日綱に従って安徽各地で活動した（『賊情彙纂』巻二、劇賊姓名下、『太平天国』三、六六頁）。

(61) 許宗揚は広西人で、南京到達後に指揮となり、北伐軍の一部として六合県で清軍と戦ったが、敗北して南京へ戻った。石達開に従って安徽へ赴いたが、十二月に南京へ戻り、五四年に冬官又副丞相となった。その後曽立昌と共に安慶から北伐援軍を率いて山東へ至ったが、途中軍を率いて安徽へ戻ったために南京で牢につながれた。また五四年十月には湘軍の攻勢を防ぐべく田家鎮に派遣された。五六年の天京事変では楊秀清の殺害に関わったという（『賊情彙纂』巻二、劇賊姓名下、『太平天国』三、六二頁。羅爾綱『太平天国史』三、巻五十、許宗揚伝、中華書局、一九九一年、一八九五頁および本書第三章、第八章を参照）。

(62) 張潮爵は広西人で、一八五三年九月に指揮となって石達開と共に安徽へ赴いた。石達開が南京へ戻った後も、秦日綱の下で「安民造冊、擄糧等事」に携り、五四年には検点に昇進した（『賊情彙纂』巻二、劇賊姓名下、『太平天国』三、六四頁）。

(63) 張徳堅『賊情彙纂』巻七、偽文告上、偽告示（『太平天国』三、二二一頁）。

(64) 杜文瀾『平定粤寇紀略』巻二（『太平天国資料匯編』第一冊、二七頁）。また民国『安徽通志稿』大事記稿上巻、下、清咸同時太平天国軍兵争記は「乙未三克安慶、翼王石達開入守之。張榜安民、設郷官、命民献糧冊、按畝徴糧米、立榷関於大星橋、徴舟税」とあるように、郷官を設置して土地税の徴収を行うと共に、関所を設けて船から税を徴収したとある。

(65) 殿右捌指揮楊告荻港鎮人民札諭、太平天国癸好三年十月二十七日（太平天国歴史博物館編『太平天国文書彙編』中華書局、一九七九年、一一二頁）。この殿右捌指揮の楊某は楊如松をさすと思われるが、確定できない。楊如松は翼王部の武将で、一八五六年に将軍となり、同年十一月に江西袁州で清軍に捕らえられた。

(66) 張徳堅『賊情彙纂』巻三、偽官制、偽守土官郷官、『太平天国』三、一〇九頁。

(67) 儲枝芙『皖樵紀実』巻上、『太平天国史料叢編簡輯』二、九三頁。

(68) 翼王石達開告貴池県良民訓諭、太平天国癸好三年十月十八日、続編『太平天国』三、八頁。

(69) 李召棠『乱後記所記』（中国社会科学院近代史研究所編『近代史資料』三四冊、知識産権出版社再版、二〇〇六年、一八一頁）。池州府城の陥落については李嘉端奏、咸豊三年九月二十九日『鎮圧』十、三五三頁。また光緒『貴池県志』巻十二、武備志、兵事は「(咸豊四年）三月賊来踞城後、設偽職、勒民呈冊、徴収銭漕」とあり、郷官の設置を一八五四年春としている。

(70) 蘇吉治『流離記』(徐川一『太平天国安徽省史稿』九四頁より転引)。なお同史料を参照したと見られる民国『石埭備志彙編』巻一、大事記稿(倪文碩、蘇胎綸編輯)によると、蔣家玉が軍帥、蘇華宝が旅帥、徐万士が師帥になった。また「議定倘不幸遇害、応由地方撫恤其家属、並為立廟致祀。蔣、蘇、徐等出死入生、奔走府省、地方頼以稍安」とあり、彼らが地域の安全のために池州、安慶に赴いて太平天国政府と交渉したと評価している。

(71) 林宏渓堂立司馬伍長議単、太平天国丙辰年正月十四日『太平天国文書彙編』四二四頁。この史料は安慶地区文化局所蔵といい、徐川一氏は太湖県の事例と述べている(『太平天国安徽省史稿』九四頁)。

(72) 張徳堅『賊情彙纂』巻三、偽官制、偽守土官郷官、『太平天国』三、一〇九頁。

(73) 菊池秀明『清代中国南部の社会変容と太平天国』第一章、汲古書院、二〇〇八年、三七頁。

(74) 儲枝芙『皖樵紀実』巻上、『太平天国史料叢編簡輯』二、九二頁。

(75) 李召棠『乱後記所記』、『近代史資料』三四冊、一八一頁。儲枝芙『皖樵紀実』巻上、『太平天国史料叢編簡輯』二、九三頁。

(76) 儲枝芙『皖樵紀実』巻上、『太平天国史料叢編簡輯』二、九三・九四頁。

(77) 張徳堅『賊情彙纂』巻七、偽文告上、偽本章、『太平天国』三、二〇三頁。この「照旧交糧納税」政策は一八五四年に楊秀清、韋昌輝、石達開三人の連名で上奏され、洪秀全の批准を得た。それまで行われていた富戸からの掠奪、貢納の徴収では南京の食糧不足を解消出来ず、土地所有者から従来通り徴税することで速やかな税収の確保をめざしたという(羅爾綱『太平天国史』二、中華書局、一九九一年、八〇九頁。郭毅生『太平天国経済史』広西人民出版社、一九九一年、一六六頁。徐川一『太平天国安徽省史稿』一〇七頁)。また王明前氏によると、「照旧交糧納税」策は太平天国が全国政権をめざして支配地を拡大するうえで提起された過渡的な措置であり、『天朝田畝制度』や南京の食糧不足と直接の関連はないという(王明前『太平天国的権力結構和農村政治』中国社会科学出版社、二〇一四年、一五九頁)。

(78) North China Herald, No.316, August16, 1856. また簡又文『太平天国典制通考』上冊、香港猛進書屋、一九六二年、四〇四頁。

(79) 儲枝芙『皖樵紀実』巻上、『太平天国史料叢編簡輯』二、九一～九七頁。

(80) 徐川一『太平天国安徽省史稿』一四七頁。
(81) 李如昭『鏡山野史』、『太平天国』三、一〇頁。
(82) 李召棠『乱後記所記』、『近代史資料』三四冊、一八一頁。
(83) 呂賢基奏、咸豊三年七月二十一日『鎮圧』八、五八七頁。李嘉端奏、咸豊三年八月初九日『鎮圧』九、一六八頁。
(84) 李嘉端奏、咸豊三年八月初九日・八月十五日『鎮圧』九、一七〇・二五五頁。
(85) 李嘉端奏、咸豊三年九月初四日『鎮圧』九、五六八頁。呂賢基奏、咸豊三年九月初六日、同書六〇四頁。
(86) 李嘉端奏、咸豊三年九月初四日・初七日『鎮圧』九、五七〇・六二九頁。また劉裕鈖奏、咸豊三年十月二十七日『鎮圧』十一、二二頁。
(87) 軍機大臣、咸豊三年九月十四日『鎮圧』十、一四一頁。
(88) 李嘉端奏、咸豊三年九月初七日『鎮圧』九、六二八頁。
(89) 李嘉端奏、咸豊三年九月初十日『鎮圧』十、九一頁。
(90) 李嘉端奏、咸豊三年九月二十二日『鎮圧』十、二五一頁。
(91) 周天爵奏、咸豊三年九月十三日『鎮圧』十、一三四頁。この時周天爵は太平軍が運漕鎮に到着した時に「将漕米十六万挿旗封住、分付居民、不許軽動」と漕米の移出を禁じ、知州もあえて手出しをしなかったために、二度目に太平軍が来た時に全て奪われたと非難した。周天爵の同僚批判は多く、信憑性に欠ける部分も多いが、光緒『安徽通志』巻一〇二、武備志、兵事も「乙巳東関陥、賊遂踞之、載運漕所存漕米十六万石赴江寧」と述べている。なお周天爵は十月十七日に病死し、その軍は署廬鳳道袁甲三によって引き継がれた（李嘉端奏、咸豊三年九月二十四日『鎮圧』十、二七五頁）。
(92) 王茂蔭奏、咸豊三年九月二十一日『鎮圧』十、二三二頁。なおこの批判に対して、李嘉端は胡元煒が「久任廬郡、頗得民心、於辦理支応、招勇団練、諸事俱能認真」と反論している（李嘉端奏、咸豊三年九月二十九日、農民運動類八四八九－五一号、中国第一歴史檔案館蔵）。
(93) 諭内閣、咸豊三年九月十九日『鎮圧』十、二一二頁。

(94) 曽錦謙は広西博白県人で、南京到達後に瓜州の守備に当たったが、敗北して南京に戻った。胡以晄と共に廬州攻撃に参加し、一八五四年に夏官副丞相となって廬州を守った（『賊情彙纂』巻二、劇賊姓名下、『太平天国』三、六〇頁）。
(95) 呂賢基奏、咸豊三年九月二十六日『鎮圧』十、三〇五頁。
(96) 呂賢基等奏、咸豊三年十月十五日『鎮圧』十、五四三頁。また呂賢基の別の上奏は、旅行者を装った太平軍将兵が守備隊の陣地をやり過ごして県城を急襲したと述べている（同奏、咸豊三年十月十九日『鎮圧』十、五九五頁）。
(97) 胡潜甫『鳳鶴実録』『太平天国』五、一〇頁。同書は初め胡以晄は「呂妖」つまり呂賢基を殺せと命じたが、部下たちはこれを誤解して虐殺を始めたと述べている。これに対して徐川一氏は方江『家園記』の記載などを根拠に、馬三俊らが容疑者の殺害や強引な団費徴収によって人々の恨みを買っており、太平軍の到来時に団練局に報復しようとした結果であると指摘している（徐川一『太平天国安徽省史稿』六二頁）。呂賢基も一部の住民が「嚮導」となって太平軍を城内へ招き入れたと報じており、市街戦となった結果「城内民勇数千尽行殺戮」と多くの死者が出たと考えられる（呂賢基奏、咸豊三年十月十九日『鎮圧』十、五九七頁）。
(98) 諭内閣、咸豊三年十月二十二日『鎮圧』十、六二一頁。
(99) 軍機大臣、咸豊三年十月二十二日『鎮圧』十、六二二頁。
(100) 呂賢基奏、咸豊三年十月十九日『鎮圧』十、五九五頁。胡潜甫『鳳鶴実録』『太平天国』五、一一頁。
(101) 江忠源奏、咸豊三年十一月十二日『鎮圧』十一、一七六頁。また胡潜甫『鳳鶴実録』によると、朱麟祺は呂賢基と同郷の旌徳県人で、呂賢基に従って郷勇の訓練に当たっていた。また主事の徐啓山（六安州人）も呂賢基と共に自害した（『太平天国』五、一一～一二頁）。
(102) 劉裕鈐奏、咸豊三年十月三十日『鎮圧』十一、五一頁。諭内閣、咸豊三年十一月初五日、同書九五頁。
(103) 江忠源奏、咸豊三年十一月十二日『鎮圧』十一、一七六頁。また胡潜甫『鳳鶴実録』によれば、張熙宇は「自呑金亡」といい、恒興は六安州で処刑された（『太平天国』五、一二頁）。
(104) 軍機大臣、咸豊三年十一月初二日・十一月初五日『鎮圧』十一、七六・九六頁。

(105)『清史稿』巻三九九、列伝一八六、呂賢基（中華書局版、一一八一三頁）。なお咸豊帝は呂賢基の死を惜しみ、尚書銜を与えた（諭内閣、咸豊三年十一月初八日『鎮圧』十一、一一五頁）。

(106)江忠源奏、咸豊三年十一月初一日『鎮圧』十一、六五頁。

(107)江忠源奏、咸豊三年十一月十二日『鎮圧』十一、一七四頁。

(108)劉裕鈖は十一月の上奏で「目前籌餉一事、尤為緊要」であり、李嘉端が省内で捐納による戦費の調達を図ったが急場には間に合わず、「現在司庫存銀僅止一千余両」であると述べている（劉裕鈖奏、咸豊三年十月十二日『鎮圧』十、四八八頁）。また呂賢基は「皖省年餉已経告匱、昨接准署撫臣劉裕鈖函称、発来銀五百両之外、廬郡総局僅存八百両。部撥江西截留銅本銀十万両、因江路阻塞、尚無消息。如此匱乏、兵勇口糧何従発給、不得已因勧令在舒各典舗之用」（呂賢基奏、咸豊三年十月十九日、同書五九五頁）と述べている。

(109)朱哲芳『太平天国西征史』三三〇頁。

(110)周邦福『蒙難述鈔』『太平天国』五、四九・五三頁。

(111)江忠源奏、咸豊三年十一月十二日『鎮圧』十一、一七九頁。

(112)劉裕鈖奏、咸豊三年十二月十二日『鎮圧』十、六一六頁。

(113)江忠源奏、咸豊三年十一月十六日『鎮圧』十一、二三三頁。

(114)江忠源奏、咸豊三年十一月十二日『鎮圧』十一、一七八頁。

(115)軍機大臣、咸豊三年十一月初八日『鎮圧』十一、一一三・一一五頁。

(116)江忠源奏、咸豊三年十一月十六日『鎮圧』十一、二三三頁。光緒『廬州府志』巻二十二、兵事志二には「紳民万衆、助登陴、饋食飲、昼夜不絶」とある。また練勇を率いて大南門を守った王乾炳（合肥の商人）は「兼理造送粥飯、以餉守陴者、月余不懈。並捐皮油数十石、済軍用」という。これらの人物は劉裕鈖が招いた団練を率いたと見られ、その一人程士韽（生員）は胡元煒と共に大東門を守備したという（同書巻三十六、忠義伝二）。

(117)周邦福『蒙難述鈔』『太平天国』五、四六・四七頁。

(118) 江忠源奏、咸豊三年十一月十六日『鎮圧』十一、二三三頁。例えば十三日に太平軍は得勝、大東、小東門と大西門の月城を攻め、数十人が城上に到達したが、兵勇によって撃退され百五十余人の死者を出した。また十四日には霧に乗じて北門を攻めたが、合肥県知県張文斌および武生周恩親子の率いる郷勇によって却けられた。さらに十五日に太平軍は得勝門を攻めたが、都司楊煥章らはこれを撃退したとある。

(119) 江忠源奏、咸豊三年十一月二十三日『鎮圧』十一、三〇六頁。なお同奏、同年十二月初一日、同書三九一頁によれば、この時音徳布は「接仗未能得手」のため城西十キロに退いた。

(120) 周邦福『蒙難述鈔』『太平天国』五、四七〜五二頁。

(121) 江忠源奏、咸豊三年十一月十六日『鎮圧』十一、二三三頁。

(122) 周邦福『蒙難述鈔』『太平天国』五、四五・五〇頁。

(123) 周邦福『蒙難述鈔』『太平天国』五、五二頁。江忠源奏、咸豊三年十一月二十三日『鎮圧』十一、三〇九頁。

(124) 周邦福『蒙難述鈔』『太平天国』五、五四頁。

(125) 江忠源奏、咸豊三年十一月二十三日『鎮圧』十一、三〇六頁。

(126) 舒興阿奏、咸豊三年十一月十五日・十二月初九日『鎮圧』十一、二二〇・四七六頁。

(127) 江忠源奏、咸豊三年十二月十一日『鎮圧』十一、五〇九頁。

(128) 徐子苓「廬陽戦守記」『江忠烈公遺集』附録。

(129) 和春奏、咸豊三年十一月二十四日『鎮圧』十一、三二四頁。和春等奏、同年十一月二十八日、同書三六八頁。

(130) 和春奏、咸豊三年十二月十七日『鎮圧』十一、五七八頁。

(131) 江忠源奏、咸豊三年十二月初一日『鎮圧』十一、三九一頁に「午正……該逆点発地雷、轟倒大西門月城十丈六尺、該逆蜂擁而上。経湖南挙人鄒漢勲身先士卒、帯領楚勇、開化勇、四川兵、六安勇奮力抵禦、将賊撃退。追出欠口外、抵住賊匪、趕用沙袋、石塊修築、約有五六尺高、始将城外兵勇撤進。至酉正、修築完整、高与城斉」とあり、鄒漢勲らの活躍によって太平軍の突入を防いだことがわかる。またこの上奏によると、城外西の十里鋪に到着した音徳布、劉長佑、戴文蘭は一月二日から太平軍陣地を屢々攻撃したが、城に近づくことは難しかったとある。

(132) 光緒『廬州府志』巻二十六、名宦伝、国朝、鄒漢勲によると、太平軍は囮の坑道を同時に掘る方法で清軍の妨害工作を混乱させた。また江忠源によると「賊遂於営内開掘地道、臣僱集民夫、従月城開濠、分三路向外迎掘、冀可攔截。其大西門月城賊原掘三洞、我兵従内迎掘。二十八日尚掘通、随被該処点発一処……。初二、初三日、我兵連破両洞、該逆伎倆已窮」とあり、その後二度にわたりトンネル工事を阻んだ（同奏、咸豊三年十二月十一日『鎮圧』十一、五〇六頁）。

(133) 江忠源奏、咸豊三年十二月十一日『鎮圧』十一、五〇九・五〇六頁。

(134) 周邦福『蒙難述鈔』『太平天国』五、五八頁。

(135) 和春奏、咸豊三年十二月十九日『鎮圧』十一、六一五頁。

(136) 夏燮『粤氛紀事』巻八、江北阻淮、続編『太平天国』四、一八二頁。

(137) 周邦福『蒙難述鈔』『太平天国』五、六〇頁。

(138) 徐子苓「廬陽戦守記」『江忠烈公遺集』附録。また郭嵩燾「江忠烈公行状」は「勇目徐淮」と表記したうえで、「故県役、最無頼、勇多与賊交通」と述べている（『江忠烈公遺集』華文書局版、三一六頁。その一例として興味深いのが金懐慶（合肥県人）で、一八五三年九月に安慶で太平軍に捕らえられ、十月に巣湖付近の東関へ至って清軍と戦ったが、同郷の知り合いが徐懐義の壮勇陣地にいるのを見て投降したという（劉裕鉁奏、咸豊三年十月二十七日『鎮圧』十一、二二頁）。こうした人物を通じて太平軍と連絡を取ったと考えられる。

(139) 周邦福『蒙難述鈔』『太平天国』五、六七頁。

(140) 江忠源「祭廬州城隍神文」『江忠烈公遺集』巻一。

(141) 周邦福『蒙難述鈔』『太平天国』五、五七頁。また江忠源は一月九日の上奏で「臣前患咳嗽、仰託聖主福庇、日漸軽減、又得戴文蘭帯勇入城防守、更為得力」と述べていた（同奏、咸豊三年十二月十一日『鎮圧』十一、五〇六頁）。

(142) 鄧瑤「廬州府江忠烈公殉難碑記」『江忠烈公遺集』附録。

(143) 光緒『安徽通志』巻一〇二、武備志、兵事。胡元煒を告発したのは王茂蔭で、「聞由城内団練係李嘉端信任之胡元煒、徐淮所辨、宵小成群、正人引避。其所練勇皆属各衙門班役中人、見賊攻急、各自縋城逃走、以致賊乗而入。聞胡元煒業已従賊」とある（同奏、咸豊四年二月十二日『鎮圧』十二、四九〇頁）。ただし江忠源奏、咸豊三年十一月二十四日、軍機処奏摺録副、農民運動類、太平天国項、八八四九－五九号によると、胡元煒は廬州攻防戦が始まると銀二千両を寄付していた。なお軍機大臣、咸豊四年二月十二日、同書四九一頁を参照のこと。

（144）和春奏、咸豊四年三月初一日『鎮圧』十三、六四頁。

（145）周邦福『蒙難述鈔』『太平天国』五、六八頁。

（146）溝口雄三・池田知久・小島毅『中国思想史』東京大学出版会、二〇〇七年、二〇四頁。

（147）P. H. Kuhn, *Rebellion and its Enemies in Late Imperial China: Militarization and Social Structure 1796-1864*, Harvard University Press, 1970, p.117.

（148）曽国藩奏、咸豊三年十月二十四日『鎮圧』十、六三六頁。

（149）江忠源「荅曽滌生侍郎師書」『江忠烈公遺集』巻一。

（150）Tobie Meyer-Fong, ‘Urban Space and Civil War: Hefei, 1853-4’, *Frontieer of History of China*, Vol.8, No.4（2013）, pp.469-492.

（151）光緒『安徽通志』巻一〇二、武備志、兵事。

（152）王闓運『湘軍志』曽軍篇第二、岳麓書社、一九八三年、二一一頁。

第七章　西征軍の湖北、湖南における活動と湘軍の登場

はじめに

筆者は第六章において、西征軍の湖北進出と廬州攻撃までの歴史を分析した。南昌攻撃を断念した西征軍は長江を遡上して湖北へ入り、田家鎮で清軍を破って漢陽、漢口を再び占領した。武昌を守っていた湖広総督呉文鎔は湖北北部にいた楚勇の首領江忠源に救援を求めたが、清朝の意図は太平軍の北進を阻むことにあり、江忠源も安徽の防衛を命じられたため長江南岸の救援に手が回らなかった。だが楚勇の将兵は多くが「帝国の安泰」のために遠征することを望まず、軍を離脱したり、暴行を働く例が目立つようになった。一度は病に倒れた江忠源の統率力も次第に低下し、廬州での敗死へとつながった。

いっぽう安慶に到着した翼王石達開は、郷官を設置して徴税機構を整え、科挙を実施して人材を登用するなど地域経営を進めた。また豫王胡以晄を中心に廬州攻撃が試みられた。廬州攻防戦の行方を左右したのはまたも清軍内部の不和であり、江忠源と廬州府知府胡元煒が対立する中で徐懐義の郷勇が太平軍に投じ、廬州府城は陥落した。また廬州救援に向かった清軍の動きも鈍く、援軍同士が協力出来ないまま城内の清軍を見殺しにした。廬州陥落後、知府胡元煒が太平軍に投降したとの噂が流れて調査が行われたが、それは清朝官員および軍内部における相互不信がいかに強かったかを物語るものであった(1)。

本章は西征軍が再び湖北各地へ軍を進めた一八五三年末から、曽国藩の組織した湘軍が湘潭、靖江で太平軍と戦った一八五四年五月までの歴史について分析する。この時期の歴史については簡又文氏の通史的研究、[2]朱哲芳氏の専著[3]と崔之清氏らによる軍事史研究がある。[4]また湘軍史および曽国藩研究の分野で羅爾綱氏、[5]竜盛運氏、[6]賈熟村氏、[7]朱東安氏、[8]王継平氏[9]など多くの論著があり、P・H・キューン氏は清末から二十世紀へ至る地域社会の軍事化という視点から湘軍と湖北団練の組織と人脈を検討した。[10]日本では近藤秀樹氏が曽国藩の伝記でこの時期の歴史を取りあげ、[11]目黒克彦氏は湘軍の母体となる湘郷県団練の成立を中心に分析を進めた。[12]

本章はこれらの研究成果に学びながら、近年新たに編纂された史料集と筆者が二〇〇四年に曽国藩の故郷である双峰県（旧湘郷県）で行った訪問調査の成果をもとに分析を進めたい。[13]また西征を十九世紀中葉の長江流域における社会変容という視点から捉え直し、太平天国の進出に対する地域社会の反応とその影響について検討する。それは太平天国の歴史を新たな中国近代史像に位置づけるための一階梯になると思われる。

一、呉文鎔の死と太平軍の湖北各地進出

（a）湖北における地方長官の争いと咸豊帝

一八五三年十一月六日に国宗石祥禎（翼王石達開の兄）、韋志俊（北王韋昌輝の弟）の太平軍は漢陽、漢口を撤退し、陽邏を経由して黄州へ退いた。この頃安徽では廬州攻撃が始まろうとしており、兵力を振り向けたために戦線を縮小する必要があった。呉文鎔は漢口へ到着した湖北按察使唐樹義に二千人の兵を率いて陸路から追撃させ、十六日に清軍は黄州上流の団風で太平軍に勝利した。[14]

十一月十八日に唐樹義が黄州府城に到着すると、太平軍は黄州の下流五キロにある巴河と対岸の武昌県に八、九百隻余りの船を集結させていた。二十一日に「賊衆千余人、脅されて従った者千余人」が巴河に上陸して「民をさらい、食糧や衣物を奪った」ため、唐樹義軍はこれを攻撃して船を焼いた。また太平軍は巴河に陣地を構築し、船百余隻と蘄州に上陸した二、三千人の増援を受けた。唐樹義は太平軍の意図が食糧の獲得にあると見て二十四日に妨害を試みたところ、二十六日に太平軍の攻撃を受けた。さらに太平軍が清軍の裏側へ回り込もうとしたため、清軍は黄州府城へ退却した。

黄州府城は先の戦闘で荒廃しており、清軍の兵糧は付近の人々が売りに来る物資に頼っていた。だが二十七日に太平軍が黄州、武昌を攻めるという知らせが伝わると、城内は食糧不足となり、将兵の動揺も広がった。そこで唐樹義が撤退の準備を進めていたところ、二十八日に太平軍が「賊船数百隻」で攻撃をかけた。清軍はこれを斥けたが、一日の戦闘で食糧、弾薬が尽きたため、唐樹義は軍を武昌まで退かせたという[15]。

ここまでの内容を見る限り、両軍は黄州一帯で牽制し合ったに過ぎなかったが、清朝に届けられた上奏は内容が異なっていた。徳安の湖北学政青麐（満洲正白旗人）は「黄州の賊匪が甚だ熾ん」であり、二十八日に太平軍が大挙して黄州を攻めたため「兵はみな潰え散じた[16]」と報じた。また荊州将軍台湧（満洲正藍旗人）は湖北巡撫崇綸（満洲正黄旗人）から黄州の太平軍を攻撃するために旗兵二千人を武昌へ派遣してほしいと求められた。だが彼は呉文鎔から援軍は当面必要ないという連絡を受けており、相反する内容にどのように対処すべきか咸豊帝に指示を求めた[17]。

これら混乱した報告に対して、咸豊帝は呉文鎔が武昌の守りを重視しているのは「誠に緩急を知らない[18]」と苦言を呈した。むしろ現在は「黄州の逆匪を急ぎ剿する[19]」ことを優先すべきであり、武昌の清軍兵力を割いて黄州へ送るように指示した。また台湧に対しては「全ての事について旨を請う必要はない[20]」と述べたうえで、呉文鎔、崇綸、台湧の三人が密接に連絡を取り、戦況の変化に柔軟に対処するように命じた。

この頃咸豊帝は北伐軍が独流鎮、静海県で籠城を続けていることに苛立ち、欽差大臣勝保に対して十日以内に殲滅するよう命じるなど余裕を失っていた(21)。咸豊帝は青麐の報じた黄州の敗戦について、呉文鎔が言及していないことに疑念を抱いており(22)、敗戦を糊塗する各地の報告に辟易としていた様子が窺われる。

こうした咸豊帝の意を受けるように、十二月十六日に崇綸は激しい呉文鎔批判を展開した。彼は太平軍を追撃しようとしたところ、呉文鎔に反対されたと次のように記している

現在調べたところでは賊船は黄州から樊口へ逃れて隊を分け、華容、新店各村へ赴いて銀糧銭物を奪い、人を連れ去っては監禁している。巴河に戻り集まって盤踞し、上下に行き来し、突然集まったかと思えば散じている。ある時は七、八十人、またある時は二、三十人の賊が上陸しては略奪し、郷民に害毒を加えている。

私は屢々督臣に派兵して攻剿するように勧めたが、意を決して従わない。督臣の考えは専ら湖南、両広並びに自ら造った船と大砲が全て揃い、一切が完備したところで大軍を集め、ようやく出陣するというものだった。もし数千の兵で出撃すれば敗北するに違いなく、万が一にも出かけるべきではないと言って、終日城門を閉ざして坐守しており、一つの計画も進展しなかった。また城の守りについても適切でないことが多く、縷々忠告したにもかかわらず……、督臣は何一つ関心を持たず、細かく探求しようとしない。私は軍務の重要さを思い、どうしても黙っておられず、言葉を尽くして遠回しに相談したが、僅かしか許可されず、多くの妨害を受けている。

続けて崇綸は武昌の守備兵力は八千人ほどで充分であり、現在数千人の兵勇が余っていること、湖南、両広からの船や大砲は到着するのに時間がかかることを指摘した。また現在湖北の太平軍は装備が貧弱で、長髪の老兄弟は少なく、土匪で太平軍の名前を騙っている者が多い。旧式の砲船六十隻に大砲を装備し、民船を雇って水陸から攻撃すれ

ば、太平軍に打撃を与えることが可能であり、「零匪小賊」の横行を許すべきではないと力説した。だが呉文鎔は「ただ彼らの搶劫するに任せよ」[23]と言って従わず、やむなく崇綸は独断で台湧に旗兵の出動を要請したと述べている。

これに対して呉文鎔は次のように反論している。唐樹義の軍は食糧不足のため武昌へ撤退したのであり、敗走ではなかった。また呉文鎔は総兵楊昌泗を黄州へ向かわせたが、太平軍と遭遇できなかった。そこで刑部主事楊熙の率いる四川勇を派遣したところ、武昌県金牛鎮で太平軍の小部隊に勝利した。つまり彼は武昌だけを守っていた訳ではなかった。

また崇綸と意見が分かれた反攻計画について、呉文鎔はすでに前任礼部侍郎の曽国藩と書信を交わし、湖南衡州で「船隻を改造し、水勇を雇い訓練」させていた。また広西巡撫労崇光、両広総督葉名琛らを通じて広東で銅砲を購入し、大型船である拖罟船の設計図を取り寄せており、一八五四年二月までに五、六百隻からなる水軍の編制を終える予定であった。これに湘勇の陸上部隊と湖北の兵勇数千人を加え、長江両岸から進撃させれば、太平軍がどこにいても殲滅が可能となる。これこそ曽国藩の言う「四省の力を合わせてこの賊氛を力掃する」ことであり、呉文鎔らが立てた「籌剿の大略」であった。

ところが崇綸はこの戦略に賛同せず、「民船数百隻を強雇」して五、六千人を派遣し、水上に浮かぶ船を陣地代わりに用いると主張した。だが民間の船を集めるのは難しく、水手や船砲が役に立つかどうかはわからない。また陸上部隊が突然船を陣地にしても、太平軍の進攻に堪えられるとは考えにくい。つまり崇綸の議論は「軽忽大意」即ち軽率極まりないもので、これを「再三勧阻」[24]した結果弾劾を受けたというのである。

この崇綸と呉文鎔の対立は、後に曽国藩がその原因を崇綸の「私怨」[25]に求めたことで知られている。崇綸は十月に太平軍が武昌を攻めた時、自分は病気をおして陣頭指揮を取ったと宣伝した[26]。だが実のところ各地に援軍を要請しつ

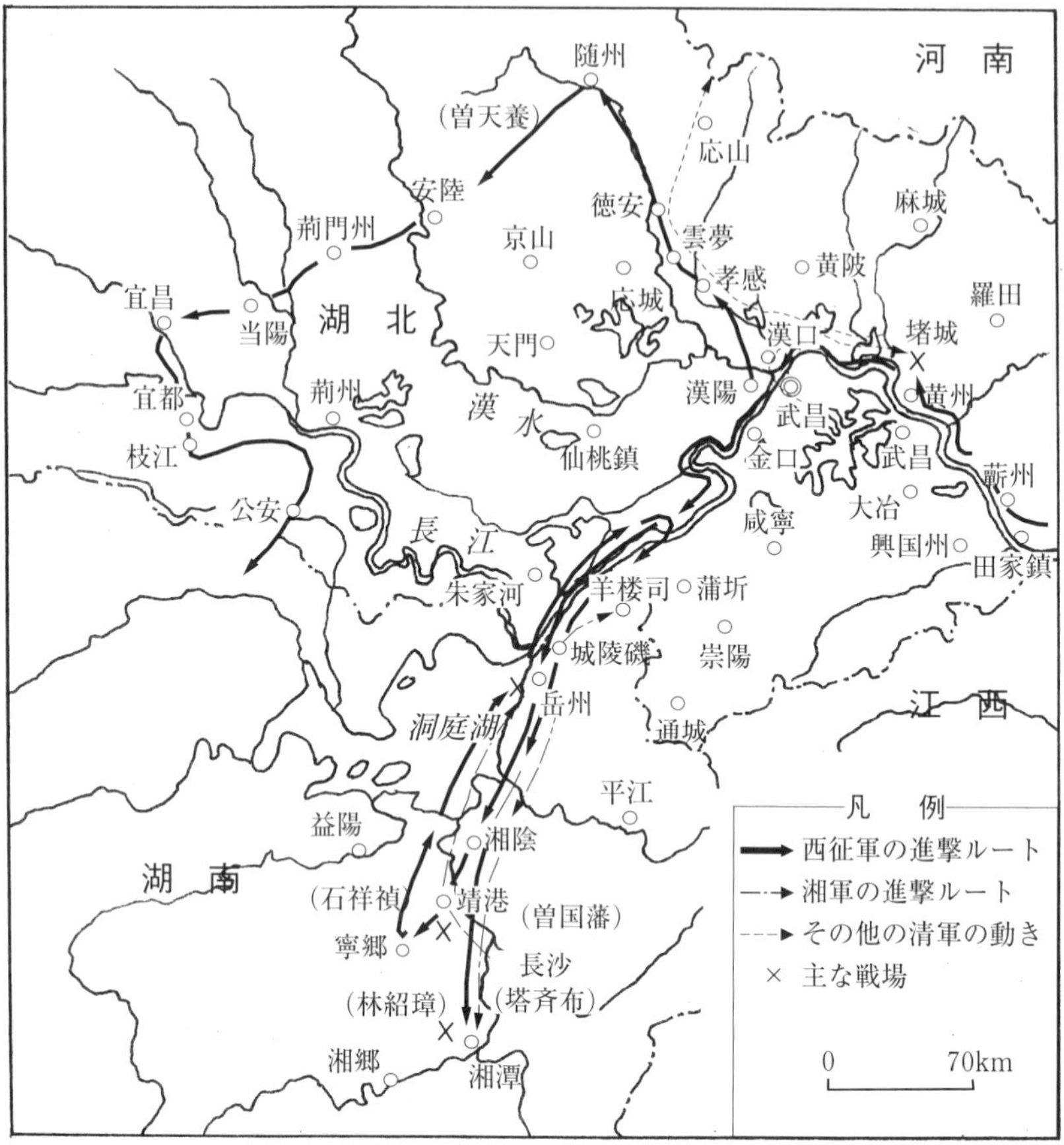

地図12　西征軍の湖北、湖南進出と湘軍図
（郭毅生主編『太平天国歴史地図集』を参考に作成）

つ「単騎入城[27]」して武昌の危機を救ったのは呉文鎔であり、崇綸は城外への駐兵を口実に「逃避」しようと図って呉文鎔の叱責を受けた。また呉文鎔は崇綸が毎日二度必ず自分の役所に戻ってアヘンを吸うために、省城防衛の任務をこなすことが出来ないと告発した[28]。この点について調査を命じられた青麐は、崇綸が確かにアヘンの常習患者であったこと、彼の議論は巴河一帯の太平軍が多く土匪であるという伝聞に基づくもので、「なお公の見地によるものだが……、いまだ過激を免れなかった[29]」と報告している。

すると一八五四年一月八日に崇綸は再び呉文鎔を弾劾し、五千人の兵に荊州の旗兵二千人を加えて黄州と田家鎮を奪回させれば、各地の増援を得て「真っ直ぐに金陵を搗き、妖孽を掃除[30]」することも可能との自説を展開した。また見逃せないのは他の旗人官僚も崇綸に同調した事実で、青麐は湖北の清軍が北京の経済に重要な影響を与える漢陽、漢口を守ろうとせず、太平軍に再占領された点を取りあげた。そして「呉文鎔は久しく総督の地位にあり、現在省垣の精兵はまさに二万に及ぼうというのに、どうしてその身を局外に置くことが許されようか?[31]」と訴えた。

このように湖北における地方長官の内紛は、旗人と漢人の非難合戦となった。むろん北伐軍との戦いで反目しあった欽差参賛大臣僧格林沁と欽差大臣勝保、廬州陥落後に表面化した江南提督和春と陝甘総督舒興阿の対立など、清軍の内部対立は旗人司令官の間でも発生した[32]。だが重要なのは咸豊帝が前湖広総督張亮基を初めとする漢人官僚の多くに不信感を抱き、呉文鎔の実態を踏まえた議論に耳を傾けなかった事実である。

元々崇綸は労光泰の水勇が壊滅した咎によって張亮基と共に革職留任の処分を受けており、咸豊帝は「必ずや汝の不足を補ってくれよう[33]」とあるように呉文鎔への期待を表明していた。だが十二月二十六日に崇綸の告発文が届くと、咸豊帝は一転して「朕は呉文鎔が老成練達で……、信任に堪えると思っていたが、該督はただ守っているだけで前進を図らず、大局を捨てて顧みようとしないとは、その誠意はどこにあるのか?[34]」と呉文鎔を叱責して出陣を命じた。

さらに青麐の上奏が届いた十二月三十一日には次のような上諭を下している

現在逆匪は黄州一帯に竄踞しているが、ここは安徽、河南の要衝に当たり、江北の全戦局と関わる場所である。もし力を集めて迎撃しなければ、どうして賊の北進を阻むことが出来ようか？　武昌城内にいる官兵はまさに二万人に及ぶというのに、呉文鎔らは有能な兵を賊のいない場所に置いたまま、一つの場所を守るばかりで、湖北全省の戦局も、天下の大局も捨てて顧みようとしない。呉文鎔が恐怖心からうわべを繕い、内部では何も手を打っていないのは実に痛恨に堪えない。老成な地方長官たる者が、なぜ急にこうなってしまったのか……。呉文鎔は先に下した指示に従い、すぐさま兵を率いて武昌を出発し、賊の向かう場所に力を奮って進攻せよ。さらに遅延させるならば重罪に処し、断じて許さぬ(35)。

ここで咸豊帝は呉文鎔が兵力を武昌に集中させ、太平軍の北進を阻むために長江北岸へ兵を送らないことを「天下の大局」に関わる問題として非難している。彼は青麐の上奏に対しても「呉文鎔はただ一省垣を顧みることしか知らないが、もし賊が北竄したら、鄂省を守ることに何の意味があるのか(36)？」との硃批を記しており、彼にとって北京の安泰こそが至上命題であったことがわかる。このため呉文鎔が崇綸の告発に反論すると、咸豊帝はこれを「大胆な妄言であり、荒謬の至り」と一喝し、情勢の緊迫した時期に意見の対立によって「国事を問わない(37)」地方長官は即刻死罪にすべきだと述べた。曽国藩の提起した華南四省の協力による長江中流域の反攻作戦は、余裕を失った青年皇帝の不安を取り除くには至らなかったのである。

さて度々催促を受けた呉文鎔が四千人の兵を連れて出陣しようとすると、今度は武昌の防衛力不足が露呈した。城内の残存兵力七千人に不安を抱いた崇綸が、兵糧の不足や荊州からの援軍がすぐに到着しないことを理由に、出発を見合わせるように求めたのである。この時も崇綸は「督臣（呉文鎔）は偏執な性格に任せ、人の言うことを聴かない(38)」

と中傷を浴びせたが、咸豊帝に先の上奏との「矛盾[39]」を指摘されて沈黙した。だが同時に水軍一千余人を率いて出撃することになった唐樹義が火薬や火攻めに用いる油（井油）の支給を求めると、崇綸は「どうあっても供給しなかった[40]」と協力を拒否した。

一月八日に呉文鎔は北岸の漢口へ移動し、十一日に陸路黄州へ向かった。黄州の太平軍が土塁や濠をめぐらし、数百隻の船を擁していることを知った呉文鎔は、十八日に大雪の中を黄州から十数キロ離れた堵城へ軍を進ませた[41]。だが将兵の多くは「長い露営生活で多くが疲れ切っていた[42]」とあるように戦意を欠いていた。二十三日に雪がやむと、清軍は黄州郊外数キロの竜王山で太平軍と交戦した。しかし「天気は厳寒で、大風が止まず」という寒波によって病気に倒れる兵が続出し、唐樹義の水軍も風に阻まれて三江口の太平軍陣地へ近づくことが出来なかった[43]。

二月初めに太平軍の小部隊が上巴河一帯で活動中との知らせが届くと、呉文鎔は早速兵を送り、二月六日に竹瓦街で百余人の太平軍将兵を殺した[44]。この間も清軍は雪と雨、泥で行動を制約され、兵糧が届かなかったために「諸軍は寒さに凍え、飢えて死ぬ者もいた[45]」。また兵たちが暖を取ろうと「数十里内の民家を全て壊[46]」した結果、住民の憤激を買った。それは実態を踏まえない出撃命令がもたらした必然的な結果であった。

二月七日に黄州の太平軍は城内にかがり火を焚き、演劇を行って太平天国暦の正月を祝った。呉文鎔はこれをチャンスと見てみずから兵を率いて攻撃をかけ、三回の戦闘で数百人を殺した[47]。十二日にも呉文鎔は黄州府城の東門を攻めたが、突如後方で火の手が上がり、太平軍の伏兵が挟み撃ちをかけた[48]。一月中旬に廬州を陥落させた秋官又正丞相曽天養の軍が急ぎ湖北へ戻り、南京から新たに派遣された国宗石鎮崙（石達開の兄[49]）、韋以徳（韋昌輝の姪[50]）らの部隊と共に攻撃を加えたのである。

この時「民は兵勇が自分たちの家を壊したことに怒り、群起して賊を助け、大いに囲んだ[51]」とあるように、家を焼かれた地元住民が大挙して太平軍に加わり、清軍を包囲した。圧倒的な兵力差に驚いた清軍は、「勇がまず逃げ、兵がこれに続き、全軍が潰えた」と総崩れになった。また貴州提督佈克慎の軍も別の太平軍に襲われたが、武器が不足して「兵はみな束手」だったために陣地を焼き払われた。さらに後方にあった呉文鎔の本陣も襲われ、「十一ヶ所の陣地は全て灰燼に帰した」[52]という。

敗戦の知らせを受けた崇綸は、初め呉文鎔が行方不明であると報じた。[53]曽国藩はこれに反論し、敗北を悟った呉文鎔が咸豊帝のいる北へ向かって叩頭し、「聖朝を仰ぎ対することが出来ぬ」と痛哭して投水自殺を遂げたと主張した。[54]だが実のところ呉文鎔は乱戦の中で死んでいた。[55]彼は咸豊帝の漢人官僚に対する不信感が生みだした満漢対立によって殺されたのである。

（b）西征軍の湖北各地への進攻と読書人対策

堵城の戦いで勢いを得た西征軍は、長江を遡って武昌付近へ進出した。二月十五日には陽邏を過ぎ、[56]翌十六日には北岸の漢陽、漢口を三度占領した。彼らは漢陽府城の東門と小池口に木城を構築し、長江沿いの鸚鵡州に砲台を築くと共に、南岸の塘角にも土塁を築き、ここを拠点に武昌省城を攻撃する構えを見せた。[57]また黄州から武昌付近の鮎魚套に撤退していた唐樹義の水軍が上流の金口鎮へ後退すると、二十日に太平軍の軍船がこれを追撃して金口鎮を占領し、乗船を破壊された唐樹義は川に落ちて死んだ。[58]さらに太平軍の船は引き続き上流へ向かい、二十七日には湖南の岳州府城を占領した。[59]

情勢の急変に対して、清軍の防衛体制はついていけなかった。元々崇綸と呉文鎔の対立が表面化した一月に清朝は青麐を武昌へ向かわせ、代わりに荊州にいた台湧に徳安の防衛を命じた。[60]二月六日に武昌に到着した青麐は湖北西部にいた四川兵を呼び寄せて漢陽を守らせようとしたが、太平軍の進撃が早すぎたために漢陽は「兵なく勇なし」(61)のまま陥落した。また唐樹義が武昌付近で太平軍と戦おうとすると、兵勇たちは「撫臣（崇綸）から楊昌泗の統率を受けるように命じられました」(62)と言って従わず、金口鎮へ逃走した。さらに青麐は徳安の台湧に援軍を求め、随州や麻城県の郷勇にも武昌へ向かうように依頼したが、どこも「道路が通行できない」(63)ことを理由として前進しようとしなかった。やむなく青麐は武昌近郊の住民や水手に対して「現在真賊は二百人に足りず、残りはみな脅されて従った者だ」と述べ、太平軍に協力して「殷富の家」を襲うことなく、村々が結束して抵抗するように告示で呼びかけた。(64)

この時長江を遡上した太平軍は、どの程度の兵力を擁していたのだろうか？　郭廷以氏は四万人という数を挙げており、簡又文氏、崔之清氏もこれに従っている。(65)その根拠は曽国藩の報告で、岳州を占領した石祥禎と春官又副丞相林紹璋の一隊が五軍から成る三万人、監軍廖二が集めた崇陽、通城県の「土匪」が二万人（うち「老賊」は数百人）、沔陽州、監利県一帯で活動した朱家河の「土匪」張台元の一隊が千余人などと述べている。(66)

だが一八五四年二月に安慶を出発した北伐援軍が十五軍で七千人程度だった事実と比べると、この数字はかなり大きい。青麐は漢口、漢陽の太平軍について「真賊は二千に足りない」(67)と報じており、台湧は応城県の長江埠、孝感県の馬渓河、三汊舗、雲夢県の隔蒲潭、黄江口などで「土匪と結んで人口、船隻および銀銭、米穀などを擄掠」した太平軍部隊について「毎股百余人および二、三百人」(68)と記している。また台湧は徳安から荊州をめざした曽天養、左四軍正典聖糧陳玉成の部隊について数千人という数字をあげている。(69)さらに岳州を占領した太平軍については「賊船二百余隻」(70)「賊船約有千余」(71)という記載があり、兵数に関する太平軍内の慣行や船の乗員数から見て石祥禎らの軍が一万二、三千人、全体でも二万人強と見るのが妥当ではないかと思われる。

次にこの西征軍の目標は何であったのだろうか？　民国『湖北通志』は「賊酋石祥禎は東王楊秀清の計を用い、武昌を捨てて長江を遡り、真っ直ぐに岳州を陥落させて、上游の援軍を絶とうとした[72]」とあるように、彼らが武昌の攻略をあえて行わず、上流の湖南へ兵を進めたのは楊秀清の計略だったと記している。曽国藩の放った密偵によると、太平軍は湖北各地で「丁壮を脅し従わせ、船を奪い、沿岸に堡を築いて分かれて駐屯した。また占領した各府州県の人々に戸籍の冊子を送らせ、薙髪を禁止」するなど拠点作りと地域の経営をめざした。また「鄂省を捨てて攻めず、その自困を待つ」と武昌に手をつけない一方で、湖南の衡州、郴州、永州など「会匪、盗賊の卵育の地」へ軍を進め、彼らを「煽聚」して攻略することにより「枝葉（湖南南部）を剪って腹心（武昌）を潰えさせる[73]」戦略を取っていたという。このうち地域経営については、曽天養らの軍が南昌攻撃の時と同じく食糧獲得のための遊撃戦をめざしたのは確実であるが、問題は石祥禎、林紹璋らがどこまで「楚、粤の路を通じさせる[74]」ことを意図していたかであろう。

ここで新たに西征軍に加わった太平軍指揮官について見ると、軍事的な才能や経験に乏しい諸王の親族が目立つ。石鎮崙は「人は甚だ粗鄙」「軍事に与ったものの、指揮や検点の約束を聞いた」といい、石鳳魁も「やや文墨に通じたが、軍務には疎かった[75]」と言われた。また林紹璋は六合県で敗北した北伐軍後衛部隊の撤退を指揮したことで楊秀清に認められたが、李秀成は彼について「大した才能はなく、ただ苦労に耐えることが出来た[76]」と辛口の評価を送っており、事実林紹璋は湘潭県で湘軍に大敗することになった。

それでは能力的に見劣りする指揮官が多数出陣したのは何故だろうか？『賊情彙纂』は一八五三年六月に「楊賊［秀清］は上奏をして、およそ国宗でよく衆が服する者には印信を与え、出でて各郡県を犯させるように求めた」とあるように、諸王の親族が提督軍務として軍を率いる慣行が始まったと指摘している。彼らは「尊きこと偽丞相と相埒する[77]」と爵位は高かったが、軍事的な功績がないために発言権は低く、太平天国王朝内で通用する威信を獲得するために出陣したと考えられる。

むろんこれら国宗の中には「鉄公鶏」[78]の名で武勇を謳われた石祥禎、天京事変後に五軍主将に抜擢された韋志俊など、それなりの才覚を持った人々もいた。だが韋以濱（韋昌輝の兄）のように屢々敗北して「無用」の烙印を押され、軍務から外されて「間散国宗」[79]となった者もいた。このため彼らの作戦活動には有能な補佐役が不可欠で、北王府の側近だった殿前丞相承宣の張子朋[80]、吉志元[81]など多くの「湖南老賊」[82]が従っていた。つまり彼らが苦戦の予想された北伐援軍ではなく、西征軍に加わったのは安易な成算に基づくものであり、太平天国全体の情況から見ても不適当な作戦だったと言えよう。

さて漢陽、漢口占領後の各地の戦況を見ると、湖北東北部では二月二十七日に蘄州の守将羅殿四が羅田県を[83]、三月一日には李三元が麻城県をそれぞれ占領した。前知県姚国振、知県韓宝昌が率いる河南勇と団練を破った李三元は、「大いに掠奪し、これを打先鋒と言った。安民を唱えてからも各地に出かけては富民の金帛を捜括し、これを進貢と言った」[84]とあるように、打先鋒と呼ばれた有力者への襲撃と食糧の獲得に努めた。またその一部は黄安県に入った[85]。この時河南では安徽の捻軍が進入し、巡撫英桂はこれらの弾圧と北伐援軍への対応に追われていた。湖北省境の光山県では「民心が惶惑」[86]と動揺が広がったが、太平軍は河南へ入らず、三月七日に黄陂県を占領した[87]。さらに太平軍は三月二十三日と二十九日に黄梅県を[88]、三月二十四日と五月十一日には黄安県をそれぞれ占領した。これに対して黄安県の有力宗族の組織した団練、郷勇が反撃し、十五日に県城を奪い返されて李三元は死んだ[89]。

次に湖北西北部について見たい。三月六日に太平軍が雲夢県の隔蒲潭などに進出すると、清軍の守備隊がこれを迎撃し、十五日には応城県長江埠から進撃してきた太平軍一千人余りと交戦した[90]。すると三月三十一日に曽天養、陳玉成の軍が「賊船四、五百隻以上で漢口から帆を連ねて遡上」し、孝感県知県李殿華が招いた河南の練勇を打ち破り、三月五日に続いて再び孝感県城を占領した[91]。呉文鎔の死後に湖広総督となった台湧は堵城での敗残兵など三千人を集めて防禦を試みたが、四月六日にまず雲夢県城が陥落した。続く七日に「賊匪約五、六千の衆」が徳安府城に逼ると、清軍は抵抗せずに城を明けわたした。光緒『徳安府志』は次のように述べている

粤賊が黄［陂］、孝［感］から上竄すると、徳安に駐屯していた総督台湧は、明け方に警報を聞くと突然兵勇を率い、「わしは三関へ行って防ぐ」と言い残して城を出た。古州鎮総兵佈克慎と徳安営の将校たちも総督に従って去り、城内は無人となった。先に備蓄していた餉銀が府署に残っており、朝になって知県万成が知府を訪ね、これを用いて勇を集めて防衛に役立てる相談をした。だが彼が役所を出た時には賊がすでに府門に至り、万成は刀を振るって賊を斬ったが殺された。(92)

ここで台湧は警報を聞くと口実を作って城を脱出し、他の将校もこれに続いたとある。また台湧自身の報告によれば、彼は初め東関に派兵したが、進撃が遅く太平軍の到着に間に合わなかった。そこで雲夢県で敗北した兵を集め、南関で太平軍を迎え撃ったが、「潰散すること十の六、七」と多くが逃亡してしまい、やむなく河南省境の武勝関に撤退したという。これに対して咸豊帝は「何故一つとして阻むことなく、賊に長駆させているのか?」「なんじは徳安から敗走し、狼狽すでに極まったのであろう(93)」との硃批を記したが、呉文鎔に対して見せたような厳しい叱責は行わず、台湧を解任のうえ西安将軍舒倫保らと共に太平軍の北上を阻むように命じた。(94)

なお曾錫齢「兵虐民」によると、この時台湧の兵は一二〇キロを船で四日間かけて進み、途中「沿河の村集は泣き叫ぶ声が響き、夜中に家に押し入って遍く淫掠」と暴行を働いた。郷民たちは馬家垸で彼らを追い払い、台湧に処罰を求めたが実行されなかった。曾錫齢は「賊を殺すことが出来ないくせに専ら民を害する。民の膏血を搾って飢えた鷹に与える愚かさよ(95)」と詠っており、清軍将兵の無軌道ぶりに人々が強く反発したことがわかる。

四月十日に陳玉成の部隊が応城県を、(96)十一日に木四将軍李姓の軍が応山県をそれぞれ陥落させた。(97)また曾天養は四

月十五日に河南省に近い随州を占領した[98]。太平軍北進の可能性に強い危機感を抱いた清朝は、南陽鎮総兵柏山を武勝関に向かわせたが[99]、曽天養は突然西に進路を変え、二十五日に安陸府城を占領した[100]。彼はここで軍を分け、一部の兵を率いて荊門州へ進出し、湖北西部の要衝である荊州を窺った[101]。

徳安一帯における太平軍の活動について、同治『応山県志』は「この賊は蓄髪して黄巾をかぶり、耶蘇教を唱えて、愚民の捕らえられた者を兄弟と称した。呪文を唱えるように脅し、天父の命令があると言って威嚇した。廟宇を焼き、神像を毀してこれを見せびらかした」と述べており、太平軍がなお強い宗教性を帯びていたことを伝えている。また「姦殺する者は必ず誅したが、それは民心を買うためだった」とあり、彼らが厳しい軍規によって民衆の支持を取り付けようと図ったことがわかる。さらに興味深いのは「書生を脅して従わせ、人夫と馬を与えた」「官紳兵吏を重んじ、妖頭を殺せと叫ぶのはその闘志を失わせるためだった[102]」とあるように太平軍が読書人の参加を促し、清朝官吏や将兵の投降を認めていたという部分である。

元々太平軍は清朝官員や清軍将兵、その家族を「妖魔」と見なして敵意を燃やしたが、地域支配を進めるためには既存の統治機構やその担い手を活用することが必要だった。このため彼らは投降した読書人を「先生」と呼んで優遇し、軍事を除くあらゆる文書の作成を行わせた[103]。だがこの方針はうまく行かず、曽天養らは徳安府城の占領時に知府易容之（広東人）を捕らえたが、易容之は協力を拒否し、絶食のうえ投水自殺した[104]。また一八五四年五月末に安徽の太平軍が太平府城を占領すると、安徽学政孫銘恩を捕らえて「意を極めて降を勧めた」が、孫銘恩が応じなかったために南京で斬首したという[105]。

さらに荊門州で質屋を営んでいた張廷献（山西出身の生員）は、太平軍将兵による供出の要求を悉く断り、「私が聖賢の書を読んだのは、国家の士子となるためだ。お前たち叛賊の肉など憎くて食えぬ。どうして膝を屈することが出来よう[106]」と罵って殺された。読書人の中には清軍の暴行に批判的な者も多かったが、既成宗教とくに儒教を排撃した上帝教に対して拒絶反応を示したことが窺われる。

（ｃ）　湖北における呼応勢力の活動と地域社会

次に下層民の反応はどうだろうか。すでに検討したように、湖北では清軍の横暴に反発した人々が西征軍に協力あるいは参加する例が多く見られた。長江南岸では曽国藩が報じた通城県の監軍廖二一（即ち廖敬二）がその代表で、彼は一八五三年に崇陽県、通城県で蜂起した劉立簡反乱軍の関係者と見られる[107]。咸寧県では「土寇」の李正純らが「逆を助けて乱を助」け、一八五二年に太平軍に加わって帰郷した軍師祁国富、総制余慎貴らと共に「郷里で虚勢を張り、捜括の限りを尽[108]」くした。興国州でも黄州の太平軍頭目盧徳海らが「土匪と勾結して郷民を脅し従わせ、全部で五百人[109]」と言われた。

続いて長江北岸で注目されるのは朱家河の「土匪」張台元（沔陽州人）であった。彼も一八五二年に太平軍に加わり、五四年三月に轎に乗って朱家河に凱旋した。彼は指揮費姓のもとで軍師に封じられたと述べ、秦光明（荊州人）ら一千人を誘って「周囲五、六十里で人や船をさらい、銀米は殆ど尽きた[110]」と掠奪を行った。四月に彼らは監利、潜江県城を占領し、「沔陽、監利、潜江などの州県の土匪で逆賊と勾結する者は約数万おり、城郷並びに荊江南岸の華容、石首各県に蔓延して滋擾[111]」とあるように長江南岸の石首県、湖南華容県にまで勢力を広げた。

このほか呼応勢力の動きが活発だったのは京山県であった。曽天養軍が徳安、安陸府の各地を占領すると、孤立した京山県城の住民は多くが避難し、財産を南山の双河団付近に隠した。すると七里畈の「土匪」孔昭栄は「粤逆が来るなら、他所へ行って掠奪する必要はない。ここに沢山あるぞ」と公言して弾圧を受けた。また四月に彼は劉花子ら

「不逞之徒」を集めて蜂起し、涂姓の率いる太平軍と協力して京山県城を占領した。さらに白娘子、田三盛、田三万、祝六指、梁世盛など各地の反乱勢力が「乱に従うこと帰するが如く、皆粤逆の名を借り、丞相、検点、司馬の旗号を偽称した」とあるように太平軍を名乗って活動した。このうち太平軍と合流した白娘子は安陸府城を窺ったという(112)。

しかし多くの反体制勢力が呼応したにもかかわらず、太平軍はこれらの地で安定した勢力基盤を築くことはなかった。その原因の一つは曽天養軍の活動が清軍を牽制する陽動作戦あるいは食糧獲得を目的としていた点に求められる。また「四つ眼の狗」のあだ名で清軍に恐れられた陳玉成は童子兵の出身であったが、上帝教の教えに忠実だった彼らは「他人の家に入って金銀を捜括するたび、官僚の文書や服飾をどんなに奥に隠しても、童子たちは高い場所に登り、暗がりに入って、猫がネズミを捕らえるように必ず見つけ出した」とあるように、打先鋒の時に徹底した捜索を行った。彼らは偶像破壊や住民の虐待についても「その暴虐の惨さは、群賊と比べても最も甚だしい(113)」と熱心であり、その行き過ぎた行動によって住民の反感を買うことが多かった。事実陳玉成は応城県で「県署を焚き、倉儲を掠し、さらに隊を分けて村々で擄掠した。邑民で被害に遭った者は甚だ多かった(114)」と言われたように、容赦のない食糧徴発を行ったという。

次に指摘すべきは北伐援軍がそうであったように、兵力を分散させた西征軍には新たに参加した雑多な反乱勢力を統率し、彼らが爆発させる負のエネルギーを押さえ込む力がなかった点である。その好例は曽天養に従って湖北西部の宜昌を攻めた胡得義（黄陂県人）で、黄州で西征軍に加わった後は「河川一帯で多くの者を糾合し、各地で擄掠した」「宜昌の土匪と串通し……、劫掠を図った(115)」とあるように各地で掠奪をくり返した。また応山県では初め太平軍の正規部隊が入城すると、「貢ぎ物を求めて降伏を勧め、擄掠に暇がなかった」もののその行動は抑制されていた。その様ところが続いて入城した呼応勢力の部隊は「暴虐ぶりは前に比べても甚だしかった」と激しい略奪を行った。その様

子を同治『応山県志』は次のように記している

> 最初に到着した日に城内で百余人を殺し、続いて数十人を殺した。また貢ぎ物を献げるように布告を出し、手分けして郷村を襲った。毎日夜明けから夕暮れまで、焼き討ちをして人々を恐れさせ、烟と炎は天を蔽い、破壊された家は数え切れなかった。途中被害を受けなかった村はなく、壮年の者は捕らわれ、老人は脅された。貢ぎ物を届けられず、銀を要求されても出せない者は殺され、その家を焼かれた。このため作物が実っても、人々はあえて家に帰ろうとしなかった[116]。

ここからは呼応勢力が農村部で貢ぎ物を強要し、破壊と暴行をくり返した結果、社会が混乱へ陥った様子が窺われる。『太平条規』は「民の家を焼いてはならない」「民家を壊したり、財物を奪ってはならない[117]」と規定していたが、多くの場合守られなかった。また一八四〇年代末の雲夢県では洪水によって湖田が被害を受け、「佃戸の納租を免じたところ、各佃戸は怠けて仕事を疎かにするようになり、長く田租を納めなかった[118]」と言われるなど佃戸の抗租風潮が強かった。反体制勢力の略奪行為もこうした社会矛盾の現れであったが、当時の湖北社会にはこれら暴力的な富の平均化の動きに耐える余裕はなかった。

さらに『賊情彙纂』は興味深い指摘を行っている。一八五二年に太平軍が湖北へ進撃した時は、専ら都市住民の富を奪い、農村部では略奪を行わなかった。だが西征軍が江西、湖北へ入ると、「城市では決して貢物を要求せず、ただ郷村で略奪をほしいままにした」とあるように一転して農村で食糧を徴発した。彼らは一ヶ所に数日間駐屯し、人々に貢ぎ物を出させて「貢単」と呼ばれる受領証を与えた。人々はこれを家々の門に掲げて「護符」にしようと考えたが、現実はそうならなかった。『賊情彙纂』は次のように述べている

> 数日もしないうちに、第二回、第三回の貢ぎ物を求める賊がやってきた。郷民は「貢単」を見せて献納を断っ

たが、賊目は突然色をなして怒り、「お前は貢単でわしを威嚇する気か？　それは東王府が派遣した者、わしは北王府、翼王府から派遣された者だ。貢ぎ物を出さないならお前たちを斬り、家に火を放つぞ！」と言った。郷民たちは恐れおののき、再び献納を行ったが、ひどい時は賊が五、六回も徴収にやって来た。郷民たちは命令に従うことに疲れ果て、貢ぎ物も次第に減っていった(119)。

楊秀清や韋昌輝、石達開の各王府から派遣された兵が無秩序に貢ぎ物を要求し、人々が度重なる負担に堪えられなかった様子がわかる。それは多くの国宗が功績をあげるために競って出征したこの時の西征軍に特徴的な現象であった。また強引な食糧徴発は人々の反発と抵抗を招いた。光緒『京山県志』は「各匪は四郷で擄掠を行い、富戸が捜括を受けて全てを失うと、次第に貧民にも害が及んだ。郷民の貧しい者は『賊は俺たちを困らせようと言うのか』と言い、小花園の団練が奮起して賊を殺した。賊は次第に恐れ憚るようになり、官勇は勢いに乗って城を奪回した(120)」とあるように、それまで太平軍を支持していた下層民も団練に加わって抵抗するようになったと述べている。

さらに同治『応山県志』によると、初め太平軍が進駐した時に人々は「焼殺の惨さ、叱咤の厳しさと官軍のあっけない敗北」を見て彼らを無敵と思いこんだ。だがやがて太平軍の被害を受け、その内情を知ると「ついに各郷で賊を殺す」ようになった。最初は家単位で、次いで村ぐるみで抵抗するようになり、南郷の邱家湾のように銅鑼を鳴らし、貢ぎ物を要求した十数人の太平軍将兵を殺す者さえ現れた。その結果人々は太平軍を恐れるに足りないと考え、太平軍も人々の抵抗を警戒するようになったという(121)。地域支配へのビジョンを欠き、反体制勢力の暴行を抑えられず、各王府とその親族の利益を優先した西征軍の活動は、湖北の人々の支持を獲得することが出来なかったのである。

二、曽国藩の登場と湘軍の創設

（a）曽国藩の生い立ちとその社会認識

太平軍が湖北へ進出していた一八五四年二月、湖南衡州で水陸両軍から成る私的な軍隊が編制を完了した。太平軍の最大のライバルとなる曽国藩の湘軍である。

曽国藩は湘郷県大界里（現在は双峰県に属す）の人で、一八三八年に進士に合格した。だが大界里曽氏は祖父曽玉屏の代に経済的基礎を整えた新興宗族で、曽国藩以前は父親の曽麟書が苦労の末に生員資格を獲得したに過ぎない[122]。曽国藩の生家である白玉堂は高嵋山麓にあり、所有地も百畝程度の棚田であった[123]。曽国藩が自らを「山中の人」と呼び、「幼い頃は農作業や薪拾いをした[124]」と述懐したのもあながち誇張とは言えない。曽国藩が翰林院に進んだ後、曽玉屏は「我が家はなお田を作ることに頼ってなりわいとし、他に頼って飯を食うべきではない[125]」と諭したと言われるが、閉鎖的な山村出身の彼らが成功する道筋は科挙受験に情熱を傾けることだった。

初め曽国藩は父親とその友人だった欧陽凝祉（衡陽県人）に学び、彼の娘を妻に娶るなど交遊関係も限られていた[126]。だが翰林院検討となって北京居住を始めると、朱子学（理学）の大家だった唐鑑（太常寺卿、長沙人）や倭仁（蒙古正黄旗人）に教えを請い、修身の実践に取り組んだ[127]。また清朝訓詁学に関心を持ち、劉伝瑩（漢陽人）らと交流を重ねた。これらの努力によって曽国藩は「昔は京にあって頗る清望を著した[128]」とあるように在京エリートの間で知名度を高め、淮軍首領の李鴻章や袁甲三、張芾、毛鴻賓など後に太平軍鎮圧の過程で協力する人々と幅広いネットワークを築いたのである[129]。

次に曽国藩が政治的に台頭するうえで大きな影響を与えたのは、進士受験時の正総裁だった穆彰阿（満洲鑲藍旗人）であった。穆彰阿は道光帝の重臣で、アヘン戦争では講和派として林則徐らの罷免に関わったことで知られる。彼は会試や翰林院で行われる試験の監督官として多くの人材と師弟関係を結び、その門下生は「穆党」[130]と呼ばれた。曽国藩も一八四三年の試験後に穆彰阿から注目され、三年後には内閣学士兼礼部侍郎銜に抜擢されるなど恩恵を受けた[131]。ただし一八五一年に穆彰阿が咸豊帝によって罷免されると、曽国藩は旗人貴族の間に後ろ盾を失った。それは咸豊帝の漢人官僚への不信感と相まって、湘軍の活動に微妙な影を落とすことになった[132]。

咸豊帝が即位すると、礼部、兵部および刑部侍郎となった曽国藩は積極的に政策提言を行った。その中で彼の社会認識をよく示すものが「備陳民間疾苦疏」である。ここでまず曽国藩は貧困よりも「民心が渙散」となることが危険であり、人心の掌握こそが統治の安定にとって重要との考えを示した。また「地方の諸官が民の疾苦を玩視」しているために、咸豊帝の情熱は庶民に伝わらず、「民の疾苦は帝に届かない」現実があると指摘した。

それでは曽国藩が問題視した「民の疾苦」とは何だろうか？　その第一は銀価の高騰による税負担の増加であった。彼によると豊かな江南は土地税が重く、付加税を含めると一畝につきおよそ米六斗を銀に変えて納めてきた。だが近年は銀価が高騰し、米一石の値段も銀三両から一両五銭へ半減したため、六斗の米を売っても一畝分の税負担に足りない。このため租税を滞納する者が増えたが、地方官がこれを督促した結果、胥吏たちの「鞭打つ音が家中に響き渡り、血肉狼藉」という苛酷な取り立てを生んだ。また規定額を徴収出来ないと、次年度以後の税を前倒しで納入させる「截串」という方法が行われ、「貪吏はいよいよ口実を得て百姓を食い物とする」と不当な取り立ては激しさを増した。さらに江西や湖北、湖南では本人が税を完納出来ないと、「同族の殷実な者」が代納を迫られたり、親戚や隣人が牢につながれた。このため「百姓は恨み憤り、抵抗して巨案を激成」とあるように官民が衝突する事件が続発し

写真１　曽国藩の故郷湘郷県に建てられた富厚堂（現双峰県荷葉鎮）

写真２　富厚堂の内部　一見豪勢に見えるが、高価な焼きレンガを使っているのは表面だけで、内側は泥を干したレンガを使っている。曽国藩の謹直な人柄が窺われる。

写真3　富厚堂の全景　二〇〇四年に筆者が訪問した時は、左側の書庫が修復工事中であった。

写真4　曽国藩の生家、白玉堂一帯の風景　後ろに高眉山麓が迫り、前には棚田が広がる。曽国藩がみずからを「山中の人」と呼んだのがうなずける。

写真５　白玉堂に残る書房　若い頃の曽国藩はここで学んだ。彼らが決して恵まれない環境から台頭した新興エリートであったことが窺われる。

写真６　湘軍が使ったと言われる刀（指揮に用いたのであろうか）

たとある。

次に彼が指摘したのは、盗賊の横行とこれを取り締まる地方政府の無気力であった。近年淮河一帯では盗賊が「白日に劫淫、人を捉えて勒贖」と横行しているが、民がこれを訴えても、官吏は盗賊を捉えようとしない。かえって出動した官兵が「威厳を示す」ために付近の民家を焼いたり、差役が被害者の財産を騙り取る。さらに近隣の者が盗賊の一味として捕らえられ、恐喝や暴行を受けるありさまである。これら「劣兵蠹役」の腐敗を前に、湖南では「十家のうち三家が賊に従っている。良民も逼られてその中に入り、悪いことと知りながら金銭を与え、酒食を用意して盗賊の求めに応じ、つかの間の安全を買っている」とあるように、一定の資産を持つ家でも秘密結社に庇護を求める者が多い。しかも地方官が盗賊を取り締まろうとしても、逮捕や護送に経費がかかるうえ、犯人を捕らえられなかった場合には弾劾され、上司も事件発生の報告を喜ばない。いきおい地方政府は「因循して隠蔽」するようになり、治安対策を行わなくなっているという。

第三に曽国藩が指摘したのは「冤獄」即ち冤罪事件の多発であった。彼が刑部侍郎となって以来、「京控」即ち地方政府の裁定に不満な人々が北京へ越訴してきたが、その殆どは原告が誣告罪となり、被告である地方官は「脱然として無事」である。むろん上告が増えるのは喜ばしいことではないが、「奸吏の舞弊」や「蠹役の作贓」を告発する民の訴えがみな誣告だと言っても、人々を納得させることは出来ない。最近の京控事件は地方長官に審査が委ねられるが、彼らは自分で調査せず、省都の知府に取り調べさせる。だが知府たちは同僚同士で取りつくろい、威嚇や恫喝によって原告に誣告の罪を認めさせてしまう。このため「一家が訴えを起こすと十家が破産し、一人の冤罪で百人が苦痛をなめる。小さな事件でも判決が出ず、白黒は逆転し、原告は牢獄で老いて死ぬなど、これを聞く者で激怒しない者はない」(133)とあるように、官民の信頼関係が失われていると訴えた。

これらの内容は、当時多くの読書人が唱えた政府批判の言説と共通するものだった。一八五一年に曽国藩は胡大任（湖北監利県人）に宛てた書簡の中で、広西における反乱拡大の原因について「有司がその民を虐待し、食い物にすること久しく、事件が起きても再び顧みようとしない。およそ大吏が上の意向に従い、一切を捨て置いて問わないのは一朝一夕のことではない[134]」と述べており、官界の腐敗と無気力に強い危機感を抱いていたことがわかる。また彼は清朝財政の悪化と清軍将兵の「賊を見れば戦わずに逃げ潰え、賊が去れば民を殺して功績にする[135]」無軌道ぶりを告発し、役に立たない緑営兵五万人を削減して支出を抑えるように提案した。さらに曽国藩の批判は清朝中央政府と新皇帝であった咸豊帝にも及んだ。彼は次のように述べている

昨年（一八五〇）春に献策を求めて以来、朝廷に届けられた建白書は数百本を下らない。その中にはよい企てや妙案も少なくないが、管轄の部署に審議させても「議論の要なし」の一言で終わってしまう。あるいは各省に通達が出されても、文章を奉じた後は高い棚に放置され、われ関せずの態度に終始する……。書生の血誠もいたずらに胥吏の唾棄する道具となり、これを思うたびに憤懣に堪えない[136]。

咸豊帝が即位すると、先例にならって天下に広く政策提言を求める詔が出されたが、これに応じて出されたエリートたちの意見書（敬陳管見）は、中央政府によって殆ど真剣に検討されなかった。太平天国の蜂起後、曽国藩は広西における人材活用や清軍の配置が適当でないことを指摘したが、その上奏で咸豊帝が「末節にこだわり」「（意見書の）言葉の真意を察せず、いたずらに諫言を受け入れたとの虚文を飾っている」とその偏りと形式主義的なやり方を批判した。また「最近の二度の諭旨では、みな「任免の大権は朕がみずからこれを持する」と仰せです」と述べたうえで、「広西がすぐ平定されれば、皇上のお心の中ではついに天下に処理の難しいことはなくなり、自分を助けてくれる人が目に入らなくなるでありましょう。これはお考えが傲慢となる萌しであり、わたくしが最も恐れるところでありま

す」(137)とあるように、咸豊帝の独断的な傾向に苦言を呈した。

この余りに率直な提言は咸豊帝の怒りを招き、周囲のとりなしで罪を免れたという(138)。以後曽国藩の言動は慎重となり、清朝あるいは皇帝への批判も影を潜めた。代わって「刻下志すところはただ練兵と除暴の二事にあり(139)」とあるように、反乱軍鎮圧のための軍事力育成に力を注ぐことになるのである。

（b）湘郷県の団練結成と湘軍創設の着手

一八五二年に江西郷試の監督官を命じられた曽国藩は、途中母親である江氏の訃報に接して十二年ぶりに湘郷県へ帰郷した。太平軍が武昌を占領した一八五三年一月に、清朝は彼を湖南で「本省の団練郷民を辦理し、土匪を捜査(140)」する団練大臣に任命した。

すでに目黒克彦氏が明らかにしているように、湘郷県の団練結成は一八五一年に知県朱孫詒の主導によって進められ、同族内や地域社会の統合を強化して治安の安定を図る保甲制としての性格が強いものだった(141)。その担い手は羅沢南（生員、湾洲村人）とその弟子である王鑫（生員）、劉蓉（楽善里人）、李続賓、李続宜兄弟といった人々であった。このうち羅沢南は著名な学者であったが、家は貧しく、「立身して道を行い、祖先の名を顕かにすることが出来なかった(142)」と告白したように挙人合格を果たすことは出来なかった。また劉蓉は朱孫詒によって生員資格を与えられたが、李続賓兄弟は「文童」即ち生員試験にも合格していない下層の読書人であった。湘軍全体にも当てはまることだが、彼ら団練指導者には体制的危機に対して敏感に反応した読書人が多く、自らの政治的発言権を拡大するためにも危険を伴う団練の結成に熱心に取り組んだ。

一八五一年に湘郷県の団練は熊聡一、左光八らの反乱を鎮圧し、翌五二年の太平軍による長沙攻撃後は追撃のため北上した清軍に代わって省城の防衛を任された[143]。団練大臣となった曽国藩はこの湘郷県団練の中核だった一千人について「頗る規律がよく、もし毎日訓練を施せば、力になると期待できる[144]」と評価し、各地の団練から「壮健にして樸実」な者を募って長沙に「一大団」を設け、明の戚継光や清の傅鼎のやり方に倣って訓練を進めることを提案した。むろん曽国藩が「団練の難しさは武芸を操習することにあるのではなく、経費の寄付を集めることにある[145]」と述べたように、この時結成された団練は清朝が財政難から経費を支出できず、費用を自弁とせざるを得ない点で嘉慶白蓮教反乱の時と異なっていた。彼が妻の兄に宛てた手紙は「もし真面目に督辦しようとすれば、必ず各県を走り回って紳耆に号令をかけ、彼らに寄付を募るように勧めなければならないが、恐らく利益になるのは十の二で、累を及ぼすこと十の八[146]」と述べており、寄付の強要が新たな中間搾取を生み出すであろうこと、真剣にやらなければ軍需局の官吏が私腹を肥やす口実を与えるだけになることを懸念していた。

当初曽国藩が団練に期待していたのは、太平軍との戦闘よりも呼応勢力の摘発と清軍将兵の暴行を抑止する役割であった。保甲組織としての性格の強い団練が太平軍と戦う力を持たないことは、これまでの経験から明らかであった。一八五三年二月に彼が出した「湖南各州県の公正なる紳耆に与える書」は、太平軍が湖南の「良民」を捉えて入隊させ、これを前線に駆り立てていると非難すると共に、「土匪の搶劫」と「潮勇の淫掠」が人々に与えた「毒苦」に言及している。とくに潮州勇の暴行については「近く潮勇を憎む余り、ついに一種の蕘言が生まれ、粤寇を頌えて彼らが姦淫せず、焚掠せず、屠殺をしないと言っている。愚かな民は無知で、一人が言い出すと百人が唱和し、議論が転倒して白黒がつかなくなっている[147]」とあるように、軍規の厳しかった太平軍に同情的な意見さえ少なくなかったと認めている。こうした中で逃亡兵を処罰し、反体制勢力の動きを押さえこんで社会の混乱を収拾することは、人々の支持を取り付けるうえで不可欠であった。

このため一八五三年前半の曽国藩は「昨冬に出馬した時は、命令を奉じて団練を名としたが、最近はこの二文字を用いず、人と会う度に「郷村はよろしく団すべきだが、練じるべきではない」と言っている」[148]「今回のやり方の重点は団にあり、練にあるのではない。団とは保甲の法であり、戸口を清査して匪賊を匿うことを許さないの一言に尽きる。練とは即ち必ず武器や旗を造り、教師を雇い、丁壮を選んで数日または一月に一度集めることだ。あるいは碉堡を築いたり、山寨を立てたりするが、これらは土木工事が必要で、多くの金を集めない限り出来ない。いま百姓は困窮し、生計を立てられないでいる……。だから私はあえて団を重んじ、練を重んじないのだ」[149]とあるように、農村部で保甲を実施して治安の回復に努めたが、大きな支出を伴う練勇については各県城で百人程度を訓練させるに止めるなど慎重であった。

この時曽国藩が唱えた秩序構築の手法は、私的制裁を基調とした暴力的なものだった。彼は「湖南各州県の公正なる紳耆に与える書」で団練や同族のリーダーが「素行が不法で猾賊のためにデマを流して人々を惑わす者」を捉え、「軽ければ家刑をもって治め、重ければこれを死地に置く」とあるように独断で処罰すべきことを明言した。また掠奪を働く逃亡兵や「匪徒痞棍」については「格殺して論ぜず」[150]と容赦ない殺害を命じている。これは太平天国前夜の福建や広東で問題となった班館を彷彿させ[151]、団練指導者となった地方エリートに警察、司法権を認めるものだった。曽国藩自身も長沙の寓所に設けた審案局で容疑者の取り調べを行い、「巡撫の令旗を用いて即刻正法」とあるように湖南巡撫の名の下に百人以上を処刑した[152]。彼は「毎日訟獄を行い、不法の痞棍はすぐに磔死させた。このため猛厲の名を得たが、実際に誅戮したのは多くなく、人々は見聞が少ないために珍しがっているに過ぎない」[153]と述べており、多くの人々を処刑してやり過ぎとの批判を受けたことを認めている。

だがこれらの批判に対して、曽国藩は「身に残忍厳酷との名を得ようとも敢えて辞さず」[154]と強硬な姿勢を崩さなかった。「今日薬で救うことが出来ない問題は、ただ人心が穴に落ちて溺れるごとくで、絶えて廉恥がないことにある」とあるように、彼にとって一番の問題は中国官界と既存のエリートが事なかれ主義に陥り、たまに「忠誠の憤りに燃えた者」がいても「利益を貪り尻込みする者」[155]の圧力を受けて挫折に追い込まれていることだった。むしろ曽国藩は「粤匪は全て東へ向かい、長沙はすでに警戒を解いたが、自治の道はなお弛めるべきではない。私の意図は各州県の紳耆と連絡を取り、土匪を取り除いてこれを一掃し、苦しんでいる民に清浄の福を享受させることだ」[156]とあるように、果断な行動力によって新興のエリートの政治的影響力を伸ばし、彼らを中心とした社会秩序を構築することをめざした。彼が提起した「銭は要らない、死を恐れない」[157]というスローガンは、体制の危機を前になす術を知らない旧来の支配者層に対する新興勢力の批判だったのであり、彼の強圧的な手法は咸豊帝の「土匪を処罰するには必ず厳しく行うべきであり、務めて根元を一掃することを期せよ」[158]という承認によって支えられていた。

いっぽう規模の大きな反体制勢力については、曽国藩は長沙の団練局公館などに通報するように勧め、「朝に連絡があれば、朝のうちに兵を送る……。たちどころに剿辦し、一刻たりとも時間を置かない」[159]と直ちに弾圧することを約束した。実際に五三年三月に衡山県で李躍ら一千人が蜂起すると、王鑫と楚勇の幹部だった訓導劉長佑（新寧県金城里人）が八百人を率いて急行し、交戦のすえ百人以上を殺害あるいは捕獲した。[160]また江西上猶県で蜂起した劉洪義反乱軍が湖南東部へ進出すると、羅沢南が前署塩法道夏廷樾と共に弾圧に向かった。[161]だがそれは湘勇の規模がすぐに拡大したことを意味しなかった。四月に曽国藩は「湘勇は正月末に整理を行い、七百名を残した。日々訓練に努めたところ、なんとか使えるようになった。さらに数百を募集しようとしたが、軍餉の不足に苦しんだ」[162]と記しており、経費不足から増員に踏み切れなかった様子を伝えている。

こうした情況が変化したのは、五三年七月に西征軍の攻撃を受けた南昌を救援するべく羅沢南らの率いる湘勇二千人が江西へ向かったことであった。それまで曽国藩は練勇の省外への出兵について「皆遠く江南へ行くことを望んでおらず……、無理に強制して彼らを送ることが出来たとしても、戦場で死力を尽くすことは出来ないだろう[163]」と否定的な見方をしていた。だが四月に湖北通城県で劉立簡らが抗糧暴動を起こすと、江忠源は楚勇八百人を率いて鎮圧に向かい、大きな功績をあげた[164]。また江西で西征軍との戦いを続けた江忠源は、新たに三千人の楚勇を組織して増援に送るように求めてきた[165]。同じ頃曽国藩は農村部の団練について「団練はついには虚語となり、まったく実益がない、もし土匪が出現すれば、郷里の小民は……驚き恐れて四散し、にわかに鎮めることは出来ない[166]」とその能力に見切りをつけており、宝勇（宝慶で組織した練勇）二千人と並んで湘郷県で新たに一千人を募集した。彼はこの兵力を手薄となった湖南の防備に役立てると共に、「もし賊が南へ来なかったら、この宝勇二千と湘勇一千は概ね汝舟（江忠済、江忠源の弟）の統率のもと北進させ、岷老（江忠源）が中原を粛清するための用とする[167]」とあるように、安徽巡撫を命じられた江忠源の遠征に従わせることを考えた。

第五章で述べたように、この時江西へ向かった湘勇二千人は訓練不足もあって敗れた。だが曽国藩は彼らの戦闘力を高く評価し、「敗れても互いに救わない」清朝正規軍に代わって太平軍に対抗する軍事力に育てることを決意した。一八五三年夏の段階で、湘勇は羅沢南の率いる中営、王鑫の率いる左営、監生鄒寿章の率いる右営など三六〇人からなる「営（大隊）」がいくつか成立していたが、曽国藩は新たに六千人を募集し、これと楚勇を併せて一万人の規模に拡充しようとしたのである[168]。

こうして始まった湘軍の訓練とその目的について、十月に曽国藩は湖広総督から山東巡撫へ転任した張亮基への書信で次のように述べている

練勇の挙は他でもない、ただ近日官兵が村々で騒擾を必ず起こし、昨年潮勇には婦女暴行と掠奪の事実があっ

た。このため民間では謡言を唱え、「兵勇は賊匪の安静なのに及ばない」などという者がいる。国藩はこの言葉に痛恨しているが、恐らく民心は一度去ってしまうと挽回出来ないだろう。誓って一軍を練成して秋毫も犯さず、民心を引き寄せて彼らの口を塞ぐしかない。

毎十日ごとに三、八日は操演を行い、諸勇を集めて教えているが、繰り返し説くこと千百語、ただ彼らに「百姓を犯すな」と命じている。四月以後、時に塔将（塔斉布）に営兵を呼び出して共に訓練させている……。毎回将兵たちに説教すること一時と数刻の長きにわたり、説得力が大きいとは言えないが……、実際は教練の名の下に訓戒を行っている……。私がこれを行うのは一人でも、二人でもいいから感動させ、願わくは彼らが百姓を犯さず、「兵勇は賊匪に及ばない」との汚名を雪いでほしい、あるいは将校に漫然として規律がない状態を変えてほしいと思っているからである[169]。

ここで曽国藩は新しい軍隊に不可欠な条件として「秋毫も犯さない」ことを挙げ、訓練と並んで将兵の教育に重点を置いている。それは清軍兵勇の無軌道ぶりが人々を太平天国支持へ向かわせたことへの反省に基づくものであり、規律ある部隊を創設することで太平軍を鎮圧するだけでなく、人々の支持を取り戻そうと考えていたことがわかる。また彼は王鑫に宛てた書簡で、湘軍創設の目的について「今日まさに賊を滅ぼそうと思えば、必ずまず諸将が心を一つにし、万衆が一気となって後、戦いについて語ることが出来る。今日の部隊の習気と調遣の方法では、聖人といえどもこれを一心一気とすることは出来ず、別に一軍を設け、面目を一新するのでなければ、断じてこの賊を滅ぼすことは出来ない[170]」と述べている。つまり曽国藩にとって湘軍とは秩序回復のための暴力であり、太平軍と対抗するために必要とされたのは規範と結束力を備えた軍隊だったのである。

三、湘軍の編制と靖江、湘潭の戦い

（a）湘軍編制の特徴と水軍の創設

新たな軍隊の創設に着手した曽国藩であったが、彼を取り巻く情況は多難であった。その第一は「三憲（湖南巡撫潘鐸ら）はみなこれを軽んじた」という地方長官たちの冷淡な反応であった。曽国藩が反体制勢力の粛清に乗り出すと、多くの訴訟が審案局に持ち込まれ、職権を奪われた地方官たちに「益々忌み嫌われて上下がみな掣肘を加えた」[171]と様々な妨害を受けた。第二に湘軍の創設は清軍将兵の反発を招き、五三年九月に湘勇と湖南提督鮑起豹の率いる兵が衝突し、曽国藩の公館が襲撃される事件が発生した。この時後任の湖南巡撫駱秉章は曽国藩のやり方を越権行為と見なし、彼が「兵事に関与するべきではない」[172]と考えて積極的に援助しなかった。いたたまれなくなった曽国藩は湖南南部の反乱軍鎮圧を名目に衡州へ移り、ここで湘軍の編制に取り組むことにした[173]。

曽国藩は清軍の編制上の問題点について、「東から百名を移動させ、西から五十名を集め、将と将が和せず、卒と卒が習わず[174]」とあるように寄せ集めの弊害を指摘している。このため彼は兵士を同郷出身者で編制することをめざし、「ことごとく湘郷人を用いただけでなく、みな家の門から周囲十余里以内の人を用いた[175]」とあるように、募集する地域を限定することで兵士の団結を高め、相互の監視を強化して兵の逃亡を防ごうとした。同治『湘郷県志』によると、一八五四年に湖南で戦死した湘郷県出身者は九六〇余人、三河鎮の戦いがあった一八五八年に安徽で死んだ湘郷県兵士は二九〇〇人以上にのぼり[176]、実際に多くの兵が湘郷県内で募集されたことがわかる。この方針には新寧県人の軍を謳いながら、実際には他省あるいは他府県出身者が多く、南昌攻防戦後に報奨をめぐって紛争を起こした楚勇に対する反省も含まれていた[177]。また湘軍の場合は湘郷県以外で募集する場合も長沙、宝慶などの「樸実にして農夫の土臭さがある」山地出身者を用い、都会育ちで要領の良い者や役所に出入りしている者は用いなかったという[178]。

次に指揮官と将校について見ると、湖南とくに湘郷県出身の読書人が同郷および師弟関係、姻戚関係など様々なネットワークによって重層的に結びつきながら部隊の中核を占めた。曽国藩と羅沢南は湘郷県出身の同郷であると共に、曽国藩の三女曽紀琛は羅沢南次男の羅兆升に嫁いだ[179]。また曽国藩の次男曽紀沢は劉蓉の娘を継妻に迎えたが[180]、劉蓉は彼の師である羅沢南に従って湖北、江西で太平軍と戦った[181]。これは湘軍が保甲制の色彩が強い湘郷県団練をベースに誕生した結果であったが、曽国藩が「書生を用いて営官となし、概ね皆生員、文童で、忠誠をもって互いに励ました」[182]とあるように、都司塔斉布（満洲鑲黄旗人）など少数の例外を除いて現役の清軍武官を採用しなかったことが影響していた。さらに曽国藩は郭嵩燾（湘陰県人）や賀長齢（長沙人）と姻戚関係を結び[183]、張亮基の幕客として一八五二年の長沙攻防戦を経験した奇才の左宗棠（湘陰県人）と知遇を得ていた[184]。賀長齢に塾教師として招かれた羅沢南も胡林翼（益陽県人）と通婚しており[185]、彼らが湖南出身の上層エリートと密接な結びつきを持ったことは、湘軍が将校や後方支援に関わる人材を集めるうえで重要な役割を果たしたのである。

なお曽国藩は将校の資質として、①民を治める能力（公、明、勤）、②死を恐れないこと、③名誉や利益を求めないこと、④苦労に耐えられることの四つを挙げているが、彼が最も重視したのは「忠義の血性」[186]であった。この時忠誠の対象となったのは「湘人のために七月の仇に報いん」[187]「湘中の子弟を率いて共に行って賊を殺し、諸友人の仇に報いて国家の難を救わん」[188]というスローガンが示すように出身地の社会と同郷人の紐帯であり、自分たちの「昇官発財してハハハと笑おう」[189]という社会的上昇への要求を認める限りでの清朝であった。さらに王鑫は『団練説』の中で「湖南を守ることは我が身家を守る事であり、他省を守ることもわが身家を守ることなのである。公のためと言って

写真７　羅沢南の故郷に残る祠堂　羅沢南の諡である「忠節」の文字が見える（双峰県石牛郷湾洲村）。

写真８　羅沢南の祠堂内部　二〇〇四年に筆者が訪問した時、写真のように祠堂の半分は壊れたままになっていた。羅沢南は太平天国との戦いで死亡したため、残された子孫たちも報われなかったように見える（双峰県石牛郷湾洲村）。

も、実は私のためになる事であり、国のためと言っても、実は家のためになる事なのである」[190]と私的な利害追求を容認し、それを実現するために地域ひいては国家を防衛する必要があると主張している。それは彼ら新興勢力の本音であり、軍の結束を図るうえでは有効であったが、やがて軍の統率者のみに服従する私的な軍隊を生み出すことになる。

さて衡州における湘軍編制の過程で、特筆されるべきは水軍の創設であった。太平天国が長江を制圧して以来、清軍は水軍の欠如に悩まされてきた。江忠源も南昌攻防戦の終結後に水軍の必要性を訴えており[191]、曽国藩は十一月の上奏で次のように述べている

この賊匪は船を巣穴とし、掠奪を生業としている。千百もの船が行き来して、千里の長江もその横行に任され、わが兵はあえてこれと関わろうとしない。先に江西で、近くは湖北の沿岸地域で破られなかった城はなく、蹂躙されなかった港はない。大小の船がみな襲われたが、水軍がいまだ揃わなかったため、如何ともし難かった。兵勇はただ省城を保つだけで、水辺を顧みる余裕はなく、該匪は奪い足りて去るが、いまだ大打撃を与えることができない。

いまもし専ら省都を守るのであれば、数千の兵勇があれば堅守できるが、湖北全省を保衛するのであれば、必ず多くの砲船を備えてこそ防禦と攻勢を兼ね行うことが可能となる。夏に命令を受けて……、署督臣の張亮基が船を造り、砲を運んだが……、九月十三日に田家鎮の敗北によって、一切の戦闘艦と大砲は賊の所有物となった……。現在両湖地方には一隻の戦闘艦もなければ、一人の水兵もいない。いま義勇兵を率いて湖北へ赴いても、湖北に賊はおらず、もし下流へ向かっても、賊は水上を行き、わが軍は陸から追うことになる。これと遭遇出来なければ、どうして打撃を与えることができようか？

そこで再三考えた結果、船の建造を第一の優先事項とした。私は現在衡州におり、衡州城で船を造ってみたと

ころ、湖南の木材は薄く脆く、船体も鈍く重く、戦闘艦には向かなかった。しかし現地で建造するからには選択の余地はなく、民間の釣り船など小型船を買い取って改造し、大砲を載せて水勇を訓練するしかない。もし水軍に目途が立ったら、すぐに報告のうえ私がみずから率いて下流に向かうことにしたい(192)。

ここで曽国藩は太平軍と戦うためには水軍の創設が不可欠であり、衡州で急ぎ船を調達すると報じている。だが湖南には戦闘艦を建造出来る「工匠」がおらず、守備成名標と広西同知褚汝航が衡州に到着してようやく大型の快蟹船、中型の長竜船各四十隻、小型の舢板船八十隻の建造に着手した(193)。また中国製の大砲が性能で劣るため、広西右江道張敬修（長沙人）に広東で洋式砲一千門を購入させ、これを船に搭載することにした(194)。このように火力重視の姿勢は陸軍の編制においても窺われ、百名規模の「哨」と呼ばれる中隊の下に中距離砲である擡鎗隊、鉄砲隊である小槍隊、指揮官（営官）直属の親兵隊には長距離砲である劈山砲隊をそれぞれ二隊ずつ配置した。また水軍創設に伴って陸軍の組織改編が行われ、一営を五百人としたうえで十営（五千人）に整理した。これに水軍十営（五千人）を併せて一万人の兵力を編制したのである(195)。

湘軍のもう一つの特徴は俸給の高さと補給体制の整備であった。元々清朝正規軍が弱体だった原因の一つは俸給の低さにあった。また軍の移動に伴って補給基地である糧台が後方に取り残され、数ヶ月分の給与が未払いになる例も少なくなかった(196)。曽国藩は湘勇を募集するに当たり、当時兵士の給与が高かった楚勇の例などを参考に、緑営兵に比べて三倍近い毎月四両二銭（正勇の場合）と取り決めた。むろん給与が高ければそれだけ支出も増えるが、曽国藩は「軍中の浪費は、最も官員と夫価が多すぎることを忌む……。およそ千人を率いる者は、毎月の支出が銀五千八百両を超えてはならない(197)」とあるように、余分な出費を抑えることで全体の経費を削減しようとした。

次に補給を円滑に行うために重視したのは捐款（寄付）であった。元々湘勇は経費を寄付に頼っていたが、軍の規模を一万人に拡大すれば毎月銀六万両が必要となり、「その経費は一方で捐款を勧め、一方で藩庫から数万金を取り出して応用する(198)」とあるように公費を用いざるを得なかった。また水軍の創設にも十数万両が必要となったが、湖南布政使の倉庫には三万両余りしかなく、広東から江南大営へ送られる途中だった餉銀四万両を「截留」して経費に充てた(199)。それでも資金は足りず、「わが郷の殷実の家に資金と兵糧を寄付してもらうしかない(200)」と有力者に対する寄付要請が続けられ、安福県蔣氏は銀十一万両を寄付した(201)。税収を確保することも重要課題となり、曽国藩は「催完銭糧告示」で「世界がすでに乱れたから、完糧する必要はないと言う者は、一度捉えたら即刻処刑する。本部堂が厳しすぎるのではない。これらの造言をする者が賊に従う乱民なのだ(202)」と述べて団練指導者に納税を「督勧」するように命じた。やがて曽国藩は四川や江西などにも要員を派遣して寄付を募り、後には太常寺少卿の雷以諴（湖北咸寧県人）が創設した釐金制度を活用して財源を確保することになった(203)。

このように編制が進んだ湘軍であったが、当初曽国藩はこれを江忠源に統率させることを考えていた。だが江忠源が安徽の救援に向かい、廬州で戦死したため、曽国藩は自ら軍を統率せざるを得なくなった。また江忠源が湘勇の増員計画を清朝中央に上奏すると(204)、曽国藩は咸豊帝から出陣を促す命令を繰り返し受けた。最初は西征軍が漢陽を占領していた十一月初めの指示で、曽国藩に湖北救援を命じるものであった(205)。二度目は十二月中旬で、衡州で建造した戦闘艦を率いて急ぎ安徽へ向かい、江忠源と呼応せよと命じていた(206)。これに対して曽国藩が「軽率に出撃することは出来ない」と報告すると、咸豊帝は「汝の上奏を見ると、数省の軍務を一人で当たろうとしているようだ。試みに問おう。汝にその才能と力があるのか？」「方法を尽くして急ぎ救援に向かうべきであり、一歩でも早ければそれだけ利益も大きい。汝は自ら重い任務に堪え、怖じ気づいた者とは比べられないと言う。汝の口からそのように言ったのだから、その通りに実行して朕に見せてみよ(207)」とあるように厳しい口調で出兵を促した。

だが曽国藩は「目前の警報を論じれば、廬州は差し迫った急務であるが、天下の大局を論じれば、武昌が必争の地である」「今日なすべき計は、まず両湖の兵力を併せて水陸を並び進み、攻撃をもって防禦とし、賊船を再び武昌へ近づけさせないことであり、これぞ決して変えることの出来ない策である」[208]とあるように、自らの戦略の正しさを主張して譲らなかった。また彼は崇綸の性急な黄州攻略作戦を「実に不可解」[209]「小さな船と破裂しやすい砲、訓練していない傭兵で軽々しく進撃しても、攻撃することにならないばかりか、湖北省城の守りまで手薄になる」と厳しく批判し、弾劾によって出撃を命じられた呉文鎔に「武昌に留まり、専ら防守を重んぜられたい」[210]と忠告した。

さらに呉文鎔は黄州への出撃にあたり、次のような書簡を曽国藩へ送ったといわれる。

私の意図は堅守にあり、君の東下を待っていたが、いま他人に逼られ、一死をもって国に報いることにした。他に望むものはない。君が訓練している水陸各軍は、完成を待ってから出でて敵に当たるべきであり、私のために倉卒に東下すべきではない。東南の大局は君一人にかかっており、努めて自重することに留意してほしい。その後には続く者がいないのだ。私は置かれた立場が君とはもとより異なるのだから[211]。

ここからは呉文鎔と曽国藩が理不尽な命令を迫る旗人官僚と青年皇帝に深い失望と疑念を抱いていたことが窺われる。太平天国はまさにこれら漢人エリートの清朝批判を吸収し、自らの陣営に引き寄せる努力すべきであったが、呉文鎔の戦死によってその可能性も失われた。かくして湘軍は太平天国の敵対勢力として歴史に登場したのである。

（b）　湘軍の出撃、『粤匪を討伐すべき檄文』と靖江、湘潭の戦い

江忠源と呉文鎔があいついで戦死した一八五四年初め、清朝は三度曽国藩に出兵を促した[212]。一度湘郷県に帰郷していた曽国藩は、二月二十三日に水軍の編制が完了したことを報告し、二十五日に将兵と補給要員を含めて一万七〇〇

〇人からなる水陸両軍に出撃を命じた。この時彼が発布した「粤匪を討伐すべき檄文」は次のように述べている

逆賊洪秀全、楊秀清が乱を起こしてから、五年たった。この間数百余万の生霊が殺害され、蹂躪された州県は五千余里に及ぶ。かれらが通過したところ、船は大小となく、人民は貧富を問わず、すべて掠奪しつくされた。賊軍内に狩りこまれたものは、衣服をはぎ取られ、金をまきあげられ、銀五両以上を賊に献納しないものは首を斬られた。男子は一日わずか一合の米で、戦場に駆りたてられ、あるいは築城や濠掘りにこき使われている。婦人も一日一合の米で、夜間の見張りや、米や石炭かつぎに追い立てられている。纏足を解こうとしない女たちは、たちどころに足を斬りおとされて、女たちへのみせしめとされた……。

粤匪は自らは富と権勢をほしいままにしながら、他方わが両湖（湖南、湖北）、三江（江蘇、江西、安徽）の占領地の人々には、犬や豚、牛や馬にも劣る扱いをしている。およそ血の気のある者なら、このような残忍、惨酷なしうちを聞いて、どうして痛憤しないでいられようか。

ここではまず太平天国が長江流域へ進出する過程で、武昌や南京などの都市住民に対して彼らの習慣を無視した抑圧的な政策を実施したことを非難している。また軍内では蜂起以来の広西人を中心とする老兄弟と、湖南、湖北人など新規参加者である新兄弟の間に待遇面で差があり、後者の不満が大きかったことを人々の同郷意識に訴える形で批判した。これらは辺境の下層移民を中核とした太平天国に対する、長江流域の人々の反感や差別意識を要約したもので、南京進撃当時の人々の太平天国に対する期待が、西征軍による頻繁な「貢納」要求など相次ぐ負担で失われつつあった現実をうまくとらえていた。

次にこの檄文の特徴は、人々の太平天国に対する反感に「名教」即ち儒教的価値規範の護持という大義名分を与え、読書人を中心とする幅広い階層を反乱軍鎮圧のための戦いに動員しようとした点にあった。檄文はこう述べている

唐虞三代の昔から、代々聖人が名教を維持し、人の道を篤く秩序立ててきた……。ところが粤匪は外夷がもたらしたものを盗みとって、天主の教えを崇め、偽君、偽相から下は兵卒や役夫に至るまでみな兄弟と称し、ただ天だけを父というべきであって、その他民の父はみな兄弟であり、民の母はみな姉妹だ、という。農民は自分で自分の土地を耕して租税を納めることができず、田はみな天王の田であるという。商人は自分の資金で商いをして利益を得ることができず、財貨はみな天王のものだという。

士は孔子の経典を読むことができず、他方ではいわゆる耶蘇の説、新約の書をもちあげ、広めている。中国の数千年の礼儀人倫、詩書と掟は、あげて一挙に絶滅させられようとしている。これはただわが大清の非常事態であるのみならず、開闢以来の名教のあり得べからざる大非常事態である。わが孔子、孟子もあの世で痛哭されていよう。およそ書を読み文字を識る者は、どうして手をこまねいて座り込んでおられようか。なにかしないでいられようか(213)。

ここではキリスト教を奉じた太平天国の登場が、中国の伝統的価値観に対する完全な否定であることを強調している。実際に洪秀全は「上帝」を崇拝することが太古の中国への回帰であると考え、『天朝田畝制度』も井田制の理想を踏まえた復古主義的な大同ユートピアを唱えていた。またこの時期太平天国は新約、旧約聖書の出版を停止し、儒教の再評価に取り組もうとしていた(214)。だが曽国藩はこうした事実には触れず、その異端性を強調することで資産を持つ人々の危機感を煽っている。なかでも読書人に対しては、この運動が単に清朝という異民族王朝の打倒ではなく、「孔子、孟子もあの世で痛哭」するほどの「数千年の礼儀人倫」の絶滅をめざした文明への挑戦であると強調した。それは楊秀清の宗教的専制に「なんじの天父、天兄がいるのであれば、私はどうして用いられようか?(215)」と反発した洪大全（本名焦玉昌）の証言を見るまでもなく、当時の読書人に広く見られた反応であったと思われる。さらに檄文

は次のように述べている

昔から生きている間に功徳を施せば、死んだ後には神と崇められてきた。王道は明らかにして、神の道は奥深く、乱臣賊子や凶悪無残な醜類といえども、またしばしば神々を敬い畏れてきた。かの李自成は曲阜に至っても、聖廟を犯しはしなかった。張献忠も梓潼に至った際、文昌帝を祭った。

ところが粤匪は湖南郴州の学校を焼いて、孔子の木像および孔門十哲の像をこっぱみじんに叩きこわした。ついで彼らが通過した諸郡県では、まっさきに廟宇を破壊した。かくて関帝、岳王の如き凛々たる忠臣義士も、みなその宮居を汚され、その体や首を傷つけられた。ついで仏寺や道院、城隍廟、社壇も、ことごとく建物を焚かれて像を破壊された。これまた鬼神も共に怒るところであり、先人たちの怨みをはらさでおくものかと、黄泉の国で切歯扼腕しているにちがいない。

ここで曽国藩は一八五二年に太平軍が湖南で行った偶像破壊に焦点を当て、その攻撃性に「鬼神も共に怒るところ」と批判を加えた。この異文化に対する不寛容な態度は洪秀全が『勧世良言』から学んだ福音主義運動の特質であり、その排他性の強さは「妖魔」と見なされた人々に対する虐殺行為を生み出した[216]。宣教師の間でも賛否が分かれた太平天国の宗教的な排他性は、曽国藩にとって儒教的「中庸」を欠いた暴挙と映ったことだろう。

これらの議論を踏まえ、曽国藩は次のように訴えている

本官は天子（咸豊帝）の命を奉じて、二万の部下を率い、水陸に分かれて進撃しつつある。臥薪嘗胆して、この凶悪な逆賊を殲滅し、奪われたわが船を奪回し、虐げられていた民を救出することを誓う。寝食を忘れるばかりに心を痛めておられる陛下の心労を解除するのみならず、さらには人倫をふみにじられた孔孟の苦痛を慰めたい。非業の死をとげた百万の生霊の仇を討つのみならず、さらには辱められたすべての神々の怨みをそそぎたい。

ここで曽国藩は出撃にあたり、戦いのめざす目標を述べている。それはまず咸豊帝の「心労を解除」することであったが、より重要なのは犠牲者の仇を討つことによって「孔孟の苦痛」と「神々の怨み」を晴らすことであり、少なくとも清朝の再興は示されていない。また彼は歴代王朝の末期に反乱が発生したのは「天子が暗愚で、政治が乱れた」からだと述べている。同時に咸豊帝については「土地税を加重せず、夫役も徴発されない(217)」善政を行っていると持ち上げているが、これが真意でないことは「備陳民間疾苦疏」を初めとする彼の社会認識から見て明らかであろう。

それではなぜ湘軍は太平天国に戦いを挑んだのか。その最も明快な答えは王鑫の『団練説』の中に見いだされる。彼は太平天国が「天の道理に悖り、国法を犯」していると非難したうえで、これと戦う意義について「名誉のためでも利益のためでもない。彼らに服従したくないにすぎないのである(218)」と述べている。彼らにとって当時の中国は矛盾を抱えた社会であることは言うまでもなかった。だがこの現実を批判し、望ましい状態へ変えていく試みは、自分たちがイニシアティブを取ってこそ初めて意味があった。太平天国の復古主義的な社会建設は、新興のエリートの利益につながらないばかりか、彼らが中核となって参与する可能性がないものと映ったのである。

さて湘軍が出撃して間もない二月二十七日に、石祥禎率いる太平軍が岳州を占領した。三月四日に彼らは洞庭湖南岸の湘陰県を奪うと、翌五日に長沙から程近い靖港、喬口へ軍を進め、七日には寧郷県城を陥落させた。突然の太平軍接近に驚いた巡撫駱秉章は、長沙で訓練を続けていた王鑫率いる一六〇〇人を迎撃のため靖港へ派遣した。また曽国藩が長沙に到着すると、彼は同知趙煥聯、生員曽国葆（曽国藩弟）、訓導儲玫躬が率いる陸路の湘軍三営を喬口へ向かわせた。

王鑫の軍は杉木橋で食糧を徴発していた太平軍の小部隊と遭遇し、これを撃退して船四隻を捕獲した。三月十一日には新港で太平軍数百人と戦い、大型船十数隻を焼き払うなど初めての戦果をあげた。また趙煥聯らが靖港へ向かっていると、太平軍が寧郷県城を攻撃中との知らせが入り、儲玫躬は急ぎ救援に向かった。十三日に南門橋で両軍は交戦し、湘軍は太平軍を撃退したが、儲玫躬は追撃しようとしたところを負傷して戦死した(219)。

予想外の反撃に警戒を強めた石祥禎は軍を北へ退かせ、三月十九日には湘陰県城から撤退した。また二十一日には岳州を退出し、湖北境内で援軍の到着を待った(220)。曽国藩らは塔斉布率いる湘軍と、呉文鎔を救援するため湖北に派遣され、平江県一帯に駐屯していた胡林翼の貴州勇に太平軍を追撃させた。塔斉布と胡林翼は四月三日、四日に湖北通城県の上塔市、石南橋で太平軍と戦い、六百人余りを殺害した(221)。

このように順調な滑り出しを見せた湘軍について、曽国藩は長所と欠点を分析している。その長所は楚勇に比べて大人しく、情に訴えれば説得が可能なこと、団結力が高く、軽々しく仲間を見捨てないことであった。また欠点として「郷里を思うこと極めて切実」で、長く外地で戦う意志がないこと、身体が脆弱で、苦労に耐えられず病気になりやすいことを挙げている(222)。だがこれ以外にも湘軍は深刻な問題点を抱えていた。その一つは同郷人で組織された各軍の自立性が高く、外地から来た指揮官の統率を受け付けないことで、二月に水軍の兵士たちは褚汝航の命令に反発し、彼が広西から連れてきた兵勇十数人を負傷させる事件が起こった(223)。

さらに難しかったのは湘郷県団練が成立して以来の指導者である王鑫の処遇であった。元々彼は師である羅沢南には忠誠を尽くしたが、血気にはやる余り曽国藩に従うことを潔しとしなかった。これが表面化したのは湘勇の追加募集で、曽国藩は「今招いているのは義師ではなく官勇」であり、湖南全省の兵力配置を考えて増員するように指示したが、王鑫はこれを無視して三千人の兵を集め、湖北の救援に向かおうとした(224)。また彼は湘軍の制度改変に伴い、配下の兵力を四営二千人に削減せよとの命令に従わなかった。こうした王鑫の行動に対して、曽国藩は王鑫へ宛てた書信で次のように述べている逆賊楊秀清は田舎の盗人に過ぎず、彼の仲間も烏合の衆であるが、その官職と軍の組織については、人数の多さ、旗幟の寸法、号令の厳密さに至るまで取り決めを書物として刊行し、決して改めたりしない。いわんやわが党は朝廷の命を奉じ、君子の師を興したというのに、不揃いがあって混乱している。あちらで一旗を挙げ、こちらで一制を改めると言うのでは、軍を整えて一律にすることが出来るだろうか？　定めた規定については、努めて従われんことを望む。[225]

ここからは曽国藩が軍組織と指揮の統一において、湘軍は楊秀清の指揮権が絶対だった太平軍に及ばないと考えていたことが窺われる。そしてこの問題点はただちに結果となって現れた。王鑫軍と曽国藩自ら率いる湘軍水師の岳州、靖港における敗北である。

石祥禎の援軍要請を受けた林紹璋は漢口を出発し、金口で上陸して咸寧、蒲圻県をめざした。この動きを察知した王鑫は四月五日に臨湘県、蒲圻県交界の羊楼司で迎え撃ったが、敗れて岳州へ撤退した。岳州には曽国藩率いる水陸両軍が集結中であったが、四日に洞庭湖の「大風」によって多くの船が損害を受けた。また七日に太平軍が岳州を攻撃すると、城外の湘軍は敗北し、城内の部隊も食糧不足に陥った。やむなく曽国藩は残った戦闘艦で西門を包囲していた太平軍を攻撃し、城内の湘軍を脱出させて長沙へ戻った。[226]

三度岳州を占領した太平軍は洞庭湖を南下し、四月二十二日に靖港へ到達して湘軍水師と戦った。長沙の守りが固いと見た林紹璋は寧郷県へ向かい、湘軍の守備隊を撃破した。二十四日に湘潭県城を占領した林紹璋軍は、民船を徴発して水軍を組織すると共に城北に木城を築いて守りを固め、靖港の石祥禎軍と南北から長沙に重圧をかけた。

四月初めに通城県へ到達していた塔斉布は、太平軍の南進を知って急ぎ湖南へ戻り、二十五日に守備周鳳山と一三〇〇人を率いて湘潭県へ至った。[227]二十六日に長沙では候選訓導江忠淑が楚勇など二六〇〇人を率い、褚汝航、千総楊載福（後の楊岳斌）、新たに湘軍に加わった附生彭玉麟らの湘軍水師と共に湘潭県へ向かった。だが曽国藩はその後を追わず、「賊の老巣を破り、賊首をして互いに顧みることが出来ない[228]」ようにするべく一八〇〇人を率いて二十八日に靖港を攻めた。だがこの作戦は「陸路の勇は賊と戦うこと半時余りですぐに潰え、水師の勇敢も陸路が潰えたのを見て、紛々と上陸して逃げ出した[229]」とあるように完全に失敗し、多くの船を失った曽国藩は失望の余り投水自殺を図った。戦闘経験の少ない軍を安易に分け、兵力を分散させたことが敗因だった。

いっぽう褚汝航らの率いる水軍が湘潭県へ到着してみると、塔斉布は城外で林紹璋の軍と戦っていた。四月二十七日、二十八日、三十日と褚汝航らの水軍は湘江の太平軍と戦い、その軍船を焼き払った。また塔斉布の陸軍も二十七日、二十九日に太平軍に打撃を与えた。そして連日の敗北は林紹璋軍の内部に動揺と亀裂を生んだ。史料は次のように述べている。

広西、湖南の髪を伸ばした老賊と安徽、湖北の新付の賊党は、この数回の打撃を受けると、互いに痛哭し合い、集団となって怨み合った。老賊は新賊が力を尽くさなかったことを憎み、新賊は老賊が軍事に疎いのではないかと疑って、互いに猜疑心をつのらせた。初二日、三日（四月二十八日、二十九日）に敗れて撤退した後、彼らは湘潭城で党に分かれて械闘を起こし、みずから殺し合って数百人が死んだ。

こうした内部抗争はそれまで清軍では頻発したが、太平軍では殆ど見られないものだった。曽国藩も評価せざるを得なかった太平軍の結束力が、同郷結合をベースとした古参兵と新兵の対立という形でほころびを見せたのである。それは林紹璋の統率力の欠如もさることながら、やがて北伐軍でも深刻化する太平軍組織の弱点であった。

五月一日に湘軍は水陸から総攻撃をかけ、湘潭県城を奪回した。太平軍は侍衛書士の汪秉義など多くの将兵が捕えられ、「水陸で痛剿し、賊を斃すこと万に近い」と大きな損失を出した。林紹璋は数騎の兵と共に靖港へ、残りの部隊は江西へそれぞれ逃れた(230)。

湘潭の戦いは太平軍が初めて経験した大敗北であった。李秀成は「天朝の十の誤り」の一つにこの戦いを挙げ、「林紹璋を湘潭へ行かせるべきではなかった。この時林紹璋は湘潭で全軍ことごとく敗れた(231)」と回想している。ただし『賊情彙纂』を見る限り、この時石祥禎以外にも韋志俊、石鎮崙が湖南へ同行しており、敗戦の責任を林紹璋一人に帰してしまうのは必ずしも適当ではない。湘潭の敗戦後に林紹璋は解任されたが、南昌攻撃失敗後の頼漢英のように処罰されることはなく、江西湖口県の守備を任された(232)。それは林紹璋を登用したのが楊秀清であったことに加えて、楊秀清自身も「鄂省を捨てて攻めず、その自困を待つ」戦略の杜撰さをある程度認識していた結果かも知れない。

いっぽう誕生まもない湘軍にとって、この戦いは「湘軍の初興における第一の奇捷(233)」とあるように靖港における曽国藩の失敗を補って余りある戦果であった。むろん曽国藩が「湘潭と岳州の二度の大勝利は、実に洋砲の力に頼ったのである(234)」と総括したように、その勝因は彼が清朝の出兵命令を頑なに断り、衡州で最新式の大砲を集めた慎重さにあった。以後湘軍は組織上の問題点を克服しつつ、太平軍に新たな戦いを挑むことになる。

小　結

本章の内容は次のようにまとめられる。一八五三年十一月に太平軍が漢陽を退出した後、清軍と太平軍は黄州一帯で牽制し合った。だが崇綸、青麐などの旗人官僚が黄州攻撃を主張して呉文鎔を告発すると、北伐軍の活動に余裕を失っていた咸豊帝は曽国藩の湘軍が編制を完了するのを待っていた呉文鎔を叱責して出陣を強要した。充分な補給も受けられないまま厳寒の中を進んだ呉文鎔の軍は住民の支持も失い、太平軍の急襲を受けて壊滅した。呉文鎔は咸豊帝の漢人官僚への不信感が生み出した満漢対立によって殺されたのだった。

黄州の勝利後、太平軍は三度漢陽、漢口を占領したが、清軍が立てこもる武昌を攻略せずに湖北各地と湖南岳州へ軍を進めた。太平軍は各地で打先鋒による有力者の財産没収を進める一方で、厳しい軍規によって人々の支持を取り付けようとした。それは黄州敗北後も掠奪が絶えず、人々の反発を招いた台湧の清軍に比べればましであったが、上帝教の強い排他性は読書人の反発を招き、彼らを活用して地域経営を進めることが出来なかった。また西征軍が進撃すると、各地で反体制勢力が蜂起して軍に加わったが、太平軍本隊はこれら呼応勢力が行う破壊と暴行を抑えることが出来なかった。加えて曾天養や陳玉成の部隊が任務としていた食糧徴発には行きすぎがあり、新たに西征軍に加わった国宗の部下たちは計画性を欠いたまま「貢納」の要求をくり返した。その結果有産者のみならず下層民までも団練に加わり、太平天国に抵抗するようになったのである。

この頃湖南では曾国藩が太平軍と対抗するための新しい私的軍隊の創設に取り組んでいた。曾国藩は山郷出身の新興エリートで、穆彰阿に見込まれて順調に出世の階段を昇ったが、中国社会の病理とくに官界の腐敗と無気力に強い批判を抱いていた。また彼は咸豊帝の独断的な傾向にも苦言を呈したが、咸豊帝の漢人官僚に対する不信感が強まってからは慎重になり、「練勇と除暴」に力を注ぐようになった。

一八五三年に帰郷していた曾国藩が団練大臣に任命された時、湘郷県ではすでに知県朱孫詒と生員羅沢南を中心に団練の結成が進んでいた。曾国藩はこの湘郷団練を母体に、呼応勢力の鎮圧と清兵の暴行取り締まりのための私兵軍団を育成した。また地方の団練や同族組織のリーダーに警察、司法権を行使することを認め、曾国藩みずからも審案局で治安維持のための私的制裁を行った。こうした強引な手法には批判もあったが、曾国藩は体制の危機を前になす術を知らない旧支配者層に代わって、新興のエリートが果断な行動力によって発言権を伸ばすことをめざした。それが可能になったのは彼の師弟、交遊関係に裏付けられた幅広いネットワークと、彼の提案に承認を与えた咸豊帝の意向であった。

曽国藩が太平軍と戦うための軍隊の創設に取り組んだのは、羅沢南の率いる湘勇が南昌で敗れながらも善戦したことがきっかけであった。彼はこの部隊に「敗れても相救わない」清軍の弱点を克服し、掠奪と暴行によって人々を太平天国支持へ追いやっている現実を変える可能性があると考え、新たに六千人を募集することにした。

この時兵士は専ら湘郷県の同郷関係を頼って山地出身の素朴な農民を集め、指揮官も師弟関係のある読書人から選抜した。また清軍将兵の薄給が掠奪多発の原因だったため、可能な限り高給を支給した。さらに当時清軍の最大の弱点だった水軍の創設については、広東から指導者と洋式大砲を多数取り寄せて五千人規模の部隊を編制した。この間に初め軍を統率させる予定だった江忠源が廬州で戦死し、呉文鎔も崇綸の讒言にあって死地に赴いた。曽国藩の下にも出兵を促す命令が度々届いたが、彼は充分な装備が整うまで決して腰を上げなかった。この慎重さは湘軍に勝利をもたらすことになる。

一八五四年二月、曽国藩は水陸両軍一万七〇〇〇人の編制を終えた湘軍に出撃を命じた。出発時に彼が発布した「粤匪を討伐すべき檄文」は、長江流域の人々が太平天国に対して抱いた反感や失望を上手に捉え、同郷意識に訴えることで人々を清朝支持へ引き戻し、太平軍との戦いに動員しようとするものだった。また太平天国との戦争に「名教」の護持という大義名分を与え、キリスト教を奉じた太平天国が満洲人王朝の打倒ではなく、中国とくに儒教文明の破壊をめざした異端的宗教であることを強調した。さらに檄文は太平天国の排他的な攻撃性を非難したうえで、湘軍の目標が清朝の再興ではなく、同郷人の犠牲者と「神々の怨み」を晴らすための報復戦にあることを強調した。

湘軍の幹部だった王鑫は太平軍と戦う意義について「彼らに服従したくない」ことを挙げている。彼らが当時の中国を矛盾に満ちた社会と見ていた点では太平天国指導者と変わらないが、この現実を批判し、変えていく試みは自分たちがイニシアティブを取ってこそ意味があった。太平天国の社会建設プランは多分に復古主義的であり、読書人にとって理解不可能なものではなかったが、その中枢は蜂起以来の老兄弟に掌握され、湖南出身の新興エリートが「昇官発財」の夢を託す余地はなかったのである。

さて石祥禎の軍が岳州から洞庭湖南岸へと軍を進めると、湘軍はこれと交戦して戦果をあげた。慎重となった石祥禎は軍を戻し、岳州を撤退して援軍の到着を待った。これを追撃した湘軍は林紹璋の増援部隊に敗北し、水軍も洞庭湖の大風によって損害を受けた。これを見た太平軍は再び南下し、靖港と湘潭県を占領して長沙を南北から牽制した。

この時曽国藩は僅かな兵を率いて靖港を攻め、大敗を喫して入水自殺を図った。しかし湘潭県へ向かった水軍主力は湖北から引き返してきた塔斉布の陸軍部隊と協力し、洋式砲の威力を用いて林紹璋軍に大きな打撃を与えた。おりから太平軍内部では老兄弟と新兄弟の間で内紛が発生し、湘軍の総攻撃の前に一万人に近い死者を出して敗退した。この湘潭の戦いは金田団営以来、太平軍が受けた最も損害の大きな敗北であった。初めての戦闘で湘軍が受けた損害も小さくなかったが、同じ頃に僧格林沁が北伐軍に勝利して戦いの主導権を握ったように、太平天国が優勢だった戦局は少しずつ変化することになる。

二〇〇四年に筆者が曽国藩の故郷である双峰県を訪ねてまず感じたのは、太平天国の発生地である広西との類似点だった。山がちの地形、唐辛子を多く使った料理、西南官語を話す人々と決して豊かとは言えないその暮らしは、広西北部とほとんど変わらない。筆者が広西の方言で話しかけてみると、人々はとても親近感を感じてくれた。むろん広西北部には湖南から入植した移民が多く、習慣が似通うのは当然のことなのだが、曽国藩が広西人を中核とした太平天国を「粤匪」を呼んで不倶戴天の敵と見なしたことを考えると、この「近さ」は意外に思えた。

本章が見たように、曽国藩は山郷出身の新興エリートであり、彼が抱いていた中国社会への不満は太平天国の人々と大きな違いはなかった。むしろ科挙官僚として長く北京で暮らした分、彼の官界の腐敗と無気力に対する危機感は洪秀全以上だったと言っても過言ではない。さらに当時の太平天国では数が減って特権階級化しつつあった広西出身者に代わって、湖南の同郷人が前線で主力を担っていた。湘軍の出撃にあたり曽国藩が「粤匪はわが両湖の人々には、犬や豚、牛や馬にも劣る扱いをしている」と述べてローカルなパトリオティズムに訴えたのは、彼ら自身を太平天国の人々と区別するための人為的な差異化の営みだったと見ることが可能だろう。

いっぽう双峰県で強く感じたのは、何事につけ最後までやりぬく人々の意志の強さだった。目立った産業もないこの地では広東へ出稼ぎに出るか、都市部の大学受験をめざす以外に成功の道は少ない。荷葉鎮の通りには北京の名門大学に合格した地元出身者を称える横断幕が張られていたが、その上昇志向の強さは「広東の弟分」に甘んじてしまいがちな広西人以上である。厳しい条件にも妥協せず、最後まで努力する姿は湘軍のみならず、中国革命の指導者たちにも共通する頑強さであり、人々もそのことを誇りにしているように思われた。湘軍結成の理由に関する「彼ら（太平天国）に従いたくないに過ぎない」という王鑫の言葉は、まさにこうした不屈の精神の産物と言えよう。

それにしても曽国藩の選択は正しかったのか？　一八五六年に駱秉章は湘軍の功績に対して、湘郷県の生員枠を拡大するように求めた。そこで彼は「湘軍に従軍して賊を討った者は二万人……、将兵で陣亡した者は数千を下らない。百里の地から人材を集め、一軍の力で全ての戦局を維持した。かつ兵糧を寄付すること七万を超え、銭糧、漕米の納入も欠かさなかった。まことに踴躍として公に急ぎ、最も出力」[235]と述べて湘郷県の人々の協力を称え、文武生員の定員枠を三名ずつ増やすように求めた。『湘郷県志』の長大な戦死者リストを見る限り、彼らへの報酬は余りに小さかったように見えるが、この提案が認められると曽国藩は「水陸万衆の軍は心から陛下の恩徳の重さを知って喜んだ」[236]と記している。人々に多大な犠牲を強いながら、彼らの社会的上昇へのエネルギーを巧みに取り込んで支配に役立てる体制こそは、中国社会のかかえる現実なのだと言えよう。

【註】

（1）本書第六章参照。
（2）簡又文『太平天国全史』中冊、香港猛進書屋、一九六二年。
（3）張守常、朱哲芳『太平天国北伐、西征史』広西人民出版社、一九九七年。
（4）崔之清主編『太平天国戦争全史』二、戦略発展、南京大学出版社、二〇〇二年。
（5）羅爾綱『湘軍兵志』中華書局、一九八四年。
（6）竜盛運『湘軍史稿』四川人民出版社、一九九〇年。
（7）賈熟村『太平天国時期地主階級』広西人民出版社、一九九一年。
（8）朱東安『曽国藩伝』四川人民出版社、一九八四年。同『曽国藩幕府研究』四川人民出版社、一九九四年。同『曽国藩集団与晩清政局』華文出版社、二〇〇三年。
（9）王継平『湘軍集団与晩清湖南』中国社会科学出版社、二〇〇二年。またこの他に曽国藩一族および湘軍に関わる研究として何貽焜編著『曽国藩評伝』正中書局、一九三七年。卞哲『曽国藩』上海人民出版社、一九八四年。李栄泰『湘郷曽氏研究』国立台湾大学文史叢刊、一九八九年。羅紹志、田樹徳『曽国藩家世』江西人民出版社、一九九六年。唐浩明『唐浩明評点曽国藩奏摺』岳麓書社、二〇〇四年などがある。
（10）P. H. Kuhn, *Rebellion and its Enemies in Late Imperial China: Militarization and Social Structure 1796-1864*, Harvard University Press, 1970.
（11）近藤秀樹『曽国藩』人物往来社、一九六六年。

(12) 目黒克彦「咸豊初年団練の成立について――湘勇の母体としての湘郷県の場合」『集刊東洋学』四六号、一九八一年。同「太平天国以後の保甲制について――湖南省の場合」『愛知教育大学研究報告』社会科学、三〇、一九八一年。同「王壮武公鑫著『団練説』訳解」『愛知教育大学研究報告』社会科学、三一、一九八二年。同「団練と郷勇の関係について――湘郷団練と湘勇の場合」『愛知教育大学研究報告』社会科学、三二、一九八三年。
(13) この調査は河野吉成氏（東京大学大学院）の協力により行ったもので、現地研究者の案内のもと曽国藩、曽国荃、羅沢南の屋敷や墳墓を訪問した。また『羅氏四修族譜』など貴重な史料を閲覧させて頂いた。ここに特に記して感謝したい。なお河野氏の研究成果として「近代湖南に於ける宗族の形成とその機能―曽国藩の一族を題材として」（東洋史部会　第一〇三回史学会大会報告）『史学雑誌』一一四編一二号、二〇〇五年がある。
(14) 呉文鎔奏、咸豊三年十月二十一日、中国第一歴史檔案館編『清政府鎮圧太平天国檔案史料』十、中国社会科学文献出版社、一九九三年、六一九頁（以下『鎮圧』と略記）。
(15) 唐樹義奏、咸豊三年十一月初八日『鎮圧』十一、一三〇頁。
(16) 青麐奏、咸豊三年十一月初三日『鎮圧』十一、八五頁。
(17) 台湧奏、咸豊三年十一月初六日『鎮圧』十一、一〇八頁。
(18) 軍機大臣、咸豊三年十一月十一日『鎮圧』十一、一五六頁。
(19) 軍機大臣、咸豊三年十一月十一日『鎮圧』十一、一五七頁。
(20) 軍機大臣、咸豊三年十一月十四日『鎮圧』十一、二〇二頁。
(21) 本書第二章を参照のこと。
(22) 軍機大臣、咸豊三年十一月十一日『鎮圧』十一、一五七頁。
(23) 崇綸奏、咸豊三年十一月十六日『鎮圧』十一、二三七頁。
(24) 呉文鎔奏、咸豊三年十二月初七日『鎮圧』十一、四五五頁。
(25) 曽国藩奏、咸豊四年九月二十七日『鎮圧』十五、六五六頁。

(26) 崇綸奏、咸豊三年十一月十六日『鎮圧』十一、二三七頁。
(27) 青麐奏、咸豊四年五月初四日『鎮圧』十四、二一二頁。
(28) 呉文鎔奏、咸豊三年十一月二十八日『鎮圧』十一、三七九頁。
(29) 青麐奏、咸豊四年五月初四日『鎮圧』十四、二一二頁。
(30) 崇綸奏、咸豊三年十二月初十日『鎮圧』十一、四九三頁。
(31) 青麐奏、咸豊三年十一月初一日『鎮圧』十一、七一頁。ここで青麐は呉文鎔が徳安を「無賊之地」と考えているが、「無兵無勇」の実態を知らないと批判した。また十一月初三日の上奏では郷勇を守備に充てたが、兵糧が少なく、捐銀も集まらないと報じている（同書八四頁）。
(31) 青麐奏、咸豊三年十一月二十四日『鎮圧』十一、三二五頁。
(32) 本書第二章、第六章参照のこと。
(33) 崇綸奏、咸豊三年十月二十日『鎮圧』十、六〇三頁の硃批部分。
(34) 軍機大臣、咸豊三年十一月二十六日『鎮圧』十一、三四一頁。
(35) 軍機大臣、咸豊三年十二月初二日『鎮圧』十一、三九八頁。
(36) 青麐奏、咸豊三年十一月初一日『鎮圧』十一、七一頁の硃批部分。
(37) 軍機大臣、咸豊三年十二月初五日『鎮圧』十一、四二九頁。
(38) 崇綸奏、咸豊三年十二月初十日『鎮圧』十一、四九三頁。
(39) 軍機大臣、咸豊三年十二月十七日『鎮圧』十一、五七七頁。
(40) 唐樹義奏、咸豊三年十二月十八日『鎮圧』十一、六〇四頁。
(41) 呉文鎔奏、咸豊三年十二月二十三日『鎮圧』十二、五頁。
(42) 張曜孫「楚寇紀略」（太平天国歴史博物館編『太平天国史料叢編簡輯』一、中華書局、一九六一年、七二頁）。
(43) 呉文鎔奏、咸豊三年十二月二十七日『鎮圧』十二、一〇七頁。

(44) 呉文鎔奏、咸豊四年正月十一日『鎮圧』十二、二四三頁。
(45) 光緒『黄岡県志』巻二十四、雑志、兵事。
(46) 張曜孫「楚寇紀略」『太平天国史料叢編簡輯』一、七二頁。
(47) 杜文瀾『平定粤匪紀略』巻三（太平天国歴史博物館編『太平天国資料匯編』一、中華書局、一九八〇年、三〇頁）。同様の記事は民国『湖北通志』巻七一、武備志九、兵事五、粤匪にも見られ、「呉文鎔謀知賊党乗元宵節張燈火、飲酒観劇、不設備、親督兵勇進攻、三戦皆勝」と述べている。この日は太平天国暦の正月初四日にあたり、簡又文氏、崔之清氏は石祥禎らが太平天国の新年を祝っていたと述べている（簡又文『太平天国全史』中、一〇二八頁および崔之清等『太平天国戦争全史』二、一〇〇三頁）。ただし貴州提督佈克慎はこの戦いに触れていない。また汪堃『盾鼻随聞録』巻二、楚寇紀略は清軍が十二日（清暦正月十五日）に元宵節を祝っていたところ、太平軍の襲撃を受けたと記している。
(48) 佈奏、咸豊四年正月二十六日『鎮圧』三七〇頁。
(49) 石鎮崙は一八五三年に頼漢英と共に南昌を攻め、失敗後に南京へ戻ったが、十二月に揚州三汊河の戦いで功績をあげ、黄馬褂を与えられた。一八五四年の湘潭の戦いで湘軍に敗北後は岳州、武昌一帯で活動し、八月には南京へ戻って兎兒磯の清軍を攻めたが、十一月に半壁山の戦いで戦死した（張徳堅『賊情彙纂』巻二、劇賊姓名下、中国近代史資料叢刊『太平天国』三、神州国光社、一九五二年、五六頁および羅爾綱『太平天国史』三、巻五十一、伝第十、石鎮崙、中華書局、一九九一年、一九二三頁）。
(50) 韋以徳は「年約二十」と若くして「提督軍務」となり、武昌一帯で活動したが、一八五四年に半壁山の戦いで石鎮崙と共に戦死した（張徳堅『賊情彙纂』巻二、劇賊姓名下、『太平天国』三、七三頁）。
(51) 張曜孫「楚寇紀略」『太平天国史料叢編簡輯』一、七二頁。また崇綸も「拠各属紛紛稟報土匪肆起、仮冒長髪、各処滋擾」と述べている（同奏、咸豊四年正月十八日『鎮圧』十二、三〇一頁）。
(52) 崇綸奏、咸豊四年正月十八日『鎮圧』十二、三〇一頁。
(53) 崇綸奏、咸豊四年正月二十四日『鎮圧』十二、三六一頁。

(54) 曽国藩奏、咸豊四年九月二十七日『鎮圧』十五、六五六頁。
(55) 崇綸奏、咸豊四年三月初二日『鎮圧』十三、七五頁。なお黄岡県の調査によると、池から引き上げられた呉文鎔の遺体は顔面に刀傷が二ヶ所、後頭部から首にかけても傷があり、右目を失っていた。またこの戦いで副将駱永忠、徳亮らが戦死したという。
(56) 崇綸奏、咸豊四年正月十八日『鎮圧』十二、三〇三頁。
(57) 青麐奏、咸豊四年正月二十二日『鎮圧』十二、三四二頁。崇綸奏、咸豊四年正月二十四日、同書三六一頁。
(58) 駱秉章奏、咸豊四年二月初三日『鎮圧』十二、四一二頁。
(59) 駱秉章奏、咸豊四年二月初七日『鎮圧』十二、四四九頁。その兵力に同上奏は「賊船約有千余」とあるが、青麐は「聞岳州府賊船二百余隻、是自黄州府起至直至岳州府、均被賊船占踞」と異なる数を挙げている（青麐奏、咸豊四年二月初七日、同書四四八頁）。
(60) 軍機大臣、咸豊三年十二月初五日『鎮圧』十一、四三〇頁。この命令を受けた台湧は一月二十一日に徳安へ到着した（台湧奏、咸豊三年十二月二十六日『鎮圧』十二、八〇頁）。
(61) 青麐奏、咸豊四年正月十二日・正月十八日『鎮圧』十二、二六〇・三〇四頁。
(62) 唐樹義遺摺、咸豊四年正月二十三日『鎮圧』十二、四六四頁。
(63) 青麐奏、咸豊四年二月初七日『鎮圧』十二、四四八頁。
(64) 青麐奏、咸豊四年二月初四日附件の暁諭武昌百姓告示、暁諭各船水手告示（『鎮圧』十二、四二一・四二二頁）。
(65) 郭廷以『太平天国史事日誌』上冊、商務院書館、一九四六年（上海書店再版、一九八六年）二九八頁。簡又文『太平天国全史』第十二章、西征軍戦事紀略、一〇二八頁。崔之清主編『太平天国戦争全史』二、一〇〇二頁。また簡又文氏はこれ以上の兵力だった可能性を示唆している。
(66) 曽国藩奏、咸豊四年三月十八日『鎮圧』十三、三一三頁。この報告は「五軍」の内訳について、前十一軍（一千人）、左十一軍（五千人）、右十一軍（六千人）、中十軍（七千人）、後六軍（一万人）と記している。だがこれは実数と二五〇〇人を一万人と数える太平軍の慣行を混同していると見られ、九軍で二万人程度だった北伐軍と比べても多すぎる数字であろう。
(67) 青麐奏、咸豊四年二月初四日『鎮圧』十二、四二〇頁。
(68) 台湧奏、咸豊四年二月初七日『鎮圧』十二、四四五頁。
(69) 台湧奏、咸豊四年三月十七日『鎮圧』十三、二九三頁は「賊即統有三四千之衆……、径撲雲夢県城……。而水路之賊不下千余人、亦由長江埠一帯乗虚抄襲其後」と述べる。また同奏、咸豊四年四月十一日、同書六二〇頁にも「応山賊衆約三千有余、現又趕来徳安之賊一二千人」とある。
(70) 青麐奏、咸豊四年二月初七日『鎮圧』十二、四四八頁。
(71) 駱秉章奏、咸豊四年二月初七日『鎮圧』十二、四四九頁。また張徳堅『賊情彙纂』巻五、偽軍制下、水営は湘軍が「初焚賊船於湘潭、約二千艘、再焚於岳州、約数百艘。再焚於城陵磯、約数百艘、再焚於漢陽小河、約四千艘、再焚於田家鎮、約三千艘……。以上統計賊船、被燬已不下万艘、殲賊何止数万」と述べているが、これは湘軍の功績を宣伝するための誇大な数字であろう（『太平天国』三、一四二頁）。
(72) 民国『湖北通志』巻七一、武備志九、兵事五、粤匪。また李濱『中興別記』巻十二、『太平天国資料匯編』二（上）、二〇〇頁も「石賊（祥貞）於漢陽得楊秀清偽檄、統偽国宗石鎮崙、鳳魁、韋俊……上犯湖南。遂率漢陽、黄州賊船進擾華容、転陥岳州」と述べており、西征軍の湖南への進出は楊秀清の命令によるものと見て間違いないと思われる。
(73) 駱秉章等奏、咸豊四年四月初一日『鎮圧』十三、四七五頁。
(74) 杜文瀾『平定粤寇紀略』巻三、『太平天国資料匯編』一、三〇頁。
(75) 張徳堅『賊情彙纂』巻二、劇賊姓名下（『太平天国』三、五六頁）。
(76) 羅爾綱『増補本李秀成自述原稿注』忠王答辞手巻、中国社会科学出版社、一九九五年、三九八頁。
(77) 張徳堅『賊情彙纂』巻二、劇賊姓名下（『太平天国』三、五六頁）。
(78) 張集馨『道咸宦海見聞録』中華書局、一九八一年、一八八頁に「賊中有鉄公鶏者、兇悍無匹」とあり、一八五五年に彼が張国樑と一騎打ちをしたことが記されている。また羅爾綱『太平天国史』三、巻五十一、伝第十、石祥禎。

(79) 張徳堅『賊情彙纂』巻二、劇賊姓名下（『太平天国』三、五六頁）。
(80) 張子朋は広西人で、韋昌輝の「健児」から侍衛に取り立てられ、一八五三年に恩賞丞相になった。彼は一八五四年の西征参加時に「因争船隻、責打水営多賊」したために湖南人水兵の離反を招いたが、唐正才のとりなしで事なきを得た。また楊秀清が彼の「趫捷」を惜しんだため処罰を免れたという（張徳堅『賊情彙纂』巻二、劇賊姓名下、『太平天国』三、六九・七一頁）。
(81) 吉志元は吉成鳳の子で、「賊中初起事也、吉姓従逆最先、一家数十人分隷各賊統下」という記載から見て一八四九年に平南県で捕らえられた吉能勝の一族と考えられる。吉成鳳の死後、吉志元は恩賞丞相となり、一八五二年には北王府の僕射となった。湘潭の戦いで敗北後、彼は黄陂、孝感県および黄岡県倉子埠で「擄糧」に努めたが、一八五四年十一月に半壁山の戦いで戦死した（張徳堅『賊情彙纂』巻二、劇賊姓名下（『太平天国』三、七一頁）。
(82) 曽国藩奏、咸豊四年三月十八日『鎮圧』十三、三一三頁。
(83) 光緒『羅田県志』巻四、政典志、兵事。
(84) 光緒『麻城県志』巻三九、大事記三、国朝。
(85) 光緒『黄安県志』巻十、雑志、兵事。
(86) 英桂奏、咸豊四年二月十七日『鎮圧』十二、五三九頁。なお夏燮『粤氛紀事』巻七、全楚掃氛は「二月賊分股陥黄州府属之麻城県、遂擾及河南連界之光州、固始、豫省督兵撃退」（羅爾綱・王慶成主編、中国近代史資料叢刊続編『太平天国』四、広西師範大学出版社、二〇〇五年、一六九頁）とあるが、実際のところ李三元の一隊は河南に入らなかった。英桂も省境に兵を配置する余裕がなく、壮勇を新たに募集するので手一杯だった。
(87) 台湧奏、咸豊四年二月二十三日『鎮圧』十二、六一四頁に「黄陂有大股賊匪二三千人、於初七、初八両日攻撲該州城池。初九日城即失守。賊衆擁入、焚燬衙署及東廟、文昌閣等処」とある。また三月十六日に巳革貴州提督侑は太平軍が「宴楽」しているのに乗じて城を奪回したという。
(88) 光緒『黄梅県志』巻十九、武備志、兵事。なお黄梅県城を最初に占領したのは蘄州の太平軍で、「捜括一昼夜、捆載而去」

した。二度目は安慶から派遣された翼王石達開の軍で、県城と孔壟を拠点に「夜出昼還、輪流更代……、半月余、非刑惨戮、大肆擄掠、閭邑多遭蹂躪」という。
(89) 光緒『黄安県志』巻十、雑志、兵事。同書は太平軍に抵抗した有力宗族として西郷九壟冲の韓、呉二姓、黄祥畈の黄姓、華会西の張姓、金姓、楊姓、義会下李憩村の李姓を挙げている。彼らは「義民」旗を掲げて太平軍と彼らに協力した「奸民」を攻撃し、五月十五日に県城を奪回して李三元ら数千人を殺した。太平軍も反撃し、「焼民房甚多、遇人戕殺、半日即去」という。
(90) 台湧奏、咸豊四年二月二十三日『鎮圧』十二、六一四頁。光緒『雲夢県志』巻五、武備、兵事。
(91) 台湧奏、咸豊四年三月初八日『鎮圧』十三、一五六頁。
(92) 光緒『徳安府志』巻八、武備志、兵事。
(93) 台湧奏、咸豊四年三月十七日『鎮圧』十三、二九二頁。また咸豊帝はこの上奏が大幅に遅れた理由を問いただした。すると台湧は四月初二日の上奏で「各兵勇聞風及臨敵潰散情形」について報じ、応山県へ派遣された兵九百人が逃亡したと述べている（『鎮圧』十三、四九三頁）。
(94) 諭内閣および軍機大臣、咸豊四年三月二十二日『鎮圧』十三、三六五頁。また舒倫保は五月十八日に武勝関に到着したが、高齢と病気のため戦力とならなかった（舒倫保奏、咸豊四年四月三十日『鎮圧』十四、一八五頁および台湧奏、咸豊四年六月初八日、同書五二七頁）。
(95) 光緒『続雲夢県志畧』巻十、芸文志、詩。また官文も黄州で敗北した四川勇が帰還途中の天門、潜江県、荊門州および荊州沙市で「沿途肆行擄掠」「勒索船戸銭文、並擄掠沿江湾泊之油米等船」し、清軍の弾圧を受けたと報じている（同奏、咸豊四年四月初五日『鎮圧』十三、五三〇頁）。
(96) 光緒『応城県志』巻六、武備志、兵事。
(97) 同治『応山県志』巻三一、兵荒。
(98) 同治『随州志』巻十八、兵事。また台湧はこれらの動きを「竄擾応山之賊突已間道竄往随州、阻我西路、希図断荊襄声息。

盤踞徳安逆衆又分大股、不下二三千人、踵至応山、以為竄随賊衆之後援」と述べている（台湧奏、咸豊四年三月二十六日『鎮圧』十三、四二七頁）。

(99) 軍機大臣および伝諭柏山、咸豊四年三月二十二日『鎮圧』十三、三六六・三六七頁。また台湧が徳安府城の「餉項」を全て奪われたため、英桂は柏山の軍と共に銀五千両、武器を信陽州へ送った（英桂奏、咸豊四年三月十九日、同書三二七頁）。なお柏山は四月二十五日に信陽州に到着し、懐慶攻防戦で功績をあげた道員余炳燾と共に河南省境の防衛に当たった（柏山奏、咸豊四年四月初六日、同書五四〇頁）。

(100) 同治『鍾祥県志』巻三、雑識。

(101) 咸豊『続修荊門直隷州志』巻四、忠義、陳汝鑑に「迫於四月初六日、賊衆突至州城」とある。陳汝鑑は「団練首士」で、郷勇数百人を率いて戦ったが戦死した。

(102) 同治『応山県志』巻三一、兵荒。

(103) 張徳堅『賊情彙纂』巻十二、雑載（『太平天国』三、三一四頁）。

(104) 光緒『徳安府志』巻八、武備志、兵事。また同年二月に応城県長江埠巡検の凌金榜とその妻も「被執不屈」で殺された。

(105) 向栄奏、咸豊四年八月二十六日『向栄奏稿』巻七（『太平天国』七、三六〇頁）に南京から逃げ出した難民の証言として「孫銘恩被擁進城後、該逆称為忠臣、看待頗好、極意勧降、始而罵不絶口、継而絶粒数日、該逆見其百折不回、遂併范源一同斬首、挑竿示衆」とある。

(106) 咸豊『続修荊門直隷州志』巻四、忠義、張廷献。

(107) 同治『通城県志』巻二十三、兵事。また劉立簡は一八四一年に発生した鍾人杰反乱の関係者で、「漕糧免徴、知県私収」を唱えて人々を集め、通城県城を襲撃した。これに呼応した崇陽県の陳北斗らは「太平天徳都督大元帥」を名乗ったとある（張亮基奏、咸豊三年三月十七日『鎮圧』六、三六頁）。

(108) 光緒『咸寧県志』巻六、雑記、土寇紀略。

(109) 陸元烺奏、咸豊四年二月十八日『鎮圧』十二、五五〇頁。

(110) 同治『監利県志』巻七、兵防志。
(111) 官文奏、咸豊四年四月二十二日『鎮圧』十四、一一八頁。
(112) 光緒『京山県志』巻十六、変乱。
(113) 張徳堅『賊情彙纂』巻十一、賊数、童子兵（『太平天国』三、三〇八頁）。
(114) 光緒『応城県志』巻六、武備志、兵事。
(115) 官文奏、咸豊四年五月十六日『鎮圧』十四、三四四頁。
(116) 同治『応山県志』巻三一、兵荒。
(117) 『太平条規』行営規矩（『太平天国』一、一五六頁）。また『賊情彙纂』巻八、偽文告下、偽律諸禁も「凡焚焼外小房屋者斬」「凡虜掠外小財物者斬」と述べており、呼応勢力が太平天国の官吏を装って行う「私打先鋒」を禁止していた（『太平天国』三、二三〇頁）。
(118) 光緒『続雲夢県志略』巻三、学校、書院。
(119) 張徳堅『賊情彙纂』巻十、賊糧、貢献（『太平天国』三、二七〇頁）。
(120) 光緒『京山県志』巻十六、変乱。
(121) 同治『応山県志』巻三一、兵荒。
(122) 『清史稿』巻四〇五、列伝一九二、中華書局版、一九七七年、一一九〇七頁。曽国藩「誥封光禄大夫曽府君墓志」（咸豊七年）に「吾曽氏家世微薄、自明以来、無以学業発名者。府君（曽麟書）積苦力学、応有司之試十有七、始得補県学生員」とあり、曽国藩以前に科挙合格者はなく、父親の曽麟書も十六回の失敗後に生員資格を獲得したことがわかる（羅紹志等『曽国藩家世』八三頁）。
(123) 二〇〇四年双峰県訪問記録。趙烈文『能静居士日記』二十八、同治六年九月初十日の条にも曽国藩自身の言葉として「家素貧、皆祖考（曽玉屛）操持。有薄田頃余、不足於用」とある（『太平天国史料叢編簡輯』三、一九六二、中華書局、四二二頁）。

(124) 送凌十一帰長沙五首『曽文正公詩集』巻三（近代中国史料叢刊続集『曽文正公（国藩）全集』鳴原堂論文・詩集、文海出版社、一九七四、一二三一二頁）。

(125) 致澄弟、同治五年六月初五日『曽国藩全集』家書二、岳麓書社、一九八五年、一二六三頁。また趙烈文も曽国藩が「常憶辛丑年（一八五一）仮帰、聞祖考語先考曰、某人為官、我家中宜照旧過日、勿問伊取助也。吾聞訓感動、誓守清素、以迄於今、皆服這一言也」と語ったと述べており、この時の曽玉屛の戒めが深い影響を与えたことがわかる（『能静居士日記』二十八、同治六年九月初十日、『太平天国史料叢編簡輯』三、四一二頁）。実際に曽国藩の暮らしぶりは質素で、彼は凱旋後故郷に富厚堂を建てたが、内側に泥レンガを用いた質素な造りで、南京占領時に大量の金銀を奪った弟の曽国荃が豪華な邸宅を築いたのとは対照的であった（二〇〇四年双峰県訪問記録）。

(126) 曽国藩「欧陽府君墓志銘」（同治八年）、羅紹志等『曽国藩家世』一二三頁。欧陽凝祉の家があった五馬冲村は大界村から五キロほどで、彼と曽麟書は同じ塾の門下生であった。また曽玉屛の妻江氏も湘郷県道常村の出身で、科挙合格者を出していない。大界村曽氏の婚姻関係が変わるのは後述のように曽国藩の科挙合格後のことであった。

(127) 朱東安『曽国藩伝』二五頁〜二九頁および近藤秀樹『曽国藩』二九頁〜四二頁によると、曽国藩は虚弱体質で、修身の実践に取り組んだが成功しなかった。だが後に羅沢南の団練が訓練の合間に読書する姿を見て共鳴したのは、朱子学の実践主義が影響を与えていたと考えられる。

(128) 致沅弟、咸豊八年四月初十日『曽国藩全集』家書一、三八三頁。

(129) 賈熟村『太平天国時期地主階級』三九七頁。

(130) 『清史稿』三六三巻、列伝一五〇、中華書局版、一九七七年、一一四一五頁。

(131) この時曽国藩は穆彰阿から詩賦を求められ、自宅に送り届けた。これをきっかけに彼は昇進を重ねたという（朱東安『曽国藩伝』三四頁および近藤秀樹『曽国藩』四七頁）。

(132) 例えば一八五四年十月に湘軍が武昌を占領すると、喜んだ咸豊帝は彼を署理湖北巡撫に命じた。だが在野の漢人官僚が多くの兵を集めて清朝正規軍を上回る功績をあげたことに危機感を抱き、巡撫職を取り消して兵部侍郎銜のまま長江下流へ進撃するように命じた。このように咸豊帝は曽国藩を必ずしも信頼せず、曽国藩も塔斉布、多隆阿など旗人武官を前面に立てて、清朝政府に疑念を持たれないように細心の注意を払った。なお咸豊帝に曽国藩への警戒を促した軍機大臣は祁寯藻ではなく、彭蘊章であったという（朱東安「促使咸豊皇帝収回曽国藩署理鄂撫成命者並非祁寯藻」、北京太平天国史研究会編『太平天国学刊』二、中華書局、一九八五年、一七八頁）。

(133) 備陳民間疾苦疏、咸豊元年十二月十八日『曽国藩全集』奏稿一、二九頁。

(134) 復胡大任、咸豊元年『曽国藩全集』書信一、七六頁。

(135) 議汰兵疏、咸豊元年三月初九日『曽国藩全集』奏稿一、一九頁。

(136) 復胡大任、咸豊元年『曽国藩全集』書信一、七六頁。

(137) 敬呈聖徳三端預防流弊疏、咸豊元年四月二十六日『曽国藩全集』奏稿一、二四頁。

(138) 朱興顕『中興将帥別伝』巻一によると、この上奏を読んだ咸豊帝は激しく怒り、軍機大臣に彼を処罰するように命じたが、祁寯藻、季芝昌らのとりなしで罪を免れた。曽国藩の「房師」であった季芝昌からこの事実を知らされた曽国藩は、咸豊帝への批判を控えるようになったという（朱東安『曽国藩伝』四六頁）。

(139) 復彭申甫、咸豊三年正月『曽国藩全集』書信一、一〇五頁。

(140) 軍機大臣、咸豊二年十一月二十九日『鎮圧』四、一七三頁。

(141) 目黒克彦「咸豊初年団練の成立について—湘勇の母体としての湘郷県の場合」。

(142) 羅沢南「先大父六芸公事略」『羅忠節公遺集』巻八。

(143) 熊聡一の反乱については程矞采奏、咸豊元年十一月二十七日『宮中檔咸豊朝奏摺』三、八六八頁、国立故宮博物院蔵。左光八反乱については寄長兄国藩（述左光八巨盗窩蔵各県賊徒事）、咸豊元年六月十六日、曽国荃等『湘郷曽氏文献補』台湾学生書局、一九七五年、二八三頁。湘郷県団練の長沙出動については『王壮武公年譜』巻上、咸豊二年十二月の項に記載があるほか、張亮基奏、咸豊二年十二月十九日『宮中檔咸豊朝奏摺』三、六九三頁に「本省有身家来歴、芸高胆大之郷勇一、二千名」を長沙へ招いて防衛に当たらせたとある。なお目黒克彦「団練と郷勇の関係について――湘郷団練と湘勇の場合」を参照のこと。
(144) 致欧陽秉銓、咸豊二年十二月二十五日『曽国藩全集』書信一、九五頁。
(145) 曽国藩奏、咸豊二年十二月二十二日『鎮圧』四、二六八頁。
(146) 致欧陽秉銓、咸豊二年十二月十五日『曽国藩全集』書信一、九五頁。
(147) 与湖南各州県公正紳耆書、咸豊三年正月『曽国藩全集』書信一、一〇三頁。
(148) 与朱孫詒、咸豊三年二月二十七日『曽国藩全集』書信一、一二六頁。
(149) 復文希范、咸豊三年二月『曽国藩全集』書信一、一三一頁。
(150) 与湖南各州県公正紳耆書、咸豊三年正月『曽国藩全集』書信一、一〇三頁。
(151) 可児弘明「清末の班館に関する留書」慶應大学三田史学会編『史学』五十八巻、三・四号、一九八九年。
(152) 曽国藩奏、咸豊三年六月十二日『鎮圧』七、五九六頁。また復欧陽兆熊、咸豊三年二月『曽国藩全集』書信一、一三三頁には「頃已在公館立審案局、派知州一人（劉建徳）、照磨一人（厳良畯）承審。匪類解到、重則立決、軽則斃之杖下、又軽則鞭之千百。敝処所為止此三科」とあり、無罪放免なしの厳しい制裁を行ったことがわかる。なお近藤秀樹『曽国藩』一一八頁を参照。
(153) 与左宗棠、咸豊三年三月十七日『曽国藩全集』書信一、一四二頁。
(154) 曽国藩奏、咸豊三年二月初十日『鎮圧』五、一四〇頁。
(155) 復彭申甫、咸豊三年正月『曽国藩全集』書信一、一〇五頁。
(156) 与曽毓芳、咸豊三年正月『曽国藩全集』書信一、一〇八頁。
(157) 与湖南各州県公正紳耆書、咸豊三年正月『曽国藩全集』書信一、一〇三頁。
(158) 曽国藩奏、咸豊三年二月初十日の硃批部分（『鎮圧』五、一四三頁）。
(159) 与湖南各州県公正紳耆書、咸豊三年正月『曽国藩全集』書信一、一〇三頁。
(160) 現辦湖南各属土匪情形摺、咸豊三年三月『曽国藩全集』奏稿一、四六頁。

(161) 駱秉章奏、咸豊三年四月二十八日・五月十六日・六月十二日・六月二十一日『宮中檔咸豊朝奏摺』八、三三一頁・五六〇頁・八七〇頁および同書九、一頁・一二三頁、国立故宮博物院蔵。また同年十月二十六日に出された「桂東等処剿辦江広匪徒案内出力各員紳民清単」には「応升候補府経歴孫第培、候選県丞王鑫、候選教諭羅沢南。以上三人合力奮勇、相機剿賊、能使塵氛頓掃、捷音立報」とあり、湘勇の戦果を伝えている（軍機処奏摺録副、農民運動類、反清項八九一九―一八号、中国第一歴史檔案館蔵）。

(162) 与左宗棠、咸豊三年三月十七日『曽国藩全集』書信一、一四二頁。

(163) 与江忠源、咸豊三年二月二十三日『曽国藩全集』書信一、一二三頁。

(164) 張亮基等奏、咸豊三年三月初一日『宮中檔咸豊朝奏摺』七、四〇二頁。同奏、同年三月十七日・三月二十五日『鎮圧』六、三五頁・一七一頁。また曽国藩は江忠源への手紙で「出奇制勝、以八百人而剿洗六千之賊、南省官紳無不額手称慶」と彼の勝利を称えた（『曽国藩全集』書信一、一四六頁）。

(165) 与魁聯、咸豊三年五月『曽国藩全集』書信一、一六六頁には「十七日又接岷樵初九一書、欲令其弟回南、再招楚勇三千」とあり、江忠源が曽国藩に増援の派遣を求めたのは六月十五日だったことがわかる。当時江忠源は九江から南昌救援に向かおうとしていた。

(166) 与張亮基、咸豊三年三月二十四日『曽国藩全集』書信一、一四四頁。

(167) 与江忠濬、咸豊三年五月十七日『曽国藩全集』書信一、一五五頁。

(168) 与江忠源、咸豊三年八月三十日『曽国藩全集』書信一、一九一頁。また与呉文鎔、同年九月初六日、同書二〇〇頁によると、この三営は「皆久経操練、緩急可恃」であった。

(169) 与呉文鎔、咸豊三年九月初九日『曽国藩全集』書信一、二〇八頁。

(170) 与王鑫、咸豊三年八月二十日『曽国藩全集』書信一、一八五頁。

(171) 『能静居士日記』十、咸豊十一年八月二十一日『太平天国史料叢編簡輯』三、二〇二頁。なお三憲の残りは湖南布政使徐有壬、湖南按察使陶恩培。

(172) 与呉文鎔、咸豊三年九月初九日『曽国藩全集』書信一、二〇八頁。
(173) 曽国藩奏、咸豊三年八月十三日『鎮圧』九、二三三頁。
(174) 与湘潭紳士公開信、咸豊三年九月二十日『曽国藩全集』書信一、二二九頁。
(175) 『能静居士日記』二十七、同治六年六月十七日『太平天国史料叢編簡輯』三、四一〇頁。
(176) 同治『湘郷県志』巻十九、人物志、義勇。また他に目立つ戦病死者数として、一八五四年、五年、九年の湖南（九六六人、一二六人、二五八人）、一八五五年、六年の湖北（二三三人、二六六人）、一八五五年から九年の江西（一四二人、一五八人、五二八人、五〇四人、一一九人）、一八五七年、八年、九年の広西（九十人、四一三人、一三五人）がある。また一八六八年には湖北で捻軍と戦い五千人以上の戦死者を出している。
(177) 第五章参照。また曽国藩は駱秉章への書信（九月二十五日）で楚勇の統率が難しいことを指摘している（『曽国藩全集』書信一、二四六頁）。
(178) 営規則、招募之規『曽文正公（国藩）全集』雑著、巻二。
(179) 『羅氏四修族譜』巻六、六芸公裔垂系、民国二十年修、双峰県石牛郷湾洲村。なお羅紹志等『曽国藩家世』によると、この婚姻が成立したのは羅沢南死後のことだった（二五二頁）。
(180) 羅紹志等『曽国藩家世』二三一頁によると、曽国藩は劉蓉と早くから交遊があり、彼が郭嵩燾と知り合ったのも劉蓉の紹介によるという。また両家が婚姻を結んだのは一八五九年であった。
(181) 陸宝千『劉蓉年譜』中央研究院近代史研究所専刊、一九七九年。また賈熟村『太平天国時期的地主階級』二八六頁。
(182) 王闓運『湘軍志』曽軍篇第二、岳麓書社、一九八三年、二〇頁。
(183) 羅紹志等『曽国藩家世』によると、曽国藩の第四女が郭嵩燾の子郭依永に嫁ぎ、曽国藩の次男曽紀沢は賀長齢の娘を妻に迎えたが、一八五七年に死去した（二一七頁）。
(184) 朱東安『曽国藩伝』九九頁および近藤秀樹『曽国藩』一三〇頁。なお曽国藩は左宗棠を幕僚に招こうとしたが、拒絶された。曽国藩は左宗棠と関係が深かった陶澍（安化県人）一家に軍費の寄付を求め、左宗棠の怒りを買ったと言われる。曽国藩が陶家や長沙の常大淳一家に寄付を迫った様子は復駱秉章、咸豊三年十二月二十四日『曽国藩全集』書信一、四二〇頁から窺われる。

(185)『羅氏四修族譜』巻六、六芸公裔垂系。

(186)与彭洋中曽毓芳、咸豊三年九月十七日『曽国藩全集』書信一、二二三頁。

(187)与呉文鎔、咸豊三年十月初十日『曽国藩全集』書信一、二七九頁。

(188)与湘潭紳士公開信、咸豊三年九月二十日『曽国藩全集』書信一、二二九頁。

(189)水師得勝歌、咸豊五年『曽文正公（国藩）全集』雑著、巻一。

(190)王鑫『団練説』『王壮武公遺集』巻二十四（目黒克彦「王壮武公鑫著『団練説』訳解」）。

(191)江忠源奏、咸豊三年七月二十九日『鎮圧』九、五九頁。なお朱東安『曽国藩伝』によると、この時江忠源に水軍創設の必要性を説いたのは郭嵩燾であったという（八七頁）。

(192)曽国藩奏、咸豊三年十月二十四日『鎮圧』十、六三六頁。

(193)水師得勝歌、咸豊五年『曽文正公（国藩）全集』雑著、巻一。曽国藩奏、咸豊三年十一月二十六日『鎮圧』十一、三五〇頁。また復褚汝航、咸豊三年十二月二十六日『曽国藩全集』書信一、四二六頁は建造する船と乗員数、水軍全体の規模について詳細を語っている。

(194)曽国藩奏、咸豊三年十二月二十一日『鎮圧』十一、六三九頁。

(195)『曽文正公（国藩）全集』雑著、巻二、営制。また竜盛運『湘軍史稿』七五頁。

(196)菊池秀明『金田から南京へ――太平天国初期史研究』汲古書院、二〇一三年、第八章と第九章。

(197)『曽文正公（国藩）全集』雑著、巻二、営制。

(198)与王鑫、咸豊三年八月二十日『曽国藩全集』書信一、一八五頁。また与呉文鎔、同年九月十七日、同書二二五頁には「募勇一万、毎月須費六万金」とある。

(199)曽国藩奏、咸豊三年十月二十四日『鎮圧』十、六三八頁。

(200) 与文希范、咸豊三年九月初二日『曽国藩全集』書信一、一九五頁。

(201) 復駱秉章、咸豊三年十二月二十四日『曽国藩全集』書信一、四二〇頁。また曽国藩は人々に出資を促すべく、自ら銭二十万文を出し、賀長齢一家にも銭十万文を寄付させた。しかし人々の反応は鈍く、曽国藩は十二月の上奏で「臣来衡両月有余、僅勧捐銭二万串有奇、再三勧諭、終不踴躍」と述べている（咸豊三年十一月二十六日『鎮圧』十一、三五二頁）。

(202) 催完銭糧告示『曽文正公（国藩）全集』雑著、巻一。

(203) 曽国藩奏、咸豊四年二月初十日『鎮圧』十二、四六一頁。この時夏廷樾と郭嵩燾は湖南で、刑部侍郎黄賛湯、朱孫治が江西で、按察使胡興仁、前翰林院編修朱惺が四川で勧諭を行った。また羅爾綱『湘軍兵志』によると、湘軍が兵糧を現地調達する方法には捐輸のほか釐金、餉塩、丁漕、協済、関税、雑捐があった。釐金を用いたのは一八五六年以後のことで、湖南、湖北で徴収されたという（一二一頁、一二四頁）。

(204) 江忠源奏、咸豊三年十月初六日『鎮圧』十、四一三頁。

(205) 軍機大臣、咸豊三年十月初五日『鎮圧』十、三九三頁。

(206) 軍機大臣、咸豊三年十一月十二日『鎮圧』十一、一七〇頁。

(207) 曽国藩奏、咸豊三年十一月二十六日の硃批部分、『鎮圧』十一、三五〇頁。

(208) 曽国藩奏、咸豊三年十二月二十一日『鎮圧』十一、六三九頁。

(209) 復駱秉章、咸豊三年十二月十五日『曽国藩全集』書信一、四一三頁。

(210) 復呉文鎔、咸豊三年十二月十五日『曽国藩全集』書信一、四一二頁。

(211) 李濱『中興別記』巻十一（『太平天国資料匯編』第二冊上、一八二頁）。

(212) 軍機大臣、咸豊四年正月初二日・二月十二日『鎮圧』十二、一五二頁・四九〇頁。

(213) 曽国藩「粤匪を討伐すべき檄文」（並木頼壽等編『新編　原典中国近現代思想史』一、開国と社会変容、岩波書店、二〇一〇年、二八六頁）。

(214) 『天父聖旨』巻三、甲寅四年正月二十七日・六月初一日（羅爾綱・王慶成主編、中国近代史資料叢編続編『太平天国』二、広西師範大学出版社、二〇〇五年、三二二頁・三二九頁)。また王慶成「『天父聖旨』『天兄聖旨』与太平天国歴史」『近代史研究』一九八五年二期(小島晋治、白川知多、並木頼壽訳、中国民衆史研究会編『老百姓の世界』三・四、一九八五年・一九八六年所収)。

(215) 洪大全上咸豊帝表文、咸豊二年三月二十四日『鎮圧』三、二三九頁。また菊池秀明『金田から南京へ――太平天国初期史研究』第三章を参照。

(216) 菊池秀明『金田から南京へ――太平天国初期史研究』第一章、第九章。また菊池秀明「太平天国における不寛容――もう一つの近代ヨーロッパ受容」(川島真等編『岩波講座・東アジア近現代通史』一、東アジアの近代・一九世紀、岩波書店、二〇一〇年、三〇〇頁。

(217) 曽国藩「粤匪を討伐すべき檄文」。

(218) 王鑫『団練説』『王壮武公遺集』巻二十四(目黒克彦「王壮武公鑫著『団練説』訳解」)。

(219) 駱秉章奏、咸豊四年二月二十三日『鎮圧』十二、六一八頁。

(220) 駱秉章奏、咸豊四年三月初三日『鎮圧』十三、九七頁。

(221) 駱秉章奏、咸豊四年三月十三日『鎮圧』十三、二四〇頁。

(222) 復劉蓉、咸豊三年十一月初一日『曽国藩全集』書信一、三三六頁。

(223) 復駱秉章、咸豊四年正月二十六日『曽国藩全集』書信一、四八三頁。

(224) 与駱秉章、咸豊三年十月初六日『曽国藩全集』書信一、二六九頁。この中で曽国藩は王鑫について「閲歴太浅、視事太易之過也」「三千援鄂之挙、恐璞君実難勝任」と述べている。

(225) 復王鑫、咸豊三年十二月二十六日『曽国藩全集』書信一、四二八頁。

(226) 駱秉章奏、咸豊四年三月十五日『鎮圧』十三、二六七頁。曽国藩奏、咸豊四年三月十八日、同書三一〇頁。この上奏で曽国藩は自ら「調度乖方、深負鴻慈委任」の罪で処罰を求めた。また同日の附片によると、四日の大風によって戦闘艦二十四隻が沈んだ(同書三一二頁)。

(227) 駱秉章等奏、咸豊四年四月十二日『鎮圧』十三、六四〇頁。
(228) 曽国藩奏、咸豊四年四月十二日『鎮圧』十三、六三七頁。
(229) 靖港敗潰後未発之遺摺『曽国藩全集』奏稿一、一三九頁。
(230) 駱秉章等奏、咸豊四年四月十二日『鎮圧』十三、六四〇頁。
(231) 李秀成の供述書（並木頼壽等編『新編 原典中国近現代思想史』一、二四一頁）。
(232) 『賊情彙纂』巻二、劇賊姓名下、林紹璋・韋俊・石鎮崙の条（『太平天国』三、五九頁・五五頁・五六頁）。
(233) 王定安『湘軍記』巻二、湖南防禦篇、岳麓書社、一九八三年、一五頁。
(234) 駱秉章等奏、咸豊四年七月十一日『鎮圧』十四、一二三頁。
(235) 駱秉章奏、咸豊六年五月二十四日『宮中檔咸豊朝奏摺』十七、七六頁。
(236) 謝湘郷加学額恩摺、咸豊六年十一月十七日『曽国藩全集』奏稿一、一三九頁。またこの上奏で曽国藩は「計一県之中、数年之内、文員保挙道府以下至州県佐雑者数十人。武弁保挙参游以下至千把外委者数百人。悉荷恩旨兪允。而羅沢南、李続賓均蒙賞加藩司之銜、錫以二品之封。在合県諸人言之、已覚労薄而賞厚」と述べ、数年間で多くの湘軍出身者が官職を与えられたことに感謝を述べている。

第八章　湖南岳州、湖北武昌と田家鎮をめぐる攻防戦

はじめに

筆者は第七章において、西征軍の湖北、湖南における活動と湘軍の登場について分析した。一八五三年末に太平軍が黄州で清軍と対峙すると、旗人出身の湖北巡撫崇綸は咸豊帝の漢人官僚に対する不信感を利用し、湖広総督呉文鎔を排撃して彼を死地に追い込んだ。堵城の戦いに勝利した太平軍は漢陽、漢口を占領して湖北各地へ軍を進め、物資獲得のために有力者に貢物を求めたが、彼らを活用して安定した地域経営を行うことは出来なかった。むしろ反体制勢力の掠奪、暴行や諸王の親族（国宗）による無秩序な取り立てに苦しんだ人々は、団練を組織して太平軍に抵抗するようになった。

この頃湖南では曽国藩が湘軍の創設に取り組んでいた。彼は新興のエリートで、中国官界の腐敗と無気力に批判を持っていたが、団練大臣に任命されると湘郷県団練を母体に同郷意識と読書人の師弟関係に基づく結束力の強い私的軍隊を作り上げた。一八五四年二月に曽国藩は『粤匪を討伐すべき檄文』を出し、太平天国を儒教「文明」に挑戦する異端宗教としてその攻撃性を批判した。また太平軍の中核を占めた広西、広東出身者の長江流域の人々に対する抑圧的な態度を非難し、ローカルなパトリオティズムを煽ることで人々を太平軍との戦いに駆りたてた。それは清朝への忠誠というよりは、太平天国に参加した下層民もめざした政治的上昇を、自分たちがイニシアティブを取って進め

ようとするものだった。この点で太平天国と湘軍は競合関係にあり、その故にこそ曽国藩は太平天国との差異を強調し、彼らへの敵意を煽る必要があったのである[1]。

本章は湘軍が太平軍に初めて勝利した湘潭の戦い以後、一八五四年末にかけて湖南北部および湖北各地における両軍の戦いを検討する。具体的には太平軍の第二次武昌占領と湘軍による奪回、湖南岳州の戦いと湖北田家鎮をめぐる攻防戦などを取り上げる。長江中流域の戦局を左右したこれらの戦いについては、すでに太平天国史研究の分野で簡又文氏[2]、羅爾綱氏[3]、朱哲芳氏[4]、賈熟村氏[5]、崔之清氏らの著作がある[6]。また竜盛運氏[7]、朱東安氏[8]、王継平氏[9]は湘軍史研究の立場から分析を進め、アメリカではP・H・キューン氏が地域社会の軍事化という視点から湘軍の活動を中国近代史の中に位置づけた[10]。日本では近藤秀樹氏が曽国藩の伝記の中でこの時期の歴史を取り上げている[11]。

本章はこれらの成果を受け継ぎながら、近年公刊された檔案史料集と筆者が収集した史料を用いて分析を進めたい。また西征を十九世紀中葉の長江流域における社会変容という視点から捉え直し、太平天国と湘軍の争いがもたらした影響について検討する。それは太平天国の歴史を新たな中国近代史像に位置づける作業になると思われる。

一、曽天養軍の湖南進出と岳州の戦い

(a)　曽天養軍の湖南進出と太平軍の第二次武昌占領

湘軍が湖南湘潭県で太平軍に勝利した頃、湖北では一度解任処分を受けた湖広総督台湧率いる清軍が不甲斐ない戦いを続けていた。一八五四年五月に彼は応山県、徳安府（安陸県）、雲夢県を奪回したと報じたが、その実太平軍は秋官正丞相曽天養（広西桂平県古林社人）の軍が西進したために戦線を縮小し、自ら撤退したに過ぎなかった[12]。また安陸

府（鍾祥県）を出発した曽天養軍が荊門州を占領すると、台湧は防衛に努めなかった知府馮国禎らを告発し、湖北との省境に留まって前進しない河南南陽鎮総兵柏山に対する不満を申し立てた[13]。しかし台湧自身は徳安付近の応城県を奪回したものの[14]、さらに南下して武昌の救援に向かおうとはしなかった。その結果、六月に太平軍が武昌を陥落させると、台湧は「毫も布置がなく」「大局を誤らせた[15]」との理由で更迭されることになる。

だがこの頃、湖北北部の清軍にも注目すべき変化があった。後に湖広総督として太平軍の鎮圧に当たることになる荊州将軍官文（満洲正白旗人）の登場である。彼は旗人として曽国藩らの活動を監督、牽制する役割を担ったため、その無能と浪費ぶりを指摘する記録は多い。だが彼は拝唐阿と呼ばれる漢訳の執事を担当し、漢軍八旗に長く籍を置くなど漢人と接触する経験を重ねた。また崇綸が呉文鎔を排撃した時に官文は同調しなかったため、その「偏見のない」態度は旗人有力者の協力を必要としていた湘軍にとって利用価値があった[16]。

五月九日に曽天養軍が荊州に向かう要所である竜会橋を攻めると、官文は遊撃王国才率いる兵一二〇〇人に迎撃させ、これを撃退した[17]。また宜昌府城を落とした曽天養軍が西から荊州をめざすと、都統貴陞と王国才の軍を派遣してこれを防がせた[18]。さらに清軍が荊州東部の監利県を奪回すると、六月に官文は曽天養軍を追撃して長江南岸の湖南省へ入っていた軍を呼び戻し、洪湖、沔陽州方面から武昌の救援に向かわせようとした[19]。これらの戦果は必ずしも彼が直接指揮した訳ではなかったが、長江上流域の旗人司令官に失望していた咸豊帝を喜ばせた。そして彼は武昌陥落後に湖広総督となった楊霈（漢軍廂黄人）を援助して「全局を通籌[20]」するように命じられた。

さて湘潭の敗北後、靖港から撤退した国宗石祥禎（翼王石達開の兄）、国宗韋志俊（北王韋昌輝の弟）の部隊は、五月二十八日に洞庭湖北岸の華容県を占領した[21]。ここから石祥禎らは船で軍を進め、六月八日に西岸の竜陽県へ到達し、十一日には常徳府城を陥落させて城内の文武官員、兵士を殺した[22]。湖南へ入った曽天養の軍も十一日に澧州を占領し、

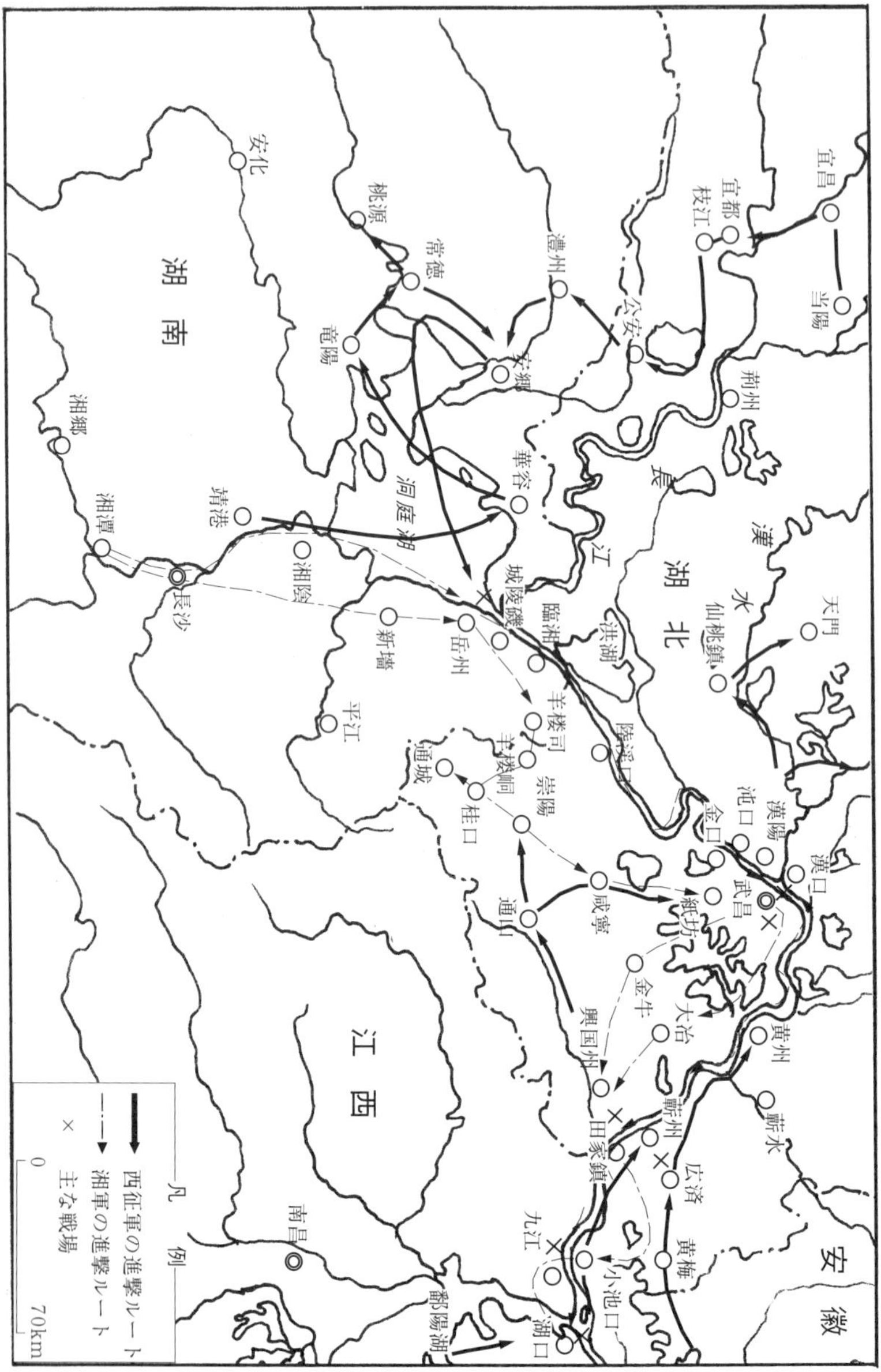

地図13　太平天国西征図②（1854年５月～55年９月　郭毅生主編『太平天国歴史地図集』を参考に作成）

石祥禎らの軍と合流して安郷県を攻めた[23]。また別の一隊は常徳から西進して桃源県を占領し、辰州方面へ進出する構えを見せた[24]。

太平軍が湖南西部へ進出するのは初めてのことであった。李如昭『鏡山野史』によると、道光年間からこの地域では天災に加え、租税や寄付の名目を用いた軍費の苛酷な徴収、胥吏の腐敗や団練結成による訓練の負担に人々は苦しんだ。安化県では地方政府が不正を訴えられた甲書（銭糧徴収のために「私設」された胥吏の一種と見られる）を庇ったため、これに怒った人々が甲書の家を襲撃し、さらに「官民が仇殺して休まず、県城はしばしば戦場となった[25]」という衝突事件が発生した。また太平軍の接近に刺激された反体制勢力の活動も盛んで、三月に安化県の「土匪」王揚元らは二千人を率いて県城を攻め[26]、華容県でも王光鼎らが湖北監利県の太平軍守備隊と連携して県城を陥落させた[27]。さらに石祥禎らの軍が常徳を占領すると、有力者たちは家の門に「順天太平」と記された紙を貼り、香を焚き爆竹を鳴らして太平軍の「王爺」を歓迎した。また貢物として差し出された「銀銭、米穀、馬は無数[28]」にのぼった。それらは新王朝としての太平天国に対する人々の恭順の姿勢を示すものであったが、曽天養の作戦活動がそうであったように太平軍にこれらの地を経営する意志はなかった。このため石祥禎らは「土匪が争ってこれを導き、境内は殆ど遍く蹂躙された[29]」とあるように地元の反体制勢力の協力のもと食糧と財産、船と人を徴発すると、「秋になったら長沙を攻める[30]」と言い残して岳州へ引きあげたという。

いっぽう武昌では太平軍による城の包囲が続いていた。五月に湖北巡撫青麐が行った上奏によると、呉文鎔の出撃後、武昌に残された清軍は四六〇〇人ほどで、城内の守備に三千余人を割き、残る一五〇〇人と都統魁玉の率いる満洲兵八百人、前任巡撫の崇綸が募集した壮勇数千人を城外の洪山などに駐屯させたが、漢陽、漢口に差し向ける兵力はなかった[31]。初め太平軍は湖北各地に食糧徴発の兵船を派遣したため、漢陽に停泊する船は千隻に満たず、「その夥党は多くなく、半ばは十二、三歳の子どもに吶喊して助勢させている[32]」とあるように戦力は高くなかった。四月下旬から清軍は五回にわたり太平軍と戦って勝利したが、太平軍が「四面の道路を全て阻塞した」と補給路を断ったため清軍の兵糧が不足し、青麐は倉庫の米を放出して将兵と住民の食糧に充てさせた。

続いて青麐は湖北各地における太平軍の活動を報じている。それによると太平軍は黄州を数ヶ月にわたって占領しており、「偽示を出し、百姓に薙髪を禁止した。並んで烟戸冊を造らせ、人を派遣して管領させた」とあるように、人々に薙髪を禁じて戸籍を作成させるなど地域経営を行っていた。漢陽、徳安の各地でも事態は同様で、「土匪」と結んだ太平軍の恐喝に人々が怯えて逃げ出し、地方官の組織した団練も抵抗しきれないと述べた。また皆が喜んで太平軍に従っている訳ではないが、どこでも従う者は千人を超え、太平軍はわざわざ偵察や調査を行わなくても情報や物資を入手できる。現在湖北の豊かな地域は太平軍の制圧下にあり、誰もが蓄髪するようになったため、弾圧が遅れると太平軍と民衆の区別がつかなくなってしまうと指摘した。

さらに青麐は現在の清軍兵力では武昌を守ることで手一杯であり、他地方まで顧みる余裕はないと述べた。また「細かく賊情を観察するに、おおよそ湖北各府を殆ど遍く搶掠すれば、省城は潰えさせずとも自ら潰えると欲しており、実に毒計」とあるように、太平軍の戦略は湖北各地の富を奪い尽くすことで武昌を自滅させるものであり、付近の各省から援軍を派遣し、食糧の補給路を確保しながら攻撃を進めるように要請した[33]。

五月下旬に入ると、太平軍の軍船が再び武昌周辺に集結し始めた。常徳から岳州へ撤退した石祥禎と韋志俊が、東王楊秀清から急ぎ武昌を攻略せよとの命令を受けたのである[34]。漢口から漢陽の鸚鵡洲にかけて多くの軍船が停泊し、兵力は漢口を守っていた国宗石鳳魁の軍と併せて一万人以上、「火牛の法で省垣を攻撲する[35]」と公言していた。この時陝西将軍舒倫保の援軍は応山県で足踏みし、陝甘提督桂明も台湧のもとに留まって姿を見せなかった[36]。武昌の清軍司令部では局面を打開すべく会議がくり返されたが、ここで再び内紛が勃発した。青麐と崇綸の対立である。

二人の反目は咸豊帝の命を受けた青麐が崇綸と呉文鎔の対立原因を調査したことをきっかけに表面化した。青麐が呉文鎔に同情的な報告を送り、崇綸がアヘンの常習患者であることを通報すると[37]、崇綸は青麐が「軍機を貽誤」していると告発した。彼によれば、青麐の取り柄は「軍功証明書（功照）の濫発」だけで、小舟一隻を沈めた程度の戦果でも褒美を与えている。援軍が期待出来ない以上、現有戦力で漢陽を攻撃し、補給ルートを確保すべきであるのに、「援軍数万がすでに湖北へ入り、まもなく到着する」と記した布告を張り出し、太平軍が「退散」する期日を占うなど美辞麗句で取り繕っていると非難した。また崇綸の批判は台湧に対しても向けられ、太平軍が徳安を攻撃した時、その兵力は数百人に過ぎなかったのに、台湧は「府城を棄てて」河南省境へ逃れ、太平軍の北進を防ぐと言ったまま何の連絡もよこさないと述べ立てた[38]。

実のところ青麐は手をこまねいていた訳ではなかった。六月五日に太平軍が長江下流の磯窩で「郷民」を動員して土城を作らせようとすると、已革広東高廉鎮総兵の楊昌泗にこれを攻撃させた[39]。また漢口周辺で太平軍部隊と屢々交戦し、城内で清軍の補給路に関する情報を収集していた太平軍の「奸細」黄七舫らを捕らえて処刑した[40]。六月二十一日に楊昌泗の軍は東南から攻め寄せた太平軍を撃退したが、城内は食糧が断絶し始め、空腹で帰還した兵たちは麺餅二個しか与えられなかった[41]。出すべき褒美もなくなり、青麐は自分の財産を差し出して「犒賞」に充てた[42]。

六月二十五日に太平軍は「米糧の出入に必経の地」である魯家巷を占領し、ここに陣地を構築した。事態を重く見た青麐は楊昌泗と魁玉の軍を魯家巷へ向かわせ、翌日攻撃をしかけると、漢口と鸚鵡洲の太平軍が長江を渡って塘角、鮎魚套に攻め寄せた。青麐が武勝門で指揮を取っていると、突如城内の蛇山から黄鶴楼にかけて一斉に黄旗があがり、武昌の「本地人」が太平軍に内応した。これを見た清軍は総崩れとなり、武昌は再び太平軍に占領された[43]。その実黄旗を掲げたのは応城県を退出した聖典糧陳玉成（広西藤県人）の率いる五百人の太平軍将兵で、武昌県の梁子湖から省城の東南へ回り込み、城壁をよじ登って城内へ進入したという。(44)

武昌城が陥落すると、青麐は「いにしえの軍を移して餉を得る法」に倣い、自ら一隊を率いて咸寧県を攻め、兵糧を手に入れて将兵に食べさせた。蒲圻県へ到達した青麐は荊州へ向かおうとしたが、船を調達できず、長沙を経由することにした。(45)初め咸豊帝は青麐が私財を投じて褒美を出し、士気を鼓舞したことを讃えていた。だが武昌陥落後に青麐が台湧、官文の陣営へ赴いて速やかな反攻を試みず、遠く長沙へ向かったのは「城を棄てて逃げた」「越境して生を偸んだ」のであり、これを許せば地方官の「守土の責」は空文になってしまうと激怒した。そして青麐が荊州に到着次第、処刑するように官文に命じた。(46)

八月に青麐が処刑されると、(47)十一月に曽国藩は崇綸を告発する上奏を行った。彼は武昌が陥落したのは「実に崇綸、台湧の良からぬ処置、多くの誤りが原因であり、人々はこれを骨の髄まで恨んでいる」と訴えた。とくに崇綸は青麐に対してあらゆる妨害を加え、護衛の兵も武器製造のための費用も出さず、会って情報を知らせることもしなかった。青麐は長沙に到着後、「崇綸の多方にわたる掣肘、台湧の坐視して救わぬ」やり方について語ったが、司令官同士が不和で、相手を排斥していたのでは勝利出来る筈がない。武昌の人々は青麐が「賊の擄掠を追い払い」「民の苦しみを哀れむ告示を出した」のに対して、崇綸は「大清の赤子」を全く哀れまなかったと証言している。加えて武昌陥落の時、崇綸は軍と共に城を脱出したにもかかわらず、一日前に北京へ召還されて城を出ていたと嘘をつき、責任を免れようとした。自らは「城破れて逃げのびた罪」を隠し、死者を弾劾して誹謗するとは「無恥の最たるもの」でなくて何であろうかと結んでいる。

ここで曽国藩が崇綸を批判したのは、第一に崇綸と対立して解任された張亮基や死地に追いやられた呉文鎔の汚名を雪ぐためであった。だが彼が旗人であった青麐を弁護し、「公論」に基づいて崇綸の「私怨」を告発した背後には、単なる満漢官僚間の争いに止まらない清朝体制とりわけ恣意的な裁断を下す不明な皇帝に対する失望があった。曾国藩は崇綸を「僅かに革職」にしただけで、青麐に全ての罪を負わせた咸豊帝に「聖主は自ずから一定の権衡があり、微臣があえて申し上げることはいたしません」(48)と強烈な皮肉を送っている。これを見た咸豊帝は崇綸の捜索と北京送還を命じたが、彼は治療先の陝西で服毒自殺を遂げ、病死と報じられた(49)。曾国藩はバランス感覚を欠いた狭量な青年皇帝のもとで、困難な太平軍との戦いに臨まなければならなかったのである。

（b）湘軍の再編制と岳州の戦い

太平軍が常徳、武昌を攻略していた頃、曾国藩は湘軍の再編制を進めていた。靖港で敗れた彼が長沙へ帰還すると、「湘勇が屢々潰えたため、常に市井の小人に侮辱され、官紳の間にもこれを弾劾する者がいた(50)」とあるように、彼の強引な手法と無様な結果に批判が集中した。曾国藩は自らの「智略の不足」を理由に処罰を求め、「遺摺」をしためて自殺を考えた(51)。だが湘潭における勝利の知らせがもたらされると、それまで彼と対立していた湖南の地方官僚や旧来のエリートたちは沈黙した。とくに大きかったのは報告を受けた咸豊帝が「大いに悦(52)」び、「湘潭の全勝」と「水勇の甚だ出力」に免じて曾国藩を解任処分にとどめ、引き続き湘軍を統率するように命じたことだった。また湖南提督鮑起豹が「株守無能」の罪で更迭され、旗人でありながら湘軍に加わった補用副将の塔斉布が提督職の代行を命じられたことは、湖南の官界における政治闘争で湘軍に結集した新興エリートが勝利したことを示すものだった(53)。

次に曾国藩は三度にわたる湘軍の戦いぶりを総括し、その問題点として賞罰の規定が不明確であるために不正が絶えず、軍の規律が維持できないことを挙げた。彼は弟たちに宛てた手紙の中で次のように述べている水勇は〔三月〕二十四、五日（四月二十一日、二十二日）から成章詔の営（五百人の大隊をさす——筆者註）で逃げ出す者は百余人、胡維峰の営からも数十人が逃げた。二十七日（四月二十四日）には何南青の営から一哨（百人）が逃げ出し、戦船と大砲を東陽港に棄てて、船の中にあった銭、米、帆、布などを全て奪い去った。二十八日（四月二十五日）には各営で脱走する者が三、四百名に及んだ。初二日（四月二十八日）の靖江《ママ》の敗北を待たずして勇は逃げたのであり、この時の軍の総崩れは後から起きたものなのである。

その湘潭で戦い勝利した五営についても、ただ賊の財産を奪い取ることしか知らず、全く長沙へ戻ろうとしないで、すぐに〔湘郷〕県城へ逃げ帰った。ひどい場合は戦船で湘郷県内の河辺に乗り付け、勇たちは上陸して逃げ帰り、戦船が漂流して荷物が失われるに任せた。彭雪琴（彭玉麟のこと）が漕ぎ手に褒美を与えようとしたところ、漕ぎ手は突然頂戴を見て、ついに名簿に記された姓名は全て嘘であると告白した。応募する時に適当な名前を報じておけば、将来数が揃わなかった時に、名簿をもとに探されることもないだろうと思った云々。思うにあらかじめ逃げ場を作ろうとして、名前を偽ることを考えたのだろう。湘勇の良心の喪失ぶりがわかろうと言うものだ。もしすでに逃亡した者を再び招いたりしても、断じて力にはならない(54)。

王闓運によると、靖港の戦いで曽国藩は岸辺に「旗を越えた者は斬る」と記した旗を立てて軍の崩壊を防ごうとしたが、兵士たちは旗を迂回して逃亡し、功を奏さなかった(55)。だが右の手紙からは、それ以前にも湘軍の各部隊で逃亡者が続出し、掠奪を働いた後は集団で帰郷してしまったことがわかる。彼らは逃亡に備えるため偽名で応募しており、同郷出身者を集めることで軍の結束と相互監視を強めようとした曽国藩のもくろみは外れた。加えて逃げたのは兵士ばかりではなかった。湘郷県知県朱孫詒は岳州で敗れて逃げ帰り、寧郷県でも敗北して「逃奔すること数次」であったが、長沙帰還後は宝慶府代理知府に昇進した。また王鑫は独断的な行動で「大局を貽誤」させたにもかかわらず、石潭で殺した太平軍将兵の数を三十人から数百人に水増しして「ニセの勝利」を報じた。曽国藩はこうした風潮を「是非を顚倒することかくの如し」と憤慨し、乱世とは必ずこうした「是非の不明、白黒の不分」から起こるのだと力説している(56)。

こうした認識に基づき、曽国藩は大規模な兵員整理を行った。岳州、湘潭の戦いで戦果をあげた塔斉布、候選知県彭玉麟、守備楊載福、貢生鄒寿章と平江県知県林源恩（四川達州人）の率いた四千余人を除き、全ての部隊を解散し、曽国藩の弟である曽国葆も整理の対象になった(57)。また彼らと同知羅沢南、彼の弟子である李続賓（童生、湘郷県人）に新兵の募集を行わせ、陸軍七五〇〇人、水軍五千人を集めた。とくに損失の大きかった水軍については、戦船六十隻の建造と百隻余りの修理を急がせると共に、新たに道員李孟群の率いる両広水勇一千人、総兵陳輝竜の率いる広東水軍四百人を加えた(58)。さらに呉文鎔の招きに応じて親兵六百人を率いて戦線へ到着したが、呉文鎔の死によって行き場を失っていた貴州道員胡林翼の部隊を吸収し、出撃の準備を整えた(59)。

この時曽国藩が記した『新募の郷勇に暁諭す』は、「もし早く武芸を学んで習得せず、賊と遭遇して戦ったら、なんじは彼を殺すことが出来ず、彼はおまえを殺す。もしおまえが退却しても、国法を逃れることはできない。だから武芸を学ぶことはおまえたち自身の生命を守ることなのだ」とあるように、太平軍と戦うために武芸を鍛錬するように命じている。また勝利の暁に得られる褒美について次のように述べている

一、戦いで賊一名を殺した者に銀十両の褒美を与え、併せて八品軍功を与える。
一、賊二名を殺した者には銀二十両の褒美を与え、併せて六品軍功を与える。
一、賊三名以上を殺した者は、銀三十両の褒美を与える他に、上奏して軍内で千総、把総として任用できるようにする。

ここからは湘軍が郷土湖南の防衛や清朝への忠誠といった理念に奉仕するよりは、太平天国の将兵を組織的かつ効果的に殺害することを目的とした武装集団へ転化したことが窺われる。またこの目的を達成するために、「戦場で逃亡した者は斬殺する。功績を偽った者はさらし首とする」[60]という厳しい軍律が設けられた。それは反体制勢力への苛酷な弾圧で「曽剃頭」と揶揄された曽国藩のパーソナリティーや中国専制王朝のかかえた抑圧的な体質の現れであったが、偶像崇拝者と見なした旗人や清朝官僚、将兵を徹底的に排撃した太平軍の行動がもたらした一つの反作用でもあった。いずれにせよ、この再編によって湘軍の戦闘力は飛躍的に高まり、太平軍は苦戦を強いられることになる[61]。

七月七日に曽国藩はまず即補知府褚汝航らの率いる水軍二千人を進発させ、洞庭湖東岸の鹿角に停泊させて太平軍の南下を防いだ。陸軍は塔斉布（中路）率いる主力七千人が岳州南方の新墻市を占領し、羅沢南と岳州府知府魁聯の率いる湘勇、宝勇二千人がこれを支援した。また胡林翼率いる一軍（西路）は常徳の救援に向かい、林源恩の平江勇、江忠淑の楚勇（東路）は平江県から湖北通城県へ軍を進めた[62]。

七月二十三日に褚汝航らは洞庭湖の君山、雷公廟で曽天養の率いる太平軍の水軍と戦い、戦船百余隻を焼いた。曽天養は岳州を放棄して城陵磯へ退き、二十五日に湘軍は岳州府城を占領した（図12）。二十七日に曽天養は四百隻余りの船で反攻を試みたが、湘軍は三方からこれを迎え撃ち、太平軍は船七十隻以上を奪われ、丞相の汪得勝ら四百人余りの死者を出して敗退した。太平軍の陸上部隊も塔斉布の軍に敗れ、曽天養は臨湘県へ退いた[63]。

湘軍による岳州進攻の知らせは、七月三十日に南京にいた翼王石達開のもとへ届いた。この時曽天養が「妖魔が作怪（蠢動の意味——筆者註）をなし、勝利を得ることは難しい。おそらくは岳州の城は守りきれないだろう」と厳しい戦況を報告すると、石達開はこれをすぐに東王楊秀清へ伝えると回答した。また彼は曽天養に次のような指示を与えている

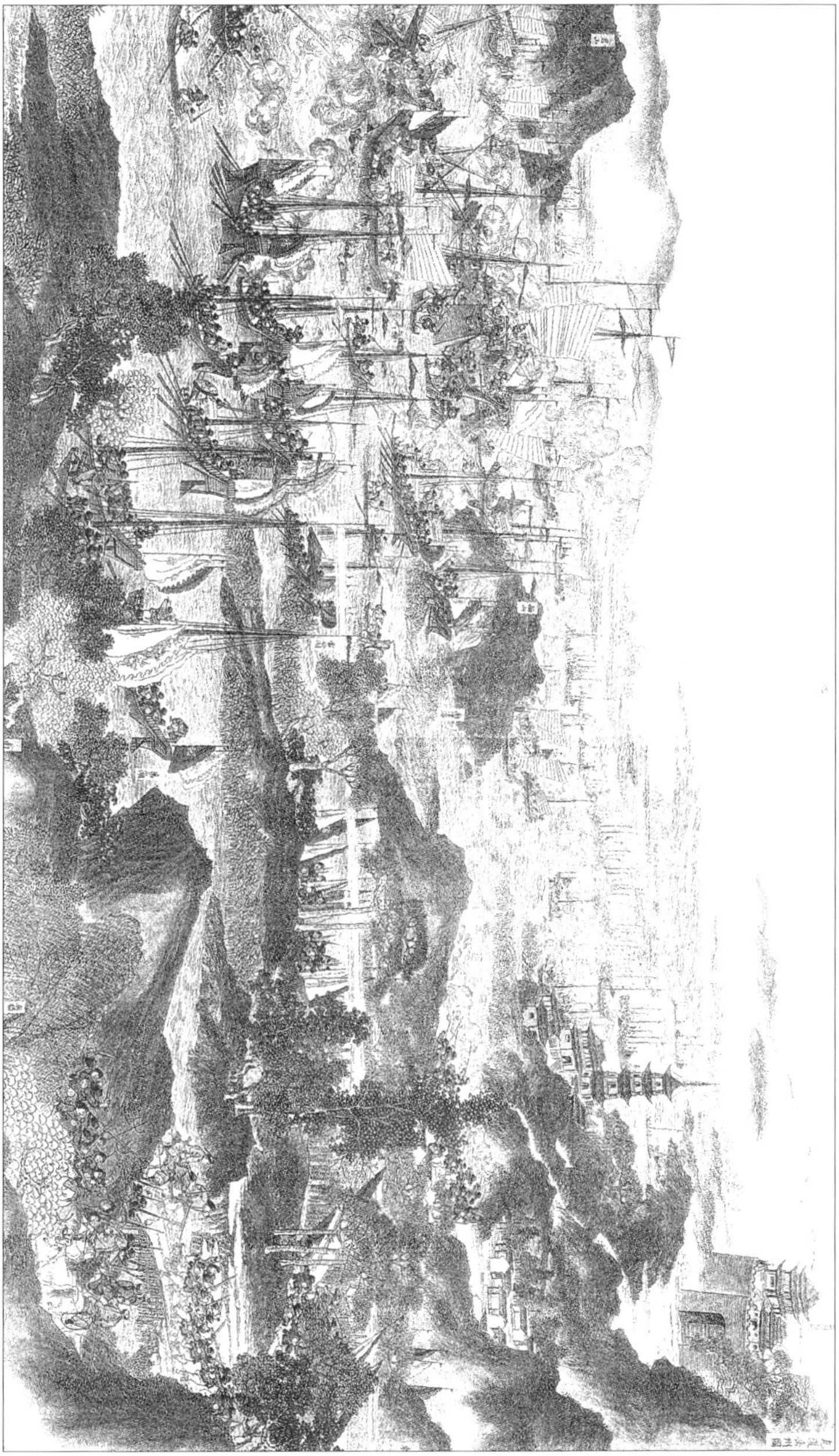

図12　岳州を奪回する湘軍（『平定粤匪図』第一幅、克復岳州図、国立故宮博物院蔵）

湘軍が水陸に分かれて岳州府城を攻撃している。これを『平定粤匪戦図』の絵図（冊四、克復岳州戦図、東洋文庫蔵）と比べると、兵士一人一人の服に「湘勇」の文字が描かれるなど、湘軍の功績を強調する内容となっている。

君たちは外にあって、何事も臨機応変に防衛に努めるべきである。もし岳州城を守ることが難しければ、君たちは下流に退いて強固な陣地を築き、東王の誥諭を待ってこれを行い、怠慢で誤ってはならない。なべて天父が大いに天恩を開かれ、大いに権能を顕かにされるのを待て。あれらの妖魔を自由に泳がせておいても、決してわが天父、天兄の計略から逃れることは出来ないのだ。特にいまこの道理を将兵たちに説き聞かせ、彼らに別な考えを持たせてはならない(64)。

ここで石達開は岳州の防衛にこだわらず、下流で防備を固めるなど柔軟な戦略を取るように命じている。彼は太平天国の中では宗教色の希薄な指導者であったとされるが、史料では「天父が大いに天恩を開かれ、大いに権能を顕かにされるのを待て」と述べるなどヤーヴェの庇護を強調している。また「わが天父、天兄の計略」とは偶像崇拝者である清朝が滅ぼされ、太古の中国における上帝崇拝への回帰をめざす太平天国が勝利すべきであるという彼らの信念であり、石達開はこれを「説き聞かせ」ることで将兵の動揺を鎮めようとした。ここからは太平軍が殺戮を目的としがちな湘軍に比べて明確な理念を持ち、それを人々に周知させようとする集団であったことが窺われる。

七月三十日に武昌を陥落させた韋志俊、北王麾下の殿前丞相張子朋らが戦船百隻余りを率いて救援にかけつけ、曽天養らと共に再び岳州を攻めた。湘軍は褚汝航らが道林磯で迎撃し、楊載福が背後から火攻めをしかけた。混乱に陥った太平軍は四百隻の船を失い、検点黎振輝など二千人近い死者を出して敗退した。また八月七日にも韋志俊、曽天養は城陵磯で湘軍と戦ったが、数百人の死者を出して敗れた(65)。

戦況が不利と見た太平軍は再び漢口から援軍を送り、八月九日に三度岳州を攻撃した。湘軍はようやく戦線に到着した陳輝竜の広東水軍が迎撃し、褚汝航もこれに加わった。初め湘軍は勝利したが、広東水軍が深追いしたところを太平軍に反撃され、部隊は全滅して彼と褚汝航、同知夏鑾が戦死した(66)。以後水軍は彭玉麟と楊載福が統率することになり、陸軍と同じく湖南人中心の部隊としての性格を強めることになった(67)。

だがこの勝利にもかかわらず、戦況は太平軍に有利とはならなかった。八月十一日に太平軍三千人が城陵磯に上陸して陣地構築を試みた。塔斉布がこれを迎撃すると、突然「髪を伸ばし長い顎ひげを蓄えた大賊目」即ち曽天養が単騎湘軍の陣地へ切り込み、塔斉布の名を叫びながら彼の乗馬を傷つけた。湘軍兵士が反撃すると、負傷した曽天養はなお「戈を反し相向」かって抵抗したが、多くの兵によって殺された。これを見た太平軍は「潰逃」し、八百余人が戦死した(68)。

金田蜂起以来の名将であった曽天養の死は、太平天国にとって重大な損失であった。曽国藩は彼について「威令はもとより人々に行われ、賊中ではよく兵を用いる者として、楊秀清を除くと曽逆［天養］を第一に挙げた。彼が殺された後、岳州と武漢の賊は彼のために六日間肉食を断った(69)」とあるように、彼が軍内で絶大な信頼を得ていたこと、人々が彼の死を悼んで喪に服したことを指摘した。だがそれだけに彼の死が太平軍に与えたダメージも大きかった。曽国藩は「十八日（八月十一日）の一戦は、まさに逆焔が盛んになるところであったが、たちどころにその勢いを挫き、人心は大いに定まった(70)」「曽天養が死んだ後、脅されて従っていた者たちが逃げだし、その数は一万人以上に及んだ。彼の存在は賊の勢いの盛衰に関わっていたのだ(71)」と述べ、指揮官を失った太平軍が勢いを失い、逃亡者が続出したと伝えている。

八月十四日に塔斉布が城陵磯の太平軍陣地に攻勢をかけると、韋志俊の軍が応戦し、湘軍は都司諸殿元らが戦死した。十八日には石鎮崙率いる援軍が武昌から到着し、翌日九塘嶺を占拠して鳳凰山で塔斉布、羅沢南、李続賓の湘軍と戦った。この戦いは「賊の慣技に螃蟹陣なるものがあり、常に十路余りに分かれて囲み襲う。わが軍もまた十路余りに分かれて迎撃し……、叫び声は天を震わせた」とあるように激戦となったが、太平軍は勝利することは出来なかった。すると二十二日に韋志俊、石鎮崙は二度の敗北に憤り、陸上に兵力を集中して再び総攻撃をかけた。太平軍の水軍が手薄に違いないと見た曽国藩は、楊載福と守備蕭捷三、李孟群に水軍を率いて攻撃させた。はたして「この日悍賊は均しく陸路に集まり、船に留まっていた賊は一隻当たり僅かに六人、半ばは臆病な弱賊で、残りは脅されて従った漕ぎ手であった。わが軍が賊舟を焼くのを見ると散り散りになって水に飛び込み、悍賊がこれを制止しても止まらなかった。このため水軍は僅か数時間の戦いで、賊を殺すこと千人近くに及んだ」とあるように、元々武昌の守備に当たっていたこの部隊は戦力が弱く、湘軍の攻勢にあっけなく敗北した。陸路の軍も五百人以上の死者を出して敗退した(72)。

このように太平軍は主導権を取り戻すことが出来ず、岳州奪回は不可能と見た韋志俊、石鎮崙の主力は武昌へ撤退した。八月二十五日に湘軍は城陵磯の太平軍陣地を攻め、残存していた守備隊二千余人を殲滅した。また水軍は新堤まで追撃し、各地で太平軍の軍船を焼いた。太平軍は「逃散する者が殆ど万人」とあるように、多くの落伍者を出しながら湖南から退いたのである。

二、湘軍の武昌奪回と田家鎮の戦い

(a)　湘軍の武昌奪回と太平天国、清朝

岳州の勝利によって湘軍の士気は大いに上がった。曽国藩はこの戦いを総括して「逆賊は常徳、澧州で掠奪を尽くして帰ってくると、岳［州］城を占拠した……。わが軍が岳城を奪回し、水陸で屢々勝利すると、湖北から二万人を集めてことごとく侵犯してきた……。三度の戦いで、この逆匪の勢いは頓挫し、私共は彼らが逃亡するつもりである

ことを知った。以前から賊は逃げ出そうとする時に、往往にしてわざと虚勢を張り、進撃する振りを見せる。幸いわが軍は計略を見抜き、一鼓のもとにこれを掃蕩した。このため賊の火薬、武器、旗幟、馬などは何一つ持ち帰れたものはなかった。加えて水軍は力の限り追撃し、［長江］沿岸二百里の賊巣をことごとく破壊した[73]」と述べ、太平軍の戦術を見極めた完全な勝利であったことを強調した。この上奏を受けた咸豊帝は曽国藩に三品頂戴を与え、急ぎ下流へ進撃して武漢三鎮を奪回するように命じた[74]。

だが湘軍にとって湖南省外への遠征はそれほど容易ではなかった。第一の問題は一万五〇〇〇人に拡大した将兵、随行人員の食糧補給であり、毎月銀六、七万両が必要となった。また広東水軍の全滅によって不足した戦船、大砲の製造と修理も不可欠であった。曽国藩は岳州に補給基地である糧台を設置し、湘軍の創設に関わった湖北布政使夏廷樾に「総理」させた[75]。また駱秉章は湖南を代表するエリートであった丁善慶（長沙岳麓書院山長）らに協力を求め、彼らに寄付を募って「船砲を捐辦[76]」させることにした。

第二の問題は岳州から武昌にかけて残る太平天国の地方軍であった。これらは崇陽県の鍾人杰反乱と関連が深い呼応勢力で、総制廖敬二（崇陽県人）を中心に二万人余りが蒲圻、咸寧など周辺各県に立てこもっていた。また長江流域の小河川にも太平軍の水軍が潜伏し、後方を攪乱する危険があった。このため湘軍はまず塔斉布が陸路崇陽県へ進攻し、曽国藩の水軍は「遍く支湖、小河を捜索[77]」しながら慎重に前進することにした。また先に崇陽、通城県で戦った経験を持つ胡林翼、江西救援の要請を受けた羅沢南の軍を同行させて万全を期した[78]。

これに対して太平軍は充分な反撃体制を整えることが出来なかった。その最大の原因は八月に総兵呉全美率いる清の水軍が長江を封鎖すると南京の食糧補給が滞り、韋志俊らが急ぎ南京へ呼び戻されたためであった[79]。代わって武昌の守備を任された国宗提督軍務の石鳳魁（石達開の堂兄）は「軍務に諳じず[80]」と軍事的才覚に欠けていた。これを補佐する地官副丞相の黄再興（広西桂平県人）も太平天国内で詔書の作成などを担当し、石達開が湖北経営のために「安民造冊」[81]即ち戸籍を作成するべく派遣した人材であり、戦闘経験は殆どなかった。加えて漢陽、漢口を守っていた太平軍部隊の戦力は低く、指導部は各地の呼応勢力を武漢三鎮の防衛に動員するだけの統率力を持っていなかった。太平軍将兵は湘潭、岳州の敗北で受けたダメージを回復出来ないまま、湘軍の新たな進攻にさらされることになったのである。

九月三日に楊載福らの湘軍水師は湖北黄蓋湖の太平軍を攻撃し、翌日には上陸して官文が派遣した軍と共に嘉魚県城を占領した。また守備蕭捷三らの軍は武昌上流の要地である金口鎮に進駐し、十九日に太平軍の進攻を退けた。陸軍はまず羅沢南が湖南、湖北省境の羊楼峒に向かい、十六日に太平軍の守備隊千人を破った。すると十八日に廖敬二が崇陽県から三千人余りを率いて攻撃をしかけたが、羅沢南はこれを撃退した[82]。

ここで塔斉布は陸軍を二手に分け、彼自身は北路から崇陽県城をめざし、羅沢南は南路を進んだ。九月二十三日に羅沢南は崇陽、蒲圻県境の要所である神橋、桂口で太平軍千数百人を撃破し、この地方を拠点としていた太平軍の首領である熊満珠、沈応隆の家を焼いた。二十四日に塔斉布は崇陽県に到達し、太平軍二千人の抵抗を打ち破って県城への攻撃を開始した。翌日には羅沢南の南路軍も到達して攻撃に加わり、崇陽県城は陥落した。曽国藩は崇陽県が長く反体制勢力の拠点だったために抵抗も激しく、「官軍の死傷者はこれ以前の戦いに比べて独り多かった[83]」と報じている。だが太平軍の抵抗は各地のリーダーが千人規模で根拠地に立てこもるなど分散的で、湘軍に個別撃破されてしまったことがわかる。投降者も多く、湘軍が告示を出して解散を呼びかけたところ、「賊営から髪を剃って逃げ出し、故郷に帰るために路票（証明書）を求める者が殆ど四千人に及んだ[84]」という。

崇陽県を占領した湘軍の陸上部隊は再び二手に分かれ、塔斉布が蒲圻県へ、羅沢南が咸寧県へ向かった。太平軍は武昌から派遣された救援軍八百人が「崇陽逃匪」と合流して咸寧県城で抵抗を試みたが、九月三十日に羅沢南の攻撃によって城は陥落した(85)。むろん反撃がなかった訳ではなく、湘軍移動後の十月四日に廖敬二は崇陽県城を奪回した(86)。また同じ日に石鳳魁らは武昌、崇陽、興国州から七千人の兵を動員し、咸寧県を攻めて湘軍の北進を防ごうとしたが、横溝橋で羅沢南の軍に敗北した(87)。

この頃楊秀清から「湖北へ行って河道を稽査し、秘かに奸宄を捕らえよ(88)」と命じられた燕王秦日綱は、蘄州で清軍の攻撃を受けていた陳玉成に対して「陣地を構築し、兵士を統率して、用心深く臨機応変に防衛に努め、妖魔を乱入させてはならない」と拠点の死守を命じた。また万事ヤーヴェの庇護があるから慌てるには及ばないと述べたうえで、「その他の一切の軍務については、よろしく東王の告諭に従って行え(89)」と述べている。ここからは先の石達開の指示とは対照的に、彼から報告を受けた筈の楊秀清が戦況の変化を充分認識しておらず、秦日綱も柔軟さに欠けた命令で傷口を広げたことが窺われる。

いっぽう湘軍の水師は金口鎮に集結し、十月二日には曽国藩も姿を見せた。翌三日に彼は李孟群、魁玉、楊昌泗の軍に護衛されながら漢陽西南の沌口へ向かい、敵情視察を行った。羅沢南と塔斉布が武昌西南の紙坊に到着すると、二人は十月八日に金口に出向いて曽国藩と武漢三鎮の攻略法について協議した。その結果まず水軍で長江を粛清し、武昌と漢陽の連絡を遮断する。陸軍の塔斉布は紙坊に駐屯し、武昌東南の洪山を攻める。羅沢南は金口から長江東岸の花園を攻め、その後古駅路から洪山を攻める。荊州軍の魁玉、楊昌泗は長江の西岸を進み、新総督楊霈の軍と呼応して漢陽を攻めることを取り決めた(90)。

十月十二日に湘軍は三方面から進撃を開始し、羅沢南は四千人で花園の太平軍陣地を攻め、太平軍の軍船百余隻を焼いた。荊州軍四三〇〇人も西岸の蝦蟆磯を攻め、併せて漢陽西の拠点である鸚鵡洲を奪った。水軍は李孟群、楊載福、蕭捷三が長江から進み、両岸の太平軍が呼応できないようにした。また漢関から鮎魚套口へ進攻し、太平軍の軍船三百隻を焼いて多くの将兵を殺した。翌十三日に湘軍は武漢三鎮を攻撃し、水軍は漢陽、漢口に残っていた太平軍の軍船三百隻を焼いた。陸軍は李孟群と荊州軍が漢陽晴川閣、大別山の太平軍陣地を破壊し、羅沢南らも武昌鮎魚套付近の陣地六ヶ所を破った。これによって「省河の上下は一隻の賊船もなく、武漢の城外は一つの賊営もない」[91]とあるように武漢周辺の太平軍水軍は壊滅し、城外の太平軍陣地も全て失われた。

この戦いについては、武昌陥落後に秦日綱が楊秀清へ提出した報告が残されている。それによると石鳳魁は武昌城の望山門一帯を、黄再興は大東門一帯をそれぞれ守り、金口鎮から二十キロの白沙洲に水軍三ヶ軍を配置した。また漢陽は指揮古隆賢（後の奉王）と曾天養の弟である曽水保が守り、長江上游の上関にも二ヶ軍を置いたが、漢口に守備兵を置く余裕はなかった。湘軍の攻撃が始まり、「妖船三、四十条」が上関と漢口小河口に攻め寄せて「作怪」すると、「聖兵は長江の両岸から大砲を放ち、並んで砲船を用いて行く手を阻んだ」が、勝敗はつかなかった。その後湘軍が鸚鵡洲、漢口、白沙洲と鮎魚套口を占領すると、「聖兵は持ちこたえられなくなり、ついに武昌に撤退して、各門を堅く閉ざし、厳密に防守した」とあるように太平軍は武昌城内へ撤退した。

十月十四日に太平軍は三ヶ軍の兵力で城壁を降り、洪山に駐屯していた塔斉布の陣地を攻撃した。この時「妖魔三、四千が藍、白、黄、黒などの妖旗を手に、紙坊街から陸路紅山（洪山をさす）へ回り込み、進んで応戦したが、甚だ作怪」とあるように湘軍の抵抗を受け、太平軍は撤退を余儀なくされた。だが途中湘軍に退路を断たれ、「進退両難」となって立ち往生した。武昌の防衛は不可能と見た石鳳魁らは下流の武昌県へ撤退を図り、将兵を率いて「冲殺」して血路を開き、ようやく脱出した。[92]漢陽を守っていた古隆賢らも西門から蔡店へ向けて脱出した。武昌、漢陽へ入城した湘軍は城内に残っていた太平軍を掃蕩し、将軍陳昌貴、総制丁履之らを捕らえて殺害した。こうして武漢三鎮は湘軍によって占領された。

この戦いで太平軍は湘軍の攻勢を食い止めることが出来なかった。曽国藩は「この賊の城を守る方法は……精悍な者を城内ではなく城外に集め、往々にして要所を抑えて陣地を構築するため、守りが固く突破することができない……。彼らが作った三つの陣地は、深く溝を掘ること二丈の広さで、長さは約三里あり、長江の水を引いて湖まで達している。溝の内側には木城を作り、内側を土砂で埋め、中に銃眼を開けた……。木城の内側にはレンガ造りの城と内堀があり、幾重にも防御している。その堅固さは殆ど金川の碉楼と相等しい」と述べ、太平軍が頑丈な陣地構築を行っていたことを指摘している。だがそれも「各哨官は頭を下げて弾を避けることを恥とし、また火球が賊船に当たらないことを恥とした(93)」という湘軍の旺盛な戦闘力の前には役に立たなかった。後に猪突猛進の武勇でならした陳玉成も、この時の湘軍の攻勢について「甚だ利害」であり、彼の部隊は「苦戦したが勝利することが出来ず、ただ船を捨てて退く他はなかった(94)」と報じている。加えて湘軍の戦闘艦に比べて見劣りする民間からの徴用船を下流に避難させなかった石鳳魁の無策は、「船を焼くこと千余り」「賊を殺すこと数千(95)」と重大な損失を招いた。『賊情彙纂』によると、石鳳魁では武昌を守れないと知った黄再興は、司令官を武勇で知られた指揮陳桂堂と交代させるように求めたが、間に合わなかったという(96)。

さて湘軍の武昌奪回に関する知らせは、十月二十日に北京へ届いた(97)。二十六日に曽国藩、塔斉布による詳細な報告を受けた咸豊帝は「慰められること実に深い。これほどの大勝利は全く予想していなかった(98)」との硃批を記し、その日のうちに曽国藩に二品頂戴と花翎を与え、湖北巡撫を代行せよとの上諭を出した(99)。

ここで一つの事件が発生した。十一月一日に曽国藩が上諭を受け取ると、彼は「公事においては毫も益するところなく、私心においても万に自安しがたい」「私が二年にわたり練勇、造船をしてきたことが、専らおのれの僅かな栄達を望んでいたことになってしまう」[100]ことを理由として巡撫代理の職を辞退した。無論それは本心ではなく、母親の喪に服すべき丁憂の期間中に官職を得たと批判されるのを避けるための方便であったが、彼の上奏が北京へ届かないうちに「曽国藩に兵部侍郎銜を与え、軍務を辦理させる。湖北巡撫を署理する必要はない」[101]という新たな上諭が届いた。しかも彼に代わって後任巡撫に指名されたのは、湖南按察使として湘軍の結成に反対した陶恩培であった。

薛福成によると、勝利の知らせに興奮した咸豊帝にある軍機大臣が「曽国藩は侍郎として在籍の身であり、なお匹夫でございます。かような卑しき男が郷里にあって一声呼びかけただけで、蹶起してこれに従う者が万余人とは、恐らくは国家の福とはなりますまい」と述べたところ、咸豊帝は「黙々として顔色を変えること久しかった」[102]とある。この時曽国藩と湘軍の持つ危険性を指摘した軍機大臣が誰だったかについて、朱東安氏は従来言われてきた祁寯藻ではなく、彭蘊章（江蘇長州人）であったと推測している。[103]また動揺した咸豊帝が考えを変えた十月三十日に、御史沈葆楨（福建閩侯県人、妻は林則徐の娘）は曽国藩が巡撫に就任すると「越境して兵を進めることが難しい」[104]と指摘し、巡撫職は楊霈に兼任させ、曽国藩に軍務に専念させるように求めた。さらに檔案史料によると、同じ日に御史唐壬森（浙江蘭渓県人）[105]、御史楊重雅（江西徳興県人）[106]もほぼ同じ内容の上奏を行った。曽国藩からの辞退の上奏を見た咸豊帝は、「朕はなんじが必ず辞退すると思っていた。また軍をあげて東へ下れば、巡撫代理もその名を空しくすることを考慮して、すでに湖北巡撫を署理する必要はないと命じたのだ」[107]と硃批を記した。それは在野の漢人勢力が台頭することを恐れた咸豊帝の意向と、太平軍の進出に怯えながらも、湖南の新興勢力が実力を伸ばすことを快く思わなかった東南沿海地域出身のエリートたちが既得権益を守るために取った行動の結果であったと考えられる。

（b）　田家鎮をめぐる攻防戦

さて武昌を退出した石鳳魁らは十月二十三日に湖北、江西省境に近い田家鎮へ到達し、「散兵を招集して再び進取を図」った。彼らが安慶にいた冬官正丞相羅大綱に食糧と火薬の補給を求めると、羅大綱は今回の敗北が「天父の義怒」の現れであり、兵士をよく教育、統率すれば「天父の顧みがある」と述べたうえで、安徽の米は天京へ送ったため備蓄はないが、九江一帯は米価が安く購入可能であることを伝えた。また火薬はすでに九江へ送っており、秦日綱と相談するように回答した(108)。

田家鎮は一八五三年に西征軍が湖北へ進出した時にも攻防戦が行われた要所であった。十月二十日に楊秀清は秦日綱に対して九江へ向かい、石鳳魁らの軍および殿前丞相何潮元(109)の率いる九江守備隊、漢陽北部の黄陂、孝感県から撤退してきた検点吉志元(110)の部隊を指揮して田家鎮に「堅固な陣地を構築」して防備を固め、余力があれば漢陽へ向けて反攻するように命じた。また南京から張子朋、冬官副丞相許宗揚（北伐援軍に加わりながら途中引き返し、南京で牢につながれていた）を派遣したが、韋志俊、石鎮崙、国宗韋以徳の派遣を一旦取りやめるなど中途半端な対応が目立った(111)。

その後武昌陥落の詳報に接した楊秀清は、秦日綱に「木筝水城」即ち筏の上に構築した可動式要塞を建造するように命じ、南京で完成した一隻を東王府承宣の涂鎮興と共に九江へ送った(112)。また田家鎮で陣地構築に取り組んでいた石鳳魁、黄再興を南京へ連行し、敗戦の責任によって処刑した(113)。十月二十九日に楊秀清は天父下凡によって自らが「継いで天下を治め、万国の事を佐理(114)」することを宣言し、太平天国内部の統治権を掌握しようとした。だが当時は北伐軍が援軍と合流出来ないまま敵中深く孤立するなど、彼の権威を確立するためには失敗が許されない情況があり、それが田家鎮の防衛体制のテコ入れと石鳳魁らに対する厳しい処罰へつながったと考えられる。なお水上要塞の建造を命じられた秦日綱は木材の調達に苦しんだ。また長江を横切る形で設置された鉄の鎖は太さが足りないため、秦日綱は職人に命じてこれを鋳造させた(115)。

さて引き続き軍務に専念するように命じられた曽国藩は、漢水上流から前進してきた太平軍を殲滅した後、武漢を退出した太平軍がなお数万の兵力を擁しており、太平天国の支配地域では人々が「蓄髪貢納」して解散の呼びかけに応じないと報じた。また湖南から離れるにつれて物資の補給が難しくなっていることを挙げ(116)、「深く賊地に入る」ためには二、三ヶ月分の戦費が必要であり、江西から急ぎ八万両、陝西からは二十四万両を工面するように求めた(117)。そして太平軍の兵力が集中している場所として長江南岸の興国州、北岸の蘄州、広済県と田家鎮を挙げ、楊霈と協議のうえ塔斉布と羅沢南の陸軍を大冶県、興国州へ向けて出発させた（東征軍南路）。また水軍は楊載福、彭玉麟が先陣を切り、曽国藩は李孟群と共に後衛部隊としてこれに続いた（同中路）。さらに固原提督桂明と魁玉、楊昌泗の軍が陸路長江北岸を進んだ（同北路(118)）。

十一月九日に楊載福、彭玉麟は先手を打って蘄州の太平軍に攻撃をかけ、陳玉成率いる水軍部隊に打撃を与えた。また羅沢南の南路軍は十一月十日に興国州の塩埠頭で大冶県へ向かおうとする太平軍部隊を破り、総制汪茂先を捕らえた。翌十一日に羅沢南は太平軍の弾薬工場があった興国州を占領し、太平天国の進士合格者で育才官だった胡万智を捕らえた。育才官とは地方で読書人の太平天国参加を促す官職のことで、この年九月に武昌で実施された太平天国の湖北郷試では彼の働きかけで多くの興国州人が参加した(119)。太平天国が安定的な支配を実現するためには、地域社会で発言力を持った読書人の支持を得ること不可欠であり、この時の郷試では「その資格を寛くし、仕途をもって誘」って八百人の合格者を発表したとある(120)。また秦日綱が石達開へ宛てた報告によると、胡万智および安徽池州、湖北黄州出身の科挙合格者にそれぞれの任地で民政を担当させたという(121)。

だがこれら地域経営の努力も、湘軍の攻撃によって成果は水泡に帰した。十一月十一日に塔斉布の軍が大冶県を攻略したところ、抵抗した数名の太平軍兵士が塔斉布の乗馬を傷つけた。怒った塔斉布は捕虜にした百数十人について、

「目を抉ったうえで凌遅処死にし、もって住民の憤りを晴らした」[122]と厳しい報復措置を取った。

興国州、大冶県を占領した羅沢南、塔斉布は、十一月十八日に田家鎮南岸の富池口、半壁山へ軍を進めた。曽国藩は太平軍の防御態勢とこれらの地の戦略的な重要性について次のように指摘している

逆党は全力で田家鎮を占拠し、蘄州からこの地まで四十余里にわたって沿岸に土城を増築し、大砲を安置している。河面には鉄鎖を用いて横に亙らせ、水軍の進攻を阻んでいる。その南岸の半壁山、富池口は均しく多くの兵を置いて守らせており、両岸の賊は船で往来している。我が軍が田［家］鎮を破ろうと思えば、必ず先に南岸を奪わなければならない。昨年田［家］鎮を守れなかったのは、半壁山と富池口を賊に占拠され、勢いついに支えられなくなったのであり、故に南岸は必争の地である。[123]

ここからは太平軍が田家鎮上流の長江北岸に長い防衛線を設け、強化された鉄鎖と長江南北両岸の密接な連携によって湘軍の進攻を阻もうとしていたことがわかる。二十日に羅沢南が半壁山から一キロ強の馬嶺坳に陣地を設けようとすると、半壁山から数千人の太平軍が攻撃をかけ、田家鎮からも増援部隊が長江を渡って出撃した。羅沢南はこれを斥け、指揮彭奕嵩ら将校十数人を含む一千人以上を殺した[124]。

十一月十九日に楊載福らの水軍は再び蘄州で陳玉成の太平軍を破り、軍船七十余隻を焼いた。二十日に陳玉成は小舟で湘軍陣地へ夜襲をかけ、「火球を乱擲し、北岸に火箭を放[125]」って湘軍を混乱に陥れようとしたが、湘軍はこれに動じなかった。

十一月二十三日に秦日綱の率いる太平軍は羅沢南、塔斉布の軍と半壁山一帯で戦った。初め湘軍兵士は出撃した太平軍の多さ（一万人前後と思われる）に驚き、逃亡しようとする者がいたが、李続賓がこれを捕らえて斬り、羅沢南が「まさに堅忍不抜でこれに勝たん」と檄を飛ばしたところ全軍は落ち着いた。湘軍が少ないのを見て「意甚だこれを

軽んじた」秦日綱は軍を二手に分け、一方が羅沢南の軍を攻め、一方が富池口の塔斉布軍を攻めて両者が合流出来ないようにした。だが羅沢南の軍は半壁山を奪取して守備隊を壊滅させ、「湘潭、岳州以来、陸戦すること数十回に及んだが、これほど多くの賊を殺したことはなかった」という大勝利を収めた。太平軍は田家鎮へ敗退し、湘軍は長江に架けられた六本の鉄鎖、竹のとも綱七本を全て切断した(126)。

この日韋志俊、石鎮崙、韋以徳が南京から田家鎮へ至り、秦日綱と戦略について協議した。ここで秦日綱は「上游の妖魔は大変憎むべきであり、大胆にも興国州から馬鞍山、富池口などの地方へ至って作怪(127)」していること、これに対して太平軍は「鎮守の官員が防守に疎かで、兵士たちも怯えて命令に従わない(128)」と情況を説明した。そして韋志俊と石鎮崙、韋以徳は蘄州から動員した土八副将軍梁修仁らの三ヶ軍を率いて馬鞍山の北側から、秦日綱は配下の兵を率いて東側からそれぞれ進攻することにした。

十一月二十四日に彼らが長江南岸に上陸すると、「図らずも残妖が兵を分けて向かって来て抵抗した(129)」とあるように羅沢南軍の攻撃を受けた。韋志俊の報告によると、石鎮崙、韋以徳の身近にいた将兵は「追散」され、二人はなお前進しようとしたが、後方に回り込んだ湘軍によって包囲された。危険と見た韋志俊は船に乗って退却し、秦日綱が二人の救援に向かったが、彼も富池口から出撃した塔斉布の軍に阻まれ、「前後に敵を受けて、ただ河辺から乗船して戻る他はなかった」。夕暮れになって石鎮崙、韋以徳の捜索をおこなったところ、逃げ戻った兵士の話から「二人は前方の妖魔を追って前進したが、妖によって囲まれ、均しく矛で搗かれて昇天した」と戦死したことが判明した。この日太平軍は「兵士で傷を受けた者は十に八、九」と多数にのぼり、石鎮崙、韋以徳以外にも梁修仁が陣亡し、溺死者を含めると「統計して千余人が昇天した(130)」という。

曽国藩はこの日の戦いについて、「（太平軍は）憤極まって敵討ちの軍を興し、一股でまず下流を攻め、わが軍が全

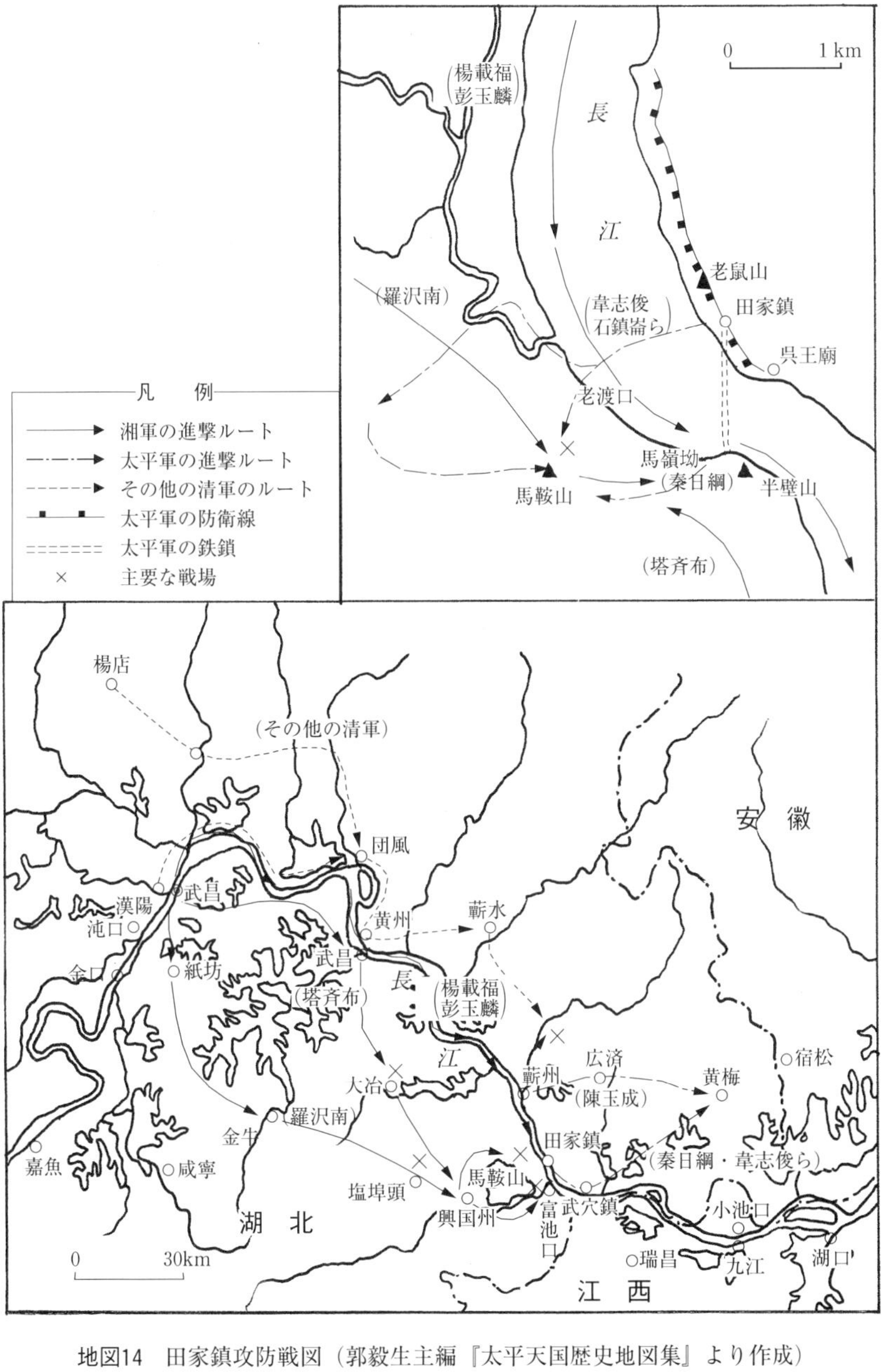

地図14　田家鎮攻防戦図（郭毅生主編『太平天国歴史地図集』より作成）

部出撃するように誘い、別の一股で上流から渡河して陣地を襲おうとしたが、図らずも連戦連敗となった。これによって賊の計略は窮し、あえて南岸を窺おうとはせず、半壁山はついにわが軍のものとなった」とあるように、秦日綱らはまず富池口の塔斉布の陣地を襲い、羅沢南の軍を下流へおびき出したうえで、半壁山へ兵を送って陣地の奪回を図ったが失敗したと述べている。また湘軍は馬を捨てて船に乗り込もうとした「黄馬褂、黄竜風帽の賊」と「黄馬褂および獅鳳などの帽子の賊四名」[131]を殺害したと報じており、これが石鎮崙、韋以徳らを指すと考えられる。

このように深刻な打撃を受けた太平軍であったが、戦況を好転させるための努力は続いた。十一月二十五日に秦日綱と韋志俊は一度切断された長江の鉄鎖を再び半壁山の下までつなぎ、湘軍水師の進攻を阻もうとした。この四本の鉄鎖は川底に錨を降ろした船や筏と繋がっており、船や筏の上には砲や鉄砲が配置されていた。また船の中には水が蓄えられ、筏の外側には砂が塗られて、湘軍の火攻めに耐えられるようになっていた。この鉄鎖の上流には三、四十隻の軍船が睨みをきかせ、下流にも五千隻近い民間からの徴用船が停泊して「声勢を助」けた。鉄鎖の北端は田家鎮の街端にある呉王廟の太平軍陣地へつながり、そこには秦日綱らがいた。また太平軍は先の敗北に懲りて、南岸の半壁山には兵を置かなかったが、富池口に三ヶ所の陣地を構築して下流にある味方の船を支援した。[132]

十一月二十七日に彭玉麟と蕭捷三が蘄州の太平軍を攻撃し、双方にかなりの死傷者が出た。[133]翌日湘軍の水軍が蘄州へ陣地を移すと、包囲されることを嫌った太平軍の水軍は田家鎮方面へ撤退した。十二月一日に湘軍水師は田家鎮から五キロ弱の見峰咀へ到達し、楊載福、彭玉麟は塔斉布、羅沢南と「大挙して賊を破る策」を協議した。そして哨官たちの意見を容れて水軍を四つに分け、第一隊は鉄鎖の切断、第二隊は鉄鎖の上流にいる太平軍軍船の攻撃、第三隊は鉄鎖切断後に下流の民間船攻撃、第四隊は留守を担当することに決めた。また陸軍六千人が長江南岸に布陣して「水師の声威を助ける」ことにした。

図13　田家鎮の戦い（『平定粤匪図』第二幅、攻破田家鎮収復蘄州図、国立故宮博物院蔵）

太平軍が長江に設けた水上要塞の様子がよくわかる。この絵の構図は『蕩平髪逆図記』にも用いられて有名だが、『平定粤匪戦図』に田家鎮の戦いの図はない。代わって描かれたのは固原提督桂明らの軍が蘄州を攻撃している絵図（冊五、収復蘄州図、東洋文庫蔵）であり、清軍の功績を強調する意図が明確である。だがこの蘄州の戦いも主力は湘軍の水軍であった。

十二月二日に湘軍は総攻撃を開始した。田家鎮の太平軍陣地は「千砲が環轟し、弾丸が落ちること雨の如し」と猛烈な抵抗を見せたが、水軍第一隊はこれに応じず、真っ直ぐに半壁山の下にある鉄鎖の前に向かった。太平軍の軍船がこれを阻もうとすると、第二隊が包囲して攻撃し、快蟹船二隻を焼いたところ、太平軍軍船は鉄鎖の防衛をあきらめた。第一隊が鉄鎖の切断に取りかかると、鉄鎖を支える船や筏に乗っていた太平軍将兵は「色を失い、すぐに旗をなびかせ衆は乱れた」とあるように混乱に陥った（図13）。彼らは小舟で脱出を図り、下流の徴用船も「慌てて帆を揚げて逃げ出」したが、この時東南から強風が吹きつけたため、太平軍の船は進むことが出来ず、武穴鎮まで追撃した第三隊によって四千隻が焼かれた。行き場を失った太平軍将兵は水に飛び込み、湘軍の船に助けを求めて殺された。また味方の船に這い上がろうとしたところを、沈没を恐れた将校に殺された者もいた。さらに火薬を積んだ大型船は風に煽られて南岸に近づき、湘軍の火攻めにあって爆発、炎上した。富池口の太平軍も総崩れとなり、水辺は将兵の死体で埋まった。

この決定的な敗北に、田家鎮の太平軍は「船が焼かれて帰るべき巣がなく、食糧もなく、弾丸も火薬もなくなった」とあるように戦闘能力を失った。この夜、秦日綱と韋志俊は自ら陣地に火を放ち、黄梅県へ向けて撤退した。十二月二日に蘄州に残っていた陳玉成の部隊は、都司楊名声、教諭唐訓方の率いる湘軍水師二千人と戦って勝利した。だが田家鎮敗北の知らせが伝わると、三日夜に城を捨てて広済県へ向かった(134)。さらにこの頃遠く離れた湖南寧遠県では、太平天国に呼応した昇平天国の朱洪英反乱軍が王鑫率いる湘軍に敗北した(135)。湖南を攻め、両広地方へつらなるルートを切り開こうとした楊秀清の戦略は破綻したのである。

小　結

本章の内容は次のようにまとめられる。湘潭での敗北後、石祥禎らの太平軍は湖南西部の常徳を攻略し、湖北西部を転戦してきた曽天養軍と合流して岳州で次の戦いに備えた。同じ頃曽国藩も湘軍の再編を進めたが、脱走兵や物資の掠奪が多かった部隊を解散し、統率力のない将校を再び採用しないなど徹底した兵員整理を行った。また敵前逃亡に対して厳罰を加えるといっぽうで、太平軍将兵を一人殺害するたびに賞金と昇進を約束するなど賞罰の規定を明確にした。この再編によって湘軍は太平軍将兵を組織的かつ効率的に殺害するための武装集団に特化され、戦闘力は飛躍的に増大した。それは湖南の治安維持に断固たる措置を取った曽国藩の手法の現れであると共に、清朝官僚とその家族、清軍将兵を「妖魔」と見なして殺害した太平天国の宗教的な排他性が生み出した一つの反作用であった。

湘軍が再編を進めている間、太平軍は武昌への攻略を進めた。武昌の清軍は人数が少なく、漢陽一帯の太平軍の戦力が低いことに助けられていたが、援軍が模様眺めをする中で旗人司令官である青麐と崇綸の対立が深まり、食糧が底をついたところを太平軍の攻撃を受けて陥落した。初め咸豊帝は青麐の努力を称えていたが、城を脱出した彼が長沙へ向かったことを知ると激しく怒り、処刑を命じた。青麐の死後、曽国藩は呉文鎔や張亮基の汚名を晴らすために崇綸を告発したが、彼が旗人である青麐を擁護した背景には清朝の体制とりわけ恣意的な裁断を下す咸豊帝に対する失望があった。

七月に入ると、湘軍は水陸両軍に分かれて岳州への攻撃を開始した。岳州城は守りきれないと見た曽天養は城陵磯、臨湘県へと退却した。厳しい戦況について報告を受けた石達開は、下流に退いて防衛体制を固めることを示唆したが、武昌からの増援を得た現地軍は岳州の奪回にこだわり、曽天養は不用意な戦いで殺された。北伐軍における吉文元がそうであったように、首領クラスの戦死は全軍に大きな動揺を与え、相次ぐ敗北によって生まれた湘軍に対する恐怖心が重なって多くの逃亡者を生んだ。八月下旬に韋志俊らは総攻撃を試みたが、水軍が手薄になった隙を湘軍に突かれて敗退した。

岳州での勝利によって湘軍の士気は大いに上がったが、武昌奪回の命令を受けた彼らは湖南省外へ出兵するために兵站を整えなければならなかった。九月に湘軍は崇陽県の呼応勢力や水軍の残余を掃蕩しながら、武昌への進攻を開始した。これに対して太平軍は韋志俊、石祥禎が南京へ急遽呼び戻され、代わって守備を任された石鳳魁、黄再興には軍事的な才覚が欠けていた。また楊秀清は湖北における戦況の変化に対する認識が欠けており、秦日綱も陣地の固守を命じるばかりで柔軟な対応が出来なかった。各地の地方軍も個別に撃破されてしまい、湘軍の包囲攻撃を受けた石鳳魁らは武昌を放棄して田家鎮へ退いた。

湘軍による武昌奪回の知らせが伝わると、驚喜した咸豊帝は曽国藩を湖北巡撫代理に任命した。だが在野の漢人勢力が台頭することの危険を指摘されて命令を撤回し、兵部侍郎銜として引き続き湘軍を統率させることにした。この進言を行ったのは東南沿海地方出身の漢人エリートたちであり、彼らは新興勢力である曽国藩らの政治的台頭を快く思っていなかった。つまり曽国藩は旗人勢力だけでなく、既得権益の維持を図る漢人エリートとも競合しなければならなかった。彼は湘軍の幹部となった塔斉布や漢人に対する偏見を持たない荊州将軍官文を通じて旗人勢力との協力関係を模索するいっぽうで、江西巡撫陳啓邁などの漢人地方官と激しく対立することになる。

さて武昌を撤退した太平軍は、秦日綱の指揮のもと田家鎮で湘軍を迎え撃つ準備を進めた。楊秀清も水上要塞の製造を指示し、側近を派遣するなどテコ入れを行った。また太平天国は湘軍の進攻前に武昌で科挙を実施し、長江沿岸の占領地域では人々に「蓄髪貢納」させるなど地域経営を行っていたが、これらの努力は成果を挙げることなく湘軍の進攻にさらされた。

十一月に始まった田家鎮の攻防戦は、長江中流域の戦局を左右する重要な戦いであった。この戦いで太平軍は湘軍を上回る兵力を投入したが、結果は惨敗に終わった。その第一の原因は司令官である秦日綱が湘軍を侮り、安易に戦いを挑んだことに求められる。また忘れてならないのが元々食糧の調達を任務としていた西征軍の戦闘能力が弱く、それが旺盛な戦意をもつ湘軍の攻撃を前に脆さを露呈してしまった点であろう。むろん太平軍も切断された鉄鎖の再設置を行うなど、戦況を好転させるための努力を続けた。だがこれらの抵抗も湘軍のよく練られた戦略の前には役に立たず、石鎮崙など多くの犠牲者を出した。

この一連の戦いで湘軍との戦闘を経験した陳玉成は、その報告の中で湘軍の戦闘力の高さを特筆している。とくに曽国藩が多くの労力を注いで建造した戦闘艦からなる水軍は、民間からの徴用船を主力としていた太平天国の水軍に対して圧倒的な威力を発揮した。加えて太平軍将兵の間には度重なる敗北に湘軍に対する恐怖感が広がり、傷口を広げてしまったように思われる。

この力量差は何によるものだろうか？　金田での蜂起以来、清朝の正規軍（緑営、八旗）に対して圧倒的な優位に立っていた太平軍の戦いぶりを考えると、この結果には驚きを禁じ得ない。その実太平軍と湘軍は、掲げた理念こそ上帝崇拝に基づくあるべき中国の復興、郷土の防衛や儒教的「礼教」の護持と異なっていたが、兵士の担い手や組織原理については類似点が多かった。むろん両者の一番の違いは太平軍の指導層が多く非エリートの出身だったのに対して、湘軍は科挙を経験した読書人が中核を占めていた。彼らは羅沢南が「書生が兵を率いる」と評されたように軍事の専門家ではなかったが、太平軍打倒のために体系的な戦略を練り、危機を回避しながら最大限の効果を生み出す行動力を備えていた。これら科挙エリートの組織形成、運営能力こそは湘軍を勝利に導いただけでなく、十九世紀中国の社会変容を突き動かす原動力になったように思われる。

この困難な局面を打開すべく、太平天国随一の智将であった石達開が取った戦略については、章を改めて検討することにしたい。

【註】

（1）本書第七章参照。

（2）簡又文『太平天国全史』中冊、香港猛進書屋、一九六二年。

（3）羅爾綱『湘軍兵志』中華書局、一九八四年。同『太平天国史』中華書局、一九九一年。

（4）張守常、朱哲芳『太平天国北伐、西征史』広西人民出版社、一九九七年。

（5）賈熟村『太平天国時期的地主階級』広西人民出版社、一九九一年。同「太平天国時期地主階級内部的争闘」（北京太平天国史研究会編『太平天国学刊』一、中華書局、一九八三年、三〇五頁）。

（6）崔之清主編『太平天国戦争全史』二、戦略発展、南京大学出版社、二〇〇二年。

（7）竜盛運『湘軍史稿』四川人民出版社、一九九〇年。

（8）朱東安『曽国藩伝』四川人民出版社、一九八四年。同『曽国藩幕府研究』四川人民出版社、一九九四年。同『曽国藩集団与晩清政局』華文出版社、二〇〇三年。

（9）王継平『湘軍集団与晩清湖南』中国社会科学出版社、二〇〇二年。

（10）P. H. Kuhn, *Rebellion and its Enemies in Late Imperial China: Militarization and Social Structure 1796-1864*, Harvard University Press, 1970.

（11）近藤秀樹『曽国藩』人物往来社、一九六六年。

(12) 台湧奏、咸豊四年四月二十二日、中国第一歴史檔案館編『清政府鎮圧太平天国檔案史料』（以下『鎮圧』と略記）十四、社会科学文献出版社、一九九四年、一一四頁。
(13) 台湧奏、咸豊四年五月初一日『鎮圧』十四、一九四頁。
(14) 台湧奏、咸豊四年五月初一日『鎮圧』十四、五二五頁。ただし清軍が応城県を攻撃した時、城内には「逆衆三、四百人」が残っていたに過ぎず、城を出て反撃しながら撤退した。
(15) 諭内閣、咸豊四年六月十六日『鎮圧』十四、五八八頁。
(16) 『清史稿』巻三八六、列伝一七五、官文（中華書局版、三八、一一七一二頁）。『清史列伝』巻四五、大臣画一檔後編一、官文（中華書局版、一九八七年、三五七九頁）。例えば湖北按察使、布政使として官文のもとで働いた羅遵殿は、官文について「足見其於兵事未曽用心、亦毫無定見」と述べている（羅遵殿致李希菴札、佚名『道咸同光名人手札第一集』近代中国資料叢刊、文海出版社、一九七〇年、四五頁）。また『清史稿』は官文が「馭下不厳、用財不節」で、胡林翼は彼を弾劾しようとしたが、糧台営務の閻敬銘から「官文心無成見、兼隷旗籍、毎有大事、正可借其言以伸所請」と説得され、官文との協力を模索したと述べている。なお竜盛運『湘軍史稿』一七二頁および賈熟村「太平天国時期地主階級内部的争闘」を参照のこと。
(17) 官文等奏、咸豊四年四月二十二日『鎮圧』十四、一一六頁。光緒『荊州府志』巻二十六、武備志、兵事。
(18) 官文等奏、咸豊四年四月二十二日『鎮圧』十四、三四四頁。
(19) 官文等奏、咸豊四年五月二十七日『鎮圧』十四、四五四頁。
(20) 軍機大臣、咸豊四年六月十六日『鎮圧』十四、五八九頁。
(21) 駱秉章奏、咸豊四年五月二十五日『鎮圧』十四、四四七頁。光緒『華容県志』巻六、兵事。なお林紹璋は湘潭における敗北の責任を問われ、解任のうえ江西湖口県の守備を命じられた（張徳堅『賊情彙纂』巻二、劇賊姓名下、中国史学会編、中国近代史資料叢刊『太平天国』三、神州国光社、一九五二年、五九頁）。
(22) 駱秉章奏、咸豊四年六月初十日『鎮圧』十四、五四八頁。
(23) 同治『澧州志』巻十九、祥異志、兵難。また黎庶昌『曽国藩年譜』巻三（岳麓書社、一九八六年、四四頁）に「（曽天養軍）

由太平口南入洞庭、与西湖股匪合併、陷澧州、安郷等城」とある。

(24) 光緒『桃源県志』巻六、兵刑志、兵制。また杜文瀾『平定粤寇紀略』巻三（太平天国歴史博物館編『太平天国資料匯編』第一冊、中華書局、一九八〇年、三六頁）には「賊復竄至辰州府之辰竜関、為兵勇剿退」とある。

(25) 李如昭『鏡山野史』（『太平天国』三、六～九頁）。

(26) 駱秉章奏、咸豊四年三月初三日、軍機処奏摺録副、農民運動類八四七九－一九号、中国第一歴史檔案館蔵に「県属豊楽、帰代二都有土匪王揚元……等、乗逆船上竄、糾約夥党、私造機会、希図搶掠……。［二月］二十二日該匪等糾約二千余人、直撲県城」とある。なおこの上奏文は『駱文忠公奏議』『鎮圧』共に収録されていない。

(27) 光緒『華容県志』巻六、兵事に「巴陵王光鼎仮粤逆声勢、糾監邑土匪張台元曁札馬洲乱民数十人、於三月十七夜薄城、逐官焚署」とある。ここで張台元は沔陽州人で、一八五二年に太平軍に参加して頭目となり、湖北監利、潜江県で活動していた（本書第七章を参照のこと）。

(28) 李如昭『鏡山野史』（『太平天国』三、七頁）。

(29) 同治二年『武陵県志』巻二十五、武備志第三、紀兵。また同治七年『武陵県志』巻十六、紀兵にも「咸豊四年夏五月、粤寇犯郡、兵吏皆走、居民多俘以去……。其資糧財賄之在市者皆尽。縦党四掠、野無完堵」とある。

(30) 李如昭『鏡山野史』（『太平天国』三、七頁）。石祥禎らの常徳撤退については、駱秉章奏、咸豊四年六月十九日『鎮圧』十四、六〇一頁にも「逆賊攻陥常徳後、聞援剿西路漢軍将至、星夜将所掠銭米輜重擄取民船装運出境、西湖一帯現無賊踪」とある。ここから見る限り、太平軍の常徳攻略は物資の獲得が目的で、予想される湘軍の岳州攻撃に備えるためであったと考えられる。

(31) 青麐奏、咸豊四年五月初二日『鎮圧』十四、二〇八頁。

(32) 青麐奏、咸豊四年四月十三日『鎮圧』十四、一五頁。ただし長江沿岸の太平軍陣地には竹簽や鉄釘を敷きつめた濠溝を備えた土城、木柵が築かれ、「防範極為週密」であったという。

(33) 青麐奏、咸豊四年四月十三日『鎮圧』十四、一三頁。

(34) 張徳堅『賊情彙纂』巻九、賊教、礼拝に「偽詰諭有『再過三次礼拝、不能収復武昌、定即治罪』諸語」(『太平天国』三、二六三頁)とあり、崔之清氏らはこれを楊秀清が韋志俊らに与えた指示と見なしている(『太平天国戦争全史』二、戦略発展、一〇〇七頁)。

(35) 青麐奏、咸豊四年五月初二日『鎮圧』十四、二〇八頁。ここで青麐は太平軍の兵力を「漢口現在逆船将以数千計、人則二万有余」としたが、軍船の数から推計した誇大な数字と考えられる。崇綸は同じ日付の上奏で「賊数雖無確定、不過数千之衆」と述べており(崇綸奏、咸豊四年五月初二日、同上書二一五頁)、曽天養の軍が岳州に残ったことを考えると一万人強が妥当であろう。ちなみに青麐は別の上奏で「其偽翼王(石達開)已由廬州剿敗来漢、是以倍形猖獗」(青麐奏、咸豊四年五月初二十七日、同上書四六〇頁)と述べているが、石祥禎の誤り。「火牛の法」とは戦国時代に斉の田単が使った奇策で、日本では源義仲が倶利伽羅峠の戦いで用いたとされる。

(36) 青麐奏、咸豊四年五月二十四日『鎮圧』十四、四二七頁。また台湧奏、同年六月初七日、同書五二七頁によると、舒倫保は落馬が原因で古傷が痛み、高齢もあって出陣出来なかった。また徳安に到着した桂明も病気を理由に進撃を渋ったとある。

(37) 青麐奏、咸豊四年五月初二日『鎮圧』十四、二一二頁。

(38) 崇綸奏、咸豊四年五月初二日『鎮圧』十四、二一五頁。

(39) 青麐奏、咸豊四年五月十七日『鎮圧』十四、三五七頁。

(40) 青麐奏、咸豊四年五月二十七日『鎮圧』十四、四五八頁。

(41) 青麐奏、咸豊四年六月十九日『鎮圧』十四、五九八頁。

(42) 民国『湖北通志』巻七十一、武備志九、兵事五、粤匪。

(43) 青麐奏、咸豊四年六月十九日『鎮圧』十四、五九八頁。また台湧奏、咸豊四年六月初十日、同書五四六頁も「此次省城失守、実緣城中奸匪内応所致」「賊至、迨午後城外甫経接仗、城中即内応四起、而兵勇不下万人、竟不能随即撲滅、登城力捍、遽致省垣重地失於倉卒之間」「聞崇綸、青麐及在城文武大小各員半已縋城得脱、不知去向」と述べている。

(44) 張徳堅『賊情彙纂』巻二、劇賊姓名下、陳玉成に「五月杪由武昌県入梁子湖、繞至省城東面。六月初二日帯五百賊衆、縋

城而上、以致官兵潰散、遂陥鄂省」（『太平天国』三、六六頁）とある。
(45) 青麐奏、咸豊四年六月十九日『鎮圧』十四、五九八頁。
(46) 内閣、咸豊四年七月十五日『鎮圧』十五、三九頁。『清史稿』巻三九七、列伝一八四、青麐、中華書局版一一七九八頁。
(47) 官文奏、咸豊四年七月十五日『鎮圧』十五、一〇三頁。
(48) 曽国藩奏、咸豊四年九月二十七日『鎮圧』十五、六五七頁。
(49) 『清史稿』巻三九七、列伝一八四、崇綸、中華書局版一一八〇〇頁。
(50) 黎庶昌『曽国藩年譜』巻三（湘軍史料叢刊、岳麓書社、一九八六年、四一頁）。
(51) 曽国藩奏、咸豊四年四月十二日『鎮圧』十三、六三七頁。また未発の遺摺は『曽国藩全集』奏稿一、岳麓書社、一九八七年、一三九頁に収められており、彼の率いた陸軍部隊が太平軍と戦って潰え、これを見た水軍が船を捨てて逃亡して「潰散一半、船炮亦失三分之一」と記している。
(52) 黎庶昌『拙尊園叢稿』巻三。同書によると、当初北京の宮廷内では「在籍紳士」に過ぎない曽国藩が一万人の私的軍隊を組織し、太平軍に勝利したことを危ぶむ声もあった。だが翰林院編修の袁漱六が咸豊帝に謁見して湘潭の戦いについて詳細を報告すると、咸豊帝は大いに悦んだという。なお袁漱六は湖南湘郷県人で、号は芳瑛。曽国藩の長女が彼の息子袁秉楨に嫁ぐなど、両家は姻戚関係にあった（羅紹志、田樹徳『曽国藩家世』江西人民出版社、一九九六年、二四〇頁）。
(53) 諭内閣、咸豊四年四月二十三日『鎮圧』十四、一二一頁。この時塔斉布は総兵銜と巴圖魯の称号を与えられた。また彼の提督代行職就任が持つ意義については朱東安『曽国藩伝』一一三頁。
(54) 致澄弟温弟沅弟季弟、咸豊四年四月二十日『曽国藩全集』家書一、岳麓書社、一九八五年、二五三頁。
(55) 王闓運『湘軍志』曽軍篇第二（湘軍史専刊之一、岳麓書社、一九八三年、二四頁）。
(56) 致澄弟温弟沅弟季弟、咸豊四年四月二十日『曽国藩全集』家書一、二五三頁。
(57) 曽国藩奏、咸豊四年四月十二日『鎮圧』十三、六三七頁に「現在臣処一軍、除潰敗及汰遣外、水師僅留湘潭大勝五営二千余人、陸路僅存戦勝湘潭与留防平江之勇二千余人」とある。また竜盛運『湘軍史稿』一一六頁を参照のこと。曽国葆は曽国藩の末の弟で、この時処分を受けて「黯黮帰去、築室紫田山中、閉絶人事、身与世若両不相収」であったが、一八五八年に三河鎮の戦いで曽国華が戦死すると、曽貞幹と改名して再び胡林翼のもとで軍を率いた（羅紹志、田樹徳『曽国藩家世』一五六頁）。

（58）曽国藩奏、咸豊四年四月十二日『鎮圧』十三、六三七頁。同奏、同年五月初八日『鎮圧』十四、二七一頁。

（59）曽国藩奏、咸豊四年二月十五日『曽国藩全集』奏稿一、一〇六頁。駱秉章奏、同年六月初十日『鎮圧』十四、五四八頁。胡林翼は益陽県人で、陶澍の親戚にあたる。貴州安順、鎮遠、黎平府の知府を歴任し、明代の戚継光に倣った私兵組織を作り、少数民族反乱の弾圧に功績を挙げた。彼が湖北に到着すると、曽国藩は駱秉章と協議のうえ装備を支給し、岳州の守備と湖北南部の反乱軍鎮圧に当たらせていた。なお P. H. Kuhn, *Rebellion and its Enemies in Late Imperial China*, pp.117. を参照。

（60）『曽文正公雑著』巻一、暁諭新募郷勇。

（61）この他に重要な要素として、拡大した兵力を支える兵糧の確保が挙げられる。駱秉章奏、咸豊四年五月二十二日『鎮圧』十四、四一一頁によれば、湘軍の兵餉は省内各地に紳士を派遣して勧諭を行うことで調達したが、「本省地瘠民貧、兼之屢被賊擾……、地方耗斁迴異他方、其間一二富戸一捐再捐、漸形困敝」とあるように、湖南自身が太平軍の進攻を受けたこともあって資金は集まらなかった。そこで曽国藩らは広東、四川で捐納を募ると共に、広東の粤海関から六万両を工面させ、これを当面の経費に充てた（曽国藩奏、咸豊四年七月初五日『曽国藩全集』奏稿一、一五一頁）。ただし補給体制が確立するのは一八五五年に湖南で釐金局が設けられて以後であった。

（62）駱秉章奏、咸豊四年五月二十五日『鎮圧』十四、四四七頁。駱秉章等奏、同年七月十一日『鎮圧』十五、二〇頁。また塔斉布の新墻市占領と東路軍の戦いについては駱秉章奏、同年六月初十日『鎮圧』十四、五五〇頁。

（63）駱秉章等奏、咸豊四年七月十一日『鎮圧』十五、二〇頁。

（64）翼王石達開覆秋官正丞相曽添養岳州戰守事宜訓諭（太平天国歴史博物館編『太平天国文書彙編』中華書局、一九七九年、一七六頁）。なお石達開は一八五三年十一月に安慶を離れて南京へ戻っていた（張徳堅『賊情彙纂』巻一、劇賊姓名上、石達開、『太平天国』三、四八頁）。

(65) 駱秉章等奏、咸豊四年七月十六日『鎮圧』十五、五七頁。

(66) 駱秉章等奏、咸豊四年七月二十一日『鎮圧』十五、七九頁。この時塔斉布は陳輝竜に慌てて戦わないように諫めたが、陳輝竜は聞き入れなかったとある。また夏鑾は江蘇上元県人、広西陳亜貴反乱の鎮圧に加わり、褚汝航と共に湘軍水師の創設に携わった（『清史稿』巻四九〇、列伝二七七）。

(67) 朱東安『曽国藩伝』一〇六頁。なお王闓運『湘軍志』水師篇第六によると、湘軍の勝利を知った陳輝竜は太平軍を取るに足らないと考え、「吾習水戦三十年、諸軍無以為憂」と豪語した。出撃した広東水軍は「旌旗鮮明、刀矛如霜雪、洋装銅炮震山浦、諸軍皆自失、以為不及」とその威容で周囲を圧倒したため、楊載福は「乗小舟観戦」とあるように戦いに加わらなかった（湘岳麓書社版、七三頁）。朱東安氏はここから湖南人と他省出身者の対立を指摘し、彭玉麟は故意に救援に向かわなかったと述べている。

(68) 駱秉章等奏、咸豊四年七月二十一日『鎮圧』十五、七九頁。塔斉布等奏、同年八月三十日、同書五一五頁。

(69) 塔斉布等奏、咸豊四年八月三十日『鎮圧』十五、五一五頁。

(70) 駱秉章等奏、咸豊四年七月二十一日『鎮圧』十五、七九頁。

(71) 塔斉布等奏、咸豊四年八月三十日『鎮圧』十五、五一五頁。

(72) 駱秉章等奏、咸豊四年閏七月初三日『鎮圧』十五、一六五頁。

(73) 塔斉布等奏、咸豊四年閏七月初九日『鎮圧』十五、一九七頁。

(74) 諭内閣、咸豊四年閏七月二十日『鎮圧』十五、二七〇頁。

(75) 塔斉布等奏、咸豊四年閏七月初九日『鎮圧』十五、二〇〇頁。

(76) 駱秉章奏、咸豊四年閏七月十六日『鎮圧』十五、二五六頁。

(77) 塔斉布等奏、咸豊四年八月初四日『鎮圧』十五、三三九頁。ここで廖敬二は第七章で登場した通城県監軍の廖二と同一人物と考えられる。

(78) 塔斉布等奏、咸豊四年閏七月初九日『鎮圧』十五、二〇一頁。

(79) 向栄奏、咸豊四年八月初四日『鎮圧』十五、三三九頁。ここで向栄は捕虜や難民の供述として「十九日戦敗之後……、已往調賊渠韋俊、羅大綱聚集湖北、安徽水陸各賊来此与官軍決戦」と報じている。また城内の食糧不足のため「自本月初一日以来、城中婦女被賊駆令出城穫稲、乗間逃出者不下三四万人」と述べている。
(80) 張徳堅『賊情彙纂』巻二、劇賊姓名下、石鳳魁（『太平天国』三、五六頁）。
(81) 張徳堅『賊情彙纂』巻二、劇賊姓名下、黄再興（『太平天国』三、五七頁）。
(82) 塔斉布等奏、咸豊四年八月初四日『鎮圧』十五、三三九頁。
(83) 塔斉布等奏、咸豊四年八月十九日『鎮圧』十五、四五一頁。
(84) 塔斉布等奏、咸豊四年八月初四日『鎮圧』十五、三三九頁。
(85) 塔斉布等奏、咸豊四年八月十九日『鎮圧』十五、四五一頁。
(86) 同治『崇陽県志』巻十二、雑記、災祥。
(87) 塔斉布等奏、咸豊四年八月十九日『鎮圧』十五、四五一頁。
(88) 張徳堅『賊情彙纂』巻一、劇賊姓名上、秦日綱（『太平天国』三、五〇頁）。
(89) 燕王秦日綱命殿右参拾検点陳玉成堅守圻州誨諭、太平天国甲寅四年八月二十四日『太平天国文書彙編』一七八頁。年月は文中の記載（陳玉成の報告を秦日綱が受け取った期日）に基づく。
(90) 塔斉布等奏、咸豊四年八月二十二日『鎮圧』十五、四七一頁。
(91) 塔斉布等奏、咸豊四年八月二十七日『鎮圧』十五、五〇一頁。
(92) 燕王秦日綱上東王楊秀清報告武昌失守情況稟奏、太平天国甲寅四年九月二十九日『太平天国文書彙編』二二一頁。
(93) 塔斉布等奏、咸豊四年八月二十七日『鎮圧』十五、五〇一頁。
(94) 殿右参拾検点陳玉成上燕王秦日綱報告軍情稟申、太平天国甲寅四年九月初七日『太平天国文書彙編』二二一頁。
(95) 塔斉布等奏、咸豊四年八月二十七日『鎮圧』十五、五〇一頁。ちなみに清朝側の死傷者は二百人に満たなかった。
(96) 張徳堅『賊情彙纂』巻二、劇賊姓名下、陳桂堂（『太平天国』三、七〇頁）。

(97) 楊霈奏、咸豊四年八月二十四日『鎮圧』十五、四八二頁。この時の情報は職員楊衍桐の報告によるもので、内容も簡略なものだった。
(98) 塔斉布等奏、咸豊四年八月二十七日『鎮圧』十五、五〇一頁の硃批部分。
(99) 諭内閣、咸豊四年九月初五日『鎮圧』十五、五四二頁。
(100) 曽国藩奏、咸豊四年九月十三日『曽国藩全集』奏稿一、二五五頁。
(101) 諭内閣、咸豊四年九月十二日『鎮圧』十五、五九三頁。
(102) 薛福成『庸庵文続編』巻下。
(103) 朱東安「促使咸豊皇帝収回曽国藩署理鄂撫成命者並非祁寯藻」(北京太平天国歴史研究会編『太平天国学刊』二、中華書局、一九八五年、一七八頁)。
(104) 沈葆楨奏、咸豊四年九月初九日『鎮圧』十五、五八三頁。ただし曽国藩は後に道員だった沈葆楨の起用を上奏している(咸豊十年五月初三日『曽国藩全集』奏稿二、一一四九頁)。
(105) 唐壬森奏、咸豊四年九月初九日『鎮圧』十五、五八一頁。
(106) 楊重雅奏、咸豊四年九月初九日『鎮圧』十五、五八二頁。
(107) 曽国藩奏、咸豊四年九月十三日『曽国藩全集』奏稿一、二五五頁の硃批部分。
(108) 冬官正丞相羅大綱覆国宗石鳳魁請発糧苦差紅粉事照会、太平天国甲寅四年九月二十三日『太平天国文書彙編』二四三頁。
(109) 何潮元は広西人、元々「符水」で病気を治す仕事をしていたが、上帝会入会後はこれを「妖符」として禁止され、「内医」として医療を担当した。一八五三年に恩賞丞相となり、五四年には林啓容と共に九江の守備を任された(張徳堅『賊情彙纂』巻二、劇賊姓名下、何潮元『太平天国』三、七〇頁)。
(110) 吉志元は広西人、吉成鳳の子で、父親の死後に恩賞丞相となった。張徳堅『賊情彙纂』には「賊中初起事也、吉姓従逆最先、一家数十人分隷各賊統下」(巻二、劇賊姓名下、吉志元、『太平天国』三、七一頁)とあり、北伐軍を率いた吉文元と同族ではないかと推測されるが、詳細は不明。

(111) 東王楊秀清命燕王秦日綱鎮守田家鎮並攻取漢陽等処誥諭、太平天国甲寅四年九月十五日『太平天国文書彙編』一七八頁。
(112) 東王楊秀清命燕王秦日綱在田家鎮安箏置砲誥諭、太平天国甲寅四年九月二十九日『太平天国文書彙編』一八〇頁。
(113) 張徳堅『賊情彙纂』巻二、劇賊姓名下、石鳳魁・黄再興（『太平天国』三、五六・五七頁）。
(114) 東王楊秀清命国宗韋俊等備礼祝賀王四殿下満月誥諭、太平天国甲寅四年九月二十四日『太平天国文書彙編』一七九頁。
(115) 燕王秦日綱覆東王楊秀清防守田家鎮趕造木箏鉄鍊稟奏、太平天国甲寅四年十月初八日『太平天国文書彙編』二二三頁。
(116) 塔斉布等奏、咸豊四年八月三十日『鎮圧』十五、五一三頁。
(117) 塔斉布等奏、咸豊四年九月初七日『鎮圧』十五、五七一頁。
(118) 塔斉布等奏、咸豊四年九月初七日『鎮圧』十五、五七〇頁。楊霈等奏、同年九月十六日、同書六〇五頁。
(119) 曽国藩等奏、咸豊四年九月二十七日『鎮圧』十五、六五三頁。
(120) 張徳堅『賊情彙纂』巻三、偽官制、偽科目（『太平天国』三、一一〇頁）。ただし十一月に楊秀清は秦日綱に対して、官員の推薦はよく調査して行うべきであり、「徇情濫保」してはならないと命じている（燕王秦日綱為遵諭保挙官員毋得徇情事覆東王楊秀清稟奏、太平天国甲寅四年十月二十三日『太平天国文書彙編』二二八頁）。
(121) 燕王秦日綱覆翼王石達開軍情稟報、太平天国甲寅四年十月二十日『太平天国文書彙編』二二八頁。
(122) 曽国藩等奏、咸豊四年九月二十七日『鎮圧』十五、六五三頁。
(123) 曽国藩等奏、咸豊四年十月初七日『鎮圧』十六、三五頁。
(124) 曽国藩の上奏によると、この時湘軍は丞相林紹璋を殺したことになっているが、明らかな誤り。「偽指揮彭姓」とは殿前丞相右三十八指揮彭奕嵩のことで、富池口で陣地構築に当たっていたが、検点曽鳳伝から蘄州へ赴いて陳玉成を援助するように要請されていた（張徳堅『賊情彙纂』巻二、劇賊姓名下、彭奕嵩、『太平天国』三、七三頁および『太平天国文書彙編』二四二頁）。
(125) 曽国藩等奏、咸豊四年十月初七日『鎮圧』十六、三五頁。
(126) 曽国藩等奏、咸豊四年十月十四日『鎮圧』十六、七一頁。ここで曽国藩は太平軍の兵力が二万余人であったが、二六〇〇人の羅沢南軍はこれを破って数千人を殺害したと報じている。秦日綱が楊秀清に宛てた報告では「兵士受傷者数百余名、水浸斃者約数百余名」と述べており、曽国藩が湘軍の功績を印象づけるために誇大報告をしたのは明らかである。ただし秦日綱はこの日指揮黄鳳岐、承宣吉志元らが戦死したことを報じており、太平軍に甚大な損害があったことは間違いない（燕王秦日綱上東王楊秀清報告半壁山敗退情況及殿左肆拾柒指揮黄鳳岐等犠牲稟奏、太平天国甲寅四年十月二十日『太平天国文書彙編』二二四頁）。

(127) 燕王秦日綱上東王楊秀清報告半壁山敗退国宗石鎮崙等犠牲稟奏、太平天国甲寅四年十月二十日『太平天国文書彙編』二二五頁。

(128) 燕王秦日綱上東王楊秀清報告半壁山敗退情況及殿左肆拾柒指揮黄鳳岐等犠牲稟奏、太平天国甲寅四年十月二十日『太平天国文書彙編』二二四頁。

(129) 燕王秦日綱上東王楊秀清報告半壁山敗退国宗石鎮崙等犠牲稟奏、太平天国甲寅四年十月二十日『太平天国文書彙編』二二五頁。

(130) 国宗提督軍務韋俊上東王楊秀清報告田家鎮戦況稟奏、太平天国甲寅四年十月二十日頃『太平天国文書彙編』二二六頁。

(131) 曽国藩等奏、咸豊四年十月十四日『鎮圧』十六、七一頁。

(132) 曽国藩等奏、咸豊四年十月二十日『鎮圧』十六、一一一頁。

(133) 曽国藩等奏、咸豊四年十月十四日『鎮圧』十六、七一頁。

(134) 曽国藩等奏、咸豊四年十月二十日『鎮圧』十六、一一一頁。

(135) 駱秉章奏、咸豊四年十一月初二日『鎮圧』十六、一八三頁。駱秉章によると、この時期広東、広西から湖南へ進入した反乱軍は「皆以応接江南大股逆賊為名、紅巾、黄巾、効賊装束、同時並起」とあるように太平天国との連携を名乗るケースが多かった。とくに朱洪英の昇平天国軍は「太平後営竜鳳旗」「太平天国将軍劉大黄旗」など太平天国の名を冠した黄旗を多用していた。朱洪英反乱軍の頭目の一人である胡有禄は丞相羅大綱と面識があり、「今年二月羅大綱有信、属其前往会合」とあるように羅大綱の働きかけを実際に受けたという（同奏、咸豊五年九月十二日『駱文忠公奏稿』巻三）。なお菊池秀明『清代中国南部の社会変容と太平天国』汲古書院、二〇〇九年、三三二頁参照。また楊秀清の戦略については本書第七章を参照のこと。

第九章　湖口の戦いと太平軍、湘軍の湖北、江西経営

はじめに

筆者は第八章において、湖南岳州と湖北武昌、田家鎮をめぐる太平軍と湘軍の攻防戦を考察した。湘潭での勝利後、長江中流域へ出撃を命じられた曽国藩は湘軍の再編に取り組み、信賞必罰を明確にして戦闘力を強化した。この間湖南北部へ軍を進めた太平軍は、清軍司令官の内紛に乗じて武昌を攻略したが、一八五四年七月に湘軍の岳州攻撃が始まると、丞相曽天養の戦死もあって敗北して武昌へ撤退した。だが東王楊秀清は戦況の変化を充分に認識せず、国宗石鳳魁らの経験不足もあって太平軍は敗退を重ねた。

武昌を占領した湘軍が次に攻撃目標としたのは長江の要害である田家鎮であった。太平軍は燕王秦日綱の指揮のもとで防戦の準備を進めたが、元々食糧調達を任務としていた西征軍の戦力は低く、将兵の間には旺盛な士気を持つ湘軍への恐怖心が生まれていた。これに秦日綱の軽率な指揮が加わり、太平軍は国宗石鎮崙らが戦死するなど大損害を蒙って田家鎮を放棄した。それは読書人を中核として、組織運営や管理能力に秀でた湘軍の特徴がよく現れた勝利であった。太平天国が唱えた理念中心の社会建設に対抗して、反対勢力の圧殺を通じて秩序構築を強引かつ効果的に進めた湘軍の手法は、近代化、地方化と並んで中国近代史の基調として受けつがれることになる(1)。

本章は一八五五年二月に翼王石達開らの軍が江西湖口の戦いで湘軍に勝利してから、反攻に出た太平軍が武昌を三

度占領し、湖北、江西各地で勢力を拡大した五五年末までの動向を取り上げる。この時期の歴史については太平天国史研究の分野で簡又文氏、[2]羅爾綱氏、[3]朱哲芳氏、[4]賈熟村氏、[5]崔之清氏らの著作がある。[6]また竜盛運氏、[7]朱東安氏、[8]王継平氏[9]は湘軍史研究の立場から分析を進め、P・H・キューン氏は地域社会の軍事化という視点から湘軍の活動を中国近代史の中に位置づけた。[10]日本では近藤秀樹氏が曽国藩の伝記でこの時期の歴史を取り上げている。[11]

本章はこれらの成果を受け継ぎながら、近年公刊された檔案史料集と筆者が収集したいくつかの史料を用いて分析を進めたい。とくに台北の国立故宮博物院所蔵の檔案史料は、出版計画の圧縮によって多くの史料が未収録となった『清政府鎮圧太平天国檔案史料』の不足を補うことが期待される。[12]また西征を十九世紀中葉の長江流域における社会変容という視点から捉え直し、太平天国と湘軍の争いがもたらした影響について検討する。それは太平天国の歴史を新たな中国近代史像に位置づける作業になると思われる。

一、江西湖口の戦いと太平軍の湖北再占領

（a）湘軍の九江攻撃と湖口の戦い

湘潭県から田家鎮に至る長江中流域の敗北は、太平天国にとって大きな痛手であった。一八五四年十二月に兵部侍郎銜曽国藩は、太平軍が多くの船を失った結果、「金陵の賊巣が必要な米、油煤などの物資は、来路が半ばすでに断絶し……、東南の大局は転機にある」[13]とあるように南京への物資補給が滞り、戦況が清朝優位に変わりつつあると報じた。

また曽国藩はこれらの戦いがもたらした変化について言及している。それまで人々は暴行の絶えない清軍を嫌い、

軍規の厳しい太平軍に協力的であったが、湘軍が進撃するとこれを歓迎し、偵察に協力する「蓄髪した民」が現れた。それは湘軍の兵糧が各地から送られた戦費によってなお豊富で、随行していた四川勇の「沿途騒擾」などを除けば掠奪行為が表面化していなかったためであった。だが曽国藩は「往年の官兵が過境するや物資を購入できず、道案内となる人がいなかったのに比べると、気象はこれがために一変[14]」とあるように、これを湘軍の勝利を見て動揺した人々が太平軍と距離を置いた結果と分析した。そして彼は太平軍の戦力はなお侮れないが、湘軍の最終目標は「長江を粛清して、真っ直ぐに金陵を搗く」ことにあり、南京への進撃に専念出来るように各省の防備を強化して太平軍の他地区への進出を防ぐように求めた[15]。

これら湘軍の攻勢を前に、東王楊秀清は先に安徽経営を進めた翼王石達開と廬州攻略に功績があった已革豫王胡以晄を安慶へ派遣した[16]。また江西饒州で食糧の調達を行っていた冬官正丞相羅大綱は田家鎮敗戦の報を聞いて軽騎九江へ向かい、安徽から派遣された「満髪の老賊万余[17]」を率いて燕王秦日綱、検点陳玉成と共に九江対岸の小池口から湖北黄梅県に至る長江北岸の守りを固めた。

湘軍が次に攻撃目標としたのは江西の九江であった。兵部左侍郎王茂蔭が「南方の勢いは全て長江にあり、長江の要は全て九江にあり」と述べたように、九江は長江中流域の軍事的な要地で、一八五三年に太平軍が南京へ進撃した時は両江総督陸建瀛がこの地を放棄したために、安慶を初めとする清軍の総崩れへつながった。王茂蔭は湘軍が南京へ進攻するためには九江を確保することが不可欠と指摘したうえで、「わが兵（湘軍）が間道から江西へ入り、江西の（緑営）兵と協力して一体となり、南康、星子一帯から水陸で縦横無尽に突進すれば、相手は必ずや防ぎきれない。もし曽国藩（の水軍）が内側から攻め、塔斉布ら（の陸軍）が外側から攻め込めば、さらに順調に行くだろう[18]」と述べ、湘軍が江西の清軍と協力して水陸両面から九江を攻略すべきであると主張した。

だが実際の戦いは清朝側の目論見通りには進まなかった。太平軍が田家鎮から撤退して間もない十二月八日に、同知彭玉麟が率いる湘軍の水軍先鋒隊は九江へ軍を進めた。十四日に水師営務処の李孟群は小池口の太平軍陣地を調査し、翌十五日には長江北岸の沙洲を攻めて太平軍の軍船を焼いた[19]。また提督塔斉布、同知羅沢南の陸軍はすぐに九江へ向かわず、長江を渡河して十七日に蘄州蓮花橋で陳玉成の軍、二十日および二十三日には黄梅県大河埔、黄梅県城で秦日綱、羅大綱らの軍と戦った[20]。長江北岸に布陣した太平軍の戦力を弱め、九江を攻撃する部隊にかかる重圧を軽減することが目的だった。

この戦いで太平軍は粘り強い抵抗を見せた。陳玉成の軍は「北路に途中伏兵を置き、軽騎で戦いを挑んだ。前隊が応戦すると、賊はわざと敗走し、数里の遙かまで追ったところで伏兵が現れた」「（塔斉布の後衛部隊が到着して）賊は大いに潰えたが、わが軍が勝利に乗じて百余名を殺すと、忽然と北路の左から再び賊の伏兵が姿を見せ、後方に回り込もうとした[21]」とあるように、伏兵を配置して湘軍を誘い込み、打撃を与える戦術をくりかえした。また秦日綱、羅大綱らの軍は「城を守らずに要所を守り、一ヶ所を守らずに数ヶ所に分かれた」と黄梅県城の防衛にこだわらず、二十歳以上の「牌面」からなる主力を小池口、大河埔に配置し、数千人の機動部隊を孔壟駅に置いて湘軍を牽制した[22]。

伏兵を配置して敵を誘い込むのは太平軍が屢々用いた戦術であり、羅沢南が「この賊と戦ってから、専ら「静をもって動を制す」の法を用いている。戦いの時に賊党は数回鉄砲を放ち、大声で叫んで（戦いを誘う）が、わが軍が固く伏せて動かず、あえて応じなければ、往々にして勝利を得ることが出来る」と述べたように、湘軍も誘いに乗らず、痺れを切らした太平軍が動くのを待って攻撃するなどの対処法をあみ出していた。このため太平軍は十二月二十六日の濯港、三十一日の孔壟駅の戦いでも勝利することが出来ず、陳玉成と秦日綱は安徽の宿松、太湖県へ、羅大綱は一八五五年一月一日に小池口から南岸へ渡河して江西湖口県へそれぞれ撤退した[23]。だが太平軍の「かつ戦いかつ退く[24]」

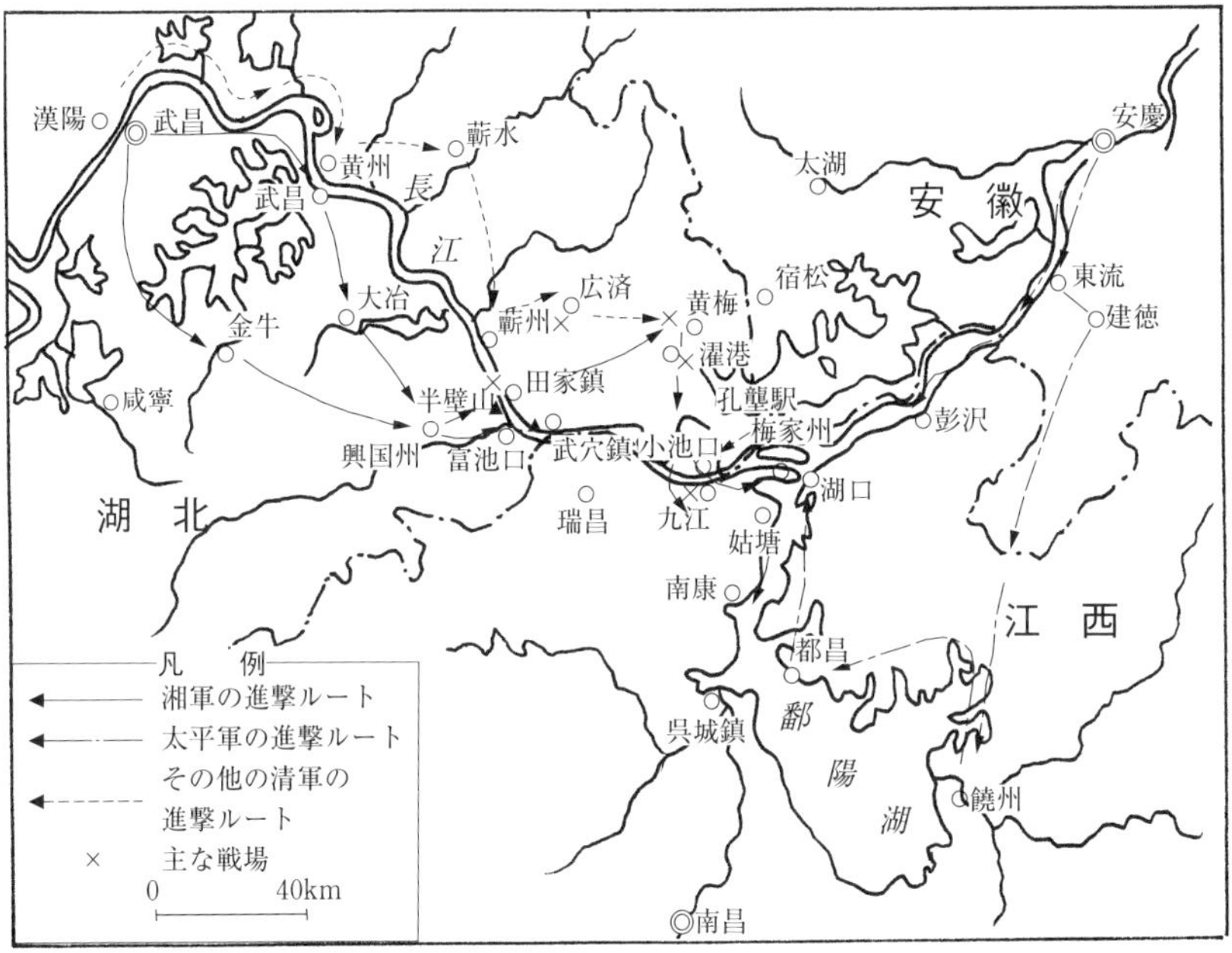

地図15　九江、湖口の戦い①（郭毅生主編『太平天国歴史地図集』より作成）

頑強な抵抗は湘軍の進撃スピードを鈍らせ、曽国藩が「臣らの一軍は陸路が実になお単薄で、北に渡れば南岸を顧みることが出来ず、南に渡れば北を顧みることが出来ない」[25]と記したように、湘軍は陸軍の兵力不足を露呈したのである。

　次に曽国藩を苛立たせたのは、湘軍と呼応すべき清朝正規軍の弱体ぶりであった。田家鎮の勝利を知った江西巡撫陳啓邁は九江奪回のチャンスと考え、南昌と武寧県から練勇一千人を増援に送った。十二月十日に九江鎮総兵居隆阿は九江府城に攻撃をかけたが、すでに太平軍の守備隊も「連日賊匪が五十余人ほど安慶や小池口などから来て、均しく潯城（九江城）へ入って逆匪の抵抗を助けた」とあるように増援を受けていた。十六日に清軍は再び攻撃を試みたが、額頭山の後ろに回り込んだ太平軍によって挟み撃ちされ、「腹背に敵を受け、支えることができなくなり、多く傷亡」[26]と敗北した。

　また同じ頃、川北鎮総兵趙如勝率いる水陸両軍三千人は鄱陽湖西岸を北上し、湖口県の太平軍と対峙していた。すると安慶、饒州から太平軍の増援部隊が続々と到着し、十二月十七日に九江姑塘で清軍に攻勢をかけた。陳啓邁によるとその兵力は一万数千人で、清軍は多くの死者を出して敗退した。趙如勝は呉城鎮で船の修理を行おうとしたが、二十四日に再び太平軍の攻撃を受け、「軍心が驚惶し、突撃を受けて潰散[27]」となって八十隻以上の船を失う大損害を受けた。だが曽国藩によれば「その実賊匪は多くなく、民間が今に伝えるところによれば僅かに長髪が九十人に過ぎなかったが、知らせを聞いて先に逃げた[28]」という。いずれにせよ呉城鎮が陥落したために、江西の清軍は省都南昌の防衛に力を注がざるを得なくなり、湘軍と協力して九江を攻撃する計画は早々と挫折した。

一月二日に李孟群、彭玉麟の率いる水軍は九江、小池口の間に浮かぶ太平軍の船を焼いて長江の水面を制圧し（図20）、翌三日には鄱陽湖と長江の合流地点に近い湖口県の梅家洲、北岸の八里江などに軍船を停泊させた[29]。二日に曽国藩は九江城外へ進駐し、六日と七日には塔斉布の陸軍が小池口から渡河して九江城の南門外に布陣した。また兵力不足を補うために呼び寄せた湖北按察使胡林翼の貴州勇二千人が七日に九江へ到着し、九日に羅沢南の軍が小池口から南岸へ渡河したところ、九江城内の太平軍から攻撃を受けた[30]。

一月十四日に塔斉布と胡林翼の軍は九江城の西門を攻め、三度攻撃をかけたが勝利出来ず、「驍悍」で知られていた参将童添雲が戦死した[31]。湘軍が苦戦した第一の原因は長江北岸での作戦活動に二十日以上を費やしたため、太平軍が「守備を日に固め、人数もまた日に増した[32]」と防衛力を強化したことにあった。また湘軍にとって九江は事実上初めての攻城戦であり、将兵に土嚢を携帯させて城壁の外側に積み上げることにしたが、準備が間に合わなかった[33]。さらに太平軍の九江守備隊を率いた検点林啓容は、敵も認めざるを得ない有能な指揮官であった。羅沢南は次のように述べている

図14　九江、湖口を攻撃する湘軍の水軍（『平定粤匪図』第三幅、粛清潯江図、国立故宮博物院蔵）
長江北岸から見た図で、右側奥が九江府城、左側が湖口県城である。左側手前には殺された太平軍将兵、右側には小池口を攻撃する塔斉布らの部隊が描かれている。水上にうかぶ湘軍の軍船も指揮官の名前を記した旗が描かれており、誰が功績をあげたかがよくわかる点が『平定粤匪図』冊六、粛清潯郡江面図、東洋文庫蔵との大きな違いである。

九江城は小さな城であったが……、賊は堅壁によってわが軍を疲れさせている。（城は）静かなること無人の如くで、時を告げる太鼓の音もかがり火もない。だがわが軍がひとたび城下へ至るや、旗が上がって一斉に鉄砲が発射され、城壁の上には旗が林のように掲げられる。林啓栄（林啓容のこと）の見事な守備ぶりからは、賊の中でも大将の器量を持った男であることがわかる(34)。

その後林啓容は天京事変後の一八五八年まで九江を守り抜き、曽国藩も彼の「強固な志」と「民を殃する罪なき「傑出」ぶりを賞賛したが(35)、その一端がすでに窺われる。結局曽国藩は九江守備隊の頑強な抵抗を「実に意計の外」であると述べたうえで、湘軍の損害が多いために「先に湖口、孤塘の賊を攻撃して、その羽翼を切り取る(36)」戦略に転換したが、これは大きな失敗を招くことになった。

湖口の太平軍は長江と鄱陽湖の合流地点を挟んで西の梅家洲に羅大綱が、東の湖口県城に石達開がそれぞれ布陣していた。鄱陽湖の入り口には湘軍の進入を防ぐために大型の「木箏（筏）」が多く繋がれ、東岸には城壁の外側に土城が築かれて大砲が配置された。また西岸には三層の銃眼を備えた木城が作られ、その周囲には数重の濠と様々な障害物が置かれるなど「武昌や田家鎮に比べても更に厳密」な防禦が施された。九江から派遣された胡林翼、羅沢南らの湘軍陸上部隊は一月二十三日に梅家洲を攻撃したが、「地が険しく入ることが出来なかった」と攻めあぐんだ。翌日羅大綱も七千人を梅家洲から、四千人を大孤塘から出撃させて湘軍を挟み撃ちにしようとしたが、湘軍によって撃退された(37)。

いっぽう先に湖口一帯へ進出していた湘軍の水軍も新たな困難に直面した。太平軍が呉城鎮で鹵獲した清軍の軍船を参考に、安慶で急ぎ三十隻余りの軍船を建造し、これを戦場へ投入したのである(38)。それまで湘軍は太平軍が民間船を主力としていたために優勢を保っていたが、「今回は民船が甚だ少なく、大小の戦船が必死で抵抗し、加えて両岸

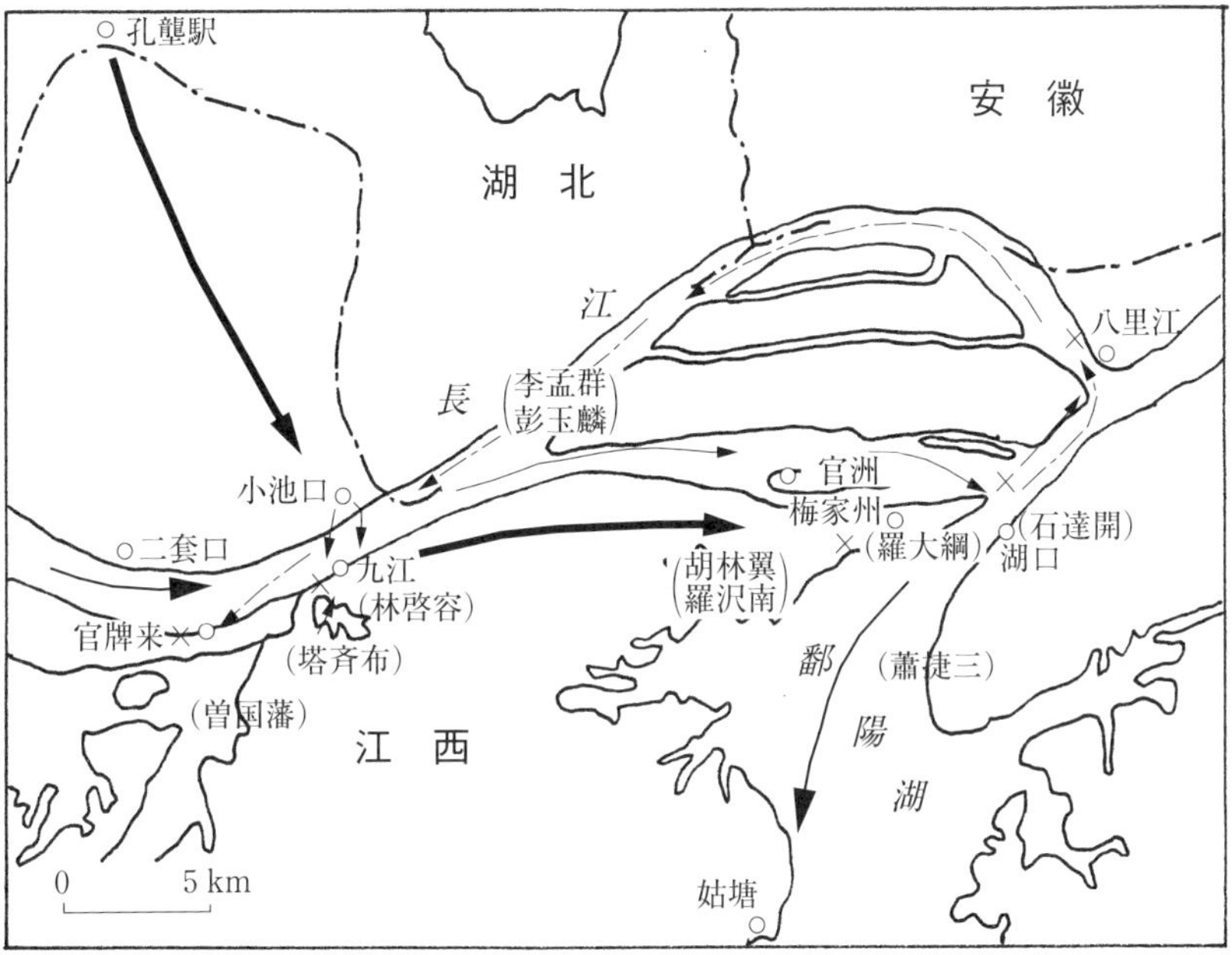

地図16　九江、湖口の戦い②（郭毅生主編『太平天国歴史地図集』より作成）

と中州の陣地、木筝が互いに守り合って、情勢はこれがために一変(39)」とあるように、軍船と筏、地上軍の連携によって戦いを進めた太平軍に苦戦した。

一月二十三日に陸軍の梅家洲攻撃が始まったのを見た李孟群、彭玉麟の水軍は、鄱陽湖入口の「木筝」に集中砲火を浴びせた。それまで筏に阻まれて湖内へ進入できなかった湘軍であったが、この日は「一人傷つくと船倉へ退かせ、元通りに進撃」と損失を出しながらも攻撃を続けた。そして筏をつなぐ鉄鎖が切断され、積まれた火薬に砲弾が命中して筏は燃えだしたが、「(筏上に設けられた)望楼にいる賊は屹立して動かず、筏全体が炎に包まれ、望楼が傾いて初めて炎の中に飛び込んだ(40)」とあるように太平軍は抵抗を続けた。太平軍は四百人余りが戦死し、将軍梁国安ら百余人が捕らえられ殺された。

「木筝」を破壊された太平軍は連夜大きな船を鄱陽湖の入り口に沈め、砂利を詰めて西岸に僅かに残した出入口にとも綱を張った。一月二十七日に胡林翼、羅沢南らは将兵に土嚢と火包を持たせ、梅家洲の太平軍陣地に突入を試みた。水軍も鄱陽湖の入口にいた太平軍の軍船に攻撃をかけ、とも綱を切断して鄱陽湖内へ突入し、軍船三十隻、民船三百隻を焼いた。二十九日に湘軍は陸、水両軍で再び攻勢をかけ、陸軍は太平軍陣地を破ることができなかったが、水軍は先に太平軍が清軍から奪った軍船をほぼ焼き尽くした。

この時湘軍は「湖口から姑塘に至る四十里は、賊船を粛清した」(41)と考え、営官蕭捷三らの率いる小型船百二十余隻、二千人が鄱陽湖の奥まで進撃し、大姑塘に停泊した(42)。ところがその晩太平軍は数十隻の小舟で湘軍水軍の「老営（元々の陣地）」を襲い、陸上部隊の「火箭、噴筒」などの火器による支援を受けて湘軍の大型船を攻撃した。不意をつかれた湘軍は「外江に残っていたのは多くが笨重な船で、舵で操ろうとしてもうまく行かず、翼をもがれた鳥のようであった」とあるように、小型船の護衛を得られなかったため大型軍船九隻を含む数十隻が焼かれた。慌てた将兵たちは制止を振り切って九江へ逃れ、翌日李孟群、彭玉麟も九江へ撤退せざるを得なかった。

太平軍はこのチャンスを見逃さなかった。一月三十日に羅大綱は梅家洲にある胡林翼、羅沢南の陣地を攻め、二月二日には小池口へ兵を送って陣地の構築を行わせた(43)。また一月二十九日には安徽に退いていた秦日綱、陳玉成、国宗韋志俊の軍が再び黄梅県を占領した(44)。二月七日に曽国藩は九江を攻めていた副将周鳳山に渡河して小池口を攻めさせたが、掠奪を始めたところを太平軍に攻撃されて敗北した(45)。

いっぽう鄱陽湖内に進入した蕭捷三の水軍は、一月三十一日に湘軍の陣地が襲われたことを知り、湖内の太平軍軍船と戦いながら湖口へ向かった。しかし「該逆は浮橋を二本設け、かつての出入り口は鎖によって固く閉ざされて、突破することが出来なかった」とあるように、石達開はすでに鄱陽湖と長江の通路を封鎖してしまっており、湘軍の船は長江へ戻ることが出来なかった。二月五日に湖口の太平軍が都昌県を占領したことを知った蕭捷三らは、いま長江へ撤退するよりも、鄱陽湖内の太平軍を掃蕩することを優先すべきだと考え、二月十三日に都昌県へ向かった[46]。

水軍の一部が鄱陽湖に閉じ込められ、小池口で陸軍が敗北したことを知った曽国藩は、二月十一日に胡林翼、羅沢南の軍を湖口から九江へ撤退させ、南岸の官牌夾に駐屯させた。するとこの夜、九江の林啓容、湖口から小池口へ到着した羅大綱が小舟数十隻で再び湘軍の水軍陣地を襲い、火器を放って湘軍の軍船を焼いた。驚いた湘軍の軍船は「慌て乱れて帆をあげて上流へ向」かい、曽国藩が禁止しても言うことを聴かなかった。逆に曽国藩の乗っていた船が太平軍に奪われ[47]、曽国藩は危ういところを小舟で羅沢南らの陣地へ逃げ込んだ[48]。

この戦いの後、曽国藩は「（蕭捷三らが）勇敢に過ぎて内河に突入し、夜になっても戻らなかったため、外江の陣地が二度にわたって該逆の偸襲するところとなり、実に憤恨[49]」とあるように、水軍が軽率に鄱陽湖内へ進撃したことが敗北の原因であると報じた。だが彼は一月末に「まず湖口を攻め、内河を捜剿して鄱［陽］湖の賊舟を尽く焼けば、潯城（九江）の外援は益々断たれる[50]」と上奏しており、彼本人が九江を孤立させる目的で蕭捷三らに湖内の掃蕩を命じたことは間違いない。

また戦いを誘い、伏兵を置いて意表を突く戦術は太平軍の水軍も行っていた。一月八日に羅大綱は百余隻の小舟で鄱陽湖口にいた湘軍を攻め、李孟群がこれを追撃すると、突然「木箄」の傍らから太平軍の軍船が現れた。この時湘軍は慌てることなく反撃[51]したが、二十九日の戦いでは太平軍が後方の本隊を襲ったために対応出来なかったのである。

さらに田家鎮の戦い以後、湘軍は陸上部隊が兵力不足であったにもかかわらず、曽国藩は「堅きを捨てて瑕を攻める」戦略を取って九江、湖口に兵力を分散させた。結果は水陸両軍が分断され、夜ごとに太平軍の襲撃に悩まされたために決戦を焦り[52]、かえって太平軍に隙を与えてしまった。つまり湖口の戦いで太平軍は主力部隊を投入し、周到な準備と粘り強い抵抗によって勝機を見出したのに対して、湘軍は左宗棠が「将士の気は漸く驕り、将帥の謀も漸く乱れた[53]」と評したように連戦の勝利で太平軍を与しやすい相手と見なし、その水軍が壊滅したと思い込んだ。こうした油断と判断ミスに加え、戦いに先立って咸豊帝は「迅速に九江郡城の奪回を図れ[54]」「真っ直ぐに安慶へ向かい、一斉に金陵の賊巣を搗け[55]」と命じていた。いわば長江下流域への進撃を急がせた清朝の過大な期待が湘軍に敗北をもたらしたのである。

（b）太平軍の第三次武昌占領と湖北各地への進出

湖口の戦いはそれまで湘軍優位で展開していた長江中流域の戦況を一変させた。二月十二日に小池口の羅大綱は一千人の兵を竜坪、武穴鎮へ送り、長江上流を窺った。これを見た曽国藩は十五日に九江の陸軍一五〇〇人を渡河させて小池口を攻めたが、数千人の太平軍に囲まれて敗北し、南岸へ撤退した[56]。翌十六日に秦日綱、韋志俊の軍は旧暦大晦日の闇夜に乗じて湖北広済県を襲い、湘軍を支援するべく駐屯していた湖広総督楊霈の大軍を打ち破った[57]。羅大綱も小池口から夏官又副丞相曽錦謙率いる三千人を西進させてこれに応じ、十八日に両軍は蘄州で合流して武漢へ進攻する構えを見せた[58]。

これに対して湘軍は有効な対策を取ることが出来なかった。二月十八日に曽国藩は李孟群に水軍三営、軍船四十隻、胡林翼と都司石清吉に陸軍三千人を率いて武漢の救援に向かわせた。だが水軍の本隊は二十日、二十一日に九江で大風に遭い、四十隻以上が漂流、沈没または大破した。曽国藩は再び攻撃されることを恐れ、状態の良い七十隻余りを彭玉麟の統率のもと武漢へ回航させ、修理を行うことにした[59]。これによって九江の長江河面から湘軍の水軍は姿を消した。

太平軍の反攻は素早かった。二月二十一日に秦日綱、陳玉成、曽錦謙の軍は楊霈の軍を追って黄州へ至り、二十三日には漢陽へ到達した[60]。また二十五日には韋志俊が田家鎮から長江南岸へ渡河し、興国州を占領して武昌をめざした[61]。だが清軍は互いに連絡が取れない程に混乱し、湖北巡撫に赴任したばかりの陶恩培は楊霈が漢口鎮へ敗走してきたのを見て、ようやく太平軍が迫っていることを知った。しかも太平軍が漢陽を攻めると、楊霈はその北進を防ぐことを口実に徳安へ撤退し、陶恩培は武昌に残っていた「逃潰疲弱の兵」一千数百人を率いて籠城戦を行わなければならなかった[62]。

武漢救援を命じられた李孟群と彭玉麟の率いる水軍百三十隻は、二月二十三日と二十五日にそれぞれ武昌へ到達し、黄鶴磯、鮎魚套に停泊した[63]。この時漢陽、漢口に駐屯した太平軍の兵力は数千人、「江南の老賊が多くを占め、ずる賢さは異常」[64]で、長江の岸辺に陣地を構築し、周囲に障害物を張り巡らして防禦を固めた。二十八日に李孟群と彭玉麟は四十八隻の砲船で長江へ注ぐ漢水の河口に攻撃をかけたが、両岸から激しい砲撃を受けて敗退した。彼らは三月四日にも攻撃を試みたが、効果はあがらなかった[65]。

三月五日、六日に胡林翼と石清吉が陸軍を率いて武昌城外に到達し、十四日には水軍と協力して漢陽を攻めた。だが兵力が足りなかったうえ、十六日の「狂風」によって軍船二、三十隻が沈没し、陸軍の宿営施設も吹き飛ばされるなどの被害を受けた[66]。いっぽうの太平軍は漢水上流へ兵を送り、三月二日に仙桃鎮を占領した[67]。九日には里仁口で荊州将軍官文の派遣した兵勇を破って候選同知林天直を殺し、二十日には天門県の岳家口で再び荊州軍を破って副都統貴陞、守備札克當阿らを殺した[68]。さらに長江南岸では韋志俊の軍が崇陽県へ到達し[69]、三月二十一日には秦日綱、陳玉成らの軍が「大小砲船一百五、六十隻」で長江を渡河して武昌省城への攻撃を開始した。

武昌陥落の危機を前に、陶恩培は援軍の派遣をくり返し要請した。彼は徳安へ退いた楊霈について「一兵一卒の救援もない[70]」と批判する一方で、かつて対立した曽国藩を「忠直剛毅」と持ち上げた。また「私が思うに、東征の計は急ぐべきではない。まさに力を合わせて軍を戻し、よろしく整理を行えば、水陸［両軍］が助け合い、成功することは必定」と述べるなど、湘軍の主力が湖北へ軍を返すことに望みを託した。しかし三月四日に九江から南昌へ赴き、鄱陽湖に閉じこめられた蕭捷三らの水軍を「安輯」していた曽国藩はこの要請を拒否した。彼は次のように述べたという(71)

李孟群、彭玉麟の諸将がみな湖北へ戻ると、将兵の士気はやや衰えた。将校たちは前後に敵を受けることを恐れ、多くが軍を武昌へ戻すことを望んだ。だが［曽］国藩は「ならぬ！　賊が武漢へ向かったのは、我らが必ず救うところを攻めたのだ。わが軍が九江を破り、真っ直ぐ金陵を搗くのも、賊が必ず救うところを攻めている。もし輾転として後方を顧み、あちこちの言うことを聴いていたのでは、わが大軍を誤らせることになる。士気が失われてしまえば、再び高めることは容易ではない」。そして堅く鄱陽湖に留まり、船や武器の修理を行わせた(72)。

この相手が必ず救うところを攻めるという戦略は、一八六一年に陳玉成、李秀成らが湘軍による安慶の包囲を解くために武漢をめざすなど、長江流域の両軍の戦いにおいてくり返し用いられた。それに一々反応したのでは全体の戦局を誤るという曽国藩の見解は、二月下旬の上奏においても展開されている。第一に太平軍が武漢を攻めたのは「わが後路を襲い、糧道を断つ」ためであり、補給がないまま敵に囲まれれば水軍将兵が動揺し、武漢以西や湖南への進攻に対応できない。第二にいま武漢へ軍を返せば、九江、湖口の太平軍は必ず江西全土を手中に収め、江西からの物資補給が途絶えるばかりか、鄱陽湖に閉じ込められた水軍の精鋭が失われることになる。第三に陸軍は数百名の戦死者を出しながらも、前進することで士気を保ってきたが、遠路武漢へ退却すれば将兵の「精気は消磨」し、再び奮わせることは難しい。つまり湘軍の新たな兵站基地として江西の確保は不可欠であり、水軍の機動戦力を失っては太平軍に対抗できないというものだった(73)。

この曽国藩の主張に対して咸豊帝は、現在楊霈が各地から集めた兵勇は六、七千人おり、これに李孟群の水軍四、五十隻、胡林翼の援軍三千人を加えれば武昌の防衛は可能であると述べた。むしろ曽国藩は本来の戦略に従って迅速に九江を奪回し、東へ軍を進めるべきであり、いま糧道を断たれ孤立するよりは、「九江を力攻することが扼要の策」[74]であるとの指示を与えた。咸豊帝は後方の確保よりも南京への進撃を優先したのである。

結局のところ武昌の清軍守備隊は見捨てられ、四月三日に省城は陥落した。この日韋志俊の軍が武昌への攻撃を開始すると、漢陽、漢口の太平軍も渡河して沌口と蔡店、塘角を攻めた。また城内で内応する者がおり、各地で火の手が上がると「兵勇は潰散」して、太平軍は城内へ突入した。夜になって副将王国才の湖北軍が九江から駆けつけ、城内へ入ったが、すでに陶恩培と武昌府知府多山は殺されていた。翌日太平軍の攻撃が再開されると王国才は城外へ脱出し、胡林翼と共に金口鎮へ逃れた[75]。

この太平軍の湖北進攻において、一八五三年に北部各地を転戦した曽天養に代わって先鋒隊を率いたのが陳玉成であった。彼の軍は四月二日に応城県を占領し、その前隊は「薙髪改装」して兵勇になりすまし、西へ向かったところを清軍に見破られて撃退された。すると太平軍は六日に雲夢県を占領し、翌七日には徳安（安陸県）を攻めた。清軍は「敗北の後で怯え、力戦することが出来ず」に退却し、府城は陥落した。陳玉成が襄陽の攻略をめざしていることを知った楊霈は、棗陽県へ後退して軍の立て直しを図った[76]。

その後太平軍と清軍は徳安と随州の間で一進一退を続け、その北進を恐れた清朝は西安将軍札拉芬（蒙古人ボルジギン氏）の軍を湖北へ向かわせた[77]。札拉芬は五月六日に襄陽の北にある樊城鎮へ到着し、三十日に随州の五里墩で太平軍と戦ったが包囲されて戦死した[78]。この知らせを受けた咸豊帝は楊霈と西安副都統の常亮（満洲鑲黄旗人）を「数里の近くにいながら全力で救援しなかった」「救援の命令を受けた時にはすでに遠く唐県鎮へ退却してしまっており、

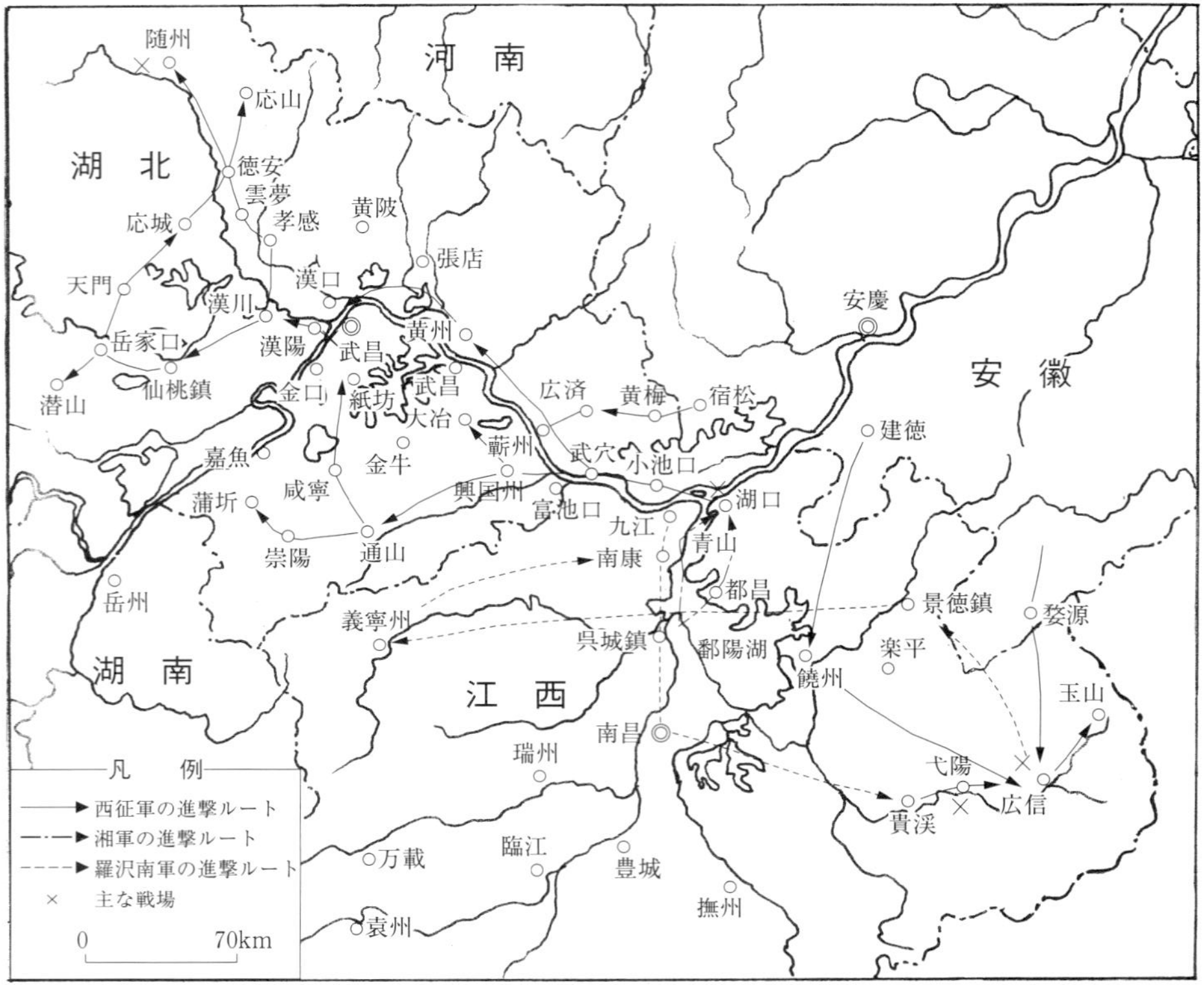

地図17　西征軍の反攻と曽国藩の江西経営図（郭毅生主編『太平天国歴史地図集』を参考に作成）

戦場に臨んで退避するとは憎むべきことこの上ない」[79]との罪で解任し、荊州将軍官文を後任の湖広総督に任命した。また山東で北伐軍の殲滅に功績をあげたチャハル都統の西凌阿（満洲正白旗人）を欽差大臣に任命し、新任の荊州将軍綿洵（宗室出身、満洲鑲白旗人）と共に湖北で太平軍の鎮圧に当たらせた。[80]

これら一連の措置からは、長江南岸での太平天国との戦いを実質的に湘軍に任せざるを得ないという現実を前に、北岸の軍事作戦は旗人（満洲人あるいは蒙古人）が指揮した実績を作りたいという清朝の意図が読み取れる。だがこの時湖北へ派遣された西凌阿が恃みとしたのは五営、一八〇〇人からなる「義勇」即ち連鎮の包囲戦で清軍に投降した湖南、湖北出身の北伐軍将兵たちであった。彼らは八月に戦線に到着して忠義営と名乗ったが、[81]十四日に随州平林市で清軍が敗北すると、千総邢興朱ら数百人が「兄弟たち！　天父の飯を食おう」[82]と叫んで太平軍に投じた。その背後には太平軍の工作員である楊修武（湖北黄岡県人、東王楊秀清の牌刀手）らの働きかけがあり、飴売りを装って義勇の陣地に近づき、知り合いの義勇馮順徳から「投降したのは嘘で、賊営に戻ることを願っている」[83]との情報を引き出して太平軍に伝えたという。その後も西凌阿は義勇を戦場へ駆りたてたが、[84]十月に徳安で清軍が大敗を喫すると、義勇も多くが「傷亡潰散」「賊営へ逃入」[85]して六百余人しか残らなかった。そして西凌阿と綿洵は共に解任処分を受け、[86]清朝正規軍による長江北岸の戦いは官文の手に委ねられた。

ところで陳玉成は占領した雲夢県と徳安で「偽官を設けて久しく盤踞しようと図り、木城を作り木釘、梅花椿を敷き、濠を深くして官軍を防いだ」[87]とあるように郷官の設置と陣地構築を行った。九江の戦いが始まる前に江西饒州で食糧の調達を行った羅大綱は将兵を農村へ立ち入らせず、掠奪を抑えることで住民の支持を勝ち取り、貢ぎ物として多くの物資を獲得した。[88]だが湖北北部では前年国宗の部下たちが無秩序な貢納要求を行い、人々の反発を買った。陳玉成が郷官を設置したのはこうした混乱を防ぐためであったが、実際に郷官となったのは雲夢県の張跛子（足なえの張[89]と綽名された下層民や銭糧、漕米の「包攬」を行っていた「士の慎みなき者[90]」であったと考えられる。そして今度は彼らの手で「居民の銭米を勒索し、各郷を擄掠した[91]」「時に賊は徳安府に居座り、ほしいままに擄掠を行った。邑（応城県）東北の土門、両河、常冲、楊河、独槐、高橋六団が掠奪され、害を受けること最も激しかった[92]」という激しい掠奪が行われた。

また太平天国の郷官は納税の管理と裁判を担当するだけでなく、「民を発して兵とする[93]」即ち兵農一致の復古主義的な原則に基づいて所轄の地域で徴兵を行う権限を与えられていた。陳玉成が郷官を設置したのも「城内の賊衆は多くなく、半ばは新たに捕らえられ、脅されて従った者[94]」とあるように、数千人と不足していた兵力を増強するためだったと考えられる。だが徳安で参加を強要された人々は、四月中旬に太平軍が近郊へ出かけた隙に「伏勇」即ち太平軍内に潜伏していた練勇と共に清軍に呼応しようと試みた。また太平軍の食糧貯蔵庫で火事が発生すると「賊中はついに互いに疑い忌む」ようになり、清朝側が彼らの反目をそそのかす書簡を散布したところ「元々引き連れていた長髪の老賊までみずから数十名を屠殺した[95]」という内部分裂が発生した。これに乗じて攻撃をしかけた清軍は一時的に徳安府城を奪回した。

こうした抵抗の動きに対して、陳玉成は容赦ない弾圧を加えた。七月に雲夢の太平軍が少ないことを知った孝感県幕友の李玉田は、練勇を率いて城内へ潜入し、郷官の張跛子を殺して県城を奪回した[96]。すると「賊は徳安から衆を率いて敵討ちに来た。邑の東、北郷でこれに殺された者は男女数百名にのぼり、荼毒の苦しみは前後十数年の中でも最も激しかった[97]」とあるように、太平軍は報復として住民の虐殺を行った。だが強圧的な措置はかえって部下の離反を招いた。陳玉成軍の主力が武漢へ撤退すると、徳安府城の守備を任された総制陸長年、監軍馮得安は清軍副将顔朝斌が派遣した使者と「投誠して内応」する約束を交わした。十一月十三日に清軍が攻撃すると、陸長年らは城内に火を放ち、門を開いて清軍を迎え入れた[98]。こうして徳安は清軍に奪い返された。

長江北岸の太平軍と清軍の戦いは、軍事的には太平軍が優勢であった。だが陳玉成は住民に様々な負担を課し、抵抗する者に対して厳しい弾圧を加えた。その結果地域社会の支持を回復することが出来ず、郷官の離反を招いて占領地を失ったのである。

二、武漢をめぐる攻防戦と曽国藩の江西経営

（a）武漢をめぐる攻防戦と団練結成

長江北岸で楊霈が更迭され、旗人司令官率いる清軍と太平軍が戦いを繰り広げている間、長江南岸でも一つの変化が現れた。胡林翼の湖北巡撫就任と彼によって進められた軍の再編、団練の活用および後方支援体制の確立である。

胡林翼は湖南益陽県の人で、貴州各地の知府として反乱軍鎮圧に功績をあげた。彼が率いた貴州勇は「親軍」といい、明代の軍事専門家である戚継光の手法にならって組織した戦闘力が高く、規律の厳しい私的軍隊であった[99]。彼が湖広総督呉文鎔の要請に応じて湖北へ出撃し、その後曽国藩の指揮下に入ったことは本書ですでに指摘した。

湖北按察使であった彼が巡撫に任命されたのは武昌陥落後の一八五五年四月で、彼の起用を進言したのが宗室出身で御前侍衛の粛順であった。粛順は「我々旗人は馬鹿者ばかり[100]」と旗人に厳しい評価を下す一方で、有能な漢人官僚を活用することに熱心であった。また軍機大臣で大学士の文慶（満洲鑲紅旗人）も「彼らは地方から出てきているので、民の疾苦を知っており、物事の真偽を知りぬいている」と述べて漢人の利用価値を訴え、特に胡林翼については「深くその才略を知り、屢々秘かに推薦した[101]」と言われる。清朝にとって彼らの存在は曽国藩の湖北巡撫就任を撤回

するなど漢人官僚に対する不信を隠さなかった咸豊帝の失策を補う役割を果たし、曽国藩らは穆彰阿の失脚後に失っていた旗人有力者の後ろ盾を得ることになった。

巡撫に就任した胡林翼が最初に取り組んだのは、金口鎮へ撤退した水陸両軍の再編であった。彼は湖北全土を制圧するには武漢を攻略すべきだが、そのためには水軍の整備が不可欠と考え、湖南で軍船百隻の建造と水勇一千人の募集を行わせた。陸軍についても湖南で郷勇二千人を募集したが、武昌を長江沿いに攻めるのは困難が予想されたため、湖南巡撫駱秉章が派遣した援軍二千人を紙坊から武昌の南へ進攻させた。また副将王国才の湖北軍を長江北岸の沌口に駐屯させ、漢陽の太平軍が西進するのを防いだ。

五月一日に胡林翼の陸軍は石嘴へ軍を進め、武昌の太平軍陣地に迫った(102)。太平軍と最初に戦ったのは沌口から漢陽朝関へ進んだ王国才の軍で、十五日に陣地を構築しようとしたところを曽錦謙の軍に攻撃され、副将銜の恆泰が戦死した。十七日に胡林翼は守備譚瓊林らに武昌白沙洲などを攻撃させ、二十四日には八歩街を攻めた。さらに二十七日には水軍が武昌の下塘角、陸軍が李家橋を攻めたが、いずれも勝利出来なかった(103)。

この間に江西にいた曽国藩は、湖北の兵勇を再び用いるべきではないと上奏した。彼は総督、巡撫麾下の湖北兵が「淫侈に習い、惰を偸むことすでに久しく」「三年にもならない間に全軍が覆敗して大潰すること五度、その間も小潰小敗は数え切れない」と指摘した。とくに楊霈は敗残兵や湖北、河南の壮勇を三万人も集めたにもかかわらず、一度広済県で敗北すると事態を収拾出来なかった。彼らは「勝利を好まず、刑罰を恐れず、潰散することを当たり前と考え、恬として怪しむことがない」のであり、彼らが復隊を望んでも入れるべきではない。代わって曽国藩は湘軍兵士の選抜方法を参考に、襄陽、鄖陽などの「深山窮谷の中から寒苦力作の民を招き、その優秀な者を兵籍に入れて時間をかけて訓練」するように提案した。そして「今日の湖北の事は、省城がすぐに奪回出来なくても憂える必要はないが、省内に一人の勁兵精卒もいないのは無窮の患[104]」であると述べ、新たに強力な軍隊を創設することが急務と説いている。

この湖北兵の弱体ぶりについては、胡林翼も「怯えた将校、狡猾な兵卒が潰走に習い慣れている[105]」と見ていた。だが彼には武昌への攻撃を先延ばしする余裕はなく、「これを淘汰すれば兵力は更に足りず、これを留めても決戦をするのは難しい」と述べるなど、戦力にならないことを知りつつも兵力の確保に努めた。とくに苦しんだのは統率力を持った文武官員が少ないことで、「管帯する人がおらず、僅かに哨弁や勇目だけでは、恐らくは約束も厳明たり得ないだろう[106]」と表明せざるを得なかった。

こうした清朝側の弱点を見透かしたように、太平軍は防禦と攻勢を使い分けた。六月十日に胡林翼は軍を分けて武昌と漢陽を攻めた。だが太平軍は「堅塁の中に隠れ、わが軍が朝から晩まで戦いを誘っても、逆匪は僅かに城壁の隙間から鎗炮を放って死守」とあるように防禦に努め、清軍は攻撃の糸口を見出せなかった。また清軍は城壁の前に築かれたバリケードを突破するために工兵隊を送ったが、太平軍の激しい銃撃を浴びて五十余人が負傷した。この結果に胡林翼は「賊の様子を細かく観察していると、決して恐れて出てこないのではなく、別に奸謀で人を困らせようとしている。その城壁と濠が堅固なのに頼って……、わが軍の勇士たちを日々の攻撃によって負傷させ、兵力が足りなくなったところを側面から襲撃しようとしている[107]」と分析した。

はたして六月二十日に秦日綱は秘かに武昌から軍を派遣し、回り道をして金口鎮を襲い「水陸の餉道を断」とうとした。投降兵からこの情報をつかんだ胡林翼は、自ら兵を率いて救援に向かった。二十三日に太平軍は武昌西南の紙坊にいた清軍を壊滅させ、翌二十四日に金口鎮を攻めた。胡林翼は彭玉麟、都司鮑超の支援を受けてこれを却け、七百人余りを殺した[108]。二十八日にも太平軍は数千人で金口鎮を攻めたが、胡林翼は伏兵によってこれを破り、一千人以上を殺して平胡丞相陳大為らを捕らえた。胡林翼は退却する太平軍を紙坊で破り、武昌近郊まで追撃した後に金口鎮へ撤退した[109]。

この時胡林翼は二ヶ月間の戦いについて「連日堅固な陣地を攻めたが成功せず、誠に失算」と振り返った。また武昌を攻めるには城の東南にある洪山を奪うことが重要だが、ここを攻めれば「兵力が足りず、食糧輸送路が中断」する危険があると指摘した。さらに「賊は提臣塔斉布の威を恐れている[110]」と報じたうえで、札拉芬の戦死によって長江北岸の清軍からの支援が期待出来ない以上、塔斉布と湖南提督孔広順の軍を湖北へ救援に向かわせるように求めた[111]。

次に胡林翼は兵糧の確保について、四川、湖南、江西から十二万両を送るように求めた[112]。また出撃にあたって「行装の銀両を坐索し、兵が千人もいないのに万金を使った」湖北提督訥欽を「その志は財を得ることにあり、賊を殺すことにはない[113]」と批判して解任した。同時に戦闘で役に立たなかった兵一千人余りを淘汰して支出を抑えた[114]。

続いて胡林翼が取り組んだのは、兵力不足を補うための団練の活用であった。七月に清朝が「郷団を実行」して経費を節約するように命じると、胡林翼は団練の効用について「外に官軍の声威を助け、内に盗賊の悪だくみを消す[115]」と上奏した。実際七月に王国才が漢陽県知県伍継勲の率いる団練三万人を動員したところ、「団練の人数が多く、旗幟が林立していたため、賊はわが軍の勢いが盛んと見て戦わずに退いた」と成果をあげた。

第七章で述べたように、湘軍創設当初の曽国藩も団練の結成に取り組んだが、太平軍との戦いでは戦力が見劣りするため、専業性の強い傭兵組織へ切り替えた経緯があった。胡林翼もまた「団練は威を助けることは出来るが、みだりに戦わせるべきではない」と述べ、訓練不足のまま反乱軍と戦って敗北すれば「民心が動揺[116]」して事態が収拾出来なくなると考えた。また彼は「団練は治郷の要」であり、地方官や指揮官に人材を得なければ地方政府や軍の腐敗が進むように、団練も「劣悪な生員や莠民」が統率すれば抗糧事件や反乱を犯す危険があると指摘した。そして団練の結成を進めるにはまず監督の任を負う地方官の刷新が必要であると述べ、「団練の事宜に漫然として意を払わず、差役や胥吏が団費を需索するのを容認[117]」した嘉魚県知県李文灝らを解任した。

湖北の団練については、黄州の事例を取り上げたP・H・キューン氏の研究がある[118]。ここでは曽国藩の幕僚として故郷の武昌県で団練結成と釐金局創設に関わった王家璧の事例を見たい。彼は一八四四年の進士で、兵部主事となり、雲南で団練の結成に携わっていた父のもとに滞在した。太平天国が発生すると、北京にいた王家璧は湖北の防衛に関する上奏を友人である太常寺少卿雷以諴（湖北咸寧県人）の名義で提出した[119]。

一八五四年に母親の死によって故郷に戻った王家璧は、湘軍の田家鎮進攻作戦にあたり、捐款による兵糧の調達や情報収集に尽力した[120]。十一月に曽国藩に面会した王家璧は「武昌県公議団練章程」を提出して意見を求めたが、その冒頭には次のようにある

現在は郷団を縦糸、族団を横糸とする。郷団は本県八郷を八団に編成し、団ごとに公正廉能で素より郷望のある者一人を選んで団総とし、三、四人を団佐とする。里ごとに団正を選び、数人を団副とする。残りは十人ごとに什長を、五十人ごとに隊長を一人置く……。小村は大村へ附属させ、甲長、保長は団副がこれを兼任して、順々に統率し合う。族団は一族全体で戸長を一人立て、各房で房長を一人立てる。族団は郷団に帰属し、みな地方官の統制を受ける[121]。

県内の行政区分にならって団練を結成し、その地域のエリートに統率させる方法は団練章程に広く見られる内容であるが、ここで興味深いのは同族組織である宗族を単位とした「族団」である。その統率者は族長で、分節のリーダーである房長が補佐を担当した。また族団は郷団の一部を構成し、地方官の統制を受けることになっていた。

この族団は湖北における団練結成の過程で重要な役割を果たした。その先駆けは一八五二年に咸寧県の章、鎮、蔡、

程姓が連合して作った団練で、翌年に二都の王茂才（諸生）らは同安社を作って太平軍に抵抗した[122]。また有名なのは黄岡県張店区の巴、徐二姓が結成した団練で、太平軍の住民殺害に怒り、将兵を殺害して「区衆を糾合して団結」した。近郊の村々もこれに参加して一万人の規模となり、屢々太平軍を撃退して「張店練勇の名はついに大江以北を震わせた」。この張店団練は政府の指導を受けていなかったが、県城の陥落によって潘塘区に避難していた知県翁汝瀛も蕭、彭二姓の「大族」に一万人規模の団練を結成させ、監生羅海源ら科挙合格の資格を持たない地域リーダーに指揮を委ねた[123]。王家璧の提案した団練とは、戦乱による権力の空白に発生した下からの秩序構築の動き――その担い手の多くは湘軍将校と同じ生員以下の読書人――に地方政府が権威を付与し、王家璧を初めとする新興のエリートが主導権を握ろうとするものだった[124]。

むろん既存の地方権力と異なるこれらの勢力は諸刃の剣であり、反体制的な傾向を強めれば太平軍に投じてしまう危険を抱えていた。堵城の戦いで黄州の住民が大挙して太平軍に加勢したのはその例であり、咸寧県、崇陽県でも一八五五年春に太平軍が通過すると、鍾人杰反乱や総制廖敬二の流れをひく人々が監軍単金榜、曽添爵（咸寧県人）を中心に再び蜂起した[125]。彼らをつなぎ止めるためには軍功の授与や科挙試験における生員定員の増加など、その政治的上昇への要求に応える報酬が必要であったが、より急務だったのは清軍将兵の暴行を摘発する治安維持の権限を彼らに認めることだった。

一八五四年末に兵糧を武穴鎮の湘軍陣地へ届けた王家璧は、ここで胡林翼と数日にわたって会談し、「紳士が游兵、散勇および地方の土匪を捕らえ、軍営へ連行すれば、必ず立ちどころに処刑して、決して姑息なやり方で地方に害をもたらすことはしない[126]」との約束を取りつけた。また武昌県知県の白潤は「郷団および勇目」が長江沿岸で商船の航行を妨害し、金銭を要求する兵勇を捕らえることを認める告示を出した[127]。さらに「武昌県公議団練章程」は連年の水害と戦乱のため修理が遅れていた長江と内湖の堤防について、「民勇を監督して暫く決壊した場所を塞ぎ、工食を酌給して、工事をもって（難民）救済の意味を持たせる[128]」と取り決めた。王家璧の提唱した団練は清軍の兵力不足を補うに止まらず、清朝の地方政府が担当していた治安維持と行政サービスの機能を代行するものであったことがわかる。

また王家璧が熱心に取り組んだ捐款による兵糧の調達については、戦乱と太平軍の貢納要求によって「捜括されて殆ど残ったものはなく、勧諭は実に力となり難い[129]」と困難に直面した。彼は知県白潤や紳士たちと協議のうえ、所有地の額に応じて寄付を割り当てることにしたが、「わが邑は畝ごとの捐款も四、五万に過ぎず、地元で消費される分が一万に近いため、輸送できる額は多くない[130]」と充分な効果はあがらなかった。彼の友人である雷以諴はすでに揚州で釐金制度を実施し、王家璧も在籍主事の胡大任（監利県人）らと共に武昌の新堤、荊州の沙市などで「局を設けて勧捐し、釐金を試辦[131]」した功績によって員外郎に除せられたが、釐金局の運営が軌道に乗ったのは一八五六年以後であった。

ちなみに「武昌県公議団練章程」には曽国藩らの「面諭」によって加えられた条文として、「剃髪して死を免じられた」太平軍の投降兵に関する部分があった。それらは「もし分に安んじて法を守り、再び過ちを犯すことがなければ、前の罪を追及してはならない[132]」とあるように、団練兵士による投降兵への報復行為を禁じている。胡林翼も金口鎮、紙坊の戦いの後、「薙髪して投降」した太平軍将兵一千余人に食糧を与えて帰郷させる措置を取った[133]。彼らに投降を促すことで、太平軍の戦力を目減りさせる目的を持っていたと考えられる。逆に投降兵が「再び賊に加わった場合は、一族隣人に命じてその家族を捕らえさせて治罪する。一族隣人で彼らを差しだそうとせず、助けたりかくまった場合には、それぞれ応分の罪に処する[134]」と厳しい処罰が取り決められた。西凌阿の率いた元北伐軍兵士で太平軍へ投じる者が多かった事実を踏まえた条文と考えられる。

（b）曽国藩の江西経営と陳啓邁告発事件

胡林翼が武漢一帯で太平軍と戦っていた頃、曽国藩は江西にいた。彼は湖口での敗北について処罰を求めたが、咸豊帝の認識は「たまたま小挫があったが、なお大局は損なわれていない」[135]というもので処分は行われなかった。この上諭が届くと、曽国藩は「感激はいよいよ深く、ただ血誠を尽くして力めて補救を図らん」[136]と述べて再起を誓った。

三月に南昌へ到着した曽国藩は局廠を設けて大型船を建造し、水兵の募集を行って鄱陽湖に閉じ込められた水軍の規模を拡大した（これを内湖水軍と呼ぶ）[137]。また五月に彼は南康へ移り、湖南の平江勇が戦線に到着すると候選同知李元度にこれを統率させ、水軍と連携させた[138]。この間に曽国藩は全体の戦局について上奏し、陸軍を四方面、水軍は二方面に分けて攻撃を進める必要があると主張した。

ここで曽国藩は陸軍を①長江北岸の湖北蘄水、広済、黄梅県から安徽太湖、宿松県へ向かう内一路、②漢口から黄州、蘄州、田家鎮へ向かい、長江沿いに下って小池口へ達する外一路、③長江南岸は九江から太平軍と結んだ「土寇」の「淵藪」である湖北興国州、通山、崇陽県、江西武寧県などへ向かう西一路、④湖口から江西、皖南方面へ向かう東一路に分け、長江南岸は東一路が、北岸は内一路がそれぞれ最も重要であると述べた。また水軍については武昌から湖口へ達する上一枝、江西の小孤山から安徽の采石磯へ至る下一枝に分け、水軍が外江、内湖の二軍に分断されたことを活かしてこれらに当たると述べた。

次に曽国藩は東路の江西、安徽省境で活動している太平軍に対処するため、羅沢南率いる湘軍の陸上部隊三千人を南昌経由で向かわせた。この地域が江蘇、浙江からの食糧の補給路に当たり、また北京との連絡を確保するためだった。また九江および小池口に駐屯している石達開、林啓容の太平軍に対しては、塔斉布の軍五千人をこれに当たらせ、彼らが武漢へ進出するのを防ぐことにした[139]。さらに曽国藩は長江北岸の攻勢をかけるため、皖北に駐屯している左副都御史袁甲三（幫辦安徽団練）の練軍五千人を河南南部から湖北黄州へ進撃させるように求めた[140]。この曽国藩の議論からは「賊が我の必ず救う所を攻めるなら、我もまた賊の必ず救う所を攻めん[141]」という先の戦略観が読み取れる。とくに両陣営にとって物資の補給ルートであった長江とその沿岸を制圧することが、戦いの行方を決定づけると考えていたことがわかる。新たな戦線の構築を含むこの作戦を実行するには湘軍の規模拡大と援軍の派遣が必要であったが、四月に袁甲三は江南提督和春らに「支出を偽って私腹を肥やした[142]」と告発されて北京召還を命じられ、長江北岸（内一路）の兵力増強は実現しなかった。

まずは江西東部の戦いについて見たい。四月に九江から南昌へ移動した羅沢南は、五月初めに軍を率いて貴渓県へ向かった。三月に検点白暉懐率いる安徽建徳県の太平軍が趙如勝の清軍を破って饒州府城を占領し、さらに東進して広信府を窺ったためであった[143]。五月二日に貴渓へ到着した羅沢南は、五日に署撫州府知府林福祥の率いる兵勇と協力して弋陽県を攻め、ここを占領していた太平軍三千人を破った[144]。興安県へ撤退した太平軍は、安徽婺源県から江西へ入った検点范汝杰の軍と連携して広信府城を占領したが、羅沢南はこれを攻めて奪回すると、太平軍は玉山県から浙江へ向かった[145]。

次に水軍の戦いを見ると、南康府へ到着した曽国藩が水軍の前隊を青山鎮に停泊させると、六月三日に承宣黄文金（後の堵王）、承宣胡鼎文は砲船、小型船でこれを攻めた。湘軍は湖口へ食糧を運ぶ太平軍の船を襲撃し、六日には都昌県を占領した[146]。六月二十六日、七月十三日に太平軍は青山鎮を攻めたが、いずれも敗北し、湘軍は九江で拿捕された曽国藩の乗船を奪い返した[147]。八月に入ると李元度が平江勇を率いて都昌県内を北上し、九月四日には水軍と協力して湖口県城を攻撃した。陸軍は城内に突入して太平軍の食糧貯蔵庫などを焼き、水軍も太平軍の軍船を焼いたが、指揮官の蕭捷三が戦死した[148]。

ここまでの戦いを見る限り、湘軍は損害を出しながらも着実に戦果を挙げた。太平軍は湖口の戦いで湘軍を破った石達開、羅大綱が安慶、南京へ戻り、林啓容も九江の守備に専念していた[149]。代わって太平軍を率いた指揮官たちは明確な戦略を欠き、清朝の正規軍には勝利したものの、湘軍との戦いでは苦戦したことがわかる。

むろん江西の湘軍も全てが順調だった訳ではなかった。第一の誤算は九江の戦いを指揮していた塔斉布の突然の死であった。八月に曽国藩は青山鎮で塔斉布と協議し、近く九江への総攻撃を行うが、もし占領出来なければ攻撃目標を湖口へ切り替えることを申し合わせた。三十日朝に塔斉布は九江城の攻撃を命じたが、「にわかに気脱の症を患い、昏迷して醒めず」となり、昼に息を引き取った。知らせを聞いて「悲愕[150]」した曽国藩は九江へ駆けつけ、残された将兵三千人を副将周鳳山に統率させることにしたが、「防守を重んじるに止め、進取を図らず[151]」とあるように積極的な作戦活動は難しくなった。

曽国藩にとって次の誤算は、羅沢南が江西戦線を離れ、湖北の救援に向かったことだった。元々胡林翼は江西からの援軍を要請していたが、六月に湖北南部の太平軍が江西西部の義寧州を占領すると、陳啓邁は景徳鎮にいた羅沢南を急行させた[152]。またその影響が湖南へ波及するのを恐れた駱秉章も羅沢南に救援を求めた[153]。九月に曽国藩の招きに応じて南康府へ至り、平江勇を率いて湖口を攻撃した羅沢南であったが、彼は湖口を占領しても守るのは難しいと考え、「今の計をなすは、ただ武漢を復すをもって要となす[154]」と述べて上流の武漢を奪回することが先決と主張した。曽国藩は湘軍の中核的な戦力である羅沢南軍を手放すことを望まなかったが、「反復して思惟し、緩急の釣り合いを図った結果、暫く湖口を捨てて攻めず、羅沢南に武漢へ戻って戦わせる」ことを認めざるをえなかった。彼は九江にいた参将彭三元の兵一五〇〇人を羅沢南に与え、五千人の兵力で湖北へ出発させた[155]。

だが曽国藩にとって最大の誤算は、江西を湘軍の兵站基地として経営しようとする試みが障害にぶつかったことだった。これを象徴的に示すのが巡撫陳啓邁との対立である。

陳啓邁は湖南武陵県人で、曽国藩にとっては同い年の同郷人に当たり、「さきに嫌隙はなかった」。だが七月に曽国藩は陳啓邁について「劣蹟が多く、大局を誤った」と激しく弾劾した。それによると陳啓邁は趙如勝や巳革守備呉錫光の敗北、住民への暴行、他の壮勇との争いなどの罪を庇い、物資も優先的に供給した。だが羅沢南に江西各地を転戦させておきながら、湘軍への兵糧支給を渋り、曽国藩が進めた軍船の建造に妨害を加えた。また義寧州で団練を率いて戦った紳士たちに褒美を与えず、自分の部下の手柄にしたため、憤った人々は団練を解散し、この地が陥落する原因を作った。さらに万載県知県李皓が城を棄てて逃亡し、郷民彭才三が太平軍に馬や米を献上したことを団練指導者の彭寿頤が告発すると、陳啓邁は彭寿頤に誣告の罪を着せ、訴えを取り下げるように拷問した。こうした彼の振舞いに「軍務は混乱し、物議は沸騰[156]」したと告発したのである。

後に湘軍関係者が語った記録の多くは、「滌帥（曽国藩をさす）の置かれた状況は誠に容易でなく、とりわけ困難だったのは兵糧だった[157]」とあるように、この時期の曽国藩が苦境にあったと記している。曽国藩も「軍事は権限がなければ威を持たず、勢いがなければ行われない。私は権限も勢いもない地位におかれ、常にあえて権と威を争わねばならず、毎年のように他人に頼ったが、なかなか効果はあがらなかった[158]」と述べるなど、実権を持たない兵部侍郎銜の肩書きでは兵糧確保のために寄付を募ることが困難だったと回想している。

それでは本当に陳啓邁は「多方掣肘して、ややもすれば兵糧を支給しないと言った[159]」のだろうか。台北の国立故宮博物院には、彼の後任巡撫となった文俊の報告と陳啓邁の供述書が残されている。それによると曽国藩の告発は伝聞に基づくものが多く、陳啓邁に「部下を庇って偽りの報告をした」証拠は見当たらなかった。また陳啓邁は四月から三度曽国藩に書簡を送り、「捐輸の銀両」が足りないために五月以後は兵糧の支給が難しく、あらかじめ湖南、四川から資金を調達するように要請した。それは「言い方が過激であったことを免れないが、なおこれによって挟制し、兵糧を与えようとしなかった訳ではない[160]」とあるように、陳啓邁が兵糧の支給を口実に圧力を加えたのではないと結論づけた。

また万載県で団練を結成した彭寿頤が知県を告発し、誣告の罪を着せられた一件は、曽国藩の江西経営に対する地域社会の反応を示す例として興味深い。彭寿頤は万載県六区二十一都の人で、道光年間に北京の順天郷試に合格した。一八五四年に湘潭県で敗北した太平軍の一部が万載県を通過すると、帰郷していた彼は六区で統一された団練を結成することを提案した。その後挙人の楊羅峰など六区の他地域のエリートたちが「各村で団練を分ける」ことを求めると、知県李皓は彭寿頤の「合議団練」が実現不可能と見て「分団」方式を認めた。だが彭寿頤は「堅く合団を望」んで訴えた。彭寿頤が以前にも訴訟事件を起こした問題の多い人物であると知った陳啓邁は、「公正な紳士を集めて籌辦させ、彭寿頤の干預を許さなかった[161]」とあるように彭寿頤を団練の結成事業から外した。

八月に彭寿頤は、羅城村の富豪である彭賢珪、彭才三親子が太平軍の通過時に宴席を設けて将兵をもてなし、馬を贈った褒美に紬絹をもらったと袁州府に訴えた。また彼らが楊羅峰と結託して団練の結成に反対したと告発し、自らが編纂した団練規約である『万載県第六区団練新編』を提出した[162]。この時提出された訴状によると、彭寿頤と彭賢珪親子は次のようなやりとりを交わしたという

　我々は彼の家に至り、練費を寄付するように勧めた。その父親は欽賜副榜で、滔々と自ら述べたが、恬として恥を知らず、かえって「恭しく（太平軍を）迎えることで安全が手に入る。紛々と団練を作るのは、みずから滅亡の道を選ぶことだ」と言った。

ここで太平軍に貢ぎ物を献げることが地域に安泰をもたらし、団練を結成して抵抗すれば破滅につながるという認

識は、一八五三年に太平軍が南昌を攻撃した時に広く見られた反応だった。長く外地にいたために地域社会での発言力を欠いた彭寿頤の団練統合は「一切れの空言」[163]と受けとめられ、彼が彭才三らを訴えると、逆に職員の劉坤昌らに「(団練の)分割を阻んで統合を強要し、苛酷な取り立てをしている」と訴えられた。南昌府知府史致諤が取り調べを行うと、彭賢珪親子が太平軍に馬を献上した証拠は見当たらず、団練章程の中身も「分団」の形式を取った方が便利であると判断された。[164]しかし彭寿頤は納得せず、今度は知県李皓が城を棄てて逃亡したと告発した。

一八五五年に曽国藩が江西の経営に乗り出すと、彭寿頤は自分の主張が江西の地方官に無視されていると訴えた。曽国藩は彼に平江勇を統率させることにしたが、陳啓邁は彭寿頤が係争中の身の上であるため、南康県の水軍陣地に赴いた彼を連れ戻させた。だが南昌へ出頭した彭寿頤が抵抗したため、按察使惲光宸は彼を叱責のうえ拘禁した。すると彭寿頤は陳啓邁が彼に拷問を加えたと北京の都察院へ訴えたのである。[165]

結局のところ彭寿頤の告発内容は多くが虚偽で、知県李皓が逃亡した事実も確認出来なかった。また彼の作成した団練章程は「団練のことはこれを各姓に分けるよりも、これを合わせて一区とした方がよい。合わせれば強く、分ければ弱くなる。合わせれば公となり、分ければ私となる」とあり、王家璧が「横糸」に譬えた族団や村落単位の「分団」を否定し、彭寿頤のもとに集まった挙人の廖連城ら五十余名のエリートたちの指導権をうたっていた。彼らの多くは「客籍(棚籍)」と呼ばれる新興の移民宗族の出身で、土着の有力宗族のように同族村落を形成することが出来ず、各地に分散して居住していた。このため「分団」形式の団練では、彼らはイニシアティブを発揮することが出来なかった。[166]つまり彭寿頤が「合団」を唱えたのは、新興勢力の政治的影響力を拡大するためであった。加えて団練の経費について、章程は銭糧一両あたり銭三千文を徴収し、「殷実の家は定めて六月に支払え」[167]と命じるなど柔軟性を欠いていた。曽国藩は彭寿頤を「江右の人傑」[168]と高く評価したが、彭寿頤の強引な手法は地域の有力者層や地方官の反発を招いたと考えられる。

こうして見ると行政の権限を欠いた曽国藩の江西経営は、社会の安定を第一義に考えた旧来の支配者層とは異なる、より行動的な一群のエリートによって支えられていたことがわかる。彼らは曽国藩の下で団練の結成を通じて自分たちのイニシアティブを確立しようと図り、リスクの増大を嫌う在来のエリートや地方政府と対立した。彼らは科挙合格の資格を持っていた点で太平天国の郷官と出身階層が異なっていたが、旧来の社会秩序に大きな変更を迫ったという点では共通していた。一八五六年に太平軍が万載県を占領すると、南昌から戻った彭寿頤は廖連城と忠義軍一千人を組織し、監軍朱衣点率いる太平軍と戦った(169)。これら三つの社会勢力は湘軍、太平天国と清朝の行政機構という異なる権力に依拠しながら、それぞれの政治的影響力を拡大させようと争ったのである。

小　結

本章は江西湖口の戦いと太平軍の湖北再進出、胡林翼が湖北で進めた軍の再編と団練結成奨励、曽国藩の江西経営について考察した。田家鎮の戦いで勝利した湘軍は、次なる目標を長江の要衝である九江に定めた。だが長江北岸で太平軍の粘り強い抵抗に遭遇し、その間に防禦を固めた九江守将林啓容の優れた統率力もあって湘軍の攻城部隊は苦戦した。すると曽国藩は兵力不足を承知で軍を分け、湖口への攻撃を試みた。湘軍の水軍は太平軍の水軍主力を殲滅したと思い込み、その一部は曽国藩の指示に従って鄱陽湖内へ進出したが、太平軍は小型船で長江の湘軍本隊に攻撃をかけた。また太平軍の陸上部隊もこれに呼応し、九江で曽国藩の船団に大打撃を与えた。さらに太平軍が鄱陽湖の入り口を封鎖したため、湖内の湘軍水軍は長江へ戻ることが出来なくなった。湖口の戦いは石達開、羅大綱の指揮のもと水陸両軍の連携に努めた太平軍が勝利し、長江下流への進出を急いだ湘軍は油断による兵力の分散と判断ミスが原因で敗北したのである。

湖口の戦いに勝利した太平軍は、勢いに乗って長江沿いに湖北へ進撃した。総督楊霈の清軍は漢陽を捨てて襄陽方面へ敗走し、武昌に取り残された巡撫陶恩培は省城の陥落と共に死んだ。楊霈の解任後も清朝は旗人司令官が長江北岸の戦いを指揮した実績を作ろうとしたが、西凌阿が恃みとしたのは投降した北伐軍将兵からなる義勇であった。彼らは密偵の働きかけもあって再び太平軍に投じ、清軍は徳州一帯の戦いで優位に立つことは出来なかった。徳州の太平軍を率いた陳玉成は郷官を設置し、前年に国宗の部下たちが行った無秩序な貢納の取り立てを防ごうとしたが、今度は郷官に任命された下層民や不満分子による掠奪行為が発生した。また兵力不足を補うための徴兵に人々が反発し、清軍と協力して県城を奪回する事件が起きた。すると陳玉成は住民虐殺を含んだ厳しい報復措置をとり、かえって郷官たちの離反を招いた。軍事的には優位に立った太平軍であったが、地域社会の支持を回復することが出来ず、結果として占領地を失ったのである。

この間長江南岸では湖北巡撫に任命された胡林翼が軍の再編に取り組んでいた。彼は湖南で湘軍の水、陸軍将兵を募集し、軍船の建造を行ったが、統率力を持った将校の確保に苦しんだ。また湖北兵は腐敗と度重なる敗北で使い物にならなかったが、兵力不足を補うために整理しながら用いざるを得なかった。武昌の太平軍は初め出撃せず、湘軍の損失が増えたところを見て補給基地である金口鎮を攻めたが、胡林翼に撃退された。また清朝が団練の結成を命じると、胡林翼は補助戦力として団練の活用に取り組んだ。その一つ武昌県の王家璧が結成した団練は宗族を単位とする族団を基礎としながら、地方政府の承認を受けた地方のエリートが県内八つの郷団を統括した。また団練は掠奪を働いた清軍将兵を摘発する権限を与えられ、堤防の修理に取り組むなど、清朝の地方政府が担当していた治安維持と行政サービスの機能を代行した。さらに王家璧は兵糧資金の調達のために釐金の徴収を開始したが、戦地だった湖北で運営が軌道に乗るには時間を要した。

いっぽう曽国藩も江西で湘軍の再編と兵糧の確保に追われていた。彼は「敵が必ず救うところを攻める」という原則に基づいて長江中流域の各戦場に優先順位をつけ、まず羅沢南の軍を江西東部へ派遣して補給、連絡ルートを確保した。次に鄱陽湖に閉じ込められた水軍の規模を拡大し、湖口を攻略して長江への進出をめざした。むろん実際の戦いは曽国藩の予想通りには進まず、九江攻略軍を率いていた塔斉布の突然の死は大きな打撃であった。また精鋭であった羅沢南の軍が武漢の救援に向かったため、湖口の奪回を見送らざるを得なかった。だが彼にとって一番の試練は、兵站基地に位置づけた江西の経営が思うように進まなかった点であった。

この時曽国藩と対立したのが江西巡撫の陳啓邁であった。曽国藩は陳啓邁が部下の敗戦を報告せず、湘軍への兵糧支給を渋って軍船の建造を妨害していると告発した。また陳啓邁が団練を率いて太平軍と戦った紳士たちに褒美を与えず、地方官の逃亡を訴えた万載県の団練指導者彭寿頤に誣告の罪を着せて拷問したと弾劾した。だがその後の調査によれば、陳啓邁が曽国藩に圧力を加えた事実は認められなかった。また曽国藩は彭寿頤を高く評価して壮勇を統率させようとしたが、彭寿頤らが提唱した団練は性急な地域統合によって指導権を確立しようと図った結果、リスクの増大を嫌う在来のエリートや地方官の反発を招いた。彼らは太平天国の郷官と出身階層こそ異なっていたものの、旧来の社会秩序に大きな変更を迫ったという点では共通していた。曽国藩の江西経営を支えていたのはこれら行動的な一群のエリートだったのであり、彼らは湘軍の軍事力を背景に太平天国の郷官、清朝の行政機構に依拠した旧来のエリートと地域支配をめぐって争ったのである。

以上の考察から明らかになった点は、軍事と地域経営という視点から見た太平天国、湘軍そして清朝の優劣であったように思われる。湘潭の戦いから敗北を重ねた西征軍であったが、石達開のような優秀な司令官の指揮のもと大型船を投入して水軍を強化し、陸軍と緊密な連携を行えば湘軍と互角に渡り合うことが出来た。逆に湘軍は戦線が広がるにつれて陸軍の兵力不足が露呈し、油断と焦りによる九江、湖口への兵力分散や太平軍の水軍が殲滅したと思い込んだ判断ミスによって大きな打撃を受けた。湖口の戦いの後、胡林翼と曽国藩はそれぞれ軍の再編と拡充に努めたが、人材不足と兵糧調達の難しさもあって、しばらくは苦しい戦いを余儀なくされた。

いっぽう清朝の正規軍は今回も無様な敗北をくり返し、湖北軍の場合は五度の「大潰」によって戦力とならないことが明らかになった。長江南岸の戦いを湘軍に任さざるを得なかった清朝は、北岸の戦いについて旗人が指揮したという実績を作ろうとしたが、戦闘の矢面に立ったのは投降した北伐軍将兵であり、八旗、緑営の正規軍は陶恩培や札拉芬を見殺しにした。また江西軍の腐敗は曽国藩が告発した程に深刻とは言えず、呉錫光が軍中に女性を侍らせていたといった的外れな非難もあった[170]。だが彼らが戦力的に見劣りする太平軍部隊との戦いでも勝利出来なかったことは事実で、江西東部の戦いでは羅沢南が孤軍奮闘することになった。胡林翼もこれら正規軍の無力をよく認識していたが、兵力不足のため彼らを用いざるを得ず、戦いの度に使い物にならない兵を選び出して整理した。また補助戦力としての団練の活用に取り組んだ。

次に地域経営という視点から見た場合、太平天国の未熟さは明らかであった。前年長江中流域は豊作で、住民に危害を加えずに食糧を調達することも不可能ではなかった。だが陳玉成が徳安で設置した郷官は掠奪をくり返し、前年無秩序な貢納要求によって失った住民の信頼を取り戻すことが出来なかった。また兵力不足を補うために徴兵を行い、これに抵抗した住民を弾圧したことも失敗であり、郷官たちが離反する結果を招いた。むろん同じ時期に石達開は安徽でそれなりに安定した統治を実現しており、湖北の場合最前線という事情もあったが、軍事を優先する余り住民対策が疎かであった事実は否定出来ない。厳しい軍規で住民の支持を獲得した太平軍であったが、排他的な教義によって読書人を遠ざけてしまった結果、地方統治の担い手を見出せずに苦労した様子が窺われる。

これに対して湘軍の場合、地域経営においては科挙エリートに依拠した強みが遺憾なく発揮された。むろん旧来の支配者層は自らの安泰を第一に考える風潮が強く、太平軍の到来を歓迎して危機を回避しようとした。また地方官の間でさえ、曽国藩の求めに応じて団練を結成した血気盛んなエリートを厄介者と見なして排除する動きが存在した。だが戦乱による権力の空白から生まれた族団などの下からの秩序構築の動きは、地方政府がこれを承認し、地域に発言権を有するエリートの統制に委ねれば活用が可能だった。曽国藩の地域経営はこれら旧来の社会秩序に変更を迫った新興のエリートに依拠していたのであり、彼らは太平天国だけでなく、清朝地方政府の庇護を受けて既得権益を守ろうとした旧勢力と激しく対立しながら、自分たちの政治的影響力を拡大しようと争った。同治『万載県志』は太平軍が県境を通過し、知県李皓が出撃した隙に「土匪」の掠奪を受けただけの万載県城が、太平軍の攻撃によって陥落し、「官民は皆逃げた」[171]と記している。いわば曽国藩の告発は「歴史を作った」のであり、彼のもとに結集した新興エリートの変化を求める動きは、その後の湘軍の活動を通じて中国近代史を貫く基調になったと考えられる。

西征史の最後をかざる石達開と胡林翼、羅沢南の湖北南部における戦いと、石達開の江西経営については次章において検討することにしたい。

【註】

（1）本書第七章参照。

（2）簡又文『太平天国全史』中冊、香港猛進書屋、一九六二年。

（3）羅爾綱『湘軍兵志』中華書局、一九八四年。同『太平天国史』中華書局、一九九一年。

（4）張守常、朱哲芳『太平天国北伐、西征史』広西人民出版社、一九九七年。

（5）賈熟村『太平天国時期的地主階級』広西人民出版社、一九九一年。同「太平天国時期地主階級内部的争闘」（北京太平天国史研究会編『太平天国学刊』一、中華書局、一九八三年、三〇五頁）。

（6）崔之清主編『太平天国戦争全史』二、戦略発展、南京大学出版社、二〇〇二年。

（7）竜盛運『湘軍史稿』四川人民出版社、一九九〇年。

（8）朱東安『曽国藩伝』四川人民出版社、一九八四年。同『曽国藩幕府研究』四川人民出版社、一九九四年。同『曽国藩集団与晩清政局』華文出版社、二〇〇三年。

（9）王継平『湘軍集団与晩清湖南』中国社会科学出版社、二〇〇二年。

（10）P. H. Kuhn, *Rebellion and its Enemies in Late Imperial China: Militarization and Social Structure 1796-1864*, Harvard University Press, 1970.

（11）近藤秀樹『曽国藩』人物往来社、一九六六年。

（12）中国第一歴史檔案館編『清政府鎮圧太平天国檔案史料』十六・十七、社会科学文献出版社、一九九四・一九九五年（以下『鎮圧』と略称）。このうち史料の圧縮が行われたのは十七巻以後で、同館所蔵の軍機処奏摺録副、農民運動類、太平天国項も一八五五年の檔案史料には遺漏が多く見られる。これを補うのは台北の国立故宮博物院に所蔵されている宮中檔案で、同館編『宮中檔咸豊朝奏摺』第十一輯（未公刊）以後がこれに当たる。本章は『鎮圧』を主要史料としながらも、『宮中檔咸豊朝奏摺』および『曽国藩全集』奏稿一、岳麓書社、一九八七年など関連史料を適宜補いつつ分析を進めることにしたい。

（13）曽国藩等奏、咸豊四年十月二十日『鎮圧』十六、一一五頁。

（14）曽国藩等奏、咸豊四年十一月十一日『鎮圧』十六、二七五頁。

（15）曽国藩等奏、咸豊四年十月二十日『鎮圧』十六、一一五頁。

（16）曽国藩等奏、咸豊四年十月二十日『鎮圧』十六、一一六頁に「現在踞安慶者為翼王石達開」とあり、ここから崔之清氏らは石達開が安慶へ派遣されたのは一八五四年十一月であると述べている（『太平天国戦争全史』二、九三三頁）。
(17) 夏燮『粤氛紀事』巻十、江右連兵、羅爾綱・王慶成主編『中国近代史資料送還続編・太平天国』（以下『続編・太平天国』）四、広西師範大学出版社、二〇〇二年、二〇七頁。また曽国藩等奏、咸豊四年十一月初六日『鎮圧』十六、二三四頁。
(18) 王茂蔭奏、咸豊五年二月二十二日、軍機処奏摺録副、農民運動類、太平天国項、九〇〇〇―一六号（王茂蔭撰、張新旭等点校『王侍郎奏議』黄山書社、一九九一年、一二六頁および『曽国藩全集』奏稿一、岳麓書社、一九八七年、四三二頁）。この上奏は湖口の戦いの後、曽国藩が武昌救援に赴くべきではないことを主張したものだが、九江の戦略的重要性をよくまとめている。清朝はこの上奏を曽国藩に転送し、九江の奪回に努めるように命じた（軍機大臣、咸豊五年二月二十二日『鎮圧』十七、一三六頁）。
(19) 曽国藩等奏、咸豊四年十一月初六日『鎮圧』十六、二三四頁。
(20) 曽国藩等奏、咸豊四年十一月初六日・十一月十一日『鎮圧』十六、二三四・二七一頁。
(21) 曽国藩等奏、咸豊四年十一月初六日『鎮圧』十六、二三四頁。後に英王となった陳玉成については、単騎敵陣へ切り込む猪突猛進の武勇が有名で、『賊情彙纂』巻二、劇賊姓名下、陳玉成も「（陳）玉成捨死苦戦、攻破陥陣、趫捷先登、賊中之最為可恨者」と述べている（中国近代史資料叢刊『太平天国』三、神州国光社、一九五二年、六六頁）が、実際には太平軍の戦術に忠実であったことがわかる。また伏兵を置いて攻守を逆転させ、戦いの主導権を握るのは陳玉成の得意技で、湖北の人々はこれを「三十検点（陳玉成をさす）回馬槍」と呼んだという（羅爾綱『太平天国史』巻五十六、伝第十五、陳玉成、中華書局、一九九一年、二〇一二頁）。
(22) 曽国藩等奏、咸豊四年十一月十一日『鎮圧』十六、二七一頁。また同奏、咸豊四年八月二十七日は「従来此賊守城之法、不守陴而守険、其精悍者、不聚於城内而堵於城外、往往扼険築塁、堅不可抜」と述べている（『鎮圧』十五、五〇一頁）。
(23) 曽国藩等奏、咸豊四年十一月二十一日『鎮圧』十六、三五四頁。
(24) 曽国藩等奏、咸豊四年十一月初六日『鎮圧』十六、二三四頁。またこの時太平軍が敗走でなく、整然と撤退したことも湘軍の追撃を難しくした。『賊情彙纂』巻四、偽軍制上、陣法は敗北した太平軍が二列ないし一列の隊列を組んで行軍する「牽線の陣」を厳しく守って撤退するため、清軍は往々にして追いつくことが出来ず、また隊列が乱れないのを見てあえて追撃しないと記している（『太平天国』三、一二八頁）。

(25) 曽国藩等奏、咸豊四年十一月二十一日『鎮圧』十六、三五七頁。

(26) 陳啓邁奏、咸豊四年十一月初九日『鎮圧』十六、二五五頁。

(27) 陳啓邁奏、咸豊四年十月十八日・十一月初九日『鎮圧』十六、九九・二五五頁。この時太平軍に拿捕された軍船の数について、『鎮圧』は硃摺（即ち宮中檔案）に基づくとしたうえで「被焚被擄大小戦船八千余隻」としているが、趙如勝の率いた兵力から見て信じがたい。いま北京所蔵の原件を見ることは難しいが、軍機処奏摺録副、農民運動類、太平天国項の抄本を見る限り、八十隻の誤りと思われる（八四八四－二二号）。なお郭廷以氏はこの時湖口の太平軍を率いたのは承宣黄文金としている（『太平天国史事日誌』商務印書館、一九四六年、上海書店、一九八六年再版、三六〇頁）。曽国藩奏、咸豊五年十一月二十一日『鎮圧』十八、一頁にも「偽承宣黄文金」が湖口で戦ったとの記載がある。

(28) 曽国藩奏、咸豊五年六月十二日（『曽国藩全集』奏稿一、岳麓書社、一九八七年、四六八頁）。この上奏は曽国藩が陳啓邁を告発する目的で作成したもので、その内容もどこまで真実かはわからない。夏燮『粤氛紀事』巻十、江右連兵によると、太平軍は江西の清軍を牽制する意図を持って呉城鎮を攻めており、陳啓邁のいう「万余人」「分股六七千人」に誇張があるにせよ、それなりの兵力だったと考えられる。ただし「岸上陸軍恇怯、不戦而潰、自総兵（趙如勝）以下皆逃至省中、賊悉擄戦船砲位」とあるように清軍が戦わずに敗走したのは間違いない（『続編・太平天国』四、二〇六頁）。

(29) 曽国藩等奏、咸豊四年十一月二十一日『鎮圧』十六、三五四頁。

(30) 曽国藩等奏、咸豊四年十二月初三日『鎮圧』十六、三五四頁。なお一月九日では湖北漢川県で清軍に投降した元太平軍の蔣昌梧が「精勇」百人余りを率いて太平軍と戦った。また湖口の太平軍守備隊にも湘軍に投降しようとする部隊があり、これを知った羅大綱は彼らを後方へ移動させたという。田家鎮の敗戦で将兵が動揺する中、太平軍が立て直しを図っていたことが窺われる。

(31) 曽国藩奏、咸豊四年十二月十三日『鎮圧』十六、五三三頁。

(32) 曾国藩奏、咸豊四年十二月初三日『鎮圧』十六、四七二頁。
(33) 曾国藩等奏、咸豊四年十一月二十一日『鎮圧』十六、三五九頁。
(34) 羅沢南『羅忠節公遺集』年譜上巻、咸豊四年の条。
(35) 曾国藩「諭賊目林啓容」『曾文正公全集』雑著、巻一。
(36) 曾国藩奏、咸豊四年十二月初三日『鎮圧』十六、四七二頁。
(37) 曾国藩等奏、咸豊四年十二月十三日『鎮圧』十六、五三三頁。
(38) 曾国藩等奏、咸豊四年十一月十一日『鎮圧』十六、二七五頁。また同奏、同年十一月二十一日には「逆船悉泊湖口県城下、有木箄三座、戦船数十号、民船近千号、搶去江西之戦船、砲位亦均攔截内河」とある（同書三五四頁）。
(39) 曾国藩等奏、咸豊四年十一月初六日『鎮圧』十六、二三四頁。また彼の十一月十一日の上奏によると、太平軍は夜ごとに「火毬、火箭」で停泊中の湘軍軍船に攻撃をしかけた。湘軍水師は陸上部隊の援護がないためにこれを防ぐことができず、岸辺から離れて停泊すると、今度は冬場の強風に悩まされたという（同書二七五頁）。
(40) 曾国藩等奏、咸豊四年十二月十三日『鎮圧』十六、五三三頁。
(41) 曾国藩等奏、咸豊四年十二月三十日『鎮圧』十六、六七七頁。
(42) 曾国藩等奏、咸豊四年十二月三十日『曾国藩全集』奏稿一、三七四頁。この上奏は『鎮圧』に収録されていないが、軍機処奏摺録副、農民運動類、太平天国項に収められている（八四八四－一七号）。また国立故宮博物院所蔵の月摺檔（六〇三〇〇〇一六五号）にも見ることが出来る。
(43) 曾国藩等奏、咸豊四年十二月三十日『鎮圧』十六、六七七頁。なお『賊情彙纂』巻二、劇賊姓名によると、この時小池口へ派遣されたのは指揮余廷璋の軍であった（『太平天国』三、七〇頁）。
(44) 民国『湖北通志』巻七十一、武備志九、兵事五、粤匪は余錫椿『黄梅兵事続記』をもとに「丙午（一月二十九日）黎明賊攻黄梅、[劉]富成軍大潰、黄梅教諭宋賛元遇害、兵民死者万人、積骸盈野、賊復拠黄梅」とある。だが湖広総督楊霈の上奏（咸豊四年十二月十七日）は太平軍が湖北軍の陣地を急襲したことは述べているが、黄梅県城が陥落したことは伏せて報じていない（『鎮圧』十六、五六九頁）。なお光緒『黄梅県志』巻十九、武備志、兵事もこの日清軍が数百人の死者を出し、翌年県城が太平軍に占拠されたと述べている。

(45) 曽国藩等奏、咸豊四年十二月三十日『鎮圧』十六、六七七頁。

(46) 曽国藩等奏、咸豊四年十二月三十日『曽国藩全集』奏稿一、三七四頁。

(47) 曽国藩等奏、咸豊四年十二月三十日『鎮圧』十六、六七七頁。

(48) 李元度『天岳山館文鈔』巻十四。また黎庶昌『曽国藩年譜』巻三によると、湘軍の惨敗を目の当たりにした曽国藩は馬で敵陣へ斬り込んで死のうとしたが、羅沢南、劉蓉らに引き止められたという（岳麓書社、一九八六年、五六頁）。

(49) 曽国藩等奏、咸豊四年十二月三十日『鎮圧』十六、六七七頁。

(50) 曽国藩等奏、咸豊四年十二月十三日『鎮圧』十六、五三三頁。

(51) 曽国藩奏、咸豊四年十二月初三日『鎮圧』十六、四七三頁。

(52) 曽国藩等奏、咸豊四年十二月十三日『鎮圧』十六、五三三頁。また王闓運『湘軍志』曽軍篇第二は「羅沢南攻湖口、苦戦不能克、夜夜自戒備、至不能寐」と述べている（岳麓書社、一九八三年、二七頁）。

(53) 『左宗棠全集』書信一、与王璞山（岳麓書社、一九九六年、一一九頁）。

(54) 軍機大臣、咸豊四年十一月二十一日『鎮圧』十六、三四九頁。

(55) 諭内閣、咸豊四年十一月十五日『鎮圧』十六、二八五頁。

(56) 曽国藩等奏、咸豊五年正月初五日『鎮圧』十七、二頁。

(57) 楊霈奏、咸豊五年正月十一日『鎮圧』十七、一四頁。この戦いで清軍に投降した捻軍首領の李士林が戦死した。駱秉章によると楊霈は一万人の兵力を擁していたが、曽国藩らの要請を受けて渋々出兵したに過ぎず、戦意は低かった（駱秉章奏、咸豊五年正月二十二日、同書五三頁）。ただし楊霈の軍中にいた張曜孫によると、この時湖北軍で頼りになる胡林翼、王国才は共に湘軍の九江攻撃に動員され、残った参将劉富成の兵四千人も「強弱相半」であったという（張曜孫『楚寇紀略』、太平天国歴史博物館編『太平天国史料叢編簡輯』一、中華書局、一九六〇年、七八頁）。

(58)　曽国藩等奏、咸豊五年正月初五日『鎮圧』十七、二頁。この時西進した軍の統率者について『太平天国史事日誌』は曽錦謙と推測しており（三七四頁）、簡又文、朱哲芳両氏もこれに従っている。曽錦謙は広西博白県人、石達開配下の武将で、一八五四年に廬州攻撃に参加して副丞相となり、廬州を守ったが、屢々敗北して十二月に南京へ呼び戻された（『賊情彙纂』巻二、劇賊姓名、『太平天国』三、六〇頁および和春等奏、咸豊五年二月十一日『鎮圧』十七、一〇六頁）。その後彼は漢陽の守備を任されたが、一八五五年に石達開に従って江西を転戦した。なお羅爾綱氏は恐らく『平定粤匪方略』の記載などを元に、この時西進したのは羅大綱であると主張し（『太平天国史』巻五十二、伝第十一、羅大綱、一九三六頁）、崔之清氏らもこれに従っている（『太平天国戦争全史』二、一〇四六頁）。だが曽国藩奏、咸豊五年正月初八日『鎮圧』十七、七頁によると、二月二十二日に羅大綱は小池口から渡河して九江の清軍を攻撃したが、塔斉布の軍に撃退されて九江城内へ入ったと述べており、この時羅大綱が西進したとすれば辻褄が合わなくなる。羅大綱は一八五五年に戦死したと言われるが、晩年の足跡には不明な点が多いことが影響しているように思われる。ここでは郭廷以氏の説に従う。

(59)　曽国藩等奏、咸豊五年正月初八日『鎮圧』十七、八頁。

(60)　楊霈奏、咸豊五年正月十一日『鎮圧』十七、一五頁および駱秉章奏、同年正月二十二日、同書五三頁によると、楊霈は二月十九日に黄州へ至ったが、将兵は先を争って武漢へ逃げてしまい、軍をまとめることが出来なかった。二十一日に楊霈は漢陽に到着し、翌日太平軍が武漢から三十キロの陽邏に迫ったことを知って漢陽府知府栗燿らに迎え撃たせたが、太平軍は駱秉章が九江戦線へ送った砲船を奪って攻撃に用いたとある。なお光緒『黄州府志』巻十、武備志、兵事によると、この時太平軍を追撃してきた黄岡県知県翁汝瀛、挙人邱文率いる紳勇が敗北した。

(61)　光緒『興国州志』巻三十一、兵事に「五年正月、賊復上竄。初七（二月二十三日）夜、由半壁山入州境」とある。また陶恩培奏、咸豊五年二月初一日『鎮圧』十七、六九頁はこの太平軍が「由広済竄至興国州、通山県一帯、四路勾結土匪、大肆殺掠而来」であったと述べている。

(62)　楊霈奏、咸豊五年正月十一日『鎮圧』十七、一五頁および陶恩培奏、同年正月十一日、同書一六頁。駱秉章奏、同年正月二十二日、同書五三頁。

(63) 曽国藩等奏、咸豊五年二月二十七日『鎮圧』十七、一六六頁。

(64) 陶恩培奏、咸豊五年正月十一日『鎮圧』十七、一六頁。

(65) 陶恩培奏、咸豊五年正月十九日『鎮圧』十七、四〇頁。

(66) 陶恩培奏、咸豊五年二月初一日『鎮圧』十七、六九頁。また胡林翼らが武昌へ到達した期日については、李濱古『中興別記』巻十八に「辛巳（三月五日）、壬午（三月六日）等日、援湖北軍胡林翼、石清吉等陸続至自九江、［胡］林翼駐漢陽沌口、与武昌隔江三十余里」（太平天国歴史博物館編『太平天国資料匯編』第二冊上、中華書局、一九七九年、三〇五頁）とある。この時期は清朝側の記録に混乱が見られ、史実の確定が難しい。『中興別記』は胡林翼が武昌上流十五キロの沌口に駐屯したと述べているが、陶恩培は三月十三日に湘軍が北岸へ渡河した地点として沌口を挙げている。また突風の被害を受けた後、湘軍は金口鎮へ撤退したと言われるが、陶恩培は三月二十六日の上奏で「兵則李孟群、彭玉麟之水師、胡林翼、石清吉之陸軍、均尚単薄」と述べている。少なくとも李孟群は三月二十二日の戦いで負傷しかけており、武昌一帯に留まっていた（『鎮圧』十七、一〇三頁）。また胡林翼も三月二十六日に楊霈が派遣した楊昌泗らの軍と共に漢陽を攻撃している（楊霈奏、咸豊五年二月十九日、同書一三四頁）。

(67) 官文等奏、咸豊五年正月十九日『鎮圧』十七、三九頁。

(68) 官文等奏、咸豊五年二月初八日・二月十八日『鎮圧』十七、九三・一二四頁。

(69) 同治『崇陽県志』巻十二、雑記、災祥。これによると太平軍は秋官副丞相鍾廷生の統率のもと、通山県を経由して崇陽へ入った。鍾廷生はその後漢陽の守備に当たり、一八五六年十二月に湖北で捕らえられた。また陶恩培は武昌の守備兵力の中から石清吉の兵二四〇人を割いて、団勇と共に迎撃に向かわせた（陶恩培奏、咸豊五年二月初九日『鎮圧』十七、一〇二頁）。

(70) 陶恩培奏、咸豊五年二月初一日『鎮圧』十七、六九頁。実際は楊霈も手を打たなかった訳ではなく、三月二十一日から参将劉富成、総兵楊昌泗らの軍が漢川県から漢陽攻略をめざしたが、太平軍に阻まれて近づくことが出来なかった。陶恩培奏、同年二月初九日、同書一〇二頁も楊霈から一万人の兵力で漢口、漢陽の奪回をめざすと連絡があったと述べている。

(71) 陶恩培奏、咸豊五年二月初一日『鎮圧』十七、七一頁。

(72) 民国『湖北通志』巻七十一、武備志九、兵事五、粤匪。ここで曽国藩が語った内容は、曽国藩奏、咸豊五年正月初八日『鎮圧』十七、八頁にもほぼ同様の表現が見られる。
(73) 曽国藩等奏、咸豊五年正月初五日『鎮圧』十七、二頁。
(74) 軍機大臣、咸豊五年正月二十七日『曽国藩全集』奏稿一、三九〇頁。なお『鎮圧』はベースとなった『方略稿本』および『剿捕檔』に欠落があり、この史料を収録していない。
(75) 官文奏、咸豊五年二月二十五日『鎮圧』十七、一六一頁。楊霈奏、同年二月二十六日、同書一六四頁。楊霈によると、王国才らが武昌に到着すると、太平軍は塔斉布の軍と勘違いして混乱し、清軍がこれに乗じて省城を一時奪回した。翌朝未明に胡林翼も渡河して城内へ入ったが、太平軍の攻撃が始まると食糧が続かず、包囲を突破して金口鎮へ逃れた。なお民国『湖北通志』巻七十一、武備志九、兵事五、粤匪によると、王国才が省城に至って開門を求めると、太平軍は味方と思い込んで入城させた。蛇山まで進んだところで「兵賊始相識、殺声互起」となり、王国才は城外へ脱出したとある。
(76) 楊霈奏、咸豊五年二月二十六日『鎮圧』十七、一六四頁。
(77) 軍機大臣、咸豊五年三月十四日『鎮圧』十七、二〇五頁。
(78) 楊霈奏、咸豊五年四月十八日・四月二十一日『鎮圧』十七、三〇四・三一三頁。
(79) 諭内閣、咸豊五年四月二十七日『鎮圧』十七、三三一頁。
(80) 軍機大臣、咸豊五年四月二十五日・四月二十七日『鎮圧』十七、三二四・三三〇頁。
(81) 西凌阿奏、咸豊五年六月二十四日『鎮圧』十七、四二四頁。
(82) 西凌阿奏、咸豊五年七月初五日『鎮圧』十七、四四八頁。
(83) 西凌阿奏、咸豊五年六月二十四日『宮中檔咸豊朝奏摺』十三、一一七頁。この時太平軍に投じた孫元桂の供述によると、彼らは「五営兄弟二百多人結拝、都辮黄辮線、誓同生死」とあるように結拝兄弟の契りを交わしていたという（同奏、咸豊五年八月初五日『鎮圧』十七、四四八頁）。
(84) 事件後に西凌阿は「現在逆匪奸細到処皆有、両湖語音相同、稽察断難周到」と述べ、義勇と太平軍の工作員が西南官語で話していいるため摘発が難しいと指摘した。また九月二十日には義勇を出撃させ、太平軍二百人を殺害するなど「尚皆用命」であると報じた。だが義勇が太平軍に投じることを防ぐことは出来ず、十月五日の戦いでも十数人の義勇兵士が太平軍陣地へ逃げ込んだ（西淩阿奏、咸豊五年七月初六日・九月初二日『鎮圧』十七、四五〇・五四五頁）。

(85) 西淩阿奏、咸豊五年九月十九日『鎮圧』十七、五八四頁。軍機大臣、同年九月二十五日、同書五九五頁。

(86) 諭内閣、咸豊五年九月二十五日『鎮圧』十七、五九四頁。

(87) 光緒『徳安府志』巻八、武備志、兵事。このうち徳安城の陣地構築については楊霈奏、咸豊五年四月初十日『鎮圧』十七、二七一頁に記載がある。

(88) 夏燮『粤氛紀事』巻十、江右連兵、『続編・太平天国』四、二〇七頁。

(89) 光緒『続雲夢県志略』巻五、武備、兵事。

(90) 同治『安陸県志補正』巻下。

(91) 光緒『続雲夢県志略』巻五、武備、兵事。

(92) 光緒『応城県志』巻六、武備志、兵事。

(93) 張徳堅『賊情彙纂』巻三、偽官制、偽守土官郷官、『太平天国』三、一〇九頁。

(94) 官文奏、咸豊五年六月十八日『鎮圧』十七、四〇八頁。徳安、随州一帯の太平軍兵力に関する報告は一定せず、楊霈は六月の上奏で「賊匪大股七、八千人分撲平林市」、西淩阿は「城内賊匪計万余」「逆匪由東西北三門擁衆万余、分作三股……来撲三陂営盤」と述べている（楊霈奏、咸豊五年四月十八日『鎮圧』十七、三〇二頁、西淩阿奏、同年七月初一日・九月十九日、同書四三九・五八四頁）。これに対して官文は「拠称差探、徳郡賊匪不過二千余人」と報じ（官文奏、咸豊五年六月十八日、軍機処奏摺録副、農民運動類、太平天国項八四八六－五七号）、英桂は「査徳安賊匪拠探不過三四千人」と述べたうえで、徳安の清軍兵力は一万人を超えているが、西淩阿の兵の配置が悪いと批判した（英桂奏、咸豊五年七月初三日『宮中檔咸豊朝奏摺』十三、二〇三頁）。このように太平軍の兵力に大きな差があるのは、敗北の責任を免れるための水増し報告に加えて、武漢一帯の戦況によって屢々兵が動員され、徳安の守備兵力が一定しなかったためと考えられる。事実西淩阿は徳安から漢陽に三千人ほどが動員されたが、なお五、六千人が残っていると報じている（西凌阿奏、咸豊五年八月十一日『鎮圧』十七、五〇三頁）。

(95) 楊霈奏、咸豊五年三月十七日『鎮圧』十七、二〇九頁。

(96) 官文奏、咸豊五年六月二十三日『鎮圧』十七、四一七頁。

(97) 光緒『続雲夢県志略』巻五、武備、兵事。また光緒『徳安府志』巻八、武備志、兵事にも「賊去雲夢、頃之復来、慣殺東北郷民、惨不勝言」とある。

(98) 官文奏、咸豊五年十月十四日『宮中檔咸豊朝奏摺』十四、三八〇頁。軍機処奏摺録副、農民運動類、太平天国項八四八七―七四号）。その陸長年らの投降に関する部分は以下の通り。「先是賊内有偽総制陸長年、偽監軍馮得安即馬超群、均因被擄、脅授偽職、実不甘心従逆、畳次放逃被擄難民、並藉端殺斃長髪老賊多人、屢欲投誠、無門可入」「安陸県文生鄭蘭芳、蔡業広頗具胆識……（副将）顔朝斌令其乗賊擄人之際、混入賊中、暗約陸長年等投誠、訂於十月初三日攻城内応」「陸長年等見官兵已到、在内放火接応、大開南門……兵勇首先奪門而入」。なお陸長年らが投降の意志を持っていた点については、官文奏、咸豊五年六月二十三日『鎮圧』十七、四一七頁にも記載がある。この計画は西凌阿には知らされず、彼の徳安占領に関する報告は陸長年らについて言及していない。

(99) P. H. Kuhn, *Rebellion and its Enemies in Late Imperial China*, pp.117.

(100) 老吏『奴才小史』（李春光纂『清代名人軼事輯覧』三、粛順、中国社会科学出版社、二〇〇四年、一二五一頁）。

(101) 『清史稿』巻三八六、列伝一七三、一一六八五頁。

(102) 胡林翼奏、咸豊五年三月二十七日『鎮圧』十七、二二八頁。

(103) 胡林翼奏、咸豊五年三月二十七日『鎮圧』十七、三一四頁。

(104) 曽国藩奏、咸豊五年四月初一日『鎮圧』十七、二四四頁。

(105) 胡林翼奏、咸豊五年三月二十七日『胡林翼集』一、奏疏、岳麓書社、一九九九年、一頁。

(106) 胡林翼奏、咸豊五年四月二十一日『鎮圧』十七、三一四頁。

(107) 胡林翼奏、咸豊五年五月十三日『鎮圧』十七、三五二頁。
(108) 胡林翼奏、咸豊五年五月十三日『鎮圧』十七、三五四頁。
(109) 胡林翼奏、咸豊五年五月二十九日『鎮圧』十七、三七九頁。
(110) 胡林翼奏、咸豊五年五月二十九日『鎮圧』十七、三八一頁。
(111) 胡林翼奏、咸豊五年五月十三日『鎮圧』十七、三五二頁。
(112) 胡林翼奏、咸豊五年三月二十七日『胡林翼集』一、奏疏、四頁。その後王国才の軍が五千人を増員し、水軍の規模拡大と併せて毎月八万五〇〇〇両が必要となったが、水陸両軍共に「欠餉已逾四十余日」となったため、六月に胡林翼は四川から八万両を追加で送るように求めた（同書九頁）。
(113) 胡林翼奏、咸豊五年六月二十四日『胡林翼集』一、奏疏、二二頁。
(114) 胡林翼奏、咸豊五年五月十三日『鎮圧』十七、三五二頁・三五四頁に「其打仗不能出力者、亦於三日内外査実淘汰五百余名」「其余約八九百名致斃裁汰」とある。また湘軍の水軍についても、楊載福が「兵貴精不貴多」を主張し、三割の兵力を削減したという（同奏、同年八月十二日『胡林翼集』一、奏疏、三五頁）。
(115) 胡林翼奏、咸豊五年六月二十四日『胡林翼集』一、奏疏、二二頁。
(116) 胡林翼奏、咸豊五年六月二十四日『胡林翼集』一、奏疏、一九頁。
(117) 胡林翼奏、咸豊五年六月二十四日『胡林翼集』一、奏疏、二二頁。
(118) P. H. Kuhn, *Rebellion and its Enemies in Late Imperial China*, pp.196.
(119) 皮明庥等編『出自敵対営塁的太平天国資料――曽国藩幕僚鄂城王家璧文稿輯録』王家璧伝略、湖北人民出版社、一九八六年、四頁。王家璧については光緒『武昌県志』巻十六、人物志、仕蹟に伝があり、「率郷里集資餉軍、侍郎曽国藩、巡撫胡林翼皆倚重之」とある。王家璧伝略によると、彼が曽国藩と知り合ったのは、不正受験の罪により雲南で軍役に服していた父王芝巽の故郷への帰還を曽国藩が支援したのがきっかけで、王家璧は終生曽国藩への恩義を感じていた。また彼が雷以諴の名義で提出した献策は「通籌剿族急務密奏」「牽制賊勢調遣土弁土練密奏」で、前者は咸豊二年十一月二十日に上奏された

（軍機処檔〇八七六二七号、国立故宮博物院蔵）。
(120) 王家璧は五四年十一月に知県白潤と協議し、まず米一六〇〇石を湘軍の陣営へ送り、「開廠収捐」して寄付を募った。また武漢退出後、興国州にいた地官副丞相黄再興率いる太平軍の様子や、呉文鎔の最後について情報を集めた（『出自敵対営壘的太平天国資料』五三・五七・五九・六〇頁）。
(121) 武昌県公議団練章程、咸豊四年九月『出自敵対営的太平天国資料』六五頁。
(122) 光緒『咸寧県志』巻六、雑記、団練紀略。
(123) 光緒『黄岡県志』巻二十四、雑志、団防。
(124) 寄陳惺軒、阮幼泉（咸豊四年九月二十一日）には「茲寄来郷団、族団執照十六紙、除石、郁二子已塡姓名外、余希惺軒世叔父与我秋門師択人而授、総期安上全下、早靖賊氛、勿致別有岐路」とあり、これら郷団および族団が王家璧の姻戚、師弟関係を基礎とするエリート集団によって統率されていたことが窺われる。なお陳惺軒は興国州人で、王家璧と共に釐金局を創設した（『出自敵対営的太平天国資料』五五頁）。
(125) 胡林翼奏、咸豊五年六月二十四日『胡林翼集』一、奏疏、一九頁。同治『崇陽県志』巻十二、雑記、災祥。
(126) 寄金牛分局諸公、咸豊四年十一月二十日『出自敵対営的太平天国資料』六三頁。
(127) 寄大兄（附告諭）、咸豊四年十月二十二日『出自敵対営的太平天国資料』六〇頁。
(128) 武昌県公議団練章程、咸豊四年九月『出自敵対営的太平天国資料』六五頁。
(129) 寄胡蓮舫祠部、咸豊四年十月十五日『出自敵対営的太平天国資料』六二頁。
(130) 寄金牛分局諸公、咸豊四年十一月二十日『出自敵対営的太平天国資料』六三頁。
(131) 胡林翼奏、咸豊五年九月初一日『胡林翼集』一、奏疏、三九頁。
(132) 武昌県公議団練章程、咸豊四年九月『出自敵対営的太平天国資料』六五頁。
(133) 胡林翼奏、咸豊五年五月十三日『鎮圧』十七、三五二・三五四頁。
(134) 武昌県公議団練章程、咸豊四年九月『出自敵対営的太平天国資料』六五頁。

(135) 軍機大臣、咸豊五年正月二十二日『鎮圧』十七、五〇頁。
(136) 曽国藩奏、咸豊五年二月十七日『曽国藩全集』奏稿一、四二三頁。
(137) 曽国藩等奏、咸豊五年正月二十六日『鎮圧』十七、六〇頁。
(138) 王闓運『湘軍志』江西篇第四に「(羅)沢南既去、水師無陸軍相輔、以下幕客李元度募平江人三千、屯湖口」とある(岳麓書社版、四五頁)。
(139) 曽国藩等奏、咸豊五年二月二十七日『鎮圧』十七、一六六頁。
(140) 曽国藩等奏、咸豊五年二月二十七日『鎮圧』十七、一六九頁。
(141) 曽国藩等奏、咸豊五年二月二十七日『鎮圧』十七、一六六頁。
(142) 和春等奏、咸豊五年二月二十二日『鎮圧』十七、一四三頁。また諭内閣、同年二月二十七日、同書一六六頁。これに対して袁甲三は「今和春等所参肥己一層、其説之誣、原府待辨、而其心之険、実不可測」と反論して争った(袁甲三呈文、同書三四九頁)。やむなく曽国藩は長江北岸の戦いを湖北、安徽の団練を組織した道員何桂珍に委ねたが、彼は一八五五年十二月に投降していた捻軍首領の李昭壽(後の江南提督李世忠)に背かれて殺された。
(143) 陳啓邁奏、咸豊五年二月十八日・三月初十日『鎮圧』十七、一二七・一九五頁。
(144) 陳啓邁奏、咸豊五年三月二十九日『鎮圧』十七、二四〇頁。曽国藩等奏、同年四月初一日、同書二四六頁。
(145) 曽国藩等奏、咸豊五年四月十二日『鎮圧』十七、二七六頁。陳啓邁奏、同年四月十四日、同書二九〇頁。清軍に捕らえられた太平天国郷官である祁門県監軍周友三の文書によると、この戦いで検点范汝杰、尚書李長文が羅沢南の軍に殺された。当時は徽州一帯で「徧設偽官」であったという(何桂清奏、咸豊五年四月二十一日『宮中檔咸豊朝奏摺』十一、三五一頁)。
(146) 曽国藩等奏、咸豊五年五月二十一日『鎮圧』十七、三六六頁。
(147) 曽国藩等奏、咸豊五年六月十二日『鎮圧』十七、四〇〇頁。また七月末にも湘軍は徐家埠の太平軍を攻撃し、食糧運搬船と倉庫を焼いた(同奏、同年七月二十八日『曽国藩全集』奏稿一、四七九頁)。
(148) 曽国藩奏、咸豊五年八月初七日『鎮圧』十七、四九九頁。

(149) 曽国藩等奏、咸豊五年二月二十七日『鎮圧』十七、一六六頁には「偽翼王石達開、偽丞相羅大綱久踞九江、湖口両処、而饒州族党亦張羅大綱之旗幟」とあり、饒州を攻略した太平軍には羅大綱の部隊が含まれていた。また和春奏、咸豊五年六月二十四日、同書四一八頁には捕虜の供述として「賊首石達開因援賊屢敗、現由徳安、九江、蕪湖、無為州等処共調賊万余名、又於沿途逼脅将及万人、分水陸而来、以数千人攻撲巣県、以万余人救援廬州」とあり、安慶へ戻った石達開が廬州の救援に向かったことがわかる。

(150) 曽国藩奏、咸豊五年七月二十四日『曽国藩全集』奏稿一、四八六頁。

(151) 曽国藩奏、咸豊五年八月二十一日『曽国藩全集』奏稿一、五一六頁。

(152) 陳啓邁奏、咸豊五年五月十九日『鎮圧』十七、三六一頁。

(153) 駱秉章奏、咸豊五年六月二十日『鎮圧』十七、四一六頁。

(154) 羅沢南「与曽節帥論進攻湖口利病書」『羅忠節公遺集』巻六。

(155) 曽国藩奏、咸豊五年八月二十一日『鎮圧』十七、五二八頁。

(156) 曽国藩奏、咸豊五年六月十二日『曽国藩全集』奏稿一、四六八頁。なおこの上奏を受けて、清朝は陳啓邁と按察使惲光宸を解任した（諭内閣、咸豊五年七月初二日『曽国藩全集』奏稿一、四七三頁）。

(157) 王鑫「致左季高先生」『王壮武公遺集』巻十二。

(158) 加邵懿辰片、咸豊九年二月十八日『曽国藩全集』書信二、八九一頁。

(159) 曽国藩奏、咸豊五年六月十二日『曽国藩全集』奏稿一、四六八頁。

(160) 文俊奏、咸豊六年六月二十六日『宮中檔咸豊朝奏摺』十七、三三四頁。陳啓邁親供、月摺檔六〇三〇〇〇一七九号、咸豊六年八月中、国立故宮博物院蔵。

(161) 文俊奏、咸豊六年六月二十六日『宮中檔咸豊朝奏摺』十七、三三四頁。彭寿頤については同治『万載県志』巻二十、人物下および民国『万載県志』巻十二、人物、列伝に伝がある。また陳啓邁奏、咸豊五年六月十八日『宮中檔咸豊朝奏摺』十三、四二頁は彭寿頤が挙人合格以前に起こした「揑控」事件によって「非安分之徒」と見なされた経緯について語っている。

(162)『万載県第六区団練新編』上海図書館蔵、四七七三四八号および軍機処奏摺録副、農民運動類、太平天国項八五五八－三六・三七号。両者は版本が異なり、上海図書館所蔵のものは咸豊五年六月に彭寿頤が都察院へ上告した時の訴状までが収められている（前半数ページが欠けている）。録副のそれは四年閏七月に袁州府へ控訴した時の訴状で終わっており、この時証拠として提出されたものと見られる。本体は薬言四則、団練章程、練勇事宜から成り、内容に大差はない。

(163)『万載県第六区団練新編』合区紳士公稟袁州府紹守詞、咸豊四年六月二十二日。民国『万載県志』巻尾、案牘、団練案。訴状は彭才三を羅城村人としているが、同治『万載県志』巻十八、選挙、恩賜副榜は父親の彭賢珪を彭寿頤と同じ二十一都四図の人としている。民国志、巻三、氏族、宗姓表は二十一都の彭氏が清代に河南宜陽県から入植し、小滸、長槽村を中心に十ヶ所の祠堂を持つ大族であると述べており、彭寿頤と彭賢珪親子は同族であった可能性が高い。また団練の結成が災いを招くという彭賢珪の発言については、軍機処奏摺録副の南昌府史飭具結詞（五年四月初十日）では「彭禹錫（彭賢珪の字）混称寇不為害、団反招災」と記されている。なお文俊の上奏では彭秀彦親子となっているが、秀彦は彭才三の字であるという（同上、袁州府紹守告示、四年六月二十九日）。

(164)文俊奏、咸豊六年六月二十六日『宮中檔咸豊朝奏摺』十七、三三四頁。

(165)文俊奏、咸豊六年六月二十六日『宮中檔咸豊朝奏摺』十七、三三四頁。また陳啓邁親供によると、彭寿頤が知県李皓の逃亡を告発した後、曽国藩から彭寿頤に壮勇を統率させたいとの依頼があった。彼が彭寿頤は係争中の身の上であり、結審後に軍営へ送ると答えたところ、曽国藩は陳啓邁を訪ね、「被告を処罰すべきであり、原告を処罰すべきではない」と主張した。陳啓邁が彭寿頤に誣告の罪があれば処罰の対象となると答えたところ、曽国藩は「怏怏として帰った」。六月に曽国藩は翰林院編修郭嵩燾を派遣し、彭寿頤は後悔しているので誓約書を提出して一件落着にしたいと申し出た。だが彭寿頤の提出した誓約書は曖昧な部分があったため、按察使惲光宸はこれを却下した。ところが彭寿頤は郭嵩燾と共に秘かに南康県の湘軍陣地へ去った。六月に陳啓邁は官吏を派遣して彭寿頤を南昌へ連れ戻させ、惲光宸が逃亡の理由を詰問したところ、彭寿頤が暴言を吐いて楯突いたため、惲光宸は彼を厳しく叱責したが、拷問を加えた訳ではなかったという。ここからは湘軍の拡充を急ぐ曽国藩が彭寿頤の起用に固執し、強引なやり方で陳啓邁らと対立した様子が窺われる。なお最終的に惲光宸は彭寿頤の挙人資格を剝奪しないまま叱責したのは行き過ぎであると判断された（陳啓邁親供、月摺檔六〇三〇〇〇一七九号、咸豊六年八月中および花沙納等奏、咸豊六年八月二十六日、月摺檔六〇三〇〇〇一八〇号）。また軍機処奏摺録副、農民運動類、補足項にはこの時彭寿頤が都察院へ提出した訴状（九〇〇四－二三号）、左都御史文彩らの上奏（咸豊五年十月初八日、九〇〇四－一八号）および江西巡撫文俊の報告（咸豊九年六月初一日、九〇〇四－二五号）などが収められている。

（166）彭寿頤らが「合団」を主張した理由について、稟袁州府紹守（四年閏七月初三日）は次のように述べている

万邑地方土客各分、已成習気、而此次合区土客紳耆、和衷辦理、独能共秉公正之心、各消偏私之見者……。若又強為区分、必至各懐意見。且六区土籍大姓、皆聚族而居、而丁男衆盛、散処各都、族内紳耆、自能管束。客籍間有大族、毎多雑姓、而合区客籍之中、自有素所仰望之数人。若使各村分団、無論各居各村、父子兄弟皆有渙而不萃之勢。即以一村而論、力能弾圧之人、未必家住、統馭非人、則呼応不霊、宜合而不宜分者又一己。

一宜通籌全局。県憲力主分都、不思区中都図犬牙相錯、往往比屋而居、望衡対宇、不過越阡度佰、而都図各別者、則是父子兄弟、相去咫尺之間、既已分都而居。即応分図而練、払情已甚、且区中殷実之家、家住此都、而所管田山等業、在外区者少、而在本区之異都者為多……。雖有遷徙、大約不出本区之中。其親戚交遊及所管田山等業、亦在本区者為多。故力行団練、必須帰区辦理。若使分都団練、実窒礙難行（軍機処奏摺録副、農民運動類、太平天国項八五五八－三七号）。

これによると万載県には土着、客籍の区別があるが、区は人々の日常の活動範囲や交遊圏に近い。都を単位とする「分団」は同族あるいは同じ分節のメンバーが異なる団練に所属することになり、客籍の場合は適切な統率者を得られないという。言いかえれば「合団」支持派は自分たちが影響力を行使したい「都」に居住しておらず、「区」という比較的大きな地域を団練結成の単位とする必要があったことになる。また万載県では一八〇七年に土着の挙人孫馨祖らが、客籍の童生が生員枠を独占していることを理由に、乾隆年間以前に存在した「棚籍学額」即ち客籍専用の生員定員を復活するように求めて罷考（試験のボイコット）事件を起こした（鉄保奏、嘉慶十三年正月二十四日『宮中檔嘉慶朝奏摺』十七、四三二頁）。ここで孫馨祖ら土着のエリートが「分」即ち生員枠の分割を、客籍の生員たちが「合」即ち棚額と土額の併合を主張した事実は、団練結成をめぐる「合団」「分団」の議論と重なる部分があって興味深い。なお万載県には宋代、明代に入植した宗族が多く、

二十一都の彭氏は客籍に入ると考えられるが、彭寿頤自身は「願合者実力奉行、願分者虚応故事」とあるように、分団を願う人々は前例にこだわっているだけで、本気で団練を実行するつもりがないと批判していた（稟袁州府紹守）。袁州府一帯における土着エリートと「客籍」移民の対立については鄭鋭達『移民、戸籍与宗族――清代至民国期間江西袁州府地区研究』生活・読書・新知三聯書店、二〇〇九年を参照のこと。

(167)『万載県第六区団練新編』巻末、軍機処奏摺録副、農民運動類、太平天国項八五五八―三六号。

(168) 同治『万載県志』巻二十、人物下。

(169) 同治『万載県志』巻十四、武事。

(170) 文俊奏、咸豊六年六月二十六日『宮中檔咸豊朝奏摺』十七、三三四頁。ここで文俊は呉錫光が「携帯婦女、縦勇擄掠市肆之案」と告発された点について、呉錫光が武寧県を奪回した時、太平軍に囚われていた女性を帰郷させたが、身寄りのない者三、四十人が将兵に嫁いだ。また南昌の娼婦が饒州の呉錫光陣地へやってきたが、彼は上陸を許さず金を与えて帰らせた。さらに呉錫光軍の軍規は「厳粛」であったとしたうえで、時に将兵が「強買食物」「封備船隻」のために争いを起こすことはあったが、呉錫光が掠奪を容認したとは言えないと述べている。

(171) 同治『万載県志』巻十四、武事。文俊の報告によると、李皓が萍郷県から万載県へ入った太平軍を追って県境へ出撃すると、「仮充賊匪之土匪」が流水溝から県城に至って高利貸や民家を掠奪したが、李皓がすぐに戻って弾圧したため「並無失守城池情事」であった。陳啓邁も湘潭から敗走した太平軍は江西を一週間程度通過しただけで、城を占拠しておらず、当時の袁州府知府紹徳の報告も「（四年四月）初十日賊匪由万載県之珠樹潭他竄、市鎮間被焚劫、有土匪乗勢搶劫當舗、旋即竄去。該県衙署倉庫監獄、均無損失」であったため、李皓を弾劾しなかったと供述した。さらに文俊はもし太平軍が本当に万載県城を陥落させ、李皓が逃亡したのであれば、何故彭寿頤らはこれをすぐに告発せず、一年以上も経ってから「補稟」したのかと矛盾を指摘している（文俊奏、咸豊六年六月二十六日『宮中檔咸豊朝奏摺』十七、三三四頁。陳啓邁親供、月摺檔六〇三〇〇〇一七九号、咸豊六年八月中）。これらの情況から見て、曽国藩が彭寿頤の訴えの真偽を問わずに陳啓邁を攻撃する材料に使ったことは間違いないと考えられる。

第十章　湖北南部の戦い、石達開の江西経営と西征の終焉

はじめに

筆者は第九章において、江西湖口の戦いから太平軍の湖北再進出、胡林翼と曽国藩の湖北、江西経営について考察した。油断から兵力を分散させた湘軍が湖口で敗北すると、太平軍は三度武昌を占領して湖北各地へ軍を進めた。徳安の清軍が頼りとしたのは投降した北伐軍将兵によって組織された義勇であり、軍事的には太平軍が優勢であった。だが陳玉成が郷官を設置して地域経営を試みると、強引な手法に反発した人々の抵抗が絶えず、最後は郷官が離反して太平軍は占領地を失った。

湖北の失地回復を任された巡撫胡林翼は、軍の再編と団練の結成、釐金局の設立を主眼とする支援体制の確立に取り組んだ。その担い手は王家璧ら地方のエリートで、宗族単位の族団を基礎とする全県規模の団練を結成して地域統合を進めた。団練は治安維持の権限が与えられ、清朝地方政府が担当していた行政サービスを代行した。またエリートたちは釐金局を設立して兵糧の調達に取り組んだが、運営が軌道に乗るには時間を要した。

いっぽう曽国藩は兵站基地と位置づけた江西で地域経営に当たっていた。彼は鄱陽湖に閉じ込められた内湖水軍の編制を進めたが、これと呼応すべき地上軍は弱体で、塔斉布の死後に頼りとした羅沢南も湖北の救援に向かった。また曽国藩は行動力ある新興のエリートに依拠して影響力を拡大しようと試みたが、清朝地方官やリスクの増大を嫌う

旧来型のエリートの抵抗を受けた。太平天国と湘軍は出身階層こそ異なっていたものの、既存の社会秩序に大きな変更を迫ったという点では共通していた。彼らは互いに軍事的に対立しながら、既存の地域支配者層とも政治的影響力をめぐって争ったのである。(1)

本章は羅沢南、石達開が相次いで湖北救援に向かった一八五五年末から、天京事変が発生した五六年夏までの動向を取り上げる。この時期の歴史については太平天国史研究の分野で簡又文氏(2)、羅爾綱氏(3)、朱哲芳氏(4)、賈熟村氏(5)、崔之清氏ら(6)の著作がある。また竜盛運氏(7)、朱東安氏(8)は湘軍史研究の立場から分析を進め、P・H・キューン氏は地域社会の軍事化という視点から湘軍の活動を中国近代史の中に位置づけた。(9)さらに江西と安徽における太平天国については杜徳風氏(10)、徐川一氏(11)の研究がある。

本章はこれらの成果を受け継ぎながら、近年公刊された檔案史料集と筆者が収集したいくつかの史料を用いて分析を進めたい。とくに台北の国立故宮博物院所蔵の檔案史料は、出版計画の圧縮によって多くの史料が未収録となった『清政府鎮圧太平天国檔案史料』の不足を補うことが期待される。(12)また西征を十九世紀中葉の長江流域における社会変容という視点から捉え直し、太平天国と湘軍の争いがもたらした影響について検討する。それは太平天国の歴史を新たな中国近代史像に位置づける作業になると思われる。

一、羅沢南の湖北救援と石達開の江西経営

(a)　羅沢南の武漢救援と湖北南部における戦い

曽国藩が江西の経営を進めていた一八五五年十月、道員羅沢南は五千人の兵を率いて湖北の救援に向かった。湖北

南部の清軍兵力が不足し、羅沢南が湖口よりも武昌の奪回を優先すべきことを主張したためであった[13]。また九月に漢陽を攻めていた湖北巡撫胡林翼の軍が食糧不足と太平軍の攻撃によって「潰散[14]」すると、清朝は曾国藩に羅沢南の軍を急ぎ湖北へ向かわせるように命じていた[15]。

十月十一日に羅沢南が江西義寧州から湖北通城県へ入ると、この一帯で活動していた秋官副丞相鍾廷生は防備を固めたが、平江勇の支援を受けた湘軍は十六日に通城県城を占領した[16]。二十一日に崇陽県の桂口鎮へ進出した湘軍は、二十四日に羅沢南の弟子で記名道員の李続賓、新たに羅沢南の軍に加わった訓導劉蓉、参将彭三元の部隊を中心に崇陽県城を攻めた。湘軍が夜襲をかけると、昼間の戦いで指揮雷春万らが戦死して戦意を失っていた太平軍は敗走し、県城は陥落した（図21）[17]。

九月に金口鎮を占領した国宗韋志俊の太平軍は、十月下旬に湖南岳州から北進してきた道員江忠済（江忠源の弟）の楚勇を蒲圻県羊楼峒で破った。この知らせを受けた羅沢南は軍を二つに分け、李続賓、劉蓉らを羊楼峒へ派遣して韋志俊軍を牽制した[18]。また湖南省境の新堤に退いていた胡林翼も兵三千人を陸渓口から蒲圻県車埠へ向かわせ、韋志俊軍を挟み撃ちにしようと試みたが、十一月一日に二百人の死者を出して敗退した[19]。

十一月二日に崇陽に残った彭三元らが壕頭堡に立てこもった太平軍の掃蕩を行っていると、突然「悍賊六、七千」が現れて攻撃をかけた。捕虜を取り調べたところ、この太平軍は翼王石達開の前隊で、石達開は十月中旬に湖北救援のため護天豫胡以晄、衛天侯黄玉崑、春官丞相張遂謀らと二万人の兵を率いて安慶を出発し、武昌県の樊口から金牛鎮を経由して前夜咸寧県へ到着していた。驚いた羅沢南は急ぎ彭三元を退却させようとしたが、翌三日に石達開は全軍で壕頭堡を攻め、四日には「崇陽土匪」も加わって彭三元の軍を壊滅させた。羅沢南は崇陽県城を放棄し、李続賓らが駐屯する羊楼峒へ向かった[20]。

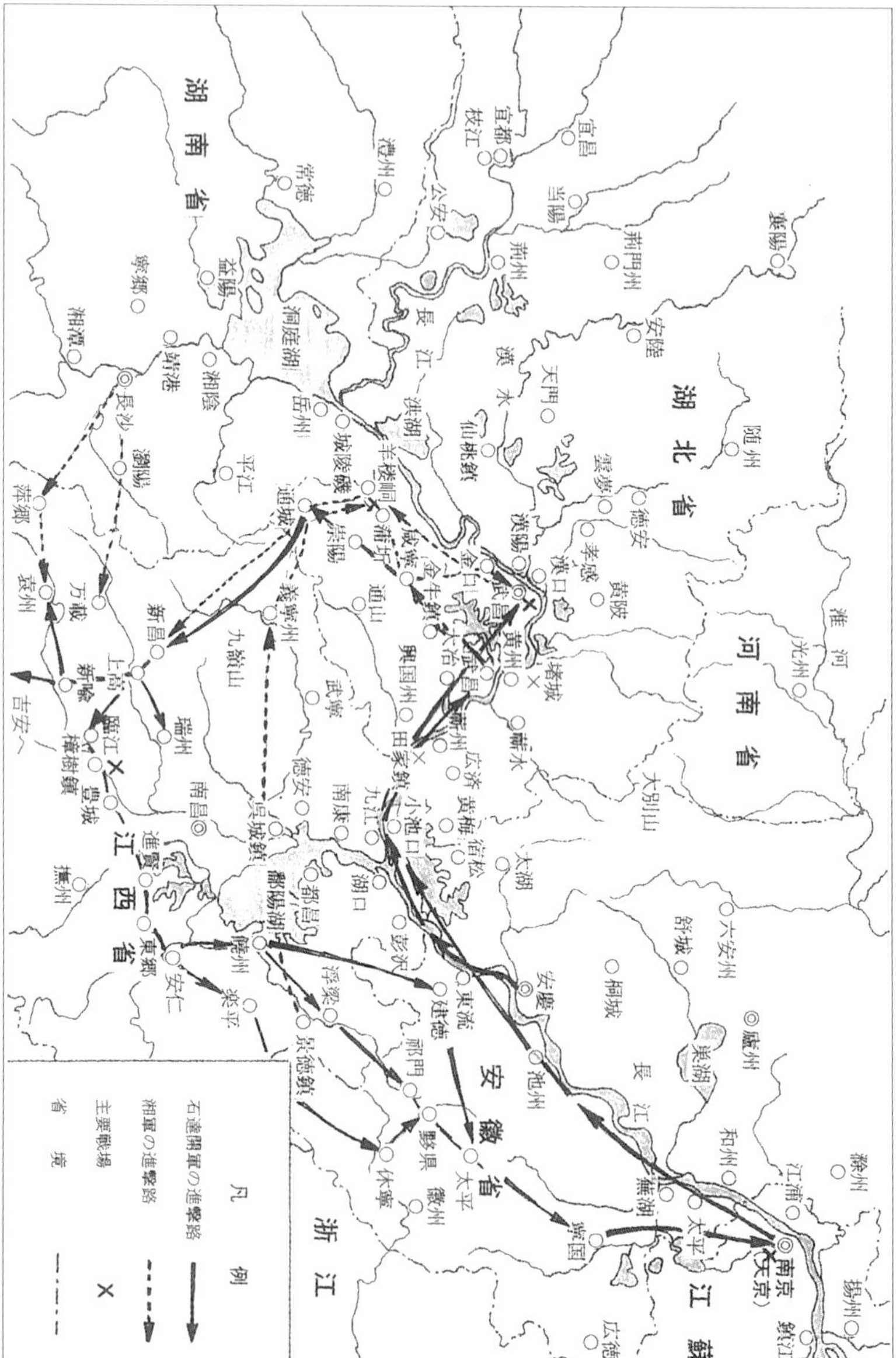

地図18　太平天国西征図③（1855年10月～56年8月、郭毅生主編『太平天国歴史地図集』より作成）

五日昼に羅沢南の部隊が羊楼峒へ到着したところ、蒲圻県にいた韋志俊の軍が攻撃をかけた。羅沢南は兵の疲労が激しいため、李続賓らに応戦させようとしたが、将兵たちは彭三元らの敵討ちを願い出た。太平軍が伏兵を置いていることを知った羅沢南は太平軍の誘いに乗らず、伏兵共々これを撃破した[21]。

十一月十二日に韋志俊は軍を立て直し、石達開から数千人の援軍を得て、再び蒲圻県から羊楼峒を攻めた。韋志俊がここを突破して湖南岳州を攻め、石達開が通城県から湖南へ入って平江県を攻める作戦だった。太平軍は三方面に分かれ、「数十丈進むたびに止まり、わが兵が動かないと再び進んだ。進む度に大声を上げ、その声は山間に響いた」と慎重に軍を進めた。羅沢南が「賊が陣地に逼らない限り、にわかに出撃するな」と命じると、東路の太平軍が湘軍陣地に攻撃をかけた。李続賓の軍がこれに反撃し、羅沢南、知県蔣益澧がこれに続くと「賊衆は大いに潰」えた。残る二方面の太平軍も劉蓉らに敗れ、韋志俊は二千人の死者を出して敗走した[22]。

二十二日に胡林翼が嘉魚県を経由して羊楼峒へ至り、羅沢南と戦略を協議した。この時石達開は通城で平江勇を破り、湖南へ進出する構えを見せていたが、胡林翼はこれが「わが軍を牽制」して湘軍の長江下流への攻勢を防ぐための行動であると分析した。そして今は通城、崇陽の救援よりも、「その必ず救うところ」である蒲圻を全力で攻めるべきと主張したうえで、湖北南部の戦いが持つ戦略的な意義について次のように述べている

湖北の賊勢は秋、冬以来、大軍が専ら南岸に注がれ、下流の金陵、安徽、江西の賊も多くの人を脅して従わせ、隊を分けて上流へ進撃している……。われらが賊の死命を制するにはただ水軍を強化して、賊の食糧を絶つことが先決である。賊が金銭を奪って金陵に集めているのを見て、財産が多くなれば人も増えて猖獗すると心配する者もいるが、私はそうは思わない。古来盗賊の活動は利を貪ることに目的があり、どうして財産を人に与えるだろうか。たとえ追い詰められても、捨てることができないのが賊情の常というものだ。

図15　通城県を攻撃する羅沢南の湖北救援軍（『平定粤匪図』第四幅、克復湖北通城図、国立故宮博物院蔵）
右下の白旗には「羅」の文字が記されており、騎馬姿の指揮官は羅沢南と思われる。『平定粤匪戦図』冊九、克復通城等県戦図、東洋文庫蔵も同じ戦いを取り上げ、多くの将兵を描いているが、誰の功績なのかは明確でない。

古今の賊を平定する方法は、必ず上流で優位に立ち、賊の食糧を絶つことが先であり、財産の多寡は問題ではない。武漢は金陵の上流にあり……、両湖と四川の米は江浙よりも多いから、「湖広熟すれば天下足る」という諺がある。昔は長江が安全で、米を積んだ船が河面を蔽うようにして下り、日夜転送していたが、いまは久しく賊に阻まれている。長江下流の全ての形勢は、必ず武漢から着手しなければならず、ここに重鎮を設立すれば、屹然として二度と動揺することはない。

ここで胡林翼は太平天国を「利を貪る」盗賊集団と非難したうえで、太平軍がどれほど南京に財産を蓄積しようとも、長江上流からの食糧補給を断ってしまえば長続きは出来ないと指摘している。そのためにまず必要なのは水軍の強化であり、武漢を奪回してここを拠点に長江を攻め下ることであった。そして胡林翼は現在副将楊載福に率いられた長江の水軍には大砲が少なく、湖南の砲局で製造された大砲は威力不足のため、両広総督葉名琛に広東で「洋砲」六百門を購入するように求めた(23)。

十一月二十六日に胡林翼と羅沢南は羊楼洞を出発し、蒲圻県の鉄山に向かった。韋志俊は再び石達開に援軍を求め、土着の呼応勢力である「崇通土匪」を糾合して守りを固めた。三十日に湘軍は蒲圻県城を攻めたが、太平軍が城外の高台に築いた五つの陣地を攻め落とすことが出来なかった。羅沢南らが「今日この陣地を破らなければ、賊は勢いを増して堅守によってわが軍を疲れさせ、九江の二の舞となる。蒲圻を下せなければ武漢を救うことは決して出来ない。力戦してこれに勝たん」と檄を飛ばすと、童生の劉蕃（劉蓉の弟）が太平軍陣地を焼き払うための藁や薪を抱えて突撃した。五つの陣地には次々と火が放たれ、中にいた「長髪の老賊」は多くが焼死した。

夕暮れに湘軍が撤退すると、城内の太平軍では「弱き者は城を棄てて逃げようと言い、強き者はなお死守しようと願った」と将兵の間に動揺が広がった。羅沢南らはこれを見逃さず、夜中に城の周囲で銃声やホラ貝の音を立てて攪乱し、城門が破られたと叫ばせると、太平軍は「紛々として大いに乱れ、各自が逃亡」と混乱に陥って同士討ちを始めた。湘軍は城内へ突入し、太平軍は数千人の死者、捕虜を残して敗走した(24)。

この戦いの後、武昌へ戻った韋志俊は省城および興国州、大冶県の部隊数千人を呼び集め、国宗洪仁政（洪秀全の堂兄）の統率のもと咸寧県へ送った。十二月十八日に湘軍の偵察部隊が咸寧へ到達すると、すでに県城を占拠していた太平軍の攻撃を受けた。翌日羅沢南らが霧に紛れて攻撃をかけると、不意をつかれた太平軍は東門から逃れた。

江夏県の山坡駅へ退いた洪仁政は、武昌からの援軍を得て抵抗を試みたが、十二月二十二日に湘軍は山坡を攻め、伏兵の攻撃を却けて太平軍を敗走させた。湘軍の水軍もこれに呼応し、二十日に楊載福は金口鎮を奪回した(25)。さらに湖広総督官文の指揮下にあった清軍は長江北岸の沔陽州、漢川県を奪回し(26)、漢水上流にある蔡店を占領して漢陽に迫った(27)。湖北東南部の戦況は大きく変化し、二十五日に武昌郊外の紙坊で胡林翼の軍と合流した羅沢南は、金口鎮で楊載福と戦略を協議して武漢攻撃の態勢を整えたのである(28)。

（b）石達開の江西経営と曽国藩

羅沢南と韋志俊が蒲圻県で戦いを続けていた十一月下旬、湖南への進出を断念した石達開は通城県から江西へ向かった(29)。二十四日に一万人余りの兵力で義寧州馬坳で贛州鎮総兵劉開泰の率いる清軍を破り(30)、十二月九日に新昌県を占領した。ここで湖南茶陵州から北上してきた葛耀明らの天地会系反乱軍と合流した太平軍は軍を三つに分け、石達開、胡以晄、張遂謀率いる中路軍は十八日に臨江府を、検点頼裕新の北路軍は十九日に瑞州府をそれぞれ占領した(32)。さらに中路軍は南昌防衛の要衝である樟樹鎮を攻め(33)、新喩県を占領した南路軍と協力して峡江県、分宜県などへ進出した(34)。

この石達開軍の行動は江西の清朝勢力に衝撃を与えた。初め石達開が江西へ入った時、南康にいた曽国藩は十一月に安徽廬州が清軍に奪回されたため、石達開は安慶へ撤退するだろうと考えた[35]。だが「（臨江、瑞州）両郡が同日に陥落すると、省城は震動[36]」とあるように、南昌に隣接する二郡の陥落に動揺した江西布政使陸元烺は饒州にいた道員耆齢の軍を救援に向かわせ、湖南巡撫駱秉章に候補知府劉長佑の軍を派遣するように求めた[37]。石達開の意図が「敵の必ず救うところを攻める」ことにあると見た曽国藩は、「その急ぐところを先にせざるを得ず、暫く九江の囲みを解く[38]」と述べて九江を包囲していた副将周鳳山の軍を撤退させ、青山鎮にいた賀虎臣の水軍と併せて樟樹鎮へ派遣した。

この時江西へ進出した太平軍は幾つかの特徴的な活動を見せた。その第一は広東、湖南で活動していた天地会系反乱軍との連携を積極的に図った点であった。元々広東の天地会は一八五四年に太平天国の「師帥」を名乗った大埔坪の反乱軍など、太平天国に呼応する動きを見せていた[39]。太平天国も一八五五年春に羅大綱が湖南で活動していた昇平天国の胡有禄らに書信を送り、「前往して会合[40]」するように働きかけた。その結果、葛耀明以外にも関志紅らの天地会が臨江で石達開軍に合流し、十二月下旬には王義朝らの軍が吉安府城を攻撃した[41]。すると一八五六年一月に石達開部の張遂謀、夏官又副丞相曽錦謙らは新淦県から南下し、天地会軍と合流して吉水県を攻めた[42]。三月一日には石達開が自ら吉安に至り、地雷攻撃によって府城を占領して江西按察使周玉衡、参将柏英らを殺した[43]。さらに一部の軍は南下して、別の天地会軍と共に贛州府城を攻めた[44]。

第二の特徴として挙げられるのは、石達開が各地で郷官を設置して地域経営の意志を見せた点であった。瑞州を占領した頼裕新は「知府に相当する偽総制、知県に相当する偽監軍を設け、士民を脅して供給を割り当てた[45]」とあるように、中央から派遣された人材を地方官として配置した。また監軍姜万祥が派遣された新昌県では「八郷に郷官を設け、県人を用いてこれに充てた[46]」とある。地元民からなる軍帥以下の郷官がいかなる人々であったかについて、曽国藩は太平軍の勢いを見て「その脅迫を待たずに従い、甘んじて蓄髪して戦いを助け、軍帥、旅帥となってその郷里の

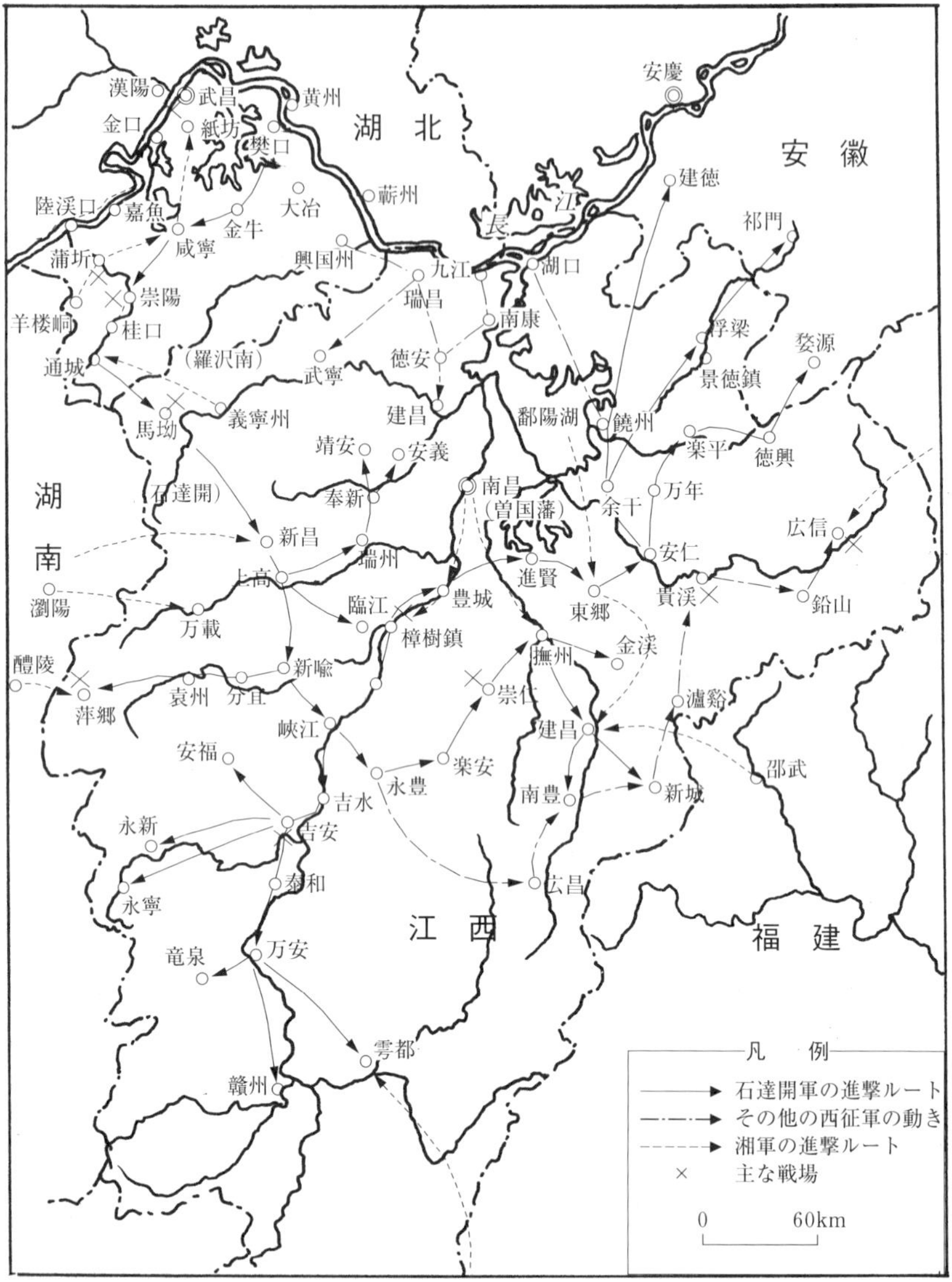

地図19　湖北南部の戦いと石達開の江西経営図
(郭毅生主編『太平天国歴史地図集』を参考に作成)

人からゆすり取り、郡県村鎮を略奪してその私腹を肥やそうと願う者がいる」[47]と述べている。また一八五六年にアメリカ人宣教師W・A・P・マルティン（中国名は丁韙良）は瑞州出身の商人の話として、「地方の紳士」が協力を求められて官職を与えられたり、下層の読書人が太平天国の地方政府で文書係として雇われたと指摘している[48]。第五章、第九章で指摘したように、江西では旧来のエリートを中心に太平軍に抵抗せず、恭順の姿勢を示しながら模様眺めをする傾向が強かった。郷官もエリートや彼らの意を受けた読書人を含んでいたと考えられる。

次に石達開がどのような地域経営をめざしたのか、一八五六年に頼裕新が発布した「士民人らが師旅に驚いて家業を失うことのなきよう暁諭する」告示は次のように述べている

さて軍を煩わせ兵を動かすのは、天朝がただ民を救うことを重んじているからである……。天父、天兄は大いに天恩を開かれ、天王を下界へ遣わされて天下万国の真の聖主とされた。また東王を派遣されて朝廷の大綱を補佐させ、列王に国政を助けさせた。天下を粛清し、妖氛を掃滅するのはまさに邪を斬って正を留め、危うきを転じて安きに入るためであり、夏を助けて夷を去れば一度の苦労で永遠に楽しむことが出来る。金田で起義してから天京に都を構えるまで、数百万の官兵を統率し、十数省の境地を遍歴した……。官兵はみな清廉であり、郷里を通過しても秋毫も犯さなかった。

本大臣が翼王五千歳に従って軍を率いたのは、もとより除暴安良のためであり、国のために地方へ向かった。およそ通過する村鎮市邑では、宿営するにあたって必ず別に布告を出して民に軍需物資を準備させている。民がもし命令通りに準備すれば、官兵は決して妄りに取り立てて騒ぎを起こすことはしない……。なんじらは天父、天兄による救世の徳、天王、東王および列王の民を愛する仁心を知り、おのおのが楽業安居して天に従い分を守るべきである。士は士として、農は農民として田園の生活を楽しみ、工は工、商は商として軍の到来を恐れるこ

とはない。いわんや官兵は多いとはいえ、規律は最も厳しく明確である。

本大臣は現在数万の雄師を統率して郷里を経過している。民が民の道を知れば、兵も自ずから兵規を守る。もし軍士で擾害をほしいままにする者がいれば、民は遠慮せず大胆に進み出て、以下に記した各条に照らして訴え、法律によって究辦しやすいようにされたい……。本大臣は実になんじら士民と共に安らかな日々を迎え、共に真の幸福を楽しむことを深く願っている。

布告はまず太平天国が上帝信仰に基づき、満洲人王朝である清朝を打倒して新王朝を建設する運動であることを強調している。今回の江西攻略にあたり、命令に従えば略奪や暴行は行わないと約束したうえで、進軍先の人々に軍事物資を提供するように求めた。その具体的な方法について、布告は続けて十ヶ条の規定を記している。その前半は①各地域の人々は「忠厚の人」を選んで太平天国郷官の役所に出頭させせよ。貢ぎ物を献げる時は自ら役所に赴くか、代表者が軍営を訪ね、納入後に証明書を受け取れ。②太平軍が通過する場合は、別に人々に兵糧などの物資を供出させる。命令を受けた地域は「安堵すること常の如き」で準備を進め、まだ命令を受けていない地域も負担を嫌って避難してはならない。③太平軍の「軍規は厳粛」であり、とくに「男女の別」について厳しいので女性は屋内に留まり、将兵と接触しないようにせよ。④将兵で女性を連れ去ったり姦淫した者、良民の財産を奪った者がいれば死罪に処するというものだった(49)。

以上の内容を見る限り、頼裕新は江西の人々に太平天国の統治を承認させ、社会の混乱を最低限に抑えながら軍需物資の獲得をめざしており、徴税や徴兵など地域支配の内容については触れていない。むろん太平天国は江西で徴税に取り組んでおり、一八五五年に都昌県で前九聖糧劉某が出した「糧戸に早く国課を納めることを暁諭する布告」は、「田賦はいまだその定制を奉じていないが、なんじら糧戸らはよろしく天の定めに従い、暫くは旧例の章程に従って期日までに全ての税を完納せよ」[50]とあるように、従来通りの税を納入するように求めた。マルティンは江西で太平軍が税率を半分に減じたと述べている。[51]またノースチャイナ・ヘラルドに寄稿したTなる人物によると、石達開統治下の安徽でも太平天国の税率は清朝に比べて軽かったという。[52]これらの記載を鵜呑みには出来ないが、この年長江中流域は豊作で、現物納や銭納で「旧きに照らして交糧納税」[53]する方法は人々にとって負担できない額ではなかった。少なくともそれは「南昌の漕米は政策が元々苛烈で、一石につき二石以上も余分に取り立てる……。銭に変えて払わされる時も、米一石あたり銭五、六千緡」[54]と言われたように、銀価の高騰や構造的な不正によって規定の数倍を徴収することもあった清朝の税制に比べて穏当であり、無秩序な貢納要求で人々の反発を買った湖北の情況と比べても妥当な措置だったと言えよう。

続いて頼裕新の布告は交易について、「一切の貿易は店を閉める必要はなく」「日頃の値段で取引きを行え」と規定している。また略奪を行ったり、代金を払わない将兵がいた場合、これを捕らえて差し出せば斬首すると述べている。[55]先に紹介したTなる人物によると、安徽、江西の太平軍は商業活動を奨励し、安徽の太平軍占領地から薙髪姿で江西の清朝支配地域へ取引に行くことも可能だった。[56]主要な商品は湖北東部で生産された綿布、綿花で、これを江南へ売った利益で淮南の食塩を購入し、湖北東部、江西北部の消費に充てたという。[57]この事実は曽国藩も認めており、「国家の富である物産（塩のこと）が……、かえって賊の利益に資している」[58]と憤慨している。ただしこれは安定的な支配が実現した地域において可能な現象で、武昌のように両軍が対峙した地域では取引も難しかった。駱秉章は清朝統治下の湖南では武漢への米の搬出が不可能となって米価が暴落し、人々は食塩を購入できずに苦しんだと報じている。[59]

なお郷官の職権の一つであった徴兵について、マルティンは「命令を奉じて兵を征す」と記した旗を立てた小部隊がまず入城して兵を集めたところ、撫州一帯の反乱勢力が一万人近くも応じたと述べている。彼らには食料と衣服が支給され、一人あたり銭百文が与えられた。また長く太平軍に従っていた若者が帰郷を願い出たところ、上官は彼の母親への贈り物を持たせて故郷に錦を飾らせた。これを見た人々は太平軍を称え、とくに石達開は「軍事的な才覚に秀で、江西ではいまだ負けたことがない」[60]と言われたという。

ここでは石達開が強圧的なやり方で人々の離反を招いた陳玉成の場合とは対照的に、安徽での地域経営の経験を活かして巧妙に人々の支持を獲得していった様子が窺われる。無論問題がなかった訳ではなく、後に「花旗」と呼ばれた旧天地会軍は掠奪の激しさで知られた[61]。頼裕新は兵が民家の「前屋」に宿営する場合、人々は「後房」に移った後も貴重品を慎重に管理するように命じた。また将兵が「毒心乱行」して鍋や茶碗を割ったり、民家の戸板を外して薪代わりに使うか、民家を焼いた場合には「罪を論じて処刑する」[62]と約束した。これらは新兵とくに旧天地会員の暴行を抑えるための条項と見られる。

さらに石達開は天地会軍を解散のうえ部隊に編入することは出来なかったが、「表向きは羈縻を示し、それに自ら一旗を立てさせ……、借りてもって官兵を牽制した」[63]とあるようにこれを本隊と共に転戦させ、監視あるいは威嚇しながら戦わせた。石達開軍は兵力とくに古参兵の数が多く、大量の新規参加者を統率できずに軍が崩壊した北伐援軍の失敗を防ぐことが出来たと考えられる。同治『瑞州府志』は「（太平軍は）郡邑の城に居座ることまさに二年、民は蹂躪に堪えられなかったが、淫掠や焚殺だけはいまだ激しくなかった」[64]とあるように、石達開軍の規律が一八六一年にこの地へ進攻した忠王李秀成の軍に比べて良かったと指摘している。また後に袁州の守将となった春分副侍衛の李能通は「心は頗る寛厚で、なお百姓をもって念とした」[65]とあるように民政に努力したという。

さて石達開軍の進出を前に、湘軍は南昌の防衛に不可欠な樟樹鎮の奪回を試みた。太平軍の「藤牌手（牌刀手のこと）」が勇猛であると知った周鳳山は、鈎のついた槍を造らせて攻撃に備えた。候補知府劉于淳、賀虎臣の水軍と合流した周鳳山は、一月十一日に樟樹鎮を攻め、太平軍が河岸に築いた陣地を焼いてこれを奪回した。だがこの時周鳳山は石達開のいる臨江府城へ向かわず、十七日に太平軍が退出した新淦県を占領した[66]。これを見た太平軍は臨江から樟樹鎮を攻め、二月七日に湘軍の守備隊を破った。周鳳山は救援に向かい、内湖水軍を率いて樟樹鎮に到着した記名道彭玉麟と共に太平軍と戦った[67]。

この頃曽国藩は彼が吉安の救援を急ぐあまり、江西全体の情勢を顧みていないとする批判に反論する形で戦況について語っている。それによると江西の湘軍は陸軍が三千人、水軍が二三〇〇人に過ぎず、周鳳山、李元度などの指揮官も経験不足であった[68]。石達開は精鋭を率いて「上下適中の地」である臨江に駐屯しており、南は贛州、北は九江へ進出可能であった。また胡以晄は西部の袁州府を占領し、葉至華らの呼応勢力が北部の武寧、徳安、瑞昌各県へ進出した。石達開は「全勢力を江西に注ぎ、枝葉を切り取ってわが省会（南昌）を困せんとしている」とあるように、江西各地を版図に収めることで南昌の湘軍を孤立させようとしていた。曽国藩は「その凶謀詭計は実に痛恨[69]」と記している。

これに対して清朝側は、江西救援を命じられた劉長佑が二月に湖南道州から長沙へ戻ったが、兵糧を確保出来ずに出発が遅れていた[70]。また曽国藩は江西を兵站基地と位置づけ、清朝から転用を認められた漕折（銀納される漕米）の徴収や在籍侍郎黄賛湯が取り組んだ捐輸、浙江から運んだ塩を販売した収益などを軍費に充てていた。だが江西の支配地が失われ、徴税や寄付の割り当て、塩の販売可能な地域が縮小すると、「来源が枯渇し、汲々として坐困」とあるように兵糧の確保が難しくなった。やむなく曽国藩は上海で釐金を徴収して湘軍の戦費に充てるよう求めたが、清朝は許可しなかった[71]。

三月中旬に吉安から臨江へ戻った石達開は、兵数千人を永泰市、沙湖に送り、樟樹鎮を攻撃する態勢を整えた。二十日に石達開軍の攻撃が始まり、周鳳山は彭玉麟の水軍と協力してこれを却けた。二十三日にも両軍は激突したが、太平軍の伏兵が現れると湘軍の一角が崩れ、「図らずも大股の賊匪が後ろから蜂擁として来た」ために多くの死者を出した。翌二十四日に太平軍が樟樹鎮に総攻撃をかけると、湘軍は「紛々と潰散し……、大隊の傷亡した兵勇は殆ど千人に近く、陣地は全て失われた」[72]と大敗を喫した。将兵たちが南昌へ逃げ戻ると「人心は大いに動揺」し、城外へ脱出しようとする人々が殺到して死者が出るなどパニックが発生した。[73]曽国藩は南康から南昌へ向かい、敗残兵を集めて事態の収拾に努めなければならなかった。[74]

石達開の樟樹鎮攻撃に合わせるように、三月二十日に軍略余子安、検点黄天用らが吉安から北進して楽平県を占領し、二十八日に撫州府城を陥落させた。[75]彼らは金谿県に軍を進め、四月四日には呼応勢力の協力を得て建昌府城を占領した。[76]また曽国藩が湖口にいた李元度の軍を饒州経由で撫州へ向かわせ、青山鎮の水軍を呉城鎮へ撤退させると、これに気づいた太平軍は追撃を試みた。[77]石達開自身も樟樹鎮から東へ向かい、豊城、進賢、東郷県および南昌から北京への連絡ルートに当たる安仁県を次々と占領した。[78]

この時江西学政廉兆綸は「逆匪は江〔西〕省へ竄入して以来、その意図は各郡を切り取って省城を孤立させることにあった」と述べたうえで、江西の西北、中央部各地が太平軍に占領された結果「省城は四面みな賊となった。動乱が発生して以来、江西ほど賊勢の蔓延が迅速だった地はない」[79]と指摘して援軍の派遣を訴えた。曽国藩も後述のごとく武昌にいた羅沢南の軍を呼び戻すことを要請せざるを得なかった。

簡又文氏、崔之清氏など多くの論者は、この時石達開が南昌へ進攻していれば曽国藩に決定的な打撃を与えることが可能だったと主張している。[80]これに対して朱哲芳氏は、曽国藩の幕僚だった趙烈文の「省城（南昌）は三面が河に臨んでいる。賊は上游に水軍がなく、わが軍の戦闘艦は二百余隻あり、守るには充分である。賊は決して包囲することは出来ず、城内の兵勇も一万人以上で防衛に足りる」という記載をもとに、南昌を陥落させることはそれ程容易ではなかったと指摘している。むしろ趙烈文は石達開が撫州、建昌を占領して「わが餉援を絶つ」[81]ことに危機感を懐いていた。駱秉章も石達開が急ぎ南昌を攻めず、周囲の支配領域を拡大した戦略を「枝葉を落として根本を揺らす」「陰謀詭計」[82]であると述べており、この時太平軍は兵糧攻めに徹するべきだったのかも知れない。いずれにせよ石達開は必ずしも独立した指揮権を与えられておらず、東王楊秀清の命を受けると臨江の守備を部下に任せ、自らは軍を率いて南京の救援に向かった。また黄玉崑らに委ねられた江西の作戦活動も一貫性を欠き、湘軍に反撃の余地を与えることになった。こうして様々な可能性を秘めていた石達開の江西経営は道半ばにして頓挫したのである。

二、武漢をめぐる攻防戦と西征の終焉

(a)　漢陽、武昌の攻防戦と羅沢南の死

この頃湖北では武漢の太平軍が清軍および湘軍と激しい戦いを続けていた。義勇の頭目だった詹起倫の報告によると、漢陽の太平軍は五、六千人で、周囲に土城と濠を張り巡らせて防備を固めていた。城外には大砲や弾丸の鋳造工場が設けられ、興国州や大冶県から運び込まれた火薬が用いられた。漢口鎮では総制劉姓（沔陽州人）の統率のもと住民の組織化が行われ、女館には一千人近い女性がいた[83]。また官文によると、漢陽の人々は「兵が来れば兵を助けるが、賊が来ればあえて賊に抵抗しない」[84]とあるように必ずしも清軍に協力的ではなかった。そこで官文は人々に投降を呼びかけながら蔡店から漢陽城外数キロの興隆集、三眼橋へ軍を進め、これを阻もうとした太平軍の攻撃を却けた[85]。また楊載福の水軍は金口鎮から漢陽西の沌口に進出し、長江下流でも京口副都統都興阿らの水陸両軍が沙口を占領し

た(86)。そして官文は長江南岸の胡林翼、羅沢南軍と連携を取りながら、一月初旬に一斉に攻撃することにした(87)。

一八五六年一月三日に胡林翼の軍は武昌城南の李家橋、板橋へ、羅沢南の軍は城東の洪山へそれぞれ布陣し、五日に十字街で城内から出撃した太平軍と戦った(88)。八日からは官文と湖北按察使李孟群の部隊が漢陽城の西門を攻め(89)、十日には楊載福の水軍が武漢の太平軍船舶一五〇隻余りを焼いた(90)。だが武昌城は「銃眼が隙間なく配置され、深い溝が掘られて、竹簽や棒の杭が張り巡らされている。城壁の上には遍く見張り櫓が設けられ、大きな木や石がその上に置かれている。省城の守りを計画した者は厳密にこれを行っている(91)」とあるように、韋志俊の指揮の下で堅固に要塞化されていた。また武昌の太平軍は外部との連絡を確保し、湘軍の進撃路を断つために城北武勝門外の壇角、城西望山門外の八歩街に石塁を設けた(92)。防禦の強化は漢陽城でも行われ、城北の亀山に砲台と見張り櫓が設けられ、幾重にも濠が築かれるなど「守禦は甚だ厳(93)」であった。

このため胡林翼、羅沢南の軍は一月中旬から月末にかけて壇角、望山門、大東門などを攻め、城東から城南の太平軍陣地を一掃したが、西北部の陣地を破ることは出来ず、一千数百人の死傷者を出した(94)。官文も「隊を揃えて城を攻め、百計をもって敵を誘ったが、賊はみな出てこなかった。初六、七、八日（一月十三日、十四日、十五日）も均しく出撃したが、賊はやはり出てこず、攻め入ることが出来なかった(95)」とあるように攻撃の糸口をつかめず、時折清軍の後方へ回り込んだ太平軍の攪乱戦術に悩まされた。

二月初旬は悪天候のため両軍共に動きがなかったが、羅沢南は武昌城内を見渡せる洪山の頂上へ一部の軍を移動させた。すると十八日に太平軍一千人が城を出て洪山を攻め、李続賓の軍と遭遇して戦闘になった。十九日に従九劉騰鴻の部隊が双鳳山の山頂から劈山砲で大東門を砲撃すると、太平軍は慌てて出撃した。湘軍はこれを迎え撃ち、数百人を殺した。二十四日にも太平軍は五里墩で参将普承尭、知府銜唐訓方の軍と戦った。

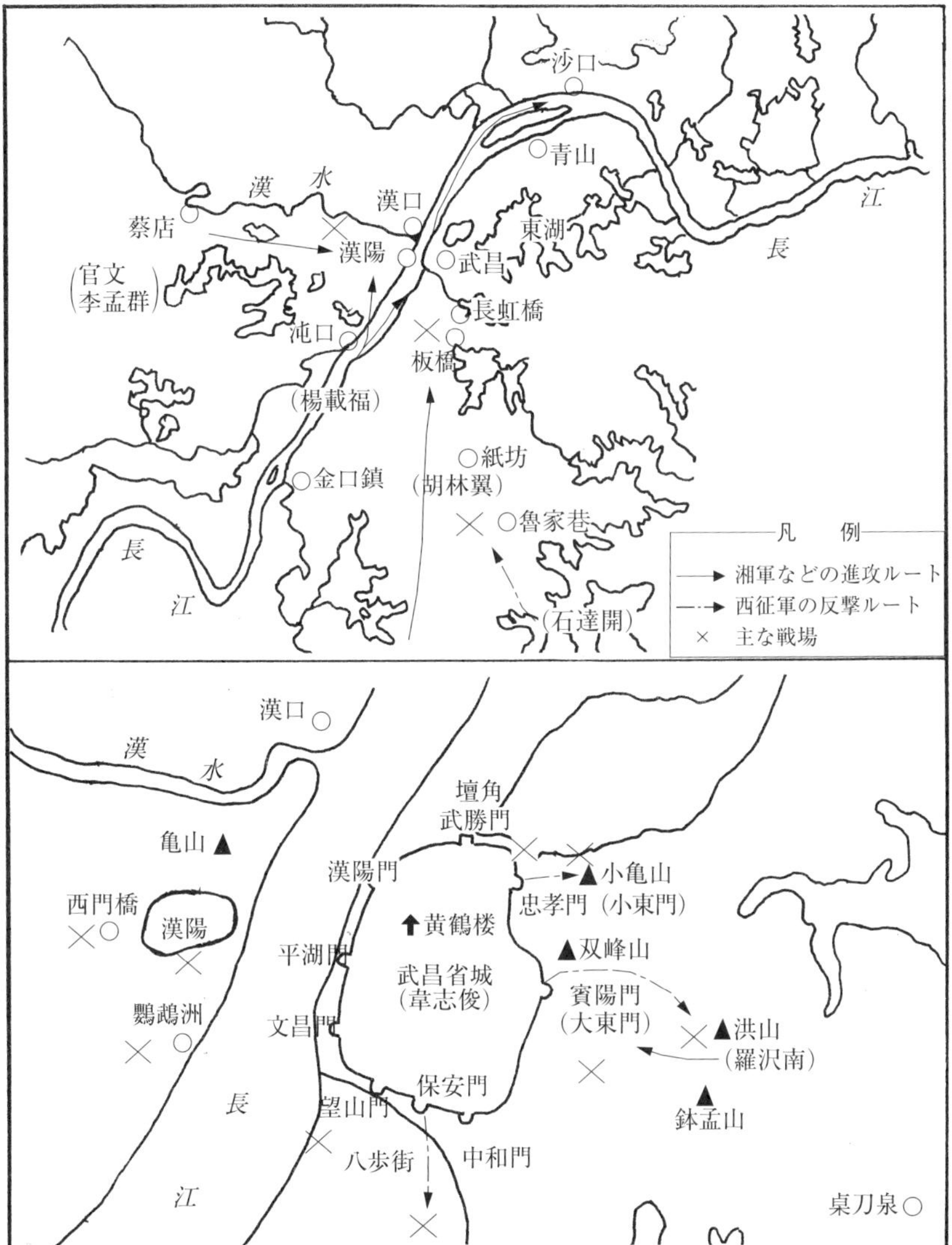

地図20　武昌攻防戦図（郭毅生主編『太平天国歴史地図集』を参考に作成）

二月二十九日に大雪が降ると、韋志俊は白衣を着た一千人に羅沢南の陣地を攻撃させた。湘軍は遠くから太平軍将兵を弁別することが出来なかったが、太平軍も積雪の深さで動きが鈍く、陣地に近づいたところを撃退された。攻撃は三日間続いたが、太平軍は総制林姓など数百人の死者を出して敗退した。すると三月四日に太平軍は東門から沙湖に近い小亀山を攻め、七日には沙湖の水を引いて湘軍の進撃路を阻もうとした。また一部の軍は鮎魚套橋、八歩街を経由して胡林翼の陣地を攻めた(96)。

いっぽう漢陽の太平軍は漢江の北に浮橋を設けようと試み、清軍と戦闘になった。三月五日に楊載福は漢陽の南門を攻め(97)、十一日から二十日にかけて李孟羣、副将顔朝斌が漢陽城の南にある鸚鵡州、西門橋を攻めた。だが官文が「私は兵勇を激励して戦うこと大小四十数回、前後合わせて数千の賊を殺したが……、如何せんこの賊は堅固な地を要害として恃み、陣地を壊されても造り直してしまう(98)」と述べたように戦果は上がらなかった。彼は太平軍が抵抗を継続できる理由を次のように分析している

賊中の人心はすでに変わり、陸路の警戒も厳しいのに、どうしてなお堅守することができるのだろうか？　およそ長江は川幅が広く、賊船を全てなくすことは難しい。方法を講じて投降させようとしても、二つの城の賊匪は互いに交替で行き来している。加えて興国、大冶の賊党が伏せ隠れており、彼らのために秘かに消息を通じ、食糧や薬などを運び込むためである。私は現在兵勇を沙口に駐屯させ、専らその往来を阻ませて、陸路からの救援の糧道を断っている。また方法を講じて水軍の砲船に長江の水路を断たせ、黄州府知府許賡藻に命じて団練の力で黄州府城を攻めさせている。さらに胡林翼に兵を派遣して興国、大冶の逆党を討ち、賊源を一掃するように手紙を送った。荊州からは三千斤の大砲一門、一千五百斤の大砲二門を取り寄せ、三眼橋にある李孟羣の陣地に運び込んだ(99)。

これによると武昌、漢陽の太平軍は主として長江を通じて湖北東部との連絡を維持し、軍需物資の補給を受けていた。楊載福は武漢にいる太平軍の水軍を攻めたが、太平軍も「烏船」[100]と呼ばれる大砲を多数積んだ高速船を用いて対抗した。このため湘軍は「十ヶ軍の砲船では僅かに上流を制することしか出来ず、大江の道を防ぎ止めることが出来ない」[101]とあるように、戦力不足のため武漢の下流までは制圧出来なかった。また知府許賡藻の団練に黄州府城を攻撃させたとあるのは、五五年十一月に黄州の「官紳団練」が新洲で太平軍を破ったため、彼らに長江北岸の補給路を遮断させようとしたことを指す。許賡藻は新洲の東にある道観河に駐屯して太平軍の北進を阻んだが[102]、黄州を攻めることは出来ず、四月に都興阿の軍が太平軍の食糧倉庫があった団風を攻撃したに止まった[103]。

次に「方法を講じて投降」とあるのは「投誠内応」を申し出た武昌の「偽丞相」熊鴻恩のことで、官文は胡林翼に工作を進めさせたが、太平軍が両岸に配置した船によって将兵を頻繁に移動させたために成功しなかった[104]。また官文は戦力を失った義勇（元北伐軍将兵）に代わり、一八五五年に黄岡県で清軍へ投降した「投誠軍功」の范朝蘭（通城県を守備していた冬官副丞相万象汾）の部隊一千人を漢陽攻撃に投入した[105]。

続いて官文は長江南岸の興国州、大冶県に兵を派遣するよう胡林翼に求めたと述べている。元々羅沢南と胡林翼の軍は八千人で、金口鎮や石嘴など後方の補給路に兵を割く余裕がなかった[106]。だが二月に官文は北岸沙口の兵力を増やすと共に、胡林翼に南岸の青山へ兵を送り、「その糧道を断ち、その援軍を阻む」[107]ことを要請した。これを受けた胡林翼は三月末に李続賓と劉騰鴻に三千人の兵を率いて下流の窰湾へ移動させた[108]。また胡林翼が梁子湖へ派遣した千総余雲竜も金牛鎮で監軍陳姓の太平軍を破ったという[109]。

攻め手を欠いた官文が最後に頼りとしたのは大砲の威力であった。四月に湖南から調達した一万二〇〇〇斤および数千斤の巨砲によって武昌城への砲撃が始まると、城内の太平軍は「常に倍して震え恐れた」[110]が、城の規模が大きかったために決定的な打撃を与えることは出来なかった。むしろ持久戦の様相が強まると清軍の兵餉は途絶えがちになり、湘軍の場合三ヶ月分の兵糧が遅配となって将兵の不満が高まった(111)。この間も官文は欽差大臣西淩阿の解任後に旗人指揮官として台頭した都興阿や営総多隆阿を活用するなど(112)、全くの無策だった訳ではなかった。だが総じて言えば彼の戦略は太平軍の北進を防ぐという清朝の基本方針を大きく踏み越えるものではなかったと言えよう。

曽国藩からの救援要請が胡林翼のもとに届いたのは、武昌の戦況が膠着していた三月下旬のことであった。二月に曽国藩は羅沢南へ手紙を送り、江西には彭玉麟、周鳳山以外に頼るべき軍がなく、吉安や西部各地の戦況も良くないと述べたうえで、「国藩が江省のためにこれを計れば、深く閣下の来援を望むも、大局のためにこれを計れば、また甚だ閣下の回援を望まず(113)」とあるように、長江流域全体の戦略と江西の危機的情況との間で揺れる心情を吐露していた。だが吉安が陥落し、周鳳山軍が樟樹鎮で敗北すると、「兵を堅城でいつ奪回できるかわからない湖北に置くよりは、これを腹地に移して汲々として今にも危うい江西を救う方がよい。武漢の両岸にいる三万人から羅沢南の一軍が抜けても、なお防剿には足りる(114)」と述べて羅沢南軍の江西救援を求めた。

この要請を受けた胡林翼は羅沢南と協議したが、羅沢南は「武漢は南北の枢紐であり、他省と比べて関係は独り大きい。上流は荊州、襄陽、下流は江蘇、安徽へつながり、棄てて顧みない訳にはいかない(115)」と述べるなど武漢の攻略にこだわった。そこで胡林翼は十日間武昌の攻撃に全力を注ぎ、効果がなければ羅沢南を江西救援に向かわせることにした。

はたして窰湾の封鎖によって陸上からの食糧補給路を断たれた武昌の太平軍は、四月六日に九江、黄州、興国州、大冶県からの援軍を得て、厳重に閉じた城門に穴を開けて出撃した。まず数千人の陽動部隊が望山門、八歩街から胡林翼の陣地を攻め、続いて一万人が武勝門、忠孝門などから城北の小亀山、索金山を攻めた。普承堯、蔣益澧、唐訓

図16　武昌を攻撃する清軍（『平定粤匪図』第五幅、克復武昌省城図、国立故宮博物院蔵）

1856年12月に武昌が陥落する様子を描いたもので、城内で勝ち鬨をあげる湘軍将兵と逃げ惑う太平軍将兵が描かれている。長江にうかぶ軍船は「楊」、城門に迫った陸上部隊は「周」「朱」の文字を記した旗を掲げており、それぞれ提督楊載福、参将周寛世、朱品隆らの軍であることがわかる。これに対して『平定粤匪図』冊十、克復武昌省城戦図、東洋文庫蔵は清軍騎兵の活躍を強調している。

方の軍がこれらを迎え撃つと、その隙をついて一万人が賓陽門から出撃し、洪山に置かれた羅沢南の陣地を襲った。羅沢南は自ら軍を率いてこれを撃退し、敗走する太平軍を追って武昌城下に迫ったが、「城上の槍砲は密なること雨の如し」で、うち一発が馬上にいた羅沢南の顔面に命中した。

戦いの後に胡林翼が陣営を訪ねると、羅沢南の傷は深く、弾丸を取り出すことが出来ないでいた(116)。彼は呼吸困難で滝のような汗を流しながら、胡林翼の手を取って「危急の時に定まってこそ有用の学問と言える。いま武漢は奪回出来ず、江西も危ういが、兵力不足から両方を顧みることが出来ない。死ぬのは惜しくないが、事を終わらせずに逝くことが心残りだ(117)」と言い残してこときれた。

羅沢南は湘軍の成立以前から団練を率いて反乱軍の鎮圧に取り組んだ読書人であった。挙人合格を果たせなかった彼の行動は「書生が兵を帯びる」と言われたが、彼の部隊は湘軍の中核的な戦力として曽国藩や胡林翼を支えた。また李続賓を初めとする武将は皆彼の門下生であり、軍中では羅沢南親子が持ち込んだ儒教経典が読まれたが、いっぽうで太平軍将兵に対する徹底した殺戮や虐待が行われた(118)。当時の中国社会において必ずしも成功者だったとは言えない羅沢南とその弟子たちが太平天国に激しい敵意を燃やしたのは、儒教を偶像崇拝と見なして排撃した上帝教への反発もさることながら、辺境の下層民が彼らをさしおいて政治的な上昇をめざしたことへの嫌悪感があったことは否定出来ない。本来であれば満洲人王朝の打倒を大義名分として自らの陣営に取り込むか、中立の立場を取らせるべきだった相手の激しい抵抗を招いたところに、西征時期の太平天国が抱えた一つの困難があったと言えよう。

（b）石達開の武漢救援と西征の終焉

羅沢南の死後、胡林翼は羅沢南が残した軍を李続賓に統率させ、江西救援へ向かわせようとした。だが武昌の太平軍は保安門の外、長虹橋の西に新たに陣地や濠を作り、度々出撃して湘軍を牽制したために李続賓は出発出来なかった[119]。この頃、羅沢南の戦死を知った曽麟書（曽国藩の父）は、三男の曽国華（監生、同知銜）を武昌へ派遣して江西救援軍の派遣を要請させた[120]。そこで胡林翼は曽国華に劉騰鴻、普承堯らの兵四千余人を与え、五月七日に江西へ向けて出発させた[121]。六月に曽国華軍は蒲圻県羊楼峒で太平軍を破って江西へ入り[122]、七月には瑞州府下の新昌、上高県を占領した[123]。

これに先立って湖南では、二月に駱秉章が劉長佑を醴陵県から、同知蕭啓江を瀏陽県からそれぞれ軍を率いて江西の救援に向かわせた。三月中旬に両軍は江西西部へ入り、劉長佑軍は萍郷県城を占領したが、人々が「賊に媚びて戸籍の帳簿や物資を献上し、甘んじて逆賊を助けた[124]」ために思うように進撃出来ず、万載県や袁州の沙田鋪で太平軍の抵抗に遭った[125]。江西北部では四月初めに石達開軍の主力が安徽へ去ると、呉城鎮へ戻った彭玉麟が水軍を率いて太平軍（新たに加わった天地会軍）を破り[126]、四月末には陸軍部隊と協力して修水上流の建昌県を奪回した[127]。また曽国藩が南昌と外地の連絡ルートを確保するべく派遣した知府鄧輔綸、同知林源恩の平江勇は四月中旬に進賢県を占領し[128]、東郷県で湖口から南下してきた李元度の平江勇本隊と合流すると、五月から六千人の兵力で撫州の攻略を開始した[129]。その後江西では撫州、饒州、建昌、南康、袁州の各地で一進一退の戦いが続いた[130]。曽国藩は「逆首石達開は男女三万余人を連れて皖南を犯したが、連れ去ったのは多くが江西で新たに捕らえた民で、必ずしも両広から久しく従っている賊ではない。江西の賊勢はなおいまだ衰えていない[131]」とあるように、江西に残った太平軍が強力であるために戦果があがらないと釈明しなければならなかった。

いっぽう湖北では胡林翼が官文、楊載福らと書簡を交わし、堅固な武漢の城を「力攻」するのは損害が大きいため、水陸の要所で「賊の資糧、軍火を断つ[132]」戦法を取ることにした。火攻めの準備を進めた楊載福は長江の水かさが増し、太平軍が設けた防護柵が水没した五月末に攻撃をかけ、漢陽に停泊していた太平軍の軍船と沿岸の陣地を焼き払った(133)。武漢下流の沙口に進出した楊載福は「団風以下は悉くみな賊船」であることを知り、一部の軍に守備を任せて自らは黄州対岸の樊口、蘄州、武穴鎮を攻め、六月四日には九江へ到達した(134)。これに対して太平軍は検点古隆賢率いる援軍を陸路武昌へ送り、六月八日に韋志俊らはこれを迎え入れるべく出撃したが、古隆賢が回り道をしたために到着が遅れ、合流を果たせなかった(135)。

この間、武漢の奪回を心待ちにしていた咸豊帝は、「遅延すること数ヶ月になって、初めて水陸で防ぎ止めて賊の食糧を断つと言い出したが、これは従来全く計画になかったことだ(136)」と述べて胡林翼らの方針転換を批判した。これに対して胡林翼は城の攻略にこだわった結果、死傷者は将校が百人、兵士は三千人を超え、作戦の変更は「傍観する者は私の愚かさを笑い、私も計略に無理があると自ら問うた」結果であると弁明した。また現在胡林翼は補充した五千人の兵で武昌の南を、李続賓は六千人強の兵力で洪山の東に布陣しており、太平軍の補給路を封鎖した効果は現れつつある。漢陽の太平軍も「食糧が久しく途絶え、四月以前はなお武昌から得ていたが、最近は武漢が均しく断絶(137)」して食糧不足に陥っていると報じた。

無論これは胡林翼の希望的な観測であり、その後の捕虜の供述によれば武漢の太平軍は「老賊、新賊」合わせて二万人おり、「戦う者には毎日米一升が与えられ、守る者は半分となる。なお数ヶ月分の食糧が残っており、このため死守して援軍を待っている」とあるように数ヶ月間籠城出来る食糧が残っていた。また清朝側が武漢二城の攻撃を見合わせると主な戦場は長江の下流域に移り、七月初めに都興阿は多隆阿の旗兵、范朝蘭の義勇、許賡藻の団勇を率い、黄州の堵城で広済、蘄水県から前進してきた太平軍を破った(138)。南岸でも同知蔣益澧の湘軍三千人が葛店、樊口で指揮鄭添得、木八将軍羅文元、古隆賢の援軍を破り、さらに長江北岸へ渡って都興阿らと黄州を攻めた(139)。

このように膠着していた戦況が変化したのは、南京における江南大営の崩壊がきっかけであった。六月中旬に燕王秦日綱、丞相李秀成、陳玉成らの軍が南京城外の孝陵衛にあった清軍陣地を攻撃すると、石達開軍も蕪湖県、太平府の金柱関、江寧県の大勝関から南京北東の姚坊門へ向かった。二十日に両軍は紫金山の清軍陣地を攻め、城内から出撃した軍も合わせて江南大営を撃破した(140)。四月の江北大営の崩壊と併せて、南京の太平天国は軍事的に最も安定した状態を迎えた。

この時楊秀清は間髪を入れずに石達開と北王韋昌輝の軍を長江上流へ派遣した。それは軍事権を一手に握った楊秀清だからこそ可能な決定であった。だが同じく金壇県へ派遣された秦日綱の軍が敗北したように、兵に休息を与えずに各地を転戦させる作戦は好結果を生まなかった。七月に韋昌輝は安徽建徳県から江西へ入り、黄文金、胡鼎文らの軍を糾合して饒州を攻め、陶渓渡で耆齡、都司畢金科の軍を破った(141)。七月末に韋昌輝は南昌から数キロの地点へ兵を送り、陣地を構築して攻撃の態勢を整えた(142)。だが南京到達後、外地遠征の機会が殆どなかった韋昌輝は指揮の経験が乏しく、八月初めに臨江経由で瑞州の救援に向かうと、曽国華らの江西救援軍に大敗した(143)。その後も太平軍は瑞州で曽国華の軍と戦いを交えたが、韋昌輝はその陣営にいなかった。楊秀清の殺害を命じた洪秀全の「密詔」を受け取り、兵三千人を率いて南京へ戻ったのである(144)。

いっぽう石達開は七月中旬に約三万人の兵を率いて江西湖口に到着した。彼は軍勢を四つに分け、前隊の一万人は湖北大冶県から金牛鎮を経て葛店へ向かった。また石達開は臨江の黄玉崑に武昌へ進攻するように求めたが、黄玉崑が撫州で李元度の軍に敗北したため実現しなかった。八月十一日に石達開軍は武昌東南の要衝である魯家巷を攻め、黄州から撤退してきた蔣益澧の湘軍と戦った(145)。石達開は十八日にも魯家巷を攻めたが、増援を受けた湘軍はこれを却けた(146)。この間韋志俊は十六日に武昌城から出撃して洪山を攻め、二十日には城北の双鳳山、小亀山、賽湖隄へ兵を送って援軍との合流を試みた。石達開も三度魯家巷を攻めてこれに応じたが、いずれも湘軍の反撃によって成功しなかった。この時胡林翼は石達開軍の実力について次のように報じている

翼賊石達開は数万と自称しているが、兇悍な老賊は二千に満たない。昨年江西で新たに加わった粤匪（天地会軍のこと）一万人が甘んじて賊に従い、他の賊に比べてやや強力である。だが彼らが江西各地を侵犯し、寧国や鎮江、金陵で屢々官軍を破ったのは、官軍の勇敢さと力量が賊に及ばなかったのではない。その狡猾さによって多方面で我々を誤らせ、隙に乗じて戦いを誘って四方から攻め寄せるために、往往に驚いて自滅している。私が昨年（蒲圻県の）車埠で敗れ、羅沢南が壕頭堡で敗北したのは、先に勝利して後に敗北したのであり、みなここで誤ったのである。(147)

ここで胡林翼は今回武昌へ進攻した石達開軍の主力は江西で参加した天地会であり、直属の部隊は少ないと述べている。また清朝側が入手した太平軍の書簡によれば、この援軍は大砲と船が少なく、石達開は安慶、彭沢県などで急ぎ準備させていた。(148)次に胡林翼は太平軍が巧みに相手を挑発し、伏兵攻撃を行うことに強さの秘訣があり、清朝側は勝利したつもりが驚かされて自滅していると指摘した。趙烈文も湘軍の戦法について「包抄、繞襲（回り道をして敵の背後を突くこと）が常套手段であり、地利を得た者が勝利する。その方法は賊中から学んだもので、下は兵卒に至るまで皆よくこれを言った」(149)とあるように、湘軍が敵の後方へ回り込む太平軍の戦術を取り入れて戦ったと記している。

八月二十八日に太平軍は援軍、守備軍が共に出撃し、七、八方面に分かれて攻撃をかけた。太平軍は「叫び声をあげ、跳ねて物を投げつけ、恫喝すること万状」と戦いを誘ったが、李続賓は将兵に「賊が陣地に近づかないうちに先に出た者は、勝利しても斬る」と厳命した。にらみ合いが続いた後に出撃命令が下り、湘軍が攻撃を開始すると、太平軍は「力を合わせて回り込み、わが後方を襲おう」とした。すると湘軍がさらに後方へ回り込み、漢陽から南岸へ

移動した護軍参領舒保率いる騎馬隊三百人が突撃した。太平軍は敗走し、湘軍がこれを追撃すると、「賊は旗を返して来た」と反撃を試みた。すると湘軍は「山坡、田隴の中に潜伏」し、太平軍が近づいたところを攻撃して三、四百人を殺した。

李続賓の軍が洪山の前後から武昌城北東の太平軍を攻めると、太平軍は沙子嶺、小亀山に集結した。湘軍が左右から攻撃すると、太平軍も「殊に死闘し、一股が敗退すると一股が進み、酣戦すること久しい」と激しく抵抗したが、やがて一千人以上の死者を出して敗北した。魯家巷を攻めた援軍、東湖に出撃した太平軍の軍船も敗退し、「賊の大股は専ら洪山と魯家巷に力を注いだが、この勝利によって賊の気力はすでに挫かれた」とあるように太平軍は戦意を喪失した。李続賓は九月一日にも魯家巷で石達開軍と戦った。

九月四日夜、石達開軍は撤退を開始した。翌日湘軍と舒保の騎馬隊はこれを追撃し、混乱に陥った太平軍は一千人以上の死者を出して敗走した。投降者も多数にのぼり、残った一万人余りは大冶県、興国州へ退いた(150)。石達開敗退の知らせを受けた曽国藩は、彼が瑞州の救援に向かえば「数回の大戦は免れない(151)」と警戒したが、この時すでに天京事変が発生し、石達開が南京へ戻ったために武昌、江西救援の可能性は共に失われた。城内の韋志俊軍も「賊の援軍が敗走してから、城の賊は益々意気消沈(152)」と希望を失い、なお三ヶ月の籠城後、十二月に武昌を放棄した。その後も江西では太平軍と湘軍の戦いが続いたが、四年に及んだ太平天国の西征はここに突然の終焉を迎えたのである。

小　結

本章の内容を要約すれば以下のようになる。一八五五年後半に羅沢南は江西の経営に努めていた曽国藩のもとを離れ、太平軍が武漢を占領していた湖北の救援に向かった。彼は胡林翼の軍と合流し、湖北南部で韋志俊および安慶からやって来た石達開の軍と戦った。太平軍は湘軍将兵の故郷である湖南を窺う姿勢を見せて彼らを牽制したが、胡林翼と羅沢南は武漢の奪回こそが最重要課題であると考えて動じなかった。そして湘軍は韋志俊らの軍を破り、これを追撃して武昌城下へ迫った。

いっぽう湖南への進出を断念した石達開は、湘軍の兵站基地であった江西へ進攻した。当時江西の清軍兵力は手薄であり、石達開軍は瞬く間に西部各地を占領して清朝側に衝撃を与えた。この石達開軍の作戦は「相手の必ず救うところを攻める」という曽国藩の戦略思想から見ても優れた選択であり、曽国藩は湖北へ送った羅沢南を呼び戻すかで悩んだ。また石達開は江西と広東、湖南の省境地帯で活動していた天地会軍の参加を促して兵力を拡大し、占領地では郷官を設置して地域経営の意欲を見せた。

この石達開の江西経営は安徽における経験をベースとしたものであり、占領地では人々に太平天国の統治を承認させ、社会の混乱を最低限に抑えながら軍需物資の獲得をめざした。また土地所有者に従来通りの税負担を求める「旧きに照らして交糧納税」する政策を行ったが、構造的な不正によって規定を遙かに超えた額を徴収することも多かった清朝の税制に比べれば負担は少なかった。さらに興味深いのは太平天国が湖北東部の支配地域で生産された綿花、綿布を江南で売り、その利益で購入した淮塩（私塩）を湖北、江西の占領地で販売していたという事実である。曽国藩も浙江から搬入した塩を江西で販売して湘軍の兵糧に充てており、太平天国が江西で支配領域を拡大することは、漕米などの税収の減少と並んで湘軍の経済的基盤を掘り崩す結果をもたらした。

このように江西の地域経営をめぐって争われた石達開と曽国藩の戦いは、太平天国側が優勢であった。周鳳山など江西の湘軍指揮官は経験不足で、樟樹鎮の戦いで太平軍に敗北を喫した。もっとも曽国藩は湖口の戦いで水軍に鄱陽湖内への進撃を命じたり、石達開の江西進攻時にも羅沢南軍を湖北、江西省境で待機させるように求めるなど[153]、時として的確さを欠いた指示や要請を出しており、現地指揮官の無能さばかりが敗因とは言い切れない。また太平軍が江西中央部へと軍を進め、南昌と北京との連絡ルートが遮断されると、曾国藩は改めて江西救援軍の派遣を胡林翼に要請せざるを得なかった。

多くの論者はこの時石達開が一気に南昌を攻めていれば、曾国藩に決定的な打撃を与えることが出来たと述べている。もっとも朱哲芳氏が指摘しているように、趙烈文は江西の太平軍には強力な水軍がなく、南昌を攻略することは出来ないと述べており、時間をかけて兵糧攻めにする以外に方法はなかったかも知れない。いずれにせよ石達開は楊秀清によって南京へ呼び戻され、彼の江西経営は道半ばで頓挫することになった。

いっぽう武漢では韋志俊率いる太平軍が清軍および湘軍と激しい戦いを続けていた。胡林翼、羅沢南の軍は武昌城東南の太平軍を一掃したが、楊載福の水軍は兵力不足で、長江下流域の補給ルートを遮断することが出来なかった。官文も太平軍将兵の投降を促したり、都興阿、多隆阿といった旗人将校を登用して漢陽および長江北岸を攻撃させたが効果はあがらなかった。また韋志俊は二つの城を要塞化して防禦に努めただけでなく、しばしば兵を出撃させて湘軍の陣地を攻めたが、こちらも大きな損害を出した。

曾国藩からの援軍要請が武漢へ届いたのは五六年三月のことだった。この時羅沢南は武漢の攻略にこだわったが、胡林翼は十日間全力で武昌を攻め、結果が出なければ救援軍の派遣に踏み切ることにした。はたして四月に陸上の補給路を断たれた武昌の太平軍は大挙して攻勢をかけた。羅沢南はこれを撃退し、武昌城下まで追撃したが、太平軍の銃弾を浴びて負傷し、数日後に死んだ。一日も早く武昌を陥落させ、江西の救援に赴きたいという焦りが招いた死であった。

羅沢南の死後、彼の部隊は弟子の李続賓によって引き継がれた。また曽国藩の弟である曽国華が援軍の派遣を要請するために武昌を訪ねると、胡林翼は彼に四千名の兵を率いて江西へ向かわせた。同じ頃、湖南からは劉長佑、蕭啓江の援軍が江西へ向かったが、太平軍の抵抗に遭遇して南昌へ近づくことは出来なかった。

この頃、江南大営が太平軍の攻撃によって崩壊し、太平天国は南京周辺の軍事的脅威を一掃した。楊秀清はすぐさま石達開と韋昌輝を長江上流へ派遣したが、兵士に休息を与えない過酷な用兵は勝利に結びつかず、外地での戦闘経験が少なかった韋昌輝は瑞州で曽国華の軍に敗北した。また武昌へ向かった石達開軍も軽装で火力、船舶共に不足しており、魯家巷の戦いで湘軍に敗れた。すでに南京では洪秀全と楊秀清の対立が頂点に達しており、これらの軍事行動は楊秀清が二人を南京から遠ざけるために行わせたと見るべきだろう。だが洪秀全の密命を受けた韋昌輝は南京へ戻り、秦日綱と共に楊秀清およびその部下たちを殺した。石達開も軍を撤退させ、太平天国の西征はここに終わりを告げたのである。

さて以上の内容からいかなる論点が導き出せるであろうか。本章が扱った西征後期の湖北、江西の情況を見る限り、太平天国と湘軍は軍事面でほぼ互角にわたりあった。無論個々の戦場では勝敗が分かれ、羅沢南が率いた湘軍の陸上部隊や楊載福の水軍は武漢一帯の太平軍を圧倒した。逆に江西の湘軍は彭玉麟を除くと指揮官の経験不足が目立ち、石達開軍との兵力差もあって不利な戦いを強いられた。

次に戦略面で言えば、石達開が長江中、下流域を往復しながら、大胆な用兵で曽国藩を窮地に追い込んだ点が特筆される。曽国藩は兵站など長期的展望に立った作戦計画の立案には秀でていたものの、実戦で臨機応変な決断を下すことは不得手だった。周鳳山が樟樹鎮奪回後に臨江を攻めず、吉安も救援しなかった一件などは、本人の経験不足もさることながら、曽国藩の曖昧な指示にも一因があったと考えられる。

いっぽう湖北の胡林翼は、羅沢南と共同作戦を進める中で敗北続きだった軍の刷新を進めた。北岸の官文も無策ではなく、互いに援軍を送るなど一定の協力関係も見られたが、咸豊帝の叱責と催促にもかかわらず武漢の攻略に専念したとは言えなかった(154)。対する韋志俊らは湖北南部での敗北から立ち直れないまま長期の籠城戦を強いられた。城外に配置した兵が湘軍によって打ち破られ、戦略的な要地を確保出来なかったことが、援軍との連携を難しくした点は否定出来ないだろう。

続いて地域経営という視点で見た場合、ここでも太平天国は優位に立っていた。江西へ進出した石達開は各地に郷官を派遣し、戦乱による社会の混乱を最低限に抑えつつ物資の獲得をめざした。それは旧来の有力者層による地域支配をある程度承認することを意味したが、元々江西の旧支配層の間では太平軍に貢ぎ物を送って模様眺めをする傾向が強く、湖北のように貢納要求に反発して団練を組織し、太平軍に抵抗するケースは少なかった。むしろ太平天国の支配領域が広がり、清朝側が徴税あるいは塩の販売可能な地域が縮小すると、湘軍は兵糧の確保に苦しんだ。

曽国藩は羅沢南や李元度への手紙の中で、「兵餉はすでに欠乏しており、十一月は鈔票で半分を支給した(155)」「四、五月は兵餉が枯渇し、一人当たり一日百文を与えられるに過ぎない(156)」と記している。そのしわ寄せは武昌や長沙の湘軍部隊にも及び、給与の遅配や兵糧不足によって救援軍の出発が遅れるという結果を生んだ。兵站基地として位置づけた筈の江西で充分な兵糧を確保出来なかった事実は、曽国藩の江西経営が破綻しつつあったことを物語る。樟樹鎮の敗北によって湘軍に対する非難が高まったことと併せて、この時期は曽国藩にとって最も厳しい試練であったと言えよう。

それでは太平天国の西征は果たして成功であったと評価できるのだろうか。一八五三年に作戦が開始された当時の目的だった食糧の調達について言えば、ある程度達成されたと言って良いであろう。無論「打先鋒」と呼ばれる富豪からの掠奪や貢納の取り立ては次第に行き詰まり、土地所有者から従来通りの税を徴収する「旧に照らして交糧納税」策へと変わった。それは郷官の設置による地方統治を伴い、地域の有力者を下層の郷官に任命したり、科挙を実施して下層の読書人を官吏に登用した。さらに制圧した長江を活用しての商業活動も行われた。

だがこの間に長江中流域では、太平天国の打倒をめざす湘軍との戦いが始まった。湘軍はその指導者こそ新興のエリートであったが、兵士たちは貧困な農村の出身で、清朝体制下で利益を享受していた人々ではなかった。むしろ太平天国と湘軍は上帝信仰と排満主義を唱えるか、儒教に代表される伝統的価値観の擁護を訴えるかの違いを除くと、将兵の出身地、戦法さらには兵士の給与に至るまで類似点が多かった。また曽国藩が江西で地域経営を進めると、これを既得権益の侵害と受けとめた清朝地方政府や支配者層と対立した。彼らにとって見れば、太平天国と湘軍は共に旧来の社会秩序に大幅な変更をもたらすという点で脅威であった。そして湘軍は太平軍と軍事的に拮抗しながら、地方官や旧来の支配者層とも政治的影響力をめぐって争ったのである。

こうした中で太平天国が勢力を拡大するためには、下層民に止まらない多くの階層を自らの陣営に取り込むか、清朝側と距離を置かせる必要があっただろう。だが太平天国の地方統治は往往にして杜撰で、清軍将兵の暴行に批判的な読書人を引き寄せ、これを活用することが出来なかった。むしろ太平天国官員の高圧的な態度に反発した彼らは、「両広人はわれわれ湖広人を虐待している」といったローカルなパトリオティズムを煽る曽国藩らの言説に共鳴して太平軍への抵抗を試みた。中には郷官みずから清朝側に投降してしまうケースもあった。

さらに言えば、太平天国が軍事的優勢を保ちながら安定した地域経営を進めるためには、地方へ派遣された司令官たちにもっと大きな権限が必要だった。だが軍事権は楊秀清の手中にあり、石達開や秦日綱、胡以晄といった諸王であってもその命令に従って長江流域各地を奔走しなければならなかった。また楊秀清が命じたと言われる湖南への進攻作戦は湘軍によって阻まれたが、南京にいた楊秀清はその実力について正確な認識がなく、兵力を小出しにすることで傷口を広げた。人材の活用も要を得ず、林紹璋、石鳳魁といった能力の劣った指揮官に軍を委ねて湘潭や武昌の敗戦を招いた。さらには黄再興のように実務能力のある人物に敗戦の責めを負わせて処刑したり、無秩序な貢納要求によって「戦果」をあげようとする国宗たちの地方遠征を認める誤りもあった。

このように見ると、太平天国の西征はその軍事的な優勢にもかかわらず、全体として成功を収めていたとは言いがたいように思われる。そして何よりも決定的だったのは、天京事変即ち南京の中央政府で発生した内部分裂の結果、西征が突然の終焉を迎えてしまった点であった。この政変およびそれに引き続いて発生した激しい抗争の結果、武漢を死守していた韋志俊らの奮闘も、江西や安徽で進められた石達開とその部下たちによる地域経営の努力も、多くはその成果を見ることなく挫折した。中国歴代王朝の遺産というべき専制的な支配体制とそれがもたらす激しい権力闘争こそは、太平天国が克服出来ず、自らを破滅に追い込んだ中国社会の問題点であったと言えよう。

【註】

（1）本書第七章参照。
（2）簡又文『太平天国全史』中冊、香港猛進書屋、一九六二年。
（3）羅爾綱『湘軍兵志』中華書局、一九八四年。同『太平天国史』中華書局、一九九一年。
（4）張守常、朱哲芳『太平天国北伐、西征史』広西人民出版社、一九九七年。
（5）賈熟村『太平天国時期的地主階級』広西人民出版社、一九九一年。同「太平天国時期地主階級内部的争闘」（北京太平天国史研究会編『太平天国学刊』一、中華書局、一九八三年、三〇五頁）。
（6）崔之清主編『太平天国戦争全史』二、戦略発展、南京大学出版社、二〇〇二年。

（7）竜盛運『湘軍史稿』四川人民出版社、一九九〇年。

（8）朱東安『曽国藩伝』四川人民出版社、一九八四年。同『曽国藩幕府研究』四川人民出版社、一九九四年。同『曽国藩集団与晩清政局』華文出版社、二〇〇三年。なお湘軍史研究としては、この他にも王継平『湘軍集団与晩清湖南』中国社会科学出版社、二〇〇二年がある。

（9）P. H. Kuhn, *Rebellion and its Enemies in Late Imperial China: Militarization and Social Structure 1796-1864*, Harvard University Press, 1970.

（10）杜徳風『太平軍在江西史料』江西人民出版社、一九八七年。同「太平軍経略江西的勝利」『羅爾綱与太平天国史』四川省社会科学出版社、一九八七年、三一五頁。

（11）徐川一『太平天国安徽省史稿』安徽人民出版社、一九九一年。

（12）中国第一歴史檔案館編『清政府鎮圧太平天国檔案史料』十六・十七、社会科学文献出版社、一九九四・一九九五年（以下『鎮圧』と略称）。このうち史料の圧縮が行われたのは十七巻以後で、同館編の軍機処奏摺録副・農民運動類、太平天国項も一八五五年の檔案史料には遺漏が多く見られる。これを補うのは台北の国立故宮博物院に所蔵されている宮中檔案で、同館編『宮中檔咸豊朝奏摺』第十一輯（未公刊）以後がこれに当たる。本章は『鎮圧』を主要史料としながらも、『宮中檔咸豊朝奏摺』および『曽国藩全集』岳麓書社、一九八七年、『胡林翼集』岳麓書社、二〇〇八年など関連史料を適宜補いつつ分析を進めることにしたい。

（13）曽国藩奏、咸豊五年八月二十一日『鎮圧』十七、五二八頁。

（14）胡林翼奏、咸豊五年八月十二日『鎮圧』十七、五〇六頁。この日の附片で胡林翼は羅沢南と四川総督黄宗漢に援軍を送るように求めていた（『胡林翼集』一、奏疏、三六頁）。また奓山の敗戦について、胡林翼は兵勇が食糧不足から出撃を拒み、太平軍の攻撃を受けて「大衆散走」になったと報じたが、曽国藩は「初八日奓山胡営被賊蹋毀、全軍同潰。潤公（胡林翼）溺水、被鮑超救出、送至新灘口。湖北大局頓壊」と述べており、胡林翼が危うく救出される大敗北であったことがわかる（復李元度、咸豊五年八月二十二日『曽国藩全集』書信一、五一〇頁）。

（15）軍機大臣、咸豊五年九月初一日『鎮圧』十七、五四三頁。ただしこの上諭が出された十月十一日には、羅沢南は南康県の曽国藩軍営から義寧州へ戻り、兵を率いて通城県南楼嶺に到着していた。

（16）胡林翼奏、咸豊五年九月二十一日『鎮圧』十七、五八七頁。曽国藩奏、咸豊五年九月二十三日『曽国藩全集』奏稿一、五三五頁。二つの上奏は太平軍の指揮官を「偽丞相鍾姓」と記しており、鍾廷生を指すと考えられる。当時鍾廷生は崇陽、通城両県交界の桂口鎮に駐屯しており、後に武漢を守備して五六年に捕らえられた（官文等奏、咸豊六年十一月二十九日『鎮圧』十九、一〇六頁）。また同治『通城県志』によると、五五年夏から通城の太平軍は「立監軍楊、偽示安民、勒令四郷立局、設司馬、旅帥名目」とあるように郷官（胡林翼の上奏によれば総制楊万年）を設置して地域経営を行った。羅沢南軍の進攻でこれらの試みは挫折したが、五六年にも太平軍は監軍劉姓のもと「各処設関卡、立偽局歛民銭穀」と郷村統治を行った（巻二十二、兵事）。なお胡林翼の上奏はこの戦いで三千余人の太平軍将兵を殺害したと報じたが、曽国藩は「殺賊約近二千人」と述べている（与李元度、咸豊五年九月十七日未刻『曽国藩全集』書信一、五一五頁）。この時期胡林翼の上奏には太平軍の兵力を誇大に報じることで、自分たちの戦果を強調する傾向が見られる。

（17）胡林翼奏、咸豊五年九月二十八日『鎮圧』十七、五九九頁。

（18）胡林翼奏、咸豊五年十月初六日『鎮圧』十七、六一四頁。

（19）胡林翼奏、咸豊五年九月二十八日『鎮圧』十七、五九九頁。

（20）胡林翼奏、咸豊五年十月初六日『鎮圧』十七、六一四頁。同治『崇陽県志』巻十二、雑記、災祥。なお曽国藩によれば、この戦いで湘軍の死者は二百余人にのぼり、「其失在羅山自駐崇陽、既分李、劉、蔣、唐普於羊楼峒、又分彭、李於濠堡、故猝遇大股而致敗」とあるように兵を安易に分けたことが敗北の原因だったという（与李元度、咸豊五年十月十二日早『曽国藩全集』書信一、五二二頁）。

（21）胡林翼奏、咸豊五年十月初六日『鎮圧』十七、六一四頁。同治『蒲圻県志』巻三、祥異。この時羅沢南は長髪の捕虜七十人を殺して彭三元らの霊を祀った。

（22）胡林翼奏、咸豊五年十月二十二日『鎮圧』十七、六四三頁。この時韋志俊の兵力は二万人強、うち東路は一万余人であったと胡林翼は述べているが、羅沢南軍が五千人に満たなかったことを考えると、この数字には誇張があると見られる。なおこの戦いで国宗の楊某が負傷、戦死した（官文等奏、咸豊五年十一月二十一日『鎮圧』十八、七頁）。
(23) 胡林翼奏、咸豊五年十月二十二日『鎮圧』十七、六四五頁。
(24) 胡林翼奏、咸豊五年十一月初一日『鎮圧』十七、六五〇頁。ここで胡林翼は石達開の送った援軍が数千人、韋志俊軍の総兵力が三万人と述べているが、やはり誇大な数字であろう。実際には援軍、土着の呼応勢力を含めて一万数千人の兵力ではないかと思われる。なお劉蕃はこの時戦死した。
(25) 官文等奏、咸豊五年十一月二十一日『鎮圧』十八、七頁。
(26) 官文奏、咸豊五年十月初七日・十九日『鎮圧』十七、六二〇・六四一頁。
(27) 官文奏、咸豊五年十月二十八日『鎮圧』十七、六四七頁。
(28) 郭嵩燾編『羅忠節公年譜』下巻。
(29) 駱秉章奏、咸豊五年十一月初七日『駱文忠公奏議・湘中稿』巻五、乙卯下によると、石達開は清軍将兵を装った三百人を平江県へ送ったが、団練に撃退されたために湖南進出をあきらめた。
(30) 陸元烺奏、咸豊五年十月二十三日『宮中檔咸豊朝奏摺』十四、四七一頁。劉開泰は一千人の兵力で太平軍を迎え撃ったが、包囲されて戦死した。杜徳鳳氏は石達開軍の兵力について、趙烈文『落花春雨巣日記』の記載などを根拠に一万余人と推測している（杜徳鳳「太平軍経略江西的勝利」）。陸元烺も「賊衆万余」と述べており、二、三万人とする通説は誤りと考えられる。
(31) 陸元烺奏、咸豊五年十一月十三日『宮中檔咸豊朝奏摺』十四、六八一頁。また曽国藩によると、この時石達開軍に加わった天地会の首領には葛耀明、陳守、鄧象、盧緯がいた（曽国藩奏、咸豊六年二月二十一日『鎮圧』十八、一五六頁）。
(32) 陸元烺奏、咸豊五年十一月十五日『宮中檔咸豊朝奏摺』十四、七二三頁。太平軍が瑞州、臨江両府を占領した期日は、郭廷以氏が指摘するように史料によって食い違いがある（『太平天国史事日誌』商務印書館、一九四六年、上海書店、一九八六年再版、四二八頁）。清朝側が混乱していたことが理由と見られる。杜徳鳳氏も『平定粤匪方略』および曽国藩の上奏をもとに瑞州府城の占領を十二月十九日としている（杜徳鳳「太平軍経略江西的勝利」）。

(33) 陸元烺奏、咸豊五年十一月二十五日『鎮圧』十八、十九頁。樟樹鎮は袁江の南岸にあり、ここから陸路南昌への進出が可能であった。太平軍が樟樹鎮に進出した期日について、郭廷以氏は十二月二十一日（『太平天国史事日誌』四二八頁）、崔之清氏らは二十八日としている（『太平天国戦争全史』二、九六二頁）。日付に食い違いが生まれた理由は劉于淳の水軍が抵抗したためで、初め太平軍は袁江を渡河しようとして失敗し、南岸の新淦県に迂回して二十四日に「闌入樟樹搶掠」した。ただし同治『臨江府志』巻十一、武事によると、太平軍は樟樹鎮を焼き払った後、浮き橋を破壊して西進したとある。

(34) 同治『峡江県志』巻五、武事。同治『分宜県志』巻五、武備、武事、髪逆竄分紀略。またこの他に太平軍は万載県、奉新県にも軍を進めた（同治『万載県志』巻十四、武備、武事および同治『奉新県志』巻十六、紀事）。

(35) 与李元度、咸豊五年十一月初二日『曽国藩全集』書信一、五二七頁。

(36) 致官文、咸豊五年十一月下旬『曽国藩全集』書信一、五三〇頁。

(37) 陸元烺奏、咸豊五年十一月十五日『宮中檔咸豊朝奏摺』十四、七二三・七二六頁。

(38) 曽国藩奏、咸豊五年十一月二十一日『鎮圧』十八、四頁。

(39) F.O.931 1465　英国国立公文書館蔵。この「牒文」は「太平天国春官正丞相功勲加一等鈞命権理大埔坪軍民郡兼理糧餉正副師帥卓、黄、劉」なる人物が広東仏山鎮にいた李文茂、甘先に宛てたもので、「太平天国甲寅（四）年又七月二十日」の日付がある。なお拙稿「英国国立公文書館所蔵の太平天国史料」（東北大学文史哲研究会編『集刊東洋学』一〇二号、二〇〇九年）を参照のこと。

(40) 駱秉章奏、咸豊五年九月十二日『駱文忠公奏議・湘中稿』巻四、乙卯中。

(41) 陸元烺奏、咸豊五年十一月十三日『宮中檔咸豊朝奏摺』十四、六八五頁。曽国藩奏、咸豊六年二月二十二日『鎮圧』十八、一五六頁。光緒『吉安府志』巻二十、軍政志、武事。駱秉章によると、王義朝（王一朝）は湖南茶陵州を占領した何禄の一党で、永寧県を経て吉安を攻撃した。彼らも「声言由湖北、江西与金陵逆賊会合」とあるように、太平軍と合流する意志を持っていたとある（咸豊五年九月十二日『駱文忠公奏議・湘中稿』巻四、乙卯中）。

(42) 陸元烺奏、咸豊五年十二月初一日『鎮圧』十八、三六頁。
(43) 文俊奏、咸豊六年二月十九日『鎮圧』十八、一五四頁。
(44) 同治『贛州府志』巻三十三、武事。この時贛州を攻めた太平軍の指揮官は「偽尚書程逆」という。贛州の天地会軍は雑多な勢力からなり、定南庁を攻めた翟火姑（広東恵州人）は後に太平軍に加わって後述の「花旗」となった。万安県で太平軍に敗れた護理道汪報潤は両広総督葉名琛の姻戚にあたり、救援要請を受けた葉名琛は潮州鎮総兵寿山の軍を送って贛州の包囲を解いた。
(45) 同治『瑞州府志』巻六、武備志、武事。
(46) 民国『塩乗県志』巻九、武事。
(47) 致沅弟、咸豊六年九月十七日『曽国藩全集』家書一、三二三頁。
(48) W. A. P. Martin, Dominion of the Taiping Dynasty in Nganhwai and Keangwe, September 12th, 1856, North China Herald, No.323, October 4, 1856. 簡又文氏は『太平天国典制通考』上冊、香港猛進書屋、一九六二年、四〇五頁でこの記事を紹介している。マルティンはアメリカ長老派教会の宣教師で、『万国公法』を翻訳し、京師大学堂の校長となった。当時彼は寧波におり、記事もインタビューに基づくものだが、一部伝聞による誤りを除けば冷静な立場で記している。
(49) 元勲殿十七検点頼裕新安民暁諭、太平天国丙辰六年、太平天国歴史博物館編『太平天国文書彙編』中華書局、一九七九年、一一九頁。
(50) 前九聖糧劉暁諭糧戸早完国課布告、太平天国乙栄五年三月十七日『太平天国文書彙編』一一八頁。
(51) W. A. P. Martin, Dominion of the Taiping Dynasty in Nganhwai and Keangwe.
(52) North China Herald, No.316, August 16th, 1856. また簡又文『太平天国典制通考』上冊、四〇四頁。
(53) 太平天国が安徽、江西で「照旧交糧納税」政策を実施したのは一八五四年夏のことで、石達開と楊秀清、韋昌輝が連名で上奏して批准を得た。張徳堅『賊情彙纂』によれば、その目的は「広積米糧、以充軍儲而裕国課」とあるように食糧の安定的供給にあった（巻七、偽文告上、偽本章、中国近代史資料叢刊『太平天国』三、神州国光社、一九五二年、二〇三頁）。また徐川一『太平天国安徽省史稿』一〇七頁以下によると、安徽における太平天国の税には様々な名目があり、物納、銭納、銀納いずれも存在するが、総じて言えば清朝の浮収に比べれば額は少なかった。むしろ問題は将兵による貢納の強要にあり、この政策が実施された後はくり返し略奪行為を禁止したという。江西の場合も同様であったと考えられる。

(54)　鄒樹栄『藹青詩草』豫章新楽府八首、南昌米（杜徳鳳編『太平軍在江西史料』江西人民出版社、一九八七年、四七七頁）。

(55)　元勲殿十七検点頼裕新安民暁諭。

(56)　North China Herald. No.316. August 16th, 1856.

(57)　張徳堅『賊情彙纂』巻十、賊糧、関榷交易（『太平天国』三、二七七頁）。

(58)　曽国藩奏、咸豊五年四月初一日『曽国藩全集』奏稿一、四五〇頁。また同日の戸部および浙江巡撫何桂清への咨文には「去年岳州以下之新堤起、及武漢、黄州下至武穴、竜坪、九江等処、皆食賊中之淮塩、皆従賊営賤售而来。本年在江西、見東北各州県遍食賊中私塩」（同書四五三頁）とあり、太平軍の占領地では安徽の塩が広く流通していた。これは当時江西を訪ねた趙烈文の日記からも窺うことが出来、彼は「淮私従賊中至者充斥道路、官運日滞」と述べている『落花春雨巣日記』江西往返日記五、太平天国歴史博物館編『太平天国史料叢編簡輯』三、中華書局、一九六二年、五一頁）。

(59)　駱秉章奏、咸豊五年九月十五日『駱文忠公奏議・湘中稿』巻五、乙卯下。

(60)　W. A. P. Martin. Dominion of the Taiping Dynasty in Nganhwai and Keangwe. なおこの時の呼応勢力は南豊県の辺銭会をさすと推測される。註（76）を参照のこと。

(61)　花旗は太平軍に加入した天地会軍が雑多な旗色の部隊を維持したことからこの名がついた。李秀成は太平天国に破壊的な影響を与えた勢力として李昭壽、張楽行らの捻軍と並んで「広東招来這幇兵害」を挙げ、「害民焼殺、実此等人害起也」と述べている（羅爾綱『李秀成自述原稿注・増補本』中国社会科学出版社、一八八頁）。ここから羅爾綱氏は石達開が旧天地会軍をそのままの形で受け入れたのは誤りであると指摘している（羅爾綱「太平天国与天地会関係考実」『太平天国史実考』三聯書店、一九五五年、六八頁）。

(62)　元勲殿十七検点頼裕新安民暁諭。ただしこれらの規定は必ずしも守られず、とくに軍事上の必要をうたった貢納要求は紛争の原因となった。民国『塩乗県志』によると、新昌県を占領した太平軍は「征漕責餉甚急」で、各郷はみな使者を送って貢ぎ物を献げたが、たまたま偽物の銀数錠が混じっていた。怒った監軍姜万祥が竜崗村に派兵したところ、「富室」が家の壁に隠しておいた銅銭が大量に見つかり、太平軍は村を焼き払ってしまったという（巻九、武事）。

(63)　夏燮『粤氛紀事』巻九、皖南逾嶺（羅爾綱、王慶成主編、中国近代史資料叢刊続編『太平天国』四、広西人民出版社、二〇〇五年、二〇一頁）。

(64)　同治『瑞州府志』巻六、武備、武事。また同治『高安県志』巻九、兵事には「初、癸丑（一八五三年）賊至、住七日、所擾惟典鋪、大家為甚。乙卯（五五年）再至、盤踞雖久、惟以仇視官紳、苛勒殷富、以售其黠。至此（一八六一年の李秀成部進攻）、愈放手淫掠、婦女死者無算、丁壮老弱被擄去者、以数万計、盗賊之形窮益甚矣」とあり、五三年の曽天養軍および五五年の石達開軍による被害は限定されたものであったと指摘している。

(65)　同治『宜春県志』巻五、武備、武事続記。なお李能通は一八五六年に劉長佑に投降して義勇となった（駱秉章奏、咸豊六年十一月十三日『駱文忠公奏議・湘中稿』巻八、丙辰下）。羅爾綱氏によると、李能通は一八五二年に湖南郴州で蜂起した劉代偉反乱軍の一員で、太平軍に加わった李厳通であるという（羅爾綱『太平天国史』巻十九、叛徒表、中華書局、一九九一年、六〇二頁）。彼は天地会の出身者であるため、羅大綱と同じく天地会軍の太平軍加入に関わっていたのかも知れない。また菊池秀明『金田から南京へ』汲古書院、二〇〇八年、二五二頁。

(66)　陸元烺奏、咸豊五年十二月十四日『宮中檔咸豊朝奏摺』十五、二九三頁。曽国藩奏、咸豊五年十二月十九日『曽国藩全集』奏稿一、五六六頁。朱洪章『従戎紀略』はこの時臨江府城には守備兵がおらず、彼は臨江へ向かうことを主張したが、周鳳山は軽率と考えて許可せず、勝機を逃してしまったと述べている（文海出版社版、四四頁）。また曽国藩も羅沢南宛の手紙の中で「周鳳山腊月初四樟鎮大捷之後、本応留賊之浮橋、星夜修補、済師西岸、速剿臨江」であったが、実際には新淦県へ向かったために「於是疑議紛起」となったと述べている（致羅沢南、咸豊六年正月十三日『曽国藩全集』書信一、五三三頁）。だが先の上奏を見る限り、陸元烺は新淦県の太平軍が撫州、建昌へ進出することを警戒して周鳳山に袁江東岸の確保を優先させており、曽国藩も周鳳山が臨江へ進撃して挟み撃ちになってしまうことを恐れた。また曽国藩は「周鳳山初統此軍、驟当大敵、臣深恐其難遽得手」と述べており、塔斉布の軍を引き継いで間もない周鳳山では石達開の本隊に勝利することは難しいと考えていたことがわかる。

(67) 曽国藩奏、咸豊六年正月二十二日『鎮圧』十八、一〇六頁。

(68) 曽国藩奏、咸豊六年正月初九日『鎮圧』十八、八五頁。この時曽国藩を批判したのは御史蕭俊蘭で、彼の上奏は『曽国藩全集』奏稿一、五六五頁に収められている。また吉安が陥落すると、周鳳山が救援に向かわなかったことに批判が集中し、湘軍は厳しい立場に立たされた（王定安『湘軍志』巻二、援守江西上篇、岳麓書社版、四八頁）。加えて周鳳山の軍営を訪ねた趙烈文によれば、湘軍は皆同郷人であるために「法不甚厳峻、統領之於営官或如友朋、哨官有受撻者、決首貫耳、蓋無聞焉」と馴れ合いで軍規が弛緩しがちであった。南康へ戻った趙烈文が曽国藩に「樟樹陸軍営制甚懈、軍気已老、恐不足恃」と訴えたところ、曽国藩は怒り出したが、その後周鳳山軍が大敗して自分の正しさが証明されたと述べている（『落花春雨巣日記』江西往返日記五、『太平天国史料叢編簡輯』三、六三頁）。

(69) 曽国藩等奏、咸豊六年二月二十一日『鎮圧』十八、一五六頁。

(70) 駱秉章奏、咸豊六年正月初三日『鎮圧』十八、七四頁。

(71) 曽国藩奏、咸豊六年正月二十二日『曽国藩全集』奏稿二、六三一頁。曽国藩は一八五五年に漕折の転用を認められ、黄賛湯は銀四十万両以上の寄付を集めた。また浙江からの「塩引抵餉」は黄賛湯と署塩法道史致諤らが担当し、樟樹鎮は浙江塩を江西、湖南へ供給する拠点でもあった（同奏、咸豊五年二月二十七日・四月初一日『曽国藩全集』奏稿一、四二八・四五一頁）。なお上海の釐金を江西の戦費に充てる要請は六月二十三日の上諭で「所有上海釐金、只可留作蘇省経費」との理由で却下された（『曽国藩全集』奏稿二、六二四頁）。

(72) 曽国藩等奏、咸豊六年三月初一日『鎮圧』十八、一七四頁。なお樟樹鎮の対岸に布陣した太平軍は「青白二色」の旗を掲げていた。うち青（藍）色は石達開の部隊であろう。趙烈文は「蓋賊近用五色旗以乱我軍、不純用黄赤也」とあるように太平軍が五色旗を多用するようになったと述べている（趙烈文『落花春雨巣日記』江西往返日記五、『太平天国史料叢編簡輯』三、六一頁）。

(73) 黎庶昌『曽国藩年譜』巻四、岳麓書社版、一九八七年、七三頁。また鄒樹栄『藹青詩草』豫章新楽府八首、紀事は当時の南昌の混乱について「警報至江城、皇皇心無主。搬移尽出城、車船紛糸楼」と記している（杜徳鳳編『太平軍在江西史料』四七八頁）。

(74) 曽国藩奏、咸豊六年三月初一日『鎮圧』十八、一七六頁。

(75) 撫州府城陥落の日付については諸説あり、曽国藩は三月二十八日夜と報じている（同奏、咸豊六年三月初一日『鎮圧』十八、一七六頁）。文俊の調査によると、太平軍接近の知らせを受けた撫州府知府曹燮坤は三乂廟で迎え撃とうとしたが、この日太平軍に背後から攻撃されて敗退した。彼らは撫州へ戻ろうとしたが、翌日難民の話から府城はすでに占領されたと知ったという（文俊奏、咸豊六年九月二十九日、軍機処奏摺録副、農民運動類、太平天国項八五三〇－九〇号、中国第一歴史檔案館蔵および『月摺檔』六〇三〇〇〇一八六号、国立故宮博物院蔵）。なお同治『撫州府志』巻三十四之二、武備、武事、髪逆始末附によると、曹燮坤らは楽安県境で練勇が敗北すると「聞訊預遁、城中一空」とあるように逃亡した。また府城を占領した太平軍は「逼迫紳士、充当偽職……、横索民財、捜括富戸、各県設立偽監軍」という。

(76) 建昌府城陥落の日付については、文俊が新城県からの稟報をもとに四月三日と報じている（文俊奏、咸豊六年三月二十六日『鎮圧』十八、三〇三頁）。また同治『建昌府志』巻五、武備、武事は「南城奸民導賊数人入城、其党続至」と述べている。さらに将軍張三和が南豊県、新城県へ進出すると、「土匪乗間窃発、有辺銭会匪渠林茄俚聚党五十二都唐家源、詐充粤逆、竪旗招軍」とあるように、天地会系の辺銭会が呼応する動きを見せた（民国『南豊県志』巻八、武事）。第五章で述べたように、辺銭会は一八五二年にも太平天国に呼応して蜂起している。

(77) 曽国藩奏、咸豊六年三月二十六日『鎮圧』十八、二九六頁。

(78) 文俊奏、同年三月二十六日『鎮圧』十八、三〇五頁。同治『豊城県志』巻六、武事。この他にも太平軍は余干県、万年県へ軍を進めた。

(79) 廉兆綸奏、咸豊六年三月初三日『鎮圧』十八、一八五頁。

(80) 簡又文『太平天国全史』中冊、一一六二頁。崔之清主編『太平天国戦争全史』二、戦略発展、九六九頁。杜徳鳳「太平軍経略江西的勝利」。
(81) 張守常、朱哲芳『太平天国北伐、西征史』四三四頁。趙烈文『落花春雨巣日記』江西往返日記五（太平天国歴史博物館編『太平天国史料叢編簡輯』三、中華書局、一九六二年、六三頁）。
(82) 駱秉章奏、咸豊六年二月二十四日『駱文忠公奏議・湘中稿』巻六、丙辰上。
(83) 武漢坐探詹起倫等稟文、咸豊五年五月二十二日『鎮圧』十七、三八八頁。この報告が作成されたのは一八五五年夏で、漢陽の守将として「副丞相曽（錦謙）」と「翼貴丈元勲加二等黄（玉崑）」を挙げているが、五六年当時彼らは石達開と共に江西にいた。官文は咸豊六年六月二十七日の上奏で「漢陽賊渠偽尚書鍾逆」と述べており、武漢攻防戦時に漢陽の守備に当たっていたのは副丞相鍾廷生と考えられる（『鎮圧』十八、五〇一頁）。
(84) 官文奏、咸豊五年十一月初八日『鎮圧』十七、六六五頁。
(85) 官文奏、咸豊五年十一月初四日『鎮圧』十七、六五七頁。
(86) 官文奏、咸豊五年十一月十九日『鎮圧』十七、六七八頁。
(87) 官文奏、咸豊五年十二月初四日『鎮圧』十八、四〇頁。
(88) 官文等奏、咸豊五年十二月初二日『鎮圧』十八、三七頁。
(89) 官文奏、咸豊五年十二月初四日・十一日『鎮圧』十八、四〇・五三頁。
(90) 官文奏、咸豊五年十二月十一日『鎮圧』十八、五六頁。
(91) 官文等奏、咸豊五年十二月初二日『鎮圧』十八、三七頁。
(92) 官文等奏、咸豊六年正月十七日『鎮圧』十八、九一頁。
(93) 官文奏、咸豊五年十二月十一日『鎮圧』十八、五三頁。
(94) 官文等奏、咸豊六年正月十七日『鎮圧』十八、九一頁。
(95) 官文奏、咸豊五年十二月十一日『鎮圧』十八、五三頁。
(96) 胡林翼奏、咸豊六年二月初七日『鎮圧』十八、一二九頁。

(97) 官文奏、咸豊六年二月初七日『鎮圧』十八、一二六頁。
(98) 官文奏、咸豊六年二月十七日『鎮圧』十八、一三九・一四一頁。
(99) 官文奏、咸豊六年正月初八日『鎮圧』十八、七九頁。
(100) 官文等奏、咸豊六年正月十七日『鎮圧』十八、九一頁。
(101) 官文奏、咸豊六年二月十七日『鎮圧』十八、一四一頁。
(102) 官文奏、咸豊五年十一月初四日『鎮圧』十七、六五七頁。光緒『黄岡県志』巻二十四、雑志、兵事および団練。この時許賡藻は張店練勇など各地の練勇に呼びかけた。張店練勇については第九章および P. H. Kuhn, *Rebellion and its Enemies in Late Imperial China*, pp.196.
(103) 官文奏、咸豊六年三月十四日『鎮圧』十八、二五三頁。
(104) 官文奏、咸豊五年十二月初四日『鎮圧』十八、四〇頁。
(105) 官文奏、咸豊六年二月初七日・十七日『鎮圧』十八、一二七・一三九頁。范朝蘭（万象汾）については『賊情彙纂』巻二、劇賊姓名下（『太平天国』三、七三頁）および光緒『黄岡県志』巻二十四、団防。また一月十日の漢陽の戦いでは太平軍の「偽将軍」陳元恩が清軍を先導した（官文奏、咸豊五年十二月十一日『鎮圧』十八、五三頁）。
(106) 官文奏、咸豊五年十二月初四日『鎮圧』十八、四〇頁。この時官文は戦線に到着した湖南兵を石嘴へ派遣した。
(107) 官文奏、咸豊六年正月二十二日『鎮圧』十八、一〇四頁。
(108) 胡林翼奏、咸豊六年三月初一日『鎮圧』十八、一七七頁。なお一月末にも李続賓は太平軍が青山から食糧、火薬を運びこむのを阻もうとしたが、この時は城内の太平軍部隊が出撃して戦闘となったために成功しなかった（官文等奏、咸豊六年正月十七日、同書九一頁）。
(109) 胡林翼奏、咸豊六年正月十七日『胡林翼集』奏稿一、八七頁。また光緒『武昌県志』巻十六、人物志、仕蹟、余雲竜伝によると、曾国藩の幕僚で武昌県の団練結成に当たっていた王家璧が余雲竜の起用を胡林翼に進言したという。
(110) 官文奏、咸豊六年三月十四日『鎮圧』十八、二五三頁。

(111) 胡林翼奏、咸豊六年三月十七日『鎮圧』十八、二六三頁。
(112) 官文奏、咸豊六年四月十二日『鎮圧』十八、三二九頁。
(113) 致羅沢南、咸豊六年正月十三日『曽国藩全集』書信一、五三三頁。
(114) 曽国藩奏、咸豊六年二月二十一日・三月初一日『鎮圧』十八、一五八・一七六頁。
(115) 胡林翼奏、咸豊六年三月初一日『鎮圧』十八、一八三頁。また羅沢南「与曽節帥論分援江西書」には「湘勇遽然撤去、則潤之中丞之兵単、不能独立」とあり、胡林翼の軍だけで戦うことは難しいと考えていたことがわかる（『羅忠節公遺集』巻六）。
(116) 胡林翼奏、咸豊六年三月十四日『鎮圧』十八、二四八頁。
(117) 胡林翼奏、咸豊六年三月十四日『鎮圧』十八、二五二頁。
(118) 例えば五六年二月の武昌城外の戦いでは、戦死した太平軍将兵の遺体を切り刻み、城下へ放り投げて見せしめにするといったことが行われた（胡林翼奏、咸豊六年二月初七日『鎮圧』十八、一二九頁）。また五四年の半壁山の戦いを初めとして、羅沢南軍が殺した太平軍将兵の数は水増し分を見込んでも非常に多く、彼らが容赦ない殺戮を行っていたことがわかる。
(119) 胡林翼奏、咸豊六年三月十四日・四月二十九日『鎮圧』十八、二四八・三五〇頁。
(120) 黎庶昌『曽国藩年譜』巻四、七六頁。この時曽国華は次男の曽国潢と湘郷県永豊郷の団練運営、銃の鋳造を行っていたが、曽国藩が数ヶ月にわたり音信不通となったため、曽国華は家の管理を曽国潢に任せて武昌へ赴いた。
(121) 胡林翼奏、咸豊六年五月初一日『鎮圧』十八、三六一頁。
(122) 胡林翼奏、咸豊六年五月十五日『鎮圧』十八、三九六頁。
(123) 曽国藩奏、咸豊六年六月三十日『鎮圧』十八、五一〇頁。
(124) 駱秉章奏、咸豊六年二月二十四日『駱文忠公奏議・湘中稿』巻六、丙辰上。
(125) 駱秉章奏、咸豊六年五月十七日『鎮圧』十八、四〇五頁。
(126) 曽国藩奏、咸豊六年三月二十六日『鎮圧』十八、二九六頁。この時の太平軍は「潮州之匪新投賊営」で、威力のある火器を用いたという。

(127) 曽国藩奏、咸豊六年四月二十一日『鎮圧』十八、三四三頁。
(128) 曽国藩奏、咸豊六年三月二十六日『鎮圧』十八、三〇一頁。
(129) 曽国藩奏、咸豊六年四月二十一日『鎮圧』十八、三四五頁。
(130) 曽国藩によれば、六月に黄文金ら江西北部の太平軍が饒州十六都へ進攻し、都司畢金科は童子渡などでこれを破った。七月初旬に太平軍は饒州を占領したが、二週間後には奪い返された。撫州では五月に臨江の太平軍が援軍を送ったが、李元度らはこれを却けた。その後も李元度は度々城内外の太平軍と戦い、平江勇の死傷者は八、九百人にのぼった。次に建昌府城の太平軍は「裹脅居多、不甚兇悍」で、五月に壮勇に敗北すると城内に立てこもった。六月に曽国藩は都司黄虎臣の軍を派遣したが、黄虎臣は宜黄県から救援に来た太平軍に殺された。さらに七月に彭玉麟の水軍は南康府城を占領し、太平軍の硝廠、船廠を破壊したが、呼応する陸軍がいなかったために呉城鎮へ撤退した（曽国藩奏、咸豊六年五月二十三日『鎮圧』十八、四二八・四三〇頁。同奏、咸豊六年六月三十日『鎮圧』十八、五〇六・五〇七頁および『曽国藩全集』奏稿二、七〇三頁）。
(131) 曽国藩等奏、咸豊六年八月初七日『鎮圧』十八、五七七頁。
(132) 胡林翼奏、咸豊六年四月二十九日『鎮圧』十八、三五〇頁。
(133) 胡林翼奏、咸豊六年五月初一日『鎮圧』十八、三六一頁。
(134) 胡林翼奏、咸豊六年五月十五日『鎮圧』十八、三九六頁。この時九江河面にいた刑部尚書莫仕暌らの太平軍軍船は下流へ撤退したという。
(135) 胡林翼奏、咸豊六年六月十二日『鎮圧』十八、四六五頁。
(136) 軍機大臣、咸豊六年五月初六日『鎮圧』十八、三七二頁。
(137) 胡林翼奏、咸豊六年五月十五日『鎮圧』十八、四〇二頁。また胡林翼は五月に道員江忠済（江忠源の弟）率いる楚勇が通城県で太平軍に殲滅された原因について、「近年積習太深、兵已弱而将不知、突遇劇賊遂於敗」と指摘している。
(138) 官文奏、咸豊六年六月二十七日『鎮圧』十八、五〇一頁。当時都興阿は江寧将軍となっていた。

(139) 胡林翼奏、咸豊六年六月十二日・七月十七日『鎮圧』十八、四六五・五四〇頁。
(140) 太平軍の江南大営撃破については郭廷以『太平天国史事日誌』四六六頁から四七〇頁に記載がある。また簡又文『太平天国全史』中冊、第十六章、中央区江南軍事、一三〇三頁〜一三一八頁。崔之清主編『太平天国戦争全史』二、一二四八頁〜一二五八頁。竜盛運『向栄時期江南大営研究』社会科学文献出版社、二〇一一年、一九九頁〜二一六頁。
(141) 曽国藩奏、咸豊六年六月三十日『鎮圧』十八、五〇七頁。
(142) 曽国藩奏、咸豊六年八月初七日『鎮圧』十八、五六六頁。
(143) 曽国藩奏、咸豊六年八月初七日『鎮圧』十八、五六九頁。この時太平軍三千人のうち死者は五百人にのぼり、韋昌輝は「逃竄郷間、是夜偸入城内」であったという。
(144) 郭廷以『太平天国史事日誌』四八四頁。簡又文『太平天国全史』中冊、第十七章、内訌痛史、一三三九頁。なお、Chinkeang and Nanking: Original Narrative, overland Friend of China, 21, January 1857. によると、韋昌輝は江西出発にあたり、秦日綱から洪秀全の楊秀清殺害指令について聞かされていた（Prescott Clarke and JS Gregory, *Western Report on the Taiping* (Honolulu, The University Press of Hawaii, 1982) p.188. また柯文南、蔡少卿訳『鎮江与南京——原始的叙述』、北京太平天国研究会編『太平天国史訳叢』第三輯、中華書局、一九八三年、六一頁）。
(145) 胡林翼奏、咸豊六年七月十七日『鎮圧』十八、五四〇頁。
(146) 官文等奏、咸豊六年八月十五日『鎮圧』十八、五八八頁。王闓運『湘軍志』湖北篇第三によると、羅沢南の弟子である蔣益澧と李続賓は折り合いが悪く、蔣益澧は李続賓に援軍を求めたが、李続賓は「力不能相救、守走唯公意」と取り合わなかった。これに怒った蔣益澧は病気を理由に戦線を離れてしまったという。官文らの上奏では蔣益澧が「久労致疾」のため、八月二十四日に遊撃張栄貴に軍を統率させたとあるが、蔣益澧は八月二十八日の戦いにも参加したことになっている。
(147) 官文等奏、咸豊六年八月十五日『鎮圧』十八、五八八頁。
(148) 胡林翼奏、咸豊六年七月十七日『鎮圧』十八、五四〇頁。
(149) 趙烈文『落花春雨巣日記』江西往返日記五、『太平天国史料叢編簡輯』三、五五頁。

(150) 官文等奏、咸豊六年八月十五日『鎮圧』十八、五八八頁。
(151) 致澄弟沅弟季弟、咸豊六年八月十八日『曽国藩全集』家書一、三二〇頁。
(152) 官文等奏、咸豊六年八月十五日『鎮圧』十八、五八八頁。
(153) 曽国藩は石達開が江西へ進攻して間もない一八五五年十二月、動揺した陸元烺に引きずられる形で羅沢南軍を南昌救援が可能な江西、湖北省境に駐屯させるように求めたが、清朝に許可されなかった（曽国藩奏、咸豊五年十一月二十一日『鎮圧』十八、四頁および軍機大臣、同年十二月十二日、同書五九頁）。
(154) 咸豊帝は胡林翼らの「断賊資糧」策への転換を批判した咸豊六年五月初六日の上諭の中で、「官文共事一方、亦不聞其互相匡救」「若再遷延、朕必治其老師縻餉」（『鎮圧』十八、三七二頁）と述べている。また黄州、漢陽で清軍が勝利したことを報じた官文の上奏に対しては、「著該大臣等振刷精神、督飭将弁兵勇実力剿辦、剋期収復城池、不得以小有勝仗舗張搪塞」と述べて武漢の攻略を急ぐように命じた（内閣、同年七月初五日、同書五二一頁）。
(155) 致羅沢南、咸豊六年正月十三日『曽国藩全集』書信一、五三三頁。
(156) 与李元度、咸豊六年四月二十六日『曽国藩全集』書信一、五四一頁。

結論

本書は太平天国が南京を占領した一八五三年から行った北伐と西征について検討した。いま一度その内容を振り返り、この時期の太平天国が中国社会に与えた影響と中国社会自身の変化について考えて見たい。

第一章から第四章までは北伐即ち北京攻略について分析した。北伐軍の主将は天官副丞相林鳳祥で、一八五三年五月に丞相李開芳らと南京で東王楊秀清の命令を受けて北京へ向かった。北伐軍の規模は六合県で敗北し、前進を断念した後続部隊を除くと九ヶ軍で、二万人ほどの兵力であった。内訳は広西人が数百人で、湖北、湖南出身の将兵が主力を占めた。とくに元々西王蕭朝貴が統率し、彼の死後は林鳳祥らが指揮を引き継いだ前一、前二の両軍は強力であった。北伐軍は当時の太平軍の中でも精鋭部隊によって構成されていた。

北伐軍が出発した当時、清朝側はこれを清軍を牽制するための陽動作戦と考え、対応は遅れた。彼らがそう受けとめた理由は北伐軍が大運河沿いの北上ルートを取らず、西北へ軍を進めたためであった。だが安徽や河南の清軍は兵力が少なく、防備は手薄であった。北伐軍の進撃ルートは清軍の弱点を突いたものだったと評価できる。

六月に北伐軍は淮河を渡って河南帰徳府を占領し、山東曹県の劉家口で黄河の渡河を模索した。また北伐軍は河南の省都である開封を攻めたが、清軍や民勇、イスラム教徒の抵抗を受けて失敗した。開封を撤退した太平軍は西進を続け、六月末に鞏県で船を獲得すると一昼夜をかけて黄河を渡河した。

ここまで比較的順調に進撃を続けた北伐軍であったが、その最大の理由は清朝の防衛体制の不備であった。軍を統率する地方長官たちの連携は悪く、清軍の正規兵は戦力とならなかった。また河南巡撫陸応穀が帰徳で敗北すると軍は混乱し、地方官と住民が城を捨てて逃亡したり、守備兵が太平軍に呼応する現象が見られた。唯一効果を上げたのは元広西巡撫の周天爵が行った安徽の捻子に対する弾圧で、北伐軍が新規の参加者を得て勢力を拡大することを最小限に抑えた。北伐軍も火力が不足しており、逃亡兵が多いなどの問題を抱えていた。だが清軍の追撃が緩慢だったことに助けられ、一部の兵を南岸に残したものの主力は黄河の渡河に成功した。

北伐軍が進撃した当時の河南社会の反応について見ると、官民間の信頼関係を構築することが出来ず、団練の結成は進まなかった。地方エリートの一人である李棠階は地域の結束と治安強化に重点を置いた友助社を結成し、黄河北岸に上陸した太平軍に戦いを挑んだが、訓練不足と正規軍の支援を得られなかったために敗北した。

七月に北伐軍は懐慶府城の攻撃を開始した。太平軍はこの地を占領して物資を補給し、南岸に残された後続部隊と合流して北進を図るつもりであった。懐慶の防備は必ずしも充分ではなかったが、脱出を図った貪官汚吏に対する処罰が行われると、住民たちは清軍に協力した。太平軍は城の周囲に土城を築き、地下道を掘って三度城壁を爆破しようとしたが成功しなかった。

清朝は北伐軍を追撃してきた江寧将軍托明阿の軍に加え、理藩院尚書恩華、内閣学士勝保、山東巡撫李僡らの軍を懐慶へ向かわせた。また直隷総督訥爾経額を欽差大臣に任命し、主として城の東側に布陣した清軍を統轄させた。八月に入ると城内の食糧が底を尽き始め、勝保は城内の清軍と連絡をつけようとしたが成功しなかった。北伐軍も清軍をよく引きつけたものの、後続部隊や南京との連絡がつかず時間を浪費した。八月末に懐慶を退出した北伐軍は機動力を取り戻し、動きの鈍い清軍を尻目に快進撃を続けることになった。

第二章は山西から直隷へ進出した北伐軍が天津郊外の独流鎮、静海県に到達し、清軍と対峙するまでの過程を検討した。九月に山西へ入った北伐軍は平陽を占領し、ここから東進して直隷の臨洺関へ進出した。通説では訥爾経額の大軍がここで北伐軍に敗北したと言われるが、実際には彼の率いていた兵は僅かで、殆ど抵抗出来なかった。また北伐軍の直隷進出は、これを食い止められなかった山西巡撫哈芬と訥爾経額の責任問題に発展した。哈芬に対する告発の背後には清朝の指示に忠実だった彼と、地方のエリートおよび彼らの利害を代弁した布政使郭夢齢との対立があったこと、訥爾経額への批判は彼が臨洺関で敗北後、北伐軍を追撃しなかったことに向けられ、咸豊帝は旗人出身の高官である彼を罰することで、清朝が旗人、漢人に対して公平であることを示そうとしたと指摘した。

直隷を電撃的に北進した北伐軍は、深州に二週間ほど駐屯した。ここで林鳳祥らはさらなる北上の可能性を探ったが、結果的には東へ進路を変えて天津に向かった。その理由は彼らが南京出発にあたり、天津で援軍を待つように命じられていたためであった。無論楊秀清も彼らが独立した指揮権を行使することをある程度認めており、実際に懐慶攻撃は現地軍の判断で行われた。もしこの時林鳳祥らが引き続き北上していたら、当時北京の防衛体制が不備で、避難する者が続出するなど社会が動揺していた情況から考えて、清朝側が持ちこたえられたかどうかはわからない。北伐軍の天津進出という選択は、北京攻略の絶好のチャンスを失わせたと見ることが出来る。

ところで山西進出から天津到達までの間に、北伐軍は二度住民の虐殺事件を起こした。一度目は山西平陽で、軍に参加を強要された住民が抵抗したことに対する報復措置であった。二度目は旗人の駐屯地であった直隷滄州で、将兵の損失が大きかったことに憤り、旗人将兵とその家族、漢人、イスラム教徒に対する虐殺を行った。特に後者は太平天国が旗人を「妖魔」即ち偶像崇拝者と見なし、その排撃を唱えた結果であると考えられる。

次に将兵が残した記録や供述書からは、電撃的な進撃を続けた北伐軍が華北の人々とのあいだに信頼関係を構築出来ず、ゲリラ的な抵抗に苦しんだこと、新たに参加した兵士に焼き印を押したり、丸薬を飲ませて興奮状態にさせ、戦場に駆りたてた事実が明らかになった。また手柄を立てた新兵に褒美として女性を与えたという供述もあった。太平天国は性に関する厳しい戒律を持ち、当時南京では男女を隔離する政策が取られていたが、北伐軍では新兵を戦闘に参加させないという当初の原則が崩れる中、将兵の士気を鼓舞することに苦労していたことがわかる。さらに北伐軍には雑多な反乱集団が合流し、ニセの太平軍である「仮装粵匪」と共に略奪行為をくり返した。北伐軍は彼らを教育、訓練するだけの余裕がなく、結果として人々の北伐軍に対する敵意を増幅させた。

一八五三年十月に天津府城の攻撃に失敗した北伐軍は、南京からの援軍を待つべく独流鎮と静海県で三ヶ月の籠城戦を行った。この行動は北伐軍将兵にとっても不可解なもので、イギリスとの共同作戦を試みた結果だという解釈すら生まれた。実のところ北伐軍は籠城中も単独で北京へ進攻する可能性を模索していた。また物資の輸送ルートに当たる天津近郊を抑えたことは北京を経済的苦境に追い込み、咸豊帝の動揺を引き起こした。

天津郊外に到達した林鳳祥らはすぐに南京へ使者を送ったが、これに対する南京の回答は数ヶ月後の一八五四年春に援軍を送るというものだった。なぜここまで援軍の派遣が遅れたかを解く鍵は、参賛大臣僧格林沁らが北京で出した告示にあった。そこで僧格林沁は住民の動揺を抑えるため、北京に大軍が集結しており、防備は万全であると宣伝した。北京に潜伏していた太平軍の密偵はその情報を鵜呑みにし、「決して軽々しく北進するな」と南京に報告した。その結果太平天国政府は援軍の派遣に慎重となり、出発の時期が遅れたと考えられる。それは北伐全体の趨勢を見た場合、致命的な過失であった。

独流鎮、静海県に駐屯した北伐軍の兵力は三万人余りで、広西、湖広出身の「老兄弟」を中心になお固い結束を保っていた。これに対して清軍は内紛がやまず、今度は山西から北伐軍を追撃して来た欽差大臣勝保と僧格林沁の対立が表面化した。初め咸豊帝は勝保に同情的であったが、北京が経済的に破綻する危険性を指摘されて動揺した彼は、十日以内に北伐軍を殲滅せよと厳命した。また清軍の攻撃が効果をあげないことに苛立って勝保の処分を行った。だが戦況が膠着する中で、北伐軍も次の行動に移ることが出来なかった。援軍を待って時間を浪費した結果、有利だった形勢は逆転し始めたのである。

第三章は一八五四年の北伐軍の独流鎮、静海県からの撤退と阜城県への敗走、北伐援軍の北上と臨清攻撃、その壊滅と本隊の連鎮、高唐州到達について分析した。まず厳寒期の一月末に行われた独流鎮、静海県からの退出は、それ自体を見れば敗走ではなかった。当時の北伐軍は食糧の備蓄に余裕があり、林鳳祥らは湖面が凍結したこの時期を利用して保定経由で北京へ向かうつもりだった。だが北伐軍の装備は冬季とくに夜間の行軍には充分でなく、凍死したり、凍傷となる将兵が続出した。

北伐軍が次の駐屯地に選んだ束城村は、長期の籠城には不向きの場所だった。三月に北伐軍は再び移動を開始したが、雪解けの時期と重なって周囲は深い泥におおわれていた。また将兵たちは凍傷の傷が癒えておらず、泥に足を取られて救いを求めたが、清軍に察知されることを嫌った上官に殺された。これに僧格林沁の追撃が加わり、阜城県に到達した部隊も清軍の急襲を受けて大損害を蒙った。つまり北伐軍の敗走は清軍や冬将軍に敗れたというよりも、雪解けの泥に敗れた結果であった。

北伐援軍が派遣されたのは五四年二月のことで、揚州戦線を退出した丞相曽立昌は安慶から北へ向かった。その規模は十五軍、七千人ほどで、湖北出身の新兵が中心であった。当時西征軍は安徽、湖北で戦線を拡大しており、一月に廬州が陥落するまで兵力に余裕がなかった。また当初予定されていた燕王秦日綱の派遣は実現せず、副丞相許宗揚は途中廬州が清軍の攻撃を受けていることを理由に数千人を率いて引き返した。さらに多くの国宗（諸王の親族）は西征軍に加わって功績を上げることには熱心だったが、困難が予想される北伐援軍には参加したがらなかった。それは独裁の傾向を強めた楊秀清の作戦決定に対する人々の不満あるいは抵抗の表れであったと見ることが出来る。

北伐援軍は清軍の抵抗を殆ど受けることなく北上し、三月には黄河を渡って山東へ入った。また北伐軍本隊の進撃時と異なる現象として、捻子を初めとする呼応勢力が多く隊列に加わった。その中には李三鬧や張捷三など自立性の高い地方の反体制集団が混じっており、兵力と経験に乏しい援軍は彼らを統率することが出来なかった。その結果援軍は北伐軍と一刻も早く合流する本来の目的から外れ、物資の獲得をめざす呼応勢力に引きずられて山東臨清を攻撃した。清軍の無気力や山東巡撫張亮基、勝保の対立に助けられ、四月に臨清を陥落させた北伐援軍であったが、思うように略奪品を入手出来なかった呼応勢力は離反し、援軍本隊の中でも意見の対立が発生した。やむなく南下した援軍は江蘇豊県で壊滅し、北伐軍は敵中深く孤立した。

この間阜城県の北伐軍は敗走の痛手から立ち直ることが出来ず、情報不足から援軍との合流を図ることが出来なかった。籠城を続ける中、丞相の一人である吉文元が軽率な戦いで死亡したのも痛手であった。一八五四年五月に連鎮へ移動し、ようやく援軍の臨清到達を知った林鳳祥は、李開芳を山東高唐州へ派遣した。途中援軍が壊滅したとの情報を得た李開芳は、林鳳祥に急ぎ南進するように促したが、両者は再び合流することが出来ず、希望のない籠城戦を続けることになったのである。

第四章は連鎮、高唐州および馮官屯に立てこもった北伐軍の壊滅について分析した。援軍との勝利後に連鎮、高唐州へ移動した勝保は、一千人に満たない李開芳軍をすぐに平定できると見込んだ。だが李開芳は城を要塞化して抵抗し、度々敗北した勝保は周囲から独断専行を批判されて咸豊帝の信頼を失った。連鎮の僧格林沁も林鳳祥の粘り強い抵抗に攻めあぐんだが、七月に彼は咸豊帝の反対を押し切って運河の水を引き、連鎮を水没させる戦略を取った。その結果林鳳祥の軍は食糧不足に陥った。

八月以後、林鳳祥はくり返し清軍の包囲網を突破しようと試みたが、悉く撃退された。時間が経つにつれて連鎮の食糧不足は深刻になったが、広西人幹部とその他の将兵の間には待遇に差があり、これに不満な湖南、湖北人で投降する者が現れた。僧格林沁は彼らの高い戦闘能力に目をつけ、投降した者たちを義勇に編制して攻撃の矢面に立たせた。林鳳祥は兵の逃亡を禁じたが、非広西出身者は集団で脱走するようになった。一八五五年三月に連鎮は陥落し、林鳳祥は捕らえられて殺された。

この間も高唐州の李開芳は籠城を続けていた。連鎮の陥落後、勝保に代わって高唐州の清軍を指揮した僧格林沁は、李開芳軍が出撃したところを痛撃しようとチャンスをうかがった。果たして林鳳祥軍の壊滅を知った李開芳は三月に高唐州を脱出して南へ向かった。馮官屯に到達した李開芳軍が再び籠城を始めると、四月に僧格林沁は連鎮攻撃の時と同じく水攻めを行った。その結果トンネルを用いた地雷攻撃を封じられた李開芳軍は、食糧不足と不衛生な環境に苦しんだ。五月ついに李開芳は僧格林沁に降伏を申し入れ、ここに太平天国の北伐は終わった。捕らえられた李開芳はなお僧格林沁と虚々実々のやりとりを行ったが、それは非広西人に投降を勧め、広西人を孤立させる清軍の計略が効果を上げたことを証明した。参加の時期や出身地に基づくヒエラルキー構造こそは北伐軍ひいては太平天国の特徴であり、同時に弱点でもあったのである。

このように太平天国の北伐は敗北したが、改めて失敗の原因はどこに求められるべきだろうか？　太平天国が南京に止まることなく、全軍をあげて北京へ進撃すべきだったとする過去の通説は、本書が検討した北伐軍の困難な道のりを考えた場合、現実味の乏しいものであったことがわかる。機動力を重視する場合、大量の非戦闘要員を抱えて前進することは不可能で、二、三万人の精鋭を派遣するという発想自体は妥当なものであっただろう。

むしろ北伐の敗因として第一に挙げるべきは、援軍あるいは後方支援に関する対応の杜撰さであった。六合県あるいは肇県で清軍に敗北したり、全軍が渡河できずに兵力が目減りした時に、楊秀清は林鳳祥らに前進を命じただけで、兵力を補充するための有効な措置を取らなかった。また北伐軍が天津郊外に到達し、援軍の派遣を要請した時も、太平天国政府は北京の防衛力を過大評価した密偵の報告に影響され、援軍の編制に手間取った。さらに楊秀清の作戦決定に不満を抱いた多くの首領は北伐援軍への参加を望まず、経験不足の兵を中心とした援軍は途中参加した反体制勢力を統率仕切れずに瓦解した。

北伐援軍の失敗は、天地会を統率できずに本隊との合流を果たせなかった凌十八の上帝会軍を思い起こさせる。また楊秀清は西征軍を湖北、湖南へ進攻させ、広東の天地会軍と連携させる一種の「打通」作戦を意図していたと言われるが、こうした安易な成算に基づく作戦決定が、北伐軍を孤立、敗北させた事実は否定出来ないように思われる。

もう一点、北伐軍の敗因として考えるべきは、現地司令官である林鳳祥らに与えられた指揮権の問題であろう。彼らは天津に到着したら援軍を待てという出発時の命令を忠実に実行した。むろん南京との連絡がほぼ途絶していたため、懐慶包囲戦など現地軍の判断で行った作戦も多かったと考えられる。むしろ華北の清軍を懐慶へ引きつけ、彼らを振り切るように山西を経由して直隷へ進出した北伐軍の行動は、張守常氏が強調するように見事な戦術だったと言うべきだろう。

だが彼らの作戦活動は、大きく見れば南京の太平天国首脳たちが立てた基本戦略に規定されていた。天津が水害を受け、トンネルを用いた攻城作戦が困難だったことを割り引いても、独流鎮、静海県で三ヶ月を浪費した損失は大きかったと言わねばならない。すでに指摘したように、北伐軍は深州から北上することが可能であり、天津到達後に間髪を入れず北京へ向かうことも出来た。だが恐らく彼らはこうした機動戦略を取る権限を与えられていなかった。結果として彼らは厳寒期の行軍を選択したが、それは装備が不充分な将兵に対する配慮を欠いていた。そして北伐軍は自ら放棄した機動性を将兵の凍傷と雪解けの泥によって再び奪われ、阜城県への撤退時に大敗を喫したのである。

いっぽうの清朝側はどうだろうか。北伐が開始された当時、欽差大臣耆英、托明阿などの旗人司令官はその北進を防ぐことが出来なかった。これは陸応穀、哈芬といった漢人出身の地方長官も同じで、高齢の周天爵も他人の告発に終始した。清軍およびその指揮官たちの連携の悪さは懐慶攻防戦でも大きな問題となり、北伐軍の東進を防いだものの、懐慶の包囲を解いて守備軍を救出する試みは一部を除いて見られなかった。その結果北伐軍が山西経由で直隷を北進すると、咸豊帝は部下や地元のエリートと対立した哈芬を処罰した。また北伐軍を追撃しなかった旗人出身の訥爾経額を処罰することで、清朝が漢人、旗人の双方に対して公平であることを示さなければならなかった。

清朝が北京の防衛に取り組んだのは一八五三年春から初夏のことであったが、その内実は甚だ心もとないものだった。十一万人を数えた総兵力のうち、動員可能な人数は六万人ほどで、戦闘に耐えられる兵力は更に少なかった。僧格林沁が北伐軍迎撃のために北京を離れると、城の警備に残された兵はみな弱体であった。また外地からの輸送が途絶して物価が騰貴すると、百万人を超えていた人口の多くは脱出し、残った人々は働き口を失うか、不足する軍事費の徴収や密偵の捜索を口実とした官吏の不正に苦しんだ。難民対策も進まず、北伐軍が彼らを活用する余地は充分にあったと見られる。

山西から深州、天津に至るまで、北伐軍を追撃したのは主として勝保であった。彼は北伐軍の目的が北京攻略にあることを明確に指摘するなど率直であったが、その行動は直情的で、独断専行に陥りがちであった。いっぽう僧格林沁は実際の軍務に疎かったものの、モンゴル貴族という出身や年齢もあって首都の危機に動揺した青年皇帝の性急な命令をかわすだけの余裕があった。独流鎮、静海県をめぐる戦いで二人の反目は強まったが、北伐軍が移動を開始すると、後方で事態を静観していた僧格林沁が戦果を上げた。戦闘経験のなかった彼の部隊は寒さに身動きの取れなくなった北伐軍将兵に勝利して勢いづき、以後北伐軍鎮圧の主力となったのである。

その後北伐援軍が北上すると、清軍はまたもこれを防ぐことが出来なかった。山東の清軍も真剣に戦おうとせず、巡撫張亮基は戦費の工面に苦労した。阜城県から臨清の救援に向かった勝保も、張亮基を告発することで咸豊帝の信頼を取り戻すことに熱を上げた。

このように内紛に明け暮れた清朝であったが、北伐軍の弱点を探り、その問題点を突く洞察力は優れていた。清朝が北伐軍将兵に投降を呼びかけたのは、独流鎮、静海県で対峙していた勝保に始まり、彼らの動揺を誘うことが目的だった。その後北伐軍が阜城県へ向かう途中で敗北し、連鎮や高唐州で希望のない籠城戦を行うと、湖北、湖南人を中心に降伏する者が次第に増えた。僧格林沁はこれを見逃さず、彼らに官位を与えて投降を呼びかけさせると共に、降伏した湖広人将兵を義勇に編制し、北伐軍を攻撃させた。この「賊をもって賊を攻める」戦略は大きな効果をあげ、北伐軍内部の亀裂を広げて広西人幹部を孤立させたばかりか、清軍の弱体さを補完する役割さえ果たした。北伐軍の敗北は、太平軍といかに戦うべきかを清軍に教えたのである。

続いて本書第五章から第十章は西征の歴史について検討した。太平天国の西征は一八五三年六月に始まった。北京攻略という明確な目標を持っていた北伐に比べ、西征は終始長江中流域を主戦場としながらも、作戦の目的は時期と共に変化した。開始期の西征は食糧の調達が第一の任務であり、防備が手薄な地域に出兵することで南京周辺の清軍を牽制し、北伐軍の活動を有利にすることを意図していた。このため南昌攻撃に参加した兵力は数千人と少なく、装備も貧弱だった。南昌の清軍守備隊は約五千人であったが、長く太平軍と戦ってきた楚軍の首領江忠源が救援にかけつけて防備体制を強化したため、奇襲によって南昌の占領をめざした副丞相頼漢英らのもくろみは外れた。

西征軍は南昌城外でトンネルを掘り、城壁を爆破して突入を図ったが、不手際と楚勇の抵抗によって攻撃は失敗した。西征軍が進出すると、江西の人々は清朝の地方官を捕らえ、貢物を献げるなど中立の態度を取って自らの安全を図った。太平軍は彼らに答礼の品や宗教書を贈ったり、治安の維持に努めて応えた。だがこの時の西征軍には地域経営を行う意志がなく、郷官を設置して安定的な支配を実現する試みはなされなかった。

やがて清軍は各地から援軍が到着し始めた。これらの部隊は必ずしも連携がとれなかったが、曽国藩が湖南で編制途上にあった湘勇（生員羅沢南らの部隊）は犠牲を出しながらも善戦した。いっぽう太平軍は検点曽天養の遊撃部隊が江西東部を転戦して食糧の調達に努めた。この時も漕米や土地税の不当な徴収、中国官界の構造的腐敗に苦しむ人々が反乱を起こして呼応したが、太平軍は彼らを糾合出来ないまま江西を退出した。当時の太平天国は長江中流域をどのように経営していくかというヴィジョンが欠けていたのである。

第六章は南昌攻略をあきらめた西征軍が湖北へ進出し、安徽廬州を攻撃した過程を分析した。五三年九月に江西湖口県から長江を遡上した西征軍は、九江を占領すると湖北の要所である田家鎮を攻めた。清軍は半壁山などの南岸に手が回らず、水軍が逃走すると守備隊は敗北した。十月に西征軍は漢陽、漢口を占領して武昌をうかがい、漢水上流へ進出したが、江忠源は西征軍が北上して北伐軍と合流することを恐れた清朝の命令に従って湖北北部へ向かった。これに対して湖広総督呉文鎔は長江流域における武漢の戦略的重要性を訴え、清朝の基本戦略に疑問を投げかけた。

西征軍が湖北を攻めている間、翼王石達開は安慶で地域経営に取り組んだ。人々に太平天国の統治を承認させ、郷官を派遣して地方政府を樹立したが、軍帥以下の下層の郷官については地域社会に推挙させた。この下層の郷官は多くが科挙合格の資格を持たない地域リーダーであり、地域社会の委任を受けて太平天国政府との交渉を担当した。むろん彼らの中には権限を濫用する者もいたが、清朝の地方統治機構の中で活躍の場がなかったこれらの人々は、太平天国の到達前から「公局」に結集して地域の防衛などに取り組んでいた。つまり太平天国の郷官制度は清朝政府による「官治」の不足を補うべく模索されていた地域社会の自律的な動きに形を与えるものであった。それは太平天国が軍事的に優勢な状況下においては、清朝の税負担に比べて穏当な額の土地税を徴収したり、科挙を実施して人材登用を図るなど、それなりに安定した地域支配を実現したのである。

安徽の長江流域を制圧した西征軍は、十二月に清朝の臨時省都があった廬州へ進攻した。安徽の清軍は無力で、軍の逃亡や地方長官たちの非難合戦が続いた。清朝に安徽救援を命じられた江忠源は太平軍の攻撃が始まる直前に廬州へ到着し、城内の住民を統率して抵抗した。だが援軍の動きは緩慢で、太平軍の包囲を解くことが出来なかった。さらに城内では江忠源と知府胡元煒が対立し、五四年一月に徐懐義の壮勇が離反して廬州は陥落した。

江忠源の楚勇は湖南の地域防衛を目的に結成された私的な軍隊であった。江忠源が豊かな戦闘経験を評価されて昇進を遂げると、楚勇も湖北や江西、安徽各地を転戦することになったが、それは帝国の安泰という新たな大義名分を必要とする戦いだった。江忠源はこの戦いの意義を説明することが出来ず、楚勇将兵の多くは従軍を望まなかった。廬州へ向かった江忠源が率いたのは雑多な壮勇であり、最後は彼らの離反を招いて敗れた。政治的上昇の過程で地域社会との結びつきを失った江忠源は、王朝の危機回避を優先した清朝中央政府に翻弄されたのである。それは石達開が郷官を設置し、地域社会で台頭しつつあった新興勢力を活用しながら安定的支配を実現したのとは対照的であった。

第七章は西征軍の湖北、湖南における活動と湘軍の登場について検討した。一八五三年十一月に西征軍の主力が一時湖北から撤退すると、旗人と漢人官僚の非難合戦が始まった。旗人の湖北巡撫崇綸は黄州進攻を主張し、曽国藩が湖南で編制していた湘軍の到着を待っていた呉文鎔を弾劾した。北伐軍が天津郊外で籠城していることに苛立った咸豊帝は、呉文鎔を叱責して出陣を強要した。その結果呉文鎔は堵城の戦いで敗死した。彼は咸豊帝の漢人官僚に対する不信が生んだ満漢官僚の対立に殺されたのである。

　勝利に勢いづいた西征軍は三度漢陽、漢口を占領したが、清軍が立てこもる武昌を攻めず、湖北各地と湖南岳州へ進出した。西征軍は各地で打先鋒を行い、厳しい軍規によって人々の支持を取り付けようとした。だが上帝教の強い排他性は読書人の反発を招き、彼らを活用して地域経営を進めることが出来なかった。また各地で反体制勢力が西征軍に加わったが、西征軍は彼らが行う破壊と暴行を押さえることが出来なかった。加えて若き陳玉成（後の英王）らが行った食糧徴発には行き過ぎがあり、安易に功績を上げようと西征軍に加わった国宗（諸王の親族）も計画性を欠いた「貢納」要求をくり返した。その結果有産者のみならず下層民までも団練に加わり、太平天国に抵抗し始めた。

　この間湖南では曽国藩が湘軍の編制を進めていた。彼は山郷出身の新興エリートで、中国社会の病理とくに官界の腐敗と無気力に強い批判を抱いていた。彼は咸豊帝に対しても苦言を呈したが、咸豊帝の漢人官僚に対する不信が強まると慎重になった。当時湘郷県では団練の結成が進んでおり、曽国藩はこの団練を母体に治安維持を目的とする私的な武装集団を作った。また団練のリーダーに警察、司法権を認め、自らも私的な制裁を行った。彼は旧来の支配者層に代わり、彼のもとに結集した新興エリートの行動力によって社会秩序の再編と強化を試みたのである。

　曽国藩が太平軍と戦うための軍隊の創設に取り組んだのは、南昌救援に派遣された羅沢南らが善戦したことがきっかけであった。彼はこの部隊に互いに助け合わず、暴行によって住民を太平天国支持へ追いやっている清軍の弱点を克服する可能性があると考えた。そこで専ら湘郷県の同郷関係を頼って山地の農民を集め、師弟関係のある読書人に指揮を委ねた。また可能な限り高給を支給し、清軍に欠けていた水軍の創設に取り組んだ。この間江忠源と呉文鎔が戦死したが、彼は準備が整うまで動かなかった。

　一八五四年二月の出撃にあたり、曽国藩は『粤匪を討伐すべき檄文』を出した。そこで彼は長江流域の人々が太平天国に抱いた失望や反感をとらえ、湖南出身者の同郷意識に訴えることで人々を清朝支持に引き戻し、太平天国との戦いに動員しようとした。またこの戦争に儒教文明の護持という大義名分を与え、上帝教が外国の影響を受けた異端的宗教であることを強調した。さらに檄文は太平天国の排他性を非難し、湘軍の目標が同郷の犠牲者や破壊された神々のための報復戦にあると訴えた。

実のところ、読書人が中心だった湘軍の指揮官たちも、当時の中国を矛盾に満ちた社会と見ていた点では太平天国の指導者と変わりなかった。彼らが太平天国を敵視した理由は清朝への忠誠というよりは、太平天国もめざした社会の再編を自分たちがイニシアティヴを取って進めようとしたためだった。つまり太平天国と湘軍は競合関係にあり、その故にこそ曽国藩は太平天国との差異を強調し、彼らへの敵意を煽る必要があった。

西征軍が洞庭湖南岸に姿を見せると、湘軍はこれに攻撃をかけた。曽国藩は靖港で敗北したが、副将塔斉布（のち提督）らの一隊は湘潭県で林紹璋の軍に大損害を与えた。この勝利に勢いづいた湘軍は、湖北、江西へ向けて進撃を続けることになったのである。

第八章は湖南岳州から湖北武昌、田家鎮をめぐる攻防戦について分析を加えた。湘潭の戦いの後、曽国藩は湘軍の再編を進めて略奪の多かった部隊の兵員整理を行った。また賞罰の規定を明確にし、太平軍将兵を殺害するための武装集団に特化したため、湘軍の戦闘力は大いに高まった。この間西征軍は武昌を陥落させた。清軍の敗因は旗人司令官の内紛であり、崇綸に弾劾された青麐は咸豊帝に死刑を命じられた。青麐の死後、曽国藩は呉文鎔や張亮基の汚名を晴らすために崇綸を告発したが、彼が旗人である青麐を擁護した背景には恣意的な裁断を下す咸豊帝に対する失望があった。

一八五四年七月、湘軍は岳州を攻撃した。西征軍は退却し、石達開も後方で防備を固めるように指示したが、武昌から増援を得た西征軍は岳州の奪回にこだわり、曽天養が戦死した。歴戦の勇士である彼の死は西征軍に動揺を与え、相次ぐ敗北で将兵たちに湘軍に対する恐怖心が生まれた。八月下旬に国宗韋志俊らは総攻撃を試みたが敗退した。九月に湘軍は崇陽県一帯にいた太平天国の地方軍（呼応勢力）を掃蕩しながら武昌への進撃を開始した。新たに武昌の守備を任された国宗石鳳魁は統率力が乏しく、楊秀清らも湖北における戦況の変化に対して認識不足で、柔軟な対応が出来なかった。湘軍が武昌を攻めると石鳳魁らは田家鎮へ退却し、後に責任を問われて処刑された。

武昌奪回の知らせが届くと、咸豊帝は曽国藩を湖北巡撫代理に任命したが、在野の漢人勢力が台頭することを恐れて命令を撤回し、実権を与えないまま湘軍を統率させることにした。これを進言したのは東南沿海地方出身の漢人エリートたちで、彼らは新興勢力である曽国藩の台頭を快く思っていなかった。曽国藩は旗人だけでなく、既得権益の維持を図る漢人エリートとも競合しなければならなかった。

武昌を撤退した西征軍は、秦日綱の指揮のもと田家鎮で湘軍を迎え撃った。十一月に始まったこの戦いで、西征軍は湘軍を上回る兵力を投入したが、結果は惨敗であった。その原因は秦日綱が湘軍を侮り、安易に戦いを挑んだことに加え、元々食糧調達を任務としていた西征軍の戦闘能力が低く、将兵たちが湘軍を恐れていたためであった。むしろん西征軍も戦況を好転させる努力を続けたが、湘軍とくに水軍の装備や湘軍首領のよく練られた戦略の前に大きな犠牲を出した。敵を抹殺するためにあみ出された新興エリートの優れた組織運営および管理能力は、近代中国の社会変容を突き動かす血塗られた動力になったと考えられる。

第九章は江西湖口における戦いと太平軍の湖北再進出、湖北巡撫の胡林翼が進めた軍の再編と団練結成奨励、曽国藩の江西経営について考察した。田家鎮の戦いに勝利した湘軍は九江をめざして進撃したが、途中長江北岸で西征軍の粘り強い抵抗を受けた。また九江の守将である林啓容の優れた統率力に阻まれ、湘軍の攻城部隊は苦戦した。一八五五年一月に曾国藩は鄱陽湖の入り口である湖口を攻めさせたが、水軍の一部が湖内に進入した隙に長江に残った本隊が太平軍の攻撃を受け、大損害を蒙った。また太平軍が鄱陽湖を封鎖したため、湖内の湘軍は長江へ戻ることが出来なくなった。湖口の戦いは水陸両軍の連携に努めた西征軍が、兵力を分散させた湘軍の油断を突いた完勝であった。

湖口の戦いで戦況は一変し、勢いに乗った西征軍は湖北へ進攻した。湖広総督楊霈の清軍は敗走し、武昌に取り残された巡撫陶恩培は城の陥落と共に死んだ。清朝は旗人の西凌阿を欽差大臣に任命し、その北進を抑えようとしたが、彼が恃みとしたのは投降した北伐軍将兵によって組織された義勇であった。だが彼らの多くは清軍に留まることを望まず、西征軍の呼びかけに応じて集団で太平天国へ投じた。敗北した西凌阿は解任され、以後長江北岸の戦いは主として旗人の湖広総督官文らに委ねられた。

湖北北部へ進出した西征軍を率いたのは検点陳玉成であった。彼は徳安一帯の防禦を固め、郷官を設置して前年国宗たちの軍が行った無秩序な貢納要求を抑えようとしたが、今度は郷官となった下層民や不満分子による略奪事件が発生した。また兵力不足を補うための徴兵に住民が反発すると、陳玉成は住民虐殺を含んだ強圧的な措置を取り、かえって郷官の離反を招いて城を清軍に奪い返された。軍事的には優位だった湖北の西征軍は、住民の支持を獲得できず地域経営に失敗したのである。

この間湖北南部では胡林翼が軍の再編を行っていた。彼は弱体な既存の兵力に代えて新たに水陸両軍を編制しようと考えたが、人材不足もあって思うように進まなかった。そこで補助戦力として団練の活用に取り組み、その一つ王家璧の団練は宗族を単位とする族団を基礎としながら、地方政府の承認を受けた地方のエリートが県内六つに分かれた郷団を統轄した。また団練は治安維持の権限を与えられ、堤防の修理など清朝の地方政府が担当していた行政サービスの機能を代行した。さらに王家璧は釐金の徴収によって兵站を支えようとしたが、戦地だった湖北で運営が軌道に乗るには時間を要した。

いっぽう曽国藩は江西で湘軍の再編と兵糧確保に追われていた。彼は長江中流域の各戦場に優先順位をつけ、まず羅沢南の精鋭部隊を江西東部へ派遣して補給、連絡ルートを確保した。次に鄱陽湖に閉じ込められた水軍の規模を拡大し、湖口を攻めて長江への進出をめざした。戦いは必ずしも順調に進まず、九江攻撃軍を率いていた塔斉布が死去し、羅沢南が武漢の救援に赴くと、兵力不足から湖口の奪回を見送らざるを得なかった。

だが曽国藩にとって最大の試練は、兵站基地に位置づけた筈の江西で地方長官や旧来の支配者層の抵抗を受けたことだった。彼は江西巡撫陳啓邁が部下の敗戦を取り繕っただけでなく、湘軍に対する兵糧や資金の支給を渋ったり、団練指導者である彭寿頤に誣告の罪を着せて弾劾したと告発した。だが実のところ陳啓邁が曽国藩に圧力を加えた事実は認められなかった。また曽国藩が壮勇を統率させようとした彭寿頤は、地域社会で発言権を持たない新興のエリートだった。彼は同族村落を単位とする「分団」を否定し、比較的広範囲にまたがる「合団」を主張することで政治的発言力の拡大をめざした。また自分たちのイニシアティヴのもとで性急な地域統合を進めたため、リスクの増大を嫌う旧来のエリートや地方官の反発を招いた。これら行動的なエリートは太平天国の郷官と出身階層こそ違っていたが、社会秩序に大きな変更を迫ったという点では共通する部分があった。彼らは湘軍の軍事力に依拠しながら、自らの影響力を拡大しようと図ったのである。この社会の変化を求める新興勢力の動きは、その後の中国近代史を貫く基調になったと考えられる。

第十章は湖北南部における湘軍と西征軍の戦い、石達開の江西経営と西征の終焉について分析した。一八五五年十月に湖北の救援にむかった羅沢南は、胡林翼と合流して韋志俊および石達開の軍と戦った。西征軍は湖南を窺ったが、湘軍は武漢の奪回こそが最重要課題と考えて動じなかった。そして韋志俊軍を破った湘軍は武昌へ迫った。

いっぽう石達開は湘軍の兵站基地であった江西へ進攻した。江西の清軍兵力は手薄で、石達開軍は西部各地を占領して清朝側に衝撃を与えた。また天地会軍を糾合して兵力を拡大すると共に、郷官を設置して地域経営を行った。石達開は土地所有者に従来通りの税負担（ただし清朝の納税額に比べれば少ない負担）を求めるなど、社会の混乱を押さえながら軍需物資の獲得をめざした。また湖北で生産された綿花、綿布を江南で売り、その利益で購入した塩を江西で販売するなど大胆な商業政策を取った。曽国藩も浙江から搬入した塩を江西で売り、その利益を湘軍の兵糧に充てており、太平天国が支配地域を拡大することは湘軍の経済的基盤を掘り崩す効果を生んだ。

江西の地域経営をめぐって争われた石達開と曽国藩の戦いは、太平天国が優勢であった。湘軍の指揮官は経験不足で、曽国藩の曖昧な指示もあって樟樹鎮の戦いで太平軍に敗北した。また石達開が江西中央部へ軍を進め、南昌と北京の連絡ルートを遮断すると、曽国藩は湖北の胡林翼に援軍の派遣を要請せざるを得なかった。この時武漢では韋志俊の守備隊と湘軍が激しい戦闘を続けていた。羅沢南は急ぎ武漢を陥落させ、南昌の救援に向かおうと焦ったところを太平軍の銃弾を浴びて戦死した。

いっぽう楊秀清に南京へ呼び戻され、江南大営を崩壊させた石達開は、再び韋昌輝と共に長江中流域へ派遣された。だが将兵に休息を与えない苛酷な用兵は勝利に結びつかず、韋昌輝は瑞州で湖北から救援にかけつけた曽国華の軍に敗北した。武昌の救援に向かった石達開の軍も装備が不足しており、魯家巷で李続賓らの率いる湘軍に敗れた。この時南京では洪秀全と楊秀清の対立が頂点に達しており、これらの作戦は楊秀清が二人を南京から遠ざけるために行ったと見られる。だが洪秀全の密詔を受け取った韋昌輝は南京へ戻り、楊秀清を殺害して天京事変を引き起こした。この知らせを受けた石達開も軍を撤退させ、ここに四年におよぶ太平天国の西征は終わりを告げたのである。

以上の内容からいかなる議論が可能だろうか。これまで西征の歴史は不明な部分が多かったが、檔案史料をベースに分析を進めてみると、西征の目的が時期と共に変化し、その結果も地域によって大きな差異があることが明らかになった。五三年の南昌攻撃の段階では太平天国に地域経営という発想がなく、貢物（中には捕らえた清朝の地方官）を献げて恭順の姿勢を示した江西の人々に太平天国の統治を承認させ、地方政権を樹立するといった努力はなされなかった。この課題に最初に取り組んだのは石達開で、府県レベルの郷官（総制、監軍）を中央から派遣して統治を行わせた。また下層の郷官については地域社会に推挙させ、末端の両司馬、伍長は宗族、村落内で担当者が決められた。これら下層の郷官がいかなる権限を持っていたのかは不明の部分が多いが、彼らが私腹を肥やしたという告発がある一方で、地域の利害を代表して太平天国政府との交渉に当たったとする評価もあり、彼らが殺された場合に祭祀を行うことを申し合わせた地域もあった。

別書で指摘したように、太平天国前夜の中国社会では必ずしも科挙タイトルを持たない地域リーダーが成長していたが、清朝の地方統治制度では彼らの力を活用する余地がなかった。だが太平天国が長江流域へ進出すると、彼らは「公局」に結集して地域の防衛などに取り組み、中には清朝への納税を拒否する動きも発生した。太平天国の郷官制度はこれら社会の変化に形を与えるものとなり、結果として新興勢力が地方統治に参与する可能性を開いたと考えられる。

ただしこれは太平天国が安定的な支配を実現した場合にのみ可能な現象で、湖北南部のような激戦地では太平天国に呼応する勢力が郷官となって地方統治を進めたり、多くの科挙参加者が生まれたにもかかわらず、その成果は湘軍の進攻によって水泡に帰した。また湖北北部では西征軍が呼応勢力の略奪行為を押さえきれず、行き過ぎた食糧徴発や無秩序な貢納要求によって人々の反発を買った。さらに徳安で郷官を設置した陳玉成の場合、郷官の職務であった徴兵に反発した住民が清軍に呼応すると、見せしめの虐殺を行って住民ばかりか郷官の支持すら失った。

さらに本書では検討できなかったが、この時期南京では住民の徹底した集団化が行われ、日常生活に必要な物資はすべて政府の管理下に置かれた。家族は解体され、地域社会も軍事組織の中に解消されてしまい、地方の場合と違って郷官が置かれることもなかった。太平天国が『天朝田畝制度』の「飯があれば皆で食い、服があれば皆で着る」という復古主義的な大同ユートピアを政治理念として掲げる限り、それは財産の共有、分配を可能とする徹底した中央集権支配を伴わざるを得なかった。郷官も中央政府の命令や指示を村落レベルまで徹底させるための統治機構としての側面を持っており、少なくとも地方勢力の自立的な傾向を容認する現象は天京事変で楊秀清が死去するまでは起こらなかった。つまり太平天国の郷官制度は結果として地方の新興勢力に活躍の場を与えたが、それは地域社会の成熟に基づく自律的な動きを促すものではなく、中央と地方の関係を変えようとするものでもなかった。この点あるべき中国への回帰をめざした太平天国は、当時の中国社会が必要としていた中央集権的な専制支配からの脱却という課題を射程に入れることが出来なかったと言えるだろう。

いっぽうの湘軍はどうだろうか？　すでに本書でも指摘したように、湘軍は多くの点で太平天国と共通する部分を持っていた。その担い手は多くが当時の中国社会に不満を持つ読書人や山地出身者であり、軍功による政治的上昇によって貧困からの脱出を願っていた。曽国藩は湖南で団練指導者に警察、司法権を与え、胡林翼は湖北の団練に治安維持の権限を認めて地方行政を代行させた。それは既存の支配体制を脅かす可能性をはらんだ行動であり、江西では曽国藩の呼びかけに応じた新興のエリートが団練結成のあり方をめぐって旧来の有力者たちと対立した。そもそも江西を兵站基地と位置づけた曽国藩の地域経営は、正統性を欠いた私的な地方勢力の台頭と受けとめられ、地方官たちの反発を招いた。それは湘軍の活動が太平天国の郷官と出身者の階層こそ異なるものの、新興勢力の地方政治への参与という現象を伴うものであったことを示している。

このように地域社会の自律性の高まりという同じ土俵の上で競合した太平天国と湘軍であったが、両者には大きな違いも存在した。その第一は湘軍が読書人を中核とする組織だったため、少なくとも西征軍と比べて管理、運営能力に優れ、装備と資力の充実もあって湖口で惨敗を喫するまで戦いを優位に進めた点である。これは曽国藩が湘潭の戦いの後に湘軍の組織を再編し、太平軍将兵の殺害を目的とする暴力集団に特化したためであったが、この「敵を効果的に抹殺する」という論理は中国の「近代」が抱えた負の側面として、その後の歴史に大きな影を落とした。

また湘軍は曽国藩を総帥と仰ぐ私的な軍事集団であったが、内部は一枚岩ではなかった。例えば元々羅沢南に師事していた王鑫は曽国藩の命令に従わず、曽国藩に太平軍が楊秀清の指揮の下で統一されているのに及ばないと批判されたのはその例である。湘軍首領間の反目や対立も多く、水軍を率いた楊載福と彭玉麟、羅沢南の死後に台頭した李続賓と蒋益澧は折り合いが悪かった。その後江西経営を続けた曽国藩が父親の死によって前線から退くと、湘軍各部隊の自立性は強まるようになり、曽国藩は調整に苦労することになる。後に蒋介石が唱えた「指揮の統一」は、湘軍においても難しい課題であったと言えよう。

さらに湘軍と太平天国の決定的な違いは、太平天国が清朝の統治を拒否して自ら新王朝を建設したのに対して、湘軍は既存の王朝体制には手をつけず、その枠組みの中で自らの政治的影響力の拡大をめざした点であろう。これは本書が検討した咸豊帝の漢人官僚に対する根深い不信を考えた場合、決して容易なことではなかった。事実湘軍が武昌を奪回すると、咸豊帝は曽国藩を湖北巡撫に任命したが、漢人勢力の台頭を恐れてその命令を撤回した。その結果曽国藩は無官位のまま江西経営に当たることになり、江西の地方官たちの反発と抵抗を受けたことは先に指摘した通りである。

だが曽国藩が王朝支配あるいは中央政府の権限獲得という問題を先送りしたために、湘軍の首領たちは地方で自らの政治的影響力を拡大することに専心出来た。咸豊帝の死後、清朝宮廷内では西太后を中心とするクーデターが発生し、曽国藩らの後ろ盾であった粛順らが粛清されたが、曽国藩らは痛手を蒙らずに済んだ。また太平天国の敗北後も洋務派官僚となった湘軍、淮軍首領による地方の権限強化は続けられ、清末の省レベルの自立性の高まりへとつながった。それは長い北京滞在経験をもつ曽国藩らが中国官界の病理をよく知り、中央政界と距離を置こうとした結果と言えるかも知れない。

また曽国藩が太平天国に対する人々の敵意を煽るために宣伝した湖南人のローカルなパトリオティズムは、それまで専制王朝の支配の中で曖昧な形でしか意識されなかった「地方」という概念を社会に広める役割を果たした。さらに太平天国期の団練には浙江諸暨県の包立身による東安義軍のように、外からの政治的介入を拒否し、相対的に自立した地方勢力へ成長した例も生まれ、後の時代から「地方自治の祖」と評価されることになった。

こうした中で、太平天国の西征が天京事変という王朝支配に不可避な中央の権力闘争によって突然の終焉を迎えてしまったのは、極めて示唆的であるように思われる。太平天国は自らの政治的上昇を図るために、自ら王朝を立てて中央政府の権限を奪取しようと試みたが、まさにそのために中央集権的な専制支配から脱却することが出来なくなり、最後は王権をめぐる争いによって地域経営の成果を放棄することになった。この問題については、江南地方における太平天国の動向を踏まえたさらなる分析が必要となるだろう。

最後に北伐と西征という二つの歴史を踏まえて、この時期の太平天国の歴史をどのように理解すべきだろうか？最初に指摘すべきは、この二つの作戦はそれなりの必然性があって発動されたものであり、どちらかを二者択一で選ぶような性質のものではなかった点である。北京攻略は太平天国が全国政権をめざす以上必要なものであったし、全軍をあげて北京をめざすよりは、機動力に富んだ精鋭を派遣するという戦略は間違っていなかった。また西征は南京にかかえた人口を養うためには不可欠で、長江中流域を支配下に置くことも必要だった。後に李秀成、李世賢が江蘇、浙江へ進出して、この地の富を手に入れたが、洪仁玕風に言えば竜の頭と胴体に当たる湖北、安徽を失ったために、長続きしなかった事実はこの点を証明している。もし西征という作戦が誤りなら、武昌や南京で女性や老人、子供を含む膨大な余剰人員を抱え込んだこと自体が誤りだったと言わなければならないだろう。

次に二つの作戦に共通した問題点として、現地で軍を指揮した司令官の権限に制約が多く、柔軟な作戦をとれなかった点であろう。北伐軍は天津で援軍を待てとの命令を忠実に守った結果、北京へ進攻するチャンスを逃した。西征軍も湘軍が湖北へ進攻した時、楊秀清が戦況の変化を認識せずに拠点の防衛を命じたため、かえって傷口を広げる結果を生んだ。これは楊秀清が軍事面で絶大な権限を握り、首領たちがその命令に絶対服従しなければならなかった太平天国の支配体制と密接な関連があり、王である石達開でさえ安慶と南京、その他の戦場との間を頻繁に往復しなければならなかった。

無論それは中央による統一的な指揮を可能にし、例えば江南大営の撃破といった電撃的な作戦を可能にした。だが一方で頻繁な配置転換は将兵を疲労させ、継続的な地域経営を難しいものにした。また不満を募らせた人々は楊秀清の命令に従おうとせず、それは北伐援軍の遅れと力量不足となって現れた。さらには楊秀清の戦略も西征軍に湖南への進攻を命じるなど、安易な成算に基づく作戦が少なくなかった。その結果林紹璋が湘潭で誕生間もない湘軍に大敗し、彼らを勢いづかせたことはすでに指摘した通りである。

次に地域社会の変容という視点から見た場合はどうだろうか。北伐軍はその機動力ゆえに地域社会と接点をもつ暇がなかった。むろん華北でも清朝支配体制の行きづまりは官民間の不信という形で現れており、団練の結成に取り組み、租税の引き下げを要求する地域リーダーも生まれつつあった。だが貧しい華北の場合、地域社会の成熟を背景とした新興勢力というよりは、天災や飢饉によって発生した流民を糾合して豊かな村や地域を襲撃する危機対応型の指導者が目立った。捻子や「仮装粤匪」と呼ばれた略奪集団、李三鬧に代表される地方武装集団はその例で、北伐軍、援軍共に彼らを統率出来ずに苦しんだ。だが北伐軍の敗退後、これらの地域では清朝、太平天国の双方を天秤にかけながら、自分たちの政治的支配を暴力的に拡大しようと図る苗沛霖のような人物が出現する。そして清朝の支配は空洞化が進むことになった。

次に長江中流域について見ると、太平天国と清軍、湘軍の主要戦場となったために大きな痛手を蒙った。もっとも北伐軍であれ、西征軍であれ、この時期の太平軍は敵と見なした相手には容赦ない殺戮を行ったが、略奪行為は厳格な軍規によって抑制されていた。むしろ激しい破壊と殺戮を行ったのは清朝正規軍であり、その無軌道ぶりは飢えた鷹に譬えられた。曽国藩が湘軍の創設を決意したのも、清軍の暴行が人々を太平天国支持へと追いやっている現実に憤慨したからであり、その激しい暴力性は地域社会が直面した中国専制王朝の本質であったと考えられる。

郷官の設置による太平天国の地域支配や団練、湘軍による治安維持、地方政府の行政サービスの代行は、それまで清朝の統治体制で活躍の場がなかった新興勢力が地方行政に参与する道を開いた。それは清朝政府の影響力が減退する中で、地方の「自治」という形を取ったが、あくまで「官治」の不足を補うことを意図していた点でヨーロッパの地方自治とは内容が異なっていた。むしろ彼らは既得権益の維持を図る旧勢力と対立し、太平軍あるいは湘軍という軍事力を背景に影響力を行使したのであり、その秩序構築の手法は甚だ暴力的であった。彼らの政治的台頭の過程は「奪権」という形容がふさわしく、その先に構想されていたのも各地域の自立性を容認した地方自治の体制というよりは、強力な中央集権国家を再生産することだった。

つまり暴力的な専制支配を脱却するためには、これを否定する力も暴力的にならざるを得ず、激しい流血の結果生まれた「自治」も抑圧的なものにならざるを得なかった。そしてこの暴力の連鎖は中国近代史の基調として、中国国民党あるいは中国共産党の統治へと受け継がれて行ったと考えられるのである。

以上のような限界をかかえながらも、太平天国の北伐と西征は中国社会へ大きな衝撃を与えた。北伐軍は敗北し、西征も中央の権力闘争によって成果を見ることなく終わったが、そこで試みられた専制支配からの脱却という課題はその後の歴史に受けつがれた。ただし次の時代に人々が支払った代価は、本書が検討した時期の歴史と比べても遥かに多かった。清末以後に編纂された長江中流域の地方志に記された長大な「殉難」者リストは、その苦難の道のりをよく伝えている。

あとがき

かなり古い話になるが、故・並木頼寿先生の研究室で檔案史料の読書会を開き、若い研究者と談笑する機会があった。その時新しい史料の発掘やフィールドワークの成果を踏まえながら、太平天国の全体像を一人で明らかにするのは難しい、むしろ南京大学の崔之清氏のチームのように、何人かでテーマを分担して執筆した方が多様な視点を盛り込めるのではという話になった。そして金田蜂起から天京事変までは菊池が、洪仁玕や太平天国と宣教師との関係については倉田明子さん（東京大学大学院、当時）が、太平天国後期の浙江については水盛涼一さん（東北大学大学院、同）が担当しようなどと盛り上がった。

私が研究の道に入った頃は、十九世紀半ばの中国ましてや太平天国を扱う研究者は少なく、よく「絶滅危惧種」などと自嘲気味な自己紹介をしたものだった。その後両氏はご自身の研究成果を著書として、あるいは博士論文としてまとめられ、南京や上海で行われた太平天国史の学会でご一緒する機会も多かった。北伐軍よろしく「孤軍」の状態が続いていた私にとって、お二人の存在はとても心強い味方であった。また北京の太平天国研究者である夏春濤氏（中国社会科学院）、フィールドワークを精力的に進めながら清末江南の地域社会史を研究している佐藤仁史氏（一橋大学）、中国の秘密結社を初めとして前衛的な研究を進めている孫江氏（南京大学）、清代台湾史の研究で知られる李文良氏（台湾大学）など、問題意識を共有できる良質な研究者から刺激を受けたことも大きな励みになった。本書はそうした友人たちと議論を重ね、「天京事変までを担当」というあの日の約束を果たした一つの成果である。まずは彼らに心から感謝の言葉を贈りたい。

むろん皆が順風満帆だった訳ではない。当時並木先生の学生に湘軍研究を進めていた河野吉成さんがいた。彼は数年間の中国留学中、曽国藩の故郷である湖南でフィールドワークを行い、湘軍関係者に関する大量の族譜を収集した。一九九九年の夏には私と共に一ヶ月間台北に滞在し、国立故宮博物院で檔案史料の調査を手伝ってくれた。本書後半部分の着想を得るうえで有意義だった湖南へのフィールドトリップも、河野さんが手配してくださったものである。だがその後彼は博士論文を書きあげることなく、研究を断念してしまった。今回本書をまとめながら、本来であれば湘軍関連の部分は私ではなく、河野さんが執筆すべき内容だったのではという思いが繰り返し頭をもたげた。ちょうど並木先生が亡くなられた時期と重なったこともあり、彼を励まし続けられなかったことを今も残念に思っている。

だがいま冷静に考えて見ると、若手が中国研究を続けることは非常に困難であろうとの思いを禁じ得ない。それは文系の学問分野が冷遇され、研究者への道に希望を持てない日本の現状だけが原因ではない。日中関係が長く冷え込む中、巷に溢れるのはいわゆる「嫌中派」の突き放した言説であり、そこに共生のために他者を理解しようとする暖かな目差しは窺われない。これでは若い人々が中国研究に魅力を感じないのも当然だろう。かく言う筆者も様々な事情を言い訳にしながら、途絶えがちな情熱を振りしぼり、ようやくここまでたどり着いたというのが正直なところである。

さて本書に収められた論文の初出は以下の通りである

序　章：書き下ろし

第一章：「太平天国の北伐前期をめぐる諸問題――南京から懐慶まで」国際基督教大学社会科学研究所編『社会科学ジャーナル』五五号、二〇〇五年

第二章：「太平天国の北伐中期における諸問題――山西から天津郊外まで」国際基督教大学アジア文化研究所編『アジア文化研究』三三号、二〇〇七年
第三章：「太平天国北伐軍の敗退と援軍の臨清攻撃」国際基督教大学アジア文化研究所編『アジア文化研究』三九号、二〇一三年
第四章：「太平天国北伐軍の壊滅とその影響について」国際基督教大学アジア文化研究所編『アジア文化研究』四十号、二〇一四年
第五章：「太平天国の西征開始と南昌攻撃」国際基督教大学アジア文化研究所編『アジア文化研究』四一号、二〇一五年
第六章：「太平天国西征軍の湖北進出と廬州攻略」国際基督教大学アジア文化研究所編『アジア文化研究』四二号、二〇一六年
第七章：書き下ろし
第八章：「太平天国と湘軍の湖南、湖北をめぐる攻防戦」国際基督教大学アジア文化研究所編『アジア文化研究』四三号、二〇一七年刊行予定
第九章：書き下ろし
第十章：書き下ろし
結　論：書き下ろし

この一覧を見ればわかることだが、本書はある「誤算」によって生まれた。二〇一四年後半からの特別研究期間中、筆者は太平天国の西征後半部分に関する論文を書き、それまで書きためた論文と併せて、本書の元となる小冊子をま

とめた。せっかく原稿があるのだからと、科学研究費補助金の出版助成に応募したが、採択されるまでは最低でも数年かかるだろうと考え、その間に順次原稿を発表していくつもりだった。ところが望外の喜びと言うべきか、本年度の出版助成に採択された。もう少し暖めて完成度を高めたいという気持ちはあったが、最早後戻りは出来ない。覚悟を決めて出版に取りかかり、汲古書院の小林詔子さんに助けて頂きながら作業を進めた。本書の七章以後が多く「書き下ろし」となっているのはこのような事情による。

もっとも本書をできる限り早く世に問いたいという思いは、初めから強く持っていた。その最大の理由は中国の急速な大国化である。日中関係を基軸に考えれば尖閣や南沙をめぐる対外強硬策に焦点が集まるが、中国社会の変化に目を向ければ中央と地方の関係、台湾、香港の未来あるいは少数民族問題に関心を向けざるを得ない。中国は立場の異なる相手と対話を重ねつつ、多様性を容認する社会になっていくのだろうか？　それとも圧倒的な経済力を背景に、周囲をねじ伏せてでも帝国の誇りを取り戻そうとするのだろうか？　世界に排他的なナショナリズムが台頭する現在、悲観的な見方が広まりつつあるが、中国とその周辺地域の未来は日本にとっても他人事ではない筈である。こんな問いを中国近代史の端緒である十九世紀半ばの歴史を手がかりに考察したい――それは中国研究に携わる人間、とくに中国を外側から切り裁くのではなく、社会の内部に立ち入って観察してきた者の責任であるとの想いが、本書を出版した一番の動機である。

なお本書をまとめるにあたり、中国民衆史研究会でお世話になった白川知多氏に湘軍史などに関連するアドバイスを多く頂いた。また現代の中国社会と向き合いながら、日中両社会の共生の道を探るという問題設定は、筆者の指導教官であった小島晋治先生（東京大学名誉教授）から教えられた研究姿勢であった。改めて先生方から与えられた学恩の大きさに感謝すると共に、今後も微力ながら研究の道を続けていきたいと考えている。

もう一つお断りしておきたいことがある。本書は僧格林沁の北伐軍鎮圧を描いたハーバード大学イェンチェン図書館所蔵の絵図（Taiping War Paintings）、湘軍の太平天国鎮圧を描いた『平定粤匪図』（国立故宮博物院蔵）を掲載している。これらの絵図は荘吉発氏、スペンス氏、プラット氏の著書、訳書で引用されているが、本格的な考証作業は行われてこなかった。筆者は国立故宮博物院で『平定粤匪図』の原図を見せてもらい、これを東洋文庫所蔵の『平定粤匪戦図』と比較しながら分析する準備を進めていた。だが東洋文庫の絵図は「景照本」と呼ばれる一種の写真複写本で、典拠が不明であるために掲載の許可が下りなかった。現在この絵図は劣化が進んでおり、海外にある原図も損傷が激しいという。フィールドワークの時にも痛感してきたことだが、失われつつある貴重な史料をどのように保存、活用していくかという問題の大きさを教えられたように思われた。

なお本書のベースとなる研究は、日本学術振興会の科学研究費補助金「十九世紀後半の中国における地方軍事勢力と社会変容――郷勇と諸反乱」（基盤研究C、課題番号二五三七〇八三七、平成二十五年～二十九年）の支援を受けた。また平成二十八年度の「研究成果公開促進費」（学術図書、課題番号一六HP五〇九三）の支援を受けたのは先述の通りである。

最後になるが、本書の出版を快く引き受けて下さった汲古書院の三井久人社長、小林詔子さんに感謝したい。また本書の構想を暖めるうえで多くの示唆を与えてくれた台湾、香港、中国、日本の友人たち、研究生活を支えてくれた家族に「多謝（ありがとう）」の言葉を送りたいと思う。

二〇一六年十二月

菊池秀明

索　引

人名 (太平天国、諸反乱関連)

人名(清朝関係その他)

僧格林沁　79, 80, 83, 94, 98, 121, 126, 129, 134, 150, 159, 185, 190, 194, 201, 210, 331, 548, 550, 551, 553

タ行

ナ行

訥欽　462
訥爾経額　40, 47, 49, 50, 71, 74, 75, 210, 546, 547, 553

ハ行

人名(研究者)

地　　名

事項その他

Marching to the North, Marching to the West

A Historical Study
of
the Early Period of the Taiping Rebellion,
1853-1856

by
Hideaki KIKUCHI

2017

KYUKO-SHOIN
TOKYO

著者略歴
菊池　秀明（きくち　ひであき）
1961年神奈川県生まれ。
早稲田大学第一文学部卒業、東京大学大学院人文社会系研究科博士課程修了、博士（文学）。
1987年から中国広西師範大学、広西社会科学院に留学および在外研究し、帰国後に中部大学国際関係学部国際文化学科講師、助教授となる。その後国際基督教大学教養学部準教授を経て、現在同大学教授。
主な著書に『広西移民社会と太平天国』【本文編】【史料編】、風響社、1998年、『太平天国にみる異文化受容』山川世界史リブレット65、山川出版社、2003年、『ラストエンペラーと近代中国』中国の歴史10、講談社、2005年、『清代中国南部の社会変容と太平天国』、汲古書院、2008年、『金田から南京へ ── 太平天国初期史研究 ── 』、汲古書院、2013年がある。

汲古叢書137
北伐と西征
──太平天国前期史研究──
平成二十九年二月二十二日　発行
著　者　菊　池　秀　明
発行者　三　井　久　人
整版印刷　富士リプロ㈱
発行所　汲　古　書　院
〒102-0072　東京都千代田区飯田橋二-五-四
電　話　〇三（三二六五）九七六四
ＦＡＸ　〇三（三二二二）一八四五

ISBN978 - 4 - 7629 - 6036 - 9　C3322

133	中国古代国家と情報伝達	藤田　勝久著	15000円
134	中国の教育救国	小林　善文著	10000円
135	漢魏晋南北朝時代の都城と陵墓の研究	村元　健一著	14000円
136	永楽政権成立史の研究	川越　泰博著	7500円
137	北伐と西征―太平天国前期史研究―	菊池　秀明著	12000円
138	宋代南海貿易史の研究	土肥　祐子著	18000円
139	渤海と藩鎮―遼代地方統治の研究―	高井康典行著	13000円
140	東部ユーラシアのソグド人	福島　　恵著	10000円

（表示価格は2017年２月現在の本体価格）

100	隋唐長安城の都市社会誌	妹尾　達彦著	未　刊
101	宋代政治構造研究	平田　茂樹著	13000円
102	青春群像－辛亥革命から五四運動へ－	小野　信爾著	13000円
103	近代中国の宗教・結社と権力	孫　　江著	12000円
104	唐令の基礎的研究	中村　裕一著	15000円
105	清朝前期のチベット仏教政策	池尻　陽子著	8000円
106	金田から南京へ－太平天国初期史研究－	菊池　秀明著	10000円
107	六朝政治社會史研究	中村　圭爾著	12000円
108	秦帝國の形成と地域	鶴間　和幸著	13000円
109	唐宋変革期の国家と社会	栗原　益男著	12000円
110	西魏・北周政権史の研究	前島　佳孝著	12000円
111	中華民国期江南地主制研究	夏井　春喜著	16000円
112	「満洲国」博物館事業の研究	大出　尚子著	8000円
113	明代遼東と朝鮮	荷見　守義著	12000円
114	宋代中国の統治と文書	小林　隆道著	14000円
115	第一次世界大戦期の中国民族運動	笠原十九司著	18000円
116	明清史散論	安野　省三著	11000円
117	大唐六典の唐令研究	中村　裕一著	11000円
118	秦漢律と文帝の刑法改革の研究	若江　賢三著	12000円
119	南朝貴族制研究	川合　　安著	10000円
120	秦漢官文書の基礎的研究	鷹取　祐司著	16000円
121	春秋時代の軍事と外交	小林　伸二著	13000円
122	唐代勲官制度の研究	速水　　大著	12000円
123	周代史の研究	豊田　　久著	12000円
124	東アジア古代における諸民族と国家	川本　芳昭著	12000円
125	史記秦漢史の研究	藤田　勝久著	14000円
126	東晉南朝における傳統の創造	戸川　貴行著	6000円
127	中国古代の水利と地域開発	大川　裕子著	9000円
128	秦漢簡牘史料研究	髙村　武幸著	10000円
129	南宋地方官の主張	大澤　正昭著	7500円
130	近代中国における知識人・メディア・ナショナリズム	楊　　韜著	9000円
131	清代文書資料の研究	加藤　直人著	12000円
132	中国古代環境史の研究	村松　弘一著	12000円

67	宋代官僚社会史研究	衣川　強著	品　切
68	六朝江南地域史研究	中村　圭爾著	15000円
69	中国古代国家形成史論	太田　幸男著	11000円
70	宋代開封の研究	久保田和男著	10000円
71	四川省と近代中国	今井　駿著	17000円
72	近代中国の革命と秘密結社	孫　江著	15000円
73	近代中国と西洋国際社会	鈴木　智夫著	7000円
74	中国古代国家の形成と青銅兵器	下田　誠著	7500円
75	漢代の地方官吏と地域社会	髙村　武幸著	13000円
76	齊地の思想文化の展開と古代中國の形成	谷中　信一著	13500円
77	近代中国の中央と地方	金子　肇著	11000円
78	中国古代の律令と社会	池田　雄一著	15000円
79	中華世界の国家と民衆　上巻	小林　一美著	12000円
80	中華世界の国家と民衆　下巻	小林　一美著	12000円
81	近代満洲の開発と移民	荒武　達朗著	10000円
82	清代中国南部の社会変容と太平天国	菊池　秀明著	9000円
83	宋代中國科擧社會の研究	近藤　一成著	12000円
84	漢代国家統治の構造と展開	小嶋　茂稔著	10000円
85	中国古代国家と社会システム	藤田　勝久著	13000円
86	清朝支配と貨幣政策	上田　裕之著	11000円
87	清初対モンゴル政策史の研究	楠木　賢道著	8000円
88	秦漢律令研究	廣瀬　薫雄著	11000円
89	宋元郷村社会史論	伊藤　正彦著	10000円
90	清末のキリスト教と国際関係	佐藤　公彦著	12000円
91	中國古代の財政と國家	渡辺信一郎著	14000円
92	中国古代貨幣経済史研究	柿沼　陽平著	13000円
93	戦争と華僑	菊池　一隆著	12000円
94	宋代の水利政策と地域社会	小野　泰著	9000円
95	清代経済政策史の研究	黨　武彦著	11000円
96	春秋戦国時代青銅貨幣の生成と展開	江村　治樹著	15000円
97	孫文・辛亥革命と日本人	久保田文次著	20000円
98	明清食糧騒擾研究	堀地　明著	11000円
99	明清中国の経済構造	足立　啓二著	13000円

34	周代国制の研究	松井　嘉徳著	9000円
35	清代財政史研究	山本　進著	7000円
36	明代郷村の紛争と秩序	中島　楽章著	10000円
37	明清時代華南地域史研究	松田　吉郎著	15000円
38	明清官僚制の研究	和田　正広著	22000円
39	唐末五代変革期の政治と経済	堀　敏一著	12000円
40	唐史論攷－氏族制と均田制－	池田　温著	18000円
41	清末日中関係史の研究	菅野　正著	8000円
42	宋代中国の法制と社会	高橋　芳郎著	8000円
43	中華民国期農村土地行政史の研究	笹川　裕史著	8000円
44	五四運動在日本	小野　信爾著	8000円
45	清代徽州地域社会史研究	熊　遠報著	8500円
46	明治前期日中学術交流の研究	陳　捷著	品　切
47	明代軍政史研究	奥山　憲夫著	8000円
48	隋唐王言の研究	中村　裕一著	10000円
49	建国大学の研究	山根　幸夫著	品　切
50	魏晋南北朝官僚制研究	窪添　慶文著	14000円
51	「対支文化事業」の研究	阿部　洋著	22000円
52	華中農村経済と近代化	弁納　才一著	9000円
53	元代知識人と地域社会	森田　憲司著	9000円
54	王権の確立と授受	大原　良通著	品　切
55	北京遷都の研究	新宮　学著	品　切
56	唐令逸文の研究	中村　裕一著	17000円
57	近代中国の地方自治と明治日本	黄　東蘭著	11000円
58	徽州商人の研究	臼井佐知子著	10000円
59	清代中日学術交流の研究	王　宝平著	11000円
60	漢代儒教の史的研究	福井　重雅著	品　切
61	大業雑記の研究	中村　裕一著	14000円
62	中国古代国家と郡県社会	藤田　勝久著	12000円
63	近代中国の農村経済と地主制	小島　淑男著	7000円
64	東アジア世界の形成－中国と周辺国家	堀　敏一著	7000円
65	蒙地奉上－「満州国」の土地政策－	広川　佐保著	8000円
66	西域出土文物の基礎的研究	張　娜麗著	10000円

汲古叢書

1	秦漢財政収入の研究	山田　勝芳著	本体 16505円
2	宋代税政史研究	島居　一康著	12621円
3	中国近代製糸業史の研究	曾田　三郎著	12621円
4	明清華北定期市の研究	山根　幸夫著	7282円
5	明清史論集	中山　八郎著	12621円
6	明朝専制支配の史的構造	檀上　寛著	13592円
7	唐代両税法研究	船越　泰次著	12621円
8	中国小説史研究－水滸伝を中心として－	中鉢　雅量著	品　切
9	唐宋変革期農業社会史研究	大澤　正昭著	8500円
10	中国古代の家と集落	堀　敏一著	品　切
11	元代江南政治社会史研究	植松　正著	13000円
12	明代建文朝史の研究	川越　泰博著	13000円
13	司馬遷の研究	佐藤　武敏著	12000円
14	唐の北方問題と国際秩序	石見　清裕著	品　切
15	宋代兵制史の研究	小岩井弘光著	10000円
16	魏晋南北朝時代の民族問題	川本　芳昭著	品　切
17	秦漢税役体系の研究	重近　啓樹著	8000円
18	清代農業商業化の研究	田尻　利著	9000円
19	明代異国情報の研究	川越　泰博著	5000円
20	明清江南市鎮社会史研究	川勝　守著	15000円
21	漢魏晋史の研究	多田　狷介著	品　切
22	春秋戦国秦漢時代出土文字資料の研究	江村　治樹著	品　切
23	明王朝中央統治機構の研究	阪倉　篤秀著	7000円
24	漢帝国の成立と劉邦集団	李　開元著	9000円
25	宋元仏教文化史研究	竺沙　雅章著	品　切
26	アヘン貿易論争－イギリスと中国－	新村　容子著	品　切
27	明末の流賊反乱と地域社会	吉尾　寛著	10000円
28	宋代の皇帝権力と士大夫政治	王　瑞来著	12000円
29	明代北辺防衛体制の研究	松本　隆晴著	6500円
30	中国工業合作運動史の研究	菊池　一隆著	15000円
31	漢代都市機構の研究	佐原　康夫著	13000円
32	中国近代江南の地主制研究	夏井　春喜著	20000円
33	中国古代の聚落と地方行政	池田　雄一著	15000円